Platão no Googleplex

Rebecca Newberger Goldstein

Platão no Googleplex
Por que a filosofia não vai desaparecer

Tradução de
Ana Luiza Libânio

Revisão técnica de
Danilo Marcondes

1ª edição

Rio de Janeiro
2017

Copyright © 2014 by Rebecca Goldstein
Copyright da tradução © Civilização Brasileira, 2017

Todos os direitos reservados, incluindo os direitos de reprodução total ou parcial, em qualquer formato.

Título original: Plato at the Googleplex: Why Philosophy Won't Go Away

Design de capa: pianofuzz
Imagem de capa: "Plato Pio-Clemetino" (adaptada), Marie-Lan Nguyen 2006, disponível em: <https://commons.wikimedia.org/wiki/File:Plato_Pio-Clemetino_Inv305.jpg>.

CIP-BRASIL. CATALOGAÇÃO NA PUBLICAÇÃO
SINDICATO NACIONAL DOS EDITORES DE LIVROS, RJ

G578p

Goldstein, Rebecca Newberger
   Platão no Googleplex: Por que a filosofia não vai desaparecer / Rebecca Newberger Goldstein; tradução de Ana Luiza Libânio. Revisão técnica de Danilo Marcondes. – 1ª ed. – Rio de Janeiro: Civilização Brasileira, 2017.
   532 p.; 23 cm.

   Tradução de: Plato at the Googleplex: Why Philosophy Won't Go Away
   Apêndice
   Inclui bibliografia e índice
   Glossário
   ISBN 978-85-200-1319-9

   1. Platão – Influência. 2. Filosofia – História – Século XXI. 3. Dialética. I. Libânio, Ana Luiza. II. Título.

17-44730

CDD: 184
CDU: 1(38)

Todos os direitos reservados. É proibido reproduzir, armazenar ou transmitir partes deste livro, através de quaisquer meios, sem prévia autorização por escrito.

Texto revisado segundo o novo Acordo Ortográfico da Língua Portuguesa.

Direitos desta tradução adquiridos pela
EDITORA CIVILIZAÇÃO BRASILEIRA
Um selo da
EDITORA JOSÉ OLYMPIO LTDA.
Rua Argentina, 171 – Rio de Janeiro, RJ – 20921-380 –
Tel.: (21) 2585-2000

Seja um leitor preferencial Record.
Cadastre-se e receba informações sobre nossos lançamentos e nossas promoções.

Atendimento e venda direta ao leitor:
mdireto@record.com.br ou (21) 2585-2002.

Impresso no Brasil
2017

Para Harry e Roz Pinker

Sumário

Prólogo		9
α	Um homem entra em uma sala de seminário	23
β	Platão no Googleplex	71
γ	À sombra da Acrópole	143
δ	Platão no 92nd Street Y	191
ε	Não sei como amá-lo	259
ς	Abraços, Platão	299
ζ	Sócrates tem que morrer	323
η	Platão no canal de notícias da TV a cabo	383
θ	Deixe o sol entrar	411
ι	Platão no campo magnético	453

Apêndice A: Fontes socráticas 483

*Apêndice B: Os dois discursos de Péricles em
A história da guerra do Peloponeso, de Tucídides* 487

Glossário 499

Agradecimentos 503

Nota bibliográfica 507

Índice 513

Prólogo

Um livro dedicado a um pensador em particular geralmente presume que esse pensador acertou em tudo. Não penso que isso seja verdade no caso de Platão. Platão errou tanto quanto esperaríamos de um filósofo que viveu há 2.400 anos. Se assim não fosse, a filosofia, incapaz de desenvolver nosso conhecimento, seria inútil. Não penso que a filosofia seja inútil, portanto, fico feliz por reconhecer o quão equivocado e confuso Platão com frequência nos parece ter sido.

Surpreendentemente, Platão é relevante para vários de nossos debates contemporâneos, mas isso não é porque ele sabia tanto quanto nós sabemos. Obviamente, ele não conhecia a ciência que conhecemos. No entanto, e menos óbvio, ele não conhecia a filosofia que conhecemos, inclusive a filosofia que foi levada para além da mesa de seminário. Conclusões às quais filósofos chegam por meio de tortuosas racionalizações encontram, ao longo do tempo, formas de se infiltrarem no conhecimento compartilhado. Tal infiltração é, talvez, mais comum no que diz respeito às questões de moralidade do que em outros ramos da filosofia, já que são questões que constantemente nos testam. Dificilmente conseguimos passar pela vida — na verdade, é difícil até mesmo passar por uma semana — sem levarmos em consideração o que torna determinadas ações certas e outras erradas e debater com nossos botões se essa diferença deve compelir nossas escolhas. ("Tudo bem, está errado! Entendo! Mas por que eu deveria me importar com isso?")

As ruminações de Platão, por mais profundas que sejam, dificilmente nos dão a palavra final sobre essas questões. Pensadores europeus da Era da

PLATÃO NO GOOGLEPLEX

Razão e do Iluminismo, que vieram dois milênios depois de Platão, tiveram muito a acrescentar aos nossos conceitos compartilhados de moralidade, especialmente no que se refere aos direitos individuais, e aprendemos com eles e seguimos em frente.[1] Por isso é impossível para nós ler Platão hoje sem eventualmente desaprová-lo. Exatamente porque ele iniciou um processo que nos conduziu para além dele.

Então, dificilmente Platão executou todo o trabalho filosófico. Ainda assim ele fez algo tão extraordinário que seu pensamento se apresenta como uma fase crucial do desenvolvimento da humanidade. O que Platão fez foi esculpir o próprio campo da filosofia. Foi ele o primeiro a estruturar a maioria das questões filosóficas fundamentais. Platão captou a essência de um tipo de questão peculiar, a questão filosófica, pegando algumas amostras que já estavam à tona na Atenas de seu tempo, e estendeu sua aplicação. Ele recorreu a perguntas filosóficas não somente às normas do comportamento humano, como Sócrates fez, mas à linguagem, à política, à arte, à matemática, à religião, ao amor e à amizade, à mente, à identidade pessoal, ao significado da vida e ao significado da morte, à natureza da explicação, da racionalização e do conhecimento propriamente dito. Perguntas filosóficas poderiam ser estruturadas em todas essas longínquas áreas de interesse e investigação do humano, e Platão as estruturou, frequentemente de forma definitiva. Como ele fez isso? Por que foi ele quem fez isso? Isso é um mistério que eu sempre quis desvendar. Mas como alguém pode chegar perto o suficiente de Platão para tentar entendê-lo? Chegar a conclusões acerca de quais doutrinas ele tentou defender — ou até mesmo para saber se ele tinha intenção de defender alguma doutrina — já é bastante difícil, imagina vislumbrar a alma desse homem.

Ainda que Platão seja (pelo menos para muitos de nós) um filósofo fácil de amar, ele também é um filósofo do qual é muito difícil se aproximar. Apesar de sua enorme influência, ele é uma das figuras mais distantes na história do

---

1. A ideia básica — que os filósofos gregos não concebiam direitos individuais do mesmo modo como foi desenvolvido por pensadores dos séculos XVII e XVIII — é debatida por Stephen Darwall. Leia dele "Grotius at the Creation of Modern Moral Philosophy", in: *Honor, History, and Relationship: Essays in Second-Personal Ethics II*, Oxford: Oxford University Press, 2013.

PRÓLOGO

pensamento. Seu afastamento não é apenas uma questão de antiguidade, é também resultado da maneira como ele se entregou a nós por meio de seus escritos. Ele não criou tratados, ensaios, nem questionamentos que propõem posicionamentos. Em vez disso, escreveu diálogos que não são apenas grandes trabalhos filosóficos, mas são também grandes trabalhos literários.

Sua linguagem é a de um artista consumado. Para os especialistas, o grego de Platão é o mais puro e mais refinado entre as escritas antigas que chegaram até nós. "Não houve nada comparável à prosa lírica de Platão no mundo antigo", escreveu um acadêmico em sua introdução à extraordinária tradução de Percy Bysshe Shelley da obra O banquete de Platão, o grande romântico despejando o próprio dom lírico no texto.[2] Mas, para sermos mais precisos, os intensos personagens de Platão discutem problemas filosóficos de forma tão viva e natural que é difícil captar o ponto de vista do autor em meio às várias vozes. Seus diálogos nos permitem chegar um pouco mais perto de seus contemporâneos — Sócrates, inclusive — enquanto ele se mantém reservado. Alguns leitores dos diálogos interpretam o personagem Sócrates, frequentemente o personagem com mais falas, como um substituto de Platão, tanto quanto Salviati fala por Galileu em Diálogo sobre os dois máximos sistemas do mundo e Filo fala por David Hume em Diálogos sobre a religião natural, mas isso é simplificar demais uma quimera interpretativa.[3] É quase tão ingênuo reduzir o dialógico Sócrates a uma mera marionete feita de meia para o filósofo Platão quanto é reduzir Platão a um mero tomador de notas para o filósofo Sócrates. Entre essas reduções, Platão sai suavemente pela tangente.

Sua esquivez é comparável à de outro escritor multifacetado que é difícil vislumbrar através da genialidade de seu trabalho, William Shakespeare. Em ambos, a vastidão e a vivacidade dos pontos de vista que dão vida ao texto são o que conduz o autor à sombra. No caso de Shakespeare, o afastamento

---

2. The Symposium of Plato: The Shelley Translation, edição e introdução de David K. O'Connor, South Bend: St. Augustine's Press, 2002.

3. Leia Who Speaks for Plato: Studies in Platonic Anonymity, organizado por Geral A. Press. Lanham, MD: Rowman and Littlefield, 2000. Os onze autores nesse livro argumentam contra a ideia de que Sócrates, ou qualquer outro personagem dos diálogos, possa ser um porta-voz de Platão.

PLATÃO NO GOOGLEPLEX

do autor provocou algumas pessoas, em geral de natureza moderada, a argumentar que o escritor, nascido na Henley Street em Stratford-upon-Avon, que largou a escola aos 14 anos e jamais frequentou a universidade, que se casou com Anne Hathaway, já grávida, e a quem deixou de herança sua "segunda melhor" cama, foi meramente um testa de ferro do verdadeiro autor — até mesmo para uma comissão inteira de autores.[4] No caso de Platão, o afastamento é sentido não somente nas dificuldades de desemaranhar Platão de Sócrates, mas ainda mais dramaticamente, nas mutuamente incompatíveis caracterizações que têm sido impingidas sobre ele.

Alegaram que Platão era igualitário; alegaram que era totalitário. Alegaram que ele foi utópico ao propor um planejamento universal do Estado ideal; alegaram que ele era antiutopia ao demonstrar que qualquer idealismo político é insensato. Alegaram que era populista, preocupado com os interesses dos cidadãos; alegaram que era elitista com uma perturbadora tendência eugenista. Alegaram que ele era de outro mundo; alegaram que era deste mundo. Alegaram que ele era romântico; alegaram que era pretensioso. Alegaram que era um teorizador, com vastas doutrinas metafísicas; alegaram que era um cético antiteoria, sempre com a intenção de abalar convicções. Alegaram que ele era bem-humorado e piadista; alegaram que ele era solene como um sermão que retrata os tormentos dos condenados. Alegaram que ele amava as pessoas próximas; alegaram que ele odiava as pessoas próximas. Alegaram que foi um filósofo que usou seu dom artístico a serviço da filosofia; alegaram que foi um artista que usou filosofia a serviço de sua arte.

Não é curioso que uma figura possa exercer tanta influência em toda a civilização ocidental e escapar do consenso sobre o que ele era? E como alguém pode ter esperança de se aproximar de uma figura tão esquiva?

Ele era um grego antigo, um cidadão da Cidade-Estado de Atenas durante a era clássica. Quanto o fato de ter sido grego pode explicar que Platão tenha conseguido criar praticamente sozinho a filosofia? Por muito tempo os gregos

---

4. Possíveis candidatos incluem Christopher Marlowe, que fingiu a própria morte, Francis Bacon, Walter Raleigh, Edmund Spenser, Lord Buckhurst, Edward de Vere, décimo sétimo conde de Oxford, e William Stanley, sexto conde de Derby.

PRÓLOGO

têm nos fascinado. Até mesmo os romanos, que os derrotaram militarmente, foram derrotados, por dentro, pelos fascinantes gregos. Depois de milênios de obsessão, há alguma novidade para contarmos sobre eles? Penso que sim, e é isto: As condições prévias para a filosofia foram criadas lá, na Grécia antiga, mais especificamente, em Atenas. Essas condições prévias estão não somente na preocupação com as questões acerca de o que faz a vida valer a pena, mas também em uma abordagem distinta dessa questão.

Os gregos não estavam sozinhos na preocupação com as questões acerca do valor do ser humano e da importância do ser humano. Do outro lado do Mediterrâneo estava a ainda obscura tribo chamada *Ivrim*, os hebreus, da palavra que significa "do outro lado", já que estavam do outro lado do rio Jordão. Lá eles trabalhavam a noção de pacto com um deus tribal que acabaram por elevar à posição de único Deus, o Mestre do Universo que provê o fundamento tanto para o mundo físico externo como para o mundo moral interno. Viver conforme seus mandamentos era viver uma vida que valia a pena ser vivida. Nossa cultura ocidental é ainda uma mistura inquieta das abordagens à questão do valor humano desenvolvidas por esses dois povos mediterrâneos, os gregos e os hebreus. Mas até mesmo eles não estavam sozinhos em suas preocupações existenciais. Na Pérsia, o zoroastrianismo apresentou uma versão dualista das forças do bem e do mal; na China, havia Confúcio e Lao Tsé e Chuang Tsé; na Índia, havia o Buda. Cada uma dessas abordagens é uma opção a mais dentre as que temos para conceber a vida que vale a pena ser vivida.

O filósofo Karl Jaspers batizou esse fértil período normativo[5] na história da humanidade — que foi, aproximadamente, de 800 a.C. a 200 a.C. — de a "Era Axial", porque pontos de vistas moldados nesse período se estenderam até os nossos dias, como eixos de uma roda. Essas formas de enquadrar nor-

---

5. Filósofos utilizam a palavra "normativo" para se referir a qualquer proposição que contenha a palavra "dever", como em "Você deve considerar os interesses dos outros tanto quanto considera os seus", e "Você deve ser racional e considerar todos os fatos, não somente aqueles que fundamentam sua hipótese de preferência". Apesar de várias proposições normativas lidarem com questões éticas, nem todas o fazem, como demonstra meu segundo exemplo. Especialmente a epistemologia, que examina as condições para assegurar conhecimento, levanta questões normativas. A religião, obviamente, aborda questões normativas, mas assim também faz a filosofia secular.

13

PLATÃO NO GOOGLEPLEX

mativamente nossa vida ainda repercutem em milhões de pessoas, inclusive os secularistas, herdeiros da tradição grega.

Os gregos propriamente ditos dificilmente podem ser chamados secularistas. A vida deles era saturada de rituais religiosos — seus deuses e deusas estavam em todos os lugares e precisavam ser apaziguados, ou algo de terrível poderia acontecer. Seus rituais eram, de modo geral, apotropaicos, com intenção de afastar o mal. Havia ritos públicos associados a específicas cidades-estados e outros que eram pan-helênicos; havia ritos secretos que pertenciam a cultos misteriosos. Mas o que é marcante nos gregos — até mesmo pré-filosoficamente — é que, apesar da proeminência dos rituais religiosos na vida deles, quando a questão era o que faz uma vida humana individual valer a pena ser vivida, eles não olharam para seus imortais, mas abordaram a questão em termos mortais. Essa abordagem das questões acerca da importância do ser humano em termos humanos é a particularidade que cria as condições para a filosofia acontecer na Grécia antiga e especialmente como essas condições foram materializadas na Cidade-Estado de Atenas.

Sua abordagem humana da questão sobre a importância do ser humano significou que o ponto de vista trágico, ou melhor, várias versões do ponto de vista trágico eram possibilidades aflitivamente distintas. Não por acidente Atenas foi o lar não somente de Sócrates, Platão e Aristóteles,[6] mas também de Ésquilo, Sófocles e Eurípedes. A abordagem deles para a questão de o que faz uma vida humana valer a pena ser vivida criou as condições para os grandes dramaturgos trágicos, assim como plateias para eles. Essas plateias não diminuíram ao confrontar a possibilidade de a vida humana, tragicamente, *não* valer a pena ser vivida. Talvez não tenhamos importância e nada pode ser feito para que tenhamos importância. Ou, um pouco menos trágico, talvez haja alguma coisa que deve ser feita para alcançarmos uma vida que valha a pena ser vivida, alguma coisa que vá resgatar essa vida de forma a destacá-la como extraordinária, e somente então ela terá importância. É apenas uma vida comum — com nada que a diferencie da grande massa de

---

6. Aristóteles nasceu em Estágira, perto da Macedônia, mas foi para Atenas a fim de estudar na Academia de Platão. Anos mais tarde, ele funda a própria escola ateniense, o Liceu.

PRÓLOGO

outras vidas anônimas que vieram antes de nós e que virão depois de nós — que não tem importância. Há uma evidente impiedade nessa proposição, e houve uma evidente impiedade nos gregos. É necessário *empenhar*-se para alcançar uma vida que tenha importância. Se você não se empenha, ou se seu empenho não chega a ser grande coisa, então seria melhor que você nem tivesse se incomodado em aparecer para sua existência.

Quantos de nós, seja de modo vago ou não, nutrem atitudes como essa, acreditando que as almas comuns que nos cercam — por definição, a esmagadora maioria de nós — não têm tanta importância quanto as extraordinárias? Da mesma forma fizeram vários gregos, pelo menos aqueles que tiveram o luxo de se preocupar com tais dilemas existenciais, gregos que não apenas escreveram as tragédias, mas que foram levados por elas a sentir piedade e terror. Denomino a atitude deles de *Ethos* do Extraordinário. Somente se tornando extraordinário alguém pode evitar desaparecer sem deixar rastros, como alguma pobre alma que imerge nas ondas do oceano — uma imagem que suscitou intenso terror para os gregos navegadores.[7] Uma pessoa deve viver para que seja falada, por tantos falantes quantos forem possíveis e pelo máximo de tempo possível. No final, é a única forma de imortalidade que podemos almejar. E, obviamente, *ainda* estamos falando dos gregos antigos, especialmente os extraordinários dentre eles, que foram tantos.

Platão compartilhou, com modificações radicais, do *Ethos* do Extraordinário, e isso o levou a criar a filosofia como a conhecemos. Platão entendia que se é para uma pessoa alcançar uma vida que valha a pena ser vivida, a filosofia é o tipo de empenho que é exigido. São nossos esforços na *razão* que nos fazem ter importância — nos tornam, até o ponto em que podemos ser, divinos. E se tais esforços não forem aplaudidos pelas massas, tanto pior para elas. É muito

---

7. Telêmaco, cujo pai, Odisseu, estava desaparecido desde que zarpou depois do saque a Troia, lamenta um destino que descreve como sendo pior até que a morte. "Os deuses o tornaram invisível. Se ele estivesse morto, eu não ficaria tanto de luto por ele — se ele tivesse sido morto em Troia, ou se tivesse morrido nos braços de amigos depois da guerra. Então, os gregos teriam feito uma sepultura para ele e ele teria recebido grandes glórias por mim, seu filho, e por ele também. Em vez disso, os demônios da tempestade o sequestraram e não deixaram nenhuma informação sobre ele. Ele pereceu sem ser visto e sem ninguém ter notícia dele" (*Ilíada*). Esta fala "sem ser visto e sem ninguém ter notícia dele" contém todo o terror de uma vida inteira que, no final, consiste em nada.

PLATÃO NO GOOGLEPLEX

provável que a espécie de extraordinário que importa passe despercebida pelas massas — portanto, em certo sentido, embora não em todos, elas realmente não têm importância. É uma afirmação chocante, mas, como já se percebe, a aspereza não perturbava muito os gregos, e, nesse aspecto, Platão não é exceção.

Platão tornou seus diálogos acessíveis a muitos tipos diferentes de pessoas, inclusive aqueles que convencionalmente não contavam muito na sociedade ateniense. Ele fez o mesmo na Academia que criou em um bosque nas imediações da cidade, onde eram praticadas atividades físicas e havia um tipo de construção na qual ele se reunia com os alunos, e que veio a se tornar protótipo para a universidade europeia. Segundo registros, até mulheres podiam estudar lá, o que está de acordo com o que ele tinha a dizer sobre o potencial intelectual da mulher em *A república* e em *Leis*. No entanto, sua versão filosófica do *Ethos* do Extraordinário deixou muitos encalhados fora da classe de importância, por exemplo todos os que não são capazes de, ou não estão propensos a, *fazer* filosofia, de *fazer* razão, ou não têm inclinação para isso. Quando, em *Apologia de Sócrates*, sua representação do julgamento de Sócrates em 399 a.C., ele fez Sócrates declarar que a vida não examinada não vale a pena ser vivida, ele está endossando o *Ethos* do Extraordinário, de que muitos compartilham em sua cultura, e, ao mesmo tempo, modificando-o o suficiente para ultrajar seus companheiros atenienses. (Aquele julgamento não terminou bem para Sócrates.) Uma grande quantidade de pressupostos gregos desliza para dentro de seu pensamento sem investigação. Eles foram expostos quando filósofos europeus, depois de séculos encerrando a questão acerca do valor humano no pensamento religioso, voltaram a considerar a questão sobre o que torna a vida humana importante em termos seculares, mais uma vez como os gregos fizeram.

Aqui temos uma ironia: o pressuposto não investigado que levou Platão a criar a filosofia como a conhecemos hoje, mais tarde, seria invalidado pela própria filosofia. Isso é progresso. O progresso em filosofia é, frequentemente, uma questão de descobrir pressupostos que entraram sem a devida consideração para o campo da racionalização, então por que não o pressuposto que, irrefletido, deu início a todo o processo de autocrítica? Platão, imagino, aprovaria isso.

PRÓLOGO

Mas pensar em Platão nesses termos nos aproxima dele só até certo ponto. Sim, ele era ateniense e, como ateniense, exprimiu certas preocupações e preconceitos em suas reflexões. Mas isso é somente parte da aproximação da figura distante de Platão. A outra parte é o relacionamento de Platão com Sócrates.

Sabemos muito pouco sobre a vida pessoal de Platão, mas isso sabemos. O drama da vida de Sócrates — cujo verdadeiro sentido, para Platão e para outros, foi encontrado em sua morte — foi pessoalmente transformador para Platão, convencendo-o a dedicar sua vida à filosofia — ele mesmo nos conta isso em sua *Carta VII*[8] —, o que ele fez com particular eficácia. Sua reação ao trauma da execução de Sócrates pela democrática *polis* de Atenas, quando ele tinha 70 anos e Platão quase 30, foi criar a filosofia como a conhecemos, formulando suas questões fundamentais, questões muito além de quaisquer outras que tivessem, provavelmente, ocorrido ao próprio Sócrates.[9]

Quase até o fim da vida, entretanto, ele manteve a figura de Sócrates no centro de seu trabalho. Platão escreveu sobre filosofia com apreensão. Ele temia, entre outras coisas, que a escrita filosófica pudesse tomar o lugar das conversas que acontecem pessoalmente, para a qual, em filosofia, não há substituto. (Filosofia ainda é um assunto excepcionalmente gregário.) Agoniado sobre encontrar a melhor forma de escrever (e ensinar) filosofia tanto quanto sobre a própria filosofia, Platão criou seus diálogos, os quais, todos, chegaram até nós. (Nunca houve menção a um trabalho de Platão que não seja conhecido, ao contrário do que acontece em relação aos trabalhos de Aristóteles.) Vinte e cinco dos seus 26 diálogos têm Sócrates

---

8. Hoje uma quantidade considerável de pesquisadores parece pensar que *A carta VII* é autêntica; mas, ainda que não seja, os estudiosos concordam que ela foi escrita por alguém bem informado sobre os detalhes particulares da vida de Platão.

9. Os diálogos de Platão são tradicionalmente divididos nos diálogos da juventude, da maturidade e da velhice, apesar de ainda haver discordância quanto aos aspectos da cronologia, e há aqueles que debatem a ideia de uma cronologia organizada. Platão pode muito bem ter retornado e editado os diálogos até quase o momento de sua morte, algo como Henry James que rescreveu trabalhos do início de sua carreira no estilo de seus últimos trabalhos. Tradicionalmente, os primeiros diálogos são aceitos como os que mais representam as práticas e preocupações de Sócrates e essas estão circunscritas a questões morais e frequentemente terminam no impasse de aporia, um beco sem saída. Somente nos diálogos da maturidade é que Platão levantou questões sobre metafísica, epistemologia, filosofia política, cosmologia, filosofia da linguagem e assim por diante.

PLATÃO NO GOOGLEPLEX

como personagem que, independentemente de ele levar adiante a essência do argumento ou não — e frequentemente ele não faz isso — é central na concepção de Platão sobre filosofia. Sócrates está completamente ausente apenas em *Leis*, escrito quando Platão era um homem idoso, quase uma década mais velho do que Sócrates na ocasião de sua morte. Mas mesmo em sua ausência, Sócrates é significante.

Essa estratégia literária de Platão torna difícil nossa tarefa de destilar os diálogos para obter a verdade histórica sobre Sócrates, o homem que andava descalço pela ágora ateniense em um quitão não muito limpo e insistentemente fazia perguntas de difícil compreensão, reunindo uma multidão de observadores a seu redor enquanto ele contrariava todas as respostas proferidas, um show de dialética, uma guerrilha filosófica urbana. Platão não é o único ateniense que escreveu diálogos socráticos depois da execução de Sócrates.[10] Mas ele é o único escritor de diálogos socráticos que é um gênio filosófico. A atitude de Platão em relação a "seu" Sócrates não permaneceu estática no curso de sua longa vida, mais que sua posição filosófica sempre autocrítica permaneceu. Traçar as mudanças em sua atitude em relação ao filósofo cuja morte o transformou em filósofo talvez seja uma forma de tentarmos trazer a distante figura de Platão como pessoa para mais perto de nós.

É difícil, para não dizer presunçoso, acercar-se de Platão como pessoa. Nenhum filósofo desencoraja mais tal abordagem. Platão parecia ter pouca empatia pelo meramente pessoal. Tornamo-nos mais valiosos quanto mais voltamos nossa mente para o impessoal. Tornamo-nos melhores quando aceitamos o universo pensando mais sobre sua grandeza e menos sobre a nossa pequenez. Platão muitas vezes revela um horror à natureza humana, ao vê-la mais como bestial que divina.[11] A natureza humana é um problema ético e político a ser resolvido e somente o universo está preparado para

---

10. Aristóteles escreveu em sua *Poética* (1447b) sobre um gênero estabelecido da literatura socrática, *Sōkratikoi Logoi*, todos os quais foram escritos depois da morte de Sócrates. Veja o Apêndice A.

11. Em *Fédon*, ele se entrega a uma linha de pensamento sobre as formas inumanas que a maioria das pessoas terá depois de morrer — tornar-se-ão jumentos "e outros animais perversos", ou predadores, "como lobos, falcões e milhafres", enquanto o "cidadão comum", a burguesia direita e tensa, será transformada em pequenas abelhas e formigas ocupadas (81e-82b). É uma passagem divertida, bem como impressionante.

18

PRÓLOGO

essa enorme tarefa.[12] A obra *Leis*, que apresenta três idosos conversando, de forma ainda menos lisonjeira compara humanos a marionetes, "ainda que com algum toque de realidade sobre eles também", como diz o ateniense. O ancião de Esparta responde: "Devo dizer, o senhor não tem mais que uma fraca estima por nossa raça." O ateniense não se incomoda em contestar.

O sombrio desespero de Platão quanto a "nossa raça" provavelmente ficou mais pronunciado em sua velhice, mas suspeito que Platão tivesse uma visão obscura da humanidade até mesmo quando era jovem. O destino de Sócrates nas mãos da democracia — sua sentença de morte, assim como o veredito de culpado, foi resultado de votação popular — pode ter tido tanto a ver com sua visão obscura da humanidade quanto teve com sua decisão de se voltar para a filosofia. Enquanto é possível que Sócrates risse das comédias populares dos autores cômicos, até mesmo quando era o alvo deles,[13] a reação mais típica de Platão em relação aos aspectos mais turbulentos e ridículos da natureza humana seria, eu suspeito, um tremor. Seu amor a Sócrates o ajudou a reprimir o tremor. Sócrates era, para ele, meio de reconciliar-se com a vida humana, deformada como é por horrorosas contradições. Sócrates, tão humano — como Platão empenha-se em nos mostrar —, personificou ele mesmo essas contradições. Porque houve um homem como Sócrates, Platão

---

12. Esse ponto de vista — de dar ao universo a tarefa de nos tornar seres humanos melhores — tende a misturar tópicos que somos resolutos em manter separados. Portanto, é impossível falar da ética, da teoria política ou da estética de Platão sem também falar de suas cosmologia, metafísica, epistemologia e psicologia. Nossa divisão de domínios é estranha ao pensamento de Platão. "Metafísica, ética e psicologia para Platão teria sido uma classificação sem sentido e ele certamente teria protestado contra aplicá-la a ele. Em cada um desses termos ele teria pensado em incluir todos os demais." G. M. A. Grube, Plato's Thought: Eight Cardinal Points of Plato's Philosophy as Treated in the Whole of His Works. Boston: Beacon Press, 1958, p. viii.

13. Sócrates foi, com frequência, representado nas obras de dramaturgia de seus contemporâneos atenienses, mais especificamente nas de Aristófanes, mas também em outros autores de comédias cujos trabalhos não sobreviveram. Aristófanes representou Sócrates em três de suas peças que sobreviveram ao tempo: *As nuvens, As rãs* e *As aves. As nuvens* ficou em terceiro lugar no festival de literatura ateniense em 423 a.C., no rastro de outra peça que apresentava um Sócrates descalço. Apesar de seu personagem ser impiedosamente satirizado — em *As nuvens* ele fica pendurado em uma cesta no ar e perora impressionantes absurdos, oferecendo solecismos sobre como evitar pagar dívidas e encorajando os jovens a levarem seus pais ignorantes à submissão filosófica —, relata-se que Sócrates mesmo achou sua notoriedade um bom divertimento. Em *Moralia*, Plutarco, filósofo e historiador do século I d.C., citou Sócrates, como tendo dito que "Quando, no teatro, fazem uma piada sobre mim, sinto como se estivesse em uma grande festa com bons amigos".

PLATÃO NO GOOGLEPLEX

poderia se convencer de que valia a pena se importar com a vida humana. Mas suspeito que para ele foi necessário ser convincente.

Ao escrever da forma como fez, Platão criou um lodaçal de confusão interpretativa. Mas também criou filosofia como um monumento vivo a Sócrates. Na palavra "filosofia" está escrito amor. O significado é amor pelo conhecimento. O amor pelo conhecimento é uma forma impessoal de amor. Portanto, vale a pena mencionar que um amor muito pessoal — o amor de Platão por Sócrates — estava agindo no homem que criou a filosofia da forma que a conhecemos.

Tudo isso adiciona um elemento paradoxal ao estilo da escrita de Platão, especialmente ao considerarmos o que Platão diz sobre amor filosófico substituir amor pessoal (a fonte para nossa noção degradante do "amor platônico"). Mas até mesmo essa tensão é utilizada filosoficamente. Platão se preocupa com tantos perigos que nos fazem tropeçar em nossos pensamentos, e um desses perigos é que nosso modo de pensar pode se tornar muito reflexivo e acomodado consigo mesmo. Seu objetivo é não permitir que nosso pensamento se torne descuidado, e para esse fim ele jamais se furta aos efeitos desestabilizadores do paradoxo.

Os capítulos expositivos deste livro alternam diálogos anacrônicos nos quais o próprio Platão é personagem, dedicando-se a nossas questões contemporâneas, que são contínuas com algumas primeiramente levantadas por Platão. As questões em cada diálogo estão relacionadas às levantadas no capítulo expositivo imediatamente precedente.

Esses são, literalmente, diálogos fora de seu tempo. Mas, de certa forma, os diálogos que Platão escreveu também são diálogos fora do tempo. Eles deslocam uma pessoa no tempo, como Platão acreditou que a filosofia deve fazer. Em *Fédon*, que apresenta a morte de Sócrates, Platão dramaticamente fala da separação do filósofo de seu tempo desta maneira: "Filosofar é se preparar para morrer." (Estranhamente, departamentos de filosofia deixaram de transformar isso em um slogan para aumentar o número de matrículas.)

Quando criança, eu era viciada em ficção científica e minha predileta exigia que o leitor aceitasse apenas uma premissa absurda e então todo o restante fazia sentido. É isso o que os diálogos deste livro pedem ao leitor.

PRÓLOGO

Apenas que aceite a única premissa absurda de que Platão poderia aparecer nos Estados Unidos do século XXI, como um autor em uma turnê de lançamento de livro, e tudo mais, espero, fará sentido. Então aqui está ele, na sede da Google, em Mountain View, Califórnia, debatendo com sua assessora de imprensa e com um engenheiro de software se o *crowdsourcing* atende a todas as questões éticas. E aqui está ele em um painel com especialistas em educação infantil em Manhattan, incluindo um psicanalista e uma "mãe superprotetora", debatendo a questão de como educar uma criança de forma que ela venha a brilhar. E aqui está ele ajudando um colunista de conselhos em algumas das mais complicadas questões sobre amor e sexo e revelando a superficialidade de nosso conhecimento de "amor platônico". E aqui está ele em um telejornal debatendo com um entrevistador agressivo a utilidade da razão em nossa vida moral e política. E aqui está ele em um laboratório de neurociência e cognição em uma universidade de prestígio, como voluntário que fará uma tomografia do cérebro e debatendo com dois cientistas se é possível solucionar problemas com o livre-arbítrio e a identidade pessoal por intermédio de exames de imagem do cérebro.

Tanto quanto posso, entrelaço passagens escritas por ele com as conversas que ele tem com nossos contemporâneos, e cito a fonte. Suas palavras soam naturais em conversas que serão familiares para o leitor, e isso atesta a favor da surpreendente relevância que ele ainda tem — mas não porque suas intuições anunciam verdades. Sua relevância deriva, principalmente, das perguntas que ele fez e de sua insistência no fato de que elas não podem ser facilmente postas de lado da forma que as pessoas, em geral, imaginam. Uma das características peculiares das questões filosóficas é o quão entusiasmada uma pessoa está para oferecer soluções que não abordam o ponto central da questão. Algumas vezes, essas soluções fracassadas são científicas, e algumas vezes elas são religiosas, e algumas vezes são baseadas no que é chamado senso comum ou conhecimento vulgar. Platão construiu algumas das refutações mais definitivas que já foram criadas para respostas incompreensíveis dadas a questões filosóficas e podemos facilmente (eu faço isso) inseri-las em conversações com neurocientistas e engenheiros de software, sem falar no presunçoso âncora de um canal de TV a cabo. Mas eu raramente

PLATÃO NO GOOGLEPLEX

dou a resposta, e isso, eu penso, está de acordo com o homem. O negócio é que Platão raramente se posicionava nos dando respostas definitivas. A insistência dele era na teimosia das questões diante das tentativas superficiais de acabar com elas. A genialidade dele na formulação de argumentos não reducionistas está alinhada à genialidade que permitiu a ele elevar a filosofia ao patamar em que a conhecemos hoje.

Preparo para ele um rápido roteiro de estudo e ele tem muito no que se atualizar, tanto em ética — o quê? não há escravos? — quanto em ciência e em tecnologia. E assim deve ser se é que o campo criado por ele progrediu de alguma forma. Um grande debate deste livro — e é um debate controverso — é a favor de que progrediu e de que seu progresso vai além da mesa de seminário. Em sua conversa no Googleplex, sua assessora de imprensa, uma mulher de pensamento prático com pouco apreço pela vida examinada, é capaz de sobrecarregá-lo com intuições éticas que ela toma como certas e com as quais ele jamais sonhou — no entanto, uma vez que ela as cita, ele imediatamente entende seu argumento.

Se existe algo como progresso filosófico — diferente de progresso científico —, então por que ele é tão invisível? Essa é uma pergunta que percorre o livro, tanto nos capítulos expositivos quanto nos diálogos. Ruminar Platão — as formas pelas quais ele ainda permanece conosco e as formas pelas quais ele foi deixado para trás — oferece uma resposta a essa pergunta. O progresso filosófico é invisível porque é incorporado em nossos pontos de vista. O que foi tortuosamente garantido por um argumento complexo se torna intuição amplamente compartilhada, tão óbvio que nos esquecemos de sua proveniência. Não o enxergamos, porque enxergamos com ele.

22

α Um homem entra em uma sala de seminário

Platão nasceu na Atenas antiga no mês Thargélion (maio e junho) do primeiro ano da octogésima oitava olimpíada, o que seria o ano 428 ou 427 a.C., conforme nosso conhecimento, e morreu aproximadamente 80 ou 81 anos depois. Sua antiguidade o coloca em um tempo e uma sensibilidade que algumas pessoas argumentam ser praticamente irrecuperáveis para nós. E ainda assim, apesar da distância histórica, Platão poderia fazer um passeio por qualquer aula de pós-graduação em filosofia, sentar-se ao redor da mesa onde abstrações e distinções estariam sendo propagadas com despreocupação e pegar o fio da meada muito rapidamente.

Primeiro, Platão teria pouca dificuldade para reconhecer as técnicas empregadas: a trabalhosa construção e desconstrução de argumentos; a intensa análise de intuições, apontando suas implicações e as cutucando e examinando para encontrar contradições e outras consequências indesejadas; o contraexemplo jogado na cara das generalizações propostas; as infindáveis tentativas de controlar os termos escorregadios, separar sentidos múltiplos que acabam fundidos sob uma única expressão.

E então há os experimentos mentais expressos de forma extremamente imaginativa: Suponha que em algum lugar do universo haja um planeta exatamente como o nosso — vamos chamá-lo de Terra Gêmea — onde haja um clone feito molécula por molécula de tudo e de todos, com apenas uma exceção. Eles têm algo que parece com e se comporta exatamente como a água, mas que não é

PLATÃO NO GOOGLEPLEX

H_2O. É algo com uma constituição química completamente diferente; chamemos esse elemento de XYZ. E estamos falando de algumas centenas de anos atrás, portanto, cientistas na Terra e na Terra Gêmea não conhecem a composição química. Tanto os terráqueos como os terráqueos gêmeos usam a palavra "água" e de acordo com todo o conhecimento que eles têm, com tudo o que têm em mente quando utilizam a palavra "água", o significado é o mesmo na Terra e na Terra Gêmea. Mas será que significa a mesma coisa? E se não significar o mesmo, isso então não é prova de que significados não estão na mente?[1]

Ou talvez a questão debatida seja a ética do aborto e alguém, a fim de deixar de lado a irresoluta questão sobre o feto ser uma pessoa ou não, propõe o seguinte experimento mental: Você acorda em uma cama de hospital e descobre que foi cirurgicamente preso a um violinista famoso. Alguém lhe diz que você, e somente você, sendo a combinação perfeita para ele, pode mantê-lo vivo pelos nove meses que ele precisa para estar em boas condições de sobreviver por conta própria. Não há dúvida de que ambos são pessoas e de que o violinista é uma pessoa importante. Ainda assim, você tem uma obrigação ética de pausar sua vida e se manter cirurgicamente preso a ele?[2]

Cito esses famosos experimentos mentais contemporâneos não para endossá-los de uma forma ou de outra, mas simplesmente como exemplos do que frequentemente acontece ao redor da mesa em um seminário de filosofia. O ponto a que quero chegar é que, ainda que os cenários fossem estranhos para Platão, as técnicas empregadas pelos debatedores ao redor da mesa seriam bastante familiares para ele. Platão era um mestre na composição elaborada de experimentos mentais contrafactuais,[3] e poderíamos esperar

---

1. Esse experimento mental foi proposto pela primeira vez no artigo "The Meaning of Meaning" por Hilary Putnam, em *Philosophical Papers*, vol. 2: *Mind, Language and Reality*, Cambridge: Cambridge University Press, 1975. Putnam utilizou o experimento mental para argumentar a favor da tese do "externalismo semântico", que significa que o significado não é apenas uma questão de o que está na mente, uma conclusão com a qual, muito provavelmente, Platão seria condescendente.

2. Esse experimento mental foi proposto pela primeira vez por Judith Jarvis Thomson em "A Defense of Abortion", em *Philosophy and Public Affairs I*, n. I, outono de 1971, pp. 47-66.

3. Veja, por exemplo, "O anel de Giges", debatido no capítulo γ. Até mesmo seu famoso mito da Caverna pode ser visto como um experimento mental projetado para explorar as obrigações éticas de uma pessoa que tem conhecimento que pode ser útil para outros apesar de que ela tenha razões para suspeitar que eles rejeitariam violentamente ambos o conhecimento e ela. Veja o capítulo θ.

UM HOMEM ENTRA EM UMA SALA DE SEMINÁRIO

que ele logo entrasse no combate filosófico, sem dúvida dominando a mesa antes que o seminário já estivesse em pleno andamento.

E não seriam apenas as técnicas que dariam a Platão a nítida sensação de "já estive aqui, já fiz isso antes". Ele teria controle sobre várias das questões debatidas ao redor da mesa. Relativismo moral? Quer dizer que vocês ainda estão discutindo sobre se há fatos concretos que definem o certo e o errado ou se tudo é relativo para culturas específicas, de forma que na cidade de Esparta, sob comando militar, uma sociedade que, na verdade, admiro em vários aspectos, matar bebês franzinos e, de certo modo, pouco promissores, que acabariam por drenar recursos estatais sem oferecer uma contrapartida, é uma obrigação moral, enquanto em outras sociedades, talvez menos impiedosamente racionais e mais dadas ao sentimentalismo, o infanticídio é moralmente condenado? Por Zeus, estávamos lutando contra esse relativismo moral putrefato com os sofistas, desde que Alexandre, o Grande, não era nem um brilho nos olhos de Felipe e Olímpia![4]

Ou então, suponha que a questão na mesa seja "Qual é o nível relevante de descrição para explicar a ação de uma pessoa?" E digamos que, para deixar a conversa ao redor da mesa ainda mais eletrizante, a ação em debate seja do tipo que levaria a pessoa a ser julgada culpada ou inocente de algum tipo de crime. O nível de descrição adequado é o estado em que o cérebro se encontra antes e durante a ação? Ou seria a descrição relevante tal que mostra a ação como expressão do caráter de uma pessoa, embutindo a ação em uma narrativa mais extensa acerca de quem essa pessoa é? Os termos físicos considerados relevantes seriam novos para Platão — o córtex pré-frontal e a junção temporoparietal, a amídala cerebelosa e dopamina — ainda assim, o argumento filosófico geral seria familiar para ele, já que a conversa ao redor da mesa estava focada em "lacuna explicativa" entre as descrições neural e narrativa. Afinal de contas, Platão poderia reivindicar ser o primeiro a formular algo como essa lacuna explicativa quando consi-

---

4. Veja, por exemplo, a desconstrução de Platão da declaração feita por Protágoras de que "o homem é a medida de todas as coisas", em *Teeteto* 152a-172d e 177c-179b; e *Protágoras* 320c--327c, 329c-d e 356c-357b. O relativismo moral de Protágoras está prejudicado em *Protágoras*, enquanto que *Teeteto* detona nos fundamentos epistemológicos do relativismo.

PLATÃO NO GOOGLEPLEX

derou a explicação para a decisão de Sócrates de ficar na prisão em vez de fugir e salvar sua vida.[5]

Ou ainda, suponha que o tópico da conversa à mesa de seminário questiona a real existência de entidades abstratas tais como os números. Matemáticos provam todo tipo de verdade em relação aos números, verdades que frequentemente afirmam a *existência* de certos números (por exemplo, dados dois números racionais, há um número racional entre eles) e algumas vezes a *não existência* de certos números (por exemplo, não existe um maior número primo). Mas no que consiste essa conversa sobre existência matemática? Essas provas realmente lidam com a existência da mesma forma que mesas e cadeiras, a Lua e o Sol e você e eu existimos? Ou seria a existência matemática algo como dizer que um determinado movimento existe no xadrez — digamos, quando um peão atravessou completamente o tabuleiro para um espaço na última fileira do adversário e pode ser trocado por qualquer peça, não apenas uma peça que seu adversário possa ter capturado, o que pode resultar em você ter, digamos, duas rainhas no tabuleiro? É nisso o que consiste existência matemática, simplesmente ser a consequência lógica de regras estipuladas? Ou seria a existência afirmada nessas provas algo como existência em mundos fictícios, em que Hamlet ter nascido na Dinamarca não é menos verdade que Hamlet, sendo puramente fictício, nunca nasceu?

Quando o assunto é existência matemática, Platão ficaria encantado (ou talvez constrangido) com o quanto seu epônimo é importante para o argumento loucamente debatido na mesa de seminário. Os termos específicos para esses argumentos não seriam familiares para ele — com novos resultados matemáticos listados a favor e contra — mas a questão do "platonismo matemático" seria proeminente. Semana passada mesmo, um conhecido me enviou um e-mail e acrescentou no final: "Nesse outono participei de um seminário sobre modelos de valor booleano forçando a extensão do universo teórico." Ele então listou nomes de matemáticos e lógicos que participaram,

---

5. *Fédon* (98c-99b). Veja o capítulo I, "Platão no magnetismo", no qual Platão discute tal argumento com dois neurocientistas.

26

UM HOMEM ENTRA EM UMA SALA DE SEMINÁRIO

uma constelação estelar, e continuou, "coisa muito difícil, mas muito bonita. Argumentos sobre platonismo pipocaram o tempo todo".

Sim, é verdade. Uma certa porcentagem dessas questões que ainda rondam os seminários de filosofia do milênio, com os participantes as enfrentando com tudo o que têm, foi apresentada pela primeira vez por Platão — e, frequentemente, o "com tudo", foi ele quem primeiro alcançou. Platão ficaria tão confortável sentado a uma mesa de seminário de filosofia em que Alfred North Whitehead escreveu a famosa afirmação: "A caracterização genérica mais segura para a tradição filosófica europeia é que ela consiste em uma série de notas de rodapé para Platão."[6]

Pessoas predispostas a repudiar a filosofia — alguns de meus melhores amigos — provavelmente ouvem no crédito que Whitehead dá a Platão um escárnio bem direcionado à custa da filosofia. O fato de um grego da Antiguidade ainda poder comandar a relevância contemporânea, ou mesmo deter a supremacia no tema, como reivindica Whitehead, não é exatamente um louvor ao ritmo do progresso desse campo. É claro, nem todo filósofo concordaria com Whitehead quanto à "caracterização genérica mais segura para a tradição filosófica europeia". Mas a própria falta de concordância reforça a acusação dos zombeteiros de que a filosofia jamais consegue estabelecer *coisa alguma*.

O motivo para alguns de meus melhores amigos terem uma atitude debochada em relação à filosofia é que vários deles são cientistas. Não estou dizendo que a maioria dos cientistas é hostil à filosofia. Conheço cientistas que são filosoficamente impressionantes. No entanto, em significativo segmento da cultura científica, há um preconceito contra a filosofia tão arraigado que as pessoas expressam suas inclinações sem nem perceberem. Para citar um exemplo aleatório que está fresco em minha mente, em uma

---

6. Alfred North Whitehead (1861-1947) foi um proeminente filósofo e matemático britânico, colaborador de Bertrand Russell no monumental *Principia Mathematica*, uma obra que tinha o objetivo de explicar os rigorosos fundamentos lógicos da matemática e foi tão bem-sucedida que levou dois volumes pesados para chegar ao ponto de poder provar que $1 + 1 = 2$. O projeto foi abandonado depois do volume 3, quando Kurt Gödel havia mostrado que ela não poderia, a princípio, ser concluída. A citação acima é de Whitehead em *Process and Reality* [Realidade e processo, em tradução livre], Nova York: Free Press, 1979, p. 39.

PLATÃO NO GOOGLEPLEX

curta reportagem da revista *Science* sobre a busca por "Planetas Goldilocks" (planetas habitáveis), aqueles que não são nem tão quentes nem tão frios para dar condições de vida, li o seguinte: "Apenas há duas décadas, a maioria das pessoas considerava a pergunta sobre vida em outros pontos do universo um tema secundário, mais apropriado para a filosofia que para a pesquisa científica."[7]

A equiparação casual entre filosofia e temas marginais, superficialmente especulada, pode passar despercebida em círculos científicos. Assim como ocorre com a maioria dos preconceitos, esse, em geral, não é debatido. Algumas vezes um cientista se dispõe a se manifestar e corajosamente defender a ideia de que a filosofia é inútil: "A filosofia é um campo que já teve conteúdo, mas 'filosofia natural' virou física e a física simplesmente continuou a fazer incursões", disse, em entrevista, Lawrence Krauss, um cosmólogo que escreve livros de popularização da ciência.

> Filosofia é um campo que infelizmente me faz lembrar aquela velha piada de Woody Allen, "quem não consegue fazer, ensina, e quem não consegue ensinar, ensina ginástica". E a pior parte da filosofia é a filosofia da ciência; as únicas pessoas, até onde eu sei, que leem trabalhos publicados por filósofos da ciência são outros filósofos da ciência. Não tem nenhum impacto que seja na física, e duvido que outros filósofos leiam isso, porque é bastante técnico. Então é realmente difícil entender o que justifica isso. Eu diria que essa tensão (entre filosofia e ciências) existe porque as pessoas em filosofia se sentem ameaçadas, e elas têm todo o direito de se sentirem ameaçadas, porque as ciências progridem e a filosofia não.[8]

Há várias coisas que se pode dizer em resposta a essa posição. Em primeiro lugar, que ela pressupõe que tenhamos um critério bem definido para diferenciar visões científicas e não científicas do mundo. Quando pressionados a falar dos critérios exigidos, cientistas quase automaticamente lançam mão

---

7. Yudhijit Bhattacharjee, "A Distant Glimpse of Alien Life?", *Science* 333, n. 6045, 19 de agosto de 2011, pp. 930-932.

8. Ross Anderson, "Has Physics Made Philosophy and Religion Obsolete?", entrevista com Lawrence Krauss, *The Atlantic*, 23 de abril de 2012.

UM HOMEM ENTRA EM UMA SALA DE SEMINÁRIO

da noção de "falseabilidade", proposta pela primeira vez por Karl Popper. A profissão dele? Filosofia. A posição de Krauss também pressupõe que campos, tais como a teoria quântica de campos relativística (a própria teoria que, de acordo com Krauss, está ajudando a tornar a filosofia obsoleta), oferecem-nos descrições da realidade física, ainda que apliquem conceitos que se referem (se referirem) a estados e entidades não observáveis, como, para dar um exemplo não aleatório, a quântica de campos relativística. A ideia de que as entidades estranhas imaginadas nos modelos da teoria física, apesar de não observáveis, são, entretanto, reais (se a teoria em questão for verdade) é conhecida como "realismo científico" — uma afirmação substancialmente filosófica, contraposta pela concepção conhecida como "instrumentalismo científico", de acordo com o qual, teorias como a teoria da quântica de campos relativística são meras ferramentas para prever observações e não são sobre qualquer coisa *verdadeira* que exista no mundo. Dentro do conceito do instrumentalismo, o sucesso da teoria da quântica de campos relativística não oferece razões para acreditar que exista algo como uma quântica de campos relativística.

Presume-se que físicos se importam com a pergunta "filosófica" quanto a eles estarem de fato falando sobre qualquer coisa que não sejam observações quando fazem a ciência deles. E é verdade que, instrumentalismo científico de forma alguma é um brinquedo conceitual construído para as horas de lazer dos filósofos. A ideia, propriamente dita, foi formulada originalmente pelo físico Pierre Duhem,[9] e vários físicos, incluindo Niels Bohr, que teve participação significativa na formulação da mecânica quântica, apoiaram o instrumentalismo, em grande parte motivados pela estranheza da mecânica quântica, com suas barreiras desafiadoras a interpretações realísticas diretas.[10] (Uma interpretação realística pode oferecer muito mais

---

9. Pierre Duhem, *The Aim and Structure of Physical Theory*, Princeton, NJ: Princeton University Press, 1954.

10. Jan Faye, "Copenhagen Interpretation of Quantum Mechanics", *Stanford Encyclopedia of Philosophy*, ed. Edward N. Zalta (edição do outono de 2008). Disponível em: <http://plato.stanford.edu/archives/fall2008/entries/qm-copenhagen/>.

PLATÃO NO GOOGLEPLEX

realidade do que a pessoa esperaria — o assim chamado *multiverso*.)[11] A Estranheza Quântica foi o motivo para Bohr defender o instrumentalismo. Talvez não seja surpreendente que outros físicos discordem, e, quando estão em desacordo, estão indo além do domínio da ciência teórica e mergulhando na filosofia da ciência. Eles discordam na pergunta sobre o que, precisamente, eles estão fazendo quando estão fazendo ciência. Eles estão refinando seus instrumentos para observação ou descobrindo novos aspectos da realidade?

Tudo isso para dizer que não se pode argumentar a favor da ciência como os que desdenham da filosofia fazem, sem se fundamentarem em alegações — tais como o critério da falseabilidade para afirmações científicas ou a hipótese do realismo científico — que não pertencem somente à filosofia, mas àquela "pior parte da filosofia", a filosofia da ciência.[12] Portanto, se a filosofia tiver tão pouca substância quanto Krauss afirma,

---

11. Veja a interpretação de muitos mundos da mecânica quântica elaborada pela primeira vez por Hugh Everett, em sua tese de doutorado na Universidade de Princeton, em 1957, e agora, em muitas variações, uma das correntes principais de interpretação da mecânica quântica, junto com a de Bohr. De acordo com a interpretação de muitos mundos, toda possibilidade representada na configuração espaço de eventos quânticos é observada em outros mundos que não o nosso. Portanto, a realidade consiste em um "multiverso" no qual todas as possibilidades são realizadas. David Deutsch, um defensor da teoria, argumenta que, no que concerne ao multiverso, a distinção entre fato e ficção é ilusória. Veja em seu *Beginning of Infinity: Explanations That Transform the World*, Nova York: Penguin, 2012, p. 294. Dizem que Hugh Everett, que morreu neste mundo em 1982, acreditava em sua imortalidade, baseado em sua interpretação da mecânica quântica. Infelizmente, sua filha, que se matou aos 39 anos, deixou em sua nota de suicídio que ela estava partindo para se juntar novamente a seu pai, em um universo paralelo. Veja em Shikhovtsev, Eugene. *Biographical Sketch of Hugh Everett, III* (2003), disponível em: <http://space.mit.edu/home/tegmark/everett/everett.html>.

12. Isso não é para afirmar que físicos, quando estão confinados fazendo física, precisam saber qualquer coisa sobre filosofia da ciência, mais do que precisam saber da história da ciência. Richard Feynman brincou que "filosofia da ciência é tão útil para cientistas quanto ornitologia é para os pássaros". E ainda assim, apesar da brincadeira de Feynman, devemos apresentar o contrastante ponto de vista de Einstein: "Eu concordo plenamente com você", ele escreveu para Robert Thornton, um jovem professor que gostaria de introduzir "tanta filosofia da ciência quanto fosse possível" no curso de física moderna que ele ensinava e escreveu para Einstein procurando apoio. "Tantas pessoas hoje — e até mesmo cientistas profissionais — parecem-me pessoas que viram milhares de árvores, mas nunca viram uma floresta. O conhecimento de história e filosofia dá esse tipo de independência em relação a preconceitos de geração de que muitos cientistas estão sofrendo. Essa independência, criada por conhecimentos filosóficos, é — em minha opinião — a marca de distinção entre um mero artesão ou um especialista e verdadeiro caçador da verdade." Einstein para Thornton, em 7 de dezembro de 1944, in: *Einstein Archive*, índice 61-573.

UM HOMEM ENTRA EM UMA SALA DE SEMINÁRIO

se não há forma de progredir no conhecimento filosófico, então isso é um problema tão sério para um físico como Krauss quanto é para aqueles que se dizem filósofos.

Krauss cita a velha piada de Woody Allen, mas eu me lembro de uma outra anedota:

Depois de uma vida de muito trabalho e má sorte, Jake se dá superbem no mercado de ações e compra uma casa de campo para ele e para a noiva de 40 anos, Mimi, no mercado imobiliário de luxo de Miami Beach. Na primeira noite depois da mudança, ele e Mimi saem para o quintal a fim de aproveitar a vista do oceano Atlântico e Jake descobre que as árvores do vizinho estão atrapalhando a paisagem. "Tudo bem", diz Mimi, tentando acalmar seu agitado marido, mas Jake imediatamente telefona para os vizinhos e, depois de uma longa discussão, eles concordam que, se Jake pagar, eles podam as árvores. A manutenção da paisagem é feita e, naquela noite, Jake e Mimi tomam seus lugares na varanda. Infelizmente, as árvores podadas ainda estão atrapalhando a vista. Jake liga para os vizinhos exigindo que as árvores devem ser cortadas, pela raiz, mas, dessa vez, os vizinhos se recusam a fazer o que ele pede. "Está tudo bem", Mimi pode ser ouvida implorando melancolicamente ao marido ao fundo, mas Jake, determinado a ter, ele e Mimi, a vista que seus anos de parcimônia e economia os fazem merecer, faz uma oferta para comprar a propriedade vizinha a um preço inflacionado. Os vizinhos concordam de imediato e, tão logo os papéis são assinados, Jake manda cortar as ofensivas árvores. "Sabe?", Jake fala para Mimi naquela noite, os dois sentados na varanda tomando um drinque a apreciando a desobstruída vista que eles têm do oceano Atlântico, "há coisas que o dinheiro simplesmente não compra". Assim como Jake, os que desdenham da filosofia não consideram todo o dinheiro filosófico que eles precisam gastar para chegar a seu ponto de vista.

Ainda assim, até mesmo se o mais extremista zombeteiro da filosofia não conseguir evitar totalmente se basear em um pouco de filosofia, popperiana ou alguma outra, não há aí algo para afirmar que "ciência progride e filosofia não"? Afinal, se Platão, um homem que expressou seus receios

PLATÃO NO GOOGLEPLEX

quanto a ultramoderna tecnologia de "escrever as coisas",[13] ainda consegue encontrar seu lugar em uma mesa de seminário de filosofia, isso não coloca o campo, como um todo, sob luz não progressista?

Nenhum físico que se respeite declararia que toda a física consiste em uma série de notas de rodapé de Demócrito, apesar de que esse grego, um pouco mais antigo até mesmo que Platão, conseguiu não somente conceituar, mas também nomear o átomo.[14] Da mesma forma, nenhum biólogo descreveria seu campo como meras notas de rodapé de Aristóteles, mesmo que Aristóteles, com a presciência pré-científica, tenha sido o primeiro a explicar a taxonomia do reino animal. Por que esses outros anciões não têm a mesma aceitação nesses campos científicos de que Platão desfruta na filosofia?

A resposta, proferida em uníssono por um coro de zombeteiros da filosofia, é que as ciências empíricas, muito diferentes da filosofia, tornam o progresso palpável. Em posse de meios autocorretivos de testar e de eliminar, eles incitam o mundo físico para que este tenha uma chance de reagir por si mesmo em forma de evidência experimental. Se a ciência várias vezes declarou estar em alguma direção completamente errada, acreditando, digamos, que o fogo pode ser explicado pela existência de uma coisa-fogo, o flogisto, ou que a vida pode ser explicada pela existência de uma coisa-

---

13. Veja em *Fedro*, 274d-276b, Platão, preocupado, porque escrever as coisas poderia suplantar o aprendizado genuíno. Ele estava focado no conhecimento conceitual, e se preocupava com a possibilidade de a escrita enfraquecer a percepção de o que realmente é dominar determinado conhecimento. Ter dominado um conhecimento significa que ele alterou a própria substância da mente da pessoa. Portanto, qual é a necessidade de escrevê-lo? Alguns professores me falaram que pensam nesse receio de Platão acerca da escrita, quando um aluno pergunta qual é a importância de aprender um conceito quando ele pode ser acessado na internet sempre que necessário.

14. A palavra "átomo" em grego significa "indivisível". Demócrito, que foi influenciado por seu professor Leucipo a ponto de ser difícil diferenciá-los, disse que a realidade, inclusive nós, consiste de átomos girando no vazio infinito. "Disseram que os princípios fundamentais eram infinitos em número e pensaram que eram átomos indivisíveis e intransitáveis devido a sua compacidade, e sem algum vazio dentro deles; divisibilidade é resultado de haver um vazio em corpos compostos." Isso é de Simplício, *De caelo* (242, 18). Simplício viveu no início do século VI d.C e foi um dos últimos filósofos pagãos. Devemos a ele grande parte de nosso conhecimento sobre os escritos perdidos dos que eram antigos para Simplício, cujos textos são comentários sobre os escritores que o antecederam, principalmente os da era clássica.

UM HOMEM ENTRA EM UMA SALA DE SEMINÁRIO

-vida, o elã vital, logo, o teste empírico, mais cedo ou mais tarde,[15] livrará a ciência desse tipo de ficção. Todos os mortais são falíveis, até mesmo os mais astutos entre nós, inclusive os cientistas. Somos presas para os lapsos cognitivos, alguns deles intrínsecos ao próprio mecanismo do pensamento, tais como as falácias estatísticas que estamos propensos a cometer. (Cientistas cognitivos recentemente tomaram esses lapsos cognitivos e tendências como matéria para explicações científicas.)[16] Dadas essas vulnerabilidades cognitivas, seria conveniente ter um arranjo por meio do qual a realidade pode nos repreender. A ciência é exatamente isso. Metodologia científica é o arranjo que permite à realidade nos dar respostas. Foi precisamente esse arranjo o que Karl Popper tinha em mente quando fez da falseabilidade o critério para distinguir entre o científico e o não científico, a parte da filosofia da ciência de que tantos cientistas automaticamente lançam mão quando lhes pedem que defendam o ponto de vista de que somente a ciência progride.[17] Enquanto uma afirmação sobre realidade for científica, ela será, a princípio, falseável, o que significa, nada mais, nada menos, que é dada à realidade a oportunidade de nos responder. "Ah, então você pensa que

---

15. O "mais cedo ou mais tarde" tem a função de lembrar que algumas vezes revisões científicas demoram muito mais que as garantias da evidência empírica. Cientistas são tão aptos a serem cabeças-duras quanto outro ser humano, a questão é que eles *são* seres humanos; e, como tal, eles frequentemente se apegam a teorias erradas, das quais dependem sua reputação e cosmovisão, muito depois da "lógica da descoberta científica", para citar o título de um livro do Karl Popper, faria com que eles fizessem o contrário. Para complicar a questão, há também um pequeno negócio conhecido como a teoria de que toda observação é carregada de teoria. O fato de uma pessoa sustentar a veracidade de uma teoria condiciona a maneira como a evidência é vista; evidências contrárias não serão conscientes, tornando ainda mais difícil falsificar teorias. Entretanto, apesar de a lógica da descoberta científica não ser tão clara e direta quanto cientistas defensores de Popper algumas vezes a apresentam, elaborados testes e experimentos proporcionam meios para que a natureza dê respostas para os cientistas, algumas vezes tão energicamente e sem qualquer ambivalência que hipóteses e teorias tão queridas são, mais cedo ou mais tarde, descartadas. A verdade sobre esse "mais cedo ou mais tarde", com ênfase no mais tarde, parece-me o ponto crucial de tudo o que sobreviveu do livro incendiário de Thomas Kuhn, *A estrutura das revoluções científicas* (São Paulo: Perspectiva, 2010).

16. Veja, por exemplo, A. Tversky e D. Kahneman, "Judgment Under Uncertainty Heuristics and Biases", *Science 185* (1974): 1124-31.

17. Expressei em outro lugar minhas desconfianças em relação ao princípio da falseabilidade de Popper como critério absoluto para distinguir o científico do não científico. Veja em meu texto "The Popperian Sound Bite", em: *What Have You Changed Your Minda About? Today's Leading Minds Rethink Everything*, John Brockman (Org.), Nova York: HarperPerennial, 2008.

PLATÃO NO GOOGLEPLEX

é perfeitamente óbvio que dois eventos ou são simultâneos ou não, independentemente do referencial inercial a que são submetidos, é assim? Bem, vamos exatamente ver isso!" *Voilà*, a teoria da relatividade restrita desloca a mecânica newtoniana.

A filosofia, ao contrário, é como um daqueles temidos falastrões que pensam que engajar em uma conversa com você é falar sem parar *para* você, sem solicitar — na verdade, ativamente desencorajando — qualquer resposta da sua parte, uma ideia engendrando a outra em um sistema autocontinuado (como em uma definição clássica de um "aborrecido": uma pessoa que não muda de opinião e também não muda de assunto). Exatamente da mesma forma — o que significa dizer, *de jeito nenhum* — o mundo de verdade fica envolvido quando é filosofia que faz o discurso. E é exatamente porque a filosofia é simplesmente uma falastrona de diálogos de mão única que o ritmo de seu progresso é o que é — em uma palavra: nulo. (De novo, ainda citando os zombeteiros da filosofia.)

E as ciências empíricas não são as únicas que condenam a filosofia por sua insensatez e sua futilidade. Até mesmo a matemática, embora tão abstrata e não empírica quanto a filosofia,[18] dificilmente poderíamos considerar que consiste de uma mera série de notas de rodapé de Pitágoras, o profeta encantado por números, que morreu sessenta e tantos anos antes de Platão nascer, mas de quem a concepção do universo dominada pela matemática teve profundo efeito no jovem filósofo. Não se pode dizer que a matemática é uma mera série de notas de rodapé de quaisquer dos gregos, inclusive Euclides, que nasceu 22 anos depois que Platão morreu e codificou várias das provas de seus antecessores.[19]

---

18. Matemática, obviamente, é utilizada no campo das ciências empíricas, mas em si, ela procede através do método de provas a priori, o que explica porque departamentos de matemática são tão mais baratos para universidades manterem que os departamentos de física, biologia ou química, com todas as suas subespecialidades e seus híbridos, todos exigindo grandes gastos de financiamentos nos laboratórios, observatórios, colisor de partículas e assim por diante. Matemáticos, ao contrário, precisam apenas de quadro-negro, giz e apagadores, além de grandes quantidades de cafeína, a velha piada de que matemáticos são máquinas que transformam café em teoremas. Outra piada: Filósofos são ainda mais baratos que matemáticos, já que você não precisa fornecer apagadores para eles.

19. Muito do trabalho que Euclides construiu foi feito na academia de Platão. Euclides cita Teeteto pelo nome.

34

UM HOMEM ENTRA EM UMA SALA DE SEMINÁRIO

Pensadores antigos, tais como Demócrito, Aristóteles e Pitágoras, foram deixados na poeira antiga dos campos de física, biologia e matemática. Demócrito, se tivesse hoje a intenção de se formar em física, não iria muito longe com sua abordagem especulativa livre e provavelmente ficaria surpreso com a quantidade de matemática — cálculo em matemática clássica, para começar — em que ele teria que se aprofundar se quisesse entender conceitos modernos de matéria e energia, espaço e tempo. A fusão de técnicas experimentais com descrições matemáticas foi o grande salto adiante, alcançado no século XVII, que nos conduziu ao ponto em que, de acordo com Krauss, "'filosofia natural' virou física".[20] Demócrito também teria que se dedicar a longas horas de laboratório, planejando experimentos sob condições cuidadosamente controladas, e fazendo medições por meio de instrumentos projetados para precisamente extrair a informação correta. Quanto a Aristóteles, se ele decidisse se formar em biologia, sua primeira tarefa seria se aprofundar na teoria de seleção natural, junto com genética, sem as quais ele não conseguiria nem começar a compreender as explanações contemporâneas de estruturas e funções biológicas. E então vem Pitágoras. Segundo a lenda, o fundador da matemática teórica se sentiu tão ultrajado quando um de seus alunos, Hipaso — para seu azar, um gênio — descobriu os números irracionais[21] que ele mandou o coitado numa viagem de barco para se afogar, o que iniciou uma venerada tradição de professores destratarem seus alunos de pós-graduação. Pitágoras, se quisesse continuar

---

20. Veja uma magnífica argumentação sobre essa fusão em E. A. Burtt, *As bases metafísicas da ciência moderna*, Brasília: Editora da UnB, 1983. O livro de Burtt, publicado pela primeira vez em 1924 e, escandalosamente, fora de catálogo por décadas, foi reimpresso em 2004 por Dover. Esse trabalho pouco conhecido ainda hoje é perspicaz de uma forma animadora, tanto quanto quando foi publicado pela primeira vez, até mesmo enquanto alguns de seus mais ostensivos spin-offs estão revelando mal sua idade. Parece que Thomas Kuhn não tinha noção de que Burtt o influenciava por meio de Alexandre Koyré, a quem ele dá crédito. Veja as considerações sobre a influência de Burtt sobre Koyré em Villemaire, Diane Davis, *E. A. Burtt, Historian and Philosopher. A Study of the Author of "The Metaphysical Foundations of Modern Physical Science"*, Boston Studies in the Philosophy of Science (Book 226), Dordrecht: Kluwer Academic Plublishers, 2002.

21. Usando o Teorema de Pitágoras, um quadrado com lados de uma unidade tem a diagonal igual à raiz quadrada de dois, que é um número irracional. Se alguém tentar escrever isso como uma fração de dois números inteiros, essa pessoa poderá criar uma contradição. Isso, mais ou menos, foi a dedução de Hipaso (ou, pelo menos, é assim que pensamos).

PLATÃO NO GOOGLEPLEX

os estudos para se formar em matemática moderna, teria que aprender a respeitar muito mais os resultados contraintuitivos do que em números que não podem ser escritos como razões entre dois números inteiros. Da raiz quadrada de -1 à revelação de Georg Cantor dos domínios infinitos infinitamente mais infinitos que outros domínios infinitos, aos teoremas incompletos de Kurt Gödel, os matemáticos constantemente deslocaram as fronteiras entre o concebível e o inconcebível, e Pitágoras teria longas horas de surpreendente euforia.

E sempre que Demócrito, Aristóteles e Pitágoras necessitassem de tutoria especial, cada um em seu campo, nosso homem, Platão, estaria falando sem parar em uma mesa de seminário de filosofia. Isso não é prova suficiente de que há alguma coisa muito estranha com o campo inteiro da filosofia?

Mas vamos parar aqui por um instante. Já que Demócrito, Aristóteles e Pitágoras são oficialmente classificados como filósofos, o campo da filosofia não deveria levar algum crédito, no fim das contas, por esses campos bem-sucedidos e distantes que deixaram esses anciões bem para trás? "De jeito nenhum", responde o coro de zombeteiros da filosofia. Ah, claro. A filosofia, ao jogar perguntas em todas as direções, como uma criança que acabou de descobrir o exasperador poder de mecanicamente anexar "Por quê?" a cada uma das respostas que recebe, conseguiu, no decorrer de sua excessivamente longa história, às vezes propor algumas boas questões, o que quer dizer, perguntas que têm respostas de verdade, e não variações sobre aquelas inúteis, insondáveis ou não, árvores na floresta para as quais nenhum fato relacionado à questão é passível de ser descoberto contaria como algum tipo de solução. Filósofos, perguntando e perguntando sem jamais ter meios de responder, algumas vezes fazem perguntas que são, de certa forma, *protocientíficas*, apresentadas antes ainda de existir a ciência que possa ir ao encalço delas de forma efetiva, ou seja, empiricamente. Mas mesmo que sejam os filósofos a perguntar, sempre são os cientistas a responder. O papel da filosofia, em toda essa questão, é levantar um cartaz que diz "Precisa-se desesperadamente de ciência aqui". Ou ainda, mudando a metáfora, a filosofia é uma despensa refrigerada na qual perguntas são estocadas até que cientistas apareçam para lidar com elas. Ou, para mudar

UM HOMEM ENTRA EM UMA SALA DE SEMINÁRIO

a metáfora ainda mais uma vez, filósofos sofrem de ejaculação precoce e propõem perguntas constrangedoramente muito cedo, derramando o gênio seminal sem nenhum efeito.

Essa é a visão — escolha sua metáfora — que Krauss propôs quando diagnosticou por que os filósofos se sentem tão ameaçados, como ele diz, pelo crescente poder das ciências, particularmente da física, que eles trataram a resposta que ele propôs para a clássica pergunta "Por que existe alguma coisa em vez de nada?" com menos que uma ovação universal, insistindo que a física citada, apesar de formidável, não aborda a questão especificamente *filosófica*.[22] E, independentemente de os filósofos estarem ou não certos quanto à resposta proposta por Krauss para essa específica questão filosófica, ainda há seu maior argumento de que a principal contribuição da filosofia para o desenvolvimento do conhecimento está em oferecer uma despensa refrigerada.

Então, pegue os primeiros filósofos que se encontram listados em um texto de história da filosofia ocidental. Dizem que a filosofia começou por volta do fim do século VII a.C., não propriamente na Grécia, mas na costa da Ásia Menor, onde hoje é a Turquia, em colonizações gregas que constituíram a Jônia, em ricas cidades que tinham contato não somente com o restante da Grécia, mas com as civilizações mais antigas, mais bem estabelecidas do Egito e do Oriente Próximo. Os primeiros filósofos — homens como Tales e Ana-ximandro, ambos residentes na cidade de Mileto, na Jônia, que é, portanto, merecedora de registro oficial de terra natal da filosofia — eram protocien-tistas, faziam perguntas e, algumas vezes, até adivinhavam respostas semi-precisas, perguntas e respostas que, mais tarde seriam apropriadas por físicos e cosmólogos, que minimizaram o trabalho de adivinhação e começaram a trabalhar experimentalmente com a realidade de modo a obter respostas.[23]

---

22. O ataque de Krauss à filosofia foi provocado pela resenha sobre seu livro *Um universo que veio do nada: Porque há criação sem Criador* (Rio de Janeiro: Paz e Terra, 2013), escrita pelo filósofo David Albert (que também possui doutorado em física teórica) no *New York Times Book Review*, em 23 de março de 2012.

23. Os filósofos da Jônia não passaram por cima da observação. A acertada previsão de Tales da ocorrência de um eclipse, por exemplo, provavelmente foi baseada em observação cuidadosa, e também em registros de observações arquivadas por babilônios aos quais teve acesso. Mas o método experimental completo de preparar condições para captar a natureza precisou esperar os fundadores da ciência moderna, sendo o mais notável, Galileu.

PLATÃO NO GOOGLEPLEX

Os primeiros filósofos da Jônia teriam sido excelentes cientistas. Eles estavam fervilhando com o tipo certo de curiosidade sobre o mundo físico, e suas inclinações eram totalmente *materialistas* — eles intuíram que há algum tipo fundamental de substância que é uniforme por toda a miríade de fantasmagoria que percebemos — tanto quanto eram *naturalistas* —, eles intuíram que um pequeno número de leis fundamentais subjaz em todas as mudanças incessantes. Na verdade, apelidamos isso de "intuir" (um verbo que os filósofos chamam de "termo de sucesso" e os linguistas de "verbo factivo"), em vez de "imaginar", porque aqueles jônicos, no fim das contas, estavam certos na intuição de que havia algum princípio material fundamental que constituía tudo no universo ($E=mc^2$ é um princípio materialista). E estavam certos na intuição de que uma regularidade inteligível subjazia à natureza. Estavam certos ao afirmar que eventos físicos não são resultados de brincadeiras caprichosas de deuses poderosos, mas têm a forma de leis, ou, como a filosofia moderna diz, *nomológicos*, do grego *nomos*, que significa lei. De todos os conceitos que fizeram a ciência possível, nenhum é mais essencial que aquele que o físico e historiador da ciência Gerald Holton chamou de "Encantamento Jônico": a intuição de que a natureza é governada por um número pequeno de leis que explicam a vasta complexidade observada no universo físico.[24] Esse encantamento, se é que se trata de encantamento, enfeitiça toda a ciência. Uma vez que os jônicos postularam isso de forma inteligível, a pergunta seguinte foi qual era a forma apropriada de conceber essa inteligibilidade, e essa questão continuou como polêmica ao longo da era clássica grega. Essa é a pergunta que determina o ponto crítico da diferença entre Platão e Aristóteles, com Platão voltado para a estrutura matemática como o que fornece inteligibilidade e Aristóteles voltado para a teleologia.

A ciência simplesmente não pode colocar em dúvida a intuição nomológica jônica e ainda assim permanecer ciência. No caso de alguma observação entrar em conflito com o que os cientistas desde então acreditaram ser uma lei da natureza, a resposta científica jamais irá considerar a possibilidade de

---

24. Leia de Holton *Einstein, History, and Other Passions: The Rebellion Against Science at the End of the Twentieth Century*. Cambridge, MA: Harvard University Press, 2000, capítulo 7, "Einstein and the Goal of Science".

UM HOMEM ENTRA EM UMA SALA DE SEMINÁRIO

que compreendemos mal a intuição jônica; em vez disso, a resposta científica é que entendemos mal aquela específica lei natural ou aquele aglomerado de leis. Cientistas podem até mesmo decidir, como parece que já fizeram, que as leis que regem o movimento das partículas subatômicas da matéria são irredutivelmente estatísticas. Esse é um pensamento radical sobre a natureza das leis naturais, mas não tão radical quanto a negação da intuição jônica seria; essa possibilidade é cientificamente impensável. É condição fundamental para se fazer ciência que nada do que possivelmente pudéssemos observar contaria como violação do Encantamento Jônico, pelo menos a parte que postula o caráter nomológico da realidade física. Nada contaria como evidência de que nossa realidade física não é governada pelas leis da física. Ao contrário, uma resposta científica seria que não formulamos as leis corretamente.[25]

Os jônicos se deram conta de outro importante aspecto do que acabaria por ser incorporado ao método científico. Anaximandro, que escreveu um longo poema há muito tempo desaparecido intitulado *On Nature* [Sobre a natureza] e do qual apenas alguns fragmentos chegaram até nós, levantou a hipótese da existência do que os contemporâneos filósofos da ciência classificariam como entidade teorética ou construção teorética: algo que não se pode observar diretamente, como um campo quântico, mas que é conceitualizado no contexto de uma teoria geral com intenção de explicar o máximo possível de observações. Várias construções teóricas foram formu-

---

25. O argumento de David Hume sobre o "princípio da uniformidade da natureza" se resume ao argumento de que, como a ciência presume legalidade da natureza, ela não consegue proporcionar evidência não circular para isso. "Porque todas as inferências a partir da experiência supõem, como fundamento, que o futuro se assemelhará ao passado e que poder similiar será associado a qualidades sensíveis semelhantes. Se houver suspeita de que o curso da natureza pode mudar e que o passado pode não ser regra para o futuro, qualquer experiência se torna inútil e pode ser a origem de nenhuma inferência ou conclusão. É impossível, portanto, que qualquer argumento resultante de experiência possa provar semelhança entre passado e futuro, já que todos esses argumentos são fundados na suposição da similaridade. [...] Minha prática, você diz, refuta minha dúvida. Mas você confunde a intenção da minha pergunta. Como um agente, estou bastante satisfeito com meu objetivo; mas, como um filósofo que tem alguma curiosidade, não vou dizer ceticismo, quero aprender o fundamento dessa inferência." in: *Investigação sobre o entendimento humano* (coleção Os pensadores, São Paulo: Abril Cultural, 1980), capítulo 4 "Skeptical Doubts Concerning the Operations of the Understanding" [Dúvidas céticas sobre as operações do entendimento].

PLATÃO NO GOOGLEPLEX

ladas e várias outras foram descartadas ao longo do progresso científico.[26] Os mais obscuros alcances da física teórica ainda são no campo das coisas que Anaximandro tentou pela primeira vez, sendo a grande diferença que essas teorias devem de alguma forma estar conectadas com consequências observáveis, ou predições, que servirão para testá-las. Os genes são uma construção teórica que permitiu um magnífico desenvolvimento do poder de explicação da biologia, um sucesso que deve nos lembrar de que chamar uma entidade de construção teórica não significa que não sabemos que ela existe (pelo menos aqueles entre nós que são realistas científicos). Somente explica como chegamos a saber da existência de uma coisa específica em questão, que não foi algo provado por meio de observação direta, mas sim pelo funcionamento em uma explicação científica.

Anaximandro denominou sua construção teórica *apeiron*, ou o ilimitado, uma coisa ou outra básica que é indefinida em si, subentendendo todas as qualidades possíveis, conciliando em sua infinitude todos os opostos, a partir do qual se precipita toda a abundância do mundo. O *apeiron* de Anaximandro é a primeira aproximação de nossa concepção moderna de matéria.

A concepção de Anaximandro do princípio material fundamental foi um salto adiante gigantesco na teorização imaginativa, especialmente se comparada a de seu professor, Tales, dono do título oficial de "primeiro filósofo ocidental". Tales, também procedendo da intuição de primeira classe de que há unidade material por trás da diversidade, tinha se decidido pela água, apesar de algumas pessoas afirmarem que sua referência à água era uma metáfora. Se era, não a compreendeu assim Aristóteles,[27] o mesmo ocorrendo com Bertrand Russell, que escreveu:

---

26. Entre as descartadas estava, por exemplo, a teoria do flogisto, a substância do fogo; coisas que queimam possuem flogisto em sua composição, que é liberado como fogo, motivo pelo qual, após um incêndio, algo frequentemente acaba em cinzas. Flogisto, como hipótese explicativa, foi eliminado pela teoria da oxidação, estabelecida por Lavoisier ao pesar objetos antes e depois de queimá-los. O fluido calórico, que servia para explicar o calor, foi outra entidade teórica de que se desistiu; essa eliminação foi alcançada pela identificação do calor com o movimento molecular.

27. Chegaram até nós somente fragmentos desses primeiros filósofos, que pareciam ter escrito textos de prosa curta ou, em alguns casos, poesia obscura, estabelecendo seu ponto de vista. Nosso conhecimento sobre esses primeiros filósofos vem, na maior parte, de relatos sobre eles feitos por comentaristas que podem ou não ter tido acesso direto aos escritos. Proeminente entre esses comentaristas está Aristóteles, que escreveu sobre outros filósofos em *Metafísica*.

UM HOMEM ENTRA EM UMA SALA DE SEMINÁRIO

Em todo curso de história da filosofia, a primeira coisa a ser mencionada é que a filosofia começou com Tales, aquele que disse que tudo é água. Isso é desanimador para o iniciante que está lutando — talvez não com muito afinco — para sentir aquele respeito pela filosofia que parece que o currículo espera dele. No entanto, há muitos motivos para respeitar Tales, porém mais pelo homem da ciência que foi do que como filósofo no sentido moderno da palavra.[28]

Tive a sorte de meu professor, no primeiro curso em filosofia, ter indicado a leitura de *História da filosofia ocidental,* de Russell, e minha admiração por sua verve e clareza jamais acabou. Meu agente literário certa vez tentou me convencer a enfrentar Bertrand Russell e escrever um novo *História da filosofia ocidental*, ampliando, para filósofos que vieram depois de John Dewey, o último verbete escrito por Russell. Descartei a sugestão por dois motivos óbvios, ambos envolvendo comparações entre mim e Lord Russell. A primeira é a óbvia. Lord Russell é um dos pensadores preeminentes de seu tempo. A segunda é que o tempo disponível que permitiu a Russell assumir o tomo foi garantido a ele por estar na prisão.[29] Ficar fora da prisão tem sido meu objetivo de vida. Então fiz uma contraproposta para meu agente: história da filosofia ocidental em versos humorísticos, uma tarefa para a qual eu, provavelmente, sou mais qualificada que Lord Russell e que seria, de toda forma, mais rápida.

E aqui está meu primeiro verbete, que soa melhor, se é que soa bem, quando lido com sotaque nova-iorquino:

> Desde o início a filosofia procurou
> Pela ordem por trás da desordem
> Tales tomou um gole de vinho barato
> E nisso fez algo divino:
> Olha, isso é nada mais que pura água![30]

---

28. Bertrand Russell, *História da filosofia ocidental*. Rio de Janeiro: Nova Fronteira, 2015.

29. Seu crime foi distribuir literatura pacifista durante a Primeira Guerra Mundial. Hitler o fez renunciar a seu pacifismo mais tarde, a ponto de ele desejar ser mais jovem para vestir um uniforme próprio. Veja Russell, *Autobiography of Bertrand Russell* [*Autobiografia de Bertrand Russell*, em tradução livre], Londres: Routledge, 2000, p. 438.

30. Em tradução livre a partir do original: "*From the beginning philosophy sought for/ The order behind the disorder/ Thales sipped cheap wine/ And in this did divine:/ Why it's nothing at all but pure water!*" (*N. da T.*)

PLATÃO NO GOOGLEPLEX

Meu leitor ficará aliviado por saber que abandonei esse projeto.

Apesar de Anaximandro rebaixar a água metafisicamente, ele manteve o elemento proeminente ao propor que certa vez ele cobrira a superfície da Terra, tendo toda a forma de vida originado de uma sopa primordial, com seres humanos desenvolvendo — ou evoluindo, como provavelmente diríamos — a partir do peixe. (Anaximandro deve ter recorrido a fósseis ao propor com tanta alegria tais hipóteses. Não sabemos.)

Outro filósofo do século V que também cabe no molde do protocientista em busca de uma metodologia empírica foi Empédocles de Agrigento, uma cidade localizada não na Jônia, mas na Sicília, colonizada pela Grécia.[31] Empédocles listou pluralisticamente os elementos materiais básicos em quatro — terra, ar, fogo e água — e especulou que todas as mudanças eram reguladas por duas forças imanentes, que ele chamou de Amor e Luta, mas que podemos avançar a uma respeitabilidade científica ao desantropomorfizá-los em atração e repulsão. Desses quatro elementos e dessas duas forças o universo foi gerado, incluindo as formas vivas, apesar de não serem da forma como as conhecemos, mas em forma de órgãos desconectados, que, impulsionados pela força atrativa do amor, se fundiram com outros órgãos para formar organismos inteiros, alguns dos quais eram demasiado monstruosos e muito fora de forma para sobreviver, um modo de raciocínio que Empédocles de Agrigento se aproximasse de uma teoria protocientífica da seleção natural.[32]

---

31. Os gregos colonizaram toda a bacia do Mediterrâneo e a "Hepseria", ou Terra Ocidental, conhecida como Magna Grécia, Grande Grécia. Pitágoras também, apesar de nascido na ilha Samos, no mar Egeu, acabou por se estabelecer na costa leste da Itália, na cidade de Crotona. Platão foi passar algum tempo na Itália entre os pitagóricos, e o misticismo matemático deles teria penetrado profundamente em seu pensamento.

32. A ideia procientífica grega de organismos anexados a outros organismos para criar uma nova forma de vida, algumas mais bem preparadas para sobreviver que outras, tem contrapartida na biologia molecular moderna. Imagine as mitocôndrias, organelas encontradas nas células de todos os animais que utilizam glicose para gerar ATP, nossa fonte de combustível. Mitocôndrias, uma das partes mais essenciais de formas de vida, já foram organismos de vida livre. Eles foram engolidos pelo ancestral unicelular de todos os animais, mas resistiram sendo digeridos e mantiveram a integridade, fazendo com que vidas complexas fossem possíveis. O cloroplasto, que faz plantas serem verdes e permite a elas fazer fotossíntese, tem uma história parecida.

UM HOMEM ENTRA EM UMA SALA DE SEMINÁRIO

Então, Demócrito, um filósofo que formulou uma construção teórica (o átomo), que provaria ser vital nas concepções modernas de matéria,[33] pertenceu a uma tradição filosófica mais profunda, a de pensadores que faziam o tipo de pergunta que, mais tarde na história da Europa, seria enfrentada por pessoas como Francis Bacon e Galileu Galilei, além de Isaac Newton. Mas dessa vez, uma metodologia de teste experimental em condições cuidadosamente controladas seria executada com o uso de instrumentos especificamente projetados para a tarefa. Essa metodologia removeria definitivamente essas questões do domínio da filosofia especulativa e as entregaria ao território das ciências empíricas, aquela genial organização por meio da qual à realidade é dada oportunidade de nos responder.[34]

Essa mini-história da origem da filosofia pode ser organizada como uma forma de evidência para o argumento maior que os zombeteiros da filosofia tentam criar de que a atividade de apresentar perguntas científicas prematuras é a coisa mais útil de que a filosofia pode ser acusada. Mas, uma vez que a teoria científica apropriada é desenvolvida, o que essencialmente inclui os meios para testá-la, a utilidade da filosofia acaba, e perguntas que foram submetidas à ruminação e à insistente chateação por uma quantidade de tempo impensável, sem nenhum progresso, de repente nos impulsiona em direção ao conhecimento, finalmente a Coisa Real. O fato de as questões da filosofia serem irrepreensíveis significa que filósofos com frequência apresentam questões que acabam por ser apropriadas por disciplinas das ciências quando elas surgem: física, cosmologia, química, biologia e psicologia (que surgiu um tanto mais tarde), lógica, linguística e ciência da computação (que surgiu ainda mais tarde), ciência cognitiva e neurociência. Enquanto as disciplinas científicas surgem, o número de perguntas filosóficas — as deixadas para

---

33. Além de Leucipo e Demócrito, os anciãos presos a teorias corpusculares da matéria incluíam Epicuro e Lucrécio, que escreveu essa filosofia em magnífica poesia em seu texto *De Rerum Natura*, ou *Sobre a natureza das coisas*. A acidental sobrevivência do poema de Lucrécio foi tema da obra de Stephen Greenblatt, *A virada: O nascimento do mundo moderno*, São Paulo: Companhia das Letras. Como o título anuncia, a obra tenta delimitar para esse poema um papel de pivô na retomada europeia da trilha secular-humanista seguida pela primeira vez na Antiguidade.

34. As ciências eram conhecidas como filosofia natural até meados do século XIX quando a palavra "ciência", derivada da palavra em latim que significa conhecimento, passou a fazer parte do léxico.

PLATÃO NO GOOGLEPLEX

trás — diminuem. Se uma câmara frigorífica é tudo o que a filosofia pode oferecer, o curso natural do progresso científico irá, em algum momento, esvaziar a câmara frigorífica até que só restarão os eternos fracassados da laia dos que discutem a silenciosa, ou não, queda de árvores na floresta.

Essa previsão pode ser formulada matematicamente (um livro centrado em Platão deve ter pelo menos uma equação):

Equação do Destino da Filosofia:

$$\Phi_t \to \infty = \varnothing$$

que significa que, na medida em que o tempo t se aproxima do infinito ∞, o conjunto de problemas filosóficos Φ se iguala ao conjunto vazio $\varnothing$.

Krauss estava, na realidade, propondo a Equação do Destino da Filosofia, no entanto, como a anedota de Jake sugeriu, precisamos de certa quantidade de filosofia — filosofia pertencente à "pior parte da filosofia", filosofia da ciência — para tornar a equação inteligível. Mas se os zombeteiros da filosofia conseguem aceitar essa pequena quantidade de filosofia, então, pode ser que a Equação do Destino da Filosofia possivelmente seja verdadeira.

A pergunta sobre a veracidade da Equação do Destino da Filosofia é uma preocupação fundamental deste livro. Mais de dois milênios se passaram desde que Platão herdou um conjunto de questões filosóficas de um personagem extraordinário conhecido dele chamado Sócrates, um homem que andava pela ágora ateniense e envolvia qualquer um que conseguisse — desde a figura política ao sofista (professor de retórica), de poetas a artesãos, de garotos de escola a escravos — em discussões filosóficas. A ocupação de Sócrates, por mais inócua que possa parecer, no fim das contas o deixou com sérios problemas, e ele foi levado a julgamento, condenado e executado pelo crime de persistentemente propor suas peculiares questões; as acusações formais foram heresia e corrupção de jovens. Nesse julgamento, Sócrates explicou, pelo menos de acordo com Platão, que não tinha nenhum tipo de interesse nas questões propostas por Tales e Cia. — exatamente aquelas questões que hoje, ao olharmos para trás, apelidamos de "protocientíficas" —, mas,

44

UM HOMEM ENTRA EM UMA SALA DE SEMINÁRIO

ao contrário, estava apenas preocupado com questões que ajudassem uma pessoa a determinar qual tipo de vida vale a pena ser vivida.[35] Sócrates denominou a esfera desse pensamento *epimeleia heautou*, preocupe-se consigo mesmo.[36] Para Sócrates, essas eram as principais questões filosóficas. E essas questões, ele insistiu, não deveriam ser respondidas por meio dos questionamentos de Tales e Cia. apesar de que, ele afirmou, eles também tinham respostas objetivas e detectáveis.

Tendo recebido de Sócrates algumas dessas questões peculiares, Platão seguiu em frente, intensificando a esfera das questões filosóficas para além daquelas propostas por Sócrates, formulando questões não só sobre ética, mas também sobre metafísica, epistemologia, filosofia política, filosofia da linguagem, filosofia da mente, filosofia da ciência, filosofia da matemática, filosofia da arte, filosofia do direito, filosofia da religião, filosofia da educação e filosofia da história. Ao captar a essencial peculiaridade das questões específicas de Sócrates, ele conseguiu elevar todo o continente da filosofia, como o continente perdido da Atlântida, içado das profundezas, o que é uma metáfora especialmente relevante, já que o primeiro registro de alusão à Atlântida é do próprio Platão.[37]

---

35. Sobre a rejeição de Sócrates ao que hoje chamamos questões protocientíficas, veja *Apologia de Sócrates* 19c e 26d e *Fédon* 96a-100a. Veja também Xenofonte, *Memoráveis*, I. 1.12-16. A respeito de nossas fontes sobre Sócrates, que não publicou nada sozinho, veja o apêndice A.

36. *Apologia de Sócrates* 29d.

37. Platão descreveu a civilização avançada, destruída por um desastre natural e engolida pelo oceano, em *Timeu*. "Algum tempo mais tarde terremotos excessivamente violentos e enchentes ocorreram, em seguida, o início de um dia insuportável e uma noite, toda sua força guerreira afundou debaixo da terra de uma vez, e a Atlântida também afundou para debaixo do mar e desapareceu." (25c-d) Há evidências geológicas e arquitetônicas de que Platão, ao relatar o que ele chamou de "história de um mundo antigo" (21a), confiava na memória cultural milenar da civilização minoica, que existiu em Creta e em outras ilhas, inclusive na Thera Antiga, cuja brilhante civilização (com água encanada!) estava sobre um vulcão que entrou em erupção por volta de 1500 a.C. O arquipélago de Santorini, com seus grandes depósitos de pedras-pomes, é o que restou do que um dia foi a ilha de Thera. Os tsunamis que o vulcão provocou — que, hoje, acredita-se somente não terem sido piores que a erupção de 1815, em Tambora, na Indonésia — podem ter sido responsáveis pela destruição da rica e avançada civilização minoica, em Creta. Veja Richard A. Lovett, "'Atlantis' Eruption Twice as Big as Previously Believed, Study Suggests", *National Geographic News*, 23 de agosto, 2006. O tema do fim de uma civilização em destruição cataclísmica provavelmente ressoou com o pessimismo histórico de Platão, talvez intensificado enquanto ele envelhecia. (A obra *Timeu* é normalmente classificada como um de seus últimos diálogos.)

PLATÃO NO GOOGLEPLEX

Mas, como eu disse, já faz 2.400 anos. Os questionamentos de Tales e Cia., agora as ciências naturais maduras, aventuraram-se em esferas que cientistas de cinquenta anos atrás jamais poderiam sonhar, muito menos um homem que falava o dialeto jônico da Grécia antiga. Não é apenas em nome da física e da cosmologia que os zombeteiros da filosofia podem alegar que finalmente estão respondendo perguntas filosóficas antigas com as quais filósofos têm lutado há muito tempo. Provavelmente, de uma relevância ainda mais premente, são as novas filosofias da mente, psicologia evolucionista e cognitiva e a neurociência social e afetiva, que juntas construíram os poderes explicativos de como a mente funciona, tanto que ambas, ética e filosofia da mente, caíram nas graças da ciência, inclusive nas graças da imagem funcional de ressonância magnética.[38] E então há a tecnologia representada pelo computador, permitindo não somente um incalculável acesso à informação, mas também nos forçando a repensar a própria natureza do conhecimento, bem como da epistemologia, e da entidade que conhece, ou seja, a mente, e do estudo filosófico dessa entidade, a filosofia da mente. A cosmologia, destruidora da metafísica; a neurociência, destruidora da ética e da filosofia da mente; a ciência da computação, destruidora da epistemologia e da filosofia da mente: o que Platão diria disso tudo? Seja o que for que ele dissesse ainda teria relevância filosófica? E se tivesse, isso não seria uma prova colossal de que a filosofia — os pequenos pedaços congelados que ainda restam na câmara frigorífica — nunca progride?

A persistência de Platão certamente está muito bem para Platão e sua reputação, mas não parece fazer nenhum bem à filosofia. Para deixar a questão bem clara: Se nenhuma a filosofia progride, então por que Platão não desaparece simplesmente?

Há, no entanto, um aspecto do que acontece ao redor de uma mesa de seminário de filosofia que seria diferente para Platão. Com certeza não encontraremos lá alguém escrevendo diálogos. Nenhum dos artigos apresentados no seminário fará o que Platão fez, que é transformar pontos de

---

38. Veja o capítulo I.

UM HOMEM ENTRA EM UMA SALA DE SEMINÁRIO

vista filosóficos em personagens. Por que alguém iria perder tempo em um projeto desse tipo, meros babados contornando os argumentos, quando é o argumento o que conta para tudo em filosofia, e já é difícil o suficiente para alguém entender? A necessidade de esclarecer a alegação não é exatamente o ponto de Platão, e não foi o que determinou o estilo de escrita baseado nos componentes essenciais do argumento que a filosofia adotou, seu rigor e impessoalidade?

Ah, claro que vai haver bastante diálogo espirituoso ao redor da mesa de seminário, um verdadeiro clamor de diálogo. "Várias objeções vêm à mente." "Parece haver duas interpretações para o que você acabou de dizer. Pode me esclarecer o que você quer dizer com isso?" "É verdade que se você supõe A, então B é o que segue. Mas essa sua suposição A não depende da condição C e não poderíamos imaginar circunstâncias em que C não ocorre? Por exemplo, considere D." Esse tipo de troca de ideias infindável — que Platão se esforçou para dramatizar em seus diálogos — está viva e bem, exatamente como Platão teria conduzido. Mas ainda assim, o estilo de escrita filosófica é bem diferente, no seguinte sentido: Não há personagens para encontrarmos — quer dizer, não nos diálogos. Há uma grande quantidade de personagens sentados ao redor da mesa de seminário. Mas a voz procurada é impessoal e precisa, até mesmo nos comentários e há boas razões para isso, que remetem novamente a Platão e suas visões que moldaram a natureza do campo.

Haverá diferentes pontos de vista sentados ao redor da mesa de seminário, todos atacando os mesmos argumentos, analisando-os, criticando-os, tentando alcançar evidências boas o suficiente para compelir a aceitação, independentemente das diferenças pessoais. Progresso em filosofia consiste em, pelo menos em parte, colocar constantemente em evidência os dissimulados pressupostos que cavam seu caminho até o fundo de nossos pensamentos, fundo demais para que possamos até mesmo ter consciência delas. Alguns desses pressupostos são societais, espalhados entre nós por meio de bem--sucedidos memes. (Um dos mais bem-sucedidos memes atuais é a própria noção de meme.) Alguns se voltarão para o mais pessoal e excêntrico, enraizados na história e na psicologia de alguém. Entretanto, independentemente da fonte desses pressupostos dos quais não temos consciência, eles devem ser evidenciados e questionados. Evidenciar é do que consiste o progresso filosófico, como Platão mesmo afirma na passagem que provavelmente é a mais famosa dentre seus escritos, quiçá em toda a literatura ocidental. É a passagem de *A república* em que Sócrates descreve um grupo de prisioneiros acorrentados vivendo em uma caverna onde sombras são projetadas na parede dos fundos pelo fogo que queima atrás deles. Um dos prisioneiros se liberta e consegue sair para onde há luz. Retornaremos à metáfora ou Mito da Caverna (Platão o chamou *muthos*) em um capítulo mais à frente. Platão descreve a jornada até a luz como bastante solitária, apesar de que alguma pessoa não vista empurra o prisioneiro para fora da caverna; mas o formato dos diálogos (assim como ele ter fundado a Academia) incentiva a visão de que, ao contrário, Platão concebia a filosofia como necessariamente gregária, em vez de solitária. A exposição de pressupostos é mais bem-feita se em companhia, e quanto mais argumentativa ela for, melhor. É por isso que debates ao redor de uma mesa são tão essenciais. É por isso que filosofia deve ser argumentativa. Ela procede por meio de argumentos, e argumenta-se sobre os argumentos. Tudo é transmitido no estimulante dialético vento que os pontos de vista em conflito agitam. Somente dessa forma pode a intuição, que tem sua fonte em idiossincrasias societais ou pessoais, ser exposta e questionada. No que dizia respeito à democracia, Platão não era grande fã — pelo menos não da democracia como ele via sendo praticada em Atenas — mas o campo que ele criou honra um tipo de democracia. É a democracia epistêmica que exclui o apelo por privilégio especial.[39] Não há nada como "Bem, fui criado para acreditar nisso", ou "Simplesmente sinto que está certo", ou "Sou cúmplice de uma voz que sussurra no meu ouvido", ou "Sou evidentemente mais esperto que todos vocês, então, simplesmente, aceite que eu sei mais aqui". O debate ao redor da mesa de seminário admite

---

39. Josiah Ober usa a noção de "democracia epistêmica", mas em um sentido diferente: Ele argumenta que a democracia ateniense era baseada no conhecimento, seus princípios de organização política e social sensíveis à evidência. Veja dele *Democracy and Knowledge: Innovation and Learning in Classical Athens* [Democracia e conhecimento: inovação e aprendizado na Atenas clássica]. Princeton: Princeton University Press, 2010.

UM HOMEM ENTRA EM UMA SALA DE SEMINÁRIO

apenas argumentos e considerações que podem, a princípio, criar afirmações em todos que concordam com o projeto da razão: pessoas atraídas, que avaliam e que são persuadidas por razões. Todo o estilo de filosofar foi ditado pela visão de Platão sobre as possibilidades de usar o projeto da razão para encontrar o caminho de saída da caverna assombrada pela ilusão.

Ainda assim, Platão escolheu escrever em um estilo muito diferente. Ele escreveu em diálogos, esbanjando interesse pelas características idiossincráticas de seus personagens dialógicos, vários deles baseados em pessoas reais,[40] e nos mostrando como a personalidade deles se manifesta na posição filosófica de cada um e na forma de cada um defender sua posição. Há personagens tão vivos que alguns especialistas argumentaram terem sido os diálogos escritos, na verdade, com intenção de que fossem encenados, e que eles teriam sido, em sua Academia.[41]

A escolha dele por uma forma que personaliza as posições filosóficas é notável, já que Platão não tem intenção de sugerir por sua escolha estilística de que a própria verdade seja pessoal. Ele não está dizendo que o máximo que podemos dizer, ao confrontarmos uma opinião referente a uma questão filosófica, é que essa é a maneira que essa pessoa em particular pensa, é a "filosofia" *dela* e fim de papo. Esse era o posicionamento de vários sofistas na época dele, os professores de retórica que ensinavam a sua arte de persuadir independentemente da verdade, e Platão detestava os sofistas. Aliás, em grande parte devido a sua hostilidade, a palavra "sofisma", derivada da palavra grega para conhecimento — *sophia*, Σοφια — assumiu seu significado pejorativo.

Para Platão, a própria escrita sobre filosofia levantou questões filosóficas. Na *Carta VII*, ele incrivelmente afirma que nunca comprometeu suas próprias visões filosóficas com a escrita:

---

40. Veja Debra Nails, *The People of Plato: A Prosopography of Plato and Other Socratics*, Indianapolis: Hackett, 2002. Esse livro oferece pequenas amostras das histórias sobre as personas que povoam os escritos de Platão.

41. Sobre o argumento de que os diálogos foram criados para que fossem encenados com seriedade, veja Nikos G. Charalabopoulous, *Platonic Drama and Its Ancient Reception*, Cambridge: Cambridge University Press, 2002. Veja também a crítica de Emily Wilson sobre Charalabopoulous, em *Bryn Mawr Classical Review* (dezembro de 2012), disponível em: <http://www.bmcreview.org/2012/12/20121262.html>. E veja também Ruby Blondell, *The Play of Character in Plato's Dialogues*, Cambridge: Cambridge University Press, 2002.

PLATÃO NO GOOGLEPLEX

De qualquer forma, uma afirmação que posso fazer em relação a todos que já escreveram ou a quem possa escrever alegando conhecimento dos assuntos aos quais eu me dedico — independentemente de como eles fingem tê-lo adquirido, seja por meio de meus ensinamentos ou dos outros, ou ainda, sua própria descoberta. Tais escritores não podem, em minha opinião, ter conhecimento real do assunto. Certamente não compus nenhum trabalho em relação a isso, e também jamais devo fazê-lo, porque não há nenhuma forma de colocar isso em palavras como outros estudos. A familiaridade com um assunto deve chegar bem depois de um longo período de instrução no assunto propriamente dito e de grande proximidade, então, de repente, como uma chama acesa por uma centelha, é gerado na alma e de uma vez por todas se torna autossuficiente. (341b-d)

Platão não achava que a palavra escrita poderia fazer jus ao que se espera da filosofia. Ainda assim, ele escreveu. Ele escreveu muito. E o formato literário que ele inventou para sua escrita deveria indicar-nos o que ele pensou que a filosofia deveria fazer.

E, de acordo com Platão, o que a filosofia deveria fazer? Nada menos que suprir com violência nosso senso de nós mesmos e do mundo, nosso senso de nós mesmos no mundo.

Próximo ao final de O banquete, Platão faz a épica figura histórica de Alcibíades[42] declarar que questões filosóficas, uma vez que invadem a vida privada de alguém, exercem um poder freneticamente desorientador, análogo à embriaguez tanto de vinho quanto de erōs: "Estou olhando para todos os outros", Alcibíades declara, e é possível sentir seu olhar perigosamente belo viajar pela sala iluminada por uma lamparina, os pavios flutuando em poças de óleo para lançar seu suave brilho nas poltronas organizadas em semicírculo, em cada uma das quais dois homens estão reclinados. Eles se abstiveram de bebidas naquela noite, pelo menos até o momento em que um embriagado Alcibíades invade, às gargalhadas, o recinto e percorre o ambiente fazendo discursos em honra ao deus do amor, Erōs. Eles acabaram

---

42. Veja no capítulo ε mais sobre o extraordinário Alcibíades, que infligiu grandes estragos em Atenas e no mundo grego como um todo.

UM HOMEM ENTRA EM UMA SALA DE SEMINÁRIO

de ouvir Sócrates fazer um discurso que daria origem ao termo "amor platônico", um discurso em que ele os encoraja a transformar o desejo erótico que tende a se fixar em específicos garotos em um desejo igualmente apaixonado pela verdade abstrata. Alcibíades permite a seu olhar viajar de um dos participantes do banquete a outro. "Estou olhando para Fedro, Agatão, Erixímaco, Pausânias, Aristodêmo, Aristófanes e todos os outros — e deveria alguém mencionar o próprio Sócrates? Cada um de vocês assumiu um papel na loucura e no frenesi báquico da filosofia." (218a-b)

A filosofia, um frenesi báquico? Isso pode ser uma surpresa para o leitor que fez um ou outro curso de filosofia, encontrando na sofisticação das preciosas minúcias técnicas pouca semelhança com o tipo de imprudente abandono que Platão fez Alcibíades descrever, a violência com a qual essas questões peculiares açoita os pressupostos e certezas de alguém — enfraquecendo, derrubando, desestabilizando e desorientando. Foi dessa forma que o próprio Platão vivenciou as peculiares questões de que Sócrates o ajudou a se apoderar, e dessa forma ele queria que os demais as vivenciassem. A mera internalização delas deve representar um drama interno, tanto aterrorizador quanto emocionante, cuja natureza só pode ser comparada às transformações provocadas pelo erótico, pelo religioso ou pela inspiração artística — essa comparação Platão faz em outro de seus diálogos dedicados ao amor erótico, o *Fedro* (especificamente 244e-245c).

Para Platão, esse drama interno é a essência do trabalho da filosofia, o que, talvez, seja a mais importante das razões que levou Platão a escolher apresentar suas ideias filosóficas em forma de dramas intelectuais. O drama grego estava, obviamente, repleto de violência até o limite, e há um tipo silencioso de violência no trabalho da filosofia. O pensamento filosófico que não pratica violência contra a mente acomodada de alguém não é, de jeito algum, pensamento filosófico. De diálogo em diálogo, o próprio Platão sempre praticou violência contra sua mente acomodada. (É instrutivo contrastar a estabilidade política que ele pensa ser ideal, apesar de improvável, com o tumultuo filosófico que ele constantemente está infligindo. Mantém o estado rígido, de forma que a mente possa vaguear livremente.) E Platão tinha leitores contemporâneos que se mantinham lado a lado com o que o

PLATÃO NO GOOGLEPLEX

estimado fundador da Academia parecia ter argumentado em seus diálogos prévios e, portanto, podiam por si só testemunhar os constantes desafios à estabilidade filosófica que Platão revolvia. Esses atentos leitores, a partir da leitura de *A república* e de *Fédon*, provavelmente ficaram convencidos sobre o que ele incitava a respeito da real existência das Formas, os exemplares que são referentes a abstrações universais, tais como justiça, verdade e beleza, e ainda talvez a grosseria, a desonra e a miséria (se esses conceitos universais nada nobres têm referentes é uma das preocupações da obra *Parmênides*). E com certeza os leitores contemporâneos de Platão sentiram que lhes puxaram o tapete quando leram *Parmênides*, texto em que se lê um Sócrates que regrediu no tempo e é incapaz de reagir aos desafios impostos à Teoria das Formas proposta pelo metafísico mais velho Parmênides. E Platão não articula qual conclusão ele pretende que seus leitores formulem. Eles deveriam acreditar nas Formas, tão bem defendidas por ele em *A república*, ou não deveriam, considerando o que ele agora escreve em *Parmênides*? Um leitor fica à deriva sem um bote salva-vidas lançado pelo autor. Platão pensou muito em como inspirar drama filosófico em todos nós, que jamais teremos o incomparável benefício de que ele aproveitou e sem o qual ele talvez não pudesse se imaginar o filósofo que se tornou: Exposição à força da personalidade de Sócrates.

Seu antigo biógrafo, Olimpiodoro,[43] conta que, originalmente, Platão desejava ser um dramaturgo, trágico ou cômico. Se isso é ou não verdade, de certa forma ele acabou se tornando um, ao criar seus diálogos como dramas do pensamento filosófico. Para provocar em nós, privados da convivência de um Sócrates vivo, o drama interno que é o pensamento filosófico, Platão voltou sua habilidade artística para longe das peças teatrais que os dramaturgos escreviam e, em vez disso, criou uma nova forma de arte, o drama filosófico, que é o que seus diálogos são.

---

43. Olimpiodoro, o Jovem, viveu em ca. 495-570 d.C, e foi um filósofo neoplatônico. Professor depois que, em 529 d.C., o imperador Justiniano decretou que fosse fechada a Academia de Platão em Atenas e todas as outras escolas pagãs, Olimpiodoro foi o último a defender a tradição platônica em Alexandria. Depois de sua morte, a escola de Alexandria se converteu ao Aristotelismo Cristão e mudou para Constantinopla. Entre os escritos platonistas de Olimpiodoro está a obra *Life of Plato* [Vida de Platão].

UM HOMEM ENTRA EM UMA SALA DE SEMINÁRIO

Em alguns desses diálogos, você pode ter a sensação de que Platão está nos dizendo o que devemos pensar. No entanto, na maioria deles, definitivamente, ele não nos diz o que pensar. Muito frequentemente ele nos conduz à *aporia*, um impasse, incapazes de dar um passo à frente. Sócrates quase sempre está lá, mas até mesmo ele é apenas um personagem coadjuvante. O protagonismo é da pergunta filosófica. É a pergunta filosófica que deve estar no centro da cena nos fazendo quebrar a cabeça com uma experiência completamente nova.

Ao saber o quão inquietante esse drama interno pode ser, o quão desorientador pode ser ver nossas certezas se desmoronarem sob nossos pés, ele nos seduz com muito deleite estético, com metáforas e alegorias, com jogos de palavras e perspicácia. (Como em breve veremos, há outros motivos para esse floreio estético.) Há personagens cujo orgulho e preconceito atrapalham seus caminhos até o progresso; seus subterfúgios podem ser divertidos, mas jamais é nosso papel deixar que o divertimento à custa dos outros passe à frente de nossa autocrítica. Ao assistirmos à luta deles contra as jogadas magistrais da razão, devemos aplicar as lições óbvias a nós mesmos. Se você for ler argumentos sem internalizá-los, virando-os contra você mesmo de maneira desconfortável, é melhor nem se dar ao trabalho da leitura. Essa é a atitude de Platão. Apesar de o argumento filosófico ser personalizado pela estrutura de diálogo, as personagens são moldadas pelo trabalho filosófico que devem realizar. Jamais é permitido à técnica de narrativa e aos floreios artísticos entrar no caminho do argumento filosófico crucial. Destaca-se com frequência que Platão era um artista de habilidades supremas, apesar das palavras hostis que ele algumas vezes dirige a artistas e, em especial, a dramaturgos. Mas diferentemente do que acontece em um romance ou em um conto, ou ainda em uma peça de teatro, às personagens não é permitido ter vida própria. Se personagens, algumas vezes, são achatadas ou ampliadas até o ponto de serem indivíduos em concordância com tudo ou estereotipados, o que se deve ter em mente é que isso é filosofia artística, e não arte filosófica, uma distinção — e apologia — que eu gostaria de reivindicar nos capítulos β, δ, η e ι. As personagens que conversarão com Platão foram criadas para servir ao diálogo, em vez de, como em uma história de ficção, o diálogo ser criado para servir às personagens. A liberdade das personagens em um diálogo filosófico é restrita. Elas jamais se sobressaem aos argumentos; entretanto, espero que os leitores tenham a sensação de certo crescimento de minhas personagens enquanto interagem com Platão. Talvez pareça para o leitor que a personagem se torna menos linear e mais humana. Assim espero, e penso que os leitores poderão adivinhar por que espero isso. O envolvimento e a internalização das questões que Platão nos encoraja são acréscimos a nossa dimensão interna.

Outro aspecto dos diálogos de Platão para o qual devo pedir a benevolência do leitor, na medida em que reproduzo isso, é o caráter digressivo. A visão de Platão sobre a normatividade da realidade — ou seja, que melhoramos moralmente quando tomamos conhecimento das coisas — tem a consequência de fundir campos que insistimos em manter separados. Grandes perguntas exigem respostas para outras grandes perguntas e os diálogos resultantes não são grandes lições de concisão. Ao contrário, seus diálogos são assertivos na discursividade, como ele mesmo ocasionalmente ressaltou, apropriando o estilo livre como a própria expressão da liberdade de filósofos, que eles possivelmente usarão sempre que precisarem seguir os traçados entrecruzados das questões. Se eu tentar mostrar um pouco da expansividade de Platão nos diálogos a seguir, espero que não esteja testando demais a paciência do leitor. Uma vez ou outra, em seus diálogos, Platão até mesmo solta seu lirismo em busca de felicidade, apesar de a felicidade vir em diferentes variedades e Platão suspeitar de quase todas elas (provavelmente porque é suscetível a quase todas elas). Mas, quando Platão se solta, ele consegue nos fazer explodir em êxtase. O caráter artístico da escrita tem por função mexer com tudo que há em nossa pessoa, já que é o todo dessa pessoa que deve sentir a força da filosofia e, em consequência, mudar.

Há alguns anos, o filósofo Paul Boghossian publicou um artigo, "The Maze of Moral Relativism" [O labirinto do relativismo moral], no *New York Times*, em sua seção "The Stone". Boghossian atacou o relativismo moral como internamente incoerente.[44] Stanley Fish, um professor de inglês

---

44. Disponível em: <http://opinionator.blogs.nytimes.com/2011/07/24/the-maze-of-moral--relativism>.

UM HOMEM ENTRA EM UMA SALA DE SEMINÁRIO

em quem Boghossian prestou especial atenção alegando que ele era um relativista incoerente, escreveu uma resposta excitante intitulada "Does Philosophy Matter?" [A filosofia importa?].[45] Ao argumentar que não importa, Fish escreveu:

> Filosofia não é o nome dado, ou o lugar do pensamento em geral, é uma maneira especial, isolada, de pensamento, e suas proposições têm peso e valor somente nos locais de seus jogos. Os jogadores desse jogo que tiverem o melhor argumento ganham pontos ("melhor" é um julgamento disciplinar). (...) As conclusões formuladas em investigações filosóficas não viajam. Elas não viajam para contextos que não são explicitamente filosóficos (como seminários, periódicos acadêmicos e conferências são), nem mesmo tentam encontrar um caminho para entrar na vida não filosófica das pessoas que as adotam.

Essas palavras de Fish podem ter vindo direto de um dos pesadelos de Platão. Imagine o filósofo, de repente, acordando com o coração acelerado, em uma noite de calor do verão ateniense, e estas palavras ecoando em sua mente: *Filosofia não viaja*. Essas seriam as palavras de algum oráculo prevendo a desgraça ou fragmentos de suas próprias dúvidas? É bem possível que Platão tenha escrito com tal receio, porque o que Stanley Fish argumentou ser verdadeiro nos primeiros anos do século XXI foi exatamente o que Platão temia no século IV a.C. Ele temia que as conclusões alcançadas ao redor da mesa de seminário de filosofia pudessem *permanecer* ao redor da mesa de seminário de filosofia.[46] Ele tentou inventar uma forma escrita que pudesse evitar isso. (O fato de ele ter fundado a Academia certamente resultou de um esforço semelhante.)

São esses dramas filosóficos, os diálogos, que ele oferece como substituto da poesia oracular que muitos de seus predecessores — incluindo Parmênides, que, a julgar pelo diálogo com seu nome, Platão estimava

---

45. Disponível em: <http://opinionator.blogs.nytimes.com/2011/08/01/does-philosophy-matter>.

46. De fato, Platão mesmo apresenta Adimanto, em *A república* (487 a-e), sugerindo algo semelhante à reclamação de Fish.

PLATÃO NO GOOGLEPLEX

muito — usaram para transmitir seus insights, e o meio é parte da mensagem, pelo menos. A verdade não pode ser transmitida de uma mente para outra, como derramar o frasco inteiro de um mestre dentro de um receptáculo passivo de um estudante. Enxergar a verdade é resultado da violenta atividade da filosofia, um drama que ocorre no interior de cada um de nós e que consegue, em sua violência, destituir-nos de uma posição que deve estar tão profunda e constitutivamente pessoal que não podemos defendê-la diante de outros. Essa atividade violenta é pessoal até mesmo quando conduz alguém em uma direção impessoal em que o acordo impessoal é possível.[47] Os diálogos têm por objetivo instigar a vigorosa atividade de vários pontos de vista trombando uns nos outros de tal forma que o que é pessoal ou cultural — e incapaz de proporcionar para si qualquer fundamento, independentemente do pessoal e do cultural — pode ser extirpado, que é a forma como Platão concebeu a filosofia e como a filosofia continuou a se conceber, apesar de agora se escrever de forma tão diferente. Nenhuma forma escrita poderia tomar o lugar da vigorosa atividade que acontece quando diferentes pontos de vista seguem na tentativa de convencer um ao outro. Isso é mais bem obtido em conversas ao vivo, mentes se relacionando com mentes, um relacionamento tão íntimo que relações sexuais são uma metáfora para isso, e não o contrário, como alguns freudianos diriam.[48]

Se Platão escreveu seus diálogos como forma de nos lançar à filosofia *sem* nos dizer o que pensar, então o que devemos fazer com seu epônimo? Se Platão estava deliberadamente escondendo informação acerca de "assuntos ao qual me dedico", como podem os filósofos dissertar sobre o conteúdo e os méritos do "platonismo"?

---

47. É claro, uma pressuposição que está por trás desse processo é que há, pelo menos para várias perguntas, algo como uma resposta verdadeira. Essa é uma pressuposição que Fish, um torcedor de carteirinha do relativismo, nega com veemência.

48. Alguns freudianos, mas não necessariamente Freud. "O que a psicanálise chamava de sexualidade de forma alguma era idêntico ao impulso direcionado à união entre dois sexos ou direcionado à produção de sensação de prazer nos genitais; parecia muito mais com o inclusivo e preservado Eros da obra O *banquete* de Platão." Sigmund Freud, "Resistances to Psychoanalysis", 1925. Reimpresso em *Collected Papers: Character and Culture*, Nova York: Collier Books, 1965, p. 258.

UM HOMEM ENTRA EM UMA SALA DE SEMINÁRIO

Ainda assim, filósofos falam de um ponto de vista que chamam de platonismo com argumentos intensos sobre alegações especialmente capazes de entrar em erupção quando a discussão ao redor da mesa de seminário diz respeito à natureza das verdades matemáticas. Há uma posição na filosofia da matemática que precisa de um nome, uma posição ocupada por vários filósofos e talvez por ainda mais matemáticos, e o "platonismo" historicamente forneceu este nome. Como disse meu conhecido que citei no prólogo: Argumentos sobre platonismo pipocaram o tempo todo. Essa posição na filosofia da matemática está conectada a questões maiores que são levantadas por Platão a respeito da verdade abstrata.

Eis os que são compreendidos como três afirmações clássicas do posicionamento platônico na filosofia da matemática; o primeiro, do matemático G. H. Hardy; o segundo, do lógico matemático Kurt Gödel; e o terceiro, do matemático e físico Roger Penrose. Três brilhantes pensadores famosos:

> Acredito que a realidade matemática está fora de nós, que nossa função é descobri-la ou observá-la e que os teoremas, que provamos e que descrevemos com grandiloquência como nossas "criações", são simplesmente nossas notas sobre nossas observações. Esse ponto de vista tem sido defendido, de uma forma ou de outra, por vários filósofos de muito boa reputação de Platão para frente, e eu devo usar a linguagem que é natural ao homem que o defende.[49]

> Mas, apesar da distância em relação à experiência sensorial, temos algo como percepção também dos objetos na teoria dos conjuntos, como pode ser visto no fato de que os axiomas forçam a presença sobre nós como se fossem verdade. Não vejo nenhum motivo para termos menos confiança nesse tipo de percepção, por exemplo, em intuição matemática, em vez de percepção sensorial.[50]

---

49. G. H. Hardy, *A Mathematician's Apology* [Apologia de um matemático]. Cambridge: Cambridge University Press, 2012, pp. 123-124.

50. Kurt Gödel, "What Is Cantor's Continuum Problem?" [Qual é o problema continuum de Cantor?] *American Mathematical Monthly*, 1947, reimpresso em *Philosophy of Mathematics: Selected Readings*, Paul Benacerraf e Hillary Putnam (Orgs). Englewood Cliffs: Prentice-Hall, 1964, p. 271.

PLATÃO NO GOOGLEPLEX

Vejo o mundo matemático como um mundo que tem a própria existência independente de nós. É atemporal. Penso, para ser um matemático em atividade, que é difícil apoiar qualquer outra visão. Não é tanto a ponto de o mundo platônico ter a própria existência, mas de o mundo físico estar em conformidade com tal precisão, sutileza e sofisticação com aspectos do mundo matemático platônico. E isso, obviamente, remete a Platão, que tinha clareza para distinguir entre noções de matemática precisa e as usuais formas inexatas de alguém aplicar essa matemática ao mundo físico. É a sombra do mundo puramente matemático que você vê no mundo físico. Essa ideia é crucial para a forma como fazemos ciência. A ciência está sempre explorando a maneira como o mundo funciona em relação a certos modelos propostos, e esses modelos são construções matemáticas. (...) E não é só precisão. A matemática que se utiliza tem um tipo de vida própria.[51]

Como esses três exemplos indicam, "platonismo" frequentemente se expressa na afirmação de que verdades abstratas estão por aí a espera de serem descobertas, assim como as verdades científicas também. Um filósofo platonista afirmará que o abstrato é tão real quanto o concreto, o geral tão perceptível quanto o particular. Talvez a afirmação da realidade seja esclarecida pelo contraste dela com as alternativas, o que os platonistas afirmam não ser a matemática. A matemática *não* se refere a nossas próprias ideias, não se refere à estrutura de nosso equipamento cognitivo, não se refere a implicações de nossas próprias ficções. Não fazemos matemática por meio da introspecção. E a matemática não se refere a sistemas axiomáticos que foram construídos estipulando-se um conjunto de regras recursivas, um tipo de xadrez avançado. Nossos sistemas são ferramentas para descobertas, não para criação. Como Gottlob Frege, o matemático que estabeleceu a lógica simbólica moderna, expressa isso em sua afirmação clássica sobre o platonismo: "O matemático, tanto quanto o geógrafo, não consegue criar nada; ele também só pode descobrir o que está lá e dar um nome a sua descoberta."[52]

---

51. Karl Giberson, "The Man Who Fell to Earth: An Interview with Roger Penrose" [O homem que colocou seus pés nos chão: uma entrevista com Roger Penrose], in: *Science and Spirit Magazine*, março-abril, 2003.

52. *Die Grundlagen der Arithmetic* [Os fundamentos da aritmética]. Breslau: W. Koebner, 1884. *Foundations of Arithmetic*, tradução de J. L. Austin. Evanston: Northwestern University Press, 1968, seção 96.

UM HOMEM ENTRA EM UMA SALA DE SEMINÁRIO

O platonismo reifica o abstrato — mas há reificação e reificação. Falar do "mundo" das entidades platônicas sugere uma imagem de um tipo de lugar específico, algumas vezes satirizado como sendo o "paraíso de Platão". Aqui na perfeição da eternidade, para além do alcance da maré corrosiva do tempo, coisas como números e universos abstratos não numéricos resplandecem. Eles devem ser vislumbrados não pelos órgãos crus do corpo, mas pelas de longe mais refinadas — e desigualmente distribuídas — faculdades da mente. Tais são os eternos exemplares que "lógicos virtuosos" talvez esperem encontrar na "vida após a morte", nas derrisórias palavras de Bertrand Russell, descrevendo a visão do "autêntico platonista", Kurt Gödel.[53] O "paraíso de Platão" deve ser invocado — ou zombado — como o lugar onde residem todos os conceitos, não somente aqueles relacionados à matemática. Essa fala sobre o mundo das coisas abstratas, paralelo ao nosso mundo das coisas concretas, uma espécie de espaço além do espaço; é uma maneira de apresentar o platonismo, apesar de não ser a única, e, no meu pensamento, não fazer jus à sutileza das visões do platonista contemporâneo.

E também não faz jus, no meu modo de pensar, à sutileza do platonismo de Platão — ou seja, sua reificação do abstrato — que constantemente evoluiu ao longo de sua vida filosófica. Talvez Platão, alguma vez, tenha tido algo como a visão de que Russell zomba; ele mesmo, em *Parmênides,* sujeita algumas dessas visões a sua artilharia crítica, propondo que tais dificuldades convenceram pelo menos um de seus alunos, Aristóteles, a desistir completamente do platonismo e voltar ao início da questão dos universais abstratos. Mas as maneiras com que Platão continua a reificar o abstrato não cabem nessa imagem satirizada. Sim, ele continua a afirmar, em obras como *Timeu,* que as formas inteligíveis não podem ser reduzidas às "coisas" do mundo espaço--temporal, ao mundo de aparência. Mas o abstrato também não transcende o mundo espaço-temporal de coisas; não pode ser reduzido a ele e também não pode existir isolado dele. Abstração — mais especificamente, abstração matemática — é a permanência dentro do fluxo, a que fornece explicação para o fluxo, que fornece a *forma correta* para interpretar a inteligibilidade

---

53. Russel, *The Autobiography of Bertrand Russell.* Londres: Routledge, 2000, p. 466.

PLATÃO NO GOOGLEPLEX

da natureza que os pensadores gregos têm buscado desde que os protocientistas do Encantamento Jônico intuíram que havia inteligibilidade por aí. Mas o *por aí* do racionalmente apreendido é inerente ao *por aí* do que é empiricamente dado. Pertence às características estruturais do que é dado, e essas características são capturadas pela matemática. Essa é, de longe, a visão mais sutil que Platão sugere claramente, de tal forma que pensadores como Galileu puderam, milênios depois, retomar o fio da meada.

Portanto, pelo menos a partir de algumas interpretações, Platão parece ter ficado firme, ao longo de sua vida, à "reificação do abstrato". As evidências disso estão não somente nos diálogos, mas também na Academia que ele fundou. Para formar essa Academia, Platão reuniu todos os melhores matemáticos de seu tempo e os colocou para trabalhar no que o célebre filósofo Myles Burnyeat chamou de "programa de pesquisa", que tinha por objetivo descobrir estruturas matemáticas imanentes à natureza. A afirmação de Platão acerca da realidade das estruturas matemáticas encontrou sua praticidade no estudo da geometria plana e da espacial, da astronomia, da análise harmônica e da ótica — todos esses feitos em sua Academia. Sua busca por proporções e "harmonias" matemáticas foi até mesmo utilizada nas teorias médicas, baseada na premissa de que a saúde é uma questão de proporções matemáticas corretas entre constituintes opostos do corpo, os quais, naquela época, eram pensados em termos do que é quente e do frio, do úmido e do seco.

Platão era platonista? A pergunta parece tão idiota quanto perguntar quem está enterrado no túmulo de Grant. Mas a resposta não idiota é "depende do que você quer dizer com platonismo". Algumas versões da manutenção da primazia do abstrato, incluindo, principalmente, a abstração que encontra sua expressão na matemática, parece uma visão que podemos atribuir a Platão.[54] É um comprometimento que parece ser implacável, se não inquieto, em sua persistência ao longo da vida filosófica dele. Nesse

---

54. Myles Burnyeat argumenta que Platão levanta a questão do status ontológico preciso de objetos matemáticos em *A república*, apenas para depois decidir deixá-la sem solução. Veja seu texto "Plato on Why Mathematics Is Good for the Soul", *Proceedings of the British Academy* 103, 2000: 1-81, principalmente pp. 33-35. Platão também levanta a questão explicitamente em *Timeu*, e de novo, deixando sem nenhuma solução. Veja, principalmente, 51c-52c.

UM HOMEM ENTRA EM UMA SALA DE SEMINÁRIO

sentido, podemos, com certo alívio, afirmar que Platão era platonista. Mas não importa qual foi precisamente sua atitude em relação à questão da existência do abstrato, não há dúvida de que foi ele quem levantou a questão e que, de acordo com Aristóteles, foi um tópico de debate acirrado dentro da Academia — e ainda é uma questão que permanece conosco, filosófica e cientificamente não resolvida. Os matemáticos descobrem matemática, constroem matemática, pensam na matemática, imaginam a matemática? A ciência usa a matemática, mas não nos diz o que é a matemática.

Outra doutrina (apesar de fortemente conectada a essa) a qual Platão parece ter mantido ao longo de todas as reviravoltas filosóficas a que ele nos apresenta é o entrelaçamento da verdade com a beleza e a bondade. Chame isso de Trança Sublime: verdade, beleza e bondade estão todas entrelaçadas, umas com as outras, de maneira sublime. Essa afirmação aparece, à primeira vista, como o pior tipo de metafísica, como uma paródia positivista da metafísica. Verdade! Beleza! Bondade! Juntas novamente! (Bem, na verdade, desde sempre.) E a metafísica não acaba por aqui. Envolvidos na Trança Sublime estão também outros fios doutrinais. Para começar, beleza e bondade são tão objetivas quanto a própria verdade. "Beleza — não criada — é", disse a poeta. Sim, Emily, Platão concorda. Beleza é. E porque a beleza é, o mundo é como é. Se o mundo é atravessado pela inteligibilidade, como os jônicos propuseram no início, então a própria inteligibilidade é bela, e quanto mais inteligível for, mais bela é; e quanto mais bela, mais inteligível. A matemática oferece em si a mais perfeita inteligibilidade. Quando entendemos uma verdade matemática, entendemos que sempre será assim: nenhuma mudança de perspectiva ou de contexto resultará em inverdade.[55]

---

55. De acordo com Burnyeat, Platão não fala de como a verdade matemática é especial em termos de necessidade, mas sim de sua invariabilidade contextual: "Independentemente do contexto, a soma de dois números ímpares é um número par. Não vem ao caso dizer que em algumas circunstâncias o quadrado da hipotenusa de um triângulo reto é igual, enquanto, em outras circunstâncias, não é igual, à soma dos quadrados dos catetos. O teorema de Pitágoras, não importando quem o descobriu, não varia com o contexto. Aqui é importante o fato de que Platão não tem o conceito de verdade necessária. Diferentemente de Aristóteles, ele nunca fala o necessário sobre verdades matemáticas; ele nunca as contrasta com estado de coisas contingente. A invariabilidade que em contextos é a característica que enfatiza , e essa é uma exigência mais fraca do que a necessidade; ou, pelo menos, é mais fraca do que a necessidade que filósofos modernos associam à verdade matemática." Burnyeat, "Plato on Why Mathematics is Good for the Soul", pp. 20-21.

PLATÃO NO GOOGLEPLEX

Essa invulnerabilidade a distorções perspectivas a torna irrestritamente o que *é*, e, portanto, irrestritamente cognoscível ou inteligível (*A república*, 477a). Dessa maneira, a matemática, sendo maximamente inteligível, é maximamente bela. E é por isso que a matemática supre a *forma correta* de explicar o mundo, e é como nosso senso de beleza se torna nosso mais confiante guia no mais vertiginoso e íngreme caminho da verdade. Dadas duas explicações científicas empiricamente adequadas de um mesmo fenômeno, escolha a mais matematicamente bela e você escolherá a verdade.

A metafísica de Platão já está soando um pouco mais aceitável para os zombeteiros da filosofia voltados para as ciências? Afinal, Copérnico, Galileu e Kepler apelaram para as doutrinas platônicas — Galileu e Kepler ao referirem-se ao "divino Platão" — a fim de argumentar a favor da superioridade do heliocentrismo de Copérnico sobre o geocentrismo de Ptolemeu. Mesmo sendo a visão ptolemaica um produto de doutrinas da Academia orientadas pela matemática, mudar o ponto de orientação da Terra para o Sol fez a matemática ficar muito mais bela. Ser conduzida pela beleza da matemática foi um aspecto bastante importante daquela evolução da "filosofia natural" para a ciência aplaudida por certos zombeteiros da filosofia.

A intuição de Platão — sobre o entrelaçamento da beleza e da verdade (matemática) — é descaradamente ecoada por vários físicos contemporâneos de indiscutível calibre. O Nobel de Física Paul Dirac, por exemplo, disse: "É mais importante ter beleza na equação de alguém que fazê-la corresponder a um experimento." Einstein também fez com frequência comentários semelhantes. Por exemplo, ao dizer para o filósofo e físico Hans Reichenbach que ele estava convencido de que sua teoria da relatividade era verdade até mesmo antes do eclipse solar de 1919, que forneceu a primeira evidência a confirmá-la, devido a sua beleza e elegância matemáticas. Nos nossos dias, a supremacia da beleza — da variedade matemática — tem sido mais proclamada com veemência por campeões de teoria das supercordas, que até o momento não foram capazes de apresentar nenhuma previsão que possa ser testada. "Não acho que já tenha acontecido de uma teoria com o apelo matemático da teoria das supercordas ter se tornado completamente errada", disse Steven Weinberg — o terceiro Nobel citado neste parágrafo. "Já

UM HOMEM ENTRA EM UMA SALA DE SEMINÁRIO

houve teorias que estavam corretas em um contexto diferente daquele para o qual foram inventadas. Mas acho difícil acreditar que toda essa elegância e beleza matemáticas seriam simplesmente desperdiçadas."[56]

Há muito tempo os físicos se servem da metafísica de Platão sem passar por nenhum dos passos que ele deu para chegar a ela, mas fazem como pessoas que comem cachorro-quente e preferem não saber como eles foram feitos.

Toda essa metafísica vem transbordando da Trança Sublime de Platão, e ainda nem levamos em consideração a bondade. Falaremos da bondade ao longo deste livro todo. Sempre a maior preocupação de Platão, não importa se em filosofia moral, filosofia política, epistemologia, metafísica ou cosmologia. Do ponto de vista do filósofo, acontece que nosso senso de beleza é mais confiável que nosso senso de bondade. É o nosso senso de beleza que está listado como guia para encontrar a verdade, enquanto nosso senso de bondade precisa passar por uma grande revisão à luz da verdade.

Mas o que Platão quer dizer com bondade, e como ele a entrelaça com verdade e beleza?

A bondade entrelaçada com a verdade de Platão pode ser mais bem alcançada por meio da "melhor razão" que ele vê, está à espreita dentro de nós. A verdade é o que é porque a "melhor razão" está determinando que assim seja.[57] A linguagem dele é, à primeira vista, suspeitosamente teleológica, até mesmo sugere intencionalidade. Alguém — uma pessoa — implementou essa melhor razão criando a concepção do mundo em conformidade com ela? Ou a melhor razão trabalha em tudo sozinha, autossuficiente, sem que nada externo a ela que seja necessário para colocá-la em ação? A última é a possibilidade que Platão tinha em mente. Se há "mente" determinando a verdade, uma ideia apresentada em *Fédon* e explorada mais a fundo em *Timeu*, a existência dessa mente equivale a nada além da afirmação de que a verdade é determinada pela "melhor razão". Em outras palavras, a

---

56. Citação em *Nova, The Elegant Universe*, "Viewpoints on String Theory" [Pontos de vista sobre a teoria das cordas], disponível em: <http://www.pbs.org/wgbh/nova/elegant/view-weinberg.html>.

57. Cf. *Fédon* 97b-d, *Timeu* (passim), *Filebo* 27-30 e *Leis* X. Leibniz é frequentemente apontado como o primeiro a formular a pergunta *por que existe alguma coisa em vez de nada?* Mas nisso também Platão chegou antes de todos — inclusive de Spinoza, que também brigou com essa pergunta, um precedente que imagino ambos, Spinoza e Leibniz, prontamente reconhecendo.

PLATÃO NO GOOGLEPLEX

melhor e definitiva teoria científica trabalharia sozinha para criar o mundo em conformidade consigo mesma. Em *Timeu*, ele apresenta um mito da criação no qual um demiurgo, ou um artesão divino, está implementando a "melhor razão", mas o fato de ele usar um mito para dramatizar o assunto é em si um indicativo de que ele tem em mente um princípio metafísico mais abstrato: a melhor razão é, em si, autossuficiente, autoexplicativa, a *causa sui*, como Spinoza — que se apoderou dessa intuição platônica e foi longe com ela — afirmaria.

O papel determinante da "melhor razão" *ao fazer o mundo tal como ele é* é no que consiste a bondade em Verdade-Beleza-Bondade. A bondade está entrelaçada com a verdade porque a explicação para esta é que ela é determinada pela melhor razão, e a melhor razão trabalha sozinha — melhor impossível. Sendo a verdade determinada pela melhor razão, ela é capaz de se autoexplicar. Isso faz com que a realidade seja tão inteligível quanto possível. É a própria inteligibilidade que dá razão a sua existência. Para as mentes que almejam a inteligibilidade, o que poderia ser mais sublime?

Mais uma vez, como foi com a beleza, também será com a bondade: É a matemática que, em grande medida, paga a conta. A melhor razão é a razão que é totalmente inteligível, que apresenta a própria justificativa de forma transparente para a mente, que é o que a matemática faz (*A república* 511d, *Timeu, passim*). No mito da criação de *Timeu*, o artesão divino impõe tanta matemática no mundo material quanto é possível ele aguentar, porque a matemática é a mais perfeita expressão das boas intenções — as melhores razões — pelas quais o artesão mítico trabalha (29d-e). O artesão mítico não faz das formas que ele impõe ao mundo as melhores, pela virtude de sua escolha, mas ele as escolhe porque são, independentemente de quem ele é, as melhores formas, e o fato de serem as melhores formas, em si, já explica por que devem ser realizadas.

A conversa sobre "a melhor razão", que soa falazmente teleológica, não é, de forma alguma, teleológica. A causalidade é impulsionada pela matemática, está em consonância com a inteligibilidade. De fato, foi o retorno a essa versão do platonismo que conseguiu afastar a teleologia da física, ao deslocar as causas finais de Aristóteles por meio da concepção matemática

UM HOMEM ENTRA EM UMA SALA DE SEMINÁRIO

de causalidade de Platão. Spinoza, que, assim como outros pensadores se-
minais do século XVII, estava se rebelando contra a teleologia escolástico-
-aristotélica dominante, apresentou a questão desta forma: "Tal doutrina
(teleologia) teria muito bem sido suficiente para ocultar a verdade da raça
humana por toda a eternidade não fosse pela matemática ter fornecido outro
padrão de verdade... sem considerar (...) causas finais."[58]

Então aí está: verdade, beleza e bondade, todas ligadas umas às outras,
fornecendo a estrutura ontológica da realidade. Essa confluência de verdade, beleza e bondade sugere uma noção como o sublime — não idêntico à
verdade ou à beleza ou à bondade, mas à confluência de todas as três. A
realidade é perpassada por um sublime tão sublime que simplesmente *teria*
que existir. A existência rompe surgindo do sublime.

Observe que a bondade de que falamos aqui não é uma bondade especificamente humana. A questão não é que o mundo foi criado com o *nosso*
bem em mente. Não consigo pensar em uma só ocorrência em sua obra em
que Platão até mesmo esboce essa ideia. É totalmente fora de sua concepção
do mundo. (É bem fora de toda a concepção grega do mundo, até mesmo
não filosoficamente falando. Aqueles deuses e deusas possuem os próprios
fins e prazeres. Na melhor das hipóteses, nós, mortais, somos incidentais
aos propósitos deles.) A bondade que está entrelaçada na Trança Sublime
não possui mais elemento humano do que há em $E=mc^2$.

Mas Platão parece sugerir, ao longo de seus diálogos, de uma forma
ou de outra, que também há um tanto de bondade — da forma como nós,
humanos, entendemos a bondade, aplicada especificamente às *pessoas*, à
vida que vivemos, às nossas ações — a ser adquirida pelo conhecimento de
como o mundo é, como o mundo *precisa* ser por causa da Trança Sublime
que compõe sua estrutura. O conhecimento não é somente *do* bem, mas
também nos torna bons, reformando-nos para que nos tornemos mais virtuosos — mais inclinados a isso, devido a nosso conhecimento de justiça,
temperança, coragem e reverência. A metafísica — entender como o mundo

---

58. *Ethics* [Ética] I, apêndice. Tradução de R. H. M. Elwes, 1883. Edição revista. Londres:
George Bell and Sons, 1901.

PLATÃO NO GOOGLEPLEX

é pelo entendimento de como ele *deve* ser, entendimento, por exemplo, de que ele deve ser inteligível ao máximo[59] — reforma eticamente.

O termo "bondade" é um marcador de lugar. Ele precisa ser preenchido com uma função. De fato, precisamos ser bons; tantas coisas são verdades triviais. Mas diga-nos o que precisamos ser — ou fazer — a fim de sermos bons. Para Platão, é o conhecimento que faz o preenchimento do marcador de lugar "bondade". Conhecimento está *eticamente ativo*, mesmo quando é do tipo mais impessoal, tão indiferente em relação ao mundo dos humanos quanto a matemática pura.

Na verdade, é a própria impessoalidade do conhecimento impessoal que torna esse conhecimento o mais poderoso de todos. Simplesmente se importar o suficiente com a verdade impessoal, dedicar a vida de alguém a tentar conhecê-la, exige disciplinar a natureza rebelde dessa pessoa, que sempre tende a querer que as coisas ocorram de sua maneira, a ver o mundo com os olhos que farão mais justiça ao ego mesquinho de forma que a verdade-como-o-outro-a-vê "puxará a sardinha" para o lado dessa pessoa, com sua agenda particular junto. Então, simplesmente deixar que alguém seja ultrapassado pela realidade da Verdade-Beleza-Bondade — para ficar emaranhado na Trança Sublime — é exercer disciplina sobre a natureza desobediente, acabando com sua fantasia autoengrandecedora.

Isso é apenas o princípio. A realidade é de tal maneira que nos faz bem, isso pelos princípios que a moldam. Ao aceitarmos a Verdade-Beleza-Bondade que estrutura a realidade, sua ordem racional é reproduzida dentro de nossa mente no ato de saber — e nos tornamos melhores com essa reprodução. Somos racionalizados pela ordem racional da natureza, os constituintes de nossa mente, reconfigurados nas proporções que lhes são ideais uns aos outros, como na saúde os constituintes do corpo são configurados nas proporções que lhes são ideais uns aos outros. Tornamo-nos estruturalmente isomórficos com a própria realidade e, dessa forma, nossa afinidade natural com ela é fortalecida. Ficamos mais *parecidos com* ela (*Timeu* 47 b-c). Isso

---

59. "Inteligível" envolve "ser inteligível para nós, seres humanos," tanto quanto "bem" envolve "o bem para nós, seres humanos".

UM HOMEM ENTRA EM UMA SALA DE SEMINÁRIO

também nos afasta mais da pequenez de nossa vida, a afinidade fortalecida com o Cosmo nos expandindo de forma a absorvê-lo. Nossa mente, com a realidade intensificada, não pode evitar perceber do seu espaço pequeno no grande esquema das coisas e será devidamente rebaixada para fazer parte do processo, que é no que consiste esse tipo secular de piedade (como pensou Spinoza: a piedade é a humildade perante a realidade). O conhecimento da verdade impessoal elimina da mente todos os pensamentos pessoais (*Timeu* 90a-c). Platão diria sobre uma física esperando ansiosamente por aquela ligação de Estocolmo, ou pensando somente na fama que poderá conquistar com a publicação daqueles *blockbusters* científicos, que jamais esteve seriamente apaixonada pela beleza, não o suficiente para superar seu amor por si mesma. Uma cientista assim foi impulsionada pela inteligência, mas não pela sabedoria, que deve incluir um assoberbante amor por aquilo que não é a própria pessoa. A reação apropriada para a beleza da Trança Sublime só pode ser amor.

O Sócrates histórico provavelmente ensinou que a virtude humana é um tipo de conhecimento, uma visão que Platão levou suficientemente a sério ao longo da vida a ponto de constantemente examiná-la. Algumas vezes ele a endossa (como fez em *Protágoras*); outras, ele a desafia (a teoria da tríplice divisão da alma que ele apresenta em *A república* representa um desafio para ela). No entanto, que o conhecimento é a mais potente forma de transformação que nós temos, parece, de uma forma ou de outra, um contínuo aspecto do pensamento de Platão, outro fio da Trança Sublime. O progresso ético requer conhecimento, ainda que esse progresso exija algo mais que conhecimento, uma espécie de rendição a esse conhecimento que é um tipo de amor. Os melhores dentre nós são aqueles que permitiram o conhecimento abstrato da Verdade-Beleza-Bondade dominar o que é de espírito mau em nós, expulsaram dos pensamentos o que não é digno de mentes privilegiadas, o suficiente para observar o que quer que observam. E apesar de isso não significar que os muito inteligentes são necessariamente bons — uma proposição facilmente falseável — parece sugerir que o muito bom deve ser muito inteligente. Conhecimento, apesar de talvez não ser suficiente para a virtude, é necessário.

E nessa última proposição, Platão deve já ter acertado um nervo vivo em sua fibra moral. Espero que sim. Espero que você esteja pensando algo assim: Como Platão ousa — ou esta autora sugere que Platão sugeriu — que a bondade requer inteligência para abstrações? Ridículo! As pessoas não têm o que fazer quanto ao grau de inteligência com o qual nasceram. Obviamente, isso não significa que elas não são boas pessoas, frequentemente são muito melhores que os espécimes arrogantes que desfilam suas coisas lá no final da curva de Bell. Talvez esse fosse o problema de Platão! De qualquer forma, está claro que há algo abominavelmente errado com o raciocínio de Platão ou com a interpretação desta autora do raciocínio de Platão, para ter dado qualquer atenção a uma conclusão tão moralmente repulsiva. Se essa for a maneira pela qual a verdade deve reformar nosso senso de bondade, ficarei com meu senso sem reforma, muito obrigada. Tenho muito mais fé no meu senso moral do que nessas intuições reconhecidamente *metafísicas*.

Se você está reagindo assim, talvez até, neste momento, considerando por que você tem muito mais fé em seu senso de bondade (bem diferente, claro, do que o senso de sua bondade), do que nas afirmações de Platão sobre como o conhecimento pode reformar melhor aquele senso de bondade — então Platão foi bem-sucedido em seu objetivo maior, que é envolver-nos nesse tipo de questão, tão rigorosamente quanto sabemos possível e sempre de olho nas ideias preconcebidas não investigadas que precisam de uma boa chacoalhada. A crença dele na nossa capacidade de progredir dessa maneira foi um tipo de previsão que, por si só, foge ao emaranhado de pontos de vista — metafísico, epistemológico, estético e ético — da Trança Sublime. Se, de modo geral, Platão está correto, deveríamos poder olhar para trás para vê-lo e enxergar de que maneira o deixamos, não somente cientificamente, mas filosófica e eticamente. Podemos? Essa é uma das perguntas que Platão nos deixou de herança. E há muitas outras.

São as perguntas de Platão, ou suas sucessivas iterações quando surgiram em resposta à mudança de circunstâncias e ao crescimento do conhecimento, que subtendem vários de nossos mais ásperos desentendimentos. Aqui estão apenas alguns:

UM HOMEM ENTRA EM UMA SALA DE SEMINÁRIO

Quando discutimos se o 1% realmente contribui mais para a sociedade do que os 99%, e se, caso seja verdade, a contribuição deles deve ser reconhecida na forma de privilégios aumentados ou obrigações aumentadas, então aí está Platão.

Quando discutimos qual o papel do Estado, se ele existe para nos proteger ou para nos aperfeiçoar, então aí está Platão.

Quando nos preocupamos com a suscetibilidade dos eleitores à demagogia e aos perigos de misturar valores de entretenimento com política, então aí está Platão.

Quando nos preocupamos se pensadores profissionais que se formam em nossas universidades e em nossos *think tanks* deveriam ter um papel no governo, ou se o conhecimento deles é inútil ou pior na esfera política prática, então aí está Platão.

Quando discutimos se verdades éticas estão inextricavelmente ligadas a verdades religiosas, então aí está Platão.

Quando nos perguntamos se todas as verdades — até mesmo as científicas — são nada mais que artefatos culturais, então aí está Platão.

Quando nos perguntamos se razão é suficiente — ou até mesmo necessária — para nos guiar ao longo da vida, ou se há ocasiões em que deveríamos abandonar a razão e seguir o coração, então aí está Platão.

Quando refletimos sobre a natureza do amor romântico e sobre haver ou não algo de redentor ou de libertino na quantidade de atenção e energia que estamos preparados para sacrificar por ele, então aí está Platão.

Quando refletimos sobre a natureza da grande arte e sobre o fato de ela ser capaz de nos ensinar a verdade que de outra forma não conheceríamos, então aí está Platão.

Quando nos perguntamos se deveríamos instilar em nossas crianças um descontentamento pelo ordinário de forma que elas possam se inspirar a ser extraordinárias, então aí está Platão.

Quando nos perguntamos se há uma verdadeira diferença entre certo e errado ou se apenas criamos isso no decorrer dos fatos, então aí está Platão.

Quando nos perguntamos, se é que sabemos a diferença entre certo e errado, como sabemos dessa diferença, então aí está Platão.

PLATÃO NO GOOGLEPLEX

Quando nos perguntamos como poderemos ensinar para nossas crianças a diferença entre certo e errado, se deve ser feito contando histórias, racionalizando, ou por meio de ameaças ou do amor, então aí está Platão.

Quando nos perguntamos por que a virtude parece sempre ficar sem recompensa e as pessoas boas sofrem enquanto as ruins prosperam e são efetivadas no trabalho, então aí está Platão.

Quando nos perguntamos se a imagem científica do ser humano — como sujeito às leis da natureza, assim como o computador no qual escrevo — tornou nossa grande imagem humanista em algo peculiarmente obsoleto, então aí está Platão.

Quando refletimos sobre o formato moral da história, se o ser humano está fazendo progresso ou apenas encontrando mais maneiras eficientes de expressar selvageria e um implacável amor-próprio, então aí está Platão.

E quando nos perguntamos se finalmente captamos a verdade ou se deveríamos ouvir mais argumentos do outro lado, então aí também — sempre — está Platão.

β Platão no Googleplex[1]

DRAMATIS PERSONAE:

Cheryl, assessora de imprensa
Marcus, engenheiro de software
Rhonda, narradora e amiga de Cheryl

Outro dia, cheguei à cidade para tomar um drinque com minha amiga Cheryl e — palavras dela — ter um *tête-à-tête*. Cheryl e eu somos nova-iorquinas transplantadas para a Costa Oeste. Esse é um dos laços que nos une. Poderia ser o único vínculo entre nós, mas, de alguma forma, acabamos nos tornando amigas. Encontramo-nos no bar de um hotel caro, em Nob Hill, decorado como um bordel italiano, com pesadas cortinas de veludo vermelho e um conjunto de estátuas douradas. Mas o lugar é — de novo, palavras de Cheryl — silencioso como um mausoléu, ou seja, você pode escutar a própria voz, apesar de, como de costume, a voz de Cheryl ter sido a que mais se ouviu.

---

1. Googleplex é o complexo da sede corporativa da Google Inc., localizada no Amphitheatre Parkway, 1600, em Mountain View, Santa Clara, Califórnia. A palavra "Googleplex" é uma siglonimização formada por "Google" e "complex" [complexo], mas é também um trocadilho com googolplex, que é um número enorme. Primeiro, comece com um googol, que é 10 elevado à centésima potência, ou 1 seguido de cem zeros. Um googolplex é 10 elevado à potência googol, ou 1 seguido por googol zeros. A Google Inc. sempre pensou grande.

PLATÃO NO GOOGLEPLEX

Mas não se pode culpá-la, se considerarmos as pessoas interessantes com quem ela constantemente se encontra. Ela é minha versão particular do Gawker,[2] minha maneira de espiar a vida dos famosos, dos quase famosos e dos que estão dispostos a fazer qualquer coisa do tipo acabar no corredor da morte na esperança de um dia ficar famoso.

Ela estava atrasada, o que foi a primeira dica de que algo estava acontecendo com ela. Cheryl é superorganizada, como é necessário ser no campo de trabalho dela. Para você ter uma ideia de como ela é, enquanto estacionava seu Lexus, ela me ligou para que eu pedisse um Long Island Iced Tea[3] para ela, um drinque muito mais forte que o nosso costumeiro Chardonnay. As bebidas estavam sendo trazidas para a mesa quando Cheryl entrou, em meio ao chacoalhar de suas exageradas pulseiras de prata. Cheryl está sempre dentro de uma armadura completa da Tiffany.

Depois de fazer sua piadinha sobre os garçons, que agem como se rígidos requisitos de entrada fossem impostos aqui, incluindo cartas de recomendação dos professores de matemática e de inglês do ensino médio, ela se ajeitou para me contar suas mais recentes aventuras assessorando autores, indo de um evento com a mídia a outro. Já que está todo mundo escrevendo livros hoje, Cheryl tem oportunidades para conhecer políticos, estrelas de cinema, todo o tipo de "já foi um dia isso ou aquilo", alcoólatras e drogados, e até mesmo alguns autores que não fazem nada além de escrever livros. Ela diz que tem o dom, e por isso as pessoas se abrem, e, se algum dia ela se aposentar e escrever um livro de memórias, precisará de uma assessora de imprensa e um bom advogado.

— Nossa, que experiência eu tive hoje — ela jogou o assunto sem nenhum preâmbulo. — Meu autor era um filósofo que eu imaginava que seria bem estranho e entediante. E ele usa somente o nome Platão, que me soou bastante irritante, como se ele estivesse fazendo par com uma Cher, ou uma

---

2. Blog de notícias e fofocas, de Nova York, disponível em: <http://gawker.com>. Fechado em agosto de 2016. (*N. da T.*)

3. Um Long Island Iced Tea, com sabor tão inócuo quanto o daquele que sua tia serve no quintal, é, em geral, feito com partes iguais de vodca, gim, tequila, rum e triple sec, uma medida e meia de sour mix e um pouco de refrigerante de cola.

Madonna. Desde o início percebi que seria um dia muito longo, mas eu não fazia a mínima ideia.

Ela tomou um longo gole de seu drinque.

— A mínima ideia — ela continuou. — Além do mais, o evento dele era um daqueles *Autores na Google* e aquele lugar sempre me deixa com os nervos à flor da pele. É difícil respirar aquele ar pesado de tanta autocongratulação no Googleplex. Quando alguém me fala que trabalha sério e que brinca tão sério quanto, o que eu escuto cada uma das vezes que vou lá, faço questão de virar os olhos... Sério.

Cheryl virou os olhos enquanto falava isso. Ela reprendendo os googlers pela forte autoestima é, de certa forma, engraçado. Se eu tivesse que assessorar figurões como Cheryl faz, eu ficaria tão intimidada que não abriria a boca, a menos que fosse estritamente necessário. Eu me sinto intimidada só de ouvi-la falar sobre os autores. Mas não importa quem Cheryl está assessorando, ela não conhece a pessoa por admiração. Ao contrário, se é que você me entende. Por isso é engraçado o quanto ela fica irritada com os pequenos gestos de presunção.

— Claro, tem a comida lá — ela dizia. — Eu sempre faço questão de levar meus autores para almoçar lá primeiro. Já te falei sobre a comida de lá, não falei? Vou te dizer: É maravilhosa. O Yoscha's Café é o meu favorito. É enorme e arejado, e eles têm dezenas de quiosques com diferentes comidas gourmet preparadas com tanto amor que a gente é capaz de imaginar os apaixonados cuidadores enviando seus queridinhos ao mundo. Além do mais, é tudo grátis, claro, como expliquei a Platão. É a primeira coisa que se deve saber sobre a comida aqui, falei para ele. Eles recebem café da manhã, almoço, jantar, o que quer que seja, totalmente grátis. Alimentação sob demanda.

— Eu ia odiar isso — falei para Cheryl. — Engordaria uns quatro quilos e meio por semana.

— Bem, parece que isso é um "problema" — Ela fez as aspas com as mãos. — de que eles reclamam naquele jeito deles de contar vantagem. Trabalhamos muito, brincamos muito *e* comemos muito, o que nos leva a praticar *muita* atividade física. Ah, meu Deus! Será que você está perce-

PLATÃO NO GOOGLEPLEX

bendo como somos um bando de pessoas superiores? — Cheryl revirava os olhos de novo e continuava. — De toda forma, Platão estava me escutando muito atentamente, quase me deixando sem graça, mesmo que eu estivesse apenas divagando, fazendo uma espécie de livre associação de ideias, tentando bater papo, porque dava para perceber que o cara não tinha muito jeito para conversa fiada. Você conhece o tipo, muito bem-educado, mas enfiado em sua torre de marfim, havia algo de aristocrático nele. E ele faz contato visual, diferentemente de muitos desse tipo. Aliás, o contato visual dele é coisa *séria*. O olhar dele é penetrante a ponto de ser exasperador. Bem, quando finalmente fiz uma pausa para respirar, ele me perguntou: "E qual é a segunda coisa que devo saber sobre a comida aqui?" Viu? Ele tem esse tipo de mente que é muito lógica. Se você disser para ele, eis a primeira coisa a saber sobre alguma coisa, então você também terá que dar a ele a segunda coisa que ele deve saber sobre isso. Eu disse, bem, acho que a segunda coisa é que é bem gostosa. E é claro, é produto local e orgânico, e todas essas coisas de que as pessoas por aqui gostam. E ele me perguntou "você já ouviu falar no Pritaneu?" "Não", respondi, "o que é isso, algum restaurante novo famoso?"

"Ele deu uma espécie de sorriso, o que ele tende a fazer mais com os olhos do que com a boca, e disse, 'é famoso, de certo modo. No Pritaneu, o fogo sagrado da cidade fica aceso o tempo todo, e a chama é levada para qualquer colônia nova conquistada pela metrópole.'

"Bem, é claro, eu não tinha ideia do que ele estava falando, apesar de ter uma vaga sensação de que ele estava fazendo algum tipo de piada. Ele veio de Atenas, esqueci de te contar, e, apesar de eu ter ido naquele cruzeiro com Michael antes de as crianças nascerem, quanto mais Platão falava, mais eu me dava conta de que não vimos a verdadeira Grécia. Quero dizer, você não faz ideia de quão diferente eles fazem as coisas lá, pelo menos se dermos crédito ao que Platão conta. Em todo caso, ele me disse que o Pritaneu também serve comida de graça.

"Então eu disse para ele, 'não brinca! Isso é um grande negócio. Como eles têm condição de se manter?'

PLATÃO NO GOOGLEPLEX

"'É administrado pela cidade', ele respondeu, 'e a comida é principalmente para aqueles que prestaram serviços extraordinários à cidade.[4] Tive um amigo que se meteu num problema legal muito infeliz. Sócrates foi condenado por dois crimes, heresia e corrupção de menores.'

"'Corrupção de jovens? Isso parece terrível. Ele era pedófilo ou algo assim?', perguntei.

"'Não nesse sentido que muito provavelmente você está pensando', ele disse, 'apesar de ele amar a juventude.'

"'Bem, espero que não no sentido em que estou pensando!', eu disse em resposta a ele, o que pareceu fazê-lo se retrair.

"'A acusação foi motivada pelo fato de ele não aceitar os valores morais da sociedade e por ele incentivar os jovens a também questioná-los. E ele estava certo de questioná-los e de fazer-nos, nós, homens jovens, questioná-los. Como prova do quão corrupta a sociedade era, o júri acabou por condená-lo.'[5]

— E você precisava ver a expressão dele quando ele disse isso, Rhonda. Essa foi minha primeira suspeita de que havia muita coisa acontecendo por trás daquela fachada dele. Ele é do tipo contido — muito, sei lá, formal.

E é verdade que toda vez que Cheryl repetia palavras de Platão, ela adotava um tom formal, falando devagar e com precisão, como se cada palavra tivesse sido cuidadosamente considerada. Ela é uma atriz nata, que automaticamente encarna personagens.

— De fato, quanto mais conversávamos, mais eu conseguia enxergar vislumbres de sentimentos humanos genuínos por trás de sua fachada de

---

4. O privilégio de receber alimentação pública no Pritaneu ou no Tolo, uma construção circular, era conhecido como *sitèsis* (concessão de alimentos). Os prítanes (os cinquenta cidadãos que comandavam a Boulê, o Conselho de 500, para cada um dos dez meses do calendário ateniense) também recebiam alimentação pública, geralmente no Tolo.

5. Veja em Myles Burnyeat, "The Impiety of Socrates" [A heresia de Sócrates], *Ancient Philosophy* 17, n. I, 1997, pp. 1-14, a mais nova visão amplamente aceita de que Platão representa Sócrates como culpado de sua acusação. A acusação específica contra Sócrates era de que ele não acreditava nos deuses da cidade, e Burnyeat argumenta, com base nas obras *Apologia de Sócrates, Eutífron*, e partes de *A república* e de *Leis*, que esse era exatamente o jeito que Platão representava Sócrates. Argumento que o ceticismo dele chegava ao ponto de enfraquecer a própria identidade da sociedade ateniense. Cf. capítulo "ζ, Sócrates deve morrer".

PLATÃO NO GOOGLEPLEX

mármore. Eu podia perceber no jeito de ele contrair o maxilar e em como sua voz, desde o início suave,[6] se suavizou ainda mais, o quanto deve ter sido traumatizante para ele essa coisa toda com seu amigo Sócrates.

"'Há quanto tempo isso aconteceu com seu amigo?'

"'Ah, isso é história antiga', ele disse. 'Eu era um jovem rapaz, não tinha saído dos vinte ainda.'

— Interessante — comentei, interrompendo a narrativa de Cheryl, o que ela não é muito de incentivar. — É raro um homem se preocupar tanto com um amigo — eu disse. — Você tem certeza de que Sócrates era só um amigo e não algo mais?

— Bem, é claro que isso me ocorreu também — disse Cheryl. — Mas você não pode simplesmente ir direto e perguntar a alguém sobre isso, ainda mais para uma pessoa como Platão. Sabe qual é o meu truque para fazer meus autores me contarem suas histórias particulares? É fazer uma pergunta puxando para o lado da pessoa sobre a qual eu realmente quero perguntar. Então eu simplesmente disse "que história terrível. Ele não tinha um bom advogado?"

"'Advogados', disse Platão e sorriu. 'Já ouvi falar dessas pessoas.'

"'Bem, é *óbvio* que já ouviu', eu disse a ele, novamente me perguntando se isso não seria uma tentativa de dizer algo engraçado, sabe, uma piada sobre *advogados*, principalmente porque ele disse isso meio que sorrindo. Ele tem um rosto bem severo, com ossos largos, a testa alta. Nada de movimentos bruscos, nem faciais, nem de outro tipo. Dá para ver que ele deve ter sido um jovem bem forte, e ele ainda se mantém firme como uma vara.[7]

---

6. Há, de fato, relatos de que Platão fazia palestras na Academia com a voz bastante suave, talvez fosse um plano para fazer os estudantes se aproximarem para pegar todas as palavras.

7. De acordo com Alexander de Mileto, que é citado por Diógenes Laércio em seu livro *Vidas e doutrinas dos filósofos ilustres*, livro III, *Platão*, capítulo 4, provavelmente escrito por volta do século III d.C., o verdadeiro nome de Platão era Arístocles, filho de Ariston, do demo de Colito. Fontes posteriores confirmaram que seu nome era Arístocles, mas é possível que tivessem como fonte o próprio Diógenes. Sabemos que seu avô era Arístocles, e como havia o costume de nomear o filho homem em homenagem ao avô, esse fato tornou-se uma (leve) evidência sobre o nome real do filósofo. Diógenes diz ainda que o nome Platão foi dado a ele por um de seus professores de ginástica, Ariston de Argos, "por ele ser robusto", e acrescentou "mas outros afirmam que ele recebeu o nome Platão baseado na extensão (*platutèta*) de seu estilo, ou na largura (*platus*) de sua testa". Poucos acadêmicos ainda mantêm essa ideia de que o nome de Platão era outro que não "Platão", desde que James A. Notopoulos debateu isso em "The Name of Plato" [O nome de Platão], in: *Classical Philology* 34 [Filologia clássica 34] (1939): 135-145.

PLATÃO NO GOOGLEPLEX

"'Não temos esse tipo de pessoa em Atenas', disse Platão. 'Acusadores acusam e os acusados se defendem. Todo mundo atua como seu próprio advogado. Quem tem condição contrata um logógrafo para escrever seu discurso.'

— Nenhum advogado — interrompi Cheryl. — Ele só pode estar caçoando de você. Como assim não há advogados na Grécia?

— Não, é isso que eu estava querendo dizer sobre a Grécia ser inacreditavelmente diferente, Rhonda. É um tanto quanto incompreensível.

— Você tem certeza de que esse Platão não é um de seus escritores de ficção? — perguntei.

— Bem, se for, ele é mais convincente que qualquer um deles. Jamais ouvirei a palavra *gravitas* de novo sem pensar nele. Esse cara é talhado em *gravitas*. "O procedimento em nossa cidade é o seguinte:", explicou ele, "se uma pessoa é considerada culpada, ela propõe a pena que acha justa. Então os acusadores apresentam outra pena, obviamente mais pesada, em seguida o júri vota para escolher a pena, em geral com foco na mais cruel. Esse procedimento funcionou em detrimento de Sócrates. Meu amigo era famoso por sua ironia, e não tinha inclinação para abandoná-la, nem mesmo com a vida em jogo. Eu deveria dizer, *principalmente* com a vida em jogo, já que se acovardar perante a morte, mostrando que estaria disposto a fazer qualquer coisa, atirar pela janela qualquer princípio, a fim de protelar a morte por apenas mais alguns poucos momentos — porque são apenas poucos momentos do ponto de vista da eternidade — é falta de hombridade."

"'Essa é uma perspectiva interessante sobre a morte', eu disse a ele, 'mas vou lhe dar uma dica útil. Eu evitaria dizer coisas como "hombridade". Pode soar sexista, como se você pensasse que os homens fossem superiores às mulheres.'"

— Como ele lidou com isso? — perguntei a Cheryl.

— Surpreendentemente bem — disse Cheryl —, principalmente para alguém tão das antigas. Ele me agradeceu pelo conselho e prometeu que, no futuro, tentaria se lembrar de evitar palavras sexistas. "Não pude deixar de

PLATÃO NO GOOGLEPLEX

perceber", ele disse, "como as mulheres são vistas de uma maneira diferente em sua sociedade, se comparado a minha. Sempre me pareceu um desperdício despropositado de recurso humano manter mulheres talentosas isoladas em casa, o que é o nosso costume.[8] O seu modo de utilizar o potencial humano é bem mais racional. Então deixe-me emendar minha última afirmação e dizer que Sócrates considerava *ignóbil* uma pessoa empreender uma ação com o único objetivo de adiar a morte, principalmente porque a proposição de que a morte é um mal que, no fim das contas, não tem uma justificativa trivial.[9] Durante seu julgamento, Sócrates fez questão de mencionar Aquiles,[10] considerado em toda a Grécia o maior herói mítico. Foram dadas a Aquiles as opções de ter uma vida breve, mas gloriosa ou uma vida prolongada, mas menos excepcional. Obviamente, Aquiles escolheu a opção mais heroica, e Sócrates também fez isso; no entanto, devo mencionar que meu amigo já estava na casa dos setenta, logo, não havia mais a opção de uma vida curta.[11] Entretanto, ele não sucumbiria à indignidade de agir somente para evitar a morte iminente, principalmente porque fazer isso requeria a violação

---

8. De fato, Platão demonstrou impressionante igualitarismo de gênero. Veja em *A república* 451-457b sua discussão geral sobre por que as garotas excepcionais deveriam receber exatamente a mesma educação que os garotos excepcionais, projetada para treiná-los a fim de que fossem guardiãs de sua cidade utópica, sua *Calípolis*. Seus argumentos incluem afirmativas tais como: "No que concerne à administração da cidade, não há modo de vida que seja próprio de uma mulher porque ela é mulher ou de um homem porque ele é um homem, mas as qualidades naturais estão distribuídas da mesma maneira para ambas as criaturas" (*A república*, 455d). É, no entanto, importante ressaltar que seu igualitarismo de gênero deriva mais de considerações acerca do que leva um Estado a ser o mais bem administrado. O foco das considerações é muito menos, se é que há algum, na injustiça contra as mulheres ao privá-las de oportunidades iguais e mais na injustiça contra o Estado ao privá-lo de todos os seus indivíduos talentosos.

9. *Apologia de Sócrates* 28b-29c.

10. Ibid. 28b-d.

11. Xenofonte afirma que acreditava que Sócrates queria morrer, já que atingira uma idade em que a vida progressivamente se deteriora: "Sócrates já estava com idade tão avançada que se não tivesse morrido, sua vida teria chegado logo ao fim; ademais, consequentemente, ele escapou do fardo mais amargo da vida, livrando-se daqueles anos que trazem para todos a diminuição da força intelectual — em vez disso, ele foi chamado a exibir toda a robustez de sua alma e ainda adquirir glória, em parte, devido ao estilo de sua defesa — da mesma forma aprazível em sua veracidade, sua liberdade e sua virtude — e parcialmente pela maneira com que suportou sua condenação com infinita gentileza e virilidade. Já que ninguém que se possa lembrar, admite-se, jamais se curvou para a morte de maneira mais nobre." *Memorabilia*, capítulo VIII, tradução de H. G. Dakyns, Macmillan, 1897.

dos princípios pelos quais viveu sua vida. Então, quando lhe pediram que propusesse uma pena que refletiria precisamente sua culpabilidade, Sócrates respondeu que já que havia realizado um inestimável serviço para sua cidade ao tentar acordar seus cidadãos do sono da complacência e jamais havia solicitado recompensa por seus serviços, a cidade, se verdadeiramente quisesse mostrar justiça para com ele, deveria votar para que ele fosse alimentado no Pritaneu pelo resto da vida. Essa foi a pena que ele propôs depois de já ter sido votada sua culpa por ofensa capital (*Apologia de Sócrates*, 36c-d)."

"Isso foi uma *chutzpah* de seu amigo", disse a ele.

"'*Chutzpah*?', ele me perguntou. 'Não conheço essa palavra.'

"'Audácia', expliquei. Eu ia dizer 'colhões', mas a palavra ficou entalada, inibida pela encarnação da virtude de *gravitas* que já mencionei. 'E deu certo para seu amigo?', perguntei a ele.

"'Não muito bem,' ele respondeu, olhando para baixo, para suas mãos cruzadas. 'Os jurados sentiram-se tão ultrajados com a *chutzpah* de Sócrates' — ele pronunciou a palavra perfeitamente, Rhonda — 'que mais pessoas votaram a favor de sua execução do que as que haviam votado por sua condenação. Uma perfeita amostra da irracionalidade ateniense e seu culto de valorização da multidão. Seria engraçado se não fosse tão trágico.'

"'Que história triste', falei, e realmente, a julgar por sua expressão, parecia que o amigo tinha acabado de morrer. Quase pude ver as emoções sangrando no mármore. 'Percebo o quanto ainda te afeta. Seu comportamento muda quando você fala nele. Talvez devesse considerar falar mais sobre ele. O público vai gostar', garanti. Claro, eu estava tentando animá-lo, já que em menos de uma hora ele iria se apresentar. E já ouvi de muitos de meus autores que a única consolação para os episódios ruins pelos quais já passaram é que sempre podem usá-los em seus escritos.

"'Ele foi o melhor homem de seu tempo', ele me disse (*Carta VII* 324e).

"'Você já escreveu sobre seu relacionamento especial com ele?', perguntei.

"'Já escrevi sobre ele em vários de meus escritos.'

"'Mas sobre seu sentimento por ele, o efeito que ele tinha sobre você?'

"'Não', respondeu ele. 'Nunca escrevi especificamente sobre isso.'

PLATÃO NO GOOGLEPLEX

"'Bem, você deveria', eu disse a ele. 'Você teria aí um best-seller. Uma combinação de *A última grande lição: o sentido da vida* com *Os últimos passos de um homem*.'

"Ele simplesmente olhou para mim e sorriu; não parecia ter compreendido nada do que eu estava falando. Não era só porque ele é grego, Rhonda, mas porque ele é estrangeiro de uma forma mais estranha, o que ficou ainda mais claro ao longo do dia. Ele é o primeiro filósofo que eu assessoro. Quero dizer, é o primeiro filósofo *profissional*. Já trabalhei com caras como William Bennett e Dinesh D'Souza. E teve aquela vez que trabalhei com o Bono.

"Enquanto conversávamos e esperávamos, fomos nos diferentes quiosques, pegando vários tipos de comida. Eu fiquei incentivando Platão a experimentar um pouco disso e um pouco daquilo. Ele estava parecendo um menino mima-do, daqueles que não querem nem tentar provar coisas novas — meu Jason era assim e me deixou louca. Lembrei-me exatamente do que eu costumava falar para o Jason quando encorajei Platão a experimentar o sushi e ele ficou olhando para aquilo como se fossem baratas cozidas ou uma torta de lama. No café, eles têm aquelas mesas longas comunitárias, parecidas com as mesas de um refeitório escolar, o que provavelmente não é por acaso, já que a maioria dos googlers mal saiu da escola, ficam correndo de um lado para o outro com a mochila nas costas, vestindo camiseta e jeans e depois levando para casa um gordo contracheque que vão queimar com seus brinquedos. Avistei uma mesa mais vazia e o conduzi até lá; então, espalhei minhas coisas em volta para desencorajar os chatos. Expliquei que não tínhamos tanto tempo assim porque uma delegação chegaria em quarenta minutos para levá-lo a um tour pelo Googleplex, disse a ele que, se quisesse, poderia livrá-lo disso.

"'Por que eu deveria me privar de visitar o Googleplex?', perguntou ele.

"'Bem, você sabe', respondi tentando ser o mais delicada possível. "Só pensei que esta será uma turnê de lançamento bastante puxada. Você vai visitar o quê? Umas doze cidades em três semanas? Você está em boa forma, não me entenda mal, sei como vocês, gregos, adoram se exercitar e tal, mas ainda assim, só hoje, você já tem um cronograma bem agitado a sua espera. Eles colocaram em uma sala grande aqui, o que significa que estão esperando uma multidão; então gostaria de mantê-lo animado. E depois tem a sessão de autógrafos, que é o motivo disso tudo e vamos esperar que a mão que você usa para assinar faça um bom exercício físico. Penso que talvez você devesse descansar um pouco em vez de andar por aí. Tenho certeza de que eles têm salas de descanso aqui onde você possa dar um cochilo, já que eles têm todo o tipo de coisas para o conforto das pessoas.' Inclusive, Rhonda, o que eu sempre faço questão de mencionar, assentos de privada com aquecimento que lavam, secam e fazem tudo, menos colocar você para arrotar. De alguma maneira, pareceu inapropriado falar sobre essa comodidade com Platão.

"No entanto, ele estava esperando pelo tour. 'Não quero desperdiçar minha oportunidade de aprender o máximo que eu puder sobre sua *polis*', ele me disse.

"'Polícia?', eu disse. 'Não entendi. O que a polícia tem a ver com isso?'

"'Desculpe-me', continuou. 'Me referi à cidade. Quero aprender o máximo que puder sobre esta cidade.'

"'Mountain View?', perguntei hesitante.

"'Quero dizer, talvez mais sobre esta cidade Googleplex'.

"'Tudo bem', aceitei. 'Acho que é um tipo de cidade em si. Mas por que você está tão ansioso para aprender sobre ela?'

"'A Google não é a maneira mais poderosa de adquirir conhecimento?'

"'Sim', confirmei, 'é uma poderosa ferramenta de pesquisa, mas você não precisa entender como eles fazem isso para usá-la. Todas as pessoas no mundo 'googlam', mas ninguém entende como funciona. É tecnomágica.'

"'Se não entendemos nossas ferramentas, há o perigo de que nos tornemos a ferramenta de nossas ferramentas', disse Platão, o que achei ser uma observação bastante astuta, principalmente considerando o quão pouco ele realmente sabia sobre o Google ou, na verdade, qualquer coisa sobre a internet."

— Sei que ninguém me perguntou, mas, na minha opinião, poderíamos ter pulado essa coisa de Autores@Google. Nunca compram muitos livros nesses eventos mesmo. Em geral, os autores têm de lidar com um público desanimado, exceto quando a Google compra os livros e distribui como brinde, o que acontece com uma frequência bastante baixa, considerando os seus recursos. E já vou avisar: eles ficam com o computador aberto o tempo inteiro em que

PLATÃO NO GOOGLEPLEX

você estiver falando, com os olhos colados na tela em vez de colados em você. Isso é desconcertante para muitos de meus autores, porque, você sabe, né, Rhonda, talvez eu esteja me repetindo, mas autores são provavelmente as pessoas mais inseguras do mundo. E quanto mais apaixonado por si mesmo, mais inseguro. Não sei se é a insegurança que os leva a começar a escrever livros, ou se escrever livros é o que os torna inseguros. Só sei que a maioria deles é tão neurótica quanto um filho de Lindsay Lohan com Woody Allen. Olha aí que grande ideia! De qualquer forma, eu disse a Platão, "não deixe que o fato de eles encararem o computador o perturbe. O mais importante é que sua palestra será colocada na web e é lá que você vai vender seus livros. Apenas fique olhando para a câmera e esqueça que todo o mundo a sua frente não está ouvindo uma palavra do que você está falando".

"'Então assistirão à minha imagem em suas telas em vez de olhar para mim pessoalmente enquanto falo? Isso parece muito com certo enredo que uma vez imaginei.[12] Na verdade, pensei em falar dele para o público aqui, já que há uma forma de relacionar o que eu imaginava lá com a ideia de códigos de informação através dos quais todo um contexto pode ser gerado, o que parece ser relevante para as ideias que são seguidas aqui, pelo menos considerando o pouco que pude compreender.'

"'Bem', eu disse, pisando com cuidado ao redor de seu ego exposto, o que é, obviamente, a primeira coisa que se aprende no meu ramo de negócios, '*pode ser* que estejam 'googlando' informações sobre você enquanto você fala. Isso é bem possível. E quanto ao que você deveria falar, isso fica a seu critério, claro, mas sem dúvida deveria ser algo que tenha relação com o seu livro mais recente, já que é o que você está aqui para promover.'"

— Platão tem uma combinação estranha de sofisticação e absoluta falta de noção. Tive a sensação de que qualquer adolescente de 17 anos, desses com o rosto cheio de espinhas, que acabou de publicar seu primeiro livro de memórias, tem muito mais noção do que fazer para vender um livro do que Platão.

"'Então eles podem, como você disse, 'googlar' sobre mim ou também sobre outro tópico', ele disse.

---

12. Platão se refere, eu acho, a seu Mito da caverna. Cf. *A república* 514a-518d. E veja o capítulo θ em que o mito é discutido com mais detalhes.

PLATÃO NO GOOGLEPLEX

"'Sim, você sabe, 'googlar' agora é um verbo. Por exemplo, você 'googla' sempre que quiser saber de qualquer coisa, qualquer tópico, seja algo de grande importância ou irrelevante, expliquei, imaginando se era apenas uma questão de linguagem ou se havia mais alguma coisa acontecendo ali. Até parece que eles não têm Google na Grécia, ou, pelo menos, eu imagino que tenham. Claro, se eles não têm advogados, quem vai saber o que mais eles estão perdendo?'

"'Você 'googla' quando quer saber de qualquer coisa', ele repetiu, 'qualquer tópico, seja algo de grande importância ou irrelevante. Portanto, todo o conhecimento está concentrado bem aqui no Googleplex, e aqueles que trabalham aqui estão a par de todo o conhecimento. Isso é tão extraordinário que quase coloca à prova a credulidade de que o conhecimento possa ser localizado dessa maneira.'

"'Bem, você aprenderá em seu tour que, na verdade, o conhecimento não está verdadeiramente no Googleplex. Aqui é apenas a sede.'

"'Então onde está? Onde está o conhecimento?'

"'Não está em algum lugar específico. Está na nuvem.'

— Ele ficou todo animado com o que eu disse,[13] e começou a me fazer todo tipo de pergunta que eu não sabia responder. Quero dizer, já estive naquela visita incontáveis vezes, mas nunca presto atenção. "Contudo, suas outras observações", disse a ele, "sobre a Google estar a par de todo o conhecimento. Isso me parece importante. Francamente, não gosto nem de pensar em toda a informação que esses googlers têm.

"'Mas ter conhecimento só pode ser bom',[14] Platão disse, o que é um exemplo do tipo de falta de noção de que eu estou falando aqui e que

---

13. A animação de Platão é compreensível, considerando que a falta de localização da nuvem tem algo de platônico em si.

14. Em alguns diálogos, Platão chega a ponto de conectar bondade e conhecimento com tanta veemência que sugere que conhecimento sobre o que é bom é tanto necessário quanto suficiente para fazer o bem. Essa conexão forte entre bondade e conhecimento torna a noção de *acrasia* — ou a fraqueza de vontade — problemática, já que fraqueza de vontade consiste em saber o que é bom, mas ainda assim não fazê-lo, presumivelmente por não querer fazê-lo. Afirmar que conhecimento é suficiente para a bondade está subordinado não somente a uma teoria do bem, mas também a uma teoria da vontade humana, de acordo com a qual é da natureza dessa vontade querer o bem. Veja, por exemplo, *Protágoras* 358d: "Ninguém vai por vontade própria em direção ao mal." É possível que essa visão esteja mais de acordo com o ponto de vista do histórico Sócrates, do que do ponto de vista do maduro Platão. A teoria de Platão sobre a tríplice divisão da alma, desenvolvida em *A república*, é uma reformulação da teoria da vontade que deu espaço para a *acrasia*.

PLATÃO NO GOOGLEPLEX

parece ir muito além da falta de noção de alguém que fala inglês como segunda língua.

"'Bem, eu não teria tanta certeza sobre isso', disse a ele."

— Na verdade, semana passada mesmo eu estava assessorando um autor que havia publicado um livro sobre toda a informação que a Google está organizando sobre cada um de nós e que, já que a Google é uma empresa, e o propósito das empresas é ganhar dinheiro, provavelmente está vendendo a anunciantes, para que eles possam adequar a propaganda para nós. Esse sujeito, Siva Vaidhyanathan, que, assim como você, é um professor, disse que pensamos em nós mesmos como clientes da Google, mas na realidade somos seu produto. Nós — todos os nossos desejos secretos e tudo o mais de que a Google dispõe acompanhando nossos cliques — somos o que a Google vende para anunciantes.[15] Não tenho certeza se tudo o que ele diz está certo — quero dizer, lido com meus autores com um pé atrás, mas não falei isso com Platão — mas eu penso, sim, que há algo de assustador no tanto que a Google sabe e em como ela está sempre procurando saber mais, simplesmente se alimentando de todos os fatos do multiverso, que, Rhonda, não é apenas *este* universo, mas todos eles e foi um "VOOM" que um cientista com o qual trabalhei semana passada estava tentando vender.

VOOM significa *Vision of Outstanding Moment* [momento de visão excepcional]. Todos os grandes pensadores com os quais Cheryl trabalha têm VOOMs. Não consigo me lembrar se Cheryl inventou a palavra ou se "VOOM" é um VOOM de um dos autores dela.

"Então você está me dizendo que o propósito de todo esse conhecimento é meramente fazer ganhar dinheiro? A ganância está conduzindo a grande ferramenta de busca de conhecimento? Isso me desorienta mais que qual-

---

15. *The Googlization of Everything (And Why We Should Worry)* [A googlelização de tudo (e por que deveríamos nos preocupar)], Berkeley: University of California Press, 2011. Cheryl não está citando *verbatim* Vaidhyanathan. Isto é o que ele escreveu: "Não somos clientes da Google. Somos seu produto. Nós — nossos desejos, fetiches, predileções e preferências — somos o que a Google vende para anunciantes." Essa específica afirmação de Vaidhyanathan foi contestada. Neste momento, a Google não vende informação específica sobre cada um de nós para anunciantes, mas o Facebook vende. Para uma excelente discussão sobre a omnisciência da Google, veja Daniel Soar, "It Knows", in: *London Review of Books*, 6 de outubro de 2011.

quer outra coisa que eu aprendi sobre este lugar. Como podem aqueles que possuem todo o conhecimento, que deve incluir o conhecimento sobre a vida que vale a pena ser vivida, ter interesse em usar conhecimento só para o insignificante objetivo de ganhar dinheiro?"

"'Bem, o que você faz quando está diante de uma monumental falta de noção como essa?'

'Platão', eu disse, 'acho que você tem um conceito muito elevado da Google e dos nerds que trabalham aqui.'

"'Nerds?', perguntou ele. 'Outra palavra que eu não conheço.'

"Eu me senti novamente em uma posição um tanto desconfortável, já que não queria ofender Platão, que me pareceu, apesar de muito cortês e de ser capaz de manter contato visual, um nerd por excelência. Busquei na memória uma explicação que certa vez ouvi de um de meus autores. Ele me disse que a palavra original era *'knurd'*, *'drunk'* [bêbado] ao contrário, e era usada para denominar estudantes que preferiam estudar a frequentar festas. De toda forma, essa foi a explicação que dei a Platão.

"'E as pessoas que trabalham aqui na Google são todas nerds?', ele me perguntou.

"'Eu diria que cada um e todos eles', contei para ele.

"Ele sorriu e olhou ao redor no Café, como se tivesse morrido e ido para o paraíso dos filósofos. Aparentemente, não contribuí em nada para mudar sua maluca visão idealizada do Googleplex. 'Minha escolha de termo para definir nerd', ele me disse, ainda sorrindo, 'é filósofo-rei'."

— Ele estava brincando? — Cheryl me perguntou.

— O que você acha?

— Não tenho certeza — disse a Cheryl —, mas acho que não.

Ele não estava — ela disse.

Àquela altura da conversa eu não tinha certeza, então decidi simplesmente levar aquilo como uma piada.

"'Esses caras, *reis*? — disse a ele. — Duvido que qualquer um deles tenha qualquer peça de roupa que não seja calça jeans ou camiseta de malha.'

"'Sabe de uma coisa', disse Platão, ainda examinando o ambiente. 'Passei a melhor parte de minha vida tentando entender como assegurar que aqueles

PLATÃO NO GOOGLEPLEX

que são mais adequados às regras são os que acabam governando. Pensei muito na questão de como educar os governantes para que eles não caiam de amores por seu próprio poder.[16] Mas confesso que nem uma vez considerei como esses governantes deveriam se vestir para o trabalho.'

"'Deu para perceber que você não está muito preocupado com a questão do que vestir', comentei. 'Você é meu primeiro autor que veste toga.'"[17]

— Só um minuto, Cheryl — eu a interrompi novamente. — Você está me dizendo que seu autor estava andando por Mountain View usando uma toga?

— Ah! Não mencionei isso? — ela disse como quem não quer nada, então eu entendi que ela só estava esperando o momento certo para soltar essa. — Sim, ele estava vestindo uma toga branca bonitinha, com sandálias muito autênticas, como algo que eles devem ter usado para assistir a cristãos sendo jogados aos leões.

— Acho que aí eram os romanos — disse a Cheryl.

— Tanto faz — ela disse. — De toda forma, essa era a roupa dele. E considerei um marketing bem inteligente. Provavelmente foi ideia do editor dele, e me surpreende que tenham conseguido fazer Platão aderir à ideia. Estão claramente tentando fazer um branding com ele.

"'Por sorte estamos bem próximos de São Francisco', disse a ele. 'Aqui você encontra de tudo. Olha aquele sujeito ali, o que tem cabelos divertidos. Eis um filósofo-rei.'

"'Talvez', disse Platão. 'Teria que interrogá-lo.'

"O cara para quem estávamos olhando tinha dreadlocks, vestia uma camiseta da banda Grateful Dead muitíssimo maior que ele e, obviamente, calça jeans. Ele parecia ser dez ou até vinte anos mais velho que a média dos googlers, mas era evidente que ele não havia usado seus anos a mais para acrescentar alguma maturidade entre ele e os jovens. Claro, quem sou eu para julgar as pessoas pela aparência, Rhonda, mas, pela forma como esse

---

16. "Mas o que necessitamos, eu disse, é que aqueles que assumem o poder não sejam amantes da regra" (*A república* 521).

17. Cheryl não é uma narradora muito confiável quanto aos detalhes da vestimenta grega. Como um homem grego, Platão provavelmente estaria vestindo um quíton (túnica) com um himácio (capa), caso uma camada a mais de roupa fosse necessária.

PLATÃO NO GOOGLEPLEX

cara se apresentava, eu teria dito que ele se formou no ensino médio com, no máximo, três amigos, todos do clube de informática como ele, e que ele tinha algum hobby sombrio com o qual era obcecado. Por exemplo, colecionar instrumentos musicais antigos ou fazer naves espaciais de origami que pudessem quebrar a barreira do som, e que, se prestasse alguma atenção nas mulheres, ele tentaria impressioná-las com a quantidade de casas decimais de Pi que ele sabia de cor.

"'Esse inusitado penteado dele indica adesão a alguma religião em particular?', Platão perguntou.

"'Você quer dizer algo do tipo rastafári? Duvido. Provavelmente uma adesão religiosa a não se importar com a aparência.'

"'Ah, então é filósofo!', ele disse,[18] e de novo eu não consegui, de jeito nenhum, entender se ele falava sério ou se estava fazendo graça. Só sei que encarava o sujeito como se estivesse realmente ponderando se ele seria um candidato ao cargo de filósofo-rei.

"'Não faça contato visual!' Eu o adverti, mas já era tarde demais. O filósofo-rei em potencial já estava se aproximando de nós, balançando os braços e se movendo bem rápido. 'Não se preocupe', eu disse a Platão, 'eu me livro dele para você.'

"Mas, quando o cara perguntou se podia se juntar a nós, Platão disse que seria um prazer e, para dar lugar ao sujeito, tirou minha bolsa da cadeira onde a coloquei de propósito. Minha tarefa é proteger meus autores, mas o que se pode fazer quando eles te sabotam desse jeito?

"'Sou Marcus', o cara se apresentou. No prato, ele tinha uma pilha de sushi que dava para alimentar Tóquio e arredores.

"'Bem, Marcus, este é Platão', eu disse, 'escritor e filósofo e é quem vai dar uma palestra para vocês daqui a pouquinho, e está relaxando agora, então não deveríamos cansá-lo com conversinhas desnecessárias. Como pode perceber, ele é estrangeiro.'

"'Claro', disse Marcus. 'Estou realmente ansioso para ouvir sua palestra, Platão. Li tudo o que escreveu.'

---

18. Por volta do século V a.C., cabelos compridos como sinal de pertencer à aristocracia saíram de moda, mas é possível que os filósofos usassem os cabelos longos para indicar que não se importavam com a aparência. Em todo caso, Aristófanes afirma isso sobre Sócrates e seus seguidores.

"'Sério? Então leu o texto sobre filósofos-reis?'

"'É claro', Marcus respondeu olhando para mim como se eu fosse um sushi dormido. 'Quem nunca leu *A república*?'

"Naturalmente, fiquei com vergonha e lancei meu olhar mortal a Marcus. 'Tenho tantos autores para cuidar', expliquei para Platão, 'que, se eu fosse ler tudo o que eles escrevem, não teria tempo para cuidar deles.'

"'Isso me parece razoável', ele disse, sorrindo para mim sem qualquer traço de ter se ofendido. Já lhe disse que ele é de uma educação impecável. 'E acho que Marcus está exagerando quanto aos meus leitores', ele continuou. 'Não escrevo para todo mundo. Algumas vezes fico imaginando se escrevo para alguém.'

"Claro, ouço esse tipo de coisa de muitos de meus autores, que, às vezes, ficam um pouco desesperados quanto a seus leitores, principalmente hoje em dia, quando eles têm acesso às críticas dos leitores na Amazon. Este é meu conselho número um para os autores. Faça o que quiser, mas não leia as críticas na Amazon. Segundo conselho: Depois de ignorar meu primeiro conselho, simplesmente lembre-se de que o anonimato faz florescer o pior nas pessoas, principalmente pessoas que estão de pijama e chinelos há vários dias, que é como eu falo para meus autores para imaginarem seus mais malvados críticos.

"'Dê apenas um resumo básico dele, Platão', eu disse. 'Você sabe, como você faria no programa *The Colbert Report*. Cinco palavras ou menos.'

"Ele pensou por alguns instantes e então disse, contando nos dedos cada palavra: 'O. Estado. Perfeito. Define. Justiça.'

"'Tudo bem. Mordi a isca', falei, 'você sabe como Colbert diz. Qual é o Estado perfeito? Califórnia? Acho que é o caso do Havaí também.'

"Percebi Marcus rindo, mas Platão não estava prestando atenção nele, o que pensei mostrar bom senso. 'O Estado perfeito', explicou, 'é aquele governado por quem tem conhecimento para governar e esse conhecimento é conhecimento filosófico, assim como a questão fundamental sobre se o que constitui a justiça é filosófico. Já que essas questões tão abstratas são questões filosóficas que exigem o insight de um filósofo, e a pessoa que tem esse insight acerca da natureza da justiça não se permitirá ser corrompida pelos

PLATÃO NO GOOGLEPLEX

privilégios do poder, cheguei ao ponto de vista de que até que um filósofo adquira poder político ou alguém que já tem poder político possa se tornar um filósofo, não haverá justiça no Estado.' (*A república* 610c)

"'Bem, isso é uma ideia nova', eu disse.

"'Da primeira vez que a propus, era nova', ele respondeu. 'Agora já não é tão nova.'[19]

"'E como foi isso para você?', perguntei.

"'Não tão bem', disse ele.

"'O livro não vendeu?', perguntei, complacente.

"'Ah, não, muito pior. Levou-me ao maior fiasco da minha vida.'

"Bem, uma pessoa não pode simplesmente aparecer e lançar uma afirmação dessas e não elaborar, então perguntei a ele o que aconteceu.

"'Surgiu uma oportunidade', ele disse, 'que me permitiu tentar colocar em prática minhas ideias sobre justiça. Tive um amigo, Díon, que estudou comigo na Academia,[20] o mais rápido de todos os estudantes a quem ensinei.[21]

---

19. O governante que chegou mais perto do idealizado filósofo-rei proposto por Platão foi (a maioria dos acadêmicos que estuda Platão diria) Arquitas de Tarento (428-347 a.C.). Mais tarde na história, houve Marco Aurélio (121-180 d.C.).

20. Platão fundou sua Academia quando retornou a Atenas, por volta de 387 a.C., depois de ter passado anos distante da cidade, impelido pela execução de Sócrates. Ela foi instalada no lugar onde havia um jardim público deixado para os cidadãos atenienses pelo herói ático Academo. A proposta da Academia era ser a primeira universidade europeia, apesar de já haver outras escolas, especificamente uma fundada por Isócrates, mas essas eram limitadas ao ensino de retórica. O estudante mais famoso da Academia de Platão foi Aristóteles, que chegou a Atenas vindo de Estagira, no norte da Grécia, onde seu pai era o médico pessoal da família real da Macedônia. Aristóteles ficou por vinte anos e saiu depois da morte de Platão para fundar a própria escola em Atenas, o Liceu. A Academia continuou a existir ao longo do período helenístico e acabou, pela primeira vez, depois da morte de Filon de Larissa, em 83 a.C. Durante o Império Romano, filósofos continuaram a ensinar as ideias de Platão, mas somente em 410 d.C. uma nova Academia foi reaberta como centro para estudos do neoplatonismo. A Academia, então, durou um pouco mais de cem anos. Suas portas foram finalmente fechadas em 529 pelo imperador bizantino Justiniano I, cristão ortodoxo.

21. "Em todo o caso, Díon, que era muito rápido na apreensão, especialmente no que se refere a minha instrução nessa ocasião, tinha respostas mais perspicazes e mais entusiasmadas que qualquer outro jovem que eu já conheci, e resolveu viver o resto de sua vida de modo diferente da maioria dos gregos na Itália e na Sicília, alimentando virtudes mais estimadas que prazer e luxo" (*Carta VII* 327 a-b). Se a Carta VII é autêntica, teria sido escrita em algum momento depois da morte de Díon, por volta de 352 a.C.

PLATÃO NO GOOGLEPLEX

Ele era de Siracusa, cidade onde era muito bem relacionado. Na verdade, o cunhado dele era o tirano de Siracusa.'

"Isso, obviamente, me pegou de surpresa. 'Siracusa?', perguntei. 'Eles têm tiranos governando Siracusa?'

"Marcus não se conteve. 'É outra Siracusa',[22] disse ele, com um sorriso suficientemente antipático para fazer apodrecer o pouco sushi que restava em seu prato, já que ele estava devorando toda aquela comida enquanto escutava. Minha impressão era de que ele estava com inveja de toda a atenção que Platão me dava, eu, uma mera assessora, em detrimento dele, um filósofo-rei em potencial.

"'Ah, tudo bem', eu disse. 'Sabe que meu cunhado também está na política? Nada tão importante quanto um tirano. Ele foi eleito para o corpo de diretores da escola em Freemont. No entanto, tenho que admitir que Leon às vezes é meio tirano em casa. Não é fácil para minha irmã.'

"Dava para ouvir Marcus dar suas risadinhas de novo, mas Platão simplesmente me explicou que de onde ele vem eles usam a palavra 'tirano' de uma forma diferente. 'Para nós', ele disse, '"tirano" é estritamente alguém que detém controle por meios irregulares, apropriando-se da forma legítima de transmissão de poder.[23] Os tiranos, pelo menos até onde a semântica do nosso termo dá conta, não precisam se comportar como opressores e carrascos que abusam do poder que têm. Na verdade, quando os primeiros tiranos apareceram, pelo menos em minha observação, eles com frequência se apresentavam — e talvez até no início fossem — como um porta-voz das pessoas contra os abusos da minoria poderosa, que havia acumulado quantidades de capital e de poder desproporcionais.'

"'Você quer dizer o 1% contra os 99%', eu disse.

---

22. Siracusa foi uma *polis* onde hoje é a Sicília, e foi fundada originalmente por Corinto.

23. Mais tarde, a Grécia condenou a tirania, mas, a princípio, ela era compreendida como uma irregularidade nem sempre censurável. Na tragédia ática a palavra *tyrannos* é, amiúde, utilizada no sentido de "rei". Tanto Platão quanto Aristóteles condenavam a tirania como a pior forma possível de governo, mas, no tempo deles, a tirania havia sobrevivido à sua utilidade original e desenvolveu vícios muito familiares para nós. Veja Sian Lewis, *Greek Tyranny* [A tirania grega]. Liverpool: Bristol Phoenix Press, 2009.

90

PLATÃO NO GOOGLEPLEX

"'Sim. Exatamente', Platão disse. 'Os 99% frequentemente têm um campeão que colocam acima deles e alimentam na grandeza' (*A república* 656 c-d), disse Platão, entrando no 'modo palestra'. Pode-se esperar isso dessas pessoas do tipo professores universitários. Você faz uma pergunta e logo pula para fora uma palestra. Mas, bem, ele continuou um pouco nessa explicação de que os tiranos, primeiro, são bons e, de fato, protetores do povo, mas gradativamente se livram de todos os que conseguem refreá--los e então acabam demonstrando que tirania é a pior forma de governo possível (*A república* 656 c-d), como esse tirano de Siracusa, em especial, aparentemente fez.

"'Desagradável, ele?', eu perguntei.

"'Como todo mundo deve se tornar desagradável se nada houver para coibir seu insaciável apetite por poder. Ele tinha tanto ciúme de seu poder e era tão desconfiado de que alguém pudesse usurpar sua supremacia que até manteve seu filho, Dionísio II, completamente sem educação escolar para que nunca pudesse ser um rival (*Carta VII* 332 c-d). Então, de repente, por causas naturais ou não, Dionísio pai morreu, e o filho, tão sem preparo para a liderança quanto um escravo, assumiu seu lugar. Meu amigo Díon, que àquela época sentia que exercia certa influência benéfica sobre seu sobrinho, viu nisso uma oportunidade de colocar as ideias da Academia em ação. Ele me implorou para ir a Siracusa e assumir o comando da educação do jovem Dionísio (ibid, 328 c).'

"'Você faria daquele que já tinha poder político um filósofo', Marcus disse, comentário desnecessário, como se somente quisesse se inserir nova-mente na conversa.

"'Essa era a ideia', disse Platão, de alguma forma transmitindo uma dose de secura em sua voz suave. 'Ou, se isso falhasse, pelo menos convencer aquele que tinha poder político a se aconselhar com filósofos. Mas devo dizer que Díon precisou me convencer a assumir o projeto. Primeiramente, a educação do jovem Dionísio deveria ter sido empreendida muito mais cedo. Ele tinha 18 anos quando assumiu o poder, isso é entrar um tanto quanto tarde em um projeto para moldar o caráter. Jovens dessa idade têm impulsos

PLATÃO NO GOOGLEPLEX

repentinos e, frequentemente, impulsos bastante contraditórios (*Carta VII* 328b). E o caráter daquele jovem era, para começar, fraco. Para usar uma metáfora que criei e certa vez pensei em usar no contexto político, o minério da alma dele não era do ouro necessário para a verdadeira liderança, nem era da prata que faz um bom soldado, mas era do metal menos precioso, o bronze (*A república* 414c-415d).[24] Eu também sabia que havia muita intriga na corte, corruptos que queriam explorar a fraqueza e a falta de autodisciplina e autoconhecimento do novo governante. Ainda assim, havia Díon, um homem de extrema probidade e de máxima disposição, implorando-me para ir a Siracusa e assumir o grande experimento sobre o qual com tanta frequência falamos, fazendo encolher as longas horas que separavam o crepúsculo do amanhecer de forma a parecerem meros momentos, arrebatados por nossa visão daquilo que poderia ser, de forma que assistimos juntos, maravilhados, quando o sol surgiu, derramando mel sobre o monte Himeto. E me pareceu que, pelo bem de meu amor-próprio, eu deveria ver se algumas de minhas ideias poderiam ser colocadas em prática (*Carta VII* 328c). Mas minha alma estava dividida. Eu havia escrito aquilo, por um lado, o filósofo mantém-se quieto e cuida dos próprios afazeres, satisfeito se ele mesmo pode viver sua vida na pureza e isento de injustiça e aceitar sua

---

24. Aqui, Platão se refere a sua "nobre mentira". Em *A república*, ele chega à conclusão de que o Estado justo é aquele em que o papel de uma pessoa é determinado por sua adequação para o papel. Seu Estado utópico consistiria de três classes. No topo, tomando as decisões, está a classe governante, cujos membros teriam, tanto devido a sua intrínseca natureza e a seu treinamento, a autodisciplina para agir estritamente conforme os interesses de todos os cidadãos. Em seguida, vêm os soldados, cobrados a implementar as regras. Por último, os fazendeiros e os artesãos, que vivem conforme essas decisões, cumprindo as tarefas necessárias para que o suporte material da cidade prospere. De maneira a garantir que membros de cada classe obrigatoriamente cumpririam suas respectivas tarefas, sem pensar em desestabilizar a sociedade tentando pular para uma classe para qual sua natureza não lhe oferece adequação, Platão propôs que a todas as pessoas fosse contado o mito da mistura de metais em sua constituição. Os governantes têm uma mistura de ouro, os soldados, de prata e os fazendeiros e artesãos, de bronze. Ele mesmo aplica a sugestão da nobre mentira com certo constrangimento. Nobres mentiras, de um tipo ou de outro, têm uma longa história nos governos, tanto no democrático quanto em outros, de forma a vindicar o constrangimento de Platão. Ainda assim, é uma questão importante, e difícil, tanto moral quanto politicamente, se governantes — ou indivíduos, nesse caso — em algum momento podem justificar a mentira, e se podem, em quais circunstâncias.

partida finalmente com esperança e em espírito de graça e bondade. Nesse caso, ele terá alcançado não o mínimo de suas conquistas antes de partir (*A república* 496d-e).'

"'Você estava pensando em seu outro amigo?', perguntei gentilmente. 'Você sabe, aquele que não conseguiu ganhar o direito de alimentação gratuita no... como é que você chama aquilo?'

"'Pritaneu', ele disse. 'E estava. Estava pensando muito em Sócrates quando escrevi aquelas palavras. Mas então, por outro lado, eu havia escrito que um filósofo como esse também não terá alcançado as maiores conquistas se não encontrar um governo conveniente. Pois num governo conveniente, ele mesmo crescerá ainda mais e vai assegurar a salvação comum ao mesmo tempo que a sua própria (*A república* 497a). A convocação de Díon, portanto, teve um grande efeito em mim. Eu estava sendo persuadido por um senso de vergonha em mim mesmo a pensar que não deveria sempre parecer pura e simplesmente um tipo de argumento jamais querendo colocar as mãos em qualquer coisa que fosse ação (*Carta VII* 328c).'

"'E foi tudo como você imaginava?', perguntei para estimulá-lo a voltar para a história.

"'Eu mal escapei com vida', contou ele. Foi uma afirmação sinistra, mas ele não falou isso com um tom aterrador. Ele apenas levantou levemente suas sobrancelhas.

"'Olhe, não se culpe muito', eu disse a ele. 'Você sabe, essas coisas acontecem nas melhores famílias. E a realeza pode ser complicada. Acredite em mim, sei o que estou falando. Trabalhei com a Fergie nos dois últimos livros dela. Pelo menos você não acabou executado, como seu pobre amigo', eu disse, e então imediatamente me senti mal por ter falado isso, porque ele ficou com aquele olhar arrasado de novo. 'E é preciso admitir', continuei, 'você conseguiu sair um pouco de sua torre de marfim e, pelo que você contou, parece que acabou arrumando uma grande aventura. Realmente espero que você tenha colocado tudo isso em seu novo livro. Entretanto, o que eu não consigo entender é por que você insiste no tópico filósofos, como se eles tivessem o segredo da salvação do mundo. Você, de certa forma, me

PLATÃO NO GOOGLEPLEX

faz lembrar de um ortodontista que pensa que o segredo de viver uma vida boa é ter dentes perfeitamente alinhados. Sem querer ofender, Marcus', acrescentei, já que, além de todos os seus "encantos", ele tem dentes perfeitamente medonhos. Na verdade, se pensarmos bem, provavelmente foi isso que me fez pensar em ortodontistas inconscientemente.

"'O que você quer dizer com isso?', perguntou Marcus.

"'Deixa pra lá. Esquece.'

Mas, por algum motivo, foi Platão que se agarrou na coisa da ortodontia e não largava mais.[25]

"'Mas se você quisesse ter seus dentes perfeitamente alinhados', ele disse, 'a quem você recorreria?'

"'Não tem nada errado no *meu* alinhamento', foi o que respondi.

"'Não, claro que não, mas me acompanhe por um momento. Estou tentando ver se consigo oferecer-lhe uma resposta para o porquê de eu, como você diz, insistir no tópico filósofos.'

"'Ah, tudo bem', eu disse.

"'Então digamos que, apenas hipoteticamente, houvesse algum problema com o alinhamento de seus dentes. A quem você recorreria para resolver esse problema?'

"'Provavelmente iria me consultar com o dr. Kolodny', respondi a ele.

"'E o que faz o dr. Kolodny ser a pessoa certa para corrigir esse problema?'

"'Ele é um dos melhores ortodontistas na área da baía de São Francisco', respondi. 'Meu filho e minha filha colocaram aparelho com ele, e ele fez um trabalho maravilhoso. Tanto Jason quanto Valerie têm um sorriso lindo de morrer.' Peguei algumas fotos dos dois — e você sabe o quanto ambos são

---

25. Nos diálogos de Platão, Sócrates é bastante fã de usar exemplos mais corriqueiros, e Platão provavelmente mantinha-se fiel ao histórico Sócrates ao fazer seu personagem com frequência lançar mão de analogias plebeias e analisá-las exaustivamente, como uma passagem em *Memoráveis*, de Xenofonte, ressalta. Quando Sócrates estava ameaçado por oligarcas que por um período curto comandaram Atenas depois da derrota ateniense durante a Guerra do Peloponeso (veja o capítulo ζ), Crítias, proibindo Sócrates de falar sobre filosofia em público, disse: "Mas, ao mesmo tempo, seria melhor ter feito com seu sapateiro, carpinteiro e caldeireiro. Esses provavelmente já devem estar com os saltos bem gastos, se considerarmos o quanto você já circulou com eles." (Livro IV).

94

maravilhosos — e Platão olhou para eles e elogiou seus dentes, enquanto Marcus nem se dignou a olhar.

"'E é devido ao que o dr. Kolodny sabe que você levou seus filhos a ele?'

"Não conseguia perceber exatamente aonde ele queria chegar com isso tudo, mas ele parecia tão absorvido por suas questões que eu estava pronta para responder o que parecia muito óbvio: "'Bem, sim.'

"'E o que é que dr. Kolodny sabe?', insistiu Platão.

"'Ele entende de arcadas dentárias', respondi. Enquanto isso, Marcus estava sorrindo como se a conversa não fosse sobre os dentes ruins dele, mas sobre alguma coisa inteiramente diferente sobre a qual ele, sr. filósofo-rei, soubesse e eu não.

"'Então, quando é uma questão de corrigir o alinhamento dos dentes', Platão continuou, 'você procura pela pessoa que tem o tipo de conhecimento certo para remediar a situação. A pessoa que entende de arcadas dentárias — que conhece, em outras palavras, como é uma boa arcada e o que deve ser feito a uma não muito boa para torná-la boa.'

"Eu estava entendendo que Platão, com sua boa educação, simplesmente tentava dar uma dica para Marcus, então eu disse:

"'Se você quiser, Marcus, posso lhe passar o telefone do dr. Kolodny.'

"Marcus tomou a defensiva. Ele não se importava com as dicas de Platão, mas não iria aceitar isso de mim.

"'Escute', ele disse, 'você está tentando me dizer que há algo de errado com meus dentes?'

"'Nada que o dr. Kolodny não possa consertar', falei calmamente.

"'Porque, quando o assunto é dente e seu problema de alinhamento', Platão logo entrou na conversa, 'há um jeito certo e um jeito errado, e a pessoa que é especialista é a pessoa que não só conhece o jeito certo, mas sabe como alterar o errado para que fique certo.'

"'Meus dentes estão ótimos', Marcus disse, e de alguma forma ele estava certo, já que conseguiu engolir toda aquela comida em tempo recorde, enquanto Platão mal tocou sua salada de frutas e o iogurte grego.

"'Mas você não é um especialista em alinhamento de dentes, como é o dr. Kolodny', Platão disse sem se alterar.

PLATÃO NO GOOGLEPLEX

"'Olhe, eles são meus dentes e me sinto bem com eles', disse Marcus.

"Eu estava bem certa de que Platão e eu concordávamos naquilo, então eu disse: 'Talvez você se sinta bem com eles porque são os únicos dentes que você já teve na vida. Você nem sabe como é ter uma mordida perfeita.'

"'Uma mordida perfeita?' Marcus explodiu. 'Talvez seja porque sou apenas um engenheiro de software e não um matemático como você, Platão, sem falar em seja lá o que você for, Cheryl, mas preciso dizer que tenho minhas dúvidas com relação a qualquer afirmação sobre perfeição, incluindo quando se trata de arcadas dentárias. Quando uma pessoa tem dentes que são inteiramente funcionais, o que meus dentes são, a única razão para mexer neles é alguma questão banal de estética.'

"'Em resposta a sua primeira pergunta', disse a Marcus, 'sou assessora de imprensa, contratada pelo publicitário do autor para organizar o lançamento do livro dele de forma que o evento seja possível e tranquilo em qualquer cidade, não importa qual tipo de imprevisto ocorra. E para responder sua segunda pergunta, eu não desdenharia a estética tanto assim. No mundo real, estética não é nem um pouco banal. E eu acho que o Platão aqui concorda comigo.'

"'Se não estou enganado', Marcus falou em um tom de "te peguei", 'Platão certa vez escreveu que beleza é uma tirania de vida curta.'

"Diante disso, Platão parecia tão tocado quanto na hora em que ele falou de seu amigo criminoso.

"'Quando as pessoas me citam como escritor de certas passagens que eu provavelmente escrevi', ele disse, olhando para baixo, para suas belas mãos cruzadas sobre a mesa a sua frente, 'eu me arrependo de ter levado estilo para o papiro.'

"Foi o que ele disse, Rhonda, e pensei que fosse apenas cena, típica de quem usa uma toga.

"'Nunca dediquei minhas verdadeiras visões filosóficas à escrita' (*Carta VII* 341c-d), ele continuou, e sobre isso preciso dizer que, considerando todo o dinheiro que a editora parece ter investido nele ao enviá-lo para

PLATÃO NO GOOGLEPLEX

lançamentos em doze cidades, sem falar no *branding*, foi muito bizarro.[26] 'Quanto àquela específica citação, não me lembro de ter em algum momento escrito qualquer coisa do tipo em qualquer um dos meus textos filosóficos', ele disse.[27]

"'E isso inclui sua visão filosófica sobre ortodontia?' Marcus perguntou com um tom de deboche. Fiquei em uma situação constrangedora aqui. Eu deveria interferir por meus autores e protegê-los de pessoas irritantes como Marcus, mas Platão convidou o sujeito para se sentar e depois parecia ter se abstraído da atitude desagradável dele.

"'Você falou em matemática, Marcus', disse Platão. 'Eu acredito que por trás da mordida perfeita, assim como da perfeição e da beleza, figura a exatidão formal da matemática. A beleza em um rosto humano — assim como, certamente, em toda a beleza corporal — é uma questão de proporção entre as partes. Qualquer combinação, seja ela a que for, que não exibe por um meio ou outro medida e proporção é a ruína tanto de seus ingredientes quanto, e acima de tudo, dela mesma. O que você fica sujeito a ter em tais casos não é a mistura verdadeira que gera um todo, mas somente partes imiscíveis' (*Filebo* 64e).

---

26. "Independentemente dos fatos, uma afirmação que posso fazer em relação a todos os que escreveram ou que possam vir a escrever alegando conhecimento dos assuntos ao qual me dedico — não importa como fingem tê-lo adquirido, seja através de meus conhecimentos, seja por suas próprias descobertas. Esses escritores, em minha opinião, podem não ter real conhecimento do assunto. Certamente não compus nenhum trabalho que aborde isso, nem devo fazê-lo no futuro, porque não há forma de expressar isso em palavras como feito em outros estudos. Esse conhecimento deve chegar depois de um longo período de participação no ensino do assunto em si e de acompanhamento próximo, quando, de repente, como uma chama acesa por uma centelha saltitante, é gerado na alma e se torna de vez autossustentável" (*Carta VII* 341c-d). Essa é uma confissão extraordinária de Platão e, de fato, levou algumas pessoas a argumentarem que a *Carta VII* deve ser autêntica. Uma afirmação semelhante, de que ele nunca se comprometeu a escrever sobre sua filosofia foi feita em *Carta II* (314b).

27. Aqui Platão está sendo dissimulado. A frase citada não é de seus diálogos, mas de um fragmento de poesia atribuída a ele: "Jogo a maçã para você e se você estiver disposta a me amar, pegue-a e compartilhe comigo seus pensamentos de mulher; mas se seus pensamentos forem o que rezo para não serem, ainda assim, pegue-a e considere o quão curta é a vida da beleza [nossa tradução]". "Epigrams", traduzido por J. M. Edmonds, in: *Elegy and Lambus*. Cambridge, MA: Harvard University Press, Loeb Classical Library, 1931, vol. 2. Revisado por John M. Cooper e reimpresso em *Plato Collected Works*, org. John M. Cooper e D. S. Hutchinson. Indianapolis: Hackett, 1997, p. 1744.

PLATÃO NO GOOGLEPLEX

"'Sabe de uma coisa, Marcus? Só piora com o tempo', acrescentei. 'Essa sua mordida superior vai começar a ficar mais e mais protuberante, parte por parte.'

"'Portanto, um especialista como o dr. Kolodny', disse Platão, 'assumindo as rédeas mais uma vez, poderia olhar para uma mordida que não dá à pessoa problema algum, digo funcional, e, ao projetar no futuro, ser capaz de prever problemas que ainda não existem, por assim dizer. Ele consegue enxergar não somente a mordida presente, mas também a mordida que o futuro guarda.'

"'Exatamente', concordei. 'Apesar de, no caso de algumas pessoas, não ser necessária muita experiência para prever problemas que já estão a caminho. Eles estão, digamos assim, encarando-o direto nos olhos.'

"'Mas talvez não nos olhos da pessoa dona da mordida', disse Platão, que, para uma pessoa com a educação dele, estava pegando pesado. O desalinhamento deve ser uma de suas grandes obsessões.

"'Às vezes é essa a pessoa menos capaz de perceber o problema', Platão continuou.

"'Mas isso é lógico', eu disse. Eles não precisam olhar para si mesmos.

"'Então, no caso de uma mordida perfeita', Platão continuou, e eu já estava começando a achar que ele estava se excedendo, 'a pessoa adequada a consultar não é a pessoa a quem pertence a mordida, mas, sim, um especialista em mordeduras, o dr. Kolodny.'

"'Sim, ele é um excelente ortodontista. Eu o recomendo com toda a confiança', falei, pensando que isso encerraria a questão de uma vez por todas. Mas estava errada.

"'Então agora estabelecemos', Platão continuou, 'que há diferença entre uma boa mordida e uma ruim, e a pessoa que pode julgar a mordida da melhor forma não é a pessoa que tem a mordida, não importa o quanto ela sente que a mordida está certa, mas, sim, o especialista em mordida, dr. Kolodny. Agora me diga, você alguma vez se perguntou se, assim como há diferença entre uma boa mordida e uma ruim, há também diferença entre boas e más ações, ou até mesmo, para falar mais amplamente, entre uma vida bem vivida e vidas que não são bem vividas?'

"'Sim', eu disse.

"'Claro que já pensei nisso. Seria difícil, na minha profissão, não levar isso em consideração. Você ficaria surpreso com a quantidade de autores-celebridades entre aqueles que eu assessoro — que as pessoas imaginam que devem ter uma existência perfeita, com uma quantidade infinita de dinheiro, fama e pessoas rastejando aos seus pés noite e dia —, que estão avacalhando tudo quase no mesmo nível de canalhice do Charlie Sheen. Quero dizer, não tenho intenção de citar nomes, já que considero isso como uma espécie de relação médico-paciente. Mas é claro que isso não inclui você, Rhonda', ela disse, (já que sei que o que eu te contar não vai se espalhar.)

Cheryl me disse isso uma dúzia de vezes e não tenho certeza se ela está fazendo um elogio a minha integridade pessoal ou um comentário sobre minha fraca vida social.

— E você alguma vez chegou a considerar que a pessoa que melhor pode julgar essa diferença, no que diz respeito a ações e a vidas — prosseguiu Cheryl, assumindo seu estilo Platão —, não é a pessoa a quem as ações e a vida pertencem, independentemente do quanto pode parecer certo para ele ou para ela, mas, sim, um especialista em tais questões, por assim dizer, um dr. Kolodny das ações e das vidas?

"'Bem, não sei se eu iria longe assim', respondi a Platão. 'Não sei se esses dois tipos de conhecimento são tão comparáveis assim. O dr. Kolodny tem conhecimento técnico especial. Ele cursou odontologia por uns quatro anos, e falamos de faculdade, depois ele precisou estudar ortodontia além disso por, sei lá, talvez dois ou três anos mais. Então, provavelmente, nos referimos a algo como dez ou onze anos de educação superior.'

"'E a razão para que um amplo treinamento fosse exigido do dr. Kolodny', Platão continuou, 'deve ser que o tema alinhamento dentário — de que consiste o perfeito alinhamento e as várias maneiras que essa perfeição pode falhar e o que deve ser feito para corrigir essa falha — é complicado. É por isso que esse conhecimento exige um especialista como Dr. Kolodny, que deve ter se dedicado a vários anos de estudo técnico.'

"'Bem, é', concordei.

"'Mas o conhecimento daquilo que distingue as boas ações das ruins, sem falar no conhecimento sobre vidas que sem dúvida nenhuma valem ser vividas e as que não, não é pelo menos tão complicado quanto o conhecimento do alinhamento adequado para os dentes?' Platão me perguntou no jeito suave, mas firme, dele. É mais ou menos como ser atacada por um travesseiro, Rhonda. 'Se o conhecimento sobre a diferença entre mordeduras boas e ruins exige tanta experiência, tantos anos de estudo, por que o conhecimento do qual eu falo não exige também muitos anos de estudo? Você me pergunta por que insisto em filósofos e eis minha resposta para você. Filósofos são aqueles que passam pelo menos tanto tempo para se especializar em um tema complicado quanto o dr. Kolodny passou. A única diferença é que o tema deles não é o que torna uma mordida boa, mas sim o que torna uma vida boa.'

"Nessa hora eu começava a ter uma ideia de aonde Platão queria chegar e estava tendo um sentimento um tanto quanto assustador sobre isso também, apesar de sua técnica do travesseiro de pena. Platão, parecia-me, era um elitista dos mais extremos. Até começou a me ocorrer que o fato de ele deixar implícito que de onde ele vem as pessoas não pensam na palavra "tirano" como, necessariamente, negativa diz mais sobre ele que sobre a Grécia. Talvez Platão, por sua voz suave e suas boas maneiras, fosse o tipo de pessoa que seria um tirano. E por algum motivo, em vez de enrolar, como geralmente faço com meus autores, permitindo que visitem a cidade com seus VOOMs, decidi simplesmente dar um nome àquilo da maneira como enxerguei aquilo.

"'Quem são esses filósofos para dizer às pessoas como devem viver?' Fui bem direta com ele. 'Quem são eles para *me* dizer como viver? A vida é minha e penso que sei o que faz dela uma vida que sem dúvida nenhuma vale ser vivida, para usar sua frase, melhor que qualquer especialista em filosofia faz.'

"'Mas agora', disse Platão, levantando as sobrancelhas um pouco, 'você está falando como nosso amigo Marcus, que nos disse que sabe perfeitamente que sua mordida é boa sem o dr. Kolodny dizer o contrário. Assim como você mesma ressaltou que um mau mordedor é a última pessoa a saber que tem uma mordida ruim, não poderia ser verdade que a pessoa que está vivendo

PLATÃO NO GOOGLEPLEX

mal sua vida seja a última pessoa a saber que está mal? Não que eu esteja dizendo que você seja de alguma forma tal pessoa', ele se apressou em me assegurar. 'Simplesmente quero deixar claro que o que uma vida parece ser para quem vive essa vida pode não ser exato. Ver uma vida de um ponto vantajoso, por assim dizer, dentro dessa mesma vida, pode não fornecer a perspectiva apropriada para julgar se aquela vida realmente vale ser vivida. Então um especialista que, por definição, tenha assumido uma perspectiva diferente por causa do seu conhecimento está em melhores condições para julgar do que a pessoa de quem é a vida.'

"'Bem, agora vou humildemente discordar de você', eu disse a ele, de novo fui bem direta, porque as duas situações, uma mordida ruim e uma vida ruim não são, de forma alguma, semelhantes. 'Como aproveitar ao máximo sua vida não é algo que se aprende num manual, como os manuais em que o dr. Kolodny estudou formas de alinhamento, levando todos aqueles anos para memorizar diagramas de dentes e ossos e nervos e vai saber o que mais. Não existe livro didático que contenha informação específica desse tipo para lhe dizer qual é a diferença entre uma boa vida e uma vida ruim. Essas duas situações não poderiam ser mais distintas entre si.'

"'Ainda assim você acredita' – ele disse naquela voz suave dele, que francamente começava a lembrar menos um travesseiro e mais um tigre, ou algo à espreita bem no momento de saltar na sua jugular – 'que algumas pessoas sabem viver e outras não. Estou certo?'

"'Sim', confirmei. 'Como já falei, conheço algumas pessoas, cujos nomes não vou citar, que não sabem o que fazer com todas as incríveis vantagens que lhes foram dadas, toda a fama e dinheiro e com a capacidade de ter tudo o que querem. Eles podem saber o que fazer para que o mundo faça o que eles pedem, mas até onde sei, não sabem o básico sobre como viver a vida.'

"'Você acredita', ele me perguntou, 'que essas pessoas que sabem como viver bem, como você mesma, nasceram com esse conhecimento, de forma que isso lhes ocorra naturalmente, como o medo de cair ou o desejo de ter aconchego e contato humano, ou seria o conhecimento de como eles deveriam viver melhor a vida um conhecimento que precisou ser adquirido durante a vida?'

PLATÃO NO GOOGLEPLEX

"'Não. Não acho que alguém simplesmente nasce com o conhecimento de como viver a vida', respondi. 'Se assim fosse, seria muito mais fácil ser pai ou mãe. Mas não penso que seja a filosofia o que nos ensina como viver a vida. É o senso comum e a decência comum.[28] Quero dizer, olhe para mim. Não estudei filosofia na faculdade. Procurei me informar algumas vezes, mas ela nunca me pegou. Lembro uma professora que passou sua primeira aula falando sobre argumentos válidos e inválidos e acho que nunca me senti tão entediada na vida. Você vai me dizer que eu precisaria saber a diferença entre argumentos válidos e inválidos para ensinar Jason e Valerie o que eles deveriam e o que não deveriam fazer? Se fosse a um departamento de filosofia, aposto que não pensaria que todos lá são algum tipo de santo que sai correndo depois da aula para praticar atos de misericórdia e de caridade. Provavelmente você encontraria lá a mesma porcentagem de idiotas que é possível encontrar em qualquer outro lugar. Pelo que sei, encontraria mais.'

"'Mas então, talvez eles não sejam verdadeiros filósofos?' Platão perguntou suavemente.

"'Agora você está apenas brincando com as palavras, Platão', eu disse. 'Eles estão recebendo contracheques das faculdades para ensinar filosofia, não estão?'

"'E para você isso significa que eles são filósofos?'

---

28. Nos diálogos de Platão, a opinião de Cheryl está refletida na voz de vários dos interlocutores de Sócrates, inclusive de um certo Ânito, que faz um aparecimento tardio em *Mênon*, um diálogo preocupado com a questão da possibilidade de ensino da virtude. O que é interessante sobre Ânito, que tem breve participação no debate, e era anfitrião de Mênon em Atenas, é ele ser identificado pela maioria dos acadêmicos como o mesmo Ânito que seria um dos três acusadores de Sócrates. Veja o capítulo ζ. O Ânito, em *Mênon*, certamente se comporta de maneira compatível com tal ação, uma vez que demonstra grande impaciência com a maneira de Sócrates questionar. O personagem homônimo nesse diálogo é também bastante interessante. Mênon, um jovem bonito, rico — ele aparece com seus vários escravos (82a), um dos quais Sócrates consegue incitar a deduzir uma solução geométrica (82b-85b) —, inicia o diálogo perguntando a Sócrates se *aretē*, ou seja, virtude, pode ser ensinada. Casualmente, Sócrates chama Mênon de patife (81e) e em outros lugares (*Critão* 53d) Mênon é descrito como um sem lei. Debra Nails escreveu: "É Xenofonte quem descreve Mênon como tão profundamente vil a ponto de merecer o fim que teve; enquanto outros generais foram decapitados, Mênon, por um ano, foi torturado e mantido vivo antes de ser torturado até a morte" (*The People of Plato* [O povo de Platão], p. 204). Xenofonte apresenta Mênon como uma pessoa preparada para pegar qualquer atalho a fim de seguir seu caminho, inclusive trair amigos (*Anábase* 2.6). Como sempre, Platão foi cuidadoso na escolha de seus personagens.

PLATÃO NO GOOGLEPLEX

"'Bem, o que mais seriam, então?', questionei. 'Eles não são ortodontistas! Eles não são o dr. Kolodny, que sabe como alinhar dentes! São filósofos que sabem como formar argumentos filosóficos e dizer às pessoas quais são válidos e quais não são, para o caso de alguém se interessar em perguntar, o que não vejo as pessoas esperando em fila para fazer. Não vejo como essa habilidade em particular tem a ver com qualquer coisa com a qual as pessoas verdadeiramente se preocupam, ou alguma coisa que as pessoas precisem saber ao tomar decisões, e muito menos sabendo como viver a vida que vale a pena ser vivida supremamente.[29] Não espero que ortodontistas tenham necessariamente o sorriso mais bonito do mundo, e também não espero que filósofos sejam mais bem-comportados que outras pessoas. É apenas mais um curso a fazer na faculdade — ou não. Quero dizer, não é minha intenção ser rude, ou minar sua confiança logo no início das viagens de lançamento de seu livro, mas o que está dizendo é realmente estranho e, mais importante ainda, não acho que será aceito pela maioria de seu público. Talvez isso seja bom, já que controvérsia vende livros e tal, mas você também não vai querer ofender as pessoas que são compradores em potencial. Quero dizer, não culpo vocês, em suas torres de marfim, por superestimar a importância de ser inteligente. Afinal, essa é sua realidade, você é inteligente, pelo menos um tipo de inteligente. Então, naturalmente, você pensa que é nisso que tudo se resume, e que qualquer pessoa que não tenha o seu tipo de inteligência está mesmo sem sorte, já que não somente ele ou ela não frequentará uma escola chique, elitista, da costa leste, que oferece todo tipo de oportunidade exclusiva, como também a porta que dá acesso a uma vida boa e decente é fechada na cara deles. Isso é o que você quer dizer, não é? Que se um cara, ou uma garota, não tem o tipo de inteligência que você tem, então eles não têm esperança de viver uma vida que valha ser vivida? Isso não será aceito por seu público, Platão. Sua editora não lhe deu um toque sobre isso? Sabe, eu já assessorei modelos na divulgação de sua autobiografia, e, é meio co-

---

29. Cf. "O fato de que você poderá dar algumas respostas em vez de outras para questões filosóficas básicas não dirá nada sobre como você se comportará quando algo que não seja um ponto filosófico estiver em questão." Stanley Fish, "Does Philosophy Matter?" [A filosofia é importante?]. Disponível em: <https://opinionator.blogs.nytimes.com/2011/08/01/does-philosophy-matter/?_r=0>.

PLATÃO NO GOOGLEPLEX

mum esse pessoal se perguntar como pessoas que não são lindas de morrer conseguem viver uma vida que valha ser vivida, já que, para essas pessoas, isso foi o que fez a vida delas supremamente válida. Também acontece com os jogadores de futebol americano. Eles não conseguem, de maneira alguma, imaginar como pessoas que não são massas exageradas de carne e músculo, capazes de deixar uma pessoa inconsciente no chão só de trombar com ela, terem a possibilidade de viver uma vida que valha a pena ser vivida. Não consigo ver como seria diferente na questão de ser inteligente como você. Quero dizer, na sua linha de atuação — e suponho isso a partir do que Marcus disse sobre você ser também matemático e não somente filósofo, o que, tenho certeza, é muito impressionante, não estou dizendo o contrário — mas, na sua linha de atuação, você obviamente precisa ser superinteligente para ser bem-sucedido e talvez seja por isso que você está sendo induzido a pensar que uma pessoa tem que ser superinteligente para saber como viver a própria vida. Você precisa ser superinteligente para viver bem sua vida de filósofo e uma top model precisa ser superbonita para viver bem a vida dela como uma top model, mas você não precisa ser superbonito e ela não precisa ser superinteligente. Pense em como seria injusto, se não fosse assim. É como se você dissesse que pessoas que não têm QI acima do padrão não podem viver uma vida que valha a pena. Bem, isso é péssimo para elas, não é? Ou talvez você pense que os filósofos-reis deveriam prescrever para essas pessoas a maneira de viver? É essa a ideia? Todo mundo que está no ponto mais alto da curva do QI deveria simplesmente entregar a vida para os filósofos-reis da mesma forma que o Marcus aqui deveria entregar seus dentes ao dr. Kolodny?'"

— Francamente, não sei o que me deu, Rhonda. — Cheryl disse enquanto chamava o garçom e pedia outro Long Island Iced Tea. — Jamais discuto com meus autores. Normalmente nem presto atenção no que eles dizem. Tudo entra por um ouvido e sai pelo outro e vamos ao próximo VOOM. Mas parece que Platão tocou num ponto fraco. Quero dizer, ele sugeria que, porque nunca fiz um curso de filosofia, eu não sabia como viver minha própria vida. Ele não falou isso diretamente, mas era o que estava implícito. Eu não precisava que um filósofo tagarelasse sobre argumentos válidos e inválidos para me dizer que aquilo era o que queria dizer. E me perguntei se o amigo dele, Sócrates, costumava jogar ideias similares por aí e se isso irritava as pessoas tanto que elas acabaram condenando-o sob acusações falsas, principalmente porque, pelo pouco que Platão me contou sobre o julgamento de seu amigo, parecia que ele se desviou da questão para insinuar, até que fosse condenado e mesmo depois da condenação, que somente alguém superior como ele sabia o que significa a vida. Digo, não quero justificar o fato de o terem sentenciado à morte por ser um grande pé no saco. Só estou dizendo que a história pode ser um pouco mais complicada do que Platão faz parecer.

"De qualquer forma, quando terminei minha pequena diatribe, Marcus estava sorrindo para mim, e, dessa vez, não era um sorriso derrogatório. Parecia que, de alguma forma, eu havia ganhado muitos pontos com ele por ter atacado a ideia de que há especialistas que podem dizer como você deve viver sua vida. No entanto, eu não estava muito certa de como meu autor receberia meu desabafo; mas ele parecia ter aceitado bem; aliás, estava estranhamente impressionado, porque me disse:

"'Bem, se tudo o que você diz está correto, e você pode me provar que qualquer pessoa com senso comum e decência comum sabe as respostas para essa questão, então penso que é você quem deveria fazer a palestra *Autores na Google,* e não eu. Deveríamos trocar de lugar e eu assumo o papel de seu assessor.'

"'É engraçado você dizer isso', comentei, mesmo sabendo que ele estava debochando, como se a ideia de nós dois trocarmos de lugar fosse ridícula. Mas que se danasse, pensei. E disse a ele que muitas vezes, quando estou ouvindo meus autores, penso que eu deveria estar no lugar deles. Só tem uma coisa, nunca escrevi um livro, então, tecnicamente falando, eu não sou uma autora.

"'Como você diz, mero tecnicismo', ele disse erguendo as sobrancelhas, o que possivelmente significava que ele estava fazendo hora comigo. 'Eu mesmo sempre escrevi com grande apreensão', disse ele, preferindo essa troca que há em conversas a essa em que estamos envolvidos e em que o real progresso da compreensão é atingido. 'Em um mundo ideal, no qual somos livres do preconceito contra autores que não escreveram livros, e, portanto, sendo você a pessoa que vai falar no Googleplex, diga-me o que alegaria sobre essa questão de como o homem deve viver a vida.'

"'Como o homem ou a *mulher* deve viver a vida', eu o corrigi, já que ele mesmo fez questão de me pedir ajuda para evitar dizer qualquer coisa que soasse sexista.

"'Obrigado', disse ele com um sorriso. 'Você concorda que há formas de uma pessoa viver a vida e formas em que uma pessoa não deve viver a vida?'

"'Claro', respondi.

"'E não é apenas uma questão de preferências pessoais no que diz respeito a, por exemplo, se uma pessoa prefere viver na cidade ou no campo, ou se alguém escolhe uma vida exposta à emoção de vários riscos ou uma vida relativamente pacata.'

"'Você quer dizer, então, que tem gosto pra tudo?'

"'Bem colocado', disse Platão.

"'Não posso levar o crédito', eu disse. 'Mas você sabe, para algumas coisas a questão *é* apenas que pessoas diferentes precisam de coisas diferentes. Quero dizer, não o julgo por você usar uma toga, por exemplo. Isso é problema seu. E suponho que você não seja casado também.'

"'Não', ele disse.[30]

"'E nunca foi?', perguntei.

"Ele balançou a cabeça.

"'Bem, também não faço julgamentos sobre esse tipo de coisa', asseverei. 'Afinal de contas, estamos na área da baía de São Francisco. Não vou perguntar o que aconteceu entre você e seu amigo Sócrates, ou entre você e seu amigo Dion, acordados a noite toda para depois, juntos, verem o sol nascer. Isso não é da minha conta, apesar de notar que você só fala de homens, nunca de mulheres. Mas não estou fazendo julgamentos de valor aqui. Se essa for sua orientação, ou sua preferência, ou a forma como queira chamar isso, então, quem sou eu para dizer o contrário?'

---

30. Os historiadores não têm total certeza de que Platão jamais se casou, porque as mulheres atenienses raramente aparecem nos registros. Além disso, por duas vezes em *Leis*, Platão estabelece a necessidade de o cidadão (o homem) se casar.

PLATÃO NO GOOGLEPLEX

"'Mas sobre algumas coisas você poderia querer dizer o contrário, ou pelo menos é o que suspeito', ele disse muito calmo. 'Por exemplo, se eu decidisse que você é tão boa assessora que eu preciso que você me atenda com exclusividade a toda hora e, por isso, sequestrasse você, você provavelmente não responderia a essa minha decisão dizendo "tem gosto para tudo".'

"'Você quer dizer fazer de mim sua *escrava*?', perguntei.

"'Minha escrava, sim', ele respondeu. 'Minha assessora pessoal não remunerada por toda a vida. Suponho que você tem alguma objeção.'

"'Bem, sim', eu disse.

"'E qual seria a sua objeção?'

"'Minha objeção seria que não temos escravidão.'

"'Notei isso. Mas e se eu conseguisse me dar bem com isso? E se isso fosse o costume em minha terra e ninguém se importasse com a questão de escravizar pessoas, mais especificamente se fossem bárbaros,[31] e, assim, apesar de vocês não terem escravidão na área da baía de São Francisco, eu não visse nada de errado e tivesse meios de me dar bem com isso? Você teria algo a me dizer sobre por que ainda assim seria errado?'

---

31. "Bárbaro" era a onomatopeia que os gregos usaram para se referir aos estrangeiros, porque, para os ouvidos gregos, línguas que não eram o grego soavam como *bar bar bar*. Em *República* (469b-c), Platão apresentou o argumento, bastante radical na época, de que gregos não deveriam escravizar outros gregos, ainda que fossem derrotados em guerra. Uma guerra entre *poleis* gregas deveria ser compreendida como guerra civil, e, portanto, as regras convencionais de guerra — estupros coletivos, saques e escravização — não deveriam ser permitidas. Em *Leis*, ele também argumentou que escravos não deveriam ser tratados com violência, uma vez que é em nosso comportamento em relação àqueles sobre os quais temos controle que nossa moral é mais profundamente revelada — o que não significa — e ele se apressa em acrescentar — que deveríamos mimar nossos escravos ou tratá-los como se fossem livres (777c-d). Como Peter Singer destaca, o argumento de Platão foi um avanço para a moralidade de sua época, mesmo que, do nosso ponto de vista, não estivesse muito distante. Singer vai além ao dizer que a Bíblia, da mesma forma, ao apresentar as leis concernentes à escravidão, distingue aqueles que são de uma mesma tribo de todos os outros. "Quando seu irmão está reduzido à pobreza e se vende para você, você não deve usá-lo para que trabalhe para você como escravo... Os escravos que você tem, homens ou mulheres, devem vir de nações ao seu redor; delas você pode comprar escravos. Você também pode comprar as crianças daqueles que se estabeleceram e se abrigaram com você, bem como a família deles quando nascem na propriedade. Esses podem se tornar sua propriedade e você pode deixá-los para seus filhos como herança; você pode usá-los como escravos permanentemente. Mas você não deve tratar com cruel severidade seus compatriotas israelitas. Eis aqui um código que pode ser desinteressadamente recomendada para os israelitas, mas dificilmente para os cananeus." Peter Singer, *The Expanding Circle*. Princeton: Princeton University Press, 2011, p. 112.

PLATÃO NO GOOGLEPLEX

"'O quê? Você está de brincadeira comigo?', perguntei.

"'De jeito nenhum. Você teria algo a dizer para tentar apelar para meu senso de certo e errado?'

"'Acho que eu teria uma coisa ou outra para dizer. Para começar, eu apenas perguntaria quem é você para chamar qualquer um de bárbaro? O bárbaro de uns é irmão de outros. E, em segundo lugar, eu perguntaria o que dá a você, ou a qualquer outra pessoa, o direito de escravizar alguém, mesmo que você pense que ele ou ela é um bárbaro? Os bárbaros têm tanto direito de viver quanto você. Que diferença pode fazer ser ou não bárbaro? Que diferença pode fazer qualquer coisa que você disser sobre uma pessoa para determinar se você pode ou não escravizá-la? Uma pessoa é uma pessoa. A vida de qualquer um é tão importante quanto a vida de todos os outros, e se você não conhece essa simples verdade, então vá perguntar a eles.'

"'Bravo!' disse Platão, e eu não saberia dizer se ele estava zombando de mim ou não. Quero dizer, ele estava impressionado porque sei que escravidão é errado? Então perguntei a ele novamente. 'O quê? Você está brincando comigo?'

"'De maneira alguma. Isso foi magnífico', disse ele, com sinceridade. E então repetiu o que eu acabara de dizer, palavra por palavra, como se isso fosse uma espécie de revelação. 'Uma pessoa é uma pessoa, a vida de qualquer um é tão importante quanto a vida de todos os outros.'

— Bem, escute, Rhonda, eu gosto de ser coberta de elogios tanto quanto qualquer outra pessoa, mas, francamente, aquilo foi ridículo. Foi o que eu disse a ele. "Quem não sabe que uma pessoa é uma pessoa?", eu disse a ele.

"'Você se surpreenderia', respondeu ele. 'Tem tanta coisa que você considera como certo hoje, muito mais do que há armazenado, começo a desconfiar, nas nuvens de informação da Google. Há tesouros do conhecimento duramente adquiridos que estão armazenados bem ali, na sua visão do mundo.'

"'E agora você vai começar a argumentar', Marcus resolveu se manifestar, 'que todas essas coisas surpreendentes que estão estocadas na mente de Cheryl, no corredor indicando "moralidade", como em uma loja de conveniência moderna, foram importadas para ela por vocês, filósofos.'

108

PLATÃO NO GOOGLEPLEX

"'Mas acabei de dizer', expliquei com paciência, 'nunca fiz um curso de filosofia. Qualquer coisa que seja surpreendente em minha mente — e, francamente, não consigo ver o que pode ser tão surpreendente sobre qualquer coisa que eu tenha dito — não chegou lá com os cinquenta minutos de verborreia de algum filósofo sobre argumentos válidos e inválidos que eu tenha escutado.'

"'Isso aí, garota', Marcus disse para mim. Eu não sabia se ele estava sendo sarcástico ou não, mas dada a tendência geral do rapaz, imaginei que sim.

"'Tenho tanto direito a minha opinião aqui quanto qualquer outra pessoa', eu disse. 'Aliás, tenho mais direito, já que o que discutimos é como o que está em minha mente chegou lá.'

"'Concordo plenamente com você', disse Marcus e dessa vez dava para perceber que estava sendo sincero. 'Acho que você está certa com seu ceticismo. Você tem a intuição certa aí. Importa-se se eu desenvolver mais isso?'

"'Fique à vontade', eu disse, porque vou lhe dizer uma coisa, Rhonda, ter que responder às perguntas de Platão é cansativo. O sujeito é como o coelhinho da Energizer quando faz perguntas. Ah, e devo mencionar que bem por volta desse momento houve um pouco de tumulto porque dois googlers apareceram para levar meu autor para o tour e eu pude perceber que ele estava bem dividido. Ele estava envolvido no tipo de conversa que, pode-se perceber, ele vive para ter. Quero dizer, dava para ver que é a sua razão de viver. Mas ele também estava ansioso para conhecer o Googleplex por dentro. Aquela ideia de nuvem de ideias havia fisgado sua atenção por algum motivo. No início, eu achava que ele devia deixar passar a visita às instalações porque pensei que seria exaustivo para ele, mas, depois de ter uma amostra do tipo de conversa de que ele gostava, senti que isso seria um tanto quanto exaustivo, pelo menos para mim. Ele me perguntou se seria possível deixar o tour para depois da palestra. 'Não', disse a ele, 'isso está fora de questão, depois você vai autografar os livros.' Ele parecia totalmente a favor de pular os autógrafos, mas obviamente isso não aconteceria sob minha responsabilidade. Quando acontece esse tipo de coisa, sou eu a pessoa que precisa ser tirana, já que tenho que dar satisfação às editoras, e, acredite, eles mantêm registro de como foi a experiência de seus autores com as várias assessorias, comparando os respectivos registros de vendas.

PLATÃO NO GOOGLEPLEX

Marcus fez pender a balança ao dizer novamente a Platão que não somente queria desafiar seu ponto de vista, mas que também poderia explicar como a Google funciona, a forma com que a ferramenta de busca é capaz de entregar para as pessoas a informação correta com tanta precisão.

"'Você não vai descobrir isso em um tour pelo Googleplex', ele disse a Platão, 'já que as respostas que procura estão na esfera da abstração, que, obviamente, é bem o seu departamento.'

"Com isso, Platão ficou tão feliz que até se permitiu um sorriso verdadeiro, não apenas uma amostra de sorriso, e eu mandei embora os guias, que pareceram genuinamente frustrados. Aparentemente, eram também grandes fãs de Platão. Vai entender.

"Platão foi direto ao assunto e perguntou a Marcus quais eram os pontos que ele queria desafiar.

"'Muito bem, deixe-me reiterar os pontos que se destacaram até agora, pelo menos da forma como os vejo', Marcus disse. 'Você presume que, se há conhecimento, especialmente se for conhecimento não trivial que é difícil de encontrar, então aqueles que possuem o conhecimento, que são especialistas nele, são minoria. É isso mesmo?'

"'Sim', Platão disse. 'Isso, dessa forma, me parece quase uma tautologia.'

"'Vamos ver', disse Marcus. 'Tudo bem, então você também presume que existe o conhecimento de como devemos viver a vida, que não é apenas uma questão de preferência pessoal ou norma cultural, digamos, e que esse conhecimento é não trivial e difícil de encontrar. Estou certo?'

"'Sim', Platão disse. 'Deve mesmo ser não trivial, já que tanta gente não entende, e vive uma vida que chega quase ao mesmo nível de canalhice do Charlie Sheen.'

— Ele não fez isso! — exclamei.

— Ele fez. Repetiu o que falei, palavra por palavra. Até Marcus deixou escapar uma risada em vez de rir em silêncio.

"'Tudo bem', Marcus continuou. 'Então a implicação dessa pressuposição é que, se alguém tem esse conhecimento — e suponho que seja consistente com suas duas pressuposições de que ninguém tem — somente pode pertencer àqueles que conseguiram chegar a ele. Estou certo?'

PLATÃO NO GOOGLEPLEX

"'Sim', disse Platão.

"'Então, de acordo com você, esse conhecimento é algo como conhecimento matemático. É tão objetivo quanto, sua verdade não é determinada por preferências pessoais ou normas sociais, e é tão não trivial e difícil para acessar quanto, o que faz dele uma questão de raciocínio.'

"'Sim', disse Platão. 'Concordo com isso tudo. Eu, na verdade, iria mais além e afirmaria que não é apenas *como* o raciocínio matemático, mas que a própria matemática está no conhecimento.'

"'Tudo bem', disse Marcus, 'mas vamos nos prender à proposição mais fraca, para meu propósito de refutá-lo.'

"'Sim', Platão concordou. 'Isso faz sentido na dialética.'

"'Tudo bem', disse Marcus, e então ficou algum tempo tomando fôlego. Ele estava, como minha mãe costumava dizer, superansioso. 'Tudo bem', ele retomou. 'O que tudo isso implica, como Cheryl foi rápida em ressaltar, é que somente aqueles que têm o dom da razão podem descobrir como devemos viver. Não há outra forma de acessar essas verdades, o que significa que pessoas não filosóficas, que não conseguem acompanhar argumentos filosóficos, têm que aceitar as conclusões dos filósofos.'

"'Sim', disse Platão. 'Por isso os filósofos têm uma enorme obrigação para com os outros. Inclusive a obrigação de dizer aos outros como eles devem viver, de legislar para eles no campo moral.'

"'Não em todos os aspectos, já que, como também foi ressaltado por Cheryl, há várias questões que caem inteiramente na esfera das preferências pessoais ou culturais. E várias dessas decisões, que são, portanto, inteiramente uma questão de um indivíduo decidir para si mesmo ou deixar a sociedade decidir por ele ou por ela, ajudarão a fazer a vida valer a pena ser vivida. De tal maneira que, por exemplo, se eu for da natureza de ter que testar minha masculinidade — espero que não seja sexista mencionar masculinidade nesse contexto', ele questionou olhando para mim.

"'Por que você não diz simplesmente testar sua coragem?', aconselhei. 'As mulheres também testam sua coragem.'

"'Sim, você está certa. Se eu for da natureza de ter que testar minha coragem, assumindo repetidos riscos, então sou livre para fazer isso, na

PLATÃO NO GOOGLEPLEX

medida em que os riscos que assumo não envolvem nenhuma transgressão moral. Parte essencial de uma vida que vale a pena ser vivida é feita de decisões desse tipo.'

"'Mas não toda ela', provocou Marcus.

"'Não, nem toda', concordou Platão.

"'E decisões como essas são as contribuições para uma vida que vale a pena ser vivida, que os desprovidos de inteligência filosófica não conseguem realizar por eles mesmos, mas devem, em vez disso, passar a decisão para os filosoficamente inteligentes.'

"'Não é bem assim', disse Platão. *Ninguém* filosoficamente inteligente nem filosoficamente não inteligente, consegue decidir sobre essas questões por ele mesmo — ou ela mesma — já que há fatos objetivos sobre as questões. Pessoas que conseguem acessar tal conhecimento não necessariamente estão mais aptas que qualquer outra para mudar os fatos sobre como podemos viver. Como qualquer um, essas pessoas devem respeitá-los. A única diferença é que elas conseguem descobrir, por meio de talentos especiais e do treinamento que possuem, quais são os fatos. Portanto, as pessoas não impõem seus desejos pessoais aos outros, não mais que os matemáticos impõem ao informar aos não matemáticos quais são as verdades matemáticas. Eles simplesmente estão compartilhando conhecimento com os outros, conhecimento que os outros não conseguem acessar por eles mesmos, por lhes faltar habilidades cognitivas necessárias, um caso tanto de talento quanto de treinamento. Isso me parece tão justo quanto uma pessoa com inteligência matemática compartilhar seus conhecimentos matemáticos com pessoas desprovidas de inteligência matemática. Por exemplo, você, um engenheiro de software, possui considerável inteligência matemática, eu suponho.'

"'Sim', disse Marcus, 'acredito que você pode dizer isso.'

"'E ao trabalhar aqui no Googleplex', Platão disse, 'você consegue oferecer os benefícios de sua inteligência matemática aos que são desprovidos desse tipo de inteligência, que utilizam sua poderosa ferramenta de pesquisa ao mesmo tempo que a consideram uma simples forma de tecnomágica.'

"'A diferença', Marcus disse, 'é que nem todo mundo acredita que é bom em matemática ou até mesmo se importa em ser. O fato é que, somente

PLATÃO NO GOOGLEPLEX

quem é, realmente, bom em matemática dá bola para ser ou não bom nisso. Mas todo mundo se importa em viver bem a vida e tem pontos de vista bem estabelecidos sobre a melhor maneira de fazer isso. E se você disser a essa pessoa que a ela falta habilidade cognitiva para descobrir isso por si mesma, ela vai ficar com raiva de você.'

"'Correto', disse Platão. 'Essa é uma das formas em que a habilidade filosófica é totalmente diferente de todas as outras. Quando alguém pensa ter um grande talento para, digamos, tocar flauta, quando, na verdade, não tem nenhum, as pessoas riem dela, ou ficam irritadas, e familiares tentam contê-la como se fosse doida (*Protágoras* 323a). Mas todo mundo tem interesse em acreditar que é mestre em vários domínios da filosofia, principalmente nas questões acerca de como a vida deve ser vivida. Pensar que alguém é menos que mestre é diminuir a própria característica de humano. Isso é verdade a ponto de uma pessoa que não apresenta nenhuma afirmação sobre tal conhecimento parecer não humana (ibid. 323b). Isso pode ser chamado de predicamento da filosofia. O fato de que todas as pessoas são comprometidas a acreditar que são mestres desse domínio não demonstra que elas são realmente mestres mais do que...'

"'Sim, sim, eu sei', disse Marcus, sorrindo. 'Mais do que consigo decidir sozinho se preciso da atenção especializada do dr. Kolodny.'

"'Exatamente', respondeu Platão, com o que parecia ser um sorriso. 'Então, agora, qual das etapas de meu argumento você gostaria de desafiar?'

"'Para falar a verdade, praticamente todas', disse Marcus. 'Mas já que nosso tempo é limitado — quanto tempo temos?', ele me perguntou.

"'Mais doze minutos', fui firme na resposta.

"'Certo. Portanto, já que nosso tempo é *extremamente* limitado', Marcus disse, 'vou me ater a somente um tipo de objeção, e isso principalmente devido a minha promessa de explicar alguma coisa sobre o segredo por trás do sucesso da Google. Acontece que esse segredo nos dá subsídios para rejeitar sua afirmação de que conhecimento não trivial que não pode ser alcançado por indivíduos comuns somente podem ser alcançados por especialistas.

"'Estou curioso', disse Platão.

PLATÃO NO GOOGLEPLEX

"'Muito bem, vou começar pela Google. Imagino que você conheça a *world wide web*', disse Marcus, o que me pareceu um tanto quanto paternalista. 'Digo, minha avó sabe do que se trata a *world wide web*'.

"'Sei que contém uma vastidão de informação', disse Platão, 'e que cada pessoa tem uma tela onde porções dessa informação podem ser projetadas'.

"'Vastidão sobre vastidão de informação', respondeu Marcus. 'A última vez que alguém contou, nos idos de 2008, havia mais de um trilhão de páginas web. Quem pode estimar quantas há agora, já que adicionamos informação em grande escala. Mas isso nem é o começo do cálculo da quantidade de informação que a Google tem em seu armazenamento nas nuvens. O objetivo é armazenar toda a informação do mundo, o que significa copiar o conteúdo dos 33 milhões de livros da Biblioteca do Congresso, ou ainda mais ambicioso, se você levar em consideração todos os panfletos e cada impresso jamais produzido e em todas as línguas do mundo, no fim das contas, aproximadamente, 129.864.880 livros. Isso significa todos os cardápios de todos os restaurantes, todos os catálogos de telefone, arquivos de jornais e revistas, cada propaganda de venda de produtos nas lojas. E não estou contando todos os vídeos no YouTube, que a Google comprou em 2006, e todas as fotos, inclusive a fotografia de cada esquina e de cada rodovia no planeta, que é o plano do Google Street View, feita em alta resolução e mantida tão atualizada quanto possível. Quando a Google diz que quer manter disponível toda a informação do mundo, você deve entender que isso é literal'.

"'Mas obter toda essa informação é a parte fácil', Marcus continuou. 'A parte difícil é, dada a vasta possiblidade de armazenamento, como passar por tudo e dar ao usuário os itens exatos de que ele precisa — e não corrija meus pronomes sexistas, Cheryl. Isso é bobagem. Muito bem. Espere um pouco. Você já usou o Google?'

"'Não', disse Platão. 'É difícil aprender?'

"'Não há o que aprender', Marcus e eu dissemos. Marcus empurrou seu Mac para Platão. 'Apenas digite uma palavra ou algumas palavras. Qualquer coisa que tenha curiosidade de saber.' — Rhonda, o que você acha que Platão digitou?

114

PLATÃO NO GOOGLEPLEX

— Não tenho a menor ideia — eu disse a Cheryl. — Ainda estou tentando processar a informação de que ele nunca usou o Google.

— Pois é — ela disse, — eu sei. De qualquer forma, foi apenas uma palavra: *Sócrates*. Essa foi sua busca.

— Uau — eu disse.

— Pois é — disse Cheryl, e tomou mais um longo gole de seu drinque.

— Acho que até Marcus ficou impressionado com aquilo. Ficamos todos em silêncio por um momento, enquanto Platão encarava a página, paralisado. Eu não conseguia ver a página porque Platão estava do outro lado da mesa, mas imagino que os resultados incluíam uma série de imagens de Sócrates que podem ser encontradas na web, e talvez seja isso o que lhe causou aquela expressão no rosto.

"'Tudo bem', disse Marcus depois de alguns momentos, e eu notei que ele baixou o tom de voz alguns decibéis. 'Deixe-me explicar um pouco o que está acontecendo aqui. A primeira coisa que deve ver é que há 4.700.000 resultados para sua pesquisa. Esses são todos os lugares no armazenamento do Google na nuvem em que a palavra "Sócrates" é mencionada. Muita coisa, não é? Seu amigo Sócrates é um cara popular, apesar de que, como pode perceber, alguns dos resultados não são sobre ele. Como aqui, o quarto resultado é algum tipo de negócio on-line por onde você pode fazer download de formulários para cuidar você mesmo de seu divórcio ou para fazer contratos de aluguel e que, por um motivo ou por outro, assumiram o nome "Sócrates". Você está bem?'

— Marcus de repente perguntou ao notar a expressão de Platão, que, francamente, Rhonda, simplesmente não sei como descrever. Quero dizer, já usei a palavra "arrasado" antes, mas não sei que palavra usar para a expressão que ele tinha no rosto enquanto encarava os resultados que obteve com sua pesquisa sobre Sócrates.

"Platão se virou devagar para olhar para Marcus. 'O que faço agora?', ele perguntou baixo.

"Marcus me olhou rapidamente e eu meneei a cabeça com discrição. Não pensei que fosse uma boa ideia clicar em nenhum dos resultados porque quem poderia saber qual efeito provocaria em Platão, que, a propósito, iria se apresentar em quinze minutos.

PLATÃO NO GOOGLEPLEX

— Espere um minuto — disse Cheryl. — Você tem certeza que ele não estava te perguntando outra coisa quando perguntou "o que faço agora?"

— Acho que não — Cheryl disse. — Repeti exatamente como ele falou, todas as coisas traumáticas com Sócrates era história antiga. Não acho que estava prestes a ter um ataque de nervos só porque googlou o cara.

— Tudo bem — eu disse. — Continue.

"Então Marcus disse, 'deixe-me explicar um pouco o que está acontecendo aqui. Veja os números aqui: o que eles dizem é que a ferramenta de pesquisa procurou por suas mais de trilhão de páginas da web e encontrou esses 4.470.000 resultados em 0,10 segundos. Mas isso é apenas o começo. Não teria muita utilidade se a ferramenta de pesquisa simplesmente jogasse todos esses 4.470.000 resultados em você, certo? Ela precisa organizá-los, colocá-los em uma ordem que seja aproveitável, de preferência, progredindo do que possivelmente será mais útil para o que possivelmente será menos útil. Isso é o que a ferramenta de pesquisa precisa descobrir, e a pesquisa da Google descobre isso melhor que qualquer outra. Esse foi o segredo de seu sucesso logo no início. Está certo. Mas agora, como é que ela sabe como fazer isso? Como ela pode entrar em sua mente e tentar obter para você a informação de que você mais precisa? A Google contratou um painel de especialistas, um bando de cientistas talentosos, ou matemáticos, ou filósofos, ou literatos, para ler cada uma do trilhão de páginas da web que estão aí e escrever críticas sobre elas, que o Google utiliza para decidir se pessoas comuns vão querer ver aquela página quando pesquisarem por alguma coisa? Não! É nesse ponto que entra a originalidade genial da Google, a genialidade de desconsiderar especialistas. Google tem um algoritmo que automaticamente dá um número a todas as páginas na web, um número que corresponde mais ou menos a sua utilidade, e que depende de quantas *outras* páginas têm relação com aquela página em particular. Quanto mais links houver com a página, então mais útil ela será. Mas, é óbvio, em igualdade de condições, as coisas *não* são todas iguais — raramente são, não é? — já que nem todas as páginas que se relacionam serão igualmente importantes. Como organizamos quais são? Bom, ao também organizá-las, agora em termos de quantas outras páginas estão relacionadas a elas. Então, se uma

PLATÃO NO GOOGLEPLEX

página que tem muitas páginas relacionadas a ela estiver relacionada a outra página, essa relação vai contar mais, pesar mais, do que uma página que não tem muitas relações com outras. O algoritmo da Google — o simples, aquele com o qual tudo começou há uma década, que é história antiga neste mundo — deu um valor a todas as páginas da web, organizando-as de acordo com a utilidade, baseando-se no número de utilidade das páginas que se relacionavam com ela. Então, quando você digita uma palavra ou palavras, o Google pode entregar resultados organizados nessa ordem. Tudo bem, está me acompanhando? Desculpe-me, claro que está. Bem, essa foi a ideia original para o algoritmo, mas ficou bem mais complicado agora. Há, na verdade, algumas centenas de sinais que a ferramenta de pesquisa utiliza hoje. E um dos sinais mais importantes é como cada usuário individual reage aos resultados que recebe. Dessa maneira, se você clicasse no terceiro resultado, em vez de clicar no primeiro ou no segundo, isso é uma espécie de voto que você faz com seu clique, dizendo-nos que para você a ordem estava errada. Todos os votos, na forma de respostas de centenas de milhares de usuários aos resultados que recebem na ordem em que eles chegam, é informação que vai para o algoritmo que a Google utiliza para obter informação para você. Não há um especialista em algum lugar do sistema que saiba alguma coisa ou decida alguma coisa. Alguém alguma vez me disse, não me lembro quem foi, que quando você lê um livro muito bom, você sente que o livro te lê enquanto você o lê. Para mim isso soa como grande bobagem — o que isso pode querer dizer? —, mas no que se refere à Google, isso é verdade. A Google te usa enquanto você usa a Google; ela te usa para se aperfeiçoar.

"'Então é exatamente como pensei', eu disse. 'Isso que acontece aqui é assustador.'

"'Bobagem', disse Marcus. 'A Google está reunindo conhecimento e, como Platão aqui vai dizer, conhecimento é, por si só, uma coisa boa.'

"'Além disso', acrescentei, 'seja lá o que está reunindo, se você chamar de informação ou conhecimento, não é necessariamente uma coisa boa, pelo menos não de acordo como o que Siva Vaidhyanathan escreveu em seu livro. De acordo com ele, a Google não somente usa a gente, mas também nos vende.'

PLATÃO NO GOOGLEPLEX

"'É, bem, honestamente, Siva não sabe do que está falando. A Google não vende informação para seus anunciantes.'

"'Isso porque seria perverso?', perguntei sarcasticamente, porque já fui obrigada a ouvir em todas as incontáveis visitas à Google que o lema da empresa é 'Não seja perverso'.'

"'Talvez por isso também, mas principalmente porque, se os usuários percebessem isso, eles provavelmente iniciariam um protesto que tomaria a forma de utilizar uma outra ferramenta de pesquisa. E como gostamos de sempre lembrar aqui, a escolha de uma nova ferramenta está a apenas um clique. De qualquer forma, acho que estamos nos desviando aqui. O ponto que quero provar para Platão é que o conhecimento sobre as páginas da web que a Google utiliza é fruto de *crowdsourcing*. Esse é o conceito importante a que estou tentando chegar aqui. Há conhecimento sem um conhecedor. A ideia é que algumas vezes a multidão, com cada indivíduo registrando a própria reação à pesquisa, pode apresentar uma resposta melhor do a que qualquer indivíduo na multidão, não importa quão inteligente ou especialista, poderia propor. Certas vezes o conjunto é superior a qualquer indivíduo sozinho e a única maneira de chegar à resposta certa é deixar que cada membro tenha seu voto. Pense nisso como um plebiscito. Afinal, essa é a ideia geral por trás da democracia. Quem deve ser o governante? Seja quem for que os eleitores elejam, essa é a resposta, e você não pode perguntar a eles se eles entenderam bem ou não. Dadas as regras da democracia, a resposta é aquela dada pela multidão, fim de papo.

"'Ah, sim. Tive um aluno que gostava de apresentar essa mesma ideia', disse Platão.

"'Aquele de quem você gostava tanto?', perguntei. 'Dion?'

"'Não. Outro que também, do seu jeito, era talentoso.'

"'Aristóteles?', perguntou Marcus.

"'Sim', disse Platão, 'Aristóteles. Ele disse que é possível que a maioria — ninguém considerado individualmente é um sujeito são —, considerando-se todos juntos, pode, ainda assim, ser melhor que a minoria, não individualmente, mas coletivamente, da mesma forma que uma festa com a qual todos

PLATÃO NO GOOGLEPLEX

contribuem é melhor do que uma proporcionada à custa de um só sujeito (*Política*, livro 3.11, 1281a39-b17).'[32]

"'É, bem, eu diria que Aristóteles tocou bem na ferida. *Crowdsourcing* é a maneira de obter várias respostas que vocês estão procurando.'

"'Garotos e *garotas*', eu disse, ganhando um aceno de aprovação de Platão e um olhar penetrante de Marcus. 'Não me distraia com trivialidades', ele disse. 'Estou aqui desafiando *Platão*.'

"'Então quem é você para determinar que a objeção de Cheryl é trivial?' Platão perguntou. 'Você não deveria *crowdsource* essa opinião?'

"'Está bem'. Marcus riu. 'Vejo que você já pulou para a conclusão que eu estava prestes a chegar.'

"'De qualquer forma, conclua', disse Platão. 'Isso a tornará dialeticamente mais enxuta.'

"'Tudo bem', disse Marcus, apesar de parecer um pouco desanimado. 'Onde eu queria chegar era que o tipo de conhecimento que você pensa que pertence aos especialistas em filosofia está nas mãos da multidão. No caso, há fatos que, tudo bem, relacionam-se com o que é certo e o que é errado, mas nenhum indivíduo consegue chegar a eles se isolado, simplesmente porque todo mundo está tão envolvido com a própria vida e é parcial, levado a ver as coisas do seu ponto de vista. Isso é o que torna o conhecimento ético tão complicado: O ponto de vista de todo mundo é deformado por seu comprometimento com sua vida. Simplesmente não há forma de se abstrair o

---

32. "O princípio de que a massa deve estar no poder em vez de uma minoria melhor... Porque a maioria (*hoi polloi*), da qual cada indivíduo não é um bom homem (*spoudaios*), quando se encontram, pode ser melhor que os poucos bons, se considerados não individualmente, mas coletivamente, assim como uma festa com a qual todos contribuem é melhor do que um jantar proporcionado com recursos de uma única fonte. Porque cada indivíduo dentre a maioria tem sua excelência (*aretē*) e sabedoria prática (*phronēsis*), e quando se encontram, juntos, assim como se tornam um homem que tem vários pés e mãos e juízos, isso também ocorre em relação ao caráter e ao pensamento deles. Portanto, a maioria é melhor juiz de música e de poesia do que um único homem; porque alguns compreendem uma parte, alguns outra, e entre eles uns compreendem o todo. Há uma combinação de qualidades semelhante nos bons homens (*spoudaioi*), que difere de qualquer indivíduo da maioria, assim como os belos, dizem, diferem dos que não são belos, e obras de arte de realidades, porque nelas elementos dispersos são combinados, no entanto, se vistos separadamente, o olho de uma pessoa, ou alguma outra característica em outra pessoa, seria mais adequado do que no desenho. Se esse princípio pode ser aplicado a todas as democracias e a todos os grupos de homens, isso não está claro."

suficiente das próprias circunstâncias, não dá para você evitar de desviar o ponto de vista conforme quem você é e de onde você está olhando. De certa forma, Cheryl tocou nisso quando disse que você valoriza a inteligência porque essa é sua característica pessoal mais valiosa, exatamente como a modelo se sente em relação a sua beleza e o jogador de futebol americano, sobre seu talento para usar o peso de seu corpo para derrubar outros corpos humanos. Parecia que você estava chegando a isso em *O mito da caverna*. O que quero dizer é, as pessoas estavam todas acorrentadas a seus pontos de vista de forma que não pudessem compartilhar seu conhecimento, mas, então, você simplesmente criou um ponto de virada completamente errado, pelo menos em minha humilde opinião, porque você faz tudo depender de um só cara, o que sozinho consegue sair da caverna.'

"'Não é bem assim', disse Platão. 'Ele é forçado a sair.'

"'É, mas a sugestão é que ele foi empurrado por outro cara inteligente — ou garota, Cheryl. A ideia que você está dando é que somente a razão superior pode tirar uma pessoa da caverna. Mas o que você não leva em consideração é que a única maneira de sair da caverna é por *crowdsourcing*, que é a única maneira de anular as peculiaridades dos membros individuais; eles estão inclinados em direção ao próprio ponto de vista, inclusive o garoto inteligente que pensa que sua inteligência é tudo o que importa. Existe algum algoritmo ideal para fazer isso tudo funcionar, para atribuir diferentes pesos a diferentes opiniões? Talvez devêssemos atribuir mais peso a pessoas que viveram uma vida que julgam ser gratificante e que outros pensam ser admirável. E, obviamente, para isso funcionar, a multidão precisa ser enorme; ela precisa conter todos os pontos de vista díspares, todos os que estão encarando de sua posição de acorrentado dentro da caverna. Precisa conter, a princípio, todo o mundo. Quero dizer, se incluir apenas homens, ou apenas proprietários de terras, ou apenas pessoas com QI acima de um determinado ponto, os resultados não serão robustos. Incluir somente filósofos, um grupo bastante peculiar de pessoas, definitivamente irá distorcer seus resultados de alguma forma. A multidão sabe o que nenhum indivíduo — nem mesmo o próprio Platão — pode saber.'

PLATÃO NO GOOGLEPLEX

"Marcus falava a uma velocidade aproximada de centenas de palavras por minuto e, quando terminou, estava pingando de suor, e Platão, ao contrário, parecia, não sei como descrever, parecia mais que nunca que era esculpido em mármore, sentado sem se mexer e encarando Marcus com tanta atenção que eu estava surpresa de ver que Marcus não estava, de forma alguma, desorientado. Eu estava, honestamente, preocupada com Platão. Meu papel é ter certeza de que meu autor estará em suas melhores condições quando se apresentar para a plateia. Vamos encarar a verdade: Eu falhei. Quero dizer, não me culpo, porque o que eu poderia fazer? Fui sabotada em cada etapa dessa história. Mas ainda assim, o cara mal parecia estar vivo. Aquele era o comecinho de suas viagens de lançamento e os editores, obviamente, investiram dinheiro nele, o que, acredite em mim, as editoras cada vez menos fazem esses dias, e ele parecia, sei lá, que tinha levado uma ferroada de uma arraia e estava paralisado (*Mênon* 80b).[33] Imaginei que tivesse sido demais. Primeiro ele vê seu amigo Sócrates, há muito tempo morto, ali na tela e, em seguida, vem Marcus para cima dele como uma máquina, ou talvez algo como a ferramenta de pesquisa da Google. A sobrecarga foi demais para ele.

"'Platão,' eu disse gentil, 'acredito que temos que ir.' Ele se levantou de pronto, mas simplesmente ficou ali, parado, e juro por Deus, em pé ali naquela toga, ele parecia mesmo uma estátua, uma que estava prestes a ser derrubada por uma horda de bárbaros, que Marcus, bem alucinado, parecia ter condição de representar com perfeição. 'Platão', eu disse novamente. 'É hora de começarmos a nos dirigir para o auditório.' E foi aí que recebi a surpresa da minha vida. Platão não ficou anestesiado com aquela arenga toda de Marcus. Ele ficou revigorado. Ele queria continuar.

---

33. "Sócrates, mesmo antes de eu te conhecer, disseram-me que a grande verdade era que você é um homem perplexo e que reduz os outros à perplexidade... Se me permite a irreverência, penso que não somente em relação a sua aparência externa, mas em outros aspectos também, você é exatamente como a arraia que pode ser encontrada no mar. Em qualquer momento, quando alguém entra em contato com ela, ela o paralisa, e é esse o tipo de coisa que você parece estar fazendo comigo agora. Minha mente e meus lábios estão literalmente dormentes, e tenho nada para te responder. Ainda que eu tenha falado sobre virtude centenas de vezes; frequentemente discorri sobre o assunto diante de grandes plateias e o fiz muito bem, ou pelo menos assim eu pensei. Agora não consigo nem dizer o que é. Em minha opinião você foi bem orientado a não sair de Atenas para morar no exterior. Se você se comportasse assim, como estrangeiro em outro país, é bem provável que fosse preso como feiticeiro."

PLATÃO NO GOOGLEPLEX

"'Nós três não poderíamos continuar o diálogo diante do público?', perguntou. 'Seria como nos velhos tempos, Sócrates nos dias de hoje, discutindo com um ou outro cidadão, enquanto uma multidão se junta para escutar. Seria muito mais fiel ao verdadeiro espírito da filosofia do que eu, em pé, diante da plateia, fazendo uma palestra. Ninguém consegue aprender nenhuma coisa importante assumindo uma postura tão passiva assim. Mas, se fôssemos continuar nosso diálogo, aí a conversa viva de nosso pensamento ativo teria melhores chances de atrair outras pessoas.

"'Seu editor não te mandou para lançamentos a fim de que você promova o verdadeiro espírito da filosofia', fui firme com ele. Notei que alguns googlers se aproximavam de nós, sem dúvida, tentando imaginar por que Platão não estava em pé no pódio.

"'Você está desenvolvendo muito bem seu difícil trabalho que tem um assunto muito difícil', ele disse, e dessa vez não há como negar a piscadela dos olhos. 'Mas permita-me, por favor, fazer o *meu* trabalho, que também tem um assunto difícil, tão bem quanto eu possa fazer, pelo menos por apenas mais alguns momentos.'

"'Mas há um conflito aqui', eu disse para ele. 'Talvez seja até mesmo um conflito ético.'

"'Sim?', disse Platão, e agora seus olhos estavam mesmo piscando.

"'Você e eu, *ambos* podemos fazer nosso trabalho com responsabilidade. Você tem a responsabilidade de fazer o seu, assim como eu tenho a responsabilidade de fazer o meu. É um dilema!

— Tenho que confessar, Rhonda, que me senti um tanto quanto preparada psicologicamente. O que quer que fosse aquele jogo filosófico, eu o estava jogando com um profissional.

"'É mesmo um dilema', disse Platão. 'E já que você está compelida a sentir suas responsabilidades com tanto afinco quanto eu estou a sentir as minhas, talvez devêssemos fazer um *crowdsourcing* aqui. Sabemos como você votará e sabemos como eu votarei. Então fica por conta de Marcus decidir o que é certo fazer.'

"'Vamos continuar a conversar', disse Marcus.

"'Você tem um princípio no qual você se baseia para tomar essa decisão?'

PLATÃO NO GOOGLEPLEX

"'Preciso ter um princípio?', perguntou Marcus.

"'Ah, sim', disse Platão. 'Não conta como uma decisão ética, a menos que haja um princípio por trás disso. Do contrário seria arbitrário.'

"'Você quer um *logos*', disse Marcus sorrindo. 'Não concordo com isso também. Não se moral for uma questão de *crowdsourcing*, mas tudo bem, você quer um princípio, eu te dou um princípio. O valor filosófico de continuarmos com nosso debate se sobrepõe ao inconveniente de deixar pessoas esperando alguns minutos a mais para ouvir você falar com elas. Já esperaram muito tempo, podem esperar um pouco mais.'

"Platão se voltou para mim com um sorriso e perguntou: 'Os princípios de Marcus são algum tipo de bálsamo para seus profundos escrúpulos morais?'

"'Por mim tudo bem', eu disse, 'apesar de que essas pessoas que vieram buscá-lo para sua palestra — e havia uns seis ou sete deles em pé ali esperando para irmos com eles — talvez discordem.' — Mas sabe de uma coisa, Rhonda? Eles ficaram ali, sorrindo insanamente, felizes por estarem ouvindo, como se até eles pudessem apreciar a ideia de que isso não é algo que você vê todos os dias, nem mesmo no Googleplex. Nós três nos sentamos novamente, com aquela pequena nuvem de googlers pairando sobre nós.

"'Então', Platão disse a Marcus, 'você me explicou muito bem o conceito de *crowdsourcing*, tão bem que acredito que eu tenha entendido. Sua ideia é que a solução para questões éticas — inclusive a questão do que é viver uma vida que valha a pena ser vivida, quais são os tipos de ação que uma vida assim exige e quais são os tipos de ação que uma vida assim proíbe — deve ser respondida não por especialistas em ética, mas, sim, por alguma coisa como a ferramenta de pesquisa da Google. Só que essa será uma ferramenta de pesquisa ética. Eu entendi razoavelmente bem?'

"'Sim', Marcus disse com um sorriso. 'Razoavelmente bem.'

"'E assim como a ferramenta de pesquisa da Google tem um algoritmo que confere diferentes pesos a diferentes votos, da mesma forma fará sua ferramenta de pesquisa ética. Assim, por exemplo, mesmo que a maioria das pessoas pense que uma vida de indulgência sensual seja de valor supremo viver e, dessa forma, recomende todas as ações que levam a tal indulgência, se essas pessoas tiverem classificação baixa tanto em relação à satisfação

PLATÃO NO GOOGLEPLEX

com a própria vida, quanto em relação à estima por meio da qual são consideradas pelos outros, seus votos receberiam um peso proporcionalmente baixo. Estou certo?', ele perguntou a Marcus.

"'Sim, basicamente isso', confirmou Marcus. 'Claro, eu teria que trabalhar na matemática.'

"'Claro', concordou Platão. 'Mas matemática seria a única especialidade exigida. A matemática, aplicada aos dados do *crowdsourcing*, organizaria todas as questões éticas, eliminando qualquer necessidade de se ter especialistas. Porque para vocês dois, essa ideia toda de especialidade ética é suspeita.'

"'Exatamente', disse Marcus.

"'Exatamente', eu concordei.

"'Na verdade, deixe-me fazer uma emenda. Eu diria que é ruim, mais que suspeito', disse Marcus. 'Eu diria — e poderia me apoiar aqui no *crowdsourcing* — que é um completo erro ético. Você viu como Cheryl reagiu moralmente ofendida a sua proposta de especialistas morais? Diria que essa seria, grosso modo, a reação que você receberia.'

"'Mesmo assim', eu disse a Marcus, 'deixar de lado os especialistas morais iria levar ao fim prematuro de seu reinado como filósofo-rei?'

"'Não sabia que eu estava concorrendo a esse cargo', disse Marcus.

"'Sim, Platão te apontou como um possível candidato a essa vaga.'

"'Bem, não posso dizer que não é uma honra ser considerado para a vaga, mas, francamente, não acho que eu seja a pessoa certa para esse cargo.'

"'Estou com você', concordei.

"'Principalmente porque não penso que alguém seja. Minha ferramenta ética pode executar esse trabalho de chegar a respostas éticas melhor que qualquer pessoa. Não há uma pessoa em quem eu confiaria mais — nem eu mesmo — que minha Ethical Answer Search Engine, ou EASE.'[34]

"Cheryl soletrou para mim e me perguntou se eu havia entendido. Balancei a cabeça positivamente para mostrar que não sou uma completa idiota.

---

34. Ethical Answer Search Engine traduz-se literalmente como Ferramenta de Pesquisa de Respostas Éticas. A sigla EASE forma o substantivo cujo significado é repouso, estado tranquilo da mente, facilidade, ou ainda, informalidade (*N. da T.*).

— Eu tive que reconhecer o crédito de Marcus — ela disse. — EASE é bastante inteligente, e não tinha como Marcus parecer mais satisfeito consigo mesmo. EASE soou para mim como o tipo de VOOM que pode render a Marcus um belo cheque de adiantamento por um livro. Ele estava simplesmente radiante e não dava para culpá-lo, já que Platão não parecia ter uma resposta pronta para ele. Ele permanecia sentado, encarando suas mãos cruzadas. Entendi isso como sinal de que a conversa havia finalmente chegado ao fim e era hora de me reafirmar, então me levantei e Marcus fez o mesmo, mas Platão não se moveu.

"'Platão', eu disse gentilmente, mas com uma voz que deixava claro que não iria tolerar divergências, exatamente como faço com minhas crianças, 'é hora de irmos. Você não está aqui para esse *tête-à-tête* comigo e com Marcus. Você está aqui para vender livros.'

"'Realmente', ele disse, apesar de continuar no mesmo lugar. Comecei a juntar minhas coisas bem determinada. Foi quando ele disse, com aquele jeito suave dele: 'Há apenas mais uma pergunta que eu gostaria de fazer sobre a EASE.'

"'Está bem', eu disse, 'mas precisamos começar a caminhar. Você pode fazer a pergunta enquanto anda, não pode?'

"'Claro', ele disse. 'Na verdade, eu recomendo andar enquanto se pensa. O terreno da Academia tem vários caminhos e eu sempre incentivo a cerebração ambulante.'

"'Ok. Então vamos colocar essa cerebração ambulante na estrada.'

"'Então', Platão disse no momento em que saímos, o contingente de googlers nos seguindo, 'tenho um problema com essa ideia de obter todas as respostas éticas através da EASE.'

"'Pensei que tivesse', disse Marcus sorrindo.

"'Você equipou EASE exatamente como a ferramenta de pesquisa da Google, com um sistema de ordenação preferencial, não é mesmo?'

"'Sim', disse Marcus, 'exatamente como a ferramenta de pesquisa da Google.'

"'Bem, há substanciais pressuposições filosóficas que estão infiltradas nesse sistema de ordenação. Por exemplo, EASE pressupõe que as vidas

PLATÃO NO GOOGLEPLEX

que mais valem a pena são as vidas que tanto conferem um senso de valor a quem as vive quanto, simultaneamente, exigem admiração dos outros.'

"'Não', disse Marcus, 'eu não disse isso. Apenas disse que conferiríamos um peso maior às opiniões daqueles que considerarem sua vida mais satisfatória e que também fossem julgados por outros como pessoas que vivem bem. Não disse que essas pessoas necessariamente estariam vivendo a vida que mais vale a pena ser vivida.'

"'Bem, para mim parece difícil evitar tal conclusão. Como podemos dar um peso preferencial à opinião deles quanto a o que é uma vida que valha a pena, sem pressupor algum tipo de afirmação substancial dessa? O que você pressupõe é que, se um número suficiente de pessoas pensar que você vive uma vida que valha a pena, então você *estará* vivendo uma vida que valha a pena, e a opinião dessas pessoas contará ainda mais, se ainda *outras* pessoas pensarem que *aquelas* pessoas estão vivendo uma vida que valha a pena. Essa afirmação está implícita em seu sistema de peso. Você está construindo a afirmação de que vidas que valem a pena são como desejáveis resultados de pesquisa. Talvez seja assim. Talvez não seja assim. De qualquer forma, o que está implícito na ordenação preferencial que você incluiu na EASE é uma afirmação ética.'

"'Então você está dizendo que, ao programar EASE dessa forma, *eu* estarei fazendo o papel do especialista moral?', perguntou Marcus, ainda sorrindo. 'Você está dizendo que eu, no fim das contas, estou assumindo o trabalho de filósofo-rei?'

"'Exatamente', disse Platão.

"'Mas, espere um pouco', eu disse. 'Por que você precisa ordenar as várias opiniões assim, dando peso maior a algumas opiniões que a outras? Isso nem me parece justo. Por que você não torna isso algo completamente democrático, já que todo mundo tem tanto direito a sua opinião sobre o que faz uma vida valer a pena quanto qualquer outra pessoa? E dessa forma seria apenas uma questão de contar os votos, com o voto de ninguém valendo mais. Penso que você deveria fazer assim com a EASE.'

"'Não, isso não vai funcionar', disse Marcus. 'Platão vai dizer que o que você acabou de falar, que todo mundo tem tanto direito a sua opinião

PLATÃO NO GOOGLEPLEX

sobre o que faz uma vida valer a pena, quanto qualquer outra pessoa é, em si, uma afirmação ética. Você até usou termos éticos ao falar em justiça.'

"Perguntei a Platão se Marcus estava certo, se aquilo era o que ele diria. Ele sorriu e me perguntou, 'O que *você* pensa? Você pensa que isso é o que eu diria?' E precisei admitir que sim, aquilo seria o que ele diria, porque, sim, dizer que todo mundo deveria ser contado igualmente era o tipo de coisa que a EASE teria que nos dizer em primeiro lugar, para que pudéssemos programar EASE para usá-la para que EASE nos diga qualquer coisa.

— Então é um caso de quem veio primeiro, o ovo ou a galinha — eu disse para Cheryl.

— Certo — ela disse. — O ovo ou a galinha é exatamente o que é. E já que deixei claro, penso que muita gente não sabe como viver a vida, não sei se realmente gostaria que a EASE contasse todo mundo da mesma forma. Disse aquilo somente porque me pareceu uma maneira de contornar a objeção de Platão ao jeito de Marcus programar a coisa.

"Então Marcus disse: 'Já que está tocando nesse assunto, Cheryl, você pode perguntar a Platão se ele vai dizer que qualquer algoritmo que você utilizar para obter uma resposta ética por *crowdsourcing* terá pressuposições éticas inseridas nele.' Então me virei para Platão e ele levantou as sobrancelhas, e ele nem precisou fazer a pergunta em voz alta sobre o que *eu* pensava que ele diria, e eu simplesmente disse, sim, isso é o que você diria.

— Portanto, nada estava estabelecido — disse a ela.

— Isso é atenuação — ela disse. — Tudo estava *des*estabelecido, principalmente eu. A caminho do evento de Platão, em vez de me preocupar em apressar meu autor, só fiquei pensando em como tudo foi deixado em aberto de forma que realmente me atormentasse. É como quando abro a geladeira e vejo que todas as tampas das vasilhas não foram apertadas, a maionese, a mostarda e os picles e o leite estão com a tampa somente colocada, prontas para cair, e que é um hábito realmente irritante que o Michael tem. A pasta de dente também. Ele simplesmente é incapaz de apertar a tampa das coisas. Eu queria gritar com Platão: Faz o favor de apertar essas benditas tampas!

Cheryl disse isso alto o suficiente para que nosso garçom se aproximasse numa velocidade que parecia uma arrancada olímpica. Cheryl sinalizou para ele se afastar.

— Digo, gostei da ideia de Marcus sobre *crowdsourcing*, já que a alternativa era tão ridícula a ponto de ser revoltante.

— Você quer dizer, sobre haver especialistas morais?

— Certo — ela disse — que há especialistas morais que, por saberem coisas que pessoas comuns não sabem, podem alinhar a vida atrapalhada das pessoas da mesma forma que o dr. Kolodny pode alinhar dentes atrapalhados. Isso é extremamente ridículo.

— Concordo — eu disse.

— E para chutar cachorro morto — continuou Cheryl — há essa ridícula ideia de que de alguma maneira esses especialistas morais transmitiram conhecimento magicamente para dentro de minha mente, sem que eu soubesse como foi parar ali, de forma que eu posso simplesmente lançar mão dele, como se estivesse no corredor sinalizado "certo e errado". Está bem, agora conta outra. Ou talvez o que eu realmente queira dizer é, quero mais um — ela disse rindo, suas pulseiras fazendo barulho enquanto ela levantava o braço para chamar o garçom de volta, e eu fiquei sentada, refletindo.

Não estava refletindo sobre a natureza da verdade moral, mas se aquela maluca da minha amiga controladora estava bêbada. Sim, definitivamente, ela estava bêbada. Suas próximas palavras confirmaram.

— Desculpe-me pelo atraso, Rhonda — ela disse. — Olha, o que aconteceu foi que, depois que deixei Platão, senti vontade de ficar sentada dentro do meu carro e, você sabe, pensar. Acho que acabei perdendo a noção do tempo.

Cheryl me encarou, e eu a encarei de volta. Cheryl nunca perde a noção do tempo e também nunca pede desculpas.

— Há uma outra alternativa — finalmente disse a ela.

— Para o quê? — ela perguntou.

— Para esse dilema que Platão te forçou a encarar. Não é apenas uma questão de se todo mundo sabe ou se o especialista sabe. É também possível que ninguém saiba, e talvez isso seja porque não há nada para saber. Todo mundo simplesmente contrói isso ao longo do caminho, principalmente da maneira que fará com que eles se sintam melhor consigo mesmos.

— Pensei nisso também, enquanto estava sentada dentro do carro — disse Cheryl. — Pensei muito nisso.

— Então, talvez, eis aí sua resposta — eu disse.

— Você acha? — ela disse. — Eu não, e te digo por quê. Vou te contar qual direção tomaram meus pensamentos dentro do carro. Eles me fizeram lembrar de uma autora com quem trabalhei em janeiro passado. Essa autora realmente mexeu comigo, talvez porque ela era, dos meus autores, a pessoa sem um VOOM. Ela simplesmente levava a vida.

O garçom trouxe o drinque de Cheryl e ela tomou um longo gole antes de continuar.

— Ela era mais ou menos da nossa idade, Rhonda, talvez um pouco mais jovem. Difícil dizer por causa da vida que ela levou. Ela escreveu uma autobiografia, mas parte daquela história já estava escrita no rosto dela. Eu li o livro depois que passei o dia com ela. Era pungente. O padrasto abusou dela e de sua irmã mais nova e começou quando elas eram crianças. O sujeito, que era bem de vida e tinha boa formação, começou a procurar as duas quando elas tinham seis e quatro anos. Ainda que fosse péssimo para ela, ela achava ainda pior, mesmo quando era criança, que aquilo estivesse acontecendo com sua irmã mais nova.

— E a mãe estava por perto? — perguntei a ela.

— Estava. Como ela descreveu, a mãe sabia de alguma forma, mas evitava realmente saber, ou seja, ela não queria saber. Ela tinha passado por maus bocados e simplesmente estava cansada, tudo o que queria era a segurança que o sujeito trouxe e, para resumir, era interesse dela não saber, apesar de até certo ponto ter que saber.

— Ela estava em negação — eu disse.

— Pode chamar assim, mas não sei se resolve alguma coisa para ela ser cúmplice de um crime. E o sujeito era algum tipo de louco pervertido, o que pode querer dizer que ele é menos responsável por suas ações. Então talvez isso a torne ainda mais má que ele. Ou talvez não. Não sei como devemos

PLATÃO NO GOOGLEPLEX

pensar nesses malucos. Eles são apenas doentes, deixamos assim, ou eles são maus, ou eles são doentes *e* maus?

— Pergunte a EASE de Marcus — sugeri.

— O que eu realmente gostaria de fazer era voltar lá e perguntar a Platão — Cheryl disse.[35]

— E o que aconteceu com as crianças? — perguntei a ela.

— O que você acha que aconteceu? Elas cresceram vivendo uma vida miserável. E, por falar em vidas que não valem a pena serem vividas, a mulher que escreveu a autobiografia passou a maior parte da vida lutando contra vários vícios, inclusive álcool, cocaína, metanfetamina, o que você puder imaginar. Ela não conseguia manter um emprego, mesmo sendo brilhante. Ela morou nas ruas por um tempo e até escreveu sobre isso. E então ela conseguiu sair dessa, o que por si só é uma história. Você realmente deveria ler o livro, Rhonda. Pensei que Oprah certamente iria escolhê-lo, mas isso não aconteceu, pelo menos ainda não. De qualquer forma, se comparada com a irmã, ela é uma história de grandíssimo sucesso. A irmã é quem de fato ficou acabada. Ela é poeta e musicista, escreve as próprias músicas, mas é completamente atrapalhada, tem múltipla personalidade e tentou se matar algumas vezes. Se ela algum dia conseguir se recuperar o suficiente para escrever um livro, seria um verdadeiro best-seller. De jeito nenhum Oprah ficaria longe desse.

---

35. Em *Timeu,* Platão respondeu a Cheryl. Ele não somente atribui causa orgânica a muitas doenças mentais, classificando-as como enfermidades "da medula" na cabeça (o cérebro) que se conecta à medula localizada dentro dos ossos por todo o corpo (sua forma de explicar, sem ter conhecimento sobre os nervos, como a comunicação acontece entre o cérebro e o restante do corpo); mas ele vai além e diz que quando enfermidades mentais têm etiologia orgânica genuína de tal maneira que o arbítrio da pessoa se torna inoperante, a pessoa não pode ser considerada má. "E se a semente da medula de um homem brota de forma a exceder na abundância, como uma árvore que carrega uma quantidade extraordinariamente grande de frutos, ele em breve experimentará uma longa série de rompantes de dor, ou de prazer, na área de seus desejos e fruições. Esses severos desejos e dores o levam à loucura por grande parte de sua vida, e apesar de seu corpo ter tornado sua alma doente e tola, as pessoas pensarão nele não como doente, mas como intencionalmente mau" (86c-d). Essa é uma passagem extraordinária que aponta na direção da neurociência. Platão estava equivocado quanto à fisiologia, claro, mas ele entendeu que é a neurofisiologia que determina o comportamento aberrante e chegou a conclusões humanitárias que psiquiatras levariam milênios para alcançar. Quanto tormento dos doentes mentais poderia ter sido evitado se as pessoas tivessem prestado tanta atenção nessa passagem de *Timeu* quanto Galileu prestou à passagem que o inspirou para a nova ciência matemática.

PLATÃO NO GOOGLEPLEX

— Trágico — eu disse.

— Acho que a Oprah é ótima com os livros — disse Cheryl.

— Não, estou me referindo às duas irmãs que foram abusadas.

— Trágico é pouco — retrucou Cheryl. — E é esse o ponto. Aquele pai insano destruiu completamente a vida das duas garotas inocentes simplesmente para satisfazer seu prazer egoísta. O que quero dizer é que, mesmo se considerarmos que o cérebro dele tinha problema em suas conexões, ele poderia ter resistido.[36] E se não pudesse, então ele deveria ter cortado fora o próprio pinto. *Isso* seria virtuoso.

— Talvez — retruquei. — Difícil de dizer.

— Para mim não — ela disse. — Não acho nem um pouco difícil de dizer. E ainda há a mãe, que talvez seja ainda mais imoral, já que o cérebro dela *não* tinha problema em suas conexões. Como pode uma mãe, com o cérebro em pleno funcionamento, não ter feito de tudo para proteger aquelas crianças? Bem, logicamente ela era capaz de não proteger suas crianças, já que isso foi o que ela fez, ou seja, ela não as protegeu. Mas ela não deveria ter sido capaz de não as proteger. Quase podemos dizer que é possível provar em números que ela não deveria ser capaz disso, se adicionarmos o total do tormento da situação. Isso é como ela deveria ter pensado. Ele deveria ter pensado, tudo bem, minha vida fica mais fácil se eu fingir que o que está acontecendo não está acontecendo, mas há duas outras pessoas, por acaso minhas crianças, cuja vida ficará para sempre atrapalhada. É assim que penso nisso.

— Mas não é assim que as pessoas pensam no que fazer — eu disse. — Os próprios infortúnios avultam muito mais ameaçadoramente, já que esse é o tormento que realmente terão que vivenciar, e não somente imaginar.

— Bem, talvez *devessem* pensar dessa forma — Cheryl disse. — Talvez, quando não o fazem, o cérebro deles também não está funcionando direito, e talvez um sujeito como Platão poderia provar isso para eles.

---

36. Para Platão, na passagem relevante de *Timeu* (86b-87b), essa é a pergunta essencial. Lá ele sugere que o comportamento verdadeiramente mau é base suficiente para julgar uma pessoa como mentalmente doente por questões orgânicas, apesar de "má educação" também exercer papel subsidiário. "Mas não é certo repreender pessoas por isso, porque ninguém é intencionalmente mau. Um homem se torna mau como resultado de uma ou outra condição corrupta de seu corpo e de uma criação deficiente na educação. Ninguém que está sujeito a essas condições perniciosas gostaria de as ter." (86d-e)

131

PLATÃO NO GOOGLEPLEX

— Não sei — continuei. — Mesmo que você estivesse certa e que Platão pudesse provar uma coisa ou outra, não sei que diferença faria.

— O que você está dizendo? Claro que faria diferença! Isso significaria que não estamos apenas inventando tudo ao longo de nossa caminhada. Isso provaria que o padrasto e a mãe de minha autora estão inventando tudo ao longo da caminhada. Inventar ao longo da caminhada é o que a escória do mundo faz.

— Inventar ao longo da caminhada é o que todos nós fazemos, de uma forma ou de outra — eu disse.

— É, bem, tenho novidades para você. Nem *tudo* é inventado. Ninguém está inventando o fato de que as duas crianças sofreram e ainda sofrem e provavelmente sempre sofrerão. O que quero dizer é, elas nem terão oportunidade de descobrir qual é a melhor vida para se viver, elas simplesmente estão destruídas, e não por culpa delas. Então de quem é a culpa? Você não pode me dizer que os pais são inocentes.

— Mas veja — eu disse, — apenas por usar palavras como "culpa" e "responsabilidade" e "inocência" você já aborda a situação completamente carregada de todas as formas de suposições. De onde você as tirou? Não foi da EASE de Marcus.

— Qual é o problema de abordá-las carregada de suposições? — ela me perguntou. — Essa não foi a questão que Platão levantou, de que Marcus não seria capaz de obter da EASE tudo o que ele precisaria? Mas porque não conseguiremos obter isso da EASE não significa que nós não temos isso. A questão levantada por Platão é que não conseguiremos somente desenvolver uma tecnologia que iria... Não sei bem como expressar isso — ela disse.

— Auxiliar-nos em nossa capacidade para julgamento individual? — eu disse.

— Isso, exatamente — confirmou ela. — Como você acabou de dizer. O Googleplex não tem um aplicativo que vai nos auxiliar nessa capacidade para julgamento individual.

— É uma pena — eu disse —, se considerarmos o quanto o julgamento individual é difícil.

— Não para mim — ela disse. — Não tenho nenhuma dificuldade para julgar.

132

PLATÃO NO GOOGLEPLEX

— Existe diferença entre julgar o outro e julgar a si mesmo — argumentei. — Até agora você somente demonstrou facilidade para julgar o outro.

— O que você está tentando insinuar? — ela perguntou. — Você está dizendo que não aplico em mim os mesmos padrões que aplico a todas as outras pessoas?

— Ninguém faz isso — eu disse. — Todo mundo cria desculpas para si que não estariam preparados para criar para outras pessoas. As atenuantes são simplesmente óbvias em nossos próprios casos.

— Acho que o que você está fazendo, Rhonda, é acusar o mundo inteiro de ser hipócrita. O que, francamente, Rhonda, me surpreende bastante e pode revelar muito mais sobre você do que você provavelmente tem intenção de fazer.

Cheryl cruzou os braços sobre o peito e apertou os olhos me encarando como se avaliasse a situação. Será que ela estava tentando determinar se aquele meu *tête* não valia a pena nenhum outro desabafo *tête-à-tête*?

— Tudo o que estou dizendo, Cheryl, é que é muito mais fácil ser objetiva no que diz respeito ao comportamento dos outros. É fácil sentar aqui e imaginar como a mãe de sua autora não consegue enxergar suas crianças e a si mesma com tanta clareza como nós conseguimos. Mas é completamente diferente quando se trata da própria vida. Simplesmente não sou tão confiante quanto você diz que sou, e não consigo me ver com a mesma objetividade que consigo focar nos outros.

— Bem, graças a Deus eu sou — disse Cheryl. — E se aquela mãe me dissesse que é melhor para ela olhar para outra direção porque, do contrário, ela teria que se divorciar daquele pervertido e ficar sozinha e ter que trabalhar para se sustentar, e sustentar suas duas crianças, em vez de tê-lo para facilitar sua existência, eu diria a ela: "Que merda é essa que você está falando? Você tem ideia de quais são os efeitos do abuso em crianças? Você quer me dizer que a vida financeiramente apertada de uma pessoa tem mais importância que os tormentos suicidas de outra? Você poderia parar e pensar nisso por um momento, madame? Vê se abre os olhos e pensa!"

— Muito bem, digamos que você até consegue provar que, sim, ela realmente deveria proteger suas crianças, independentemente de isso tornar sua

PLATÃO NO GOOGLEPLEX

vida mais difícil, e você aborde a mãe com suas provas. Você verdadeiramente pensa que isso a faria pensar de forma diferente? Você de fato pensa que conseguiria moldá-la com algumas provas inconsistentes?

— Não sei. Talvez. Costumava haver coisas que todo o mundo pensava estar bem, e então quase todo mundo mudou de opinião sobre essas coisas e puderam ver que estavam completamente erradas. Talvez por terem descoberto algum tipo de prova.

— Como a escravidão? — perguntei.

— Isso — ela disse. — Escravidão. Esse é um exemplo perfeito. Até mesmo a Bíblia expressa que a escravidão é correta, não há aversão a ela de forma alguma, desde que as pessoas certas sejam escravizadas. Hoje sabemos que não é correto. Quero dizer, nós *sabemos*. *Eu* sei, uma pessoa que nunca de fato parou para pensar nisso. Platão provavelmente me diria "bravo", como se eu tivesse descoberto a cura para o câncer, mas não fiz nada especial para merecer nenhum elogio, apenas por saber que escravidão é errado. É um tema que não está aberto para discussões. Então, como isso aconteceu? Como uma pessoa como eu ficou tão inteligente?

Cheryl fez uma pausa, como se esperasse que eu lhe respondesse.

— Penso que a gente, bem, nós lutamos uma guerra — eu disse. — E os caras que pensavam que escravidão era errado ganharam a guerra?

— Não, isso de jeito nenhum está certo, Rhonda. Os caras que acharam que escravidão era errado estavam certos e os caras que acharam que era certo estavam errados. A vitória da Guerra Civil não foi o que marcou a diferença entre quem estava certo e quem estava errado. Você sabe que é errado, eu sei que é errado, quase todo mundo sabe que é errado. Provavelmente as mesmas pessoas que não sabem que escravidão é errado são as mesmas pessoas que não sabem que a Terra é redonda, ou pessoas cujo cérebro é completamente atrapalhado, como o cérebro daquele padrasto. Então como todos nós adquirimos esse conhecimento? Estou aqui pensando que é algum tipo de prova. Quero dizer, quem não gostaria de ser proprietário de um escravo? Eu certamente gostaria. Até mesmo um faria toda a diferença no mundo. Você não gostaria de ter um escravo?

— Então você acha que Platão sabe que escravidão é errado? — perguntei.

PLATÃO NO GOOGLEPLEX

— Claro que ele sabe! — exclamou ela, como se eu tivesse perguntado se o papa era católico ou se Donald Trump era rico. — O que quero dizer é, se você e eu sabemos que é errado, então alguém como Platão certamente sabe disso.[37]

— Imagino que sim — eu disse —, mas não se esqueça do quão surpreso ele ficou ao ver homens e mulheres tratados de formas iguais. Você mesma disse que ele é bem "old school".

— Veja, Rhonda, existe "old school" e "old school". Um sujeito teria que estar morando em uma caverna para não saber que escravidão é errado.

— Ainda assim, eles não sabiam — eu disse —, como você ressalta. Então não é óbvio.

— É, está certo — ela disse —, mas esse era exatamente o ponto a que Platão queria chegar. Se não é óbvio, e se há tantas razões egocêntricas para não enxergar isso, então um argumento realmente bom será necessário para quebrar a resistência. Esses superargumentadores são necessários, o que, acredite, Platão é. Precisamos de pessoas que pensam nesses argumentos o tempo todo porque é o que eles fazem para viver.

— Sim, bem, superargumentadores podem alegar a favor de coisas realmente imorais também.

---

37. Cheryl está dando muito crédito ao Platão histórico, apesar de, é claro, o Platão com quem ela se encontra durante a viagem de lançamento do livro tem tanta vontade de se atualizar em todo o progresso, tanto científico quanto ético, que foi alcançado nos últimos 2.400 anos, que compreenderia provavelmente mais cedo que escravidão é errado. John Locke é algumas vezes considerado o primeiro filósofo a consistentemente argumentar contra a escravidão, mas ele nem era de todo consistente nem foi o primeiro. Em uma correspondência particular para mim, Orlando Patterson escreveu: "O filósofo que tradicionalmente tem posição de destaque por ter sido o primeiro a verbalizar pontos de vista contrários à escravidão foi Montesquieu em *O espírito das leis*, Livro 15. Ele afirmou claramente que aquilo era mau, mas sua discussão subsequente explicando por que a escravidão persistiu complica bastante a questão. Não é completamente claro se Montesquieu estava simplesmente resumindo os pontos de vista tradicionalmente usados para justificar a escravidão ou estava sustentando um tipo de defesa pragmática da instituição. Se este for o caso, então quem deve ter lugar de destaque é Bodin, que, ao escrever 180 anos mais cedo (*Six Books of the Commonwealth*, 1576), condenou a escravidão com termos muito mais severos que Montesquieu, ou qualquer um, antes dos quacres abolicionistas da metade do século XVIII. Além disso, Bodin argumentava energicamente que a presença da escravidão enfraquecia a autoridade do rei. Ele certamente era muito mais consistente que Locke e eu estou pessoalmente preparado para dar a ele a posição de destaque entre os filósofos modernos."

PLATÃO NO GOOGLEPLEX

— Verdade — ela disse —, mas se há todos esses superargumentadores por trás dos argumentos uns dos outros, desse jeito profissional, eles então serão capazes de, ao final, encontrar os erros. É para isso que essas pessoas são treinadas. Deve-se deixar que falem uns com os outros.

— Então por que demorou tanto para eles descobrirem que a escravidão era errada? Porque, francamente, acho que os próprios escravos devem ter tido alguns bons argumentos sobre por que escravidão é errado. É errado tirarmos os escravos do contexto. Não era apenas os argumentadores argumentando entre eles.

— Sim, mas os escravos não poderiam ter feito isso sozinhos. Os argumentadores foram necessários para argumentar que o que os escravos tinham a dizer valia a pena ser escutado. Isso foi parte do argumento.

— Mas você não respondeu minha pergunta. Por que demorou tanto, se os argumentos eram tão bons?

— Talvez os argumentos melhorem com o tempo. Talvez, no começo, tudo seja apenas uma tentativa, e as pessoas atacam os argumentos e outras atacam os que atacaram e, no processo, os argumentos melhoram até que finalmente conseguem se firmar e ninguém pode negá-los. Talvez os argumentadores precisem argumentar consigo mesmos para que acreditem nos próprios argumentos.

— Argumentos não mudam nada — eu disse. — Nada muda até que os sentimentos mudem.

— Mas sentimentos não mudam até que algo forte aconteça para fazê-los mudarem. É como a mãe da minha autora. Para ela funcionava bem não enxergar o que estava acontecendo com suas crianças, e seus sentimentos estavam todos direcionados a não enxergar.

— Então como você sabe que não somos como aquela mãe? — perguntei.

— O que você quer dizer? — Cheryl perguntou.

— Bem, se podemos olhar para trás, para o passado, e dizer isso sobre outra pessoa, que ela era como aquela mãe que se enganava, como podemos saber que não somos diferentes no que se refere a todo o tipo de coisa que sentimos estar perfeitamente bem agora, porque é do nosso interesse sentir que estamos perfeitamente bem com essas coisas? Por que seríamos tão diferentes das pessoas no passado?

136

PLATÃO NO GOOGLEPLEX

— Espere um pouco — disse Cheryl. — Sabe de uma coisa, Rhonda? Você acaba de fazer uma ótima pergunta. Não sei o que dizer.

Ela ficou batucando com as pontas dos dedos, fazendo um barulho bem alto naquele estabelecimento silencioso. Notei que nosso atormentado garçom olhava para nós imaginando o que estava acontecendo agora.

— Bem, Rhonda — Cheryl finalmente disse — , você simplesmente me levou ao ponto em que eu não queria chegar.

— Onde? — perguntei.

— O que você acabou de dizer, que outras pessoas olharão para trás, para nós, e perguntarão como pudemos fazer as coisas que eles não pensariam em fazer. Isso é simplesmente terrível.

— Por que terrível? — perguntei.

— Ora, por que terrível? Você não acha terrível que as pessoas que ainda nem nasceram vão olhar para trás e imaginar como simplesmente não enxergamos?

— Essas pessoas saberão várias coisas que nós não sabemos. Irão usar todo o tipo de tecnologia com a qual nem conseguimos sonhar e ver todo o tipo de coisa que não podemos nem imaginar.

— Não, Rhonda, você está comparando maçãs e laranjas. Essas pessoas não vão nos condenar por não termos a tecnologia que elas têm. Eles irão nos condenar por não vermos certas coisas. Irão dizer que fomos egocêntricos demais para enxergá-las, exatamente como aquela mãe das crianças que foram abusadas. Isso não mexe com você?

— Na verdade, não. É o tipo de coisa que você poderia esperar se nada do que você vem falando for verdade.

— Não é o que você poderia esperar! O que espero é que eu tenha sido capaz de ensinar Valerie e Jason como eles devem viver a vida, que eu tenha cuidado de tudo isso da maneira que eu cuidei, bem, de alinhar os dentes deles.

— Deixando os dentes deles por conta do dr. Kolodny...

— Certo, o melhor ortodontista na área da baía de São Francisco.

— Isso já foi estabelecido — eu disse.

PLATÃO NO GOOGLEPLEX

— E isso é a única coisa já estabelecida — ela disse. Ela ainda estava batucando com as pontas dos dedos e fazendo barulho com as unhas na mesa. Eram roxo-escuras e combinavam com seu batom.

— O que é terrível de pensar — ela continuou depois de uma pausa —, é que algum dia, Valerie e Jason, ou seus filhos ou netos ou bisnetos, olharão para trás, para nós, e imaginarão como não conseguimos ver o quanto isso estava errado.

— Isso? O que é isso? — perguntei.

— Bem, como eu poderia saber? — ela quase explodiu. — Somos nós que não estamos enxergando ainda! Algum cara do futuro andando por aí em algum tipo maluco de vestimenta vai argumentar alguma coisa que soará completamente bizarra e inatingível, até que comece a fazer um pouco de sentido para algumas outras pessoas e, então, para mais gente, até que pareça tão óbvio que pessoas não precisarão de nenhum tipo de argumento. Sentirão a coisa na medula.

— Então imagino que essa coisa de *crowdsourcing* realmente não vai funcionar, se todos estivermos esperando que um cara em uma vestimenta maluca nos mostre o erro em nosso caminho.

— É — ela disse —, a EASE de Marcus está completamente acabada.

— Que pena para Marcus — eu disse.

— Ah, ele. — Cheryl balançou a mão como se o dispensasse, balançando também suas pulseiras... — Ele não parecia tão chateado com tudo isso. Ele encarou tudo sem se afetar, assim como quando descobriu que não seria um filósofo-rei. Acho que no fim do dia eu estava muito mais chateada. Quero dizer, imagine a situação, Rhonda. Estamos no caminho, indo para o evento Google de Platão, daí, eu paro de andar, simplesmente fico parada, paralisada, e todos pararam comigo, todo o contingente, Platão e Marcus e todos os googlers que nos seguiam. Foi simplesmente bizarro. Eu, parada ali, numa passagem, no meio do Googleplex, atrasada para um evento com um autor em uma toga, falando sobre uma ferramenta maluca de pesquisa ética que nem existe, mas que é o grande sonho inatingível de um engenheiro de software que usa dreads, que tinha acabado de recusar o cargo não existente de filósofo-rei, e eu me sinto realmente chateada porque a EASE não pode

138

PLATÃO NO GOOGLEPLEX

nos dar as respostas que deveria nos dar. E tudo porque Platão não parou de falar de como dentes ruins são como uma vida ruim e como precisamos encontrar o dr. Kolodny, que pode nos alinhar. Eu simplesmente não consigo explicar, Rhonda, o efeito todo que isso teve em mim. Eu estava ali, parada, como se tivéssemos todo o tempo do mundo, o que certamente não tínhamos. E eu sou a assessora de imprensa!

— O que Platão fez? — perguntei.

— Ah, ele estava muito feliz de apenas ficar ali parado perto de mim, pacientemente me esperando. Ele disse que ando como uma pessoa livre e não como uma escrava.[38]

— De novo os escravos — eu disse. — É uma obsessão para ele. Isso e os dentes tortos. Você tem alguma ideia do que ele estava falando.

— Bem, para falar a verdade, sim, porque eu perguntei a ele. Ele disse que um escravo ou uma escrava não é dono ou dona do próprio tempo e, então, reconhece-se ele ou ela na rua por sua pressa, mas uma pessoa livre pode andar e falar como melhor lhe apraz, parando quando ele ou ela quiser.

— Precisamos reconhecer o esforço dele de sempre se lembrar de falar "ele ou ela", "masculino ou feminino", de forma que chega a ser, sem dúvida, estranho.

— E o mais livre de todos é o filósofo. — Cheryl continuou, citando Platão e sem prestar atenção em mim, que penso tão pouco na continuidade do tempo para me isolar dele. — Isso é a razão para filósofos frequentemente parecerem ridículos nas questões práticas da vida, porque ele ou ela se isolou da correria do tempo (*Teeteto* 172c-173b). E aí ele me falou da maneira mais doce: "Cheryl, acho que isso é o que aconteceu com você." Essa não é a coisa mais gentil que ele poderia falar para mim? E ele me chamou pelo nome. Foi a primeira vez que fez isso.

---

38. "Ora, vejam o homem que tem vagueado pelos tribunais e lugares do tipo desde que era um garoto e compare-o com o homem criado dentro da filosofia, na vida de um estudante. É certamente como comparar a criação de um escravo com a de um homem livre. Porque este homem sempre tem o que você acabou de mencionar agora — muito tempo. Quando ele fala, ele fala em paz e tranquilo, e seu tempo é dele mesmo. E assim é conosco agora: aqui estamos dando início a nosso terceiro novo debate; e ele pode fazer o mesmo, se for como nós e preferir o que há de novo à questão que já foi levantada. Para homens assim, não importa se falam por um dia ou por um ano, desde que descubram o que é. Mas o outro — o homem dos tribunais — está sempre com pressa quando fala; ele precisa falar com um olho no relógio." (*Teeteto* 172d-e)

PLATÃO NO GOOGLEPLEX

Não entendi por que Cheryl estava tão impressionada com aquilo, apesar de que, talvez devesse mesmo estar.

— Esse autor realmente mexeu com você — eu disse.

— Você não tem ideia — ela disse.

— Tem certeza de que não está meio apaixonada por ele? — perguntei.

— Não seja ridícula, Rhonda — ela disse —, ele é velho demais para ser meu... Bem, nem sei para o que ele está velho demais para mim.

— Eles precisam engarrafar esse truque de se afastar do fluxo do tempo e vender no balcão de cosméticos da Bloomi's — eu provoquei — mas ela estava muito distraída para reagir.

— De toda forma, quando ele mencionou a palavra "tempo" — ela continuou —, apesar de parecer que estava tentando me dizer que estar sem tempo é uma coisa boa, a palavra em si funcionou como um despertador disparado no meu cérebro, e eu consegui fazer a gente se mexer de novo e, finalmente, o entreguei ao auditório, que, aliás, estava completamente — e eu quero mesmo dizer completamente — lotado. Eles o colocaram na maior sala e, ainda assim, só sobrou espaço para as pessoas assistirem em pé; foi muito gratificante, pelo menos para mim. Não acho que Platão tenha pensado nisso. E os googlers pareciam tão animados quanto quando George R. R. Martin foi fazer uma palestra para eles. Eles estavam usando uma camiseta com letras gregas e estampa de dois caras vestidos de toga, um apontando para cima e outro apontando para baixo. Não sei se um deles era Platão. Nenhum se parecia com ele. Mas, bem, estavam todos usando essa camiseta, sorrindo como um bando de idiotas, o que me fez esperar que Platão finalmente entendesse que aquele não era bem um lugar adequado para ir às compras e encontrar um filósofo-rei. Marcus tirou a camisa larga do Greatful Dead e mostrou que estava o tempo todo usando a camiseta grega, com um sorriso que revelava o trabalho completo que o dr. Kolodny tem pela frente. Antes de rodearem meu autor e o sequestrarem, perguntei a ele como devemos obter nossas respostas se a EASE não pode dá-las.

— E então? Ele te respondeu? — Eu acabei precisando perguntar depois de uma pausa considerável, acompanhada pelo som das unhas dela batendo na mesa.

— Na verdade, não — ela disse. — Não sei se dar respostas é algo que ele saiba fazer. Ele parece gostar mais de atrapalhar a nossa cabeça, de forma que a gente não consiga parar de pensar em suas questões. E se ele pensa que eu posso me dar o direito de me afastar do tempo desse jeito e sair do meu cronograma, bem, aí ele está completamente errado.

— Talvez seja por isso que ele precise de escravos — comentei. — Um escravo ajudaria se você está se afastando do tempo o tempo todo. Estou brincando, Cheryl — emendei rapidamente, antes de ela querer me matar com o olhar.

— E o que ele me disse... — ela finalmente falou. — Ele disse: "Não quero dizer que suas perguntas não podem ser respondidas, Cheryl, só estou dizendo que não podem ser respondidas facilmente, *with ease.*"

Sua voz ficou tão baixa quando ela falou a última frase que o silêncio longo pareceu uma extensão natural dela.

— E o EASE era caixa-alta ou todas as letras minúsculas? — acabei perguntando.

— Não tenho certeza — disse ela. — No fim das contas, simplesmente não tenho certeza.

— Minha amiga tinha uma expressão estranha chapada no rosto. Não consegui entender de forma alguma. Talvez fosse o olhar de alguém isolado do tempo, ou talvez ela simplesmente estivesse embriagada.

γ À sombra da Acrópole

> Hipóloco me gerou. Afirmo ser seu filho e ele me enviou a Troia com instruções rigorosas: Sempre me sobressair (αἰὲ ἀριστεύειν), fazer melhor que os outros e trazer glória aos nossos antepassados, que realmente eram muito bons (...) Esta é a minha ascendência; este é o sangue que tenho orgulho de herdar.
>
> — Ilíada 6.208

Sócrates fazia parte da cena urbana. A página *Yelp* sobre a Atenas antiga o destacaria na categoria Teatro de Rua. Ele atuava diariamente sem jamais passar o chapéu (*Apologia de Sócrates* 33a-b), frequentador assíduo da ágora, o centro da cidade, lugar de comércio, política e vida cultural, lotada por uma mistura de habitantes da cidade — seus vários escravos; seus não cidadãos estrangeiros, residentes ou metecos e seus homens cidadãos, desde aristocratas a *thētes*, que eram os trabalhadores comuns,[1] e suas mulheres livres, apesar de estas serem mantidas em casa e fora de vista, principalmente se de origem nobre. A ágora era espalhada sob as rochas da

---

1. Uma das pedras fundamentais da democracia ateniense foi a abolição da qualificação de cidadãos por propriedade. Havia alguma qualificação por propriedade na constituição original de Sólon, mas era permitido que os deixasse cair em desuso até o ponto em que os direitos da cidadania chegavam. Veja nas páginas 176 e 177 o que substituiu a propriedade para determinar a cidadania ateniense.

PLATÃO NO GOOGLEPLEX

Acrópole, sobre as quais os monumentos à recente glória imperialista de Atenas eram dispostos, incluindo a *pièce de résistance*, o Partenon, erigido em mármore pentélico branco que irradia luz dourada quando atingido pelo sol do fim da tarde.

Ergueram-se os esplendores da arquitetura, como uma fênix, surgidos das ruínas a que os antigos santuários da Acrópole haviam sido reduzidos em 480 a.C. pelos invasores persas. Durante a segunda incursão dos persas, a que levou o poderoso Xerxes à Grécia para terminar o trabalho de seu pai, Dario, que morreu enquanto se preparava para dar continuidade à guerra, os atenienses estrategicamente abandonaram a cidade e foram para Salamina, uma ilha nas redondezas.[2] Durante a Batalha de Salamina, suas forças navais, nas quais os atenienses, persuadidos pelo estadista e general Temístocles,[3] despejaram seu capital, derrotaram as forças invasoras. Xerxes, empoleirado no trono de ouro que havia preparado à beira-mar para ver sua vitória, assistiu à maioria de seus navios afundar nos estreitos, enquanto os gregos, por meio de habilidade e artimanha, driblaram seus mais pesados barcos. Xerxes fugiu de volta para a Pérsia, e deixou para trás uma força

---

2. As colônias jônicas na costa da Ásia Menor, absorvidas no massivo império persa, se rebelaram sob a liderança de Mileto. Atenas foi socorrê-las e Dario resolveu ensinar aos gregos uma lição, dando início ao que conhecemos como Guerras Médicas. Seu primeiro ataque havia sido em 490 a.C. e ele foi derrotado. Xerxes, de quem o império abarcava desde a Índia, no leste, até o norte da África, havia organizado uma força estupenda com a intenção de usar o fato de ter derrotado a Grécia para avançar, entrando na Europa. Heródoto, que escreveu sua narrativa sobre as guerras da Pérsia por volta de cinquenta anos mais tarde, estimou que os soldados persas eram mais de um milhão, e todos os "bárbaros", inclusive aqueles que alimentaram e pregaram para as tropas, eram mais de cinco milhões. Pesquisadores modernos consideram que os números estejam superestimados, avaliando que as forças estivessem entre 100 mil e 300 mil; no entanto, as forças invasoras eram, sem sombra de dúvida, assustadoras; a superestimação de Heródoto é a medida de quão extraordinários os gregos passaram a pensar neles mesmos ao derrotar os persas.

3. Temístocles mais tarde caiu no ostracismo, salvaguarda da democracia ateniense que servia para tentar evitar que qualquer pessoa se tornasse muito influente, conduzindo a multidão até assumir o poder de um tirano. Ostracismo era colocado em votação — primeiro para decidir se no ano em questão deveria acontecer o ostracismo e, se o resultado fosse positivo, a votação seguinte seria para decidir quem deveria ser condenado. As urnas eram pedaços quebrados de objetos de cerâmica, chamados *ostraka*. Após dez anos, o indivíduo que havia sido condenado poderia retomar sua vida de onde a deixou. Temístocles jamais retornou e, ironicamente, terminou seus dias na Pérsia.

À SOMBRA DA ACRÓPOLE

substancial para continuar na conquista dos gregos. O último combate dos persas foi logo em seguida, em Plateias, em 479.[4]

Atenas, obviamente, não se livrou dos persas sozinha. Outros estados gregos se juntaram ao esforço helênico; Esparta, cujas proezas militares em terra firme eram insuperáveis, compartilhou com Atenas a glória de expulsar os bárbaros de Hellas.[5] Mas Esparta, ao final das Guerras Persas, não tinha intenção de assumir nenhuma ambição que pudesse deixar seus cidadãos-soldados distantes de Esparta. Seu modo de vida, exclusivamente voltado para valores militares, era apoiado por uma extensa população hilota dedicada à agricultura e outras tarefas direcionadas ao sustento e sempre na iminência de se rebelarem, fazendo os espartanos ficarem em Esparta.[6] O próprio objetivo militar deles foi o que os levou ao isolacionismo.[7]

Atenas era tudo menos isolacionista. Ela transformou sua Liga de Delos, formada por aliados para evitar que os estados jônicos se tornassem novamente estados tributários sob a tirania persa. Mais riquezas entraram através das ricas minas de prata descobertas nas imediações, em Lavrio. Nessas minas trabalhavam milhares de escravos, que, de acordo com acadêmicos, ultrapassavam os 20 mil, principalmente prisioneiros de guerra. "A expectativa média de vida de um escravo ateniense em minas de prata

---

4. Os gregos também derrotaram os persas na Batalha de Mícale, na costa jônica — diz-se, no mesmo dia em que houve a Batalha de Plateias, apesar de vários acadêmicos dizerem que são céticos quanto a essa informação. Em todo caso, a notícia sobre a vitória em Mícale provavelmente veio logo após a notícia da vitória em Plateias.

5. Hellas, do grego Ελλάς (Ellás), é o nome original da Grécia (República Helênica nos dias atuais). (N. da T.)

6. Os hilotas eram ritualisticamente abusados. Por exemplo, todo outono, durante o rito de passagem dos jovens garotos de Esparta, conhecido como cripteia (palavra que significa "segredo"), os hilotas podiam ser caçados e mortos impunemente. Eles eram lacônios que haviam sido dominados; diz-se que foram residentes de Messênia, portanto, companheiros helenos, apesar de haver um mundo de acadêmicos em desacordo, assim como acontece com tudo o que diz respeito à etnia dos gregos antigos.

7. Esparta era tão dedicada, a seu modo, a alcançar o extraordinário quanto Atenas, mas seu conceito de extraordinário era rigorosamente coletivista em vez de individualista. Esse aspecto de coletividade da noção de virtude de Esparta atraiu o respeito de Platão. Eu diria que Platão vivenciava um conflito interno entre a individualidade ateniense e a coletividade espartana. Esse conflito será discutido por Sophie Zee e Mitzi Munitz, no capítulo δ.

PLATÃO NO GOOGLEPLEX

era menos que um ano. Entrava-se na mina e jamais se conseguia ficar de pé novamente; vivia-se o resto da vida engatinhando para logo depois morrer", conforme o filósofo Alexander Nehamas descreveu o outro lado da grandeza ateniense em uma entrevista, resumindo em: "Não admiramos os gregos por seus princípios morais."[8]

Mas não se esperava que alguém refletisse sobre a miséria escondida e a cruel exploração ao contemplar o Partenon, de perfeitas proporções, tão maciço e ao mesmo tempo dando a impressão de flutuar em uma forma idealizada de materialidade. O que se esperava era que se pensasse nas mais gloriosas possibilidades de realização humana. Esperava-se que se pensasse em *aretē*, o mais intimidador alcance da excelência humana, um tipo que provocaria a perplexidade dos outros a ponto de o nome de quem a alcançasse ser citado por muitos. Esperava-se que se sentisse que ali, na mais excepcional Cidade-Estado de todas, entre as mais excepcionais pessoas de todo o mundo, os falantes de grego entre os bárbaros, o *Ethos* do Extraordinário tivesse se concretizado como em nenhum outro lugar na Terra. O *Ethos* que serviu como base para as mais extraordinárias lutas e realizações pode ser rapidamente, e grosseiramente, resumido como a visão de que a vida que não é excepcional não vale a pena ser vivida. Vidas ordinárias não importam tanto quanto as vidas extraordinárias. E se isso for verdade, está em conformidade com a certeza de uma prova matemática de que nenhuma pessoa poderia viver uma vida que importasse mais que a dos cidadãos que moravam à sombra da Acrópole.

A palavra grega *Ethos* significa hábito ou costume, e há certo paradoxo na exigência de que o extraordinário se torne habitual, costumeiro. Ainda assim, esse desiderato era uma força ativa na Atenas que levava a vida sob a Acrópole. Era um aspecto distinto da cultura normativa — cultura de valores — não somente de Atenas, mas também do povo de língua grega das outras *polis*, o que está implícito na obra de Homero que integra a cultura pan-helênica (apesar de as noções de coletividade e do extraordiná-

___
8. *Bomb Magazine* 65, outono de 1998, pp. 36-41.

À SOMBRA DA ACRÓPOLE

rio individual competirem, aquela mais ligada a Esparta e esta a Atenas). Esse desiderato criou o contexto para a famosa afirmação que Platão fez Sócrates proferir em *Apologia de Sócrates* sobre o fato de que uma vida não examinada, para um ser humano, não vale a pena ser vivida. Essa afirmação que Platão fez Sócrates proferir depois que os atenienses votaram e o consideraram culpado por desafiar a norma da cidade, representa uma revisão radical do *Ethos* do Extraordinário. O termo "não examinada" substituiu "não excepcional". Somente um tipo de extraordinário serve. A revisão não poderia ter sido mais bem delineada para perturbar e enfurecer seus conterrâneos. Você se lembrará de que o julgamento não acabou bem para Sócrates. Mas a revisão não foi tão radical a ponto de se distanciar totalmente do *Ethos*. Foi isso que a tornou tão perturbadora para seus contemporâneos, principalmente dadas as circunstâncias em que se encontravam em 399. Isso será mais explicado no capítulo ζ. Por ora, apenas quero dizer que o Sócrates de Platão estava sendo muito grego quando lançou seu pesado julgamento acerca de quais vidas não valem a pena ser vividas. Alguns intelectuais tendem a ser piedosos em relação à declaração, mas, quando a examinamos, ela acaba por ser, assim como tantas proposições consideradas piedosas, bastante abominável.

O *Ethos* do Extraordinário estava sendo elaborado bem antes de Sócrates aparecer em cena para agitar as coisas. Seu indistinto começo pode ser encontrado no período homérico. O poeta da *Ilíada* dá voz a isso, especialmente no personagem do petulante e egoísta garoto que passa grande parte da ação da epopeia de mau humor em sua tenda. Esse, obviamente, é Aquiles, filho de pai mortal e mãe imortal.

Na Antiguidade clássica, quando Platão escrevia, Aquiles era considerado o maior herói mítico e histórico grego. Platão faz Sócrates explicar sua escolha quando está em julgamento para defender sua vida ao compará-la com a escolha de Aquiles (*Apologia de Sócrates* 28c-d). Qual é essa escolha? Homero a apresenta como a escolha entre uma vida curta, mas extraordinária, ou uma vida longa, mas ordinária. No canto ix da *Ilíada*, Aquiles explica:

PLATÃO NO GOOGLEPLEX

Minha mãe, a deusa imortal Tétis de pés reluzentes, me disse que dois destinos me acompanham até o dia de minha morte. Se eu permanecer aqui e atacar Troia, minha jornada de volta para casa não acontecerá, mas minha glória (*kleos*) jamais morrerá. Se eu viajar de volta para a pátria que amo, meu orgulho, minha glória (*kleos*), morrerá.[9]

Aqui, nessa escolha de Aquiles, a versão pré-socrática do *Ethos* do Extraordinário é explicada nos mais severos termos. Aquiles é o maior dos heróis, "o melhor dos aqueus", não apenas pela virtude de sua velocidade física, por suas habilidades na guerra, sua beleza de deus grego, e por sua ascendência metafisicamente misturada, apesar de essas características todas destacarem-no como extraordinário. Esses traços, apesar de necessários para qualquer figura ser celebrada pelos gregos como o maior de todos os heróis lendários, não são suficientes. No seu *curriculum vitae*, a informação que o coloca acima de todos é sua escolha: a curta, mas extraordinária vida. E a prova de sua extraordinária vida é a própria obra dedicada a ele, a *Ilíada*, também conhecida como *O canto (kleos) de Aquiles*.

Kleos significa tanto "glória" quanto "fama", mas também "o canto que garante glória ou fama". Esse substantivo é cognato do verbo *kluō*, utilizado por Homero com o significado "eu escuto". *Kleos* algumas vezes é traduzido como "renome acústico" — quando seu nome é espalhado e você se torna uma pessoa renomada, com os outros falando de suas façanhas. É um pouco como ter vários seguidores no Twitter. Na versão homérica de *Ethos* do Extraordinário — a versão pré-socrática/pré-platônica de *Ethos* do Extraordinário —, viver uma vida que vale a pena ser vivida era viver uma vida que vale *kleos*, uma vida que vale um canto. Ser cantada, falar sobre

---

9. Diferentemente de Homero, o Sócrates de Platão não mede a diferença entre o ordinário e o extraordinário em termos de *kleos*, ou seja, da aclamação dos outros. Para ele, a diferença entre ordinário e extraordinário é medida em termos morais (*Apologia de Sócrates* 28b-c). Essa mudança na medida do extraordinário é a essência do distanciamento de Sócrates e de Platão das normas atenienses. Como já foi destacado, Myles Burnyeat, entre outros, afirmou que Sócrates era culpado do crime pelo qual atenienses o condenaram: sua rejeição aos valores deles em favor de novos valores. E podemos ver isso tanto quando Sócrates aceita a escolha de Aquiles do extraordinário, quanto ao rejeitar a interpretação homérica do que conta como extraordinário, exatamente em que reside o distanciamento das normas atenienses.

À SOMBRA DA ACRÓPOLE

a vida de alguém, sua história vívida na mente dos outros, é o que dá a sua vida uma substância a mais. É quase como se quando o outro vividamente percebe sua vida, você vive simultaneamente na representação que fazem de você e adquire vidas adicionais para somar a sua, tão escassa.

Afinal, eis o predicamento, não menos verdade para nós do que foi para aqueles que se juntaram ao redor dos antigos trovadores para escutá-los. Sua vida humana é de uma pequenez perturbadora, delimitada em cada uma das extremidades pela eternidade do tempo que foi esvaziado de você.[10] Todo esse tempo em que *você não é* parece um tipo de derrota da sua pessoa, que, em comparação, é nada, ainda que seja, pelo menos para você, tudo.

Essa situação pode ser levada bem a sério. Lembro-me de um vizinho que tive, ele era pediatra. Um dia ele estava na varanda da minha casa e me falou do quanto se sentia angustiado ao pensar no tempo em que ele não existirá, até o momento em que ele se deu conta de que — e o tom de voz dele era de alguém que acabava de ter uma revelação — depois desse tempo em que ele não mais será, não haverá mais tempo algum. Enfaticamente, acrescentei as palavras *para você*, numa frase do tipo *não haverá mais tempo nenhum para você*. Ao que ele resistiu também enfaticamente. "Não", ele insistia em dizer, "simplesmente não haverá mais tempo nenhum e ponto final". Como ele era médico cujos pacientes eram crianças e, além disso, era um pai dedicado, fiquei imaginando se ele havia pensado na consequência da total aniquilação que, insistia, sucederia a ele. Perguntei se as implicações cósmicas de ele não existir eram retroativas, ou seja: haveria uma história que o precedia? "Não", ele me disse. "O tempo existiria enquanto ele existisse." Várias vezes pensei naquela conversa que tivemos na minha varanda e fiquei imaginando o que se passava na cabeça do meu vizinho. No que ele realmente estava pensando enquanto repetia aquelas palavras,

---

10. A concepção grega de vida após a morte, tal qual era, não foi planejada para oferecer consolo. Um dos momentos mais intensos em *A odisseia* acontece no Livro II, quando Odisseu, viajando para o mundo inferior, encontra várias sombras, entre elas a mais heroica de todas, Aquiles. Odisseu o reverencia, "abençoado em vida, abençoado na morte", mas Aquiles rapidamente acaba com essa ilusão mortal de Odisseu ao dizer para ele que está vivo, que preferiria ser escravo do pior dos mestres a ser o rei de todos os mortos. A moral a se extrair é que, seja qual for o consolo para as limitações do humano, ele deve ser procurado ao longo da vida na Terra.

PLATÃO NO GOOGLEPLEX

mais tempo nenhum? Isso foi há pelo menos trinta anos e ainda me pego tentando imaginar o que exatamente ele estava pensando. Mas sei que sua angústia em aceitar o "tempo sem ele" deve ter sido de tal intensidade que o levou a pensar tanto de forma a chegar a uma conclusão implausível e contra a qual ele não acataria nenhuma objeção.

Pode ser que tenha sido inusitada a conclusão a que meu vizinho chegou para aliviar a angústia, mas a angústia não foi nada inusitada. Dessas derrotas existenciais surgiu a grande inquietação normativa do antigo mundo, não somente na Grécia, mas por grande parte do globo. Em *Introdução ao pensamento filosófico*, o filósofo Karl Jaspers descreveu os extraordinários conceitos que parecem ter atraído a atenção do mundo antigo por volta do período entre 800 e 200 a.C. Nesse período, alternativos pontos de vista normativos surgiram tanto no âmbito espiritual quanto no secular, oferecendo soluções possíveis para o tipo de questões que desafiaram a alma de meu vizinho. Várias dessas visões persistem intactas até os nossos dias, prontas para conter e moldar nossas perplexidades de forma que a maioria das pessoas, que não é o caso de meu vizinho, não precise tentar começar a pensar em tudo do zero.

Os gregos participaram dessa inquietação normativa. Suas contribuições quase sempre são representadas por seus grandes pensadores — por Pitágoras e Platão, Ésquilo e Aristóteles —, mas isso não faz jus ao *ethos* pré-filosófico de onde emergiram os grandes nomes e que orientou a corrente secular da reflexão normativa grega. Não foram apenas os filósofos e os dramaturgos trágicos, cujos nomes hoje ainda lembramos, que confrontaram a questão sobre o que pode ser feito para ampliar a miúda lasca de uma pequena vida — a sua! — no meio de todo o tempo que não saberá quem você foi, como você amou e odiou e foi bem-sucedido e fracassou e teve medo e desejou e ganhou e perdeu. A preocupação em fazer algo que vai livrá-lo da obliteração causada pelo vasto tempo de desconhecimento e indiferença foi vivenciada bem antes de Sócrates e Platão chegarem para desafiar o *ethos* formado ao redor disso. O que as pessoas podem fazer para resistir e vencer a ação do tempo de extinguir sua existência? O *Ethos* do Extraordinário respondeu que tudo o que uma pessoa pode fazer é aumentar a vida da única maneira que temos para fazê-lo: esforçar-se para torná-la algo que valha a pena ser contado, algo que impactará a mente dos outros de tal forma que, ao ser

À SOMBRA DA ACRÓPOLE

replicada, assumirá uma grandiosidade. *Kleos*. Viva de forma que os outros ouvirão falar de você. Ainda que pareça ridículo, é a única alternativa que temos para combater o tempo da indiferença.[11]

Essa nossa cultura de curtir no Facebook e de seguir no Twitter deveria nos tornar aptos para compreender a insistência no aspecto social do valor da vida. Talvez essa seja uma direção natural que certa cultura tomará uma vez que as respostas religiosas percam força. Os gregos antigos viveram antes de a solução monoteísta tomar conta da cultura ocidental e nós — ou pelo menos muitos de nós — vivemos depois disso. Uma grande diferença entre nossas culturas é que, para os gregos antigos, que não tinham nossa mídia social, a única maneira de alcançar essa divulgação em massa dos detalhes da vida de alguém para a apreensão dos outros era fazer algo extraordinário a ponto de valer a pena contar. Nossas tecnologias extraordinárias podem nos livrar dessa preocupação individual. *Kleos* está a apenas um tweet de nós.

Os gregos não eram únicos em sua reflexão existencial. Ao mesmo tempo que desenvolviam sua abordagem para o problema do valor humano, havia outros povos com outras abordagens diferentes para as mesmas questões existenciais. Particularmente, através do Mediterrâneo a partir da Atenas antiga havia uma constelação de tribos que também elaborava uma visão que continuou a florescer nos nossos dias dentro das múltiplas iterações e variações oferecidas pelas religiões abraâmicas. Elas se denominavam *Ivrim*, do hebreu "atravessar, passar", indicando sua localização no outro lado do

---

11. Ao citar a sacerdotisa Diotima, Platão fez Sócrates explicar o obsessivo amor por *kleos* basicamente nos mesmos termos existenciais, conectando-o com o desejo de vencer a morte: "De toda maneira, esse zelo, esse amor, está em busca da imortalidade. (...) Se você olhar para o desejo das pessoas por fama, você poderá ficar surpreso com a irracionalidade delas, a menos que você tenha em mente o que eu dizia e considere o quão terrivelmente são inflados pelo amor por se tornarem nomes famosos e 'ter glória imortal para toda a eternidade', e como estão prontos para encarar qualquer perigo por isso — ainda mais do que pelos filhos, para esbanjar dinheiro, para aguentar qualquer dor, e até mesmo para morrer. Então você pensa (...) que Alceste teria dado sua vida por Admeto, ou o tal Aquiles teria ido em busca da morte depois que Pátroclo morreu, ou Codro teria buscado ser o primeiro a morrer em consideração ao reino de seu filho, se não tivessem pensado que ficaria a memória imortal de seu *arête* que agora temos? Isso está longe de ser o caso. Ao contrário, acredito que todas essas pessoas se envolveram nesses famosos feitos a fim de ganharem virtude imortal e uma gloriosa reputação, e quanto melhor pessoa eles eram, mais eles faziam, porque eles amavam a imortalidade." (*O banquete* 208c-e) Platão mesmo não está endossando, como Diotima está, essa busca obsessiva pelo *kleos*. De fato, ele introduz a citação acima com "Como uma perfeita sofista, ela disse..."

PLATÃO NO GOOGLEPLEX

rio Jordão. O senso que tinham de separação era central para a percepção da individualidade, e isso resultou no comportamento humilde que mantiveram de tal forma que nem mesmo Heródoto — que, sendo um dos primeiros etnógrafos, era fascinado com as várias crenças que floresciam — deu notícia da existência delas. Mas lá estavam, lentamente desenvolvendo uma visão do mundo que acabou por transformar um de seus deuses regionais no maravilhoso Yahweh, transcendência que proporcionava base metafísica tanto para realidade física quanto para a moral, sua vontade incontestável estabelecendo as regras pelas quais deveríamos viver. Esse deus algumas vezes é descrito pelos hebreus como um deus invejoso, mas diferentemente dos deuses gregos, ele jamais admitiu ter inveja de seus devotos, mas somente de "outros deuses". Ele é muito distante para comparações entre ele e humanos até mesmo como entretenimento. Ele habita uma esfera de santificação incompreensível do ponto de vista dos seres humanos, pureza inumana de tal forma estranha que está cheia de perigos mortais. Ele é tão diferente de nós que a própria noção de imagem esculpida é uma afronta a sua singularidade. Até mesmo seu nome traz em si possibilidades aterrorizantes para os seres humanos; leis são criadas para estabelecer quem pode usar seu Nome verdadeiro e sob quais elaboradas circunstâncias preparadas com precauções complexas.[12] De fato, a maneira comum no judaísmo ortodoxo

---

12. Conhecido como Tetragrama, devido às quatro letras hebraicas que o compõem, o nome foi permitido, de acordo com o Mishná (Berachot 9:5), para cumprimentos do dia a dia até, pelo menos, 586 a.C., quando o Primeiro Templo foi destruído. Por fim, sua pronúncia acabou sendo permitida somente para a casta sacerdotal de Kohanim, tradicionalmente reconhecida como descendente de Aarão, irmão de Moisés e primeiro sumo sacerdote, que pronunciariam a palavra em bênçãos públicas às pessoas. Depois da morte de Simeão, o justo, por volta de 300 a.C. (Talmude Babilônico, Tractate Yoma 39b), o nome era pronunciado somente pelo sumo sacerdote no Santo dos Santos no Yom Kippur (Mishná Sotá 7:6; Mishná Tamid 7:2). Os sábios então passavam a pronúncia correta do nome a seus discípulos somente uma vez (alguns dizem que duas vezes), a cada sete anos (Talmude Babilônico, Tractate Kiddushin 71a). Finalmente, com a destruição do Segundo Templo em 70 d.C., o nome não foi mais pronunciado de forma alguma, apesar de no Yom Kippur, quando a liturgia do Templo é lembrada, a congregação e seu líder se curvam pela simples recordação, mas não enunciam a palavra. Uma vez que as vogais são omitidas do Tetragrama, os judeus tradicionais acreditam que a pronúncia correta não é mais conhecida, e que o mais provável é "Jeová" não ser a pronúncia correta. Ainda assim, na casa onde cresci, jamais éramos permitidos dizer que havia uma Testemunha de Jeová na porta; precisávamos nos referir à visita como somente Testemunha, por precaução, tão forte era o poder que se sentia haver na palavra por si só.

À SOMBRA DA ACRÓPOLE

ainda é, para se referir a ele, Ha-Shem, o Nome. Ainda assim, de sua posição de transcendência remota, ele está envolvido em preocupações humanas e tem intenções direcionadas a nós, sua criação, que personifica nada menos que suas razões para ter o trabalho de criar o mundo *ex nihilo*. Ele nos leva (quase) tão a sério quanto nós nos levamos, dessa maneira estabelecendo, para os fiéis, a questão referente ao nosso significado.

Então, lá estavam os gregos (pré-filósofos) dotando sua frágil imortalidade de uma rígida cobertura de significado; e lá estavam os hebreus, levando em consideração um projeto semelhante, mas acabaram com uma abordagem um tanto quanto diferente. Os hebreus ofereceram uma resposta transcendente em termos do que era um deus; os gregos ofereceram uma resposta secular para a possibilidade de aumentar o tempo de vida em termos estritamente humanos; essa resposta grega pré-filosófica foi incorporada em e refinada por uma filosofia secular; e, desde então, a cultura ocidental tem oscilado violentamente entre essas abordagens — a hebraica e a grega.

E esses povos mediterrâneos não foram os únicos provocados por uma perplexidade não totalmente diferente da do meu antigo vizinho. Esse foi o período não somente dos gregos que criaram a filosofia, e dos maiores e menores profetas situados do outro lado do rio Jordão, mas também de Confúcio e de Lao Tzu na China, de Buda e do jainismo, dos Upanixade e dos Bhagavad-Gita na Índia, do zoroastrismo na Pérsia. Pitágoras, Confúcio e Buda foram contemporâneos. Jaspers denomina esse período Era Axial (*Aschenzeit*) porque, ele afirma, desde então todos os pensamentos morais e religiosos giraram em torno dessa era.

> O novo elemento nessa época é que o homem em todo lugar tomou consciência de que era um todo, de si e de seus limites. Ele vivenciou o horror do mundo e seu próprio desamparo. Ele levantou questões radicais, abordou o abismo em sua busca por liberdade e redenção. E, ao conscientemente apreender seus limites, ele estabeleceu para si os mais altos objetivos. Ele vivenciou o absoluto nas profundezas da individualidade e na lucidez da transcendência.[13]

---

13. Karl Jasper, *The Way to Wisdom*. New Haven: Yale University Press, 1954, p. 100. [No Brasil, *Introdução ao pensamento filosófico*, publicado originalmente pela Cultrix, em 1965.]

PLATÃO NO GOOGLEPLEX

Eu explicaria o ponto de vista de Jasper desta maneira: O que surgiu como principal preocupação durante a Era Axial, provocando respostas normativas poderosas, foi a pergunta sobre o que faz a vida humana ter importância — se é que tem importância. A possibilidade de que não importa proporciona a energia psíquica que foi incorporada nessas respostas amplas.

Aqui vai mais uma pergunta carregada de psicologia: Se há valor, ele é distribuído de formas distintas? Alguns de nós têm valor enquanto outros não têm? Essa é uma asserção irritante. Eu poderia tolerar melhor minha vida não ter importância se tivesse certeza de que a vida de todo mundo, no fim das contas, também não tem importância. Mas se houver uma distribuição desigual de valor, aqueles que têm valor nasceram com ele ou ter valor é um estado que deve ser alcançado? E se é para ser alcançado, como fazemos isso?

Algumas dessas questões ainda nos preocupam; portanto, não é muito surpreendente que os pontos de vista normativos que surgiram como respostas para tais preocupações ainda ecoam entre nós. Ter importância é um estado a ser desejado devotadamente. Não temos conhecimento do que somos, muito antes de querermos que aquilo que somos tenha importância. Em um de meus primeiros livros nomeei isso "vontade de ter importância" e também propus algo que nomeei "o mapa de importância" para explicar como o desejo de ter importância funciona entre nós.[14] Tenho tido prazer em ver a ideia do mapa de valor adaptado a vários propósitos explicativos — até mesmo, e para minha alegria, utilizado na economia comportamental para explicar a inadequação do modelo do ator racional.[15] Mas, hoje em dia, estou mais interessada no desejo de ter importância, porque isso expõe tanto a persistência da religião quanto o surgimento, na Grécia antiga, da filosofia secular. O desejo de ter valor é pelo menos tão importante quanto

---

14. *The Mind-Body Problem*, Nova York: Penguin, 1993. Reeditado em e-book por Plymptom.com.
15. Veja, por exemplo, em G. Loewenstein e K. Moene, "On Mattering Maps", in: *Understanding Choice, Explaining Behavior: Essay in Honour of Ole-Jørgen Skog.* Jon Elster, Olav Gjelsvik, Aanund Hylland e Karl Moene (Orgs.), Oslo: Oslo Academic Press, 2006. Reeditado com o título "How Mattering Maps Affect Behavior", *Harvard Business Review*, setembro de 2009.

À SOMBRA DA ACRÓPOLE

o desejo de acreditar, se formos buscar compreender a contínua força dos sistemas normativos que surgiram durante a Era Axial.

Por que preocupações com importância surgiram nesse período da história em grande parte do mundo — desde China, Índia e Pérsia, por todo o Mediterrâneo e Europa adentro? Essa é uma pergunta que vai muito além do escopo deste livro. Tudo o que quero manter aqui é que o *ethos* grego pré-filosófico, do qual surgiram os saberes da filosofia grega e da tragédia grega, é apenas uma peça do mais amplo ativismo existencial da Era Axial.

No entanto, apresentarei algumas ideias recentes que cientistas sociais propuseram como possíveis hipóteses para a atividade normativa da Era Axial. A primeira coisa que alguém pode notar é que as regiões afetadas viram o surgimento de grandes formações sociais, organizadas ao redor de centros urbanos. Esses regimes todos introduziram um nível de anonimato e impessoalidade na vida humana, muito diferente da vida em uma tribo, em que todas as relações eram determinadamente pessoais — frequentemente, quase incestuosas. Com tamanha densidade acerca das relações humanas, reflexões existenciais podem ter ficado sufocadas.[16] Será que esse movimento em direção a regimes mais amplos foi uma cutucada para que se olhasse na direção desse tipo de confusão existencial que eu tive sorte suficiente para testemunhar aquele dia na minha varanda?

Mas, como cientistas sociais também apontaram, o surgimento de regimes mais amplos não pode oferecer, em si, explicação suficiente, já que há regiões que viram grandes sociedades sem esses mesmos desenvolvimentos, por exemplo, o Egito. Alguns cientistas sociais, sobretudo, David Graeber,

---

16. Arqueólogos dizem que a crença no sobrenatural — espíritos animistas da natureza hospedados em animais, vento, árvores, rios, sol, lua — vem há pelo menos 30 mil anos, desde os homens Cro Magnon, de quem as pinturas rupestres, pedindo acesso a lugares tortuosamente inacessíveis, são interpretadas como expressões da crença no sobrenatural. Por qual outro motivo se dariam ao trabalho? Mas estou aqui preocupada com as muito diferentes preocupações que motivaram as respostas normativas da Era Axial. Discuto mais amplamente a relação entre o desejo da relevância e religião em "Feminism, Religion, and Mattering", *Free Inquiry* 34, nº I, dezembro 2013 — janeiro 2014.

PLATÃO NO GOOGLEPLEX

ressaltaram que o período central da Era Axial de Jasper corresponde, quase exatamente, ao período e aos lugares em que a cunhagem se materializou, com o dinheiro supervisionado por governos, que então utilizaram a riqueza em empreendimentos militares que, com frequência, resultaram em aprisionamento de pessoas submetidas posteriormente ao trabalho escravo — muitas vezes enviadas para minas para extrair o metal que viraria moeda. Ele chamou isso: "complexo de escravidão cunhagem-militar". Aqui também as mudanças vão na direção da impessoalidade: "Para entender o que mudou, precisamos olhar novamente para os tipos específicos de mercado que surgiam no início da Era Axial: mercados impessoais, nascidos da guerra, nos quais era possível tratar até mesmo vizinhos como se fossem desconhecidos."[17] Talvez (apesar de isso não ser exatamente a conclusão de Graeber), a introdução de mercados e de dinheiro — gerando uma medida impessoal de importância — tinha intensificado a impessoalidade inerente no surgimento dos regimes amplos, mais uma vez provocando questões existenciais pungentes.

Outra linha de abordagem deriva de dados que revelam que todas as regiões afetadas pela efervescência normativa da Era Axial eram incomumente bem alimentadas:

> Estudos indicam grande aumento na captura de energia (a quantidade de energia que as pessoas extraem do meio ambiente) que ocorreu ao mesmo tempo em três regiões distintas da Eurásia, o rio Amarelo-Yangzi, no vale Ganga e no leste do Mediterrâneo. Ao final do primeiro milênio a.C., essas regiões alcançaram nível de produção (25 mil kcal per capita por dia) que ultrapassou em muito os níveis de sociedades anteriores, que variavam entre 4 mil kcal para sociedades caçadoras e coletoras a 15 mil kcal para estados tais como Egito e Uruk. (...) Isso sugere um cenário experimental em que a disseminação de religiões morais seguiu um grande aumento no padrão de vida de algumas populações da Eurásia.

---

17. David Graeber, *Debt: The First 5,000 Years*. Nova York: Melville House, 2011, p. 238. [No Brasil, *Dívida*, publicado pela editora Três Estrelas em 2016.]

À SOMBRA DA ACRÓPOLE

Qual seria a conexão entre esses dois desenvolvimentos? Estudos empíricos acerca do impacto do desenvolvimento econômico nas preferências individuais, numa variedade de distintos contextos culturais, sugere que prosperidade material permite que pessoas se desapeguem de necessidades materiais (comida, proteção, afiliação).[18]

Em outras palavras, uma vez que o suporte material básico para a vida tenha sido estabelecido, você fica livre para começar a se questionar o que tudo isso significa. Mas, obviamente, essa "captura de energia" elevada ocorreria, presumivelmente, nas áreas em que a urbanização e a condição de cunhagem militar escrava fossem satisfeitas, então é difícil determinar qual é o fator causal significativo. Felizmente, solucionar isso não é problema meu. O que eu quero destacar é simplesmente: o que aconteceu nas cidades-estado gregas foi parte de algo grande, um confronto com dilemas existenciais que envolvia certa abstração da rotina diária, habilidade de se remover suficientemente do centro da própria vida a fim de questionar se sua breve permanência temporária aqui se resume a alguma coisa. Tais reflexões não começam necessariamente no plano de sofisticação e transcendência moral e espiritual. Seria surpreendente se começassem. É mais provável que comecem com perguntas enfáticas expressas em primeira pessoa com emoção: *Eu* tenho importância? Tantas pessoas vieram antes de mim e não há nenhum registro da existência dessas pessoas. Por que eu não deveria presumir que a mesma coisa vai acontecer comigo? Mas isso faz da morte, que já é uma proposição terrível, infinitamente pior. A aniquilação causada pela morte é tão completa que parece espalhar terror para a vida, até mesmo enquanto ela é vivida. Esses são pensamentos poderosamente perturbadores e respostas poderosas surgiram. Zoroastrismo, confucionismo, taoismo, budismo, jainismo, monoteísmo hebraico: todas tiveram, e ainda têm, amplo apelo porque essa forte questão pessoal estava sendo levantada, e ainda está, por um vasto número de gente, talvez todos com a barriga cheia e segurança e tempo livre para pensar e agonizar.

A filosofia grega está sempre incluída entre esses grandes paradigmas normativos da Era Axial. Mas também deveria estar incluído o *ethos* grego homérico

---

18. Nicolas Baumard e Pascal Boyer, "Explaining Moral Religions", *Trends in Cognitive Sciences* 17, n° 6, 2013, pp. 172-180.

PLATÃO NO GOOGLEPLEX

que foi precursor da filosofia grega. Como as abordagens que hoje denominamos religiosas ou espirituais, o *Ethos* do Extraordinário surgiu de um confronto com a brevidade e a impermanência da vida humana. De nada adianta negar ou mitigar essas condições. O único consolo que oferece é, em si, breve e impermanente. *Kleos*. O que é mais surpreendente sobre isso é a clareza de sua *não* transcendência. Aceita a indiferença geral do Cosmo e seja qual for o consolo que tiver para oferecer ele é dado em termos estritamente humanos: faça algo maravilhoso para ter o elogio dos outros, cuja existência é tão breve e impermanente quanto a sua. Isso é o melhor que podemos fazer para estender a vida:

E duas coisas apenas
atendem ao momento mais doce da vida: quando no auge da riqueza
uma pessoa aproveita ambos o triunfo e a boa fama.
Não ambicione ser Zeus.

Tudo é seu

se a atribuição desses dois dons
tiver sido destinada a você.

Pensamentos mortais

são próprios de um homem mortal.[19]

Isso é de uma das odes epinícias de Píndaro, o maior dos poetas líricos gregos. Píndaro nasceu no século VI a.C. e seus poemas são vistos como luzes que iluminam os valores que existiam na transição da era arcaica para a clássica. As odes epinícias eram compostas para honrar as vitórias alcançadas nos jogos pan-helênicos — os Ístimicos, os Nemeus, os Píticos e, claro, os Olímpicos — e eles estão repletos de expressões do *Ethos* do Extraordinário. (A palavra epinícia origina de *epi*, sobre, e *nikê*, vitória. Tenho uma amiga grega-americana que deu o nome "Nike" a sua filha e, frequentemente perguntam a ela porque escolheu dar nome de marca de tênis a sua filha.) O maior poeta lírico de seus dias não desdenhou ter sua poesia imortal jogada aos pés de um arremessador de disco gemendo ou de um lutador musculoso. Por que deveria, se atingir o

---

19. Minha tradução da tradução para o inglês de Frank J. Nisetich de: Píndaro, "Ístmica V", dedicada a Filácides de Egina, pancrácio, 478? a.C, versos 7 a 12, de *Pindar's Victory Songs*, Baltimore: Johns Hopkins University Press, 1980. (*N. da T.*)

À SOMBRA DA ACRÓPOLE

auge nesses jogos era mostrar posição de destaque? Pouco importa se atingir uma vida digna de *kleos* expõe essa vida a mais perigos que uma vida ordinária:

> Grandes perigos
> não caem sobre
> homens fracos e ainda assim, se devemos morrer,
> por que nos encolher nas sombras, acariciando a gentil
> velhice, sem nobreza, para nada ter em troca?[20]

As odes são fascinantes para os pensamentos obscuros e intimações da morte que constantemente se coroam com os louros:

> Mas ele que alcançou um novo sucesso
> > deleita-se na luz,
> > eleva-se de esperança a esperança.
> > Seus atos de bravura
> Deixem-no sentir o ritmo do ar,
> > enquanto concebe
> seus planos mais doces para ele que a riqueza.
> Mas o deleite dos mortais
> floresce,
> então cai por terra,
> mexido por uma mera
> > mudança de pensamentos.
> Criaturas do dia!
> O que é alguém?
> > O que é ninguém?
> Homem: um sonho nas sombras.
> > Mas quando a glória oferecida por deus chega
> Uma luz brilha sobre nós e nossa vida fica doce.[21]

---

20. Minha tradução de: Píndaro, "Olímpica I", dedicada a Hierão de Siracusa, corrida para um único cavalo, 476 a.C., versos 81-85, in: *Pindar's Victory Songs*. Tradução do grego de Frank J. Nisetich, p. 84. (*N. da T.*)

21. Minha tradução de: Píndaro, "Pítica 8", para Aristômene de Egina, vencedor na luta, 446 a.C., versos 88-96, in: *Pindar's Victory Songs*. Tradução do grego de Frank J. Nisetich, p. 205. (*N. da T.*)

PLATÃO NO GOOGLEPLEX

Apesar de os deuses serem incessantemente mencionados, esse *ethos* apresenta uma vida que vale a pena ser vivida, em termos relacionados muito mais ao mundo dos homens. O que se deseja *não* é a atenção dos imortais, mas a atenção de companheiros mortais. Os deuses se destacam nesse contexto porque eles promovem ou previnem esse bem, ou seja, alcançar o que traz fama, mas o bem em si não é determinado tendo os deuses como parâmetro. O bem pertence ao mundo dos mortais, é ao que eles prestam atenção e para o que buscam aclamação.

De fato, como a maioria dos contos de deuses relata — desde a *Ilíada* — é bem melhor *não* atrair a atenção dos imortais, já que na maior parte das vezes acaba em desastre. *Prometeu acorrentado* de Ésquilo é uma longa meditação sobre como é indesejável atrair a atenção dos deuses. A peça começa com uma demonstração do quão pequeno o ser humano é para Zeus. Ele nos despreza tanto que castiga terrivelmente o Titã Prometeu por causa do amor que este demonstrou ter pelas criaturas efêmeras ao dar-lhes o dom do fogo e da esperança. Sem esses dois presentes a raça humana teria perecido, o que era o desejo genocida de Zeus. Em retribuição, o oportunista tirano — "tirano" é uma palavra frequentemente utilizada para descrever Zeus — armou para que Prometeu fosse acorrentado a um penhasco assustadoramente inacessível, com uma águia mergulhando no ar para lidar com seu fígado como se fosse *foie gras*. Então, a jovem amargurada Io entra em cena, divagando, em meio ao próprio tormento. Ela não consegue descansar e não só é levada ao redor do mundo como também à loucura, atormentada por um enxame de insetos que picam. Essa pobre criança não fez nada para merecer a agonia a não ser por ter sido tão adorável a ponto de provocar o estupro por Zeus; então, a ciumenta esposa dele, Hera, satisfaz seu desejo de vingança na garota.

O Coro de Oceânides, ao fazer uma visita de condolências ao Titã, diz isto:

Para mim, quando amor é racional, o medo está distante
Que nenhum dos deuses que são maiores
Possam me ver com seu olhar inesquivável,
Porque nessa guerra a vitória é difícil
E dessa fartura vem o vazio.

À SOMBRA DA ACRÓPOLE

Em outras palavras, a última coisa que qualquer mortal precisa é a atenção de um deus.

Em momento algum eu sugeriria que a religião grega não era uma presença opressivamente importante por todas as cidades-estados. Religião se apresentava de várias formas, tanto pública quanto secretamente; tanto pan-helênica quanto específica de *poleis* individuais. E assim como tudo o mais que está relacionado com os gregos, a questão de sua prática religiosa é tanto complicada quanto controversa; ela ainda mantém acadêmicos ocupados. Repito, nenhuma dessas complexidades e controvérsias cabem a mim explicar. Tudo o que quero afirmar é que, seja lá qual foi a função psicológica, intelectual, social e política da religião grega — e serviu todas essas —, ela não abordou de maneira profunda as preocupações existenciais da Era Axial. É por isso que o que sobrevive para nós vindo dos gregos antigos não é a religião politeísta deles. Não existe uma multidão de pessoas que reverencie Zeus, Apolo ou Atena, como há as que reverenciam Jeová ou procuram sentido para a vida nos ensinamentos de Buda, de Confúcio ou de Lao Tzu. O que fica para nós dos gregos é o que seus pensadores fizeram da abordagem secular para os dilemas existenciais, uma abordagem que estava pré-filosoficamente implícita no *Ethos* do Extraordinário. A religião grega propriamente dita não serviu ao desejo de ter importância, a não ser até o ponto de ajudar a fortalecer a identidade comunitária dentro da *polis*, considerando tanto sua religião pública quanto seus ritos misteriosos.

Existe um abismo que separa a concepção de uma vida que vale a pena ser vivida, centrada no *kleos* da visão de Platão sobre o que é uma vida racional, apesar de ambos os tipos requererem enorme empenho. (O extraordinário não vem com facilidade, a menos que seja beleza física, que, sendo uma forma do extraordinário, tinha grande importância para os gregos.)[22]

---

22. Os únicos dois personagens ditos semelhantes a um deus são Aquiles e Helena, ambos impressionam pela beleza, apesar de que Aquiles também impressionava por outras características. Helena recebe seu status divino puramente pela virtuosidade de sua beleza, já que era o suficiente para seu nome permanecer vivo para sempre. Há uma cena pungente na *Ilíada*: Quando Helena diz a Heitor, o maior dos heróis troianos que está prestes a perder a vida por causa da beleza trágica de Helena, parece que eles estão vivendo uma história para gerações ainda por vir, "portanto, por gerações viveremos na música" (*Ilíada* 6:358). Ela diz isso com pesar, já que há miséria a ser vivida e isso nunca é prazeroso, mas também com senso de realização. Ela não passará a ser nada, desde que viva na música e na memória. *Arète* medida a partir do *kleos* jamais deve ser comparada a felicidade.

PLATÃO NO GOOGLEPLEX

Para Platão, o tipo de empenho exigido para se obter a melhor das vidas é a própria filosofia. É à luz da filosofia que uma pessoa deve se refazer. É à luz da verdade, arduamente obtida, que o ser interior de uma pessoa é transformado e a verdadeira *aretē* adquirida, e o *kleos*, proferido pelas multidões, com veemência posto de lado, como irrelevante.

Aretē é uma palavra importante na história da filosofia, desde que, com as modificações propostas por Sócrates e Platão, ela se aproximou do significado que damos à palavra "virtude", que é a palavra que Benjamim Jowett substituiu por *aretē* ao longo de suas famosas traduções dos diálogos de Platão. O filósofo Alexander Nehamas, ele mesmo um excelente tradutor, discretamente chama a atenção de Jowett para a maneira como ele aborda o termo, ressaltando que "virtude" não consegue abarcar todas as nuances da palavra *aretē*. Afinal de contas, a palavra não se aplica apenas a pessoas e suas ações, mas também a coisas, como cavalos e facas. Alguém consegue falar das virtudes de uma tesoura de picotar? Nehamas também ressalta o aspecto social da palavra *aretē*: A resposta do ciclo social de uma pessoa é parte do próprio significado do termo.

> Na minha opinião, não poderíamos fazer melhor do que pensar nela [*aretē*] como aquela qualidade ou conjunto de qualidades que faz alguma característica se destacar dentro do grupo ao qual pertence. *Aretē* é a característica que faz algo ser *justificadamente notável*. Ambas as sugestões, que se resumem na mesma coisa, envolvem três elementos: a estrutura interna e qualidade das coisas, a reputação delas e o público que irá apreciá-las. E é assim que deveria ser. Desde tempos remotos, a ideia de *aretē* era intrinsecamente social, algumas vezes quase equivalente à fama (*kleos*). Essa dimensão do termo está clara nas epopeias de Homero, mas também esteve viva no período clássico.[23]

Nosso termo "distinto" está um pouco mais próximo da palavra *aretē*. Quando dizemos que, por exemplo, uma filósofa é distinta, não estamos afirmando apenas que ela é reconhecida por onde vai, mas sim que ela

---

23. Nehamas, Alexander, *The Art of Living: Socratic Reflextions from Plato to Foucault*. Berkeley: University of California Press, 2000, p. 78.

À SOMBRA DA ACRÓPOLE

ocupa um lugar entre ambos — que ela é reconhecida por onde anda e que tem valor; e até mesmo que ela é reconhecida *porque* tem valor. No caso de *aretē*, a direção para onde aponta o *porque* pode ser ainda mais vaga, de tal forma que pode parecer que alguém seja reconhecido como tendo valor *porque* é reconhecido. O reconhecimento não é apenas uma medida da valorização, mas a própria valorização. (A analogia contemporânea está nas pessoas que enxergam celebridades como fim em si mesmas.) Mas, de todo jeito, o aspecto social, como afirma Nehamas, é um elemento intrínseco à noção.

É esse aspecto social de *aretē* que tanto Sócrates (é quase certo que sim) quanto Platão (é certo que sim) diziam ter se afastado da noção. Para o Sócrates de Platão, não havia contradição alguma em dizer que alguém tem *aretē*, mesmo que não seja reconhecido nem apreciado. A consagração de outros é irrelevante. Portanto, por exemplo, Sócrates diz na *Apologia de Sócrates* que a cidade não lhe fará mal algum, ainda que a desaprovação deles seja grande a ponto de sentenciá-lo à morte, que foi exatamente o que fizeram. Eles poderiam privá-lo do que faz uma pessoa ser verdadeiramente valorizada, o tipo de destaque que ele recebeu pela qualidade da vida que levou, ainda que seus compatriotas tenham condenado aquela vida como uma que vale ser morrida. Platão faz Sócrates repetir tais afirmativas ao longo dos diálogos, afirmações acerca da independência do *kleos* em relação a *aretē*. Esta é a maneira como isso é abordado em *Górgias*:

> E ainda penso melhor, meu bom amigo, que minha lira deveria ser dissonante e fora do tom, assim como qualquer coro que eu venha reger, e que grande parte da humanidade deveria discordar de mim e se opor a mim, em vez de eu, nada mais que um homem apenas, deveria estar fora do tom e contradizer a mim mesmo (482c).

Aretē, em outras palavras, não tem nada a ver com *kleos*; o tipo de distinção a ser alcançada não tem nada a ver com ser considerado distinto.

Houve alguns precedentes filosóficos para o desvio filosófico de Sócrates e Platão de conceitos mais genéricos de distinção, apesar de não significarem

PLATÃO NO GOOGLEPLEX

que *kleos* era rejeitado como medida de distinção, mas, sim, como protesto a favor de que filósofos deveriam estar mais em harmonia quanto ao *kleos*, como reclamou Xenófanes, no século VI.

Se um homem tivesse que conquistar sua vitória por sua velocidade nos pés
    ou praticando o pentatlo, lá no recinto de Zeus
próximo ao riacho de Pisa, em Olímpia, ou lutando
    ou aguentando golpes de boxe
ou aquela terrível competição que chamam pancrácio,
    ele seria, nesse caso, mais glorioso para seus
    compatriotas admirarem,
e ele seria merecedor do direito de se sentar na primeira fileira,
    nas assembleias,
    e a ele seria dado alimento à custa da cidade
e um presente que iria ser, para ele, como relíquia de família —
    até mesmo se vencesse a corrida de carruagem, todas essas
    coisas chegariam a ele,
apesar de que ele não seria igual a mim em valor; pois superior
    à força do homem e dos cavalos está a habilidade que *eu*
    asseguro.
Mas o pensamento nesse ponto é bastante aleatório e não está certo dar
    preferência à força em detrimento da habilidade prestativa.
Porque nem se as pessoas tivessem um bom boxeador entre elas, nem
    um homem bom em pentatlo ou luta, nem, ainda, em corrida,
    que é a mais honrável de todas as façanhas que requerem
    força e que homens praticam em competições,
não por essa razão seriam as cidades mais bem governadas.
    É pequena a alegria que a cidade teria vinda de tal homem
se for para ele ser vitorioso nos jogos às margens de Pisa,
porque não é dessa forma que os depósitos da cidade engordam.[24]

*

---

24. Minha tradução de: Xenófanes. Fragmento 2. Tradução em inglês retirada da obra de Andrew M. Miller, *Greek Lyric: An Anthology in Translation*. Indianapolis: Hackett, 1996, pp. 108-109. O original em grego é um dístico elegíaco. (*N. da T.*)

À SOMBRA DA ACRÓPOLE

No entanto, o desvio socrático/platônico do uso mais comum da palavra *aretē* é muito mais radical do que a maneira como Xenófanes a utilizaria. Ela implica uma grande revisão do *ethos* normativo dominante — tão radical que Sócrates poderia, sem equívocos, ser considerado herege em relação aos valores sociais. Seu uso da palavra *aretē* a posiciona dentro do espectro que chamaríamos ético. Vários escritores antes de Sócrates usaram a palavra e o vocabulário associado a ela em contextos éticos, mas Sócrates foi provavelmente o primeiro a associar *aretē* com o que é — em termos de natureza moral ou características morais de uma pessoa — análoga à saúde do corpo daquela pessoa. Uma pessoa não precisa ser vista como saudável para ser saudável, e o mesmo ocorre com a *aretē* de Platão e Sócrates. No mito do Anel de Giges, apresentado em *A república*, Platão argumenta que até mesmo se uma pessoa conseguisse se dar bem de qualquer maneira com uma ação ruim enquanto se mantém com boa reputação devido ao anel mágico que a torna invisível, ela, ainda assim, não deveria fazer quaisquer dessas coisas terríveis, já que ao destruir a *aretē* dele, o homem se destruirá. *Aretē*, portanto, é totalmente independente de reconhecimento social. E em *Górgias*, Sócrates é representado afirmando algo tão radical que seus ouvintes pensam que aquilo só pode ser piada. Ele preferiria, diz ele, ser tratado injustamente a tratar os outros injustamente (469c). Mas se *aretē* é concebido analogamente à saúde do corpo, então a afirmação de Sócrates dificilmente pode ser encarada como absurda. A injustiça que cometemos nos envolve muito mais intimamente que a injustiça que sofremos. Eu não ajo somente conforme meu caráter; meu caráter reage às minhas ações. A cada vez que minto, por exemplo, ainda que não seja pega na mentira, eu me torno um pouco mais dessa coisa horrenda: uma mentirosa. O caráter está sempre no fazer, com cada uma das ações moralmente acobertadas, sejam elas certas ou erradas, afetando o caráter, a pessoa que somos. Você se torna a pessoa que poderia cometer tal ação e como você é conhecido no mundo é irrelevante para seu ser. (*O retrato de Dorian Gray é um livro bastante platônico* — a não ser pelo fato de que o amor de Dorian pela beleza deve ter induzido em sua feiura caracterológica um sentimento tal de asco capaz de obstruir suas ações imorais. Esta é a grande esperança de Platão: que o amor pela beleza possa, quando cultivado e educado corretamente, lutar contra a imoralidade.)

Esse caminho socrático/platônico que a partir de noções de *aretē* centradas no *kleos*, levando consigo uma teoria moral sofisticada, sinaliza um limite para o controle que outros — uma *polis* inteira de outros — conseguem exercer sobre seu senso de o que é sua vida e o que ela significa. Não foi à toa que 501 jurados foram convencidos de que Sócrates era uma real ameaça aos valores deles. Ele de fato estava convencido disso ao dizer que nada do que eles pudessem fazer contra ele poderia prejudicá-lo, então, foi resoluto ao deixar de lado o aspecto social da noção deles do que vem a ser excelência humana.

Mas antes de seguirmos adiante com a maneira com que Sócrates e Platão se afastaram de sua versão baseada no *kleos* do *Ethos* do Extraordinário da sociedade, vamos levar em consideração aquela degenerada versão um pouco mais, simplesmente para apreciarmos como Sócrates e Platão partiram dela.

A primeira pergunta — que leva a uma série de outras questões — é por que os gregos desenvolveram um *ethos* de tal forma exigente, que impingiu neles o requisito *quase paradoxal* de tornar-se habitualmente extraordinário. Afinal, não há maneiras mais fáceis de assegurar que alguém possa conquistar a relevância? Eles não poderiam ter criado uma religião — ou adaptado a que já tinham — de tal maneira que atendesse às demandas que pipocavam com ferocidade na Era Axial? No entanto, a religião deles, ainda que fosse importante em outros aspectos (especialmente no quesito oferecer senso de identidade, pan-helênica tanto como gregos quanto como cidadãos de *poleis* individuais), permaneceu, no que diz respeito às questões existenciais, inerte. Talvez (e aqui vai uma forte especulação) tenha sido o próprio *Ethos* do Extraordinário a inibir o crescimento de uma religião mais sofisticada. As questões existenciais deles derivavam de um aspecto diferente da cultura.

Há uma contingência histórica que parece relevante. Os gregos da Idade do Ferro, quando as histórias homéricas foram criadas, viveram entre ruínas de uma assustadora sociedade superior, as micênicas civilizações palacianas da Idade do Bronze. Os gregos da Idade do Bronze são os protagonistas

À SOMBRA DA ACRÓPOLE

heroicos das histórias homéricas. Foram eles, os predecessores, que viajaram para Troia para resgatar a rainha micênica, Helena, levada por Páris. (E isso como resultado de algum comportamento tipicamente irresponsável que partiu dos imortais olímpicos. Ah, esses deuses!) A civilização da Idade do Bronze — riquíssima, culta e letrada (usavam a escrita Linear B)[25] — foi misteriosamente destruída, e as histórias homéricas foram criadas durante o período de regresso e caos que se seguiu. As histórias homéricas que representaram uma parte significativa do *to hellēnikon*, ou helenicidade, foram criadas em um momento que representou um passo gigantesco para trás, a partir do que já se havia conquistado; e foi um tempo que se viu nesses termos inferiores, que justifica o fato de sua atenção estar fixada no passado heroico. A calamidade — ou melhor, a sequência de calamidades — que destruiu a economia palaciana, lançando o mundo grego na escuridão e destruindo, juntos, estabilidade e conhecimento da escrita, concedeu-nos algumas evidências do que realmente ocorreu com a poderosa civilização micênica, que havia estabelecido comércio ao longo do Mediterrâneo.[26] Sua arquitetura era tão formidável que os povos que andavam por entre as ruínas a chamaram "ciclópica" — como meros seres humanos poderiam ter construído edificações sem a participação dos gigantes de um olho só? A engenharia utilizada nos extraordinários túmulos de poço da realeza — eles eram construídos em forma de colmeias —, que, originalmente, guardavam maravilhosos objetos decorados em ouro, ainda hoje nos faz ficar boquiabertos, maravilhados, algo que eu posso confirmar por ter recentemente ficado boquiaberta, maravilhada. O lintel sobre a entrada da tumba conhecida como Tesouro de Atreu, e algumas vezes Tumba de Agamenon (por erro

---

25. A maioria das tábuas inscritas em Linear B foram encontradas em Cnossos, Tebas, Micenas, Pilos e Cidônia. A escrita existente é quase exclusivamente dedicada a questões administrativas ligadas aos palácios. Já foi levantada a hipótese de que a escrita é toda resultado do trabalho de uma pequena associação de escribas profissionais que eram empregados dos palácios e que, quando os palácios foram destruídos, o letramento também foi destruído. Linear A é uma escrita anterior utilizada pela civilização minoica. Apesar de haver uma clara ligação entre Linear A e Linear B — sendo Linear B, um silabário, era mais avançado porque utilizava menos símbolos —, Linear A ainda não foi decifrada.

26. Sua cerâmica e seus pequenos frascos de azeite perfumado foram encontrados no Egito, Mesopotâmia e no extremo oeste da Sicília.

PLATÃO NO GOOGLEPLEX

de identificação de Heinrich Schliemann), em Micenas, pesa 120 toneladas. Não é de admirar que o povo, relativamente primitivo, do período que se sucedeu ficasse admirado pelas ruínas, frequentemente com inscrições que não conseguiam ler, e criasse histórias de heróis que superaram qualquer coisa que eles jamais poderiam conhecer, histórias que maravilhavam pelas possíveis formas extraordinárias de vida humana — possíveis em algum tempo, mesmo que não no deles. Eles viviam entre as assustadoras evidências físicas dessa possível superioridade.

Há uma espécie de paralelo discutido por Stephen Greenblatt em *A virada. O nascimento do mundo moderno.*[27] Os humanistas que semearam a Renascença na Europa — principalmente Petrarca (1304-1374), acompanhado por seus contemporâneos Giovanni Boccaccio (1313-1374) e Coluccio Salutati (1331-1406) — estavam conscientes de que viviam em tempos ofuscados por um glorioso passado cujas ruínas os cercavam e cujos pensamentos e maneira de viver eles ansiavam por repetir, o que os levou à busca obsessiva por escritos antigos perdidos.

A urgência dessa busca reflete o reconhecimento intrínseco de que não havia nada óbvio ou inevitável sobre a tentativa de recuperar ou imitar a linguagem, os objetos e conquistas culturais desse passado tão distante. Era algo estranho a se fazer, bem mais estranho que continuar a viver a vida ordinária, familiar que homens e mulheres haviam vivido por séculos, fazendo-os ficar mais ou menos confortáveis em meio às esmigalhadas e mudas ruínas da antiguidade. Essas ruínas eram visíveis em todo lugar, na Itália e por toda a Europa: pontes e estradas ainda em uso após milênios, paredes e arcos quebrados de ruínas de salas de banho e mercados, colunas de templos incorporadas a igrejas, antigas pedras inscritas usadas como material de construção, estátuas fraturadas e vasos quebrados. No entanto, a grande civilização que deixou esses traços fora destruída.

Aliado à admiração deslumbrada pelo passado estava um sentimento agudo de presente sem mérito: "Em relação ao próprio presente, tempo em que

---

27. *The Swerve: How the World Became Modern*, Nova York: W. W. Norton & Company, 2011.

À SOMBRA DA ACRÓPOLE

ele fora forçado a viver, Petrarca expressou desprezo sem limites. Ele viveu em um tempo sórdido, reclamou, um tempo de vulgaridade, ignorância e trivialidade que rapidamente se apagaria da memória humana." O zelo pelas conquistas de ancestrais foi convertido em ambição igualmente zelosa. "A fim de provar seu mérito, Petrarca e Salutati insistiram, toda a iniciativa humanista não deveria meramente imitar o estilo clássico, mas sim servir a um fim mais ético. Para tanto, deveria viver plena e intensamente no presente."[28] Salutati, que concentrava suas aspirações em ambições voltadas para sua amada Cidade-Estado de Florença, escreveu: "Sempre acreditei que deveria imitar a antiguidade não apenas para reproduzi-la, mas para produzir algo novo." O ideal de "homem renascentista", com suas realizações isotrópicas atiradas em todas as direções como os raios de luz solar, resume o tipo de ambição que pode ser gerada quando é o senso de uma grandeza antecessora que estabelece os parâmetros.

A visão normativa homérica, o ideal representado por um jovem que escolheu uma vida curta mas digna de ser cantada, foi uma era que julgou a própria insignificância a partir de um glorioso passado. Seus exemplares heroicos da humanidade devem ter vivido, naquele longínquo e lendário tempo, intimamente ligados aos habitantes do monte Olimpo — por vezes tão íntimos que formavam casais ou eram o rebento desses casais. A distância em relação aos deuses não era estendida, mas sim a distância em relação aos mortais que desapareceram da Terra. Os micênicos que haviam construído as pontes e estradas, os exuberantes palácios e as tumbas de tesouro com brilhante engenharia e que deixaram pedras com inscrições ininteligíveis representavam a concretização do que os seres humanos podiam fazer a fim de parecerem mais próximos dos deuses que daquele tipo de homem que vivia um tempo de vulgaridade e ignorância, destinado a se perder na memória humana. Esses poemas épicos criados no período pré--histórico — até recentemente denominado Idade das Trevas Grega — foram

---

28. Minha tradução das citações retiradas pela autora das páginas 117-119 e 124 de: Stephen Greenblatt, *The Swerve: How the World Became Modern*. Nova York: W. W. Norton & Company, 2011. No Brasil, o livro foi traduzido por Caetano Galindo — *A virada. O nascimento do mundo moderno*. São Paulo: Companhia das Letras, 2012. (*N. da T.*)

PLATÃO NO GOOGLEPLEX

cantados por trovadores e aperfeiçoados ao longo dos séculos de aliteracia, com determinadas frases polidas para se tornarem expressões exemplares — ou como os linguistas as denominam "colocações" — para ajudar tanto na memorização quanto com as restrições do hexâmetro dactílico. Esses trovadores eram conhecidos como rapsodos, aqueles que amarravam cantos — os trabalhos concluídos que hoje conhecemos como *Ilíada* e *Odisseia* provavelmente foram amarrados em sua forma final ambos pela mesma pessoa, a quem chamamos Homero, e que, se é que ele realmente existiu — tudo o que se diz sobre os tempos pré-históricos é questionável — viveu em algum momento entre os anos de 750 e 700 a.C. A *Ilíada* e a *Odisseia* podem ser encaradas como algo do tipo wiki-épico, com a contribuição de vários autores anônimos. (Um ardente debate desde, pelo menos, o século I d.C., gira em torno da possibilidade de Homero, levando em consideração que ele existiu, ser iletrado).[29]

Em poucos séculos, os gregos foram de anomia e aliteracia — sem terem nem mesmo um alfabeto — à explosiva efusão de criatividade que iria estabelecer os parâmetros para os romanos e, portanto, para os humanistas sobre quem Greenblatt escreveu. As histórias homéricas eram parte integrante do *to hellēnikon* que unia todas as *poleis*. No entanto, enquanto antes cantaram sobre esses heróis de uma era remota e superior que acabou para sempre, agora poderia se imaginar os próprios avatares do heroico. Como aconteceria mais uma vez com os humanistas do início da Renascença, a admiração do passado era convertida em ambição para o presente, o *Ethos*

---

29. O historiador judeu das guerras romano-judaicas conhecido como Josefo argumentou, com base na premissa acerca do analfabetismo de Homero, que os gregos não eram tão antigos, uma vez que bem recentemente adquiriram a escrita. "No entanto, não há uma escrita genuína entre os gregos que eles concordem ser mais antiga do que os poemas de Homero, que se deve honestamente confessar ser mais tardio que o cerco de Troia; ademais, relata-se que ele nem mesmo deixou seus poemas escritos, mas que a memória deles foi preservada em música, e mais tarde eles foram reunidos e é por isso que se encontra neles tanta variação" (*Against Apion*, 1.2.12), disponível em: <http://www.gutenberg.org/files/2849/2849-h/2849-h.htm>. O debate segue ainda intenso nos dias de hoje, com muita tinta gasta sobre um verso da *Ilíada* de Homero que pode, ou não, se referir à escrita (*Ilíada*, 6.168-169). Mas, obviamente, o fato de Homero saber *sobre* escrita não significa que ele ou quaisquer dos trovadores da Idade de Ferro soubesse *como* escrever. Para uma demonstração das paixões contemporâneas provocadas por essa questão, veja "Homer's Literacy", por Joseph Russo, em resposta a Hugh Lloyd-Jones, in: *New York Review of Books,* 5 de março de 1992.

À SOMBRA DA ACRÓPOLE

do Extraordinário reconfigurando o olhar para o passado com admiração pelo ancestral a normas de ação. Essa conversa era talvez em parte amarrada à enorme mudança que a estabilidade que ressurgia trouxera, ao longo dos séculos VIII e VII a.c., enquanto as cidades-estado emergiam da anomia dos séculos precedentes e o letramento retornou.[30] Séculos de cantos sobre heróis haviam preparado o caminho para um *ethos* que celebrava as extraordinárias possibilidades que a vida humana pode alcançar. Os povos falantes da língua grega surgiram dentro do período histórico preparados para evoluir e ser uma sociedade de ambição e inquietação sem precedentes. Não somente reis podiam desejar histórias inspiradoras de maravilhosas façanhas; esse desejo — quiçá sua realização — era direito natural de todas as pessoas que citavam Homero. Os heróis da era anterior já não serviam para conter o grego, mas sim para inspirá-lo a assumir, ele mesmo, proporções heroicas. (E espero que Platão perdoe meu pronome masculino aqui. Um dos mistérios do *Ethos* do Extraordinário Grego — e que ainda persiste — era a enorme lacuna entre os modelos de mulher, mortais ou imortais, retratadas nas epopeias e nas dramaturgias, e as possibilidades que a mulher tinha de conquistar uma vida extraordinária. Platão se dedicava a fechar essa lacuna. Veja seu debate em *A república*, 451c-457b/c, que termina com as palavras "guardiães homens e mulheres devem compartilhar por completo sua maneira de viver e... nosso argumento é consistente ao afirmar que isso é tanto possível quanto benéfico".)

Ainda assim, como pode tal mudança alcançar os gregos do período histórico? Como partiram de uma mitologia que se posicionava em admiração passiva diante das possibilidades de grandeza humana para assumir ativamente essas possibilidades para eles mesmos? Deve ter sido, em grande parte, gradual, assim como todo processo dessa espécie é; mas se for para alguém destacar um evento histórico como relevante, a escolha é óbvia.

---

30. Recuperou-se o letramento com a importação de um alfabeto semítico por meio dos fenícios, que os gregos adaptaram para a própria língua, usando os signos para sons que não tinham para indicar as vogais, para as quais os fenícios não tinham símbolos. Ao adaptarem esse alfabeto importado para suas necessidades, os gregos criaram um sistema de escrita para o qual havia correspondência de um para um de som e símbolo — e foram os primeiros a fazer isso. Letramento, no entanto, continuou privilégio da aristocracia.

PLATÃO NO GOOGLEPLEX

Nenhuma experiência foi capaz de transformar a percepção que os gregos tinham deles mesmos quanto a inesperada derrota dos persas. Ao vencerem forças muito superiores desse império mundial, os gregos deram a seus poetas algo contemporâneo para cantarem. Heródoto inicia suas histórias — o que quer dizer: a prática da história em si mesma — com estas palavras: "Essas são as pesquisas de Heródoto de Halicarnaso, que ele publicou para proteger da decadência o que o homem havia feito, e para evitar que as grandes e maravilhosas ações dos gregos e dos bárbaros perdessem sua merecida recompensa pela glória." As guerras greco-persas ajudaram a transformar o *Ethos* do Extraordinário de memória mitológica em um modelo normativo funcional. Aristóteles, ao escrever sua obra *A política*, pelo menos um século após a guerra, observou o efeito que o triunfo sobre as forças reunidas dos persas teve na autoestima dos gregos, transbordando na vida o pensamento que era sua principal preocupação. "Orgulhosos de suas conquistas, os homens foram ainda mais longe depois das guerras persas; tomaram todo o conhecimento de sua província e procuraram ainda mais abrangentes estudos." (*A política* I.341)

Em nenhum outro lugar esse orgulho e essa ida mais longe foi mais assertiva do que na Atenas do século V, vivendo seus dias no esplendor da acrópole. O senso de excepcionalidade ateniense acrescentou uma dimensão política ao *Ethos* do Extraordinário. A excepcionalidade ateniense permitiu que o extraordinário se espalhasse ao redor, distribuído entre todos os cidadãos, solucionando o paradoxo central que o *ethos* apresentou em seu desiderato de que todo mundo deve alcançar uma vida excepcional — reminiscências da cidade fictícia de Lake Wobegon como um lugar "onde todas as crianças são acima da média".[31] Todos os cidadãos atenienses, pelo simples fato de serem cidadãos atenienses, podiam ficar tranquilos: eram acima da média. Essa excepcionalidade garantiu aos cidadãos um tipo de extraordinariedade

---

31. Lake Wobegon é uma cidade fictícia no estado norte-americano de Minnesota, criada pelo radialista Garrison Keillor com o mote: "Lugar onde todas as mulheres são fortes, os homens são bonitos e as crianças são acima da média." A descrição dessa cidade, apesar de piada, serviu para enunciar um princípio psicológico hoje conhecido como "efeito Lake Wobegon", apresentado como autoengano ou tendência natural a se superestimar, também entendido como um viés egocêntrico. (*N. da T.*)

À SOMBRA DA ACRÓPOLE

participativa. A incomparável forma de governo, a democracia, a qual evoluiu gradativamente, deu a cada cidadão ateniense um grau de participação extraordinário na formação da política. Várias decisões importantes — por exemplo, participar ou não de uma guerra e quem enviar como general — eram votadas por todos os cidadãos. Outras decisões eram tomadas pelo Conselho dos 500, que também era composto por cidadãos comuns, escolhidos por meio de sorteio e serviam durante um ano; cada um dos dez grupos artificialmente criados era composto por cinquenta membros.[32] Portanto, se Atenas era incomparavelmente grandiosa, isso era uma singularidade que todos os cidadãos poderiam individualmente reclamar para si. Em sua obra *Histórias*, há uma passagem extraordinária em que Heródoto de Halicarnasso adota a mesma autovisão dos atenienses, irrompendo em um hino de glorificação pela especial liberdade que os cidadãos conquistaram com sua democracia, e creditando isso a eles como os primeiros entre os gregos.[33]

E se a massa de cidadãos (em outras circunstâncias, ordinária) não intuísse essa extraordinária participação por eles mesmos, havia Péricles — extraordinário líder, cujo próprio nome significa "rodeado de glória", para articular isso para eles.

> Em suma, digo que nossa cidade, como um todo, é uma lição para os gregos, e que cada um de nós se apresenta como indivíduo autossuficiente, inclinado às mais diversas ações, com toda graça e grande versatilidade. Isso não é apenas vangloriar-me nessa ocasião, mas é a verdade dos fatos, já que o poder da cidade, que obtemos por ter essa característica, torna

---

32. Em vez de ter o pesado número de quinhentas pessoas reunidas, dia após dia, durante o ano de seu mandato, cada tribo participava do conselho administrativo e executivo por um décimo do ano.

33. "Dessa maneira, os atenienses ficaram mais fortes. E está suficientemente claro, não apenas nessa instância, mas de vários lugares, que liberdade é uma coisa excelente, já que, até mesmo os atenienses, que continuavam sob o domínio de tiranos, não eram nem um pouco mais valentes do que quaisquer de seus vizinhos, e tão logo se livraram do jugo se tornaram indiscutivelmente os primeiros. Essas coisas nos mostram que, enquanto viviam sob a opressão, eles se deixaram ser vencidos, já que trabalhavam para um mestre; mas assim que obtiveram sua liberdade, cada homem ansiava fazer para si o melhor que podia. E assim ocorreu com os atenienses [nossa tradução]". *The History of Herodotus*, V, 78, traduzido por George Rawlinson, disponível em: <http://classic.mit.edu/Herodotus/history.5.v.html>.

PLATÃO NO GOOGLEPLEX

isso evidente. Porque Atenas é a única força agora maior que sua fama, no momento do teste. (...) Não precisamos de Homero, ou qualquer outro, para glorificar nosso poder com palavras que trazem prazer por um momento, quando a verdade irá refutar as suposições sobre o que foi feito. Porque compelimos todos os mares e todas as terras para que ficassem abertos a nossa ousadia; e preparamos monumentos eternos por todos os lados, tanto de nossos fracassos quanto de nossas conquistas.[34]

Assim declarou Péricles em sua famosa "Oração fúnebre", ao enterrar os mortos de uma das primeiras batalhas da Guerra do Peloponeso, uma guerra que pode ser vista como resultado do *Ethos* do Extraordinário e sua extensão, tanto individual quanto coletiva.[35]

Foi com Péricles que a renovação urbana da acrópole digna de *kleos* aconteceu.[36] Tudo o que um cidadão ateniense — um mediano Timon, Diceu

---

34. Paul Woodruff (trad.). *Thucydides: On Justice, Power, and Human Nature; Selections from "The History of the Peloponnesian War"*. Indianapolis: Hackett, 1993, p. 43, ii, 41.

35. Veja apêndice B.

36. Plutarco descreveu como Péricles envolvia ás pessoas comuns, de quem ele sempre se disse campeão, em seus grandes esquemas para usar os ricos do império na transformação de Atenas em uma cidade de esplendor. "E era verdade que suas expedições militares forneciam aos homens em pleno vigor uma abundância de recursos dos fundos comuns, e em seu desejo de que as multidões de trabalhadores que não iriam para a guerra não deveriam ter nenhuma participação nos pagamentos públicos nem receber por sua preguiça e por seu ócio, com coragem ele sugeriu às pessoas projetos para grandes construções e para obras que envolveriam muita arte e muito tempo, a fim de que os que permaneciam em casa, nem um pouco menos que os marinheiros e as sentinelas e soldados, poderiam ter um pretexto para receber uma parte dos ganhos públicos. Os materiais usados eram pedra, bronze, marfim, ouro, ébano e madeira de cipreste. As artes que moldariam esses materiais eram as de carpinteiros, moldadores, ferreiros que trabalhavam com bronze, cortadores de pedra, tintureiros, ourives, artistas que trabalhavam o marfim, pintores, bordadeiras, escultores, sem falar nos fornecedores do material, como os consignatários, marinheiros e comandantes, no mar; e, na terra, fabricantes de vagões, adestradores de animais e motoristas. Também havia os fabricantes de cordas, costureiros, fabricantes de cinteiros, construtores de estradas e mineiros. Uma vez que cada arte em particular, como um general com o pelotão sob seu comando individual, manteve a própria multidão de trabalhadores sem habilidade nem treinamento militares, para serem como o instrumento para o músico e o corpo para a alma subordinada, e ocorreu que para todas as épocas, quase todas, e todas as funções, a grande abundância da cidade foi distribuída e dispersa por tais demandas. E então surgiram os trabalhos, não menos grandiosos que inimitáveis na graça de seus traços, uma vez que os trabalhadores ansiavam por ultrapassar a si mesmos na beleza de seu artesanato. E ainda, a coisa mais bela sobre eles era a velocidade com que surgiam. Cada um deles, os homens pensaram, exigiriam que milhares de gerações os completassem, mas todos eram totalmente completos no auge de uma administração." Bernadotte Perrin (trad.). *Parallel Lives: As vidas de Plutarco*, 12-13, vol. 3, edição da Loeb Classical Library, 1916, pp. 39-40. Disponível em: <http://www.perseus.trufts.edu/hopper/text?doc=Perseus:abo:tlg 0007,012:12>.

À SOMBRA DA ACRÓPOLE

ou Heiron — teria que fazer para sentir-se elevado, acima do ordinário, era levantar a cabeça e olhar para os nove metros de altura da colossal Atena Prômacos, esculpida pelo gênio Fídias com o bronze que sobrou dos persas derrotados na Batalha de Maratona. Lá estava ela, o símbolo da ascensão coletiva, firme entre o Partenon e o Propileu, segurando na mão direita sua lança voltada para o alto com a ponta brilhando no céu cor de bronze — bronze no bronze. O elmo cristado de Atena e sua lança podiam ser vistos a milhas, em alto-mar.

Se, conforme afirmou Aristóteles, grande parte da Grécia explodisse espalhando ambição como raios desgovernados em várias direções, o epicentro dessa explosão seria Atenas. Ela se tornou, após a derrota da Pérsia, uma potência imperial, forçando a homenagem de seus aliados que, quando visitavam Atenas e olhavam para cima, para a maravilha exposta acima da Acrópole, muito provavelmente sentiram algo bem diferente do orgulho que cidadãos atenienses sentiam de sua excepcionalidade. Todos os anos, quando multidões vindas de todo canto da Grécia chegavam para o festival de teatro, trazendo "tributos", devem ter refletido sobre como Atenas conseguiu levar o tesouro de Delos para lá e sobre o programa de construções que permitiram e pensaram na excepcionalidade dos atenienses em termos de furto e ganância.[37]

Enquanto Esparta retrocedeu para sua insularidade — até mesmo recomendando que as *poleis* jônicas pudessem voltar para domínio persa a fim de não provocar nenhuma outra guerra estrangeira —, Atenas, das décadas pós-guerra, explodiu. A própria noção de uma cultura grega compartilhada não surgiu até que Atenas remodelasse a cultura grega a sua imagem, depois

---

37. Platão desabafou em uma avaliação semelhante: "E eles dizem que foram *eles* quem fizeram a cidade ser grande!", ele fez Sócrates refletir sobre analisar os líderes políticos das últimas décadas do século V, inclusive Péricles. "Mas que a cidade está inchada e podre, graças aos líderes de antigamente, eles não percebem. Porque eles encheram a cidade de portos e estaleiros, muros e pagamento de tributos e lixos como esses, mas fizeram isso sem justiça nem autocontrole" (*Górgias* 518e-519a).

PLATÃO NO GOOGLEPLEX

das Guerras Persas.[38] Um orador em *Protágoras*, de Platão, descreve Atenas como "o pritaneu de Hellas" (337d), lar e santuários centrais. Péricles fala de Atenas como "escola de Hellas".[39] O epitáfio de Eurípedes declara Atenas "a Hellas de Hellas".[40]

Atenas não era apenas uma cidade, no sentido que hoje empregamos à palavra, mas sim uma *polis* ou Cidade-Estado. Todas as *poleis* da Grécia Antiga — havia 1.035, de acordo com a melhor estimativa atual, apesar de que nem todas coexistiram[41] — eram estados independentes, com seus (bastante ativos) exércitos e cada qual com sua forma de governo. Cada *polis* tinha o centro urbano, seu *astu*, em geral murado e contendo uma acrópole, ou "cidade na extremidade", no ponto mais alto e, portanto, defensável e provavelmente motivo pelo qual os redores foram ocupados. A *astu* era cercada por territórios extensos, o *khora*, que incluía fazendas, bosques de oliva, vinhedos. As cidades mais desenvolvidas — Atenas, Esparta, Tebas, Corinto, Argos — também possuíam colônias, outras cidades que eles ou estabeleceram ou ocuparam, e que pagariam impostos à "metrópole", a mãe

---

38. "É uma noção de helenicidade culturalmente estruturada no atenocentrismo que é central na doutrina do pan-helenismo — um termo criado por acadêmicos modernos para descrever os vários apelos feitos pelos intelectuais do final do século V e princípio do século IV para promover a unidade helênica e eliminar as diferenças interestaduais em uma cruzada comum contra o 'eterno inimigo', a Pérsia." Jonathan M. Hall. *Hellenicity: Between Ethnicity and Culture*. Chicago: University of Chicago Press, 2002. Heródoto, em uma passagem famosa de *As histórias* (Livro 8, 144), fala de *hellēnikon*, ou helenicidade, e explica dizendo que seus indivíduos têm o mesmo sangue, a mesma linguagem, mesma cultura e mesma religião. Ele apresenta o termo e sua análise para se referir à resposta dos atenienses aos aliados espartanos durante a segunda das guerras persas, quando os espartanos estavam preocupados com a possibilidade de atenienses estarem prestes a fazer as pazes, separadamente, com os persas. Não se preocupe, os atenienses diriam. Jamais faríamos isso, nem mesmo se fosse para nossa grande vantagem, devido a *to hellēnikon*. No entanto, Heródoto obviamente escreveu nos anos pós-Guerras Persas, quando a noção de *to hellēnikon* surgiu em conjunto com a hegemonia ateniense.

39. Tucídides, *History of the Peloponnesian War*, Livro II, 41.1, trad. Paul Woodruff.

40. Toda a Hellas é o monumento funeral de Eurípedes; no entanto, é na Macedônia que seus ossos estão, já que foi lá que ele chegou ao fim da vida. Mas sua terra natal era a Hellas de Hellas, Atenas. Isso é citado no artigo "The Classical Tragedians from Athenian Idols to Wandering Poets," de Johanna Hanink, in: *Beyond the Fifth Century: Interactions with Greek Tragedy from the Fourth Century BCE to the Middle Ages*, org. Ingo Gildenhard e Martin Riverman. Berlim: De Gruyter, 2010, p. 54.

41. Veja: Mogens Herman Hansen e Thomas Heine Nielsen (Orgs.). *An Inventory of Archaic and Classical Poleis*. Oxford: Oxford University Press, 2004.

À SOMBRA DA ACRÓPOLE

polis, e eram obrigados a serem aliados quando houvesse guerra. A maioria das *poleis* não era grande. O número médio de cidadãos ficava entre 133 e 800.[42] Atenas tinha aproximadamente 30 mil cidadãos, enquanto o número de habitantes era em torno de 100 mil, ou seja, apenas um em cada três residentes tinha direitos de cidadania. Apesar de não haver propriedade, como havia nas oligarquias gregas, cidadania na democracia ateniense era difícil de ser alcançada. Mulheres, crianças e escravos não tinham direito à cidadania, como em todas as *poleis*. Da mesma forma ocorria com residentes estrangeiros, os metecos, frequentemente entre os mais ricos moradores de Atenas. Atenienses tinham orgulho do mito de que eram os únicos entre os helenos, que eram autóctones, literalmente "brotaram da terra", o que para eles queria dizer que sempre ocuparam o mesmo solo. Nascer de um pai ateniense há muito havia sido requisito para cidadania, mas, em 451 a. C., Péricles tornou a lei mais rígida, uma vez que o orgulho por ser autóctone havia se fortalecido após as Guerras Persas e a hegemonia imperial ateniense. Exigia-se que tanto pai quanto mãe fossem nascidos em Atenas, fazendo da cidadania um status ainda mais exclusivo e desejável, no momento em que Atenas estava se afirmando por toda Hellas como o padrão que fez com que todos os helenos fossem notáveis.

Experimentações políticas eram frequentes na Grécia Antiga, e uma das mais radicais foi a experiência que Atenas repetidas vezes buscou, a partir de, aproximadamente, as reformas de Clístenes, no século VI a.C.[43] até o triunfo de Alexandre da Macedônia no século III a. C. Herdamos nossa

---

42. Veja: E. Ruschenbusch. "Die Bevölkerungszahl Griechenland in 5 und 4 Jh's" in: *Zeitschriften für Papyrologie und Epigraphik* 56, 1984, pp. 55-57.

43. Clístenes rompeu com as ancestrais tribos áticas em 510 a.C. e estabeleceu residência local como sendo qualificação para votar. Isso provou ser a mais essencial reforma que colocou Atenas no caminho da democracia. As sucessivas reformas, importantes como eram, apenas completaram o processo iniciado por Clístenes — abolição da qualificação para voto por propriedade, elegibilidade universal entre cidadãos para cargos públicos, julgamento em corte popular da conduta de magistrados, pagamento pelo trabalho em cargos públicos (para que os cidadãos mais pobres, os *thêtes*, pudessem faltar ao trabalho para votar). Alguns afirmam que o início da democracia foi um pouco anterior, no tempo de Sólon, no início do século VI a.C. e suas reformas, o que amenizou o fardo dos fazendeiros inovando no crescimento de Atenas; portanto, é impossível determinar uma data precisa para o começo. Várias das reformas de Sólon conseguiram sobreviver às tiranias de Pisístrato e seus dois filhos, que foram sucedidos por Clístenes.

PLATÃO NO GOOGLEPLEX

palavra "democracia" — governado pelo povo — da forma de governo *demokratia*, que Atenas buscou, frequentemente diante de consternação e escárnio das outras *poleis*.

O senso de excepcionalidade ateniense ficou tão forte que a participação na vida da cidade parecia, para os seus cidadãos, poder oferecer a definição de *aretē* — mais uma vez, uma observação que Péricles faz em sua "Oração fúnebre", catalogando todas as conquistas atenienses, desde a excepcionalidade de sua democracia até a magnanimidade de raça superior: "De maneira que sozinhos fazemos o bem ao outro, não mediante o cálculo do lucro, mas destemidos e confiantes de nossa liberdade" (ii.40). Seus inimigos derrotados deveriam até se orgulhar, ele sugere, por terem sido derrotados por tais exemplares da humanidade.

A sugestão é que toda a humanidade deveria aspirar, como se fosse possível, ao que Atenas estava conquistando, assim como, certamente, todos os helenos, apesar de que não poderiam esperar tornarem-se cidadãos atenienses com direito a voto, deveriam enxergar Atenas como fornecedora do modelo de *aretē*.[44] E era verdade que artistas e pensadores se reuniram em Atenas a fim de estar no centro do mundo, ainda que sem os benefícios da cidadania. Aristóteles, que foi estudar na Academia de Platão e fundou o próprio Liceu, havia nascido, como já foi mencionado, no extremo norte de Estagira, na região da Calcídica, sendo seu pai médico do rei da Macedônia. A superioridade de Atenas trouxe para ela mesma mais superioridade, o que intensificou o senso de sua excepcionalidade, acontecimento tipicamente de poderes imperiais. A sempre maior conquista que isso permite é a forma mais conveniente para o imperialismo se defender, se viesse a sentir necessidade — e isso é verdade ainda hoje.[45]

E foi à sombra da Acrópole que Sócrates falou sobre seu trabalho diário, que era semear em seus companheiros cidadãos a dúvida de que eles tinham

---

44. Veja: Jonathan Hall, *Hellenicity*, para uma discussão interessante sobre se atenienses pensavam que sua superioridade era uma questão de natureza ou educação e como a discussão mudou de direção ao longo do tempo.

45. Veja, por exemplo, os vários textos de Niall Ferguson, como *Civilization: The West and the Rest*. Nova York: Basic Books, 2004.

noção do que a vida significava. Você praticamente tem a certeza de que a vida não excepcional não vale a pena ser vivida, mas qual excepcionalidade é relevante? *Aretē* não pode ficar relegada à política ateniense. Não é suficiente, ele constantemente discursava para os atenienses tornarem-se cidadãos de Atenas. Você ainda não cruzou a linha de chegada com o povo gritando, a voz da multidão cantando o doce som de seu nome para assegurar que você alcançou o que é mais relevante. Você ainda nem chegou ao ponto de partida.

Provavelmente, desde jovem, Platão sabia sobre Sócrates. Seu irmão mais velho, Glauco, era aficionado por Sócrates antes de Platão ter idade para apreciar as excentricidades socráticas.[46] O soldado e historiador Xenofonte, que também era dedicado a Sócrates e nos deixou suas anedotas e impressões em vários trabalhos, tratava o irmão de Platão como um bobão. Xenofonte relatou que Sócrates intercedeu quando Glauco estava correndo o risco de passar por idiota perante a Eclésia, ou *ekklêsia*, a principal assembleia da democracia ateniense, conduzida a céu aberto no monte chamado Pnyx, com ampla vista para a Acrópole. Glauco queria se posicionar como um homem politicamente renomado "e nenhum de seus parentes ou amigos conseguiam evitar que ele fosse arrastado para fora da tribuna, fazendo papel de ridículo", escreveu Xenofonte. Mas Sócrates — para o bem de Platão, Xenofonte afirmou, e esta foi a única vez que ele mencionou Platão — interveio para informar a Glauco que ele não tinha o menor conhecimento acerca dos negócios do estado.[47] Apesar de Xenofonte zombar em suas afirmações, é ainda ponto a favor de Glauco; e apesar de ele se imaginar como um futuro político, ele poderia ser convencido de que não sabia do que estava falando. Em todo caso, essa é apenas a versão de Glauco apresentada por Xenofonte.

Platão faz de Glauco um dos principais interlocutores de Sócrates em *A república*, junto com seu outro irmão, Adimanto, que não é tão notável no diálogo. O Glauco de Platão não é nem um pouco bobo. Ele é retratado como alguém que tem excelente memória, bom conhecimento matemático, habilidade musical acima da média e muito idealismo político. De fato,

---

46. Não sabemos exatamente qual é a diferença de idade entre Platão e seu irmão mais velho. Veja: Debra Nails, *The People of Plato*, pp. 154-156.

47. *Memoráveis* III, 6.

PLATÃO NO GOOGLEPLEX

ambos os irmãos, de acordo com um acadêmico, são um ótimo modelo da combinação perfeita entre resistência consciente e receptividade da mesma forma consciente que permite ao Sócrates de Platão progredir de um *elenchus* negativo (ou refutação) para criatividade positiva.[48]

No primeiro livro de *A república*, um irritável sofista de nome Trasímaco fica tão apoplético ao ouvir os altos argumentos morais vindos de Sócrates que entra na discussão como um filósofo analítico sob efeito de anfetaminas, insistindo no que um filósofo contemporâneo descreveria como falta de sentido cognitivo das proposições normativas — as que envolvem a palavra "obrigação" — que Sócrates espalha. Permita-me tirá-lo da ilusão: Trasímaco trovejou, enquanto Sócrates fingiu recolher-se em terror (336d). Não há quaisquer fatos concretos que abordem a questão de como as pessoas devem viver a vida. Há apenas fatos que demonstram como querem viver a vida; pessoas em busca de satisfazer o próprio interesse da melhor maneira possível, com os fortes sendo bem-sucedidos como qualquer um seria se pudesse ser. Portanto, viva como desejar, viva da maneira que lhe for permitido viver, grita o sofista, com seu argumento intimidador dramatizando seu ponto de vista. Enquanto viver da maneira que lhe for permitido, você não corre o risco de entender mal, por não haver o que entender mal.

O tempestuoso Trasímaco logo perdeu o entusiasmo e Platão passou a discussão para seu irmão Glauco, para que desenvolvesse a linha amoral de maneira mais serena, em tons sutis, evidenciado uma espécie de desejo melancólico de ser convencido a se afastar do ponto de vista que vinha desenvolvendo, tanto como seu advogado quanto como advogado do diabo. "Talvez a característica mais impressionante da dupla representação de Platão aqui é o desprendimento de seus irmãos em relação ao debate que levantaram com tanta veemência."[49] Platão fez Glauco imaginar um experimento mental envolvendo o anel de Giges, que torna invisível quem o usa e, portanto, capaz de fazer qualquer coisa.

---

48. Veja: Ruby Blondel, *The Play of Character in Plato's Dialogues*. Cambridge: Cambridge University Press, 2002, pp. 190-226.

49. Blondell, *Play of Character in Plato's Dialogues*, p. 190.

À SOMBRA DA ACRÓPOLE

Agora, ninguém, parece-me, seria tão incorruptível a ponto de permanecer no caminho da justiça ou permanecer distante da propriedade de outras pessoas, quando pudesse subtrair impunemente do mercado qualquer coisa que quisesse, entrar na casa de pessoas e fazer sexo com qualquer pessoa que desejasse, matar ou soltar da prisão qualquer um conforme sua vontade e fazer todas as outras coisas que o faria parecer um deus entre os humanos. Suas ações, ao contrário, não seriam nem um pouco diferentes daquelas de uma pessoa injusta e ambas seguiriam o mesmo caminho. Isso, alguns diriam, é grande prova de que ninguém é justo por vontade, mas apenas quando compelido. Ninguém acredita na justiça como algo bom, quando é mantida privada, já que em qualquer momento em que qualquer dessas pessoas pensar que pode fazer injustiça impunemente, ela fará. De fato, todo homem acredita que a injustiça é muito mais lucrativa para ele que a justiça. E qualquer expoente desse argumento dirá que ele está certo, porque alguém que não queria fazer injustiça, dada essa oportunidade, e que não mexeu com a propriedade de outras pessoas seria visto por todos cientes da situação como infeliz e estúpido, apesar de que seria parabenizado em público, desapontando uns aos outros por medo de sofrerem injustiça (360b-d).

Glauco não questiona o bilioso Trasímaco. O sofista argumentara que não havia verdades morais concretas, enquanto Glauco parecia reconhecer, embora vagamente, que deveria haver tais verdades, mas que, se existissem, seriam irrelevantes para nossa mudança de comportamento. Ainda que você me convencesse de que algo estava errado, por que eu deveria mudar meu comportamento, principalmente se eu for forte o suficiente — ou suficientemente astuto — para me safar? Apenas o medo do dano que podemos causar a nós mesmos e a nossa reputação — nosso amplo renome — tem algum efeito em nossas vontades, argumenta Glauco, quase contra a própria vontade. É quase possível ouvi-lo suplicar: Por favor, por favor, convençam-me do contrário.

Trasímaco e Glauco não propõem os mesmos pontos de vista. Trasímaco defende um corrompido *Ethos* do Extraordinário que licencia o individua-

PLATÃO NO GOOGLEPLEX

lismo absoluto. Ele, uma Ayn Rand[50] ateniense. Uma pessoa extraordinária
é aquela que consegue agir da maneira que quiser. Ele incorpora *aretē*, os
atributos humanos que resultam em "amplo renome", e então não há padrões externos capazes de julgá-lo. Tudo o que se refere a Trasímaco, suas
opiniões, assim como sua conduta baseada em altos decibéis para colocá-
-las em evidência, reforça a natureza antissocial de sua versão do *Ethos* do
Extraordinário. Um *ethos* que incentiva extraordinariedade medida pelo
kleos pode facilmente levar ao individualismo antinomiano. Esse não era
um problema apenas teórico, mas era também prático, principalmente em
Atenas, onde o senso de extraordinariedade coletiva estava bastante ligado à
extraordinariedade dos indivíduos. (Deve-se contrastar Esparta com Atenas
nessa questão. A excepcionalidade de Esparta evitava o individualismo.) A
condição ateniense — o potencial efeito desestabilizador de comemorar a
extraordinariedade individual por sua própria extraordinariedade — pode
ser apelidada "O problema de Alcibíades", em homenagem ao famoso Alcibíades. Esse indivíduo inegavelmente extraordinário deixou um rastro de
traição e tumultuo em grande escala. Ele traiu Atenas em favor do arqui-
-inimigo Esparta, depois traiu Esparta em favor de Atenas e então traiu
ambos, Atenas e Esparta, em favor da Pérsia. Alcibíades, belo como um
deus, brilhante tanto em sua oratória quanto em sua proeza militar, rico
e carismático, sempre insistindo em sua maneira e com frequência conseguindo o que queria, seguindo como se ele também tivesse, assim como
Aquiles, ascendência de mistura metafísica: como puderam os atenienses
não amá-lo, independentemente de quantas vezes ele usou e abusou deles e
os enganou e maltratou?[51] Alcibíades não era apenas o Aquiles de Atenas.
Ele era o calcanhar de Aquiles de Atenas.

O homem digno do *kleos* já estava morto há várias décadas quando Platão
escreveu *A república*, tendo vivido uma vida curta, mas extraordinária, que
poderia ter sido prevista por ele, morte por um assassino (ou, pelo menos,
assim diz uma das histórias sobre seu fim). O ponto de vista de Trasímaco

---

50. Ayn Rand [Alisa Zinov'yevna Rozenbaum] (São Petersburgo, 2/2/1905 — Nova York,
6/3/1982) foi uma escritora, dramaturga, roteirista e filósofa norte-americana de origem judaico-
-russa, conhecida por desenvolver um sistema filosófico chamado de Objetivismo. (*N. da E.*)

51. Leia no capítulo ε mais detalhes sobre a vida de Alcibíades, saturada de *kleos*.

À SOMBRA DA ACRÓPOLE

não poderia agrupar nenhum fundamento para culpar Alcibíades; no entanto, seu ponto de vista não era a opinião da maioria dos cidadãos de Atenas sobre indivíduos como Alcibíades, cuja extraordinariedade lhe permitia se dar bem com quase tudo.

E é nesse ponto que Glauco se junta à conversa sobre *A república*, representando uma Atenas que se dá conta dos perigos do individualismo antinomiano. A Atenas de Glauco reconhece seu Problema de Alcibíades — há aqueles que, por virtude de suas vantagens pessoais, usam uma espécie de anel de Giges — e ele oferece uma solução política. Para o bem da *polis*, alguns compromissos devem ser feitos. O bem da *polis* supera a variedade de extraordinariedade nos indivíduos, e então os homens cederam livremente parte de sua liberdade. Fizeram um contrato social de tipos e dele surgem todas as noções de justiça e injustiça.

O Glauco de Platão, ao desenvolver seu ponto de vista sobre justiça, antecipou Hobbes. Na natureza, por assim dizer, não há nem justiça nem injustiça. A natureza é um mundo trasimaquiano no qual todos os indivíduos procuram impor a própria vontade, causando sofrimento para conseguirem o que querem. Impor a vontade a alguém é bom, enquanto ter alguém para impor sua vontade a você é maldade. Mas o homem descobriu que o mal é maior do que o bem, disse Glauco (359a), querendo dizer que tanto qualitativamente — a dor de ter alguém impondo a vontade sobre você é mais experimentalmente intensa do que é o prazer de você impor sua vontade aos outros — quanto quantitativamente, há mais pessoas que sofrem imposições do que pessoas que impõem.[52] E por isso, os homens

> concluem que é mais lucrativo entrar em acordo para não fazer injustiça nem sofrê-la. Como resultado, começam a criar leis e convenções, e o que está na lei eles dizem ser legal e justo. Isso, eles dizem, é a origem e a essência da justiça. É o intermediário entre o melhor e o pior. O melhor é fazer injustiça sem pagar por ela; o pior é sofrê-la sem poder se vingar. Justiça é um meio

---

52. Poderíamos também citar a segunda lei da termodinâmica. Há menos estados do mundo que são benéficos do que aqueles que são prejudiciais; é mais fácil danificar e causar danos do que criar e causar o bem.

PLATÃO NO GOOGLEPLEX

entre esses dois extremos. As pessoas a valorizam não como um bem, mas porque são fracas demais para fazer injustiça impunemente. No entanto, alguém que tenha poder para fazer isso e que é um verdadeiro homem não faria tal acordo com ninguém para não fazer injustiça a fim de não sofrer. Para ele isso seria loucura. Essa é a natureza da justiça, de acordo com o argumento, Sócrates, e essas são suas origens naturais. (359a-b)

O ponto de vista que Platão faz Glauco desenvolver é espantosamente moderno. Ele não somente antecipa a teoria hobbesiana do contrato social, mas coloca razão por trás do contrato social em termos da teoria dos jogos, definindo o que, hoje, denominaríamos o dilema do prisioneiro. Os "jogadores racionais", no argumento de Glauco, tomam decisões baseadas na tentativa de evitar o pior desfecho possível para seu comportamento moral, enquanto outros os exploram, e o segundo pior desfecho, viver em um mundo onde ambos exploram e são explorados, mesmo que essas mesmas decisões excluam suas chances de obter o melhor desfecho possível, no qual eles exploram outros inocentes que não os exploram em retribuição. A fim de evitar ser sacaneado ao extremo, uma pessoa racional abre mão da oportunidade de sacanear ao extremo.[53] Isso parece, tanto na época de Platão quanto na nossa, tão boa descrição da natureza da política como qualquer outra — se é que a política consiste em ordem social viável e estável. Mas isso descreve a natureza da justiça? Platão acha que não, e ele passa grande parte de A república refutando o ponto de vista glauconiano (ateniense) de que as demandas da política ditam a natureza da moralidade. É bem o contrário, ele argumenta, as demandas da moralidade ditam — ou pelo menos deveriam ditar — a natureza do político.

---

53. O dilema do prisioneiro, que Platão faz Glauco antever, envolve o seguinte contexto: Você e seu parceiro no crime foram presos; cada um de vocês foi colocado em uma solitária sem comunicação um com o outro. O promotor lhe oferece um acordo. A polícia não tem provas suficientes para condená-lo, portanto, contam com um dos dois para entregar o outro e irá recompensá-lo com a liberdade se você assim o fizer, enquanto seu parceiro será condenado a dez anos de reclusão. Ou vice-versa: Se você for leal a ele enquanto ele entrega você, ele sai livre e você fica recluso por dez anos. Se cada um comprometer o outro, os dois serão condenados a seis anos de reclusão. Mas, se os dois forem leais, a polícia somente poderá condenar os dois baseada em uma acusação mais branda e ambos estarão livres em um ano. Você fica melhor se desamparar seu parceiro e ficarão mal se ambos desampararem um ao outro. Cooperar é a solução menos pior para os dois.

À SOMBRA DA ACRÓPOLE

A visão de que moralidade era essencialmente política era bem mais comum em Atenas que o niilismo de Trasímaco. O niilismo de Trasímaco estava muito mais alinhado com os ensinamentos de vários sofistas, e a maioria dos atenienses desconfiava dos sofistas e os desprezava. (Uma das acusações de que Sócrates quer se defender durante seu julgamento é a de que ele era sofista. É por isso que ele insistia tanto no fato de que jamais aceitara pagamento por seus serviços.)

A visão de Glauco de que a *aretē* foi socializada e difundida está muito mais em linha com a visão da maioria dos atenienses, apesar de muito mais sofisticada — e mais distante das especificidades do excepcionalismo ateniense que qualquer coisa que você poderia ter ouvido na ágora por onde Sócrates andou, impondo suas questões, incessantemente. Ainda se exige que, na mesa de seminário filosófico, a fim de refutar uma conclusão, você apresente o melhor argumento possível para isso. Isso é o que Platão procura fazer com a tentativa de Glauco de abraçar a moralidade com a política. Platão constrói sofisticação teórica ao redor do que era, para a maioria dos cidadãos de Atenas, nada mais que a presunção de que já havia sido resolvido essa coisa do que significa viver uma vida que valha a pena ser vivida, de que eles não teriam que pensar em nenhuma dessas questões, já que tiveram a grande sorte de serem atenienses, uma *polis* excepcional que definiu *aretē* para todo o mundo. (Há americanos que sentem o mesmo, assim como cidadãos de outras nações-estado.) Pode ser que Sócrates tenha tido paciência para tentar tirar seus companheiros cidadãos do estado de complacência, mas Platão queria que os pontos de vista que ele refutava fossem dignos de sua refutação.

Em *A república*, Glauco reconhece que sua noção de justiça baseada na teoria dos jogos não tem força para conter uma pessoa que usa o anel de Giges e, portanto, não consegue se dar bem com qualquer coisa. Não consegue nem mesmo conter um Alcibíades. E não consegue, Glauco, argumentar que sua noção deveria ter essa força. Qual razão uma pessoa que consegue sempre se dar bem sacaneando outra pessoa teria para cumprir as decisões daqueles que tanto poderiam ser sacaneados quanto sacaneariam? O que é racional para eles não seria racional para ele. Glauco queria que Sócrates

PLATÃO NO GOOGLEPLEX

dissesse se havia noções de bondade e justiça que se aplicam até mesmo para os que, devido a suas vantagens especiais, fogem a sua construção da moralidade baseada na teoria dos jogos; e, se houvesse, ele queria que Sócrates dissesse se essas noções tinham algum tipo de músculo capaz de compelir uma pessoa racional a agir deferentemente em conformidade com ele, mesmo que, se ela escolher não agir dessa maneira, nenhum mal lhe será feito, já que ela consegue se dar bem com qualquer coisa. Se verdades morais são socialmente construídas ("Como resultado, começam a criar leis e convenções, e o que está na lei eles dizem ser legal e justo"), então uma pessoa que, assegura-se, não comete opróbrio social fará o que quiser. Isso não é racional, Sócrates?

Em *A república*, Platão argumenta que não somente as verdades morais, quando reveladas como o que realmente são, em vez de contextualizadas em uma construção social, têm força para compelir uma ação racional de alguém, mas verdades morais têm força para compelir o arranjo racional para a *polis*, que, por sua vez, ajudará a promover o bom comportamento de seus cidadãos. A boa *polis* é feita de boas pessoas, de seu caráter intacto, e a boa *polis*, por sua vez, ajuda a tornar pessoas boas, de caráter intacto. Platão vai ainda mais longe em *A república*, para além tanto do niilismo de Trasímaco quanto do construtivismo social de Glauco.

E Platão faz com que seu irmão mais velho permaneça mais tempo, durante o longo trajeto d'*A república*, tornando-se servil a Sócrates ao longo do famoso "Mito da caverna" (514a-520a) e recebendo de Sócrates — portanto, de Platão — a bênção final nas últimas linhas de *A república*: E assim, Glauco, a história não se perdeu, mas foi preservada e nos salvaria, se fôssemos persuadidos por ela, porque iríamos, então, atravessar o Rio do Esquecimento[54] e nossa alma não seria contaminada (621 b-c). Mais uma vez a história aborda a morte em relação à questão acerca do que significa ter vivido uma vida que valeu a pena ser vivida. Pode-se tentar imaginar como Platão se sentiu ao direcionar essas palavras a seu

---

54. Esse é o Lete — literalmente "esquecimento" ou "oblívio", um dos cinco rios que atravessam o mundo inferior de Hades.

À SOMBRA DA ACRÓPOLE

irmão mais velho, que, provavelmente, já estava morto quando Platão as escreveu. Estaria a "história" preservada muito atrasada para salvar o irmão que Platão permitiu apreciar a visão utópica que ele fez Sócrates construir de *kallipolis,* bela cidade, que incontestavelmente não é Atenas? Glauco viveu de acordo com o que Platão o fez argumentar, a visão de que somente um idiota deixa a verdade moral compelir suas ações e moldar sua vida no lugar das opiniões de seus companheiros cidadãos sobre ele, seu nome na boca deles, uma pessoa poderosa de posses na ágora e na assembleia, esse irmão mais velho, a primeira pessoa que Platão ouviu, falou sobre o homem que dedicou sua vida a tentar convencer os bons, orgulhosos cidadãos de sua cidade que não tinham a menor ideia sobre o que estavam fazendo da vida?

Você deve ter notado que estou colocando as perguntas de Sócrates — e, portanto, o surgimento da filosofia, como tendo sido supervisionado por Platão — dentro do contexto histórico criado tanto pela preocupação da mais ampla Era Axial, com dilemas existentes, quanto a resposta ateniense que cresceu a partir do *ethos* moldado por Homero. Como filósofa, fui treinada para jamais inserir as ideias de filósofos em contextos históricos, uma vez que contextos históricos não têm nada a ver com a fundamentação do posicionamento do filósofo. Concordo que avaliar a fundamentação e contextualizar historicamente são duas questões completamente distintas e não devem ser confundidas. E ainda, que rigorosa distinção não me leva a endossar a maneira usual com que a história da filosofia é apresentada. Isso consiste em uma conversa idealizada entre filósofos — Sócrates e Platão e Aristóteles e Agostinho e Tomás de Aquino, e Descartes e Espinoza e Locke e Leibniz e Berkeley e Hume e Kant e... Os filósofos conversam ao longo dos séculos, exclusivamente uns com os outros, hermeticamente isolados de qualquer influência derivada de discursos não filosóficos. A história é bem mais interessante do que isso.

Uma caracterização que o filósofo da ciência Hans Reichenbach introduziu sempre me pareceu bastante útil para manter as duas categorias de questões — influências históricas e avaliação da fundamentação — bem distintas. Reichenbach diferenciou, por um lado, "o contexto da desco-

PLATÃO NO GOOGLEPLEX

berta" e, por outro, "o contexto da justificação". Quando você pergunta por que certa questão interessa a um cientista ou filósofo pela primeira vez, ou por que certa abordagem parece natural, suas questões referem-se ao contexto da descoberta. Quando você questiona se o argumento que o filósofo apresenta para responder àquela questão é sólido, ou se a evidência justifica a teoria científica proposta, você entrou no contexto da justificação. Considerações acerca de história, sociologia, antropologia e psicologia são relevantes para o contexto da descoberta, mas não para a justificação. Você precisa entendê-los paralelamente, apesar de às vezes a relação entre eles poder ser útil. Algumas vezes, por exemplo, examinar o contexto de uma descoberta pode ajudar a eliminar premissas não declaradas em um argumento, pressuposições que foram consideradas como tão intuitivamente óbvias no contexto da mente do pensador, tanto por razões culturais quanto razões pessoais, ou ainda, pela interação entre a cultura e o pessoal que não havia motivos para que fossem relatados. Ainda assim, a avaliação dessas intuições acerca da solidez de argumentos não é cumprida através de trabalho executado no contexto da descoberta. Reciprocamente, não se consegue diminuir a realização de um filósofo nem a solidez dele, mostrando como tal conjunto específico de questões nas quais ele se concentrou, a orientação que ele sustentou em seu foco, tem conexões causais com sua vida. Em um livro anterior, tentei mostrar como circunstâncias na vida de Spinoza — especialmente o fato de ele ter sido membro, até seus 23 anos, da comunidade judaico-portuguesa de Amsterdã, em que todos eram refugiados da Inquisição de Portugal e Espanha, em seu auge na ocasião — influenciaram sua abordagem radicalmente racional da filosofia e, em particular, sua preocupação com as questões sobre identidade pessoal. Alguns leitores então confundiram o contexto de descoberta com o contexto de justificação, pensando que eu talvez estivesse argumentando que as posições filosóficas de Spinoza fossem infundadas porque sua história pessoal ajudou a determinar quais problemas ele expôs para que fossem solucionados — que pensei ser útil aqui articular com a distinção de Reichenbach. Há aqui uma doutrina do

À SOMBRA DA ACRÓPOLE

meio-termo a ser alcançada entre o extremismo do historicismo, por um lado, e o extremismo da insularidade filosófica por outro, e a distinção de Reichenbach ajuda a quebrar essa falsa dicotomia.

E, portanto, tendo em mente que estou aqui mergulhada no contexto da descoberta e não no contexto da justificação, deixe-me resumir:

Sócrates partiu radicalmente do *Ethos* do Extraordinário de Homero, mais especificamente na forma em que havia sido intensificado e politizado pela Atenas imperialista. O adjetivo grego *atopos*, cujo significado é fora de lugar, estranheza, é repetidamente utilizado por Platão para descrever Sócrates.[55] Sócrates era estranho de tal forma que somente aqueles em desacordo com sua sociedade são. Atenas o colocou em julgamento por violação de valores, e estavam certos quanto a essa violação ser exatamente o que ele tinha em mente. É possível você ser mais transgressor do que se for atrás dessa noção tão central que é *aretē*, o elemento central do *Ethos* do Extraordinário? Uma das acusações contra ele pode ter sido expressa em termos religiosos — ele introduziu deuses novos —, mas como Platão toma as dores para nos mostrar em sua organização de *A república*,[56] os atenienses toleravam novos deuses. Sócrates era um herege em outro nível, muito mais perturbador para seus companheiros atenienses, principalmente naquele momento da história deles, como veremos no capítulo ζ.

Quão perigoso foi debater o que significa viver uma vida que vale a pena ser vivida, à sombra da Acrópole? A resposta para essa pergunta especificamente está no fundo de um frasco de cicuta.

---

55. Alcibíades se refere à *atopia* de Sócrates em *O banquete* 215a e 221d. Sócrates é descrito como *atopos* em *Górgias* 494d, e *atopotatos* (adjetivo no superlativo) em *Teeteto* 149a e *Fedro* 230c.
56. Veja na página 430, adiante.

δ   Platão no 92nd Street Y

Reunindo os mais importantes líderes, pensadores, educadores e especialistas para trocar ideias e inspirar ações na comunidade global, o 92nd Street YM/YWHA é um centro para discussões inovadoras que informa, influencia e impele nossa cultura adiante.

Junte-se a nós no Y para o que promete ser o auge da estação. Zachary Burns, adorado colunista do jornal de maior circulação, comandará a discussão sobre "Como criar uma criança genial". Com Zach estarão: a best-seller Mitzi Munitz, autora de *Estimando seu filho: Como mesmo os mais bem-intencionados pais violam, mutilam e profanam seus filhos*; a best-seller Sophie Zee, autora de *Manual da mãe guerreira para criar filhos fora do comum*; e o best-seller Platão, autor de *A república*.

BURNS: Quero agradecer a todos vocês da plateia por terem saído nesta tempestuosa noite de neve. Isso é uma verdadeira comprovação da importância dos três palestrantes aqui no palco comigo, porque não só este estúdio está completamente lotado, sem um lugar vazio sequer, como também tivemos de acomodar uma grande plateia em outro salão onde estão assistindo ao debate pelo circuito interno de TV.

Mas não é surpresa que tantas pessoas enfrentariam uma nevasca para ouvir o intercâmbio desta noite. Não somos apenas privilegiados por termos conosco três autores internacionalmente aclamados, com uma obra extensa e controversa sobre a educação das crianças, mas o tema, por si só,

PLATÃO NO GOOGLEPLEX

certamente provocará reações viscerais. Acredito não ser necessário evocar *O gene egoísta*, de Richard Dawkins, para nos lembrar de que todas as gerações são muito dedicadas ao desejo de ver seus filhos se darem bem na vida, o que meus avós costumavam chamar de *naches foon der kinder*, *naches* das crianças. Espere! Preciso traduzir *naches*? É iídiche e não há uma tradução exata para isso. Alguém aí sabe o que quer dizer?

ZEE: Não é o orgulho que os pais sentem pelas conquistas dos filhos?

BURNS, *rindo*: Você realmente é genial, não é mesmo?

ZEE, *rindo*: Bem, sou casada com um judeu. Tenho uma sogra judia.

A plateia ri. Zee sorri radiante.

BURNS: Essa é Sophie Zee, pessoal, e é um privilégio, como moderador do evento desta noite, formalmente apresentá-la e seus colegas palestrantes. Claro, são todos tão bem-sucedidos; se eu fosse fazer jus ao curriculum de cada um, teríamos que acampar aqui esta noite, o que, devido à previsão do tempo, pode ser que tenhamos que fazer de qualquer jeito. Mas tenho certeza que vocês estão doidos para ouvi-los, portanto, vou me ater aos pontos principais, especialmente os que se aplicam ao debate desta noite. A propósito, eu sou Zack Burns, um humilde jornalista. *Algumas risadas na plateia.*

Dra. Mitzi Munitz, sentada bem a minha esquerda, nasceu em Viena, onde se formou psicanalista, apesar de vinte anos depois renunciar à psicanálise por ser conivente com a mesma estrutura de poder vicioso de parentalidade exploradora do resto da sociedade. As ideias da dra. Munitz mudaram radicalmente a cultura da educação de crianças, elevando nosso conhecimento sobre as mais sutis formas de vitimização de crianças e encorajando as pessoas a olharem para trás, para a própria infância, em busca do abuso que talvez tenham sofrido. Certo crítico descreveu a dra. Munitz como "o elo perdido entre Freud e Oprah".[1] *Estimando seu filho*, que já vendeu incríveis 800 mil exemplares...

---

1. Essa frase maravilhosa é de Daphne Merkin em "The Truth Shall Set You Free". *New York Times Book Review*, 27 de janeiro de 2002.

PLATÃO NO 92ND STREET Y

MUNITZ: Sr. Moderador, desculpe-me, mas preciso corrigi-lo. *Estimando seu filho* até hoje vendeu um milhão de exemplares e foi traduzido para mais de trinta línguas.

BURNS: *Estimando seu filho,* que já chegou a um milhão de exemplares vendidos, estará à venda depois do evento da noite. Junto com o livro da dra. Munitz, o mais recente livro, *Transtorno de ansiedade pós-traumática: Um outro nome para vida.*

Sentada à direita da dra. Munitz está Sophie Zee. Professora Zee é uma americana da primeira geração, que nasceu em Palo Alto, Califórnia, estudou na Universidade de Stanford e continuou os estudos na Escola de Direito de Stanford, onde se tornou a Professora de Acalorados Debates em Direito. Professora Zee é autora de vários livros eruditos e estudos de caso, mas o livro que lançou seu nome à fama foi o *Manual da mãe guerreira para criar filhos fora do comum.* Que controvérsia! Esse livro provocou uma verdadeira tempestade, não apenas de costa a costa dos Estados Unidos, como também em todo o mundo.

MUNITZ: Desculpe-me, mas devo interrompê-lo novamente, já que, apesar de toda essa notoriedade que o senhor descreveu, eu ainda não estou familiarizada com a autora e seu trabalho e preciso perguntar se o título dessa obra foi criado como uma sátira. Porque não me parece possível que, depois de minhas inovadoras descobertas no campo da psicopatologia da parentalidade diária, alguém poderia, com seriedade, defender uma tese não irônica como sugere o título, se lido literalmente.

BURNS: Percebem, senhoras e senhores, não menti para vocês! Prometi que haveria controvérsia e já conseguimos isso antes mesmo que eu terminasse as apresentações! Vamos segurar a resposta da professora Zee para suas questões, dra. Munitz. Pelo menos até acabarmos com essas preliminares. Professora Zee recentemente foi considerada pela revista *Time* uma das cem pessoas mais influentes no mundo.

MUNITZ, *murmurando*: Ah... Isso é péssimo para o mundo.

BURNS: E, claro, seu livro estará disponível para compra e ela, para autografar, logo após nosso evento. E agora é a vez de apresentar nosso último palestrante, Platão. É apenas Platão, certo? Não é dr. Platão?

PLATÃO NO GOOGLEPLEX

PLATÃO: Isso mesmo.

BURNS: Mas, claro, você passou a maior parte de sua vida profissional lecionando. Então imagino que estaria fazendo certo se lhe chamasse de professor Platão.

PLATÃO: Platão é suficiente. Platão é como me chamam.

BURNS: Então é isto: Platão! Platão há muito tempo é saudado como o pensador mais criativo e influente da história do pensamento ocidental. De fato, muitas pessoas dizem que toda a filosofia consiste em notas de rodapé sobre Platão, o que é realmente um grande elogio. Ele nasceu em Atenas, na Grécia, a cidade onde passou grande parte de sua vida e onde estudou informalmente quando jovem, seguindo o caminho antes trilhado por Sócrates. Platão era tão impressionado com o pensamento de Sócrates — ainda assim, se entendi direito, Sócrates jamais publicou um livro sequer, nem um artigo para jornal — que abandonou suas esperanças de se tornar dramaturgo e poeta e se tornou um filósofo. Imagino que a dra. Munitz terá algumas perguntas para você sobre a reação de seus pais diante das duas escolhas — poesia e filosofia.

MUNITZ: Tenho mesmo várias perguntas urgentes para Platão sobre seus pais. Platão se apresenta para mim como um caso clássico de intelectualização a fim de cauterizar as profundas feridas causadas durante sua impressionante vida precoce.

BURNS: No tempo certo, dra. Munitz, no tempo certo. Continuando: Platão é o autor de pelo menos 26 trabalhos — sei que há pessoas que querem atribuir a você outros trabalhos, mas você evitou se comprometer. *Lança um olhar inquisitivo a Platão, como se esperasse que ele fosse revelar se Alcibíades I e II, Hiparco, Amantes rivais, Teages, Hípias Maior, Minos — afora as Epístolas, inclusive a provocadora Carta VII — são apócrifos, mas Platão mantém seu semblante inescrutável.* É... Bem, imagino que o mistério não vá ser solucionado esta noite no 92nd Street. Todo o trabalho de Platão foi escrito em seu peculiar estilo de diálogo, e vários foram apontados como obras-primas, inclusive seu best-seller *A república*, que estará à venda depois de nosso debate com todas as outras obras até hoje produzidas por ele, e que, acredito, está em mais

PLATÃO NO 92ND STREET Y

bibliografias do que qualquer outro livro jamais escrito. Alguma ideia de quantos exemplares de *A república* já foram vendidos, professor Platão?

PLATÃO: Por favor, apenas Platão. E não. Não tenho a mínima ideia de quantos exemplares de *A república* foram vendidos. Mas podemos perguntar ao Google. Trouxe meu laptop. *Platão procura seu computador debaixo do assento.*

BURNS: Não! Tudo bem, Platão. Não precisamos procurar no Google agora. Eu só estava curioso. Para quantas línguas foi traduzido? Você tem ideia?

PLATÃO: Sinto muito. Também não tenho essa informação. Sei que foi traduzido para inglês e latim.[2]

BURNS: Eu diria que sim! A primeira vez que li *A república* em inglês, e tenho até vergonha de admitir que não foi no grego original, foi quando eu era calouro na Columbia, do outro lado da cidade, e estava na bibliografia da disciplina obrigatória CC, ou Civilização Contemporânea. Na verdade, *A república* foi um dos primeiros livros que lemos — logo após *Ilíada* e *Odisseia* — durante aquele incrível ano em que estudamos os clássicos que prepararam a contemporaneidade. Se alguém tivesse dito, naquele tempo, que algum dia eu chegaria a conversar com o autor e teria oportunidade de enchê-lo de perguntas, eu teria dito que era loucura. E sabe de uma coisa? É loucura! *Risos na plateia.*

Bem, Platão foi muito bem-sucedido com suas publicações, tanto quanto foi um professor célebre. Ele não somente fundou sua própria universidade, a muito bem classificada Academia de Platão, como sempre deu aulas lá, o que, folgo em dizer, está em desacordo com os boatos que escutamos surgir em nossas grandes universidades, onde estudantes de graduação frequentemente não têm sequer um vislumbre dos professores célebres. Ouvi dizer que a palestra de Platão sobre "o Bem" é lendária. E nesses dias em que os pais começam a guardar dinheiro para a educação

---

2. O título grego dessa obra de Platão é *Politeia*. O título *A república* deriva do latim *res publica*, que significa "coisa pública" ou "questões públicas". O termo surgiu, no período romano, como referência a uma forma de governo não liderado por um rei e no qual pelo menos algumas partes da população — o povo como um todo ou a aristocracia — podiam escolher o governo. O ideal de *polis* de Platão — o que ele chamava *kallipolis*, sua bela cidade — é liderada por um filósofo--rei e, portanto, não pode ser denominada república.

PLATÃO NO GOOGLEPLEX

superior dos filhos quando ainda estão no útero, de alguma maneira a Academia de Platão consegue não cobrar mensalidade. Ou seja, é um total de zero dólares ou, imagino que o correto aqui é euro, já que a Grécia ainda está na Zona do Euro — mas será que faz diferença euro ou dólar quando o montante é zero? Esse é o tipo de enigma digno de um filósofo, eu suponho. Talvez seu colega Parmênides?[3]

PLATÃO: Talvez.

BURNS: Outra característica interessante da Academia é que há somente um pré-requisito acadêmico para entrar: geometria.[4] Ou, para dizer de forma que fique claro para um norte-americano, a prova de linguagem do SAT[5] não é necessária, somente a de matemática, o que, certamente, teria me colocado em desvantagem! Mas não guardo mágoas! Além disso — isto é algo que me surpreendeu — sua Academia é uma das únicas instituições de elite que desde o início é uma escola mista. Mista, sem mensalidade e cobra somente uma das provas de SAT: vocês devem ter uma fila de gente querendo entrar!

PLATÃO: Na verdade, não.

BURNS: Sério? Isso me espanta. Alguns de vocês devem ter visto um artigo recentemente publicado pelo meu estimado patrão, sobre as descobertas de dois economistas que fizeram um longo estudo e descobriram que bons

---

3. O filósofo pré-socrático Parmênides, nascido cerca de 515 a.C. era bastante obcecado com a ideia de descobrir a lógica do nada. Desde sua tautologia fundamental, em que o que não é não é, Parmênides prosseguiu com a reflexão sobre a questão referente ao que pode verdadeiramente não existir. Sua resposta: nada.

4. Dizem que gravadas na porta da Academia podia-se ler as palavras *mèdeis ageômetrètos eisitô mou tèn stegèn*, cuja tradução é: "Não deixe nenhum ignorante em geometria vir para debaixo do meu teto." Somente os neoplatônicos, dez séculos depois de Platão, reportaram esse grafite acadêmico, por exemplo, João Filopono, filósofo neoplatônico cristão tardio que viveu em Alexandria no século VI d.C., e Elias, outro neoplatônico cristão do século VI e também de Alexandria. Aristóteles, que estudou na Academia por vinte anos, jamais mencionou essa gravação na porta, pelo menos não em sua extensa obra (muitos trabalhos de Aristóteles se perderam), mesmo assim, é interessante notar que Aristóteles utilizou a palavra *ageômetrètos* em seus escritos. Em seu *Analíticos posteriores*, I, xii, 77b8-34, a palavra é utilizada cinco vezes em poucas linhas. Veja em: Bernard Suzanne. *Plato and His Dialogues*, disponível em <http://plato-dialogues.org/plato.htm>.

5. SAT, ou Scholastic Aptitude Test, é o teste de aptidão escolar utilizado nos Estados Unidos para admissão em universidades, semelhante ao Enem brasileiro. A prova é dividida em três seções: leitura crítica, matemática e escrita (gramática, vocabulário e uso da linguagem). (*N. da T.*)

PLATÃO NO 92ND STREET Y

professores impactam a vida de seus alunos a ponto de influenciar muito além da vida acadêmica, chegando a dimensões de qualidade de vida, incluindo altos salários.[6] Um professor de quarta série poderia fazer a diferença na vida de seu aluno, melhorar as chances dele de entrar para a universidade e evitar equívocos como drogas e gravidez na adolescência, e receber, em média, US$ 4.600 a mais ao longo da vida. Eu sei: é incrível, não é? E penso que essa descoberta demonstra algo que há muitos anos eu levo para debates (à minha maneira jornalística): é de fundamental importância desenvolver um bom caráter durante a infância, e bons modelos são essenciais no desenvolvimento desse caráter.

MUNITZ: Sim. Mas quem pode dizer qual é o bom e qual é o péssimo modelo, se todas as figuras de autoridade tomam para si o direito de se impor para um jovem vulnerável?

BURNS: Boa pergunta, dra. Munitz. Essa, se não me falha a memória, está bem próxima da questão central que Platão se dispôs a responder em *A república,* a partir de sua ideia do filósofo-rei — estou certo, Platão? O filósofo-rei é considerado o melhor modelo de todos?

PLATÃO: Bem... É muito mais complicado que isso.

BURNS: Bem. Sim, claro. É *muito* mais complicado.

PLATÃO: Espero que não tão complicado assim. Apenas o suficiente (na medida) e nada mais.

BURNS: Bem, sim, claro. Eu não queria sugerir o contrário. O que eu queria dizer nessas observações puramente introdutórias é que Platão, em sua vida, representa uma demonstração viva da diferença que uma orientação correta faz no caráter a ser desenvolvido. O professor de Platão, Sócrates, exerceu impacto que durou sua vida toda; e Platão, por sua vez, orientou Aristóteles, que, tenho certeza, vocês todos sabem, teve um sucesso fenomenal e acabou por organizar a própria universidade, o Liceu, concorrente localizada na mesma rua da sua; certo, Platão?

PLATÃO: Sim.

---

6. Annie Lowrey. "Big Study Links Good Teaching to Lasting Gain." In: *New York Times,* 6 de janeiro de 2012.

PLATÃO NO GOOGLEPLEX

BURNS: Sim. Depois, Aristóteles, por sua vez, impactou a vida de ninguém menos que Alexandre, o Grande. Se não me falha a memória.

PLATÃO: Sua memória está correta.

BURNS: Muito bem! Cara, que linhagem pedagógica! Talvez... Sei que temos muito o que debater esta noite, mas talvez essa tradição extraordinária de mentoria dialogue com um outro assunto ultimamente bastante presente nas notícias. Digo, se cursos on-line podem substituir a presença do professor na sala de aula. Platão, você sabia que universidades como Harvard, MIT e Stanford decidiram criar vários cursos on-line abertos e massivos? E que avaliações são enviadas com o material on-line e, ao final do curso, os alunos recebem um certificado, saiba que não é um diploma, para comprovar que participaram?

PLATÃO: Sim. E é o corpo docente regular que leciona nesses Moocs,[7] o que quer dizer que tenho a chance de ter um professor que seja Prêmio Nobel para me ensinar sobre cosmologia e física de partículas.

BURNS: O que pode, como várias publicações sobre esse assunto apontaram, causar um verdadeiro tsunami nos campi universitários. Professores famosos, as estrelas por quem alunos — ou melhor, pais de alunos — desembolsam centenas de milhares de dólares para sentar aos pés estarão acessíveis para qualquer pessoa que tenha acesso à internet.

PLATÃO: Adoro a internet.

BURNS: Sim, notei. Você sempre leva seu Chromebook[8] com você?

PLATÃO: Sim. Desde que visitei o Googleplex.

BURNS: Fascinante! Bem, estou imaginando se você, apesar de gostar muito da internet, concorda comigo que esses cursos on-line massivos, ainda que ministrados pelos mais famosos professores da atualidade, sendo estritamente impessoais, jamais substituiriam o relacionamento pessoal entre professor e aluno — quero dizer, pessoal quando o relacionamento

---

7. Mooc é sigla para Massive Open Online Course, Curso On-line Aberto e Massivo. Os Moocs são cursos on-line oferecidos nos Estados Unidos — atualmente por grandes universidades — para um número indefinido de alunos e sem cobrança de mensalidade, por isso são denominados Abertos e Massivos. (*N. da T.*)

8. O Chromebook é um laptop cujo sistema operacional é o Google Chrome OS. (*N. da T.*)

PLATÃO NO 92ND STREET Y

realmente funciona. Digo, talvez cursos on-line sejam adequados para sujeitos que são práticos. Digamos, no caso de um curso na área de administração. Mas e os cursos no seu campo de estudos, a filosofia? Mesmo que você, Platão, dê palestras on-line gratuitas, questiono se teriam o mesmo impacto com sua presença.

PLATÃO: Claro que não.

BURNS: Então você concorda comigo!

PLATÃO: Concordo. Em um campo como a filosofia, em que a compreensão envolve não tanto a entrega de conhecimento, mas, sim, a transformação de quem o recebe, de maneira que o sujeito a receber o conhecimento, quero dizer, o estudante (ou a estudante) possa gerar para si conhecimento, a presença física do professor é essencial. Esse é o paradoxo pedagógico. A pessoa do professor é necessária exatamente porque o conhecimento mesmo não é transferível de professor para aluno.

BURNS: Fascinante demais. Então o que você quer dizer é que o professor não pode transferir conhecimento dele para o estudante.

PLATÃO: Não pode transferir conhecimento dele ou dela para o estudante ou a estudante.

BURNS: E isso faz da presença dele ou dela ainda mais essencial.

PLATÃO: Exatamente. O fogo pelo assunto e pelo professor são entremeados no estudante recebedor. Somente pela proximidade do professor querido, ele (ou ela) possuidor do fogo e com amor pelo assunto, é que o fogo é capaz de saltar e permanecer aceso no (ou na) estudante em uma chama geradora de conhecimento.[9]

BURNS: Ou, em outras palavras, um cérebro não é um computador, e não somos discos rígidos vazios a espera de que sejam preenchidos com dados. Pessoas aprendem de pessoas que amam e se lembram de coisas que geram emoção.[10]

PLATÃO: Concordo com você.

---

9. Conforme *Carta VII*, 344a-b.
10. David Brooks, "The Campus Tsunami". *New York Times*, 3 de maio de 2012.

PLATÃO NO GOOGLEPLEX

BURNS: Bem, parece-me lógico que você concordaria comigo, já que acabo de me dar conta: adquiri isso de você! Sempre que eu acho que meu pensamento é original, penso um pouco mais e me dou conta de que o adquiri de outra pessoa, e frequentemente de você.

PLATÃO: Não existem pensamentos originais. Todo conhecimento é reminiscência.

BURNS: Pensei nisso muitas vezes também, e agora sei de onde tirei isso! De *Mênon*, estou certo?[11]

PLATÃO: Penso, por outro lado: você mesmo deve ter recordado isso.

BURNS: Obrigado! Você me dá muito crédito dessa maneira! Não consigo expressar adequadamente a emoção que é ter você — aliás, todos vocês — aqui para participar deste diálogo. Isso é um privilégio único.

Então vamos começar. Eu deveria logo avisar à plateia que houve controvérsias na escolha do título do debate desta noite. Na verdade, uma de nossas palestrantes estava tão consternada por termos dado o título de "Como criar uma criança genial" que quase cancelou sua participação; ficamos gratos por ela ter superado suas profundas ressalvas e por ter se juntado a nós esta noite. Afinal, a ideia de diálogo é que a melhor forma de lidar com desacordos é juntar as partes em desavença e deixá-las discutirem. Não é isso, Platão?

PLATÃO: Assim como o pensamento é a alma conversando consigo mesma (*Teeteto*, 189e), forçando-se a articular suas razões e expondo essas razões à avaliação como se expusesse a diferentes aspectos de si mesma, ampliamos nosso pensamento ao trazer outros para o diálogo.

BURNS: Então, nesse espírito de diálogo, que é nada menos que, conforme Platão acabou de nos dizer, o próprio espírito do pensamento, começarei

---

11. Em *Mênon*, Platão reflete sobre um antigo enigma sofista, que diz que ninguém jamais procura aprender algo novo, uma vez que, se as pessoas não conhecem algo, não saberão procurar essa coisa. Platão resolve o enigma por meio de sua doutrina que diz ser todo aprendizado reminiscência ou *anamnese*, e Sócrates propôs: "Toda a natureza é semelhante e a alma aprende tudo, de maneira que, quando um homem se lembra de um conhecimento — em linguagem comum, aprende —, não há razão para que ele não encontre todo o resto, se ele mantiver o coração forte e não se cansar da busca, porque buscar e aprender de fato não são mais que reminiscência" (81d). Logo depois disso, Sócrates separa um dos escravos de Mênon do grupo e rapidamente faz com que ele deduza uma prova geométrica.

por perguntar aos nossos palestrantes qual é o entendimento que fazem do título do diálogo desta noite. Dra. Munitz, que tal começarmos por você?

MUNITZ: Meu entendimento desse título é que ele perpetua e legitima a mais criminosa falsidade, uma falsidade que não é só da mente, mas do coração e da alma, uma falsidade que se posiciona como a causa de toda a miséria autoinfligida da humanidade ao longo dos tempos. Meu entendimento é que o título tem por premissa a perversão.

BURNS: Palavras marcantes, dra. Munitz. Você pode falar mais sobre isso?

MUNITZ: Poderia falar muito mais sobre isso. O desejo de criar uma criança genial é o desejo de sacrificar a integridade dessa criança, seria machucar o suave broto da natureza da criança antes mesmo que tivesse a chance de apontar no solo. E por quem a integridade dessa criança é sacrificada? Certamente não pela própria criança, já que nada pior pode acontecer a uma pessoa do que ser privada da possibilidade de ser ela mesma, isto é, vir a tomar posse da herança de personalidade autônoma de que tem direito.

O sacrifício é, portanto, não em nome da criança, mas em nome dos pais. É um criminoso ato de brutalidade, e o que o torna ainda mais criminalmente brutal é que é brutalmente vivido pela criança, que registra isso em sua psiquê como um assédio, que, como tal, é mantido no corpo da criança por sua vida toda, assim como todo trauma é somatizado, ainda que a memória seja tão reprimida a ponto de ele ser irrecuperável. Essa mãe desavisada, que funciona sem sua integridade, tendo sido submetida à mesma evisceração da personalidade autônoma, não tem ideia — o que não é de se admirar — de como é o interior de sua criança; nem tem ideia de que tal interior exista, já que ela mesma não dá conta de recordar memórias do que é ser criança. Então, livre de fantasias para considerar a criança um projeto, não uma pessoa — projeto *dela* —, de produzir, para citar o título desse livro que eu não li, "uma criança fora do comum" que ela possa exibir como prova de sua superioridade, uma vez que exibir superioridade é tudo o que ela sabe fazer para se assegurar de que ela mesma existe, legado da própria criação brutal. E assim isso persiste, de geração a geração. A criança produzida, o projeto de seus pais,

PLATÃO NO GOOGLEPLEX

é privada do que deveria ser seu projeto de autorrealização e autonomia, do qual, em um saudável estado de afeto, prossegue a garantia de estabilidade de sua existência integral e de seu valor individual inalienável.

BURNS: Então, se você fosse alterar o título do evento desta noite, ele seria...?

MUNITZ: "Como criar seu filho para que ele conheça a própria pessoalidade e tenha força para resistir ao autoritarismo criminoso dos outros."

BURNS: Muito bem. Acho que podemos ver aqui um esboço de diferença de opinião que surge.

MUNITZ: Isso não é opinião, sr. moderador, mas, sim, fato científico comprovado; e aqueles que ainda o negam demonstram, com a própria negação, o quão intrínseco ao corpo está o abuso que não podem acessar. Minhas conclusões são cientificamente comprovadas por décadas de trabalho com meus clientes, buscando, na infância de cada um, a origem de suas neuroses, bem como por pesquisas sobre as experiências de infância de algumas das mais excepcionais pessoas, os famosos e os infames, desde os grandes artistas aos grandes pensadores e aos grandes criminosos. E, a propósito, todas essas pessoas podem, da mesma forma, ser chamadas, sem equívoco, de geniais, o que, mais uma vez, expõe o erro crasso no título do evento desta noite.

BURNS: Parece que você quase sugere que grandeza é, em si, um sintoma da desordem, algo que deveríamos curar em vez de cultivar.

MUNITZ: Grandeza é, por definição, anormalidade. O estado normal de afeto, comprovadamente, *não* deve ser grande. De forma que a *produção* dessa anormalidade demanda medidas extremas. A esse respeito, eu concordo com a pressuposição puramente factual subjacente ao título desse livro que eu não li. É verdade que a brutal intervenção da mãe guerreira é necessária para produzir crianças fora do comum, apesar de que ser fora do comum duplica a brutalidade dos pais e assume forma monstruosa. Mas, mesmo quando isso não acontece, mesmo quando a grandeza é de natureza não monstruosa, é contra a pressuposição moral do evento desta noite, em oposição a sua pressuposição meramente factual, que protesto.

BURNS: Você pode explicar melhor essa pressuposição moral?

PLATÃO NO 92ND STREET Y

MUNITZ: Criar uma criança — que Deus nos ajude agora — *genial* é algo que os pais deveriam desejar. Isso é uma proposição normativa, marcada pela palavra "deveriam", que nos empurra na direção da dimensão moral, uma dimensão da qual as mães guerreiras estão devastadoramente alheias.

BURNS: Bem, com essa pequena demonstração de que concordamos — podemos dizer que concordamos, certo? —, por que não damos a palavra à professora Zee e pedimos que ela fale de sua percepção quanto ao título do evento desta noite? Imagino que você não tenha as mesmas dificuldades que a dra. Munitz.

ZEE: Na verdade, concordo com quase tudo o que a dra. Munitz disse.

BURNS: Você concorda?

MUNITZ: Não. Você não concorda. Não é possível!

ZEE, *virando-se para Munitz*: Concordo! Concordo mesmo! Concordo 100% com você que é obrigação dos pais atentarem para que o melhor potencial dos filhos seja descoberto, de forma que as crianças se tornem as grandes pessoas que elas possam ser, para que realizem o que é de sua personalidade!

MUNITZ: E o que você quer dizer com "melhor potencial"? Quem decide o que esse "melhor" potencial é? Você, sem dúvida.

ZEE: Bem, é claro, pelo menos quando a criança ainda é muito jovem, os pais precisam ser a autoridade que diz o que é melhor. Quero dizer, precisamos compreender: Uma criança não está em posição de escolher entre, digamos, jogar videogame por horas a fio ou memorizar a entediante tabuada. Quero dizer, qual criança irá, de livre e espontânea vontade, parar de jogar o videogame e abrir o livro de matemática? Então, claro, um dos pais precisa determinar a agenda. Uma criança não tem experiência nem conhecimento para saber o que é melhor. Ela não dá conta de olhar para o futuro. Ela pensa somente na satisfação imediata, de gratificação imediata, e não consegue enxergar além da labuta que é memorizar a tabuada ou praticar escalas no piano ou no violino. Ela não consegue ver benefícios na labuta e no tédio e não consegue imaginar o sentimento que a maestria pode lhe trazer, quanto prazer isso acabará por dar a ela! Como ela poderia imaginar isso se ainda não experimentou? Dessa maneira, esse prazer em especial é inimaginável para ela.

203

PLATÃO NO GOOGLEPLEX

MUNITZ: Dará a ela prazer porque garantirá amor e aprovação até então não demonstrados pelos pais, que fizeram da maestria condição para concederem qualquer retorno positivo.

ZEE: É, talvez, pelo menos em parte, mas isso não é ruim, já que vai motivá-la a fazer o que ela deve fazer. Já que uma criança não consegue, sozinha, enxergar os benefícios, seus pais precisam oferecer a motivação, fazer com que pare de jogar seu divertido videogame e memorize a tabuada, e parte da motivação será a aprovação e a desaprovação que os pais oferecem. E uma pequena desaprovação não irá marcar a criança para o resto da vida. Acho um grande erro pensar que nossas crianças são pequenas e frágeis bonecas de porcelana que serão estilhaçadas se utilizarmos um pouco de pressão sobre elas ou se demonstrarmos desaprovação quando não estiverem de acordo com os padrões dos quais não conseguem entender a importância.

MUNITZ: De cara, algumas coisas que você está dizendo soam razoáveis do ponto de vacuidade absoluta. Obviamente, os pais sabem que há certas habilidades que a criança deve desenvolver, como a multiplicação, então é obrigação dos pais ter certeza de que essas habilidades estarão asseguradas — com grande sensibilidade para reconhecer as capacidades da criança, seu ritmo de aprendizagem e, sobretudo, seu senso de dignidade, que irá proibir as táticas de depreciação e desmerecimento que a mãe combatente, ou se preferir, *guerreira*, emprega com tanta agressividade. Mas suspeito que apresentar essas argumentações não vale para expor seu livro a ponto de notoriedade internacional, e estou muito curiosa para saber por que você está tentando evitar as próprias argumentações controversas. Suspeito que você mesma, tendo sido criada pelos métodos draconianos que defende, seja impulsionada por um desesperado desejo de agradar às pessoas, principalmente figuras maternas, um papel que, temporariamente, assumo para você, exatamente porque estou demonstrando minha desaprovação por você. Quanto mais a repreender, mais você tentará me apaziguar, ainda que isso chegue a ponto de você desmentir sua tese, dessa forma, representando diante de nós uma dramática demonstração da dependência, para a vida toda, no narcótico psicológico de aprovação resultante das técnicas de criação dos filhos que você defende.

204

Na verdade, minha suspeita é de que quando você publicou suas reflexões, você não tinha ideia de que eram tão controversas, já que para você, aparentemente, é axiomático que todos os pais querem ter filhos bem-sucedidos que comprovarão a própria superioridade dos pais. Em nenhum momento do seu livro você pensa em examinar a premissa fundamental que discute se é interesse da criança ou dos pais que os filhos sejam "fora do comum", principalmente dados os métodos necessários para produzir tais crianças. Uma criança realmente não é uma boneca de porcelana quebrável!

ZEE: Desculpe-me, mas, sem querer ser conflituosa, preciso lhe perguntar como você sabe que nunca examino essa premissa, se você não leu meu livro? *A plateia ri. Zee sorri para a plateia que responde com alguns aplausos aqui e ali.* O que quero dizer é que, pela minha experiência, os críticos mais enfáticos nem se deram ao trabalho de ler meu livro ou, se leram, entenderam mal porque não entenderam o contexto.

MUNITZ: Na minha área de trabalho aprendemos a deduzir muita coisa. Mas não é muito difícil para meu poder de análise perceber que seu título tem intenção de prender pais com essa mesma mentalidade, que jamais questionarão a premissa bastante questionável acerca do prazer que é criar um filho (ou filha) fora do comum. Em outras palavras, seus leitores são pais que não se interessam por criar uma pessoa, mas, sim, um macaquinho de realejo que possam exibir a fim de ganhar alguns aplausos e moedas.

ZEE: De jeito nenhum! Como qualquer pai e mãe, estou interessada apenas na felicidade futura de minhas crianças e, diferentemente de vários pais e mães de hoje, não penso que seja do interesse de meus filhos ter que ganhar a aprovação *deles* e ser o melhor amigo *deles*. Isso seria pegar o caminho mais fácil. Isso seria colocar os próprios interesses acima dos da criança. *Virando-se para a plateia.* Não é esse o interesse de todos nós, a maior felicidade futura de nossas crianças? Eis a premissa que faltava — até onde eu sei. Há uma felicidade profunda que tem origem na maestria e nas grandes conquistas. Dra. Munitz diz que a grandiosidade é uma anormalidade, e é claro que é, pelo menos até certo ponto,

PLATÃO NO GOOGLEPLEX

no sentido de que é rara. Mas "anormal" não significa "indesejável". Várias coisas que são raras são também desejáveis, e as grandes conquistas são exemplo disso. E ainda vou além, digo que uma das maneiras de avaliarmos nossas conquistas é por meio da aprovação e adulação que elas geram; portanto, há uma alegria profunda no aplauso também, e não há nada errado nisso. É mesmo uma expressão de humildade — não somos os melhores juízes de nossas conquistas, porque, obviamente, somos inclinados a pensar bem de nós mesmos, mas procuramos padrões objetivos estabelecidos pelos outros. Quando os outros nos aprovam, significa que seguimos os padrões, que não estamos apenas afagando nosso ego. Ou seja, você, dra. Munitz, é uma pessoa de conquistas fora do comum! Por que você nos contou, com evidente satisfação — satisfação consigo mesma que é bastante justificável —, que seu livro vendeu um milhão de exemplares? Por que você se esforçou para conquistar tudo o que conquistou? Por que você obteve seus diplomas avançados e escreveu tantos livros e enfrenta seus críticos e faz todas as outras coisas desagradáveis que conquistas exigem, se você mesma não sabe o grande prazer que vem de esforçar-se até seus limites e fazer algo extraordinário e então um milhão de pessoas comprarem seu livro porque reconhecem que sua ação *é* extraordinária?

MUNITZ: Faço isso tudo porque acredito no que estou dizendo e acredito que, se eu não disser a verdade, ninguém mais dirá. Não é pela própria necessidade patética de afirmar minha importância no mundo, de demonstrar superioridade e de ter meu nome na boca de muitas pessoas que escrevo, mas porque tenho convicção de que tenho algo importante a dizer.

ZEE: E se você não tivesse algo importante a dizer, o que você pensaria de si mesma? Você estaria de bem com você tanto quanto agora?

BURNS: Por que não deixamos Platão responder essa pergunta, já que ele certamente tem várias coisas importantes a dizer sobre tantos tópicos?

PLATÃO: A pergunta parecia ser direcionada a dra. Munitz, e gostaria de ouvir a resposta dela. Depois, se você quiser, tento responder eu mesmo.

BURNS: É justo. Dra. Munitz?

PLATÃO NO 92ND STREET Y

MUNITZ: Prefiro não responder à pergunta nos termos pessoais com os quais foi proposta. A questão não é se eu, nem mesmo se a maioria de nós — que fomos submetidos à psicopatologia da parentalidade diária — tem uma incontrolável necessidade de realização, como um alcoólatra tem de bebida e um drogado de entorpecentes, para sentir, pelo menos temporariamente, o efeito de acreditar em si como a pessoa superior cujos pais fizeram acreditar que era absolutamente necessário ser para sentir--se amado (ou amada). Essa não é a questão. A questão é se as pessoas deveriam se sentir assim. E novamente vem a norma, a questão moral. Então respondo inequivocamente que não.

Consideremos o abuso infantil que aqui está envolvido. Isso mesmo, não posso me afastar da acusação de abuso infantil. A necessidade da criança de ter o amor dos pais é esmagadora. O pai ou a mãe que reforça realização impõe à criança a ideia de que ser amada depende de ela desempenhar bem as tarefas que os pais apresentam, diante dos desesperados olhos da criança, como acesso ao amor. Dessa maneira, a criança é condicionada a levar em consideração somente os desejos dos pais em relação a ela, de tão urgente que é sua necessidade de amor, e, com o tempo, a criança perderá o senso de qualquer desejo próprio; obviamente, essa é uma situação que agrada bastante aos pais, uma vez que torna o projeto que tem para a criança — projeto que é a própria criança — muito mais fácil.

E, a propósito, acrescento que essa transformação da criança em projeto somente começou a ser mais frequente com a libertação da mulher. As crianças, que são obstruções, exigem das mulheres ambiciosas, que investiram tanto em educação e carreira, sacrifícios pelo próprio desen-volvimento. Portanto, essas mães exigirão da criança que ela realmente valha o sacrifício, que valha a desaceleração de sua subida em direção ao sucesso. Dessa maneira, a pressão para a criança ser fora do comum apenas se intensifica. Acho que não é por acaso que a autora desse livro, que não li, seja uma profissional de um campo de atuação extremamente competitivo. Para uma mulher como ela, uma criança é tanto um atraso para sua ambição que, para compensar, a criança deve merecer receber

PLATÃO NO GOOGLEPLEX

de volta sua existência, sendo tão excepcional a ponto de ser uma adição, em vez de subtração, nos cálculos do sucesso dela. Assim, o feminismo, sinto dizer, apenas intensificou a projetificação das crianças.

Preciso dizer que essa projetificação terá resultados positivos em forma de boas notas, admissão em escolas metidas a besta e outros truques do macaquinho de realejo, mas a que preço? Uma pessoa criada por uma mãe tocadora de realejo — que sugiro ser um epíteto mais adequado para a mãe guerreira, livrando-a da denominação pseudo-heroica — para sempre associará valor pessoal com passar por cima de outros e colher sinais externos de sucesso, que serão para sempre confundidos com amor, apesar de ser do tipo mais distante e que não se satisfaz. Está se criando uma pessoa que sempre entenderá que as outras são possíveis competidores e, portanto, terá a sensação de ser profundamente isolada, conhecendo apenas a dose de realização pessoal necessária para temporariamente aliviar a dor de estar fechada em um espaço pequeno e frio da própria necessidade de justificar sua existência por meio da excelência.

E essa dose de realização, saiba você, é buscada não para resultar em um trabalho excelente, mas, sim, para resultar em reconhecimento de como alguém é excelente, independentemente de haver verdadeira excelência ou não. Serão buscados atalhos para aprovação, métodos de autopromoção terão prioridade sobre a devoção ao trabalho de verdadeira excelência, que, devo acrescentar, frequentemente não é reconhecido exatamente porque é autenticamente superior. A autora desse livro, que em muito determinou a programação desta noite, diz que há felicidade na aprovação dos outros porque é um sinal de que a verdadeira excelência foi alcançada, mas, preciso afirmar, com base nos anos em que me dediquei ao trabalho como terapeuta, isso não está correto. A aprovação é buscada com desespero, não a realização, propriamente dita. De fato, uma pessoa assim tem pouca empatia pela integridade do trabalho mesmo, assim como não tem ideia da integridade do caráter, e a má qualidade resultará em um mesmo efeito, ou até mesmo um efeito melhor, desde que o enaltecimento seja alcançado.

Em suma, essa é uma receita de ansiedade, solidão e, no fim das contas, mediocridade para o resto da vida. Então, se isso for o que você

PLATÃO NO 92ND STREET Y

deseja para sua criança, realmente, aqui está a receita para criar filhos genialmente excepcionais.

BURNS: Sophie, acho que você deveria ter direito à réplica.

ZEE: Para mim é difícil responder, já que, é bastante óbvio, Mitzi — posso chamá-la de Mitzi?

MUNITZ: Não, você não pode. *A plateia suspira alto.*

ZEE, *ri, um pouco constrangida, mas logo se recupera*: Bem, como a dra. Munitz não leu meu livro, é difícil saber como responder. Ela não precisa ficar repetindo que não leu, porque isso é óbvio. Quanto ao fato de eu abusar de meus filhos, isso é simplesmente ridículo. Na verdade, mesmo eles ficando irritados comigo frequentemente (claro que ficam), eles me agradeceram — e todos os pais sabem o quanto isso é raro —, e agradeceram por eu ter cobrado o máximo deles, porque foi essa cobrança que fez com que eles alcançassem o que parecia estar fora do alcance. Mas não estava fora do alcance deles, e muitos pais jamais permitem que seus filhos descubram quantas metas entre as que eles pensam ser inalcançáveis na verdade está no poder deles alcançar. Isso efetivamente tem a ver com empoderamento! No fim das contas, esse é o significado da criação de uma criança, o que eu acho ser também o pensamento da dra. Munitz. Por isso não acredito que realmente estejamos em desacordo.

MUNITZ: Bem, quanto a isso, você está redondamente enganada. Eu não afirmo ser expert em tudo, mas, no mundo inteiro, sou eu a expert nas coisas que penso, e o que eu penso não está, nem de longe, alinhado ao que você pensa. Eu desejo profundamente que seus filhos sejam tão felizes quanto você parece achar que eles são, e que essa felicidade continue ao longo da vida adulta deles, mas minhas décadas de pesquisa me fazem ser cética, para dizer o mínimo. Claro que seus filhos lhe agradecem; afinal, você incinerou qualquer identidade autônoma neles com a qual poderiam independentemente acessar o que você fez com eles. Você os transformou em pessoas viciadas no sucesso. Eles nunca serão livres, nunca. Empoderamento! Isso é orwelliano. Guerra é paz. Coerção é empoderamento.

BURNS: Sophie, você quer se manifestar?

PLATÃO NO GOOGLEPLEX

ZEE: Bem, penso que é indiscutivelmente empoderador quando nos são dadas opções na vida. Frequentar as melhores escolas proporciona mais opções, abre portas que não seriam abertas em outras circunstâncias, e mais opções significa mais liberdade. Liberdade é, obviamente, um tema filosófico bastante complicado, e fico constrangida até mesmo de apenas tocar nesse assunto na presença de um filósofo da capacidade de Platão; mas, se é que importa, para mim a liberdade de uma pessoa é medida pela quantidade de opções que ela tem. Você é livre apenas quando tem múltiplas opções. Uma pessoa menos livre tem menos opções, talvez até não tenha nem uma que possa fazê-la feliz. Dê a sua criança mais opções e você dará a ela mais liberdade, ainda que você tenha que recorrer a táticas de mãe guerreira para dar a ela essa liberdade.

MUNITZ: Diga-me: Seus filhos podem optar por serem comuns? Você permitiria que eles levassem em consideração essa escolha? Depois de serem criados por vocês, eles poderiam se permitir escolher essa opção?

ZEE: Por que iriam querer ser comuns se eles têm em si tudo o que é necessário para serem extraordinários?

MUNITZ: Mas, se eles decidissem que isso era o que queriam, se isso fosse o que os faria felizes, eles seriam livres para optar por isso?

ZEE: Bem, é claro que seriam livres para escolher o comum. Isso é a posição padrão. Não há muito o que fazer para preparar os filhos para que possam escolher, se assim quiserem, ser comuns. Quase todo mundo nasce para ser mediano, e é aí que entra o trabalho dos pais.

BURNS: Muito bem, vejo que definitivamente desviamos para um caminho filosófico denso, conversando sobre, nada mais nada menos que, a natureza da liberdade! Felizmente, quem melhor que Platão seria a pessoa a ter entre nós para nos guiar em direção a uma clareira? O que você tem a dizer, Platão? Você concorda com a professora Zee que quanto mais opções uma pessoa tem, mas livre ela é?

PLATÃO: Parece-me que a pessoa livre tem uma gama de opções extremamente restrita.

BURNS: Isso me parece bastante paradoxal.

PLATÃO: Sim, e farei minha afirmativa soar ainda mais paradoxal. As escolhas de uma pessoa livre são totalmente determinadas.

BURNS: Você está certo. Isso realmente soa ainda mais paradoxal. Como pode uma pessoa cujas escolhas são totalmente determinadas ser livre?

PLATÃO: Quando é a própria boa índole natural da pessoa que determina as escolhas da pessoa. Imagine uma carruagem puxada por dois cavalos, sendo que um deles é rebelde e incapaz de manter o curso e ou outro segue o caminho sem ser açoitado ou incitado de alguma forma (*Fedro* 253c-d). O cocheiro precisa apenas controlar o cavalo ruim de forma que o cavalo bom o conduza à liberdade. Liberdade não é ausência de controle; controle é a essência da liberdade.[12]

Burns, Zee e Munitz começam a falar simultaneamente.

BURNS, *para Zee*: Você primeiro.

ZEE: Bem, eu só gostaria de dizer que concordo com Platão e que seu argumento sobre liberdade apenas reforça o que eu estava dizendo, uma vez que a natureza da criança ainda está em construção, o que quer dizer que elas ainda não têm uma índole natural, certamente não têm uma *boa* índole natural; o cavalo ruim e rebelde tem total controle e, portanto, elas não podem ser livres. Dessa forma é conceitualmente incoerente que pais tentem dar a elas liberdade. Quero dizer que, de acordo com o que Platão acabou de dizer, coerção de criança nem deveria ser considerada coerção, e o que se faz para aperfeiçoar a natureza delas assegura que quando forem adultas e de fato tiverem uma boa índole natural que possa determinar suas escolhas, essa natureza irá determiná-las como resultados maravilhosos e fora do comum. A liberdade delas irá se expressar em excelência e conquistas, em vez de apenas ocupar espaço. Gostaria agora de citar Platão. *Zee se vira para Platão.* Porque

---

12. Nesse mito ao qual a autora se refere, a carruagem é uma metáfora para a alma humana. Numa corrida entre deuses e almas humanas, estas, devido ao cavalo ruim, não conseguiram chegar ao céu. Por isso, as almas humanas permanecem na Terra e tentam controlar seus cavalos para que possam subir ao alto e adentrar o céu, juntando-se aos deuses. (*N. da T.*)

PLATÃO NO GOOGLEPLEX

eu me lembro de que em *A república* você utiliza a expressão "cidade dos porcos" (372c-d),[13] que realmente me impressionou quando eu era caloura na faculdade, onde, assim como Zack, eu li sua obra-prima. Se bem me lembro, a cidade dos porcos é onde somente as necessidades da vida são atendidas, e as pessoas ficam contentes de simplesmente ficarem deitadas pela cidade e serem, bem, *contentes*, mas não há motivação para que se desenvolvam, para que atinjam o estágio seguinte de civilização. São todos iguais e completamente felizes por serem iguais. Parece um tanto quanto idílico ficarem descansando por aí em camas rústicas feitas de folhas e bebendo vinho e comendo bolo de cevada, juntos cantarolando cantigas simples, provavelmente a maioria desafinada, mas ainda assim, é a cidade dos porcos, e lá não há pintores ou poetas, nem grandes músicos ou cientistas ou filósofos, todos os avanços que exigem das pessoas sair da cama de folhas e praticar escalas e se dedicar muito aos estudos para estudarem nas melhores escolas e se esforçarem para fazer a vida ser distinta e diferenciada. Portanto, sim, é uma cidade dos porcos idílica, mas é uma cidade dos *porcos*. Talvez todos nós fôssemos mais contentes sem estarmos sempre assombrados pela possibilidade de fracasso, independentemente do tamanho do nosso sucesso, ou não sendo esfaqueados no coração quando nossos colegas nos superam; ou ainda, se todos nós estivéssemos apenas descansando por aí, vivendo o momento e brindando uns com os outros com vinho barato, mas jamais teríamos avançado na história de nossa espécie, jamais teríamos alcançado as glórias de, por exemplo, Leonardo da Vinci, ou Einstein, ou ainda... Platão! *Zee abre os abraços na direção de Platão e sorri em júbilo.* Quero dizer, o que há em nós que nos empurra adiante? E digo, coletivamente, como *espécie*, uma espécie de que todos nós nos orgulhamos. O que nos torna mais dignos que os porcos grunhindo contentemente? As pessoas fora do comum que constantemente se esforçam, movidas pelos altos padrões que foram

---

13. Não está claro se Platão compartilha da mesma má impressão de Sophie sobre a comunidade primitiva. Sócrates nunca endossa o julgamento de Glauco de que é uma sociedade onde cabem porcos. Em *As leis*, Platão considera a comunidade primitiva a melhor — apesar de inalcançável.

PLATÃO NO 92ND STREET Y

incutidos nelas, e que determinaram limites altos para nós, e eu acho — *Zee se vira para a plateia, com os braços abertos no mesmo gesto que fez para Platão* — que isso é o que queremos para nossas crianças!

Aplausos prolongados da plateia.

MUNITZ: Você realmente pensa que seus macaquinhos performáticos vão nos empurrar adiante, como espécie? Eles são treinados para serem profissionais na arte de agradar às pessoas, buscando validação em aplausos. *Munitz encara a plateia como se esperasse que pelo menos uma pessoa aplaudisse. Nenhuma aplaude.* Aqueles que empurram a espécie adiante são, por definição, fora de sintonia com a massa da humanidade e provavelmente não ganharão, em vida, aprovação por seus esforços. Se aprovação é o que almejam, então é melhor ficarem lá atrás no espaço do que já se conhece, do que é "tiro e queda". E eu também posso buscar ajuda em *A república* de Platão, que li sozinha, pela primeira vez, aos doze anos, para apoiar o que estou dizendo. Refiro-me à famosa caverna.

Relembre como Platão descreve a caverna:[14] prisioneiros acorrentados de maneira que não possam mexer a cabeça encaram sombras que se movem na parede de pedra no fundo, feitas por fantoches que eles não podem ver, e que estão sendo movimentados sobre um muro atrás deles, com uma pequena fogueira atrás do muro, produzindo uma luz sombria. Para eles, essa sombra diante de seus olhos é o mundo, e eles se treinaram para serem especialistas em discernir quaisquer padrões que ali possam ser encontrados, e adquirem o direito de se gabarem da habilidade de prever as sombras que possam aparecer em sequência. Alguns serão "sombristas" fora do comum, terão a admiração dos outros "sombristas", sem dúvida expressa por prolongados aplausos.

E então um dos prisioneiros consegue se libertar[15] e enxergar o que são as sombras. Ele vê o muro e as pessoas manuseando os fantoches e

---

14. *A república* 514a.

15. A interpretação da dra. Munitz do Mito da caverna, de Platão, não é totalmente correta. Por exemplo, o prisioneiro não se liberta, mas é libertado e quase involuntariamente arrastado para fora da caverna. Ela está preocupada em destacar o heroísmo solitário da vidente.

PLATÃO NO GOOGLEPLEX

o fogo atrás do muro; esforça-se, tateando, chega à abertura da caverna e sofre com a dor da luz forte que vem de fora e entra em suas pupilas pela primeira vez. Mas ele se esforça para não desviar o olhar, para não voltar para a familiar escuridão onde ele e todos os outros foram criados. Vagarosamente, sozinho, na grandeza da solidão, ele se acostuma à dor da iluminação, até que consegue ver claramente, até que finalmente consegue olhar para a própria luminosidade do sol, a verdade sustentável que proporciona a mentira para tudo o que passa por verdade dentro da caverna. Como ele adoraria ignorar os moradores da caverna subterrânea e jamais descer novamente para as empoeiradas profundezas da escuridão; no entanto, ele sentirá a obrigação de compartilhar sua visão esclarecida com seus antigos compatriotas, por pena da cegueira ignorante e da escravidão deles. Como ele lutará contra si mesmo para conseguir dar as costas àquela terrível caverna, finalmente superando sua resistência e voltando-se para as multidões na escuridão, conversando com as pessoas sobre a inimaginável luminosidade que ele viu com os próprios olhos e as incentivará a livrarem-se de seus grilhões para segui--lo, saindo da verdadeira escuridão que os engole.

E como as pessoas o recebem; ele, quem verdadeiramente alcançou o que vale a pena na vida? Teria sido com aprovação? Certamente não! Com seus olhos acostumados à luz, ele não conseguirá identificar as sombras, e as pessoas dirão que ele retornou com suas faculdades afetadas. Por suas atrapalhadas na escuridão sem sentido, elas não direcionarão a ele elogios, mas, sim, zombarias. Ele tentará convencê-las de que aquilo para o qual olham não vale a pena ser olhado, e as pessoas responderão com hostilidade e tentativas de invalidar o que ele diz, lançando mão de pseudoestatísticas de sombras. Ao desafiar a visão errônea que as pessoas têm do mundo, ele provocará uma reação tal que os ouvidos delas vão parar de ouvir uma palavra que seja daquilo que ele disser sobre a verdadeira realidade que afasta as sombras deles. Sua conquista será recebida com rejeição e zombaria.

Já não consigo contar quantas vezes retomei a leitura do Mito da Caverna de Platão, compreendendo a partir dele que na zombaria estão os profetas da verdade — pelo menos até o ponto em que a verdade já não pode ser completamente ignorada e, então, será higienizada e transformada num filme da Disney com final feliz, para as mães que criam filhos fora do comum poderem seguramente levar seus pequenos macaquinhos para assistir.

BURNS: Bem, isso é fascinante, senhoras e senhores, porque tanto a professora Zee quanto a dra. Munitz apelaram para a obra de Platão em busca de apoio para seu ponto de vista, divergentes entre si. Isso reforça o que eu disse ao apresentar Platão esta noite: que todos gostam de fazer referência a ele, felizes por serem contados entre as notas de rodapé sobre ele. Portanto, depois de termos ouvido a professora Zee e a dra. Munitz citá-lo, vamos finalmente prestar atenção em você, Platão, e deixá-lo se explicar.

PLATÃO: Por onde gostaria que eu começasse?

BURNS: Boa pergunta! Porque não começamos com a projetificação da criança, a que a dra. Munitz se referiu? Enquanto ela falava, eu não conseguia deixar de pensar no intenso programa de educação das crianças que você expõe em *A república*. Você é tão voltado para a prática quanto qualquer mãe guerreira, discutindo tudo, desde os tipos de histórias para dormir que deveriam ser contadas para crianças[16] até a determinação de quais matérias deveriam ser estudadas na escola e até mesmo as atividades extracurriculares que deveriam ser incentivadas. Se não me falha a memória, você concorda com a professora Zee que a aula de teatro sem dúvida está fora (*A república* 398a), enquanto música está dentro — apesar de vocês dois discordarem quanto aos esportes. Sophie, você de maneira

---

16. "Você sabe, não é, que o início de qualquer processo é mais importante, principalmente para qualquer pessoa que seja jovem e tenro? É nesse momento que se é mais maleável e que se aceita qualquer padrão que alguém possa desejar impor. Então, deveríamos nos descuidar a ponto de permitir que as crianças escutem velhas histórias contadas por uma pessoa apenas, e tomar para si, na alma, crenças que são, em sua maioria, opostas àquelas que pensamos ser importante reterem quando forem adultos?"(*A república* 377 a-b). Entre os contadores de histórias que Platão criticou estão Hesíodo, Ésquilo e, sobretudo, Homero. Platão critica Homero por ele ter apresentado Aquiles se permitindo um comportamento impróprio a um herói — especialmente seu "servilismo acompanhado do amor por dinheiro, por um lado, e arrogância no trato com os deuses e os humanos, por outro" (*A república* 391c).

PLATÃO NO GOOGLEPLEX

alguma se demonstrou entusiasmada com a possibilidade de seus filhos participarem de esportes, enquanto você, Platão, expressa que o esporte é fundamental na educação da criança perfeita.

PLATÃO: Ambos música e esporte são fundamentais, uma vez que têm influências opostas, mas igualmente positivas no desenvolvimento da criança (*A república* 410 b-412 a).

MUNITZ: Em todas as crianças?

PLATÃO: Bem, eu me limitei principalmente a certa subclasse de crianças.

MUNITZ: Sim, à elite. As únicas pessoas que realmente contam em suas estimativas.

PLATÃO: Não diria isso.

MUNITZ: Tenho certeza de que você não diria isso.

PLATÃO: Eu tentava pensar o que seria melhor para todos na sociedade, não somente para uma classe (*A república* 410b-412a). Se há um tipo especial de pessoa a ser identificado e amplamente treinado em minha sociedade justa, isso é tão somente para o bem coletivo. É verdade que minha própria admiração por Esparta se originou do fato de eles promoverem o bem coletivo acima de qualquer bem individual, mesmo o mais excepcional deste. De alguma forma era diferente em minha Atenas. O bem coletivo deve ter precedência sobre todos os demais em questões de justiça. E é difícil haver justiça em uma sociedade quando grupos são colocados uns em oposição aos outros, de forma que ocorrências que para um grupo sejam vitórias, para o outro sejam fracassos.

BURNS: Você está falando de conflitos de soma zero.

PLATÃO: Sim, exatamente isso. Soma zero. A sociedade é justa quando conflitos de soma zero são minimizados a ponto de serem eliminados (*A república* 422a-423e; *Leis* 628b-e).

MUNITZ: Mas como você pode evitar os conflitos de soma zero quando você dá privilégios de autorrealização a um grupo apenas? Não há como a organização social inteira ser soma zero.

PLATÃO: A autorrealização é, obviamente, boa para todos e a autorrealização de todos é um bem de soma positiva. Mas há diferentes tipos de personalidades, com diferentes habilidades que levam a diferentes for-

PLATÃO NO 92ND STREET Y

mas de autorrealização. Realização como um bem, é sempre realização, independentemente do que a pessoa faça para se sentir realizada — seja filosofar, seja trabalhar na fazenda, a realização é exatamente a mesma.

MUNITZ: Ah! Então agora chegamos ao ápice do elitismo, ultrapassando qualquer coisa que até a mãe guerreira estaria preparada para dizer, ou até mesmo escrever, uma vez que ela pelo menos seja igualitária em sua crueldade, acreditando que ser mãe guerreira poderá fazer qualquer criança ser superempreendedora. Ela pelo menos não teria crianças tiranicamente controladas sobre trilhos, como um trenzinho, mas, sim, as empurraria para fora da linha, para que tentassem competir até a morte, na pista de alta velocidade.

PLATÃO: E ainda, se realmente for evitar a crueldade que você tanto menospreza, exatamente essa especialização conforme habilidades natas é exigida. O que é brincadeira e prazer para um tipo de criança é coerção e tortura para outra, que não vai aceitar, ainda que haja tentativa de coerção (*Carta VII* 341d-344a). E, de todo coração, concordo com você que crianças não deveriam ser submetidas à tortura sendo educação a justificativa, porque é totalmente contraproducente. Na verdade, até onde for possível, a educação de uma criança não deveria tomar forma de obrigatoriedade, mas sim de brincadeira (*A república* 536d-e). No grego, nossa palavra para brincadeira é *paidia* e a palavra para educação é *paideia;* é natural e correto dizer que essas palavras deveriam estar entrelaçadas na raiz, com nossa palavra para criança, *paides*, que originou para vocês as palavras pedagogia e pediatra.[17] O que uma pessoa tentar forçar para que faça parte da natureza de uma criança jamais será bom. A brincadeira é da natureza da criança, e a educação é nosso objetivo, a

---

17. L. Brandwood, em sua obra *A Word Index to Plato* lista mais de sessenta citações em *A república* para as variantes do substantivo *paideia* e para a forma verbal *paideuein* em referência à educação/cultura e o processo educacional. Referências a brincar/brincadeira em sua forma substantiva (*paidia*) ocorrem mais de 25 vezes, e em sua forma verbal (*paidzen*) mais de oito vezes em *A república*. Ambas as palavras estão relacionadas à educação e atividades de crianças (*pais* e *paides*), mas também à educação de filósofos. Os termos *paideia*, a palavra para educação/cultura; *paidia*, a palavra para brincar/brincadeira/passatempo/esporte; e *paides* a palavra para criança, têm a mesma raiz. Veja em "Brincadeira e educação em *A república* de Platão", por Arthur A. Krentz. Disponível em: <http://www.bu.edu/wep/papers/Educ/EducKren.htm>.

PLATÃO NO GOOGLEPLEX

brincadeira deveria ser honrada e preservada ao longo da infância pelo tempo que for possível. Portanto, devemos dizer que a soma e a substância da educação é o treinamento certo que efetivamente direcionará a alma da criança que brinca a sua vocação quando adulta (*Leis* 643d).

MUNITZ: Bem, nesse ponto, especificamente, concordo com você, obviamente. O que me recuso a aceitar é esse seu notório elitismo. Você dispõe um programa de enriquecimento somente para sua classe dirigente — raça superior, de certa forma — como se os demais, os meramente ordinários, não lhe dissessem respeito, já que são incapazes de alcançar vida e pensamento conforme você mantém como sendo o mais alto ideal. Você é exatamente igual a nossa mãe guerreira quando dispensa a vida humana ordinária como vida sem valor, sem dignidade, concentrando todos os seus esforços na construção de uma classe excepcional, os privilegiados e os poderosos.

PLATÃO: Jamais tive interesse em construir a mais excepcional classe de pessoas simplesmente por sua excepcionalidade. Queremos uma cidade cujos cidadãos tenham capacidade de alcançar virtudes e, portanto, sejam felizes (*A república* 420b; *Leis* 630c3-6, 705d3-706a4). Essa seria uma cidade justa, por fazer justiça para todos. E isso requer governantes que estão em harmonia com a cidade e jamais a explorarão. Dessa maneira, por exemplo, não penso que aos governantes deveria ser permitido possuir substancial propriedade privada, uma vez que substancial propriedade imediatamente os tornará cidadãos de riqueza, com os próprios interesses para proteger. E há outros privilégios, além da riqueza, que cidadãos aproveitarão, mas que devem ser negados aos governantes (*A república* 416d-421c). Os guardiães do Estado justo deveriam ser os cidadãos menos privilegiados de todos. É essencial para o Estado justo que os ricos sejam mantidos distantes do poder político e que os poderosos políticos sejam mantidos distantes da riqueza.

BURNS: Fascinante. Incrivelmente fascinante. Você deve ter uma opinião firme acerca da reforma de financiamento de campanhas.

PLATÃO: As tentações do poder são enormes...

MUNITZ: O poder corrompe, e o poder absoluto corrompe absolutamente.

218

PLATÃO NO 92ND STREET Y

PLATÃO: Sim, isso mesmo, dra. Munitz. Como o poder absoluto corrompe absolutamente, minha preocupação é de que a classe governante — e não vou negar, é para isso que são escolhidos e treinados aqueles a quem chamo *os guardiães* — seja, até onde for humanamente possível, incorruptível e presa à ordem moral. Enquanto for, a Cidade justa vai durar.

MUNITZ: Então os guardiães sem proteção protegerão a si mesmos. Isso é possível?

PLATÃO: Não muito. E é por isso que eu fiz de tudo em minha bela cidade para explicar como os guardiães deveriam ser tratados para que se tornassem homens e mulheres excepcionais a ponto de serem intocáveis — mais uma vez, até onde for humanamente possível — pelas tentações normais da humanidade. Ainda assim previ, se é que você se lembra, que mesmo um Estado dessa forma irá, em algum momento, quebrar (*A república* 546a-580b).

MUNITZ: Se me permite uma humilde sugestão, dada a dificuldade de manter a elite que está no poder distante da corrupção, seria melhor reconsiderar completamente sua estrutura social e permitir que cidadãos tenham controle e responsabilidade sobre os tais guardiães? Guardiães mesmo! Você pode argumentar que apenas teorizava utopicamente, mas os valores são reais e, penso, desconcertantes; primeiramente o paternalismo que têm cidadãos adultos livres exigindo guardiães designados a eles como se fossem crianças órfãs. Não seria melhor tentar educar *todos* os cidadãos de forma que possam assumir poder total sobre a vida, como adultos competentes, garantindo a eles dignidade e autonomia de seres humanos responsáveis, em vez de colocá-los sob a proteção daqueles que pensariam e agiriam por eles?

PLATÃO: Pensar é muito difícil.

MUNITZ *encarando Platão*: Ah! Então somente sua elite pode pensar!

PLATÃO: Todos os cidadãos pensam, claro, dentro de sua melhor habilidade.

MUNITZ: Mas a habilidade de algumas pessoas permitirá que tomem importantes decisões.

PLATÃO: Assim como a habilidade esportiva de algumas pessoas permite que participem das Olimpíadas.

PLATÃO NO GOOGLEPLEX

MUNITZ: Por favor! Não há comparação. Você pode privar pessoas da oportunidade de competir nas Olimpíadas e não as privará da dignidade inerente a sua condição humana. Mas, se privar os cidadãos do direito de levar suas regras em consideração, não somente estará preparando o campo para a tirania, como diminuirá seus cidadãos ao status de crianças dependentes. Isso os danifica seriamente, ainda que os governantes tenham as melhores intenções.

PLATÃO: Você é uma verdadeira democrata, dra. Munitz.

MUNITZ: Você não acredita na democracia?

PLATÃO: Pouquíssimo, devo confessar.

BURNS: Isso me faz lembrar do comentário de Winston Churchill sobre a democracia ser a pior forma de governo, exceto todas as outras já tentadas, de tempos em tempos.

MUNITZ: Estou tentando imaginar se você vai conseguir convencer Platão disso.

PLATÃO: Sua democracia é bem diferente da que eu estava familiarizado em minha Atenas, e tenho tentado entendê-la. A internet está disponível, mas o que ainda não consegui entender é se a internet, sozinha, fortalece sua democracia ou a enfraquece.[18]

BURNS: Quando você descobrir, conta pra gente? Bem, esse papo está fascinante, mas acho que estamos nos afastando demais do tema, se é que me lembro bem, educação das crianças. Então...

MUNITZ: Com licença, sr. Moderador, mas se me permitir, gostaria de fazer uma pergunta pertinente e apolítica para Platão. Você acredita, que seu método de educação infantil cria as melhores pessoas que seja possível; ou, para utilizar a odiosa expressão desta noite, a mais extraordinária pessoa, não acredita?

PLATÃO: Acredito e não nego (*A república* 456e).[19]

MUNITZ: E qual é o parâmetro para essa pessoa? Em qual escala decide-se que sua excepcionalidade é a excepcionalidade que importa?

---

18. Veja páginas 408-409, a seguir.

19. "Não serão esses os melhores cidadãos? E não serão essas as melhores mulheres? Há coisa melhor para o Estado do que haver nele a melhor geração de mulheres e homens possível."

PLATÃO: A realidade é o parâmetro.

MUNITZ: E estamos falando da realidade *de quem* exatamente?

PLATÃO: De ninguém. De todos. O que simplesmente é, para todos nós igualmente, e está aí fora para ser descoberto.

MUNITZ: O que simplesmente está aí porque a classe dominante diz que é.

PLATÃO: Dessa forma você está entendendo de forma inversa.

MUNITZ: Talvez sua maneira seja compreender tudo de forma inversa. Quem é você para dizer o contrário?

PLATÃO: Não só eu falo o contrário, como você também faz isso, dra. Munitz. Você já disse o contrário e foi bastante incisiva.

MUNITZ: Eu? Raramente aceito essa visão hegemônica da realidade, que corresponde a uma forma a mais de as autoridades imporem-se àqueles que não têm poder e negar a eles a autonomia que lhes é de direito.

PLATÃO: Ainda assim, em sua eloquente maneira de recontar o Mito da Cavena, você ressaltou a diferença entre os "sombristas" e os profetas da verdade.

MUNITZ: As únicas realidades que reconheço são aquelas incorporadas ao sofrimento pessoal profundamente inserido na história de cada um. E essa realidade nenhuma autoridade deve autorizar ou não; essa, pelo menos, pertence à pessoa de quem é a realidade.

PLATÃO: Mas é uma realidade que poucas pessoas são capazes de enxergar sozinhas, conforme seu relato, mas que você enxergou e corajosamente tenta fazer outras pessoas enxergarem, não importando se rejeitam a verdade e dificultam a vida para você com essa rejeição.

MUNITZ: Sim, isso tudo é mesmo verdade.

PLATÃO: E ainda há muito mais da realidade que você enxergou e os outros não, estendendo, como você mesmo disse, para dentro da esfera normativa. Você não somente conhece o sofrimento pessoal profundamente inserido na história de cada um, como se sente insultada com esse conhecimento, por saber o quão errados são ambos o sofrimento da criança e a vida atrofiada a que ele levará. Você sabe ser injusto que os pais privem suas crianças da possibilidade de encontrarem alegria e autoconhecimento que, você sabe, todos nós temos isso vindo em nossa direção. E quando

PLATÃO NO GOOGLEPLEX

pessoas acorrentadas de maneira a apenas ver as sombras dançando no muro vão até você para pedir ajuda, você, então, sabendo muito mais do que elas sobre a realidade que as conduzirá a uma falsa percepção da realidade, ajuda-as a abrir os olhos para a realidade, para recuperar a visão do que *é*. Você mostra o que *é*, mesmo que todos exceto você neguem que isso seja o que *é*, porque apenas apreendendo aquilo que *é* podem se libertar de sua dor. Ou será que não compreendi a natureza do trabalho de sua vida?

MUNITZ *quase sussurrando*: Você entendeu exatamente como é meu trabalho. Jamais escutei alguém falar dele tão bem!

PLATÃO: Portanto, dra. Munitz, quando falo que é um equívoco afirmar que a realidade é o que quer que o mais poderoso disser que é, somente estou concordando com você. E, quando falo que é correto que os guardiães deveriam ser aqueles que são capazes de perceber a realidade e, mais importante, os aspectos da realidade que descrevem bondade, justiça e sabedoria, eu espero que você concorde comigo. Deixemos que a realidade escolha os poderosos, em vez de os poderosos escolherem a realidade. Isso não é menos tirânico?

MUNITZ *estranhamente ainda com a fala suave*: Mas então você exalta a realidade como tirana.

PLATÃO: É melhor tirana que cada um de nós; certamente com mais direito de impor-se a nossa mente do que qualquer ser humano.

MUNITZ *recuperando as energias*: Mas seus guardiães ainda seriam humanos — bastante humanos —, e, sem outros para os controlar, irão se esbaldar em um banquete de poder e engordar até que, sem demora, tornem-se fascistas.

PLATÃO: Obviamente, esse perigo existe, sendo a natureza humana o que é. Por isso tentei impor a eles a mais forte amarra que pude conceber. Algo muito mais forte que outros humanos é o que deve limitar o poder dos guardiães, e isso é a própria realidade. Toda grandeza que eles possam sentir na posição em que estiverem parecerá risível, se comparada a grandeza do que *é*, inundada em beleza e bondade. Você acha que a mente habituada a pensamentos de grandeza e contemplação da totalidade do tempo e da existência pode considerar a vida humana algo de grande importância? (*A república* 486 a). E que grande senso de responsabilidade os guardiães sentirão em relação aos demais, um sensível senso de cuidado com aqueles que estão privados da visão que dá o significado de felicidade à própria vida. Não lhes ocorreria explorar quem não é capaz de enxergar o que eles enxergam; e não seria diferente com você, dra. Munitz, explorar as pessoas que vão até você em busca de sua ajuda e direcionamento. Você mesma se desviou de um treinamento que recebeu, mesmo tendo lhe dado muito poder sobre os outros, exatamente porque você, percebendo mais da realidade, compreendeu que alimentar essa possibilidade de poder é impensável. Você mesma, ao ver o que *é* e ao sentir a responsabilidade que tem com suas criaturas companheiras resultante dessa capacidade de enxergar, demonstrou algumas das qualidades que eu exigiria dos guardiães e, eu diria, você já atingiu a posição de guardiã.

MUNITZ: Está me dizendo que em sua utopia eu seria uma guardiã?

PLATÃO: A conclusão é óbvia.[20]

MUNITZ: Estou emocionada.

BURNS, *sorrindo*: Veja só, dra. Munitz, você entrou da forma mais fácil, sem passar pelo extenso programa de educação infantil de Platão.

MUNITZ: Garanto que nenhuma parte do caminho foi fácil.

BURNS, *ainda sorrindo*: Tudo bem, vamos agora voltar às recomendações de Platão para a educação de uma criança extraordinária — educada, como ele mesmo apontou, não tanto pela extraordinariedade da criança, mas pela sociedade, para garantir que as pessoas dotadas de poder não abusem dele.

ZEE: Mas, Platão?

PLATÃO: Sim?

ZEE: E a cidade dos porcos?

PLATÃO: O quê?

---

20. Não tenho certeza se essa é apenas a maneira de Platão lidar com Munitz ou se ele realmente quer dizer que ela é uma possível guardiã. Indispensável dizer, ele não tinha em mente qualquer coisa parecida com psicoterapeutas quando falou sobre guardiães.

PLATÃO NO GOOGLEPLEX

ZEE: Ora, não seria também imperativo, para o bem da sociedade como um todo, para o bem da sociedade no futuro — e é disso que realmente estamos falando quando mencionamos criar as melhores crianças possíveis — que criássemos hábitos de excelência, levando-nos a tomar cada vez mais distância dos porcos, que nada conquistam por levar uma vida de preguiça, à toa?

PLATÃO: O que você realmente está me perguntando é se o que queremos da sociedade é que ela nos proteja ou que nos aperfeiçoe.

BURNS: Bem observado. E qual é sua reposta, Platão?

PLATÃO: Primeiramente, precisamos pedir que nos proteja — que nos proteja de nossos inimigos externos, assim como do que de pior possamos fazer uns com os outros.

BURNS: Pode me chamar de bobo otimista — minha esposa faz isso sempre — mas por que não podemos esperar as duas coisas da sociedade: que ela tanto nos proteja quanto nos aperfeiçoe?

PLATÃO: Suspeito que sua esposa também diria que eu sou bobo otimista.

BURNS: Isso! Era exatamente isso que eu queria ouvir de você! Porque sua bela cidade foi pensada para fazer os dois, não é?

PLATÃO: Foi pensada, em primeiro lugar, para nos proteger. Mas, ao exigir que os melhores entre nós assumam essa tarefa — e são os melhores entre nós exatamente porque eles podem nos proteger deles mesmos —, exige-se o programa de aperfeiçoamento.

BURNS: Dessa maneira, a perfeição é a cobertura do bolo.

PLATÃO: De onde venho, dizemos que é o mel no baclava.[21]

BURNS: Mel no baclava, gostei disso! Então, agora, vamos ao mel. Melzinho na chupeta! *Risadas esparsas.* Tudo bem... Desculpem-me. Meu senso de humor também é algo que minha esposa costuma criticar, mas sem qualquer efeito, obviamente.

Então vamos ao que interessa aqui: suas sugestões práticas de como podemos ser aperfeiçoados. Deve-se começar bem cedo na vida de uma

---

21. Baclava ou baklava é o nome de um doce feito com massa folhada, recheado com nozes, avelã ou pistache, com cobertura de mel. É típico do Mediterrâneo e do Oriente Médio. (*N. da T.*)

criança, então você seleciona certo tipo de criança como tendo o potencial para chegar ao topo. Como você consegue ver esse tipo de potencial tão cedo na vida de uma criança? O que você procura nela? É uma questão estritamente de QI, inteligência geral?

PLATÃO: Não estritamente. Uma mente rápida é parte, sim, do que é necessário para chegar, como você disse, ao topo. No entanto, também há uma questão crucial: o caráter.

BURNS: Caráter, sim, exatamente!

PLATÃO: E, em especial, temperamento. Mera inteligência, sem temperamento, resulta em um material fraco. Deve haver algo que em grego chamamos de *thumos*.

BURNS: *Thumos*. Pode me dar um exemplo?

PLATÃO: Bem, eu diria que a professora Zee é um bom exemplo de *thumos*. Minha classe de guerreiros é composta por pessoas que se diferenciam pelo *thumos*, e a professora Zee é mãe guerreira.

MUNITZ: Platão, suspeito que você tenha entendido mal o título do livro dela. Ela obviamente usou a palavra "guerreira" de forma figurativa.

PLATÃO: Entendo. Ela usou o termo "guerreira" para dar sentido a certo tipo de pessoa, certo tipo de natureza, o tipo que tem grande desejo por reconhecimento e glória.

MUNITZ: Por autorreconhecimento e autoglorificação.

PLATÃO: Você diz como se houvesse algo de errado nisso. E essa é a principal meta da pessoa que tem *thumos*.

MUNITZ: Sim. Sou veemente em dizer que há algo de errado com essa obsessão por autorreconhecimento e autoglorificação. E eu deveria ter pensado que você concordaria comigo, é tão veemente quanto; afinal, você faz uma imagem da pessoa virtuosa como alguém que transcende a própria pequenez, submetendo seus objetivos e desejos pessoais às exigências do bem.

PLATÃO: Você não pode mudar a natureza humana. Somente pode mudar a *polis*, de forma que o potencialmente perigoso seja transformado em inofensivo ou até mesmo, na sociedade mais bem organizada, em benefício. O desejo de distinção está na maioria e, em algumas naturezas,

PLATÃO NO GOOGLEPLEX

é o impulso e gera em tais pessoas vivacidade, caracterizada por um desejo grande de se distinguir. Quem não possui essa vivacidade jamais fará muito mal ao mundo, verdade, mas, da mesma forma, jamais fará muito bem.

BURNS: Portanto, você aprova o *thumos*?

PLATÃO: Não cabe a mim, nem a nenhum de nós, aprovar ou desaprovar a natureza humana. Apenas cabe a nós tentar trabalhar com ela.

BURNS: E de fato são as crianças dotadas de *thumos* que você seleciona para seu programa de aperfeiçoamento.

PLATÃO: Sim. Vivacidade se manifesta cedo; ela se mostra na maneira como a criança brinca. Devemos prestar atenção na criança brincando, já que a natureza de sua individualidade é revelada na brincadeira (*A república* 536). Uma criança que demonstra grande orgulho em suas brincadeiras, esforçando-se com paixão e foco, é o tipo de pessoa que será dedicada a se aperfeiçoar. Mediocridade não é opção para uma alma como essa. Ela recua diante da ideia. Professora Zee é um bom exemplo dessa vivacidade.

MUNITZ *murmura algo inaudível, talvez seja em alemão.*

BURNS: Então o que você está dizendo é *alea iacta est*, desde a mais tenra idade? Você não consegue dar vivacidade a uma criança que não a tem?

MUNITZ: Você certamente pode ir na direção contrária e matar a vivacidade de uma criança.

PLATÃO: Isso seria grave. Não somente para a criança, mas também para o bem maior.

BURNS: Porque você faz da vivacidade uma exigência para o tipo de aperfei-çoamento da criança que você tem em mente; aquele que, você acredita, tem potencial para fazer muito bem à sociedade.

PLATÃO: Sim. Mas devo ressaltar novamente que o potencial é o mesmo para o mal. *Thumos*, por si só, pode levar a terríveis excessos; pode levar a pessoa a ter uma conduta violenta e selvagem, seu orgulho e sua ambição se sobressaindo a todos os outros valores. Pessoas assim seguirão seus impulsos de autoengrandecimento com fanatismo. E quando dotadas de *thumos* são inteligentes e têm carisma, o estrago que podem causar no mundo é profundo.

PLATÃO NO 92ND STREET Y

BURNS: O tipo de monstro a que a dra. Munitz se referiu.

PLATÃO: Sim, às vezes monstros, às vezes simplesmente malandros excessivamente charmosos.

BURNS: Então nem mesmo inteligência e vivacidade são suficientes. O restante é uma questão de treiná-los, a projetificação de que a dra. Munitz
falou antes? Você consegue pegar qualquer criança que atenda a seus
requisitos de inteligência e vivacidade e transformá-la no tipo de pessoa
fora do comum que procura?

PLATÃO: Para que possa transformá-la nesse tipo de pessoa, há ainda mais
um traço de caráter, que é inato e essencial. É um traço que exige tanto
inteligência quanto vivacidade, mas é algo extra, já que certamente conheci pessoas que são dotadas de inteligência e vivacidade, e ainda assim
lhes falta essa qualidade (*A república* 375e). E aponto a dra. Munitz
como o exemplo ideal.

Munitz levanta as duas sobrancelhas, bastante pronunciadas e articuladas,
praticamente preênseis.

PLATÃO: Não sei se descrevo como desejo ou antipatia, são ambos. É o
horror inato de ser enganado quanto à natureza das coisas. Talvez o
melhor nome para isso seja amor pela sabedoria, (ibid.); algo diferente
de inteligência e diferente de conhecimento. Aqueles que possuem esse
traço amam a verdade não porque é como isso ou aquilo. Eles amam a
verdade simplesmente porque *é* verdade, e estão preparados para amá-la,
independentemente do que se tornar. Eles se manterão firmes a uma visão
enquanto ela lhes parecer verdade, e não serão desviados dessa visão,
não importando o que os outros lhes digam ou quais forem as opções
mais exuberantes e atraentes diante deles; mas também são as pessoas
que menos relutam em abandonar uma antiga visão que amavam, se em
algum momento forem convencidos de que não é mais verdade. Estão
sempre farejando a verdade, como cachorros, que são os animais menos
filosóficos (*A república* 375d-e). E esse traço é algo diferente de inteligência e vivacidade, ainda que liste inteligência e vivacidade a seu favor. Mas

PLATÃO NO GOOGLEPLEX

é certamente diferente, já que inteligência e vivacidade podem existir sem isso. Conheci certos tipos — especialmente poetas[22] — que vivenciam as exigências estéticas de sua imaginação com muito mais agudeza do que o amor pela verdade. Se alguma proposição tomar seu senso de beleza, acreditarão nela com todo o coração e toda a alma, e a expressarão com beleza tal que outros também serão induzidos a acreditar nela. Seu senso de encantamento molda sua concepção da verdade, e não o contrário, como quando a arte é do tipo que um filósofo possa aprovar, a arte que conhece e imita as formas.

BURNS: Então existe arte que você aprova.

PLATÃO: Certamente. *Ele fala muito suave.* Talvez possamos dizer que eu até a desejei.

BURNS: Mas você, na verdade, lidou de maneira um tanto quanto severa com os poetas em sua utopia, não foi? Você não os baniu? (*A república* 398a-b, 606e-608b)

PLATÃO: Isso é exagero.

BURNS: Mas você defende a censura da arte, não? Sei que eu mesmo estou violando a regra de não falarmos sobre política hoje, mas sempre quis perguntar isso. Isso sempre me incomodou.

PLATÃO: A beleza tem um efeito profundo: extrai de nós amor. É a única coisa que pode capturar nossa total atenção, devido a nosso amor por ela, ou seja, é a única coisa, além de nós mesmos, a que naturalmente e obsessivamente atendemos. O que mais iria quebrar nosso encantamento natural por nós mesmos se não o nosso encantamento natural pela beleza? Se não fosse pela beleza, não haveria esperança de que prestaríamos

---

22. Os conflitos pessoais de Platão em relação à arte, especificamente à poesia, estão por vários diálogos, inclusive *Íon, Fédon, A república* (principalmente os livros III e X) e *Leis*. Seus conflitos são tema do livro *The Fire and the Sun: Why Plato Banished the Artists*, de Iris Murdoch, publicado pela Editora Viking, em Nova York, 1990. O veredito de Murdoch é que Platão pensa em nossa reação à beleza como sendo eticamente importante demais para os artistas, não formados pela filosofia, para que seja permitida sua manipulação a seu bel-prazer. "Platão quer desvincular a arte da beleza por considerar beleza uma questão séria demais para ser controlada pela arte" (p. 17). Murdoch não nega o importante papel epistemológico, metafísico e ético que a beleza tem para Platão — nosso senso de beleza nos leva à realidade, porque beleza está incorporada à realidade. Mas ela pensa que Platão não acredita que os artistas usarão o senso de beleza para chegar à verdade.

PLATÃO NO 92ND STREET Y

atenção a qualquer coisa que não nos afeta diretamente, e nenhuma esperança de nos fazer enxergar as coisas que realmente importam fora do limitado escopo pessoal.[23] Ela sozinha é capaz de controlar nossa paixão desinteressada. Portanto, a beleza é uma questão séria — sempre suspeitei que fosse muito séria — para ser deixada nas mãos daqueles que estão embriagados com seus encantamentos e então agirão irresponsavelmente em sua presença, o que é uma boa maneira de descrever os artistas os quais sou forçado a desaprovar.

BURNS: Parece-me estranho que, mesmo com sua fala sobre beleza e sobre como ela é central em sua filosofia, você mostre pouco respeito pelos artistas. É ainda mais estranho se considerarmos que você mesmo é um artista. Seus diálogos são uma expressão de arte, não são?

PLATÃO: Espero que eu não tenha demonstrado desrespeito pelos artistas apenas por ter enfatizado que um grande artista não é um grande filósofo, nem mesmo um filósofo aceitável pelo simples fato de ser um grande artista; sendo assim, nossa admiração por sua arte não deveria nos dar razão para prestar atenção ao que tem a dizer em relação a como as coisas verdadeiramente são e como deveriam ser.

BURNS: Então você não pensa que deveríamos considerar nossos artistas — pintores, romancistas, poetas, diretores de cinema e de teatro e atores — intelectuais públicos?

PLATÃO: Não simplesmente pela virtude de realizar sua arte muito bem. Não. Algumas vezes são intelectuais públicos. Considerava Eurípides um deles.

BURNS: Ele era um grande crítico de sua sociedade, não era?

PLATÃO: Era.

BURNS: Provavelmente não mais que você.

Silêncio.

---

23. Veja em O *banquete*, o discurso de Diotima, 209a-212e, que inclui esta passagem: "E se, querido Sócrates, Diotima continuou, a vida do homem em algum momento valer a pena, isso ocorre quando ele adquire a capacidade de enxergar a própria alma da beleza." (Perceba o falar sobre a relevância da vida.)

PLATÃO NO GOOGLEPLEX

BURNS: Desculpe-me por insistir, mas essa questão sobre arte não me sai da cabeça e acho que esta é minha grande oportunidade.

PLATÃO: Sim.

BURNS: Fico aliviado ao ouvir que você se impressiona com Eurípides, mas me incomoda o fato de não se impressionar com outras grandes artes. Mas para ser capaz de nos tocar tão artisticamente um artista não precisa estar ligado a tanta sabedoria quanto um filósofo?

PLATÃO: Somos tocados de várias maneiras, nem todas elas envolvem sabedoria. Aquelas questões acerca da democracia que acabamos de discutir seriam tão mais fáceis de lidar se esse não fosse o caso. Há aqueles que sabem bem como tocar as pessoas artisticamente, mesmo quando isso ocorre em detrimento das pessoas.

MUNITZ: Você, sem dúvida, se refere aos poderes do demagogo.

PLATÃO: Que, frequentemente, são bastante artísticos. O que deve conduzir nossos intelectuais públicos é a busca da verdade e do bem e formas de a vida ser mais bem organizada de acordo com o que é verdade e o que é bom. Nosso senso de beleza não vale nada quando a questão é nos direcionar à verdade, porque a verdade é simplesmente bela.

BURNS: Então o que você tem contra os artistas, já que eles são mais dedicados à beleza do que qualquer outra pessoa? Você não está dizendo que artistas são demagogos, está?

PLATÃO: Aqueles que são dedicados à beleza são igualmente dedicados à verdade e ao bem. Tal pessoa será bem-sucedida na tarefa de produzir não simulacros de virtude, porque não está ávido pelo simulacro, mas sim pela verdadeira virtude, porque está ávido por verdades (*O banquete* 212a). Essa é a arte que amo. É a arte que é movida pelo mesmo amor à verdade do qual falávamos quando citávamos as características que procuramos em nossas crianças e que tentamos cultivar ainda mais nelas.

BURNS: Tudo bem. Obrigado por nos trazer de volta ao tema, que é a educação de nossas crianças. Então você pensa que há algum tipo de diferença nata também e que nem todo mundo nasceu para amar a verdade?

PLATÃO: Há pessoas em que esse amor pela verdade é uma força vital, mas não são tantas pessoas. Para elas, os prazeres do aprendizado não se mis-

PLATÃO NO 92ND STREET Y

turam com dor e eles pertencem não a um tipo geral de seres humanos, mas somente a bem poucos (*Filebo* 52b). Para eles, há prazer na verdade, não importa a natureza, apenas no pensamento de que ali era a verdade. Imagino, talvez, que a dra. Munitz é uma pessoa assim.

MUNITZ, *visivelmente tocada*: Esse é um dos melhores elogios que já recebi.

PLATÃO: Não falei isso como elogio. Falei porque é verdade. O amor da dra. Munitz é evidente, mas nas crianças ele não é facilmente detectado. Inteligência e vivacidade se anunciam em forma de brincadeira infantil, mas esse outro traço, o amor pela verdade, fica mais escondido. De tal maneira que eu propus um teste um tanto quanto artificial para detectá-lo.

BURNS: Então poderíamos dizer que, em vez de submeter seus futuros líderes a uma bateria de testes de QI, você os submete a um teste de amor pela verdade, medindo o ΦQ.

PLATÃO: Poderíamos. Minha proposta era que contássemos para nossas crianças contos gloriosos para provocar a imaginação, enfatizando o tempo inteiro que esses contos eram verdade, e então observar quais delas poderiam resistir a eles, poderiam enxergar as inconsistências lógicas entre eles e todas as inconsistências em relação a outras verdades que lhes foram contadas (*A república* 413c-414a).

MUNITZ: Parece-me uma forma cruel e incomum de testar, Platão. Seria deliberadamente tirar vantagem da tendência da criança de confiar nos adultos na posição de autoridade em relação a elas. As crianças — elas têm tanta coisa a aprender em tão pouco tempo — desenvolveram a tendência de confiar em adultos para que os instruíssem no conhecimento coletivo de nossa espécie e essa confiança gera valores de sobrevivência. Mas também as coloca vulneráveis a serem enganadas, e adultos que aproveitam dessa vulnerabilidade deveriam se envergonhar disso. É totalmente irônico que somente porque você preza o amor pela verdade você difamaria as crianças mais brilhantes e mais vivazes, sendo deliberadamente artificial. Você não vê a inconsistência lógica em sua proposta?

PLATÃO, *sorrindo*: Como eu disse, dra. Munitz, você, em especial, carrega em si o amor pela verdade. Ele pulsa em você, como o *thumos* da professora Zee pulsa nela.

PLATÃO NO GOOGLEPLEX

MUNITZ: E é por isso que não vou me permitir ser enganada por sua bajulação. Por mais astuta que sua adulação seja, ela não me impedirá de ressaltar que exatamente a mesma inconsistência que notei no seu teste de ΦQ permeia a construção de sua utopia, em que você valoriza a verdade e ainda assim autoriza seus guardiães a privilegiarem inverdades, desde que sejam, como você as denominou, "mentiras nobres", querendo dizer que servem a uma verdade maior, que os guardiães sozinhos percebem.[24] Deixando de lado a questão da inconsistência lógica, bem como a infantilização dos cidadãos, que têm sua dignidade roubada ao serem alimentados com inverdades, consideremos tal proposta de um ponto de vista pragmático. Não acho que precisamos forçar demais a imaginação para descobrirmos como essa licença para mentir, dos líderes políticos, pode levar a terríveis abusos. A história nos dá vários exemplos do que pode acontecer quando a passividade é cultivada no povo e não lhes são fornecidas ferramentas para que possam enxergar através das tão conhecidas mentiras nobres de seus guardiães, desde as tendenciosas criações que durante anos religiosos contaram às igualmente tendenciosas ilusões propagadas por oligarquias capitalistas, acreditando que seu comprometimento à verdade que criaram sobre o mercado livre justifica as mentiras nobres. Sem falar nos ditadores de governos totalitários que disseminam suas mitologias, frequentemente demonizando as minorias para ampliar o bem maior da coesão social. Ainda que você garanta seus exemplares excepcionais, selecionados na multidão e preparados para enxergarem a verdade, como você poderia evitar que fiquem sujeitos às suas próprias ilusões? Se você ou qualquer outra pessoa pensa que consegue elaborar um programa de educação infantil que previne nossos guardiães de se iludirem — *ela arrasta a palavra com sarcasmo* —, acho que *você* está se iludindo. Por isso, os governantes não serem responsabilizados pelas pessoas que lideram, que, em minha opinião, têm tanta autoridade para exigir responsabilidade moral quanto os guardiães, gera os piores pro-

---

24. "Então, se para alguém for apropriado utilizar mentiras para o bem da cidade, devido às ações tanto dos inimigos quanto dos cidadãos, será para os governantes" (*A república* 389b-c). Veja também *A república* 414b-415d para ler sobre a famosa "mentira nobre".

PLATÃO NO 92ND STREET Y

blemas. É essencial, sob o ponto de vista moral, que cada pessoa tenha autoridade para demandar responsabilidade. Menos do que isso é insulto à dignidade humana.

BURNS: Você levantou questões importantes e urgentes, dra. Munitz, e acho que todos estamos agradecidos por ter trazido isso à tona e forçado nossa atenção. De fato, acho que todos aqui vão concordar que as questões que você levantou são tão importantes que merecem um diálogo especificamente para elas. *Zee acena com a cabeça, animada.* Talvez possamos reunir novamente este grupo para debater exclusivamente sobre política. Mas esta noite não quero que a igualmente urgente questão levantada sobre a educação infantil receba pouca atenção.

E eu me sentiria desleixado, Platão, se não abordasse seu comportamento em relação aos pais nessa coisa toda de educação infantil. A gente parte do pressuposto de que em nossa sociedade essas questões referentes à qualidade da educação de nossas crianças são para os pais refletirem e decidirem, e os best-sellers nesse assunto são todos direcionados aos pais. Mas você, na realidade, tira a decisão das mãos dos pais e diz ser responsabilidade do Estado. Na verdade, sua mais radical proposta tira os pais por completo da história. Isso me faz lembrar do sistema no kibutz; as crianças eram educadas comunitariamente. Mas o sistema comunitário não acabou bem para os kibutzim e praticamente todos eles abandonaram o sistema e as crianças voltaram a viver com os pais.

PLATÃO: Confesso que não sei nada sobre kibutzim. Vou ter que pesquisar no Google. O que deu errado?

BURNS: Acredito que as crianças sentiam falta dos pais, e os pais sentiam falta das crianças.

PLATÃO: Minha proposta para uma sociedade ideal seria evitar o problema. Minha proposta era que nem pais nem filhos conheceriam suas relações consanguíneas. Os pais não saberiam quais crianças eram suas e, portanto, teriam por elas um amor mais genérico e senso de responsabilidade em relação a todas as crianças que tivessem a mesma idade de seus filhos. E as crianças, sem saber quem eram seus pais, sentiriam um amor genérico e admirariam toda uma geração de pais. Obviamente, tudo isso foi apre-

PLATÃO NO GOOGLEPLEX

sentado em forma de teoria idealizada, com intenção de descrever como seria a justiça perfeita. O senso de coesão e unidade em uma sociedade assim, em que todos agiriam pelo bem de todos, não por obrigação, mas por solidariedade, pareceu-me garantir alto nível de justiça.

BURNS: Como a mãe guerreira reage à sugestão de Platão de que em uma sociedade perfeitamente justa você não saberia quem, em uma geração inteira de crianças, seria sua criança?

ZEE: Bem, para falar apenas como mãe — não acho que a característica guerreira seja relevante — fico extremamente horrorizada! Se justiça significa ninguém ser privado do que é seu, que é o que entendi que Platão dizia mais cedo, como pode a justiça exigir que uma pessoa seja privada daquilo que mais lhe pertence, e que mais tem valor para ela do que qualquer outra coisa no mundo inteiro, ou seja, sua criança? O que quero dizer é: tire qualquer coisa de mim, tire meu abrigo, meus bens, tire até mesmo minha liberdade, mas não tire de mim meus filhos! Você priva pais do privilégio e da alegria de educar os próprios filhos e está tirando deles a parte mais significativa da vida. Esse amor genérico de que Platão falou seria um substituto ridículo, incapaz e, perdão, mas não consigo deixar de pensar que essa proposta só pode ter sido apresentada por um homem que jamais teve filhos. Esse amor genérico jamais poderia, nem em um milhão de anos, substituir a ligação, essa força animal, que mães sentem por aqueles que são carne de sua carne e sangue de seu sangue, e o tipo de sacrifício que ela está preparada para enfrentar por eles a fim de assegurar que tenham a melhor vida possível.

Aplausos da plateia.

BURNS: E você, dra. Munitz?

MUNITZ: Eu iria dispensar a proposta de Platão por ser terrível, mas, ao ouvir agora o que falou a palestrante, sinto-me mais inclinada a aceitar a visão dele. Essa forte ligação de que ela fala é, no fundo, a projeção do narcisismo que faz com que mãe ou pai vejam a criança como extensão de si. E como é excessivo o narcisismo em nossa sociedade, o que Platão

234

valoriza como vivacidade, eu sugeriria ser mais bem descrito como narcisismo fujão, os perigos para a criança em desenvolvimento são demasiados. Essas fortes ligações são traiçoeiras exatamente porque são fortes, e elas levam à forte projetificação por meio da qual esses pais tentam produzir a criança que irá sustentar suas fantasias narcisistas. Pelo menos Platão quer que suas crianças extraordinárias sejam extraordinárias para o bem coletivo, enquanto mães guerreiras querem que suas crianças sejam extraordinárias simplesmente porque elas são suas crianças, carne de sua carne e sangue de seu sangue, como ela tão explicitamente, e até primitivamente, afirmou. Não, professora Zee. A carne da criança é sua carne e o sangue da criança, seu sangue, e é um crime contra a criança se apropriar do que é dela.

ZEE: Não acho que isso seja exatamente justo! Sim, a mãe ama enlouquecidamente seu filho porque é seu filho, mas isso não significa que esse amor, no fim das contas, se reduzirá a um amor narcisista! *Aplausos animados e alguns assobios, que Zee, pacientemente, espera acabar.* Você realmente pretende ser lembrada como alguém contra o amor de mãe? *Mais aplausos.*

MUNITZ: Não. Não serei lembrada como alguém que é contra o amor de mãe. Apesar de isso dificilmente ser relevante, acontece que sou mãe e que nem preciso dizer, amo meus filhos. Literalmente, nem preciso dizer. Acho inapropriado a mãe dizer repetidas vezes que ama seus filhos. É como um porco se orgulhar de sua capacidade de chafurdar na lama. *A plateia suspira. Munitz se vira para a plateia e dá um sorriso estranho.* Vocês suspiram, né? Está tudo bem, já que isso me diz sobre quem está sentado aí fora no escuro da caverna e de quem não posso ver o rosto. Você pode conter seu sentimentalismo ofendido e ouvir o que tenho a dizer? Apenas estou tentando dizer que o amor de mãe é algo complicado, e vai até o ponto em que a mãe não consegue separar seu amor pela criança, que é um ser autônomo, de seu amor por si mesma, então esse amor é tão ameaçador quanto todo os perigos externos que a mãe tanto teme e de que tenta proteger usando da vivacidade da força de um tigre. É a mais perniciosa ameaça uma vez que é invisível para a mãe. A

PLATÃO NO GOOGLEPLEX

proposta de Platão, por mais extremista que possa parecer, pelo menos reconhece os limites da onisciência dos pais na questão do bem-estar da criança. Isso é o que tenho a dizer em relação a sua proposta idealista selvagem. Mas, repito, a profundidade que ele está disposto a alcançar na direção do autoritarismo do Estado me toca como algo ingênuo, na melhor das hipóteses, e imoral, na pior. A maneira de reduzir a tirania dos pais não é transformar o Estado e seu sistema de educação no tirano. Deve-se encontrar a solução que não sacrifica a dignidade e autonomia de todos os indivíduos. E você está completamente certa, professora Zee, esse amor genérico oferecido a uma geração não consegue substituir a família, seja ela convencional ou não, que proporciona um senso de pertencimento, comprometimento, responsabilidade e, concordo com você, amor intenso, quiçá feroz. *Aplausos. Dra. Munitz faz uma careta.*

ZEE: Sim, concordo com você. Quer dizer, concordo plenamente com você! *Dra. Munitz olha fixamente para Zee, suas sobrancelhas quase se juntando em uma linha pesada, como se tentasse decidir qual categoria do Manual Diagnóstico e Estatístico de Transtornos Mentais utilizar.* Acho até que pode ser o fim da espécie! Por que as pessoas haveriam de ter filhos se não pudessem dizer que são seus filhos? A espécie simplesmente acabaria!

BURNS *sorrindo*: O que você diria sobre essa, digamos... intrépida pergunta, Platão?

PLATÃO: É... Há verdade na fala da professora Zee quando ela diz que a razão de pessoas se sentirem motivadas a terem filhos e se apegarem tanto a suas crianças está intimamente ligada às pessoas e a própria existência delas, além do desejo de estender-se além dos limites de existência até o futuro.

MUNITZ: Exatamente. Narcisismo.

PLATÃO: Não. Não exatamente. Narciso encarou somente seu reflexo, uma imagem, um *eidolon* que participa ainda menos da realidade que o próprio Narciso. O que é ainda mais significativo é que esse amor pela mera imagem não criou nada a partir dele, nada que fosse além dele. Nada nasceu do amor dele.

236

PLATÃO NO 92ND STREET Y

MUNITZ: Melhor assim. Pelo menos ele não trouxe pessoas para o mundo — pessoas autônomas com direito a sua própria existência — que ele consideraria extensões de si mesmo.

ZEE: Só porque você ama seus filhos, porque eles são seus não significa que você os enxerga como extensão de si! Você está igualando as duas coisas e elas não são iguais!

MUNITZ: Não estou igualando as duas coisas. Sim, as pessoas amam suas crianças porque elas são delas. Até aí, trivial. Talvez você se lembre, eu não estava me dirigindo a você, mas a Platão, à argumentação dele de que o amor de alguém por uma criança é o desejo de estender sua existência. Isso é o que chamei de narcisista.

PLATÃO: Então, nesse sentido — a mim me parece um sentido perverso — você está certa. A natureza mortal procura, na medida do possível, maneiras de ser eterna e imortal, e essa é uma das maneiras que dão certo, criando sua descendência, deixando um outro de si, uma versão nova no lugar do velho (*O banquete*, 207d).

ZEE: Você não está dizendo que todo mundo tem que ter filhos, está?

PLATÃO: Ah, não. De jeito nenhum. Há várias formas de descendência. As pessoas têm inveja de Homero, Hesíodo e outros grandes poetas em virtude da descendência que deixaram, já que esse é o tipo de descendência que, ela mesma sendo imortal, proporciona a seus procriadores glória e memória imortais (*O banquete* 209d). E então há as crianças descendentes dos Pais Fundadores dos Estados Unidos, as leis que eles criaram e que vivem até hoje proporcionando justiça para o Estado. Essas crianças trazem muito mais glória a seus pais que as crianças humanas.[25]

ZEE: Exatamente. É isso que eu estava dizendo! O que queremos para nossas crianças é que elas sejam pessoas que darão origem a crianças ainda melhores, que trarão ainda mais glória.

---

25. Platão falou de Sólon em vez de Pais Fundadores: "Honra-se Sólon também em virtude das leis que o descendem e há outros homens em vários lugares que são honrados por outros motivos. Tanto entre os gregos quanto entre os bárbaros há homens que produziram inúmeros belos trabalhos, proporcionando *aretê* de todo tipo. Vários santuários foram dedicados a homens em virtude desse tipo de descendência, mas nenhum devido a seus filhos humanos" (*O banquete* 209 d-e).

MUNITZ: Glória para você.

ZEE: Não. Para elas! Queremos que nossas crianças vivam vidas que valham a pena. Isso é o que estamos tentando entender aqui. Todos os pais querem isso para si, a vida que vale a pena, mas querem ainda mais para seus filhos. Ou, pelo menos, sentem que têm mais controle sobre a criação da circunstância que dará isso a suas crianças.

MUNITZ: Sim. Exatamente. Você está certa. Não é narcisismo. É fascismo.

BURNS: Fascismo, dra. Munitz?

MUNITZ: Como você denominaria um ponto de vista que distingue algumas vidas como dignas de serem vividas e outras não. E quanto a essas que não são: O que devemos fazer com elas? Deveríamos reuni-las e depois eliminá-las no gás? *Um suspiro audível vem da plateia. Burns parece desconfortável, sente que provavelmente está perdendo o controle do evento.*

PLATÃO *em voz baixa*: Acho que você não entendeu o que a professora Zee estava dizendo, dra. Munitz. Ela não estava querendo dizer que as pessoas que estão vivendo essa vida que talvez não valha a pena ser vivida são, eles mesmos, sem valor. É exatamente porque eles são seres humanos e, portanto, eles têm valor, que é tão importante que a vida deles seja digna.

ZEE: Exatamente! É exatamente isso o que Platão disse! Quero dizer... Imagine uma criança que tenha sido criada em uma pequena gaiola, mantida ali de maneira que sobrevivesse, nada além disso. A razão de isso ser tão trágico para uma criança, ao contrário do que seria para uma galinha, é que a criança é um ser humano; não estou dizendo que a criação industrial de animais seja perfeita, as galinhas têm direitos também, mas não nos sentimos tão mal quando ouvimos dizer que uma galinha está vivendo uma vida que não vale a pena ser vivida quanto ao ouvirmos que uma pessoa não está vivendo uma vida digna.

MUNITZ: E eu argumento: Criar uma criança de acordo com seus métodos, impondo regras e exigências duras para que sejam fora do comum é como colocá-la em uma gaiola.

PLATÃO NO 92ND STREET Y

BURNS: Atividades extracurriculares! Por que não falamos sobre atividades extracurriculares? Isso é algo que todos os pais que conheço questionam. Sophie, você certamente investe seu tempo e seus esforços nas atividades extracurriculares de seus filhos.

Zee concorda, balançando a cabeça enfática.

BURNS: E todos nós sabemos que as faculdades, pelo menos aqui nos Estados Unidos, não sei como é em sua Academia, Platão, enfatizam bastante as atividades extracurriculares, sendo que as faculdades mais conceituadas, que pensamos ter um foco mais intelectual, como todos os pais que estão aqui e que passaram por esse processo estressante sabem, procuram por certo ideal de candidato muito bem preparado. Na verdade, algumas vezes o candidato ideal parece tão bem preparado que eles me fazem lembrar aquele mito que você atribuiu a Aristófanes em *O banquete*, Platão, em que, no início, éramos uma fusão de duas pessoas, perfeitamente moldadas de maneira que podíamos rolar para qualquer lugar. *A plateia ri. Burns se vira para a plateia.* Sério. Se vocês não leram *O banquete*, insisto: devem ler. Platão faz Aristófanes tentar nos explicar por que caímos de amor por uma pessoa em especial, e ele então cita esse mito de duas pessoas em uma que nos proporcionou sensação de completude e arrogância tal que os deuses ficaram bravos e nos puniram, cortando-nos ao meio. Então, agora, somos todos obcecados com a ideia de encontrar nossa outra metade — gays, a pessoa do mesmo sexo a quem certa vez foram unidos; heterossexuais, a pessoa do sexo oposto —; e quando a encontramos, imediatamente queremos nos unir novamente, e queremos tanto que preferimos ficar, digamos, unidos, fisicamente unidos, do que comer ou fazer qualquer outra coisa. *A plateia ri novamente.* Sim, é um excelente diálogo, o texto inteiro e, acredito, é a origem da expressão "Amor platônico". Mas, estou me desviando do assunto. O ponto onde queria chegar era que essas faculdades parecem querer candidatos que são tão bem preparados que eles teriam que ser duas pessoas diferentes unidas com características iguais e exclusivas! Eles precisam ser atletas

PLATÃO NO GOOGLEPLEX

apaixonados e artistas sensíveis, nerds estudiosos e um popular usuário de redes sociais, futuros governantes do universo e grandes altruístas. Dá para entender o cenário.

Agora, você, Platão, entre tantas outras coisas, é o diretor de uma universidade famosa, na verdade, o protótipo de todas as universidades, e já comentou o quão importante para a educação das crianças considera ser tanto esportes quanto música. Você sendo intelectual como é — e vamos encarar os fatos aqui: sua ideia de criança genial é, basicamente, uma pessoa que será um intelectual quando adulta — essa ênfase nos esportes e na música parece surpreendente. É especialmente impressionante a quantidade de páginas em *A república* e em *Leis*, seu último trabalho, que você dedicou aos esportes. Professora Zee, certamente você não incentivou seus filhos a seguirem carreira em esportes, se bem me lembro.

ZEE: Bem, não mais que o suficiente para eles se manterem em forma. Certamente jamais tive intenção de me tornar mãe de jogador de futebol!

PLATÃO: A atitude da professora Zee me parece bem razoável. Crianças, mesmo as que se tornarão intelectuais, devem ser incentivadas a adquirir o hábito de se manterem em forma, de maneira que tenham um corpo são para abrigar uma mente sã. No entanto, também não incentivei, no programa de educação infantil, a devoção extrema aos esportes como é exigido dos atletas profissionais (*A república*, 407b).

BURNS: Mas você dedicou bastante tempo aos esportes em sua fala. Parece haver algo além de apenas mentes sãs e corpos sãos que o preocupa. Ou será que estou vendo de mais?

PLATÃO: Você está certo quanto ao fato de que vejo algo de formativo nos esportes, que, felizmente, são para a maioria das crianças uma brincadeira natural. Mas os esportes também oferecem lições sobre os prazeres do autodomínio e da autodisciplina, algo que a professora Zee, como mãe guerreira que é, ressalta. Uma criança que não é naturalmente boa em esportes pode, em geral, adquirir certo nível de competência simplesmente se dedicando algumas horas. Além disso, porque os esportes demonstram que autodisciplina não é incompatível com brincadeiras, eles são modelos do que todo processo de aprendizagem deveria ser.

PLATÃO NO 92ND STREET Y

BURNS: Até mesmo aprendizagens de nível mais elevado? O tipo de aprendizagem de um gênio intelectual?

PLATÃO: Até mesmo o mais elevado. O que é um intelectual se não uma pessoa que disciplinou tanto sua mente a ponto de ter prazer extremo com o livre pensamento?

BURNS: Então você vê essa inter-relação entre disciplina e brincadeira como algo que procede até o topo da escala? Então em vez de dizer que trabalho com afinco, direi que trabalho como brinco.

PLATÃO: A melhor maneira de pensar é sempre a maneira mais lúdica.

BURNS: Isso não soa tipicamente guerreiro para mim. O que você nos diz, Sophie? Platão está um tanto quanto leviano para você?

ZEE: Platão... leviano? *Ela dá uma risada e a plateia ri com ela.*

BURNS: Não. Mas sério: sua tática como mãe guerreira consiste principalmente em disciplina. Envolve muita prática forçada e até mesmo ameaças e castigos para conseguir fazer com que as crianças dediquem horas ao trabalho escolar e à música. E ainda assim, eis que Platão nos diz que o verdadeiro desempenho é seriamente lúdico.

ZEE: Concordo plenamente com ele! Precisa ser divertido e precisa ser lúdico. Mas nada é divertido se você não for bom no que faz e você não conseguirá ficar bom, a menos que pratique o suficiente e aí, sim, será divertido. A experiência de se tornar bom em algo que você pensava que não conseguiria fazer é muito empoderadora e a sensação é fantástica. Mas até você conseguir chegar lá, há trabalho que é castigo.

MUNITZ: Para mães guerreiras como você isso justifica quaisquer extremismos ou estudos forçados, inclusive castigos e ameaças.

PLATÃO: Espero que não e não acho que a professora Zee discorda comigo nisso...

ZEE: Não! Concordo plenamente...

PLATÃO: Pela importância que ela dá ao ensino de música na educação de suas crianças. Diferentemente de você, dra. Munitz, li o *Manual da mãe guerreira para criar filhos fora do comum* e fiquei impressionado com o tempo que ela dedica ao ensino de música para suas crianças. Para mães guerreiras criando filhos guerreiros, o ensino de música é essencial. Eu

PLATÃO NO GOOGLEPLEX

também ressaltei que meus futuros guerreiros devem ter educação musical. Devem fazer esportes para fortalecer sua vivacidade e música para suavizá-la, de maneira que seu *thumos* não endureça e se torne vulgar, duro, selvagem (*A república* 410b-412a).

MUNITZ: Mas você não percebe que a mãe guerreira transforma as aulas de música em espécie de competição, *agon*, e então transforma isso em algo que não só é vulgar, duro e selvagem, como também, provavelmente, uma verdadeira agonia para seus filhos? É apenas mais uma maneira de seus filhos vencerem outras crianças — colocariam suas realizações musicais no currículo e as usariam para se sobressaírem à multidão? Para ela, música não tem nada de diferente em comparação com esportes de equipe, por isso ela não precisa de esportes para fortalecer o *thumos* de suas crianças guerreiras. Ela utiliza música, que é muito mais clássico e, em seu círculo social, é de se gabar, para o mesmo fim.

PLATÃO: Mas a música participará com a mesma função e isso é o que importa. A prática musical é um instrumento mais potente do que qualquer outro, porque ritmo e harmonia se encontram nos recônditos da alma em que eles se fixam (*A república* 401e-402a). A música participa acompanhada de um senso de beleza que não necessita de justificativas para além de si. Para ser tocado por essa beleza cujo fim é em si mesma, existindo à parte do que pode ser utilizado para fins de autoavanço, é benéfico principalmente para crianças guerreiras que são criadas por mães guerreiras.

MUNITZ: A professora Zee é advogada, não guerreira.

PLATÃO: São a mesma coisa. *Primeira vez que alguém ri de Platão, mas ele ignora isso.* Para mim, guerreiros são somente pessoas que respondem com mais veemência ao conceito de distinção na vitória e que se deleitam com a excitação da competição. O ensinamento aos guerreiros, que constituem uma classe bem maior que a classe dos intelectuais, deve atender, sobretudo, ao desejo de reconhecimento. E assim como há um lugar importante na sociedade para os guerreiros, sejam eles soldados ou advogados, ou ainda especialistas da luta, deve haver métodos pedagógicos que aceleram o *thumos*, atendendo a seu amor por reconhecimento e glória.

PLATÃO NO 92ND STREET Y

MUNITZ: E, mais uma vez repito, autorreconhecimento e autoglorificação, cujos objetivos dúbios somente são fortalecidos se o *thumos* for acelerado.

PLATÃO: Então, é ainda mais importante que eles tenham alguma música na vida deles! Afinal, qual seria o fim da música se não o amor pela beleza? (*A república* 403c.) E o que mais haveria para quebrar seu resoluto apego ao eu e suas ambições, obstruindo a visão de qualquer coisa que estivesse além do eu e de suas ambições, se não o amor pela beleza? Se houver algum ponto de suavidade dentro deles, a música o encontrará e mergulhará nele. Qualquer criança que reage à música reage à beleza; e qualquer criança que reage à beleza pode ser educada. Por conseguinte, qualquer criança que é indiferente à beleza não pode ser educada, mas, felizmente, há poucas crianças assim.

BURNS: Ouvir você enfatizar beleza é surpreendente. A maioria dos artistas que conheço se sente inibida só de falar a palavra "beleza". Essa é uma palavra que perdeu a respeitabilidade nos círculos artísticos.

PLATÃO: Artistas com vergonha de apelar para a beleza? Acho até difícil reagir a essa situação. Parece-me algo que escapa à compreensão. Minha experiência com artistas é que são tão apaixonados pela beleza que eles a deixam arrebatá-los e, portanto, falta-lhes aquele amor pela verdade de que a dra. Munitz se esforçou para exemplificar. Mas artistas que não valorizam a beleza? Qual pode ser o lado bom deles?

BURNS: Bem, esse é um tópico também para outro diálogo. Por enquanto estou intrigado com a quantidade de vezes que você mencionou beleza em relação a educar uma criança genial. Pelo menos uma dúzia de vezes você já falou.

PLATÃO: O objetivo da educação é cultivar o amor pela beleza. Espera-se de professores que eles ou elas coloquem seus estudantes em contato com a beleza que corresponde ao tipo de caráter e mente do estudante.

BURNS: Então um educador é uma espécie de "casamenteiro"? Um santo Antônio que vai arrumar o par perfeito para cada estudante? *A plateia ri.* Desculpe-me, Platão. Talvez eu tenha me deixado levar por seu argumento de que pensar pode ser um jogo, uma brincadeira.

PLATÃO NO GOOGLEPLEX

PLATÃO: Tudo bem. Você já ouviu falar no Indicador de Tipos de Personalidades?[26]

BURNS: Não.

MUNITZ: Obviamente, eu já. É um questionário psicométrico baseado na
tipologia de personalidade segundo Carl Jung, que, conforme a resposta
que você fornece para algumas das questões que sondam a maneira como
você percebe o mundo e toma decisões, você será categorizado como
tendo certo tipo de personalidade.

PLATÃO: Sim. É exatamente isso. Acho fascinante.

BURNS: Você já fez o teste?

PLATÃO: Claro, fiz o teste. Você pode fazê-lo de graça na internet.

MUNITZ: Deixe-me adivinhar: seu resultado foi INTJ. *Virando-se para
Burns*. Isso significa que ele é introvertido, intuitivo, racional e crítico.

PLATÃO: Dra. Munitz está certa. Sou um INTJ.

MUNITZ: Um tipo caracterizado como "mente mestra".

BURNS: Bem, isso dificilmente nos surpreenderia! Se Platão não fosse mente
mestra, quem seria? Mas me diga, Platão, você está falando nisso porque
pensa que esses tipos de personalidades estão correlacionados com diferentes possibilidades de aprendizagem ou, imagino que eu deveria dizer,
utilizando sua linguagem, suscetibilidade para diferentes tipos de beleza?

PLATÃO: Sim. E o que me fascinou ainda mais sobre esses tipos de personalidades foi seu grau de hereditariedade. Tive uma noção muito por
alto, o que significa uma noção não quantitativa, dos aspectos hereditá-
rios da personalidade, para as quais aquela composição de três classes
sociais baseada em metais e à qual me referi quando falei de minha tão
conhecida nobre mentira foi uma metáfora excessivamente cruel. De
acordo com pesquisadores modernos, a hereditariedade é responsável por
aproximadamente cinquenta por cento das variações de personalidade.
As demais influências, segundo a teoria deles, se devem ao ambiente, no
qual espero que esteja inclusa a educação dada por pais e professores, e
o que denominam "aleatoriedade".

---

26. No inglês, Myers-Briggs Type Indicator (MBTI). (*N. da T.*)

PLATÃO NO 92ND STREET Y

BURNS: Então você está sugerindo que há um aspecto inato em relação a qual tipo de beleza uma determinada criança pode amar e, portanto, ser educada em relação a ela.

PLATÃO: Algumas são aptas a se tornarem amantes da beleza dos sons e das cores, das palavras e dos sentidos que cria um poeta, a face humana e os corpos, das leis aplicadas por um governo justo ou as leis que governam os movimentos celestiais. Algumas são aptas a se tornarem amantes da beleza matemática e da beleza moral, ou ainda a serem amantes da beleza mais abstrata, inscrita na necessidade de ser.

BURNS: E o que está dizendo é que não forçaria esses variados tipos de beleza naqueles que não são aptos para eles?

PLATÃO: Certamente não. Qual seria a finalidade? Forçar a beleza é um erro. Beleza é aquilo que provoca desejo e amor. Mas não somos todos os mesmos em relação à beleza que está em nós desejar e amar.

BURNS: Digamos que você tem um filho que é insensível, por exemplo, à beleza matemática. Acho que eu provavelmente fui uma criança assim. *A plateia ri.* Na verdade, não sei. Ouço você dizer as palavras "beleza matemática" e tenho certeza de que você realmente quer dizer algo com isso, mas de fato não tenho a menor ideia do que seja. *A plateia ri.*

PLATÃO: Nem deveria.

BURNS: Você está falando sério? Você não teria falado para eu fazer álgebra no nono ano, geometria no primeiro ano do Ensino Médio, trigonometria no segundo e, para dizer a verdade, nem consigo me lembrar qual matemática tive no terceiro ano, mas o que quer que tenha sido, você não teria me obrigado a fazer?

PLATÃO: Não vejo por que um indivíduo devesse ser alimentado à força com informação que não estaria de acordo com seu sistema digestivo cognitivo. Isso não o nutriria. Passaria diretamente por seu sistema, assim que ele passasse pelo sistema educacional. Quanto do que foi empurrado a você como ensinamento você ainda se lembra?

BURNS: Eu não saberia dizer o que é seno, cosseno ou tangente, nem se minha vida dependesse disso! *A plateia ri.* E lembre-se daqueles problemas que costumavam nos atormentar: se um trem parte de Nova York para

PLATÃO NO GOOGLEPLEX

Boston às 11h e viaja a 120 km/h e outro trem parte de Nova York para Boston às 11h30 e viaja a 160 km/h, a que horas o maquinista da primeira composição vai ligar para sua esposa para dizer que esqueceu sua marmita do almoço no balcão da cozinha?

PLATÃO: Não entendo a pergunta.

BURNS: Uau! Deixei Platão sem palavras! Alguém?

ZEE: Hora nenhuma. É ilegal telefonar enquanto ele conduz o trem! *A plateia ri e aplaude.*

BURNS: E mais uma vez, senhoras e senhores, Sophie Zee demonstra o alto padrão alcançável pelas mães guerreiras! Mas eu, na verdade, queria lhe perguntar, Sophie, sobre sua opinião em relação às opiniões de Platão. Imagino que você esteja achando essa atitude de Platão de facilitar as coisas em relação a alguns requisitos, tais como, o estudo da matemática no Ensino Médio, em certa medida, suave.

ZEE: Suave? Não sei não. Estava aqui pensando em como a opinião dele é dura.

BURNS: Dura? Sério? Ele não me faria estudar geometria. Isso me parece bastante suave.

ZEE: E você não seria aceito na Grande Academia dele, já que não passaria no principal requisito.

BURNS: Sim. Verdade. Eu havia me esquecido disso.

ZEE: Sei lá, mas preciso questionar por que Platão tem uma atitude tão fatalista em relação à natureza humana. Ele parece estar deixando implícito que algumas pessoas têm isso, outras não e as que não têm, bem, não há o que elas ou seus pais possam fazer a esse respeito. Isso parece uma atitude tão derrotista, e se as pessoas aceitassem isso, muitas crianças que poderiam atingir excelência jamais atingirão.

Vou contar uma história real. Quando minha filha Mimi estava no terceiro ano do Ensino Fundamental, de repente ela começou a ir mal em aritmética. Eles estavam praticando longas listas de adição e ela cometia erros por falta de atenção, um após o outro. Quando chegou a época do boletim, antes de a professora distribuí-lo, ela chamou Mimi para uma conversa em particular com intenção de prepará-la para o choque, que

246

era ter recebido a nota C+. Para Mimi, obviamente, era como ter recebido um F-, já que ela jamais havia recebido no boletim nota menor que A. A professora foi tão sensível quanto pôde com minha menina, reforçando que essa única nota ruim não deveria afetar a maneira como Mimi se sente e que ela ainda era uma garota muito inteligente; quero dizer: esse grande fuzuê foi feito apenas por medo de que o C+ tirasse um grande pedaço da autoestima de Mimi, e acho que o resultado foi fazer Mimi sentir-se muito pior consigo mesma. Todas aquelas afirmações apenas a fizeram se sentir fraca. Quando ela trouxe o boletim para casa, não fiz Mimi se sentir uma coisinha fraca que precisava ser levantada e reafirmada em sua inteligência. Em vez disso, fui extremamente séria com ela em relação a sua falta de cuidado, que era algo totalmente dentro de seu controle, e deixei claro que nota nenhuma abaixo de A era aceitável em nossa casa. Fiz com que praticasse e praticasse aquelas colunas até sonhar com elas à noite, sem cometer erros por falta de atenção nem nos sonhos. O próximo boletim: nota A em aritmética!

MUNITZ: Então você invadiu também os sonhos da coitadinha. Você não lhe deu autonomia para escapar nem mesmo nos sonhos.

ZEE: Estava brincando quando falei nos sonhos. Claramente era uma piada, já que eu jamais poderia saber se cometeu ou não erros nos sonhos.

MUNITZ: Sei. Uma piada. Mas é verdade que o que você desejou para essa criança era que os seus desejos para ela, de ser a bem-sucedida que ela deve, por necessidade, tornar-se para ter um espaço onde você denomina "nossa casa", deveriam invadir as profundezas do descanso da mente da menina. E eu pergunto: Por quê?

ZEE: Porque o que Platão acabou de dizer sobre atletas, de como promove a autodisciplina da pessoa e de como reforça seu senso de domínio, é verdade para outras coisas também, inclusive para habilidades as quais somos obrigados a aprender na escola, ainda que jamais venhamos a precisar dessas habilidades mais tarde na vida. Em vez de tentar reforçar a autoestima de uma criança, elogiando-a, apesar do que ela deixou de alcançar, o que é muito artificial e patético e as crianças são inteligentes o suficiente para perceberem o quanto é artificial e patético, a abordagem

PLATÃO NO GOOGLEPLEX

correta é certificar-se de que a criança pode fazer o que ela pensou que não pudesse, e fazer com que sua autoestima se baseie em seu senso de domínio.

BURNS: Platão?

PLATÃO: Quando, há pouco, falei em matemática como matéria que ninguém precisa aprender a menos que tenha na mente amor pela beleza matemática, ali, esperando para ser estimulada, eu não pensava em colunas de adição. Poucos sentem prazer nisso.

ZEE: Mas, se minha filha não tivesse dominado a tabuada de adição, se ela tivesse colocado na cabeça que deveria se sentir bem consigo mesma, ainda que não estivesse bem com os números, que foi o que sua professora, cheia de boas intenções, disse a ela, ela jamais teria tido confiança para ir bem em todas as outras aulas de matemática, incluindo geometria. Ela não teria tido confiança para fazer as aulas preparatórias avançadas[27] de matemática e, se ela tentasse entrar para nossa Academia, teria sido rejeitada!

PLATÃO: Eu não me colocaria contra sua filha se ela não conseguisse adicionar colunas de números sem cometer erros por simples descuido. Eu mesmo às vezes estou propenso a erros por descuido. Diferentemente da professora dela, eu poderia ver como a mente dela, apesar da tendência de ser descuidada, era do tipo que se deliciaria com a beleza abstrata. Certa vez vi Sócrates questionar uma pessoa que veio do mais baixo nível da sociedade, uma pessoa que não havia aproveitado nenhum privilégio que fosse, nem mesmo aprendeu a ler. Mas esse sujeito sem sorte foi gentilmente conduzido pelo professor que sabia como fazer as perguntas certas e despertar na mente dele o amor pela beleza das conexões lógi-

---

27. Em inglês, *AP classes* ou Advanced Placement Classes são aulas com currículo avançado em sua respectiva disciplina, que poderão ter seus créditos aproveitados na faculdade. Os currículos são criados por um corpo de educadores que também são responsáveis por selecionar, por meio de auditorias, as escolas que poderão oferecer as aulas preparatórias. Os alunos interessados em aproveitamento de crédito devem fazer provas das disciplinas que pretendem eliminar e obter notas conforme exigido pela faculdade específica. (*N. da T.*)

PLATÃO NO 92ND STREET Y

cas, e ele foi capaz por si só de compreender uma sutil prova geométrica (*Mênon* 82b-85c).[28]

ZEE: Não estou dizendo que não há diferença entre as pessoas em relação a seus talentos naturais. Algumas pessoas têm aptidões, outras não. Essas iniquidades existem assim como outras iniquidades, como as diferenças de classes. Mas assim como essas diferenças de classes podem ser corrigidas, também podem essas iniquidades de talentos, se uma pessoa estiver disposta a trabalhar duro. Mimi precisou praticar a adição por mais horas que outras crianças, mas, ao final, o desempenho delas foi o mesmo e isso é o que importa.

PLATÃO: Mesmo que isso fosse verdade, ainda não sei por que você sujeitaria suas crianças a longas horas de trabalho castigante, se a coisa não vem com naturalidade para elas.

ZEE: Como uma criança pode se sentir verdadeiramente bem com ela mesma se tem deficiências tão evidentes?

MUNITZ: Só você, a mãe guerreira, que instila tal senso de defeito em sua criança. Se as crianças não tiverem pais que as fazem sentir que se não forem excepcionais, sendo excepcionais exatamente nas áreas que os pais designaram como pertinentes, elas serão menos que nada, isso não importará. Elas serão felizes sendo quem elas são, o que a natureza de cada uma fez delas. E novamente vou citar Platão. Você não escreveu que não é possível fazer um estudante ter afinidade por uma matéria apenas por ele estar pronto para aprender, nem por meio de memória (*Carta VII* 341d)?

ZEE: Não. Platão concorda comigo nesse ponto. Ou melhor, devo dizer que eu concordo com Platão, ou com Sócrates, ou com seja lá quem disse que a vida não examinada não vale a pena ser vivida. Uma vida que não vale a pena ser vivida não é exatamente o que eu ou qualquer um de nós tem em mente para nossas crianças!

MUNITZ: Seus macaquinhos de auditório dificilmente estão em posição de viver uma vida examinada conforme descrita por Platão. Eles vivem

---

28. A criança em questão era, na verdade, um escravo. Platão, rápido aprendiz que é, aprendeu a deixar qualquer alusão à escravidão fora das conversas com nossos contemporâneos.

PLATÃO NO GOOGLEPLEX

em uma interminável busca por aplausos e aprovação, não por beleza, a verdade e o bem.

ZEE: Se a vida examinada for realmente a mais perfeita vida, eu então asseguro que minhas crianças conseguem alcançá-la! Se pode ser ensinada, elas aprenderão!

PLATÃO: E se não puder ser ensinada? E se houver formas sutis de beleza que não podem ser expressas como outros tipos de conhecimento podem, de maneira que a única forma de a mente recebê-las é ela manter associação constante com o sujeito propriamente dito, vivendo com ele dia e noite, até que, de repente, assim como o fogo que é provocado pela proximidade do fogo, a alma mesma explode em chamas de conhecimento de beleza (*Carta VII* 344a)?

ZEE: Isso. Exatamente! Vivendo com ele dia e noite! Não há nada que a prática e o trabalho duro não consigam resolver. Se suas crianças não nasceram com a aptidão natural para a beleza que você está descrevendo, com esforço suficiente elas conseguirão superar a deficiência!

PLATÃO, *gentilmente*: E como você sabe disso?

ZEE: Porque qualquer outra coisa é intolerável e feia. Você mesmo mencionou a beleza moral como sendo uma coisa real, que realmente existe, existente para que seja amada pela alma que pode amá-la. Mas como pode o mundo ser moralmente bonito se tudo é conduzido para que algumas pessoas vivam vidas que verdadeiramente não valem a pena serem vividas, independentemente do quanto elas se esforcem? Onde está a beleza moral nisso?

PLATÃO *um tanto quanto triste, para Munitz*: Dá para entender agora minha justificativa quando proponho a nobre mentira? Não a propus por razões superficiais, mas, sim — e precisamente por isto —, para evitar dolorosas reações, como essa contra o real estado das coisas.

MUNITZ: Não. A objeção da professora Zee ainda seria pertinente, independentemente do quanto você se convencesse de que sua mentira para ela era nobre, ao dizer que ela e suas crianças brilhantes são feitas de um metal menor que ouro e, portanto, ela não tem nem o direito de aspirar a uma vida de dignidade e responsabilidade e deve deixar as escolhas

PLATÃO NO 92ND STREET Y

essenciais a cargo de seus guardiães. Tudo o que sua nobre mentira faria era desencorajá-la de maneira que ela não tivesse mais ânimo para protestar contra a injustiça desse universo. Você enfraqueceria muito o *thumos* dela a ponto de não oferecer ameaça a sua estabilidade social.

PLATÃO: Jamais subestime o desejo de estabilidade social. Suas vantagens podem ser plenamente percebidas em sua ausência. Espero que você, dra. Munitz, nunca viva sob circunstâncias que revelem o quão errada esteve ao subestimar o desejo de estabilidade social.

MUNITZ: Mas eu vivi sob circunstâncias assim. Eu me refugiei neste país, fugindo disso. Quando protesto contra a ideia de que a estabilidade deve ser comprada a qualquer custo, é devido às circunstâncias das quais fugi.

PLATÃO, *falando baixo*: Entendo.

MUNITZ: Essas circunstâncias à parte, você nunca pensou em determinar as diferenças entre estabilidade e estagnação?

PLATÃO: Sempre fui pessimista, sendo a natureza humana o que é, sempre achei difícil poder a perfeição, na improvável possibilidade de que seja alcançada, ser sustentada. Há forças internas que a levam a se desemaranhar (*A república*, 546).[29] Apenas proponho garantias para afastar seu inevitável colapso.

MUNITZ: E essas garantias protegem todos os cidadãos de terem igual acesso à verdade?

---

29. "É difícil uma cidade composta dessa maneira mudar, mas tudo o que passa a existir certamente deteriorará. Nem mesmo constituição como esta existirá para sempre. Ela também encontrará a dissolução. E é assim que será dissolvida" (*A república* 546a). O restante do Livro VIII traça a degeneração progressiva de um governo superior a um menor, sempre porque a própria classe dominante entra em degradação. Portanto, muita sede de honra entre os aristocratas diminui o governo a uma timocracia (548-550), na qual as pessoas que têm *thumos* passam a ter primazia sobre os amantes da verdade, e a timocracia se degrada, tornando-se uma oligarquia no momento em que as pessoas no poder caem como presas no desejo de obter riquezas, sentindo-se honradas por serem as mais abastadas, fazendo da riqueza mesmo condição para o poder político (550c), e criando uma sociedade em que os pobres não só não têm poder, mas também são desprezados, e o resultado é que "tal cidade deveria, por necessidade, deixar de ser uma e ser duas: uma cidade dos ricos e uma cidade dos pobres, habitando juntos e sempre conspirando um grupo contra o outro" (551d). Uma oligarquia incentiva a existência dos emprestadores de dinheiro, e várias pessoas perderão suas fortunas para esses capitalistas e se agitarão com ressentimento. O passo seguinte a esse é a tirania, o pior de todos os governos.

PLATÃO, *com a voz suave*: Nem todos compartilham desse seu amor pela verdade, dra. Munitz. Se compartilhassem, não haveria necessidade de mentir.

MUNITZ, *primeiro limpa a garganta e depois fala de maneira que sua voz profunda ressoa com emoção*: Não sei se sou capaz de articular o que estou pensando.

BURNS, *sorrindo*: Ah! Acho que todos nós acreditamos no seu poder de articular bem o que está pensando.

MUNITZ: Estou pensando que você acredita, Platão, em um estado de perfeição, e isso é incompatível com o melhor momento em toda sua escrita.

PLATÃO, *com a voz suave*: E qual seria esse momento, dra. Munitz?

MUNITZ: Quando Sócrates, prestes a morrer, disse do seu jeito tagarela de ser, que aqueles que temem a morte somente estão demonstrando a nossa arraigada tendência de pensar que sabemos o que não sabemos. Peço desculpas. Sei que você — ou Sócrates — expressa isso de uma forma bem melhor que essa.

PLATÃO, *contemplando a noosfera*: Temer a morte, senhores, é nada mais que pensar que alguém é inteligente quando não é, é pensar que alguém sabe o que não sabe. Ninguém sabe se a morte pode ser a melhor das bênçãos para o homem, ainda assim o homem a teme como se soubesse que é o pior dos males. E certamente é a mais condenável ignorância acreditar que se sabe o que não se sabe (*Apologia de Sócrates* 29a).

MUNITZ: Sim. Esplêndido!

PLATÃO: Não posso receber os créditos disso.

MUNITZ: Mas você concorda, até mesmo nos dias de hoje, com o ponto de vista?

PLATÃO: Concordo.

MUNITZ: Também concordo. Também acho que o argumento acerca de nosso pensamento complacente de que sabemos o que não sabemos em relação à morte é da mesma forma verdade em relação à vida. Ou melhor, para ser mais direta, essa ignorância complacente é o erro de qualquer um que tenta moldar alguma coisa, seja uma criança, seja um Estado, brandindo ideias de perfeição e pensando que ideia como essa pode anular

PLATÃO NO 92ND STREET Y

como sempre tal verdade moral ao falar da verdade e garantindo a todos os seres humanos a dignidade de assumir a responsabilidade da própria vida. Essa mãe guerreira, um zelo para aperfeiçoar suas crianças, não mantém a possibilidade de que há contido no interior de suas crianças possibilidades criativas das quais ela não consegue formular concepções e as quais ela negligentemente destruirá durante suas tentativas de moldar aquelas crianças no próprio padrão inflexível. Você, Platão, parece reconhecer essas possibilidades criativas ao enfatizar o livre jogo, mas então você mesmo nega essas mesmas possibilidades ao tentar congelar sua utopia no tempo, tendo os guardiães o papel de pensadores, decidindo pelos cidadãos, assim como a mãe guerreira pensa e toma a decisão pelos filhos. Não foi à toa que vocês dois encontraram isso em comum. Lá entre o povo, entre seu ouro e prata e, sim — por que não? —, até mesmo entre o ferro e o latão, deve haver possibilidades criativas à espreita e das quais seus guardiães não conseguem formar conceitos, exatamente por serem possibilidades criativas. Havia uma superstição entre os antigos no seu país de que os deuses puniam a arrogância do homem. Mas não há nada supersticioso em prever consequências ruins para as arrogâncias da utopia paternalista. A humanidade jamais deveria se congelar em uma visão do que é melhor. Uma sociedade criativa deve estar disposta a tolerar certo grau de instabilidade, porque instabilidade é inerente à criatividade.

PLATÃO, *com a voz suave*: Como discordar disso?

MUNITZ: Claro que não há como discordar. Você mesmo é maravilhosamente criativo para discordar disso. Mas aí, devemos estar dispostos a tolerar instabilidade na esfera política também. Nenhum olhar sobre a realidade pode nos oferecê-la como um todo — a beleza, a verdade e a bondade. Talvez esteja lá, inteira. Estou disposta a deixá-lo me convencer de que está. Mas jamais, em momento algum, a receberemos inteira, ou o suficiente para estar em uma posição que permita moldar nossa sociedade e congelá-la no tempo. Há coisas sobre nossa sociedade que o surpreendem?

PLATÃO: Sem dúvida. Muitas; não dá para enumerar.

PLATÃO NO GOOGLEPLEX

MUNITZ: Digo: não somente os avanços científicos e tecnológicos, o computador ao qual você parece estranhamente conectado, mas também na esfera da moralidade. Você acha, de alguma maneira, nossa *polis* mais virtuosa que a sua, com senso de dignidade e autonomia de todas as pessoas mais desenvolvido que de sua Atenas escravocrata, misógina e belicista?

PLATÃO: Novamente, sem dúvida.

MUNITZ: Você, o melhor de todos os gregos, previu esses avanços morais? Você os incluiu em sua *kallipolis*?

PLATÃO, *com a voz suave*: Não previ.

MUNITZ: Então pronto. Sem mais o que dizer.

ZEE: Mas se me permitem falar por Platão, quem vocês aparentemente estão acusando por não ter sido onisciente...

MUNITZ: Só porque a moralcracia dele demanda tal onisciência...

ZEE: Que seja. Eu apenas gostaria de ressaltar que, se esses avanços morais são resultantes de nossa argumentação acerca das implicações do que é a vida humana, o que eu acho Platão capaz de explicar, ele não deveria ser convocado como testemunha de sua acusação, dra. Munitz, mas, sim, enaltecido por ter iniciado todo esse processo. Li um artigo no *The New York Review of Books* intitulado "Filosofia para vencedores", que, por motivos óbvios, é um título que adoro! *A plateia ri.* Anotei uma frase, achei que poderia ser pertinente. É assim: "A filosofia moral dos antigos, muito mais que a ciência deles, foi uma presença viva ao longo da história da filosofia moderna, e ainda é."[30] O fato mesmo de Platão ter se surpreendido com a distância a que chegamos para além de suas mais bem fundamentadas conclusões, e o quão superiores as leis de nossa *polis* são em relação às pessoas do tempo dele, é prova da contribuição dele para nosso progresso. Portanto, em vez de repreendê-lo pelo tanto a mais que nós vemos hoje em comparação ao que ele via, deveríamos aplaudi-lo por ter, em primeiro lugar, apontado-nos nessa direção!

---

30. M.F. Burnyeat. "Philosophy for Winners". *The New York Review of Books*. 1º de novembro de 2001.

PLATÃO NO 92ND STREET Y

BURNS: E é por isso, senhoras e senhores que, quando estiverem precisando de bons advogados, devem contratar mães guerreiras!

Aplausos efusivos. Enquanto isso, um sujeito vestido de camisa de malha e calça jeans entra sorrateiramente no palco. Apressado, ele entrega um bilhete a Burns e sai sorrateiramente.

BURNS: Sinto informar, senhoras e senhores, teremos que considerar essa última afirmação espirituosa da professora Zee como nosso encerramento, porque acabei de ser informado que a polícia de Nova York declarou estado de emergência lá fora. Dessa maneira, teremos que dispensar a sessão de perguntas. *A plateia lamenta.* É... Eu sei! Estou decepcionado também! Portanto, vamos agradecer aos ilustres participantes desse painel por ter nos proporcionado uma tarde tão viva e de diálogos provocativos. Dra. Munitz, Sophie Zee e Platão: Obrigado! *A plateia aplaude por um longo momento. Zee aplaude, radiante, também, virando-se para primeiramente aplaudir Platão, que sorri e aplaude educadamente, e depois a dra. Munitz, que faz uma careta e desvia o olhar.*

Epílogo do capítulo δ: As respostas de Platão para o questionário psicométrico de Myers-Briggs

1. Você quase nunca se atrasa para seus compromissos. SIM
2. Você gosta de se engajar em trabalhos de ritmo rápido. NÃO
3. Você gosta de ter um círculo de amizades grande. NÃO
4. Você se sente envolvido assistindo a telenovelas. NÃO
5. Em geral, você é o primeiro a reagir a algo repentino, como o telefone que toca ou uma pergunta inesperada. NÃO
6. Você se interessa mais pela ideia genérica do que pelos detalhes de sua realização. SIM
7. Você tende à imparcialidade, ainda que isso coloque em risco seu bom relacionamento com as pessoas. SIM
8. A estrita observância das regras estabelecidas provavelmente prevenirá um bom resultado. NÃO (desde que as regras estabelecidas sejam razoáveis)

PLATÃO NO GOOGLEPLEX

9. É difícil animá-lo. SIM (em relação às coisas que interessam a maioria das pessoas)
10. É da sua natureza assumir responsabilidade. SIM
11. Você frequentemente pensa na humanidade e no destino dela. SIM
12. Você acredita que a melhor decisão é a que pode ser facilmente mudada. NÃO
13. A crítica objetiva é sempre útil em qualquer atividade. SIM
14. Você prefere agir imediatamente em vez de especular sobre quais são as melhores opções. NÃO
15. Você confia na razão, não nos sentimentos. SIM
16. Você tende a fiar-se mais na improvisação do que no planejamento cuidadoso. NÃO
17. Em seu momento de lazer, você se ocupa socializando-se ativamente com um grupo de pessoas e indo a festas, shopping centers etc. NÃO
18. Você geralmente planeja suas ações com antecedência. SIM
19. Suas ações são frequentemente influenciadas por emoções. NÃO
20. Você é uma pessoa de certa forma reservada e distante para comunicação. SIM
21. Você sabe como fazer cada minuto de seu tempo servir a bons propósitos. SIM
22. Você está pronto a ajudar sem pedir nada em troca. SIM
23. Você frequentemente contempla a complexidade da vida. SIM
24. Depois de socializar por um longo período, você sente necessidade de se afastar e ficar só. SIM
25. Você frequentemente realiza seu trabalho correndo. NÃO
26. Você enxerga princípios genéricos por trás de ocorrências específicas. SIM
27. Você expressa com frequência e facilidade seus sentimentos e emoções. NÃO
28. Você acha difícil falar alto. SIM
29. Você fica entediado se precisa ler livros teóricos. NÃO
30. Você tende a condoer-se de outras pessoas. NÃO
31. Você valoriza justiça acima de piedade. SIM
32. Você rapidamente se envolve na vida social de um novo trabalho. NÃO
33. Com quanto mais gente você conversar, melhor você se sente. NÃO
34. Você tende a confiar em sua experiência, não em alternativas teóricas. NÃO

PLATÃO NO 92ND STREET Y

35. Você gosta de manter um registro sobre como as coisas progridem. NÃO
36. Você facilmente compreende as preocupações dos outros. NÃO
37. Você frequentemente prefere ler um livro a ir a uma festa. SIM
38. Você gosta de estar no centro dos acontecimentos em que outras pessoas estão diretamente envolvidas. NÃO
39. Você fica mais inclinado a experimentar do que a seguir abordagens conhecidas. SIM
40. Você evita limitar-se por obrigações. NÃO
41. Você fica bastante tocado pelas histórias sobre os problemas das pessoas. NÃO
42. Os prazos para você parecem relativos, não absolutos e importantes. NÃO
43. Você prefere se isolar de barulhos externos. SIM
44. É essencial que você experimente as coisas com as próprias mãos. NÃO
45. Você pensa que quase tudo pode ser analisado. SIM
46. Você faz o melhor que pode para completar uma tarefa no tempo estabelecido. SIM
47. Você sente prazer em colocar as coisas em ordem. SIM
48. Você fica tranquilo no meio da multidão. NÃO
49. Você controla bem seus desejos e tentações. SIM
50. Você compreende princípios teóricos novos com facilidade. SIM
51. O processo de procurar uma solução é para você mais importante do que a solução propriamente dita. NÃO
52. Em geral, você se posiciona nas laterais de um ambiente, não no centro. SIM
53. Ao solucionar um problema, você prefere seguir uma abordagem conhecida a procurar por uma nova. NÃO
54. Você tenta seguir firme em seus princípios. SIM
55. Você tem sede de aventura. NÃO
56. Você prefere encontros com pessoas em pequenos grupos a interagir com muitas pessoas. SIM
57. Ao refletir sobre uma situação, você presta mais atenção à situação atual e menos às possíveis sequências dos fatos. NÃO
58. Você considera a abordagem científica a melhor. SIM
59. Você acha difícil falar de seus sentimentos. SIM
60. Você frequentemente dedica seu tempo a pensar em como as coisas podem ser melhoradas. SIM

PLATÃO NO GOOGLEPLEX

61. Suas decisões são mais baseadas nos sentimentos de um momento do que em um planejamento cuidadoso. NÃO

62. Você prefere passar seu tempo de lazer sozinho ou relaxando em uma atmosfera familiar tranquila. SIM

63. Você se sente mais confortável se prendendo às convenções. NÃO

64. Você facilmente se deixa afetar por fortes emoções. SIM[31]

65. Você está sempre à procura de oportunidades. NÃO

66. Sua mesa de trabalho, sua baia etc., em geral está arrumada e organizada. SIM

67. Como regra, suas questões atuais o preocupam mais do que seus planos futuros. NÃO

68. Você sente prazer em caminhadas solitárias. SIM

69. É fácil para você se comunicar em eventos sociais. NÃO

70. Você é coerente com seus hábitos. SIM

71. Você se intromete por vontade própria em questões que envolvem suas simpatias. NÃO

72. Você percebe com facilidade as várias maneiras pelas quais os eventos podem se desenvolver. SIM

---

31. Esta resposta pode ser uma surpresa, mas não para quem estudou o *Fedro* de Platão.

ε   Não sei como amá-lo

Aquele que é incapaz de participar, ou que não precisa de nada
por ser autossuficiente, não faz parte da *polis* e, portanto, ou é
uma besta ou um deus.

— Aristóteles, *Política*

Seria melhor não criar leões no estado.
Mas tendo criado, é melhor fazer-lhe as vontades.

— Aristófanes, *Os sapos*

Inscrito no Templo de Apolo em Delfos, onde o próprio oráculo de deus
sentou-se em seu trípode no *omphalos*, o umbigo do mundo, e profetizou o
que pessoas de toda a Grécia e de além vieram procurar: dois avisos. "Nada
em excesso" — *mēdèn ágan* — advertiu uma das inscrições. Isso foi ecoado
em "Conheça a ti mesmo" — *gnôthi seautón*.

A presença de ambas as advertências em lugar tão solene, na antecâmara
onde o consulente esperava para ser atendido por Apolo, como se canalizadas
pelos hierofantes que "interpretavam" os delírios do oráculo, parece mostrar
o quão central para a visão de mundo grega estes dois sentimentos foram.
"Nada em excesso", em especial, é frequentemente apresentada como uma
síntese do que distingue os gregos — o que é estranho quando você pensa
em como eles realmente levavam a vida.

PLATÃO NO GOOGLEPLEX

Alguns acadêmicos interpretam as mensagens gravadas na pedra do Oráculo de Delfos como tendo aplicação limitada, como se não oferecessem nada além de instruções de como se comportar na presença do deus. Não peça nada em excesso; em vez disso, limite-se a solicitar exatamente a informação de que precisa. "Conheça a ti mesmo" reafirma o mesmo ponto de vista. Avalie o que você realmente precisa saber e então formule sua pergunta com bastante cuidado.[1] As duas juntas eram instruções práticas do tipo que tem intenção de neutralizar a imprudência que o enredo dos contos de fadas que contamos aos nossos filhos pode criar, desses em que três desejos são concedidos e o último deles deve ser usado para apagar os erros cometidos com os insensatos dois primeiros pedidos.

Ainda assim, aquelas duas advertências do Oráculo de Delfos conseguem capturar a verdade além de meras instruções acerca de como se comportar quando procura respostas de um oráculo. São prescritivas, não descritivas. "Nada em excesso" não é uma observação genérica sobre a natureza do comportamento helênico, mas sim um aviso contra os resultados a que tende esse comportamento. E "conheça a ti mesmo" não deveria ser compreendido como uma recomendação para algum tipo de autoanálise que sustenta a indústria da saúde mental e faz de livros de autoajuda, best-sellers. Essencialmente, uma correção para "nada em excesso", "conheça a ti mesmo" é uma advertência contra a autoilusão, que tende a tomar a forma de que pensamos bem demais de nós mesmos. Pelo menos é assim que Platão entende o aviso. Em *Filebo*, ele faz Sócrates usar "conheça a ti mesmo" para citar as três formas com que a advertência é infringida. As pessoas podem se iludir em relação a quão ricas são e quanto a sua condição física ser atraente, pensando em si como pessoa mais alta e mais bonita do que realmente é. Mas de longe, segundo ele, a maioria está enganada quanto a seu "estado de alma", e pensa em si como mais virtuoso e mais inteligente do que é (48e-49a). Essa observação parece correta. Pode ser que o rei Ricardo

---

1. Os suplicantes não solicitavam diretamente ao Oráculo de Delfos, ou Pítia. A informação melhor que obtivemos é de que as pessoas escreviam ou ditavam suas perguntas e seus pedidos, e então entregavam a sacerdotes, que, por sua vez, levavam a Pítia. Também havia sacerdotes que em seguida interpretavam as respostas — frequentemente delirantes — do oráculo.

III, de Shakespeare, tenha declarado na privacidade de seu solilóquio de abertura "estou determinado a ser um vilão", mas a maioria das pessoas, até mesmo as mais vilãs, consegue se apresentar a elas mesmas em termos morais muito mais generosos. Somos nossos próprios e melhores advogados de defesa, determinados a acreditar no melhor sobre nós mesmos. É assim que Platão interpreta as famosas advertências, aplicando seu ponto de vista psicologicamente astuto na inscrição.

Juntas, as mensagens do Oráculo de Delfos captam uma reprimenda de que os gregos, talvez se conhecendo, sabiam que eles precisavam. Exortações contra excesso e impertinência fazem sentido em uma cultura na qual ambas as características sejam constantes perigos dado o *ethos* subjacente. Portanto, também, o horror da arrogância faz sentido em tal cultura, reforçada por uma religião que interpreta a falta de sorte como merecida dado o excesso e combina a noção de *hubris* com um conjunto de outras, tais como *phthônos* (divina inveja) e *nemesis* (divina indignação). Todo o supernaturalismo restritivo era necessário, como confirma a história de Heróstrato. Ele foi o ninguém que tentou ser alguém ao botar fogo no Templo de Ártemis em Éfeso, em 356 a.C. Tudo o que ele queria era que seu nome fosse conhecido. *Kleos*. E funcionou. Geoffrey Chaucer fez Heróstrato se explicar em *The House of Fame* [A casa da fama]:

> "I am that ylke shrewe, ywis,
> That brende the temple of Ysidis
> In Athenes, loo, that citee."
> "And wherfor didest thou so?"quod she.
> "By my thrift,"quod he, "madame,
> I wolde fayn han had a fame
> As other folk hadde in the toun."[2]

---

2. Geoffrey Chaucer, em *The House of Fame*, descreve sua visão onírica: está em um templo de vidro enfeitado com imagens de pessoas famosas e seus feitos, refletindo sobre a fama e a verdade nos relatos sobre ela. O poema foi escrito em inglês médio, na segunda metade do século XIV. Neste trecho, o eu-lírico justifica-se por ter ateado fogo no templo de Ísis, em Atenas; segundo ele, fez isso por fama, para ganhar um nome, como outros tinham naquela cidade. (*N. da T.*)

PLATÃO NO GOOGLEPLEX

Infelizmente, há uma abundância de textos análogos contemporâneos. Como um livro mais recente argumenta, a maneira mais fácil de tornar-se famoso, caso isso seja seu mais urgente objetivo e caso você não seja possuidor de bens ou talentos, é "matar pessoas inocentes. Quanto mais aleatória for a escolha de suas vítimas, melhor, porque deixa a mensagem de que ninguém está a salvo. E quando as pessoas estão assustadas, elas prestam atenção".[3] Obviamente, o autor não está endossando a violência aleatória como um plano de ação, mas está tentando explicar a mentalidade que transforma configurações comuns em cenas de desordem e tragédia. Talvez a sociedade que tenha voltado a celebrar o "renome acústico" como um fim em si mesmo devesse ter uma dose a mais de cuidado em relação à regulamentação do porte de arma. Mas voltemos à Atenas Antiga.

Se um aspecto da cultura incitou um grego a não economizar esforços e a construir uma vida que deixaria os outros boquiabertos, exatamente excesso e superação eram necessários. Era como se as duas conflituosas imposições — uma derivada do *Ethos* do Extraordinário e a outra do conselho inscrito no Templo em Delfos — pudessem de alguma forma se harmonizar em uma vida que iria, de uma só vez, aceitar nada menos que o extraordinário e também ser sensível, segura e comedida, evitando a arbitrária transgressão da arrogância.

A tensão pode ser transposta para a linguagem dos deuses. Por um lado, há o desiderato, *Vá em frente e seja como um deus!* E por outro lado, uma resposta em antífona: *Ao conhecer-te, oh mortal, saibas em primeiro lugar que não és deus!* Parece haver um dilema, sem que ajuda venha do Olimpo. Jamais há de haver suficiente ajuda vinda daquela esfera em particular, sobretudo, de natureza normativa.

Os deuses e as deusas do Olimpo não habitam um plano moral mais elevado, de onde padrões éticos podem surgir com a divina garantia de que nossa vida tem algum valor para eles. Os habitantes do Olímpio são apenas versões

---

3. Adam Lankford, *The Myth of Martyrdom: What Really Drives Suicide Bombers, Rampage Shooters, and Other Self-Destructive Killers*. Nova York: Palgrave MacMillan, 2013, p. 108.

mais poderosas de nós[4] e, por causa de seu poder, devem ser apaziguados para que não diminuam as probabilidades de conseguirmos passar pela vida sem sofrermos com a tragédia. Eles podem nos reter em nossos esforços mundanos ou podem nos ajudar, podem nos rebaixar ou nos promover, e devemos tentar negociar com eles, o que as orações gregas propunham fazer. Os deuses são menos parecidos com o impronunciável sagrado Jeová e mais parecidos com os idolatrados, mas subornáveis, irmãos mais velhos — tão à frente que nos atormentam, mas não tanto que não podemos emulá-los e, portanto, viver uma vida extraordinariamente típica de um deus. Mas essa conquista mesmo é carregada de perigo. Assim como aqueles irmãos mais velhos, os deuses podem se tornar seres maus quando sentem que ganhamos deles, e fazer alguma maldade apenas para nos mostrar que podem. Mesmo quando nos favorecem, podem se voltar contra nós, desertar-nos no exato momento em que mais precisamos deles — como Apolo fez com Heitor, deixando-o à mercê da fúria de Aquiles. O virar da sorte devemos ler como sinal da desaprovação deles, seja por algo que fizemos ou que deixamos de fazer, seja por algum outro motivo, um acordo que eles fizeram entre eles mesmos. Os deuses existem para o bem deles mesmos e não para o nosso, e eles fazem pouco para que nos sintamos em casa no Cosmo, na melhor das hipóteses porque não são confiáveis e, na pior delas, por serem claramente hostis. O resultado existencial é que, apesar de os deuses do Olímpio estarem próximos de nós, somos deixados sozinhos quando se trata de resolver as questões existenciais que emergiram no mundo todo, durante a Era Axial. Nesse sentido, a sociedade grega, ainda que tão repleta de ritos religiosos como era, preparou o caminho para a cosmovisão secular.

Preparou também o caminho para a genial tragédia grega. Nós estarmos, no fim das contas, completamente sozinhos, é o pressuposto de muitas das obras-primas da tragédia grega, nenhuma mais que *Prometeu acorrentado*, com seu Zeus genocida:

---

4. "Os deuses do Olímpio são mais poderosos que os homens, mas exceto por isso, não são diferentes. Sua imortalidade não é uma imortalidade verdadeira, mas sim uma inabilidade de sucumbir à morte, o que derrota seus irmãos pigmeus homens. Eles não são mais inteligentes, mais felizes nem mais completos que aqueles que guardaram na mente imagens deles." David Grene, *Greek Political Theory*. Chicago: Phoenix House, 1965, p. 194.

PLATÃO NO GOOGLEPLEX

When first upon his high, paternal throne
He took his seat, forth with to divers Gods
Divers good gifts he gave, and parceled out
His empire, but of miserable men
Recked not at all: rather it was his wish
To wipe out man and rear another race. (229-234)[5]

Se havia certa tensão na cultura que exortava uma pessoa a se tornar divina — Platão, à sua maneira, endossava esse objetivo —, não era para atrair a atenção dos deuses. Em circunstâncias equivalentes, é melhor que você não seja notado. Você deve, de uma só vez, tanto impressionar seus amigos mortais, quanto não atrair a atenção e o possível aborrecimento dos sensíveis deuses.

Independentemente de seguirmos ou não uma religião, é estranho para nós acreditar que exista uma que se mantenha silenciosa em relação às questões que levam as religiões que hoje conhecemos a serem loquazes. Quando criança, fui educada para acreditar que todos os meus feitos — dar uma mordida no bolinho (que não era kosher) do meu amigo, uma doação tirada da minha humilde mesada para um orfanato, deixar minha irmã ganhar uma discussão — ficam registrados em um livro celestial, que nos Aseret Yemei Teshuva (os Dez Dias de Arrependimento) será folheado, escrutinado, avaliado. Aterrorizante, sim, mas também bastante efetivo na tentativa de induzir um forte senso de consequência humana. Ninguém menos que o Senhor da Hoste Celestial é responsável por tomar nota daquele bolinho.

As religiões abraâmicas são poderosas na abordagem do valor humano, assim como outras religiões que demonstram deter poder há milênios. No caso dos hebreus, a expressão *bi-tzelem elohim*, que significa "a imagem de Deus", oferece uma resposta para a questão do valor humano. Três vezes foi utilizada no Gênesis, em todas elas nas porções da Torá conhecidas como sacerdotais, em geral datadas de século VI ou V a.C., o que significa ser

---

5. "Assim que se colocou diante do trono de seu pai, ele tomou seu assento, diante de certos deuses, para quem alguns presentes ele deu e de quem separou seu império, sem dar-lhes a menor atenção, os homens miseráveis; em vez disso, desejou eliminá-los e criar uma nova raça." (Tradução livre a partir da tradução, do grego para o inglês, de Edmund Doidge Anderson Morshead, disponível em: <http://www.sacred-texts.com/cla/aesch/promet.htm>. (*N. da T.*)

NÃO SEI COMO AMÁ-LO

relativamente tarde em relação à autoria da Torá. É nas três últimas passagens (9:6) que as dimensões normativas da expressão emergem totalmente. A Bíblia do Rei James traduz assim: *"Whoso sheddeth man's blood, by man shall his blood be shed: for in the image of God made he man."*[6] A implicação disso é que Deus, imprimindo no homem sua imagem, confere a ele valor tal que torna o derramamento de sangue proibido. As religiões abraâmicas, por sua vez, imprimiram em si pensamento ético tal, que às vezes é difícil seguidores, até mesmos nos dias de hoje, compreenderem como o ser humano poderia ter valor *sem* essa impressão divina.

O fato é que as respostas que religiões, como as conhecemos hoje, dão à questão do valor humano têm tão importante papel nos séculos passados que os crentes frequentemente não conseguem entender como os incrédulos conseguem reunir comprometimento suficiente na vida para conseguirem sair da cama de manhã cedo, sem falar em recursos éticos para considerar as outras pessoas merecedoras de respeito. Uma vez que uma pessoa se assume ateia, ela passa a ser indagada por essas questões.

Mas se pensarmos que a religião grega é estranha em sua reticência em relação a tais questões, como causou a meu vizinho contorcer-se em um pretzel metafísico, é apenas porque esquecemos que religião, como a conhecemos hoje, proporciona apenas uma solução possível à questão do valor humano. Na cultura ocidental há uma tradição que procura solucionar nossas questões existenciais e normativas em termos estritamente humanos, e essa é a tradição que remonta aos gregos.

Remonta aos gregos antes mesmo de Sócrates e Platão um aspecto de quadro normativo resumido pela ideia de *aretē*, como Nehamas explicou, com sua significativa dimensão social, misturada à ideia de *kleos*. "Desde os mais remotos tempos, a ideia de *aretē* era intrinsecamente social, algumas vezes quase equivalente a fama (*kleos*)." Foram a sociabilidade e as instituições humanas — família, *deme, phratry, polis* — que fizeram o contexto para a compreensão e exibição de *aretē*. O poder da *polis*, talvez mais especificamente em Atenas,

---

6. A Bíblia do rei Jaime (King Jame's Bible) é a tradução inglesa da Bíblia feita para a Igreja anglicana, por encomenda do rei Jaime I (século XVII). Na passagem citada, em tradução livre: "Quem derrama o sangue do homem, pelo homem terá seu sangue derramado. Pois à imagem de Deus o homem foi feito." (*N. da T.*)

PLATÃO NO GOOGLEPLEX

o senso de identidade social e excepcionalidade que rendeu durante os anos de hegemonia política e cultural tornou a instituição da *polis* especialmente proeminente na conceitualização da *aretē*. O comentário de Aristóteles, citado como uma das epígrafes deste capítulo, merece ser repetido: "Aquele que é incapaz de participar, ou que não precisa de nada por ser autossuficiente, não faz parte da *polis* e, portanto, ou é uma besta ou um deus." Havia uma conexão íntima entre a noção de *aretē* e a de *polis* — Platão, assim como Aristóteles, reconheceu isso — e ainda assim que conexão era poderia ser interpretado de várias maneiras, com o conceito principal não tendendo nem na direção de *aretē*, nem de *polis*. O melhor estado é o que permite existência e desenvolvimento em sua totalidade da *aretē*, onde *aretē* é definido independentemente? Ou seria *aretē* definido em termos de qualidades que permitirão uma pessoa tornar-se na *polis* notável justificadamente, as qualidades de um indivíduo que melhor permitem a definição de valores pela *polis* existir e desenvolver? Platão (assim como Aristóteles) vai na primeira direção; no entanto, nunca tão longe a ponto de anular a relevância moral dessa *polis*; mas Atenas, que tentou e executou Sócrates, inclinou a balança na segunda direção. Platão moralizou a teoria política, enquanto a Atenas a qual ele objetou, politizou a moralidade — ou pelo menos politizou a *aretē*. E julgou Sócrates, por total falta de qualidades que conduziriam ao desenvolvimento de sua *polis*, que fez com que ele não fosse notável justificadamente — apesar de ser notável — e portanto deficiente em *aretē*. Logo, mais uma vez, pode-se dizer que, em seus termos, o julgamento de Atenas a Sócrates foi justificado por ser ele culpado de heresia normativa, já que rejeitou seus valores.

A politização de *aretē* fez bastante sentido em uma cultura que valorizava demais as realizações extraordinárias e a luta que as faz acontecer. Como pode uma sociedade de indivíduos que luta para se sobressair aos deuses (somente o suficiente, não a ponto de provocar a inveja divina) alcançar estabilidade política? Aquiles não pensou no que poderia conduzir ao bem maior do maior número de companheiros gregos quando permitiu que eles fossem massacrados, seu sangue manchando o solo troiano. Ele se sentou em sua tenda, tocando a lira e cantando sua *kleos*.[7] Mas não se pode fazer

---

7. *Ilíada*, 9:189.

NÃO SEI COMO AMÁ-LO

uma sociedade civil com cidadãos que seguem individualmente em busca de sua *kleos*. A valorização do extraordinário conduz a um fim antissocial.

Trasímaco, no primeiro livro de *A república*, personifica essa conclusão, um sofista que argumenta que uma pessoa extraordinária tem o direito de fazer o que quer que dê conta de fazer. (Cálicles, em *Górgias*, tem semelhante argumentação. A propósito, Trasímaco e Cálicles são os personagens que mais nos prendem atenção. Eles parecem saltar das páginas. Como em uma ficção, os menos louváveis são os mais realistas e fascinantes.) Somente os fracos querem coibi-los, sem nenhum direito natural a seu favor. Trasímaco é um problema não somente teórico, como também prático. Platão tinha suas ideias de como despachar Trasímaco, mas a *polis* também tinha.

A configuração política da Grécia garantiu uma forte normatividade prescritiva que ofereceu uma solução política ao desafio posto por Trasímaco. Deveres à *polis*, assim como deveres à família e a outras instituições sociais, renderam obrigações que regulamentavam comportamentos. A participação na vida coletiva da *polis* tanto coíbe o indivíduo extraordinário quanto engrandece o indivíduo ordinário, permitindo a ele (principalmente se for sortudo o suficiente a ponto de ser um cidadão ateniense) participar do extraordinário. Um indivíduo pode atingir excelência participativa por meio das realizações da *polis* e não precisa sempre ser pego em uma luta agonística para superar seus companheiros. Até mesmo rituais religiosos foram assimilados às obrigações civis, com o deus patrono ou a deusa patrona da *polis* — Atena e Poseidon, no caso de Atenas, e Ártemis e Ares, no caso de Esparta — regulando os rituais, que, realizados comunitariamente, fortaleciam a devoção à *polis*. Como Péricles afirma em sua "Oração fúnebre", atenienses deveriam sentir *erōs* por Atenas, isto é, deveriam morrer de amores por sua *polis*.

Politizar a *aretē* traz uma solução para o desafio de Trasímaco. Contanto que a abundância de energia e a luta incentivada pelo *Ethos* do Extraordinário sejam focadas no extraordinário participativo, os radicais com seus desproporcionais egos podem ser envolvidos e neutralizados. Lutas divinas podem ser desviadas do indivíduo para a *polis* e a arrogância pessoal, evitada (apesar de que a arrogância política coletiva permanece ativa, como os não atenienses que olhavam de longe para a Acrópole provavelmente refletiram, com razão.)

267

PLATÃO NO GOOGLEPLEX

Já era de se esperar; a politização da *aretē* foi principalmente enfatizada pelas duas mais extraordinárias *poleis*, Atenas e Esparta, sendo que esta concentrava seu senso de excepcionalidade em sua superioridade coletiva marcial, enquanto aquela acessava sua excepcionalidade de maneira muito mais variada — militar, comercial, política, cultural, intelectual, psicológica, ética — como mostra Péricles ao enumerar as virtudes atenienses, em sua "Oração fúnebre".

Mas o que há sobre uma pessoa extraordinária que se recusou a ser submetida à ditadura e ser definida pela *polis*, que desafiou a politização da *aretē* e insistiu para que sua singularidade permanecesse exclusivamente sua, sem estar disposto a transferir para quem quer que fosse na *polis*? Talvez se espera que tal pessoa desperte violentamente emoções contraditórias. Seus companheiros cidadãos não poderiam evitar xingá-lo por transgredir a politização da *aretē*, ao mesmo tempo que o admiravam — principalmente se também possuísse beleza tão extravagante que um contemporâneo pudesse escrever sobre ele: "se Aquiles não se parecia com esse homem, ele na verdade não era bonito."[8]

Falo agora de ninguém menos que Alcibíades, cuja vida inteira alimentou fofocas atenienses, desde sua conturbada infância,[9] passando por sua impressionante carreira, até sua morte violenta (talvez) pelas mãos de assassinos contratados. Alcibíades nunca caiu de amores por Atenas; na verdade, ele queria que os atenienses caíssem de amores por ele. Em todos os momentos de sua vida, Plutarco nos conta, ele era o exemplo da beleza própria daquele estágio e "jamais a sorte rodeou e esteve com um homem com tantas daquelas coisas que vulgarmente denominamos bens". É como se Atenas, na recuperação da glória grega pós-homérica que atingiu seu ápice nos tempos de Péricles, tivesse criado um avatar de Aquiles. Tudo nele conspirava para fazer dele uma pessoa que viveu uma vida muito digna de ser contada — e também para fazer uma pessoa questionadora perguntar se viver uma vida digna de *kleos* era mesmo uma coisa boa, se não pela pessoa propriamente dita, então para todos os demais envolvidos.

---

8. Veja Charles H. Kahn, "Aeschines on Socratic Eros". In: Paul A. Vanderwaerdt (Org.) *The Socratic Movement*. Ithaca, NY: Cornell University Press, 1994, p. 90.

9. Uma das histórias contadas por Plutarco é de que Alcibíades estava lutando com um garoto que o nocauteou e então ele mordeu o dedo do menino que disse "você morde como uma mulher". "Não," Alcibíades respondeu, "como um *leão*".

NÃO SEI COMO AMÁ-LO

Em seu tempo, não houve pessoa como ele e também não houve desde então, um aspecto forçosamente apresentado em uma tabela que encontrei em um site de comédia chamado Cracked.com:[10]

	Ridiculamente rico	Orador brilhante	Incontrolável máquina de guerra	O terror das mulheres	Lunático violento
Justin Bieber	✓	X	?	✓	X
O. J. Simpson	✓	X	X	?	✓
Leon Trotsky	X	✓	✓	X	X
Genghis Khan	X	X	✓	✓	✓
Alcibíades	✓	✓	✓	✓	✓

Sua singularidade cresceu da singularidade de Atenas. Foram a especial natureza da democracia ateniense e a sua hegemonia que produziram essa mistura que foi Alcibíades. A natureza da democracia determinou como ele aperfeiçoou sua inteligência para brilhar na retórica. As pessoas o adoravam, e ele adorava a adoração delas. E porque ele era, como afirma o Cracked. com, "ridiculamente rico", ele podia esbanjar, o que era uma característica apreciada pelos cidadãos atenienses, que, em geral, não estavam acima da possibilidade de serem comprados. (Péricles comprou muita gente.) Certo ano, a fim de se certificar de que iria para casa com um prêmio olímpico, Alcibíades foi extravagante ao inscrever sete carruagens; não se podia evitar falar nisso, principalmente quando ele ganhou os prêmios de primeiro,

---

10. Disponível em: <http://www.cracked.com/funny-5516-alcibiades/>. Recomendo o artigo completo do Cracked sobre Alcibíades.

PLATÃO NO GOOGLEPLEX

segundo e quarto lugares.[11] Obviamente, ele era um aristocrata, um descendente de uma das mais antigas famílias, os Alcmeônida. (Isso significa que ele também carregava a famosa maldição dos Alcmeônida.)[12] Mas, como Alcmeônida Péricles, ele se juntou de corpo e alma com os *demos* de Atenas — ou seja, com o povo —, a quem ele iria, alternadamente, agradar, indignar, emocionar, provocar, atormentar, encantar, chocar, iludir e seduzir. Mas ele sempre chamou a atenção deles, e eles sempre falavam dele. Imagine John F. Kennedy, Donald Trump, David Petraeus, Muhammad Ali, Julian Assange, Johnny Knoxville, Bernie Madoff e Jude Law todos misturados em um só.

Péricles, que era primo da mãe de Alcibíades, tornou-se o guardião legal dele, quando o pai do garoto foi morto em batalha. Dessa maneira, Alcibíades foi criado na casa de Péricles, o que faz com que a diferença entre eles seja ainda mais dramática. Péricles, mais que qualquer pessoa, articulou a politização da *aretē* que Alcibíade pouco viveu.[13] Alcibíades recusou en-

---

11. Nas corridas de carruagens, a pessoa que pagava pelas carruagens e pelos condutores ganhava o prêmio, e não o condutor.

12. Heródoto escreveu sobre essa famosa maldição em *Histórias*, livro V. Em 632 a.C., o campeão olímpico Cílon decidiu usar sua fama como poder político, pretendia tornar-se o tirano de Atenas. Ele e seus seguidores tentaram sitiar a Acrópole, mas seu ataque falhou e então buscaram refúgio em um templo divino, ou seja, não poderiam ser atacados, contanto que fossem súplices à deusa. No entanto, um membro da família Alcmeônida invadiu o santuário deles, dizendo que descessem para que fossem julgados, e então estariam seguros. A história conta que desceram, mas se mantiveram ligados ao santuário por uma corda, ou fio, mas, quando a corda arrebentou, os Alcmeônidas a tomaram como prova de que a deusa não ofereceu proteção, e mataram o tirano perdedor e seus apoiadores, expondo-os à maldição. Por algum tempo, foram banidos de Atenas.

13. Péricles especificamente mudou o foco da excepcionalidade para a *polis*, coletivizando tanto o fardo quanto a glória da superioridade. "Ser odiado e causar dor é, no momento, a realidade de qualquer um que assume o papel de comandar os demais, e qualquer um que se faz odiado por motivos com grandes consequências tomou a decisão correta, porque o ódio não dura muito, mas um momentâneo brilho de grandes ações persiste como glória que para sempre será recordada" (Thucydides, *History of the Peloponnesian War*, ii, 64 ["História da guerra do Peloponeso", minha tradução]). Alcibíades explicitamente transfere o foco da excepcionalidade de volta para o indivíduo — mais notadamente, ele — traduzindo o fardo e a glória em termos pessoais. A breve inimizade dos invejosos está focada nele: "O que sei é que pessoas desse tipo e todas as outras que tenham alcançado qualquer distinção, apesar de que podem vir a ser impopulares durante a vida em suas relações com companheiros e especificamente com seus pares iguais, deixam para a posteridade o desejo de reivindicar conexão com eles ainda que não haja nenhum fundamento e que sejam vangloriados pelo país a que pertencem, não como estranhos ou como malfeitores, mas como compatriotas companheiros e heróis" (Thucydides, *History of the Peloponnesian War*, vi, 61 ["História da guerra do Peloponeso", minha tradução]). O espelhamento inverso da linguagem empregada por Pericles é digno de nota.

NÃO SEI COMO AMÁ-LO

tregar seu prodígio à *polis*, alegando que sua superioridade era suprema e inviolavelmente dele mesmo. Ainda assim sua imprudência não poderia ser condenada na esfera pessoal, e a ruína que fez de sua vida seria a ruína de Atenas também.

Aqui estão alguns destaques da extravagância que foi sua vida:

Ele convenceu a *ekklêsia* a empreender um arriscado ataque à Sicília durante a Guerra do Peloponeso, em 415 a.C., e então os convenceu a apontá-lo como um dos cogenerais.[14] Tendo conseguido o que queria em relação a esse "empreendimento" na Sicília, é possível que ele e alguns de seus destemidos companheiros tenham escolhido a noite anterior à partida das tropas para se juntar em uma onda de vandalismo, destruindo o rosto e a genitália das estátuas de Hermes — estátuas essas que eram utilizadas como marcadores de limites entre propriedades na *polis*. Hermes era o deus da viagem, o que teria resultado, desse sacrilégio, mau agouro para a viagem à Sicília. Era improvável que Alcibíades estivesse envolvido nisso, mas, segundo Tucídides, sua reputação era tal que vários atenienses o acusaram. Rumores apontavam que Alcibíades e seus amados amigos encenaram uma blasfema brincadeira com a solene iniciação aos ritos dos mistérios eleusinos, com Alcibíades oficiando como sumo sacerdote. (Um escravo de nome Andrômaco apresentou provas contra Alcibíades.)[15] Ele partiu para a Sicília no dia seguinte ao desastre que abateu as estátuas de Hermes sob uma nuvem de mistério. Sabendo de seu poder para virar a opinião pública a seu favor, ele suplicou permissão para, primeiramente, se defender das acusações. Seus inimigos apressaram sua partida. E, como era de se esperar, enquanto navegava para a Sicília, a histeria em relação a seu desrespeito (*asebia*) cresceu, com os seus inimigos dizendo que sua blasfêmia carregava todas as marcas de um ultrajante Alcibíades. Obviamente, enquanto isso acontecia ele não poderia liderar as forças atenienses em uma grande expedição; então, um trirreme

---

14. Alcibíades, com toda sua audácia, e Nícias, que era muito cauteloso, assumiram diferentes posições em relação ao tema invasão; portanto, foram indicados como cogenerais. Para romper quaisquer possíveis laços em campo de batalha, Lâmacos foi indicado cogeneral com a mesma autoridade que tinham os outros dois.

15. Veja em Debra Nails, *The People of Plato*, pp. 17-20, uma lista de fontes e um resumo dos eventos.

PLATÃO NO GOOGLEPLEX

foi enviado para levá-lo de volta a Atenas, para o julgamento.[16] Minimizaram a gravidade do problema de Alcibíades por medo de que seus homens organizassem um motim, caso suspeitassem que ele estava sendo levado de volta para receber tratamento severo. Alcibíades não foi levado como prisioneiro, mas foi obrigado a viajar sozinho. Rapidamente ele compreendeu a situação e se irritou porque a *polis* tinha tão pouca fé nele; resolveu vingar-se por essa falta de fé, juntando-se a Esparta e oferecendo grandes conselhos sobre como eles poderiam usar o ataque de Atenas à Sicília em seu favor. O ataque foi mesmo um desastre para Atenas, que o sentenciou à morte em julgamento *in absentia*.

Ao se tornar um espartano, ele se adaptou completamente ao jeito espartano de ser, pelo menos é o que conta Plutarco: "Pessoas que o viram usando os cabelos curtos, banhando-se em águas geladas, comendo rudemente, jantando um caldo preto, duvidaram, ou melhor, nem podiam acreditar que ele jamais teve em casa cozinheira, viu um perfumista ou, ainda, que tenha usado um manto púrpura milesiano."[17] (Os relatos de Plutarco sobre Alcibíades são divertidos, mas talvez não sejam confiáveis em todos os detalhes. Uma indicação disso é que ele não descreveu direito os cabelos. Os espartanos usavam cabelos longos.)[18] Ele fez um discurso na Esparta não democrática em que banalizou a democracia ateniense dizendo que era "reconhecidamente loucura". Os espartanos acharam sua transformação convincente, principalmente porque ele procurou renovar o papel de seu avô paterno como *proxenos* de Esparta; o nome mesmo é de origem espartana; o discurso que ele fez (se bem que fosse invenção de Tucídides) é excelente. No entanto, guardada em segurança para dentro das mudanças externas,

---

16. Tucídides vi, 61.

17. Plutarco. *Parallel Lives*, "The Life of Alcibíades", 6.2, vol. IV. Ed. Loeb Classical Library, 1916. [Vidas paralelas: A vida de Alcibíades].

18. Plutarco (ca. 45-120 d.C.) era um platonista que estudou na Academia, apesar de ter vivido séculos depois dos eventos do século V a.C., razão pela qual não se pode confiar cegamente nele. Ele fala de detalhes lascivos da vida de Alcibíades que eu deixei de fora por não serem confiáveis, apesar de, repito, serem muito divertidos. Ele tinha um trabalho realmente maravilhoso: era um dos dois sacerdotes a serviço no oráculo de Delfos, foi quem interpretou os delírios da pítia. Esse trabalho não só era interessante como também parecia permitir que ele tivesse bastante tempo para escrever.

NÃO SEI COMO AMÁ-LO

a perversidade intencional de seu caráter sobreviveu intacta. Não haveria *polis* que pudesse definir e contê-lo, não Atenas e certamente não Esparta. Como provavelmente foi previsto, ele também seguiu em frente com sua traição também contra Esparta, e então traiu tanto Atenas quanto Esparta a favor da Pérsia (talvez).

Mesmo com todas as reviravoltas, ele permaneceu o queridinho, filho pródigo de Atenas. Em 411 ele foi convocado por Atenas para o Helesponto, para que assumisse o comando da frota, apesar de, na verdade, evitar pisar em Atenas. Em 407, ele retornou a Atenas, multidões o cumprimentaram no porto, jogando guirlandas sobre sua cabeça divina. Ele reiterou sua inocência em relação às acusações contra ele em 415, e os atenienses jogaram a Estela de bronze que tinha gravada sua sentença de morte, no mar. Xenofonte conta que as vozes em oposição que saíam da multidão acabaram por ser intimidadas e silenciadas.[19] No entanto, ele acabou se tornando suspeito — dessa vez, injustamente, mas também não se pode culpar os atenienses por isso — quando uma das expedições que ele liderava falhou. Plutarco ressalta: "Parece que se um homem, algum dia, fosse arruinado por sua própria reputação exaltada, esse homem seria Alcibíades. Seu sucesso contínuo rendeu-lhe a fama de ser audacioso, sagaz, sem limites, de tal forma que, quando falhava em qualquer coisa, os homens suspeitavam de suas inclinações; eles não acreditavam em sua inabilidade. Bastava que ele tivesse uma inclinação e nada lhe escaparia, era o que pensavam."

Em *As rãs,* de Aristófanes, encenado e vencedor do prêmio de primeiro lugar em 405, no festival ateniense *Lenaean,* o deus Dionísio, que viajara ao Hades desesperado com o declínio da poesia trágica, pergunta aos dois dramaturgos mortos, Ésquilo e Eurípedes, tendo este morrido apenas um ano antes, o que a cidade sofredora, que vive a pior das situações depois da guerra que durou décadas contra Esparta, deveria fazer para se salvar. Mas primeiro uma outra questão deveria ser resolvida: se Alcibíades, naquele momento escondido em um castelo na Frígia, deveria ser aceito de volta:

---

19. Xenofonte, *Helênicas.* I.4.20.

PLATÃO NO GOOGLEPLEX

> Então agora, aquele entre vocês dois que melhor
> Aconselhar a cidade, ele deverá vir comigo.
> E a começar por Alcibíades, que cada um
> Diga o que pensa; a cidade labuta dolorosamente.

Eurípedes pergunta ao deus o que Atenas pensa sobre Alcibíades e recebe uma resposta que transmite a fixação conflituosa que amarra Alcibíades e os atenienses juntos:

> O quê?
> Ela ama, e odeia, e deseja tê-lo de volta.

Essa fala de Aristófanes, escrita apenas alguns meses antes da capitulação de Atenas a Esparta e da violenta morte de Alcibíades, demonstra a obsessão da *polis* por ele. Era da natureza de Alcibíades realizar tudo que quisesse, e era da natureza de Atenas — com bastante frequência — satisfazê-lo.

Repetidas vezes suas brilhantes maquinações foram motivadas pela ideia de que, sozinho, ele poderia ganhar com a situação, resultado de sua avaliação de como seu poder poderia ser aumentado e a própria imagem ampliada de forma a apagar todas as demais pessoas. Ele convenceu a *polis* a rejeitar um tratado de paz que seria vantajoso para Atenas, por ter se irritado porque dois de seus rivais, Nícias e Laques,[20] eram responsáveis por isso, enquanto ele foi ignorado por ser jovem. Quando os espartanos iriam aparecer em *ekklêsia* para tentar fazer a paz, Alcibíades se envolveu em uma engenhosa dupla negociação. Ele se apresentou como um negociador a favor de Esparta; esta, sem saber como abordar a singular democracia ateniense, submeteu-se às orientações de Alcibíades. Então ele provocou uma multidão contra o que os espartanos disseram, seguindo seu comando. Um

---

20. No dialogo de Platão intitulado *Laques,* ambos os generais conversam com Sócrates; o texto lida com a natureza corajosa.

NÃO SEI COMO AMÁ-LO

Tucídides, exasperado, conta em detalhes, mostrando que de certa forma o destino de Atenas havia sido determinado pelo desejo de um homem de ser o foco da atenção de todos, ou colocar seu nome na boca de todos. "Espero que nenhum de vocês pense o pior a meu respeito", ele diz aos espartanos depois de desertar em favor do país deles, "se, depois de até o momento ter me posicionado como amante de meu país, agora juntar-me a seus piores inimigos para atacá-lo, ou suspeitem de que o que falei seja fruto de um entusiasmo infundado." Ele termina com uma rejeição ao excepcionalismo participativo tão explícita quanto o endosso na "Oração fúnebre" de Péricles. Ele reivindica a supremacia do eu sobre a cidade — não um eu qualquer, mas o ele: "Amor pelo país é algo que eu não sinto quando sou injustiçado."[21] O *Assim falou Zaratrusta*, de Nietzsche, poderia facilmente ser intitulado Assim falou Alcibíades:

> Ensino o que é um super-homem. O homem é algo a ser superado.
> O que você tem feito para superar o homem?

Para Alcibíades, o que ele fez para superar o homem foi ser Alcibíades. E não há como negar que esse homem foi extraordinário.

Não apenas Atenas foi desfeita pela incontida reivindicação de si mesmo. Tucídides, que odeia Alcibíades, faz dele a figura central no prolongamento da guerra do Peloponeso. Tal instabilidade proporciona material bom para construir uma vida extraordinária. E a Guerra do Peloponeso enfraqueceu todas as *poleis* gregas e as tornou vulneráveis ao ataque por um império exterior. Dessa vez, não foram os persas do leste que chegaram para conquistar a Grécia, mas os macedônios do norte. Em 357 a.C. a Macedônia rompeu seu tratado com Atenas, e em 351 o famoso orador ateniense Demóstenes fez a primeira de suas filípicas expondo os projetos de cidades-estado gregas independentes apresentadas pelo rei expansionista Filipe II da Macedônia. Os macedônios, apesar de não serem etnicamente diferentes, eram considerados

---

21. Tucídides, VI, 92.

PLATÃO NO GOOGLEPLEX

não gregos, tanto por eles mesmos quanto pelos gregos.[22] Em sua Terceira Filípica, Demóstenes descreveu Filipe como "não só não grego ou não relacionado com os gregos, mas também nem mesmo um bárbaro de qualquer lugar que pudesse ser nomeado com honras, mas um patife pestilento da Macedônia, de onde jamais foi possível comprar um escravo decente".

A prolongada Guerra do Peloponeso, que finalmente terminou em 404, esvaziou as cidades-estado — com certeza, Atenas —, e meros 65 anos depois, em 338 a.C., a autonomia grega terminou, pelo menos oficialmente.[23] Os historiados da Roma antiga e da Grécia consideram a Batalha de Queroneia, em 2 de agosto de 338, entre Filipe II e as forças unidas das *poleis* gregas, como sinalizando o fim da liberdade e da história política gregas. Nesses 65 anos, Atenas, apesar de nunca mais ter sido um império, celebrou vários de seus sucessos culturais. A vida filosófica de Platão aconteceu nesse período, quando ele fundou a Academia e escreveu seus diálogos. E também foi nessa época que Aristóteles chegou a Atenas, primeiro para estudar na Academia, depois para fundar seu Liceu. É possível argumentar que durante os 65 anos entre a derrota de Atenas na guerra do Peloponeso e sua inclusão na Macedônia, ela tenha aproveitado seu período de total democracia. Portanto, é difícil afirmar que a experiência ateniense com o extraordinário tenha morrido com sua derrota para Esparta. Mas em termos de estrago

---

22. Tucídides também considerava os macedônios bárbaros, não gregos. Aos olhos dos gregos eles eram *bárbaros*, no sentido em que atualmente utilizamos o termo: selvagens e rudes. Eles não haviam passado pelas etapas civilizatórias que não somente Atenas, mas todas as *poleis* enfrentaram para as devidas transferências de poder. Na Macedônia, essas transferências efetivamente aconteceram com regularidade por meio de assassinatos. (Ainda se especula até qual linhagem de reis da Macedônia essa prática continuou. A repentina morte suspeita de Filipe II pode ter sido resultado do dedicado trabalho de seu filho, Alexandre.) O sistema grego de *poleis* independentes, o próprio contexto para o entendimento de *aretē*, era tão estranho e ininteligível para os macedônios quanto a língua grega.

23. No entanto, isso não quer dizer que a *polis* grega parou de funcionar. "A conquista da Grécia pela Macedônia colocou um fim à opressão de uma cidade grega sobre outra, tanto devido ao opressor poder militar macedônio, quanto porque as conquistas da Macedônia fora da Grécia acabaram com a possibilidade de utilizar a política internacional de poder para persuadir cidades a preferirem a subordinação pela magnitude já conhecida de uma outra cidade grega e não pela incerta grandeza de um poder estrangeiro. Mas para muitas cidades gregas, não era novidade a perda para uma política independente, e a característica vida de Cidade-Estado grega continuou ainda por muito tempo depois de Filipe da Macedônia estabelecer a Liga de Corinto, em 338 a.C." Robin Osborne, *Greek History*. Londres: Routledge, 2004, pp. 3-4 [nossa tradução].

em longo prazo, não somente para Atenas, como também para Hellas como um todo, a prolongada Guerra do Peloponeso teve papel importante, assim como também teve o mau comportamento de Alcibíades.[24]

Mas os atenienses, que esperavam o retorno de seu filho pródigo, não sabiam disso. Em 404, em plena miséria pós-derrota, a própria democracia deles (temporariamente) derrotada e substituída pela brutal Tirania dos Trinta, em parceria com Esparta, e Atenas não deixou de esperar por Alcibíades. Ele havia partido para a Ásia Menor e vivia em uma luxuosa decadência, em Frígia, pelo menos de acordo com Plutarco, agora em parceria com os persas. Mas os atenienses não o esqueceram nem conseguiam acreditar que ele os teria esquecido. "E ainda assim, apesar da atual dificuldade", escreveu Plutarco, "ainda prevalece uma leve esperança de que a causa ateniense não estivesse totalmente perdida, desde que Alcibíades ainda estivesse vivo. No passado, ele não se sentiu satisfeito em viver ociosamente e em silêncio sua vida de exílio; tampouco, agora, se sua situação permitisse, iria tolerar a insolência dos lacedemônios nem a tirania dos Trinta."

Provavelmente por essa razão ele foi morto, alguém dentre os Trinta convenceu Esparta de que atenienses jamais desistiriam da esperança de recuperar a hegemonia, enquanto Alcibíades estivesse vivo. (Pode até ter sido Crítias, tio de Platão, que era muito poderoso entre os Trinta.) Possivelmente, assassinos secretos foram enviados pelos Trinta em Atenas ou por Esparta mesmo. Plutarco cita essa intriga política como um cenário possível para compreender a morte de Alcibíades. Mas ele oferece também outro cenário ao narrar a melodramática vida do general ateniense. Nessa versão, Alcibíades seduziu uma garota do interior, e seus irmãos foram atrás dele em busca de vingança por ele tê-la deflorado. Segundo essa história, a morte dele foi ridícula, já que foi sacrificado pelo simples fato de ser um garanhão. Seja lá qual for a verdade, Martha Nussbaum ressalta: "No fim das contas,

---

24. Lord Byron, que de muitas formas faz lembrar Alcibíades, aceitou a causa da autonomia grega e gastou £4.000 para restaurar as tropas gregas a fim de atacar o Império Otomano, planejando, apesar de sua falta de experiência militar, liderar o comando com Aléxandros Mavrokordátos, político e líder militar grego. Ele adoeceu antes de conseguir realizar seus planos, mas ainda é reverenciado na Grécia, sendo *Vyron* um apelido popular para os garotos, e *Vyronas*, um subúrbio de Atenas, palavras criadas em sua homenagem.

PLATÃO NO GOOGLEPLEX

sua história é uma história de esbanjamento e perdas, do fracasso da razão em moldar a vida. Tanto o homem extraordinário quanto as etapas de sua descontrolada jornada foram lendárias em Atenas; ambos clamavam por compreensão e cura."[25]

Deixei de lado vários detalhes dessa história, inclusive um dos mais importantes, certamente do ponto de vista de Platão e da filosofia. Durante a juventude, Alcibíades, assim como vários jovens rapazes da aristocracia ateniense, aproximou-se de Sócrates e eles tiveram um relacionamento íntimo e apaixonado. Sócrates também não conseguiu resistir ao fascinante rapaz e o amou a sua maneira, o que significava focar na tentativa de estimular não as zonas erógenas, mas as zonas filosóficas do moço.

O mais estranho é que Alcibíades, pelo que contam, foi incapaz de resistir a Sócrates, ao menos por um tempo, quando ele tinha aquela idade em que vários aristocratas caíam nos encantos do filósofo. Perplexo com sua incapacidade de conseguir tudo o que queria com Sócrates — logo ele que conseguia tudo o que queria com qualquer pessoa —, Alcibíades sentiu, talvez essa tenha sido a única vez na vida, a força de uma personalidade mais forte que a sua. Sócrates sozinho conseguiu girar o foco da atenção de Alcibíades de modo que não estivesse apontada na direção dele mesmo, e essa desorientação poderia fazer o jovem cair em prantos por fazê-lo perceber sua própria mediocridade, quando medida a partir dos padrões singulares e autônomos que Sócrates personificava. Plutarco escreveu:

> Alcibíades era mesmo propenso a ser levado pelo prazer. Essa sua autoindulgência desregrada de que Tucídides falou, leva-no a suspeitar dele. No entanto, foi a seu amor por ser diferente e a seu amor pela fama que seus corruptores apelaram e, portanto, logo o mergulharam em intrigas presunçosas, convencendo-o de que deveria entrar para a vida pública, e rapidamente ofuscariam os ordinários generais e líderes do povo, e mais além, iria ainda ultrapassar Péricles em poder e reputação entre

---

25. Martha Nussbaum, *The Fragility of Goodness: Luck and Ethics in Greek Tragedy and Philosophy*. Cambridge: Cambridge University Press, 1986, p. 166 [A fragilidade da bondade: sorte e ética na tragédia e na filosofia gregas].

NÃO SEI COMO AMÁ-LO

os helenos. Consequentemente, assim como o ferro, que amolecido pelo fogo e endurecido novamente em água fria tem suas partículas comprimidas, Alcibíades, sempre que Sócrates o encontrava cheio de vaidade e despreocupação, era diminuído aos moldes do discurso do mestre, e se tornava humilde e cauteloso. Ele aprendeu o tamanho de suas deficiências e a incompletude de sua excelência.[26]

Por um breve período, Alcibíades ficou suscetível ao tipo de beleza que Sócrates, aquele homenzinho feio que parecia um sátiro lúbrico, era capaz de fazer os homens enxergarem. Alcibíades nos conta, pelo menos no dramático e filosófico relato que Platão fez em *O banquete*, sobre suas humilhantes tentativas de seduzir Sócrates de maneira mais convencional, uma sedução fracassada e mais humilhante ainda pelo fato de exigir que Alcibíades, apesar de mais jovem, assumisse o papel de inoportuno amante.

Essa inversão constituía uma violação da *paiderastia*, "um padrão geral de sentimento e conduta comum na história da sociedade ocidental: um código do amor homossexual masculino abertamente praticado e socialmente aceitável".[27] *Paiderastia* não somente era socialmente aceitável como também era considerada por vários gregos, sobretudo os aristocratas, essencial para a coesão da *polis* e, portanto, algo que estava presente na construção da *aretē* do cidadão. E o fato de nossa palavra para algo que talvez seja o mais abjeto crime ser derivada de práticas que constituíam a ideia de *aretē* deve chamar atenção para a observação do historiador Robin Osborne: "Na confortável análise de uma cultura tão parecida com a nossa, precisamos encarar o fato de que a gloriosa Grécia era parte de um mundo onde muitos de nossos principais valores são desafiados em vez de serem consolidados".[28] Essa mudança de pontos de vista sobre a moral sexual de várias maneiras nos colocou mais próximos de atitudes sexuais dos gregos antigos, que nunca pensaram que os deuses se importavam sequer um pouco com o que fazíamos sexualmente uns com os outros, principalmente se nenhum mal

---

26. Plutarco. *Parallel Lives*, "The Life of Alcibíades", 6.2.
27. Bernard Knox, "The Socratic Method", *The New York Review of Books*, 25 de janeiro de 1979.
28. Robin Osborne, *Greek History*. Londres: Routledge, 2004, p. 22.

PLATÃO NO GOOGLEPLEX

era causado aos participantes. (Aliás, os deuses gregos eram muito menos sensíveis que os mortais no que dizia respeito à predação sexual.) Temos nos aproximado da aceitação grega da homossexualidade e da bissexualidade como formas totalmente naturais de as pessoas se relacionarem umas com as outras. Mas é provável que tenhamos nos afastado da atitude relaxada deles em relação às relações sexuais entre quem detém e quem não detém poder, principalmente quando essa diferença de poder está refletida na idade. No entanto, até isso não é totalmente claro, devido a nossa incerteza acerca de o que era esperado de um *pais* — um garoto.

Ainda não é claro para nós com qual idade um garoto era iniciado nas relações sexuais. Vários acadêmicos estimaram entre doze e dezoito anos. Ou seja, do nosso ponto de vista isso é uma lacuna bastante grande (apesar de que, não há muito anos, até mesmo no Ocidente, arranjavam-se casamentos de jovens garotas de doze anos com homens frequentemente muito mais velhos que elas). Na literatura grega há muita alusão aos primeiros pelos faciais que surgiam. Uma pele de pêssego era desejável, mas barba não.[29] Costumes sexuais variavam de *polis* para *polis*.[30] Em Atenas, provavelmente dezessete era a idade de consentimento para garotos, que era a idade da cidadania, mas como os gregos não tinham a idade zero, isso significa dezesseis (mas o ano de nascimento era usado no cálculo, não o dia). Era claro que os cuidados eram bem maiores para proteger os garotos do que as garotas. As famílias atenienses ricas contratavam um escravo especial — um *paidagõgos* — para acompanhar os garotos de pouca idade

---

29. Em *O banquete,* quando Pausânias diferencia o bom *erõs* e o mau, ele argumenta que o bom é sempre direcionado aos "garotos" e não às mulheres, "apreciando o que, por natureza, é mais forte e mais inteligente" (181c). No entanto, o amor bom não é direcionado a garotos até que comecem a demonstrar inteligência, o que começa a acontecer quando "a barba começa a crescer" (181d). Pausânias então explica por que é errado amar os que são pré-púberes, e não tem nada a ver com proteger os garotos, mas sim o amante dos garotos: "Na verdade, deveria haver uma regra para amar os garotos jovens, de forma que tanto esforço não seria desperdiçado em um projeto incerto. Não se sabe o que será dos jovens garotos, se alma e corpo acabarão maus ou virtuosos" (181e). Não há como saber quando a puberdade acontecia na Atenas antiga. James Davidson, na obra *The Greeks and Greek Love* (Londres: Phoenix, 2007), argumenta que era bem mais tarde que em nossos dias, apesar de acadêmicos terem questionado suas afirmativas.

30. Platão faz Pausânias dizer isso em *O banquete* (182). Ele conclui que, em Atenas, a maneira de amar garotos era a mais nobre.

NÃO SEI COMO AMÁ-LO

e cuidar para que ninguém se aproximasse deles com propostas indecentes, mas essas precauções especiais eram indicação de que, independentemente da idade que era considerada apropriada para garotos, os meninos jovens eram erotizados. No diálogo *Cármides* de Platão, Sócrates, que tinha muita vontade de conversar com o excepcionalmente bonito Cármides (tio de Platão), diz que "não havia nenhuma inadequação" em falar com ele, já que Crítias, tio e guardião de Cármidas, estava presente. Ainda assim um subterfúgio foi necessário, de tão erotizada a imagem de Cármidas. Crítias diz que Cármidas tem sofrido de dores de cabeça e Sócrates iria fazer o garoto acreditar que ele conhecia a cura. Pode-se pensar que Platão estava sutilmente indicando as deficiências de caráter em Crítias, o futuro líder dos Trinta, se ele não tivesse feito Sócrates responder: "Por que não, se ao menos ele vier" (155b).

Mas, apesar de os garotos muito jovens — seja lá o que isso significava — estarem, quando desejados, fora do alcance, ao atingirem a idade certa um relacionamento com um homem mais velho era esperado. O amante poderia ser apenas alguns anos mais velho, mas ainda assim estaria em um nível de engajamento político diferente. A diferença em seus níveis políticos — suas obrigações para com a *polis* relacionadas à idade — era importante, já que era no relacionamento intenso entre um amante mais velho e um mais novo que este aprendia a *aretē* política que governaria sua vida. Havia, como Kenneth Dover brilhantemente explicou, "uma tendência grega constante de considerar o *erōs* homossexual uma combinação do relacionamento educacional com o reprodutivo".[31] E isso era a realidade não somente em Atenas, mas por todas as *poleis* gregas. "Considerava-se que esses relacionamentos tinham tal importância para criar coesão onde importava — na população de homens — que Licurgo até mesmo os reconheceu oficialmente na constituição de Esparta."[32] Desde a publicação do inovador livro de Dover, o termo padrão adotado entre os acadêmicos para se referir ao amante mais

---

31. K. J. Dover, *Greek Homosexuality*. Edição revista. Cambridge, MA: Harvard University Press, 1989, p. 202.

32. George Boys-Stones, "Eros in Government: Zeno and the Virtuous City". *Classical Quarterly* 48, 1998, p. 169.

PLATÃO NO GOOGLEPLEX

velho é *erastês*, o amante, e para o mais jovem, *erômenos*, o amado, ambas as palavras originadas de *erōs*.

As mais antigas cenas de relacionamento homossexual em cerâmica ática de pintura negra são contemporâneas deste fragmento de Sólon: "Quando na deliciosa flor de sua juventude ele se apaixona por um garoto (*paidophilein*), ansiando por coxas e uma doce boca."[33] Representações artísticas de relações homoeróticas eram mais comuns na época em que os gregos derrotaram os persas, no auge da transformação da autoestima helênica em autoexaltação. As relações homossexuais eram com frequência glorificadas como as mais desejadas, mais masculinas que relações heterossexuais, estas resumidas a meras relações carnais ou de fins reprodutivos, com pouco a contribuir para cultivar a *aretē*, já que as mulheres não tinham participação na vida política da cidade. Todos os participantes d'*O banquete* de Platão, exceto o poeta cômico Aristófanes, não se dignaram a enaltecer qualquer *erōs*, a não ser o homoerótico.[34] E o discurso de Aristófanes não é, de maneira alguma, enaltecedor. Ao contrário, ele detalha os aspectos mais indignos e vergonhosos do *erōs*, apesar de o discurso ser leve, sem qualquer vulgaridade gratuita. Considerando que se trata de Aristófanes, cujas peças teatrais estão repletas de obscenidades, essa delicadeza não é característica. Mas aqui é Platão escrevendo sobre quem é Aristófanes e ele se permite ser vulgar tanto quanto seu senso de dignidade permite. Então, por exemplo, Platão faz Aristófanes primeiro perder a vez de fazer um discurso em homenagem

---

33. Fragmento 29. K. J. Dover, *Greek Homosexuality*, p. 195.

34. No grego antigo há várias palavras para amor. *Agapē* é tão casto que a palavra e seus cognatos são abundantes no Novo Testamento. *Pothos* é um tipo de desejo, normalmente direcionado a alguém que não está presente. *Himeros* ataca o amante quase como uma sensação física, tanto ao ver quanto ao pensar na pessoa amada. Em *Fedro* de Platão há várias imagens de *himeros* fluindo para dentro do amante quando ele vê a pessoa amada, e Platão descreve esse fluxo se invertendo e fluindo em direção à pessoa amada até que ambos estejam se afogando em *himeros*. Essa troca de fluidos himeróticos acontece sem necessariamente envolver fluidos corporais — aliás, do ponto de vista de Platão, era bem melhor que não envolvesse. *Erōs* é a experiência em sua totalidade do amor obsessivo, o tipo que leva a pessoa a fazer coisas loucas, como mudar-se de Nova York para Boston; o desejo é bem forte. Davidson, que muito bem distingue esses vários amores gregos, ressalta que "com poucas exceções, *Erōs* é totalmente unilateral. Você pode ser cobiçado, amado (*philein*), desejado em retribuição... sem problemas. Mas para os gregos não há *erōs* mútuo — não simultaneamente. *Erōs* não funciona assim. Ele é um vetor, uma passagem só de ida do sujeito A para o sujeito B". *The Greeks and Greek Love*, p. 23.

282

NÃO SEI COMO AMÁ-LO

ao deus Erōs, porque ele está temporariamente derrotado por, nada mais que, seus soluços, representando absurdas situações indignas a que nosso corpo pode nos submeter quando nos supera. Um famoso escritor nem consegue proferir suas palavras, e o dom divino da fala é ridicularizado por explosões animalescas. Quando o poeta finalmente se recupera, ele conta o mito, aquele ao qual se refere o moderador Zachary Burns, do capítulo δ: de como os humanos já foram fisicamente juntados em pares, em esferas que rolavam por aí, de tal forma que cada esfera fosse uma entidade completa. Havia esferas que eram homem com homem, algumas um homem com uma mulher e outras mulher com mulher. Completos em si mesmos, os mortais estavam divinos demais para o gosto dos deuses. "Tinham força e poder terríveis, bem como grande ambição" (190b). Os deuses deliberaram e em vez de acabar com a raça — sempre uma opção para os deuses do Olimpo — Zeus curtiu o plano de cortar os autônomos mortais ao meio, como se corta um ovo cozido com uma lâmina, de forma que as metades se separassem. (Dover atribui esse conto erógeno não a Platão, nem a Aristófanes, mas a um mito órfico.) Portanto, nesse encontro, Aristófanes reconhece que o amor homossexual e o heterossexual têm origens comuns, deixando implícito que são da mesma natureza: *erōs* é, em todos nós, a corrida desesperada na tentativa de encontrar por aí nossa outra metade e então nos completar.[35]

É dele o conto que enfatiza a contingência da satisfação erótica, colocando *erōs* fora do território do que é nossa própria escolha, tornando uma questão de pura sorte seu encontro ou não com a pessoa a quem, digamos, você foi destinado no momento de seu nascimento. Saia do bar cinco minutos mais cedo e em vez de felicidade infinita você viverá uma frustração infinita. De acordo com o Aristófanes d'*O banquete*, os deuses sabiam exatamente o que estavam fazendo, já que é nosso desespero erótico que provoca nossa devoção. "Se formos amigos dos deuses, mantendo com eles boa relação,

---

35. Se a erogenia, no conto de Aristófanes, é a mesma tanto para o amor homossexual quanto para o heterossexual, aquele é ainda superior a este. "Somente homens desse tipo são completamente bem-sucedidos nos casos da cidade. Quando se tornam homens, são amantes de garotos e naturalmente não estão interessados em casamento e filhos, apesar de, por costume, serem forçados a isso. Eles ficariam satisfeitos por viver a vida toda uns com os outros sem se casarem" (*O banquete* 192a-b).

PLATÃO NO GOOGLEPLEX

encontraremos e desenvolveremos relações com pessoas queridas que nos são destinadas, o que acontece com poucos agora" (193b).

Não há evidências que comprovem ter havido privilégio aos relacionamentos homossexuais, principalmente nas classes aristocráticas durante o período arcaico, quando os poemas homéricos foram compostos, quanto mais no início da Idade do Bronze, época retratada nos poemas, apesar de os homens do período clássico terem interpretado os relacionamentos dessa maneira nos contos homéricos. A amizade entre Aquiles e Pátroclo na *Ilíada* é um ponto importante. Apesar de o amor entre Aquiles e Pátroclo ser especial, a ponto de a morte deste instigar aquele, tirando-o da fraqueza e o levando a provocar a própria morte, fazendo dele o maior dos lendários heróis, Homero não dá dicas de que esse amor tenha sido erótico. Mas os gregos da era clássica, no entanto, viram erotismo no amor, interpretando que a intensidade desse sentimento — o desejo de Aquiles era de que quando morresse suas cinzas fossem misturadas às de Pátroclo — deixava pouca dúvida.[36] O esteio da interpretação do erotismo como tema central da Ilíada era a trilogia perdida de Ésquilo — *Mirmidões, Nereidas e Frígios* —, das quais existem ainda apenas fragmentos. Nos dias de hoje, um gênero conhecido como *Slash Fiction*, escrito por fãs de séries como *Star Trek*, erotiza os relacionamentos de personagens do mesmo sexo, por exemplo, Capitão Kirk e Spock. (A extensa bibliografia acadêmica sobre o gênero explica bem que o termo *slash* [barra] vem do símbolo de pontuação usado na escrita da díade que identifica o subgênero, como em Kirk/Spock e Starsky/Hutch). A trilogia perdida de Ésquilo pode ser considerada a origem da *slash fiction*. Platão também fez seu personagem Fedro, em *O banquete*, interpretar o relacionamento entre Aquiles e Pátroclo como erótico (180a), com a única diferença de ser Aquiles, em vez de Pátroclo, o mais jovem *erômenos*.

Por que os gregos passaram a ter as atitudes que tiveram em relação à sexualidade misturando, como afirmou Dover, o relacionamento educacional com o genital em relações homossexuais que eram consideradas mais importantes que as relações heterossexuais (ao menos pelos aristocratas da classe

---

36. Dover, *Greek Homosexuality*, p. 197.

NÃO SEI COMO AMÁ-LO

de Platão)? A complexidade da pergunta, que nos exige aceitar e resolver a confusão que é o debate "inato versus adquirido", colocou a questão para além do alcance de todos, a não ser das mais audaciosas especulações.[37] Mas se não podemos dizer muito sobre o "porquê", sabemos bastante sobre "como" eles praticavam a homossexualidade, as normas que ditavam o que era bom e o que era ruim (impróprio e pouco masculino). E sabemos que os comportamentos de *erastês* e de *erômenos* eram chave para essas normas.

Leis protegiam garotos abaixo da idade aceitável de receberem o tipo errado de atenção. Os *erômenos* deviam ter idade que lhes permitiria obter algum benefício do relacionamento com os *erastês*, adequado para alguém que estava prestes a entrar ou que já fizesse parte da vida da *polis*. O que ele não devia obter do relacionamento era satisfação sexual.[38] Na atividade erótica, o *erômeno* devia assumir a posição de passivo, não excitado, mantendo uma pose de indiferença tal que desse a impressão de mal saber o que estava sendo feito com seu corpo, que em geral era — ou pelo menos era ideal que fosse — sexo intercrural (entre as pernas, de acordo com a maioria dos acadêmicos). Penetração era considerada cruel. Na verdade, era ilegal para o cidadão, mas praticada nos catamitos. Aqui há uma ideologia complexa em questão, incluindo a ideia de que um homem permitir-se ser penetrado era o mesmo que negar sua natureza ao assumir papel de mulher.

Dadas as normas, podemos apreciar ainda mais a radical inversão que efetivamente acontece na história que Alcibíades conta sobre seu amor por Sócrates em *O banquete* de Platão. Nessa história, brincou-se com o papel do *erômenos* e o do *erastês*. Sócrates é quem faz o papel do jovem e indiferente *erômenos*, passando a noite distante de Alcibíades, enquanto o belo

---

37. Georges Devereux, em "Greek Pseudo-Homosexuality and the Greek Miracle" (*Symbolae Osloenses* 42 [1967]: 69-92), especula que a sociedade grega cultivou a adolescência prolongada e que isso explica tanto sua sexualidade polimorfa quanto o gênio explosivo deles. Devereux é importante para a bibliografia sobre a Grécia, de acordo com Davidson, devido a sua "influência seminal" em Dover: "ele mesmo", ou seja, Dover, "iniciou o projeto", ou seja, *Greek Homosexuality*, "tendo Devereux como coautor". *The Greeks and Greek Love*, p. 84.

38. "Em relação a homossexualidade grega, uma vez que é desconhecida a reciprocidade de desejo entre parceiros da mesma idade, a diferenciação entre a atividade corporal daquele que se apaixonou e a passividade corporal daquele por quem o outro se apaixonou é da maior importância." Dover, *Greek Homosexuality*, p. 16.

PLATÃO NO GOOGLEPLEX

Alcibíades assume o papel do excitado *erastês*.[39] Certo acadêmico ressalta que a própria inversão nesse relacionamento que Platão apresenta em *O banquete* como sendo entre Sócrates e Alcibíades por si só reflete a maneira perigosa com que Sócrates inverte a *paiderastia*.[40] E já que *paiderastia* está intimamente relacionada à *aretē* politizada, essa inversão demonstra as maneiras mais complexas com que Sócrates desafiou os valores de sua cultura.

Primeiro, Alcibíades convenceu Sócrates a passarem a noite juntos, depois ele declarou que Sócrates era o único homem digno de ser seu amante, ao que Sócrates respondeu jocosamente: "Você deve ver em mim uma beleza que é extraordinária e bastante diferente da sua própria." E então Alcibíades, convencido de que ele havia "daquela maneira lançado suas flechas" (todas as metáforas de Alcibíades sobre *erōs* são violentas), dá seu golpe definitivo.

> Levantei-me e, sem deixá-lo dizer mais, eu o vesti com minha própria capa, porque era inverno. Então me deitei, enfiando-me debaixo das roupas usadas dele, abracei aquele homem verdadeiramente *daimōnic* e incrível, e fiquei ali a noite inteira. (E você não pode dizer que estou mentindo, Sócrates!) Depois de fazer essas coisas, ele agiu bem melhor que eu; com indiferença riu de minha beleza jovem, afrontando-me — e isso era para algo que pensei ser de real importância! (...) Por todos os deuses e deusas, juro que me levantei depois de dormir com Sócrates de um jeito que não foi mais significativo que dormir com um pai ou um irmão mais velho. (219b-d)[41]

---

39. "A experiência íntima de um *erômeno* seria caracterizada, imaginamos, por um sentimento de orgulhosa autonomia. Apesar de ser o objeto de solicitação inoportuna, ele mesmo não tem necessidade de nada além dele mesmo. Para Alcibíades, que passou grande parte da vida quando jovem sendo esse tipo de ser fechado e absorto, a experiência do amor é recebida como uma abertura repentina e, ao mesmo tempo, um desejo opressor de se abrir." Nussbaum, *The Fragility of Goodness*, p. 188. A incrível leitura de Nussbaum tanto de *O banquete* quanto de *Fedro*, em *A fragilidade da bondade,* muito me influenciou.

40. C. D. C. Reeve, "Plato on Friendship and Eros". *The Stanford Encyclopedia of Philosophy.* Ed. Edward N. Zalta. 2011. Disponível em: <http//plato.stanford.edu/archives/spr2011/entries/plato-friendship/>.

41. *Plato's Erotic Dialogues, the Symposium and Phaedrus* [Diálogos eróticos de Platão, *O banquete* e *Fedro*], traduzido com introdução e comentários de William S. Cobb. Albany: State University of New York Press, 1993.

NÃO SEI COMO AMÁ-LO

É importante notar que Platão fez Alcibíades descrever Sócrates como *daimõnic*. Um *daimõn*, na concepção grega do contínuo progresso dos mortais a deuses, é criatura intermediária, com características — assim como alguns lendários heróis — tanto mortais quanto divinas.[42] (No inglês, *demon* deriva do grego.)[43] Sabe-se que Sócrates alegou ter seu próprio *daimõn* que sussurrava para ele sempre que ele estava prestes a fazer algo errado.[44] Mas aqui é Sócrates mesmo quem é comparado a um *daimõn*. Na narrativa de Alcibíades — ou nas palavras de Platão —, Sócrates, não Alcibíades, era a criatura de quem o lugar metafísico vai além do dos mortais. Alcibíades, de jeito nenhum é uma versão moderna de Aquiles, mas é alguém que fica admirado com a capacidade super-humana do velho e feio Sócrates.

Vários dos diálogos de Platão, além de O *banquete*, mencionam Sócrates como o *erastês* de Alcibíades, apesar de que isso não deveria ser interpretado como uma relação sexual entre os dois. Platão com frequência utilizou a palavra metaforicamente, como em *Górgias* (481d), no qual Sócrates se descreve como *erastês* de duas coisas, Alcibíades e filosofia. O que ele quer dizer é que se apaixonou por ambos. Os dois amores induzem ao desejo pela transformação. Platão inicia o *Protágoras* com um amigo, não nomeado, que pergunta a Sócrates de onde ele vem, já propondo uma possível resposta: "Sem dúvida da perseguição do cativante Alcibíades", o que Sócrates não nega. Platão parece se desviar a fim de alertar para o relacionamento de Sócrates com a figura controversa, o que também chama a atenção para

---

42. Conforme descrito em *Crátilo* 398c, um diálogo que faz reflexão sobre a linguagem, tentando, ainda que em forma de brincadeira e tentativas, criar possíveis explicações sobre o porquê do nome das coisas (em grego). Quando a palavra *daimõn* surge, Sócrates a relaciona com *daimones* (inteligente ou sábio). "E eu também digo, todo sábio que por ventura é bom homem é mais que humano (*daimonion*), tanto em vida quanto em morte, e é adequadamente denominado *daimon*." Tradução de Benjamin Jowett, Princeton, NJ: Princeton University Press, 1961. Então ele prossegue e relaciona a palavra *hero* [herói] a *erõs* e a palavra *eros* a *erôtaô*, que significa "eu questiono", concluindo que os heróis são aqueles que sabem questionar, ou seja, são filósofos, e, ao mesmo tempo, ele relaciona o erótico com o questionamento, e também alega haver relação entre os filósofos e o erótico, alegação esta de acordo com *Lísis*, O *banquete* e *Fedro*. Toda a etimologia está intimamente ligada à transformação do *Ethos* do Extraordinário, trabalhado por Platão, meio pelo qual as várias maneiras de se tornar extraordinário são reduzidas a apenas uma, que consiste no exercício extraordinário da faculdade da razão, ou seja, como Platão diria, a filosofia.
43. Da palavra correspondente em latim (*daemon*) derivou "demônio", no português. (*N. da T.*)
44. Veja o capítulo θ.

PLATÃO NO GOOGLEPLEX

o grandioso fracasso deste em impressionar com qualquer característica de sua própria *aretē* — aqui, com significado bem mais próximo do que conhecemos como "virtude" — dentro de seu *erômenos*.

Se a virtude pode ou não ser ensinada é uma questão que surge repetidas vezes nos diálogos, mais especificamente no *Protágoras* e em *Mênon*. E está intimamente ligada à proposta já debatida sobre a virtude e se ela é ou não conhecimento. Se for, deveria ser possível ensiná-la. Mas, se não for, então qual é a relação da filosofia com isso? Voltamos a uma questão que Stanley Fish levantou no *New York Times*, à qual Platão está sempre atento. Se a filosofia não se resumir em de alguma maneira, inclusive conhecimento acera da virtude, então talvez isso só se resuma a um tipo de jogo que nunca muda. E a questão sobre a virtude poder ou não ser ensinada é uma que facilmente imaginamos o histórico Sócrates ponderar de maneira bastante pessoal, levando em consideração suas primeiras falhas com o talentoso mas caprichoso Alcibíades. Relações homossexuais poderiam ser notadas como servindo a valores morais mais altos — contrariando a mera sensualidade e reprodutividade que são objetivos das relações heterossexuais — porque os gregos consideravam o *erōs* homossexual "uma combinação do relacionamento educacional com o genital". Apesar de ser provável que Sócrates tenha castamente extirpado qualquer aspecto corporal de seus relacionamentos erotizados, não houve quem abraçasse mais seus aspectos educacionais.

Platão considerou o fracasso moral que, como fracasso pedagógico de Sócrates, Alcibíades sem dúvida foi? Ele não economizou referência a esse relacionamento especial entre esses dois personagens extraordinários a fim de indicar as limitações de Sócrates como professor de virtude? Ou estão lá as tantas alusões para marcar o ponto de vista de que a virtude não pode ser ensinada, que a *aretē* não pode ser transmitida de conhecedor para ignorante como a mera informação pode? Alcibíades, um garoto esperto que era, dominou os aspectos puramente formais da metodologia de Sócrates. Xenofonte conta uma história divertida sobre Alcibíades jovem, ainda sob a tutela de Péricles, tentando mostrar o tipo de dialética usada por Sócrates. Quando ele aperta Péricles, este ressalta: "Na sua idade éramos nós

NÃO SEI COMO AMÁ-LO

mesmos hábeis nos sofismas. Apenas nas sutilezas a gente praticava nossas sagacidades, assim como você faz agora, se eu não estiver enganado." Ao que Alcibíades respondeu descaradamente: "Ah, Péricles. Eu realmente adoraria tê-lo conhecido naqueles dias, quando você estava em seus momentos de maior inteligência para esses assuntos."

Platão tinha nove anos, em 415, quando a frota navegou para a Sicília; portanto, ele teria tido apenas uma oportunidade de olhar para Alcibíades com olhos maduros. Isso foi em 407, quando Alcibíades retornou e foi perdoado por Atenas, permanecendo na *polis* por quatro meses. Ainda assim, apesar de provavelmente nunca o ter conhecido intimamente, a ideia de Platão sobre o homem em todas as suas contradições deve ter sido, em geral, vívida, permitindo a ele criar a apresentação dramática que nos oferece em *O banquete*. Sobretudo, Alcibíades havia insistido em sua individualidade, e Platão dá uma noção dessa individualidade nas poucas páginas da tumultuosa aparição de Alcibíades. Parece importante para o filósofo ser justo com quem foi e o que foi Alcibíades, seu charme e também sua perigosa imprudência, e uma das razões pode ter sido livrar Sócrates de qualquer responsabilidade por quem e o que Alcibíades era. Afinal, uma das acusações contra Sócrates, em 399,[45] foi de ter corrompido o jovem, e nenhuma outra corrupção de alguém levou a consequências tão terríveis para Atenas quanto a de Alcibíades (a não ser, claro, a corrupção de Crítias, que também esteve em algum momento próximo de Sócrates, e que, você se lembrará, tornou-se

---

45. A datação em *O banquete* apresenta algumas questões complicadas e controversas. A festa é em comemoração ao fato de que Agatão, pela primeira vez, foi premiado com o primeiro lugar em um concurso; isso permite a acadêmicos datarem a festa como tendo acontecido em 416. Mas a festa foi narrada depois de um intervalo de muitos anos, e a pergunta é *quantos* anos? Por que as pessoas de repente corriam por Atenas a procura de esclarecer os detalhes da festa, como sugere o prólogo do diálogo? A data, tradicionalmente, é considerada 400. David O'Connor, em sua edição da tradução feita pelo poeta Shelley de *O banquete*, argumenta que, diferentemente disso, é em algum momento na primavera de 399, e a excitação toda em relação a Sócrates é causada pela notícia que vazou sobre seu julgamento. Martha Nussbaum (em *A fragilidade da bondade*) argumenta que foi antes, em 404, baseando-se na ideia de que a excitação toda foi, na realidade, voltada para Alcibíades, com Atenas inteira focada em saber se ele retornaria para salvar a abatida Atenas, prestes a perder a longa Guerra do Peloponeso, e então descobriram — durante um período intermediário, como indicado no prólogo — que Alcibíades foi morto.

PLATÃO NO GOOGLEPLEX

um líder do notório grupo Tirania dos Trinta, que governou Atenas por onze meses depois de sua derrota para Esparta, em 404).[46]

Alcibíades faz sua entrada em O banquete quando parece que já está no final e então alcançamos o clímax, com tudo se acalmando. Havia sido uma festa inusitada durante a qual não se bebeu vinho (a não ser o suficiente para disfarçar o gosto da água), pelo menos não até Alcibíades aparecer. Naquela noite, a festa aconteceu em meio ao festival de teatro, as Dionísias, e participaram importantes figuras da *polis*. Por estarem com tanta ressaca das celebrações nas noites anteriores, eles decidiram fazer desse um banquete sem bebida. Em vez de brindarem com vinho, compuseram, cada um a sua vez, um hino ao deus Erōs. Muito flerte aconteceu, já que os homens, tantos deles amantes, acomodaram-se em sofás para cantar louvores aos deuses. Sócrates foi o último a se pronunciar e foi impressionante em sua dissertação sobre *erōs*, dizendo que é a única coisa que pode nos salvar, já que, sozinho, pode quebrar o fascínio que nosso próprio eu exerce sobre nós mesmos. Sozinho, *Erōs* consegue nos fazer apaixonar por algo fora de nós, faz com que viremos os vetores da atenção de maneira que mirem para fora. *Erōs* é nosso desejo de possuir a beleza, e é esse desejo dolorido que extrai nosso eu de nós mesmos. Mas os desejos de *erōs* não podem ser deixados em seu estado natural, senão causam estragos na vida. E além disso, há tanta beleza a ser descoberta além da que reside nos garotos bonitos. Nosso amor por ela deve, aos poucos, ser desviado da fixação pela beleza individual dos corpos para a ideia mais geral de beleza concretizada e dessa para uma ainda mais impessoal e de formas abstratas — por exemplo, a das leis atenienses, e a abstração do conhecimento genuíno. E enquanto o amante "se torna mais capaz e desabrocha nessa situação, ele passa a ver um conhecimento singular que é desse tipo de beleza (...) A pessoa que foi instruída até essa altura sobre as atividades do amor, que estudou as coisas belas e na ordem

---

46. Xenofonte, na verdade, relaciona Crítias e Alcibíades: "Entre os associados a Sócrates estavam Crítias e Alcibíades; e ambos não poderiam ter causado mais mal ao Estado. Crítias, nos tempos de oligarquia, ganharia prêmio por sua ganância e violência. Já Alcibíades ultrapassou os limites de licenciosidade e insolência em uma democracia. Ambição era o sangue vital de ambos; nenhum ateniense jamais foi como eles. Eles tinham sede de controlar tudo e de superar em notoriedade todos os rivais." *Memoráveis*, livro 1, capítulo 1.

NÃO SEI COMO AMÁ-LO

apropriada, e que então chega ao estágio final das atividades do amor, verá algo impressionante que é a beleza em sua natureza. Isso, Sócrates, é o objetivo de todo o esforço anterior" (210e).

Nessa passagem, Sócrates finge apenas recitar algo que ouviu há muito tempo de uma sacerdotisa chamada Diotima, da cidade de Mantinea, de quem aprendeu tudo o que sabe sobre *erōs*.[47] Sócrates apresenta Diotima dizendo-nos que ela atrasou dez anos a chegada da peste em Atenas; a sugestão que fica é a de que o amor erótico tem características pestilentas, capaz de matar o corpo de homens, assim como a alma, como a aparição repentina de Alcibíades deixa claro. Ele é a personificação do perigo de *erōs*, de deixar nossa inevitável adoração a objetos de amor sem valor, ainda que pareçam extraordinários, destruir não apenas nosso ser amante, não apenas o objeto de amor, mas também — segundo o papel de *erōs* nos ensinamentos das obrigações dos cidadãos — a *polis*.

No famoso discurso socrático em *O banquete*, *erōs* não deve ser negado, mas sim passar por um processo de educação. Isso é o que é a filosofia: a educação do desejo erótico. O propósito de nossos desejos eróticos acaba sendo o mesmo de nossos desejos cognitivos: colocar-nos para fora de nós mesmos, permitir-nos o tão batalhado contato com o que é, o *ser* [*to on*]. Esse nosso desejo de possuir a beleza somente pode ser satisfeito em nosso conhecimento da surpreendente beleza imanente na estrutura do mundo, a fonte de todas as instâncias de menor beleza. Conhecimento resulta em uma possessão que nada mais consegue alcançar. Aqueles desejos insaciáveis

---

47. "Não temos provas além de *O banquete* de que tenha existido uma religiosa em Mantinea cujo nome era Diotima, e, em todo caso, é improvável que qualquer pessoa do tipo possa ter ensinado Sócrates uma doutrina contendo elementos que, de acordo com Aristóteles, eram especificamente platônicos e não socráticos. A razão para Platão colocar na boca de uma mulher uma explicação para Eros é incerta. Talvez ele tenha desejado deixar longe de qualquer dúvida que a exaltação da pederastia, presente na explicação, seja desinteressada, diferentemente da exaltação no discurso de Pausânias." Dover, *Greek Homossexuality*, p. 161, n. 11. Alguns estudiosos especularam que talvez Diotima tenha sido inspirada na figura histórica de Aspásia, uma brilhante cortesã, amante de Péricles, que participou ativamente do grupo de intelectuais que o acompanhava. Platão cita o nome dela em *Menexêno*, fazendo com que Sócrates declare que não só ele aprendeu a arte da retórica com ela, como também Péricles. "Ela que formou tão bons oradores, e um deles foi o melhor entre os helenos, Péricles, o filho de Xanthippus" (235e). Estudiosos destacaram essa passagem como indicação do grande respeito de Platão por Aspásia, apesar de outras interpretações — que insultam Péricles — serem possíveis.

PLATÃO NO GOOGLEPLEX

associados ao amor erótico, sempre acompanhados por um toque de tristeza, de desapontamento, da sensação de não realização enquanto tentamos
nos reerguer com a pessoa amada, são tão violentos, frustrantes e também
absurdos — um aspecto do erótico de que fala o discurso de Aristófanes
— porque o desejo erótico destina-se a nos levar na fusão com algo muito
maior e constante e que valha mais a pena que uma mera *pessoa*.

Eis a vida, Sócrates, meu amigo — disse a visitante de Mantinea —, que
um ser humano deveria viver: estudando o belo propriamente dito. Se
algum dia o vir, para você não será como ouro, roupas e belos rapazes e
jovens que o surpreendem tanto agora, quando os olha, que você e muitos
outros ficam ansiosos para encarar esses queridos e estar junto a eles o
tempo inteiro. (...) Como imaginamos seria — ela disse — se alguém por
acaso visse o próprio belo, puro, limpo, sem mistura, e não contaminado
pela carne humana e cores e tantas outras besteiras mortais, mas que,
ao contrário, fosse capaz de olhar o belo mesmo, divino e uniforme?
Você acha — ela continua — que seria uma vida indigna para um ser
humano olhar para isso, estudar isso da forma necessária e estar perto
disso? Você não sabe — ela disse — que somente lá com ele, quando
uma pessoa vê o belo da única maneira que convém ser visto, ele será
capaz de gerar não imitações do belo, uma vez que não estaria à procura
de uma imitação, mas a verdadeira virtude, porque ele estaria tomando
posse do que é verdade? Ao gerar a verdadeira virtude, alimentando-a,
ele seria capaz de se tornar amigo dos deuses, e se qualquer ser humano
pudesse se tornar imortal, ele se tornaria (211d-212a).

O estado erótico alerta de Sócrates é uma piada recorrente nos diálogos
platônicos. Em *Lísis* ele ressalta que "apesar de na maioria dos casos eu ser
uma pobre inútil criatura, ainda assim, de alguma forma, recebi dos céus
o dom de ser capaz de detectar com uma só olhada ambos o amante e o
amado" (204 b-c). Em *Cármides*, quando acabou de retornar da Batalha de
Potidaea — um dos combates que provocaram a Guerra do Peloponeso —,
a primeira coisa que ele se interessa em saber é quem são os novos garotos
na cena e se algum deles é notável "por sua sabedoria ou beleza ou pelos

NÃO SEI COMO AMÁ-LO

dois". Quando Cármides senta-se bem próximo de Sócrates, que consegue dar uma olhada "dentro de suas vestimentas", ele "acaba em chamas e derrotado" (155 d-e). Em *Simpósio* de Xenofonte, muito mais irreverente que qualquer um dos diálogos socráticos de Platão, há ainda mais exagero nas libidinosas fascinações de Sócrates; Xenofonte faz Sócrates anunciar que de suas próprias virtudes a que ele mais valoriza é sua alcovitagem. Platão, embora mais decoroso, toca no mesmo ponto: "A única coisa que eu digo que sei", Sócrates afirma n'O *banquete*, "é a arte do amor (*ta erôtika*)" (177d).

Platão prossegue para converter o irônico discurso de Sócrates na mais ardente fala já pronunciada de natureza extática do conhecimento. (Xenofonte também não deixa as declarações de Sócrates como foram feitas.) O discurso de Sócrates sobre Diotima mistura um tom de erotismo com um tom de cognitivismo, fundindo os dois com o alcance do extraordinário que torna uma vida digna de ser vivida. "Você acha que seria uma vida indigna para um ser humano olhar para isso, estudar isso da forma necessária e estar perto disso?" Sócrates leva Diotima a fazer essa pergunta retórica sobre a visão da verdadeira beleza — inseparáveis verdade-beleza-bondade — para a qual seremos direcionados por nosso desejo por ela, quando os desejos eróticos forem propriamente educados pela filosofia. Diotima falou "como sofista", quando endossou a fama e a consagração, *kleos*, que as pessoas buscam desesperadamente em seu desejo de derrotar a morte; mas agora, com seu próprio tom, ela fala como uma filósofa. Alcançar o extraordinário em vida é provavelmente o consolo que temos enquanto encaramos a morte, mas a única maneira digna de alcançar essa vida extraordinária é tomando o caminho da razão.

É nesse exato ponto de sublimidade — tendo Sócrates concluído sua visão do êxtase cognitivo e do êxtase erótico como um só — que Platão faz Alcibíades entrar em ação. Sua presença foi anunciada primeiramente por uma degradante multidão do lado de fora — quem estava do lado de dentro ouviu alguém bater à porta —, e, quando Alcibíades fez sua entrada triunfal, ele estava tão chapado que precisou se apoiar na garota da flauta e em outras pessoas que o receberam. (Essa garota da flauta havia sido enviada para fora a fim de entreter as mulheres quando os homens decidiram fazer

293

deste um banquete regrado.) Hera, violetas e laços estavam enroscados nos cabelos dele, maneira de se fantasiar imitando e fazendo graça dos enfeites que foram genuinamente ganhados ao longo do dia. (Talvez isso chame atenção para outra graça que, segundo consta, ele fez: a paródia dos mistérios eleusinos.) Imediatamente, ele dominou o ambiente do seu adorável e escandaloso jeito: "Vocês estão rindo de mim porque estou bêbado?" Ele disse enquanto cambaleava na entrada, anunciando o exagero afetuoso que provocou: a conhecida risada dos homens no ambiente. "Podem rir", ele balbucia, "mas eu sei bem que o que digo é verdade", e nós temos que levá-lo a sério, como ressalta Nussbaum em sua leitura do diálogo. Alcibíades vai nos contar algo importante, ainda que de um jeito embriagado e desordenado. Informado de que todos os homens estavam louvando Erōs, ele concordou em também fazer isso, apesar de primeiro beber um enorme tonel de vinho e fazer com que outros também começassem a beber — a desordem que ele armou como seu cenário já se formando.

Ele então prossegue com seu memorável relato sobre Erōs. Mas não louva ao deus da maneira como todos os outros fizeram, tentando captar a essência do amor ideal, concentrando-se na divindade transcendente de Erōs em termos apropriadamente impessoais. Até mesmo Aristófanes, em termos míticos, tentou ser justo com o deus. Alcibíades muda os termos de sua tarefa e descreve um homem, não um deus. É Sócrates. Ou então, o que Alcibíades descreve é o que para ele significa amar esse homem — incomparável, segundo ele, mais que Aquiles (221 c). É esse fenômeno de amar um indivíduo específico, e, no caso, um que seja extraordinário, que Alcibíades conta. E então, Alcibíades invertendo tudo o que Sócrates acabou de dizer, acaba por declarar abertamente que o maior filósofo presente, Sócrates, ultrapassa mesmo Aquiles. Mas ultrapassa em suas peculiaridades pessoais, no alcance de ser ele mesmo, de possuir sua individualidade. Sócrates estava pregando algo como despir-se de tudo o que é pessoal. O indivíduo extraordinário não se apaixona apenas por verdade-beleza-bondade, mas, até o ponto que seu amor o domina, ele se torna uno com ele, motivo pelo qual Sócrates descreve esse amor como um tipo de imortalidade, tudo o que é individual e, portanto, mortal, sendo descartado. Mas Alcibíades ressalta o

NÃO SEI COMO AMÁ-LO

pessoal. Ele descreve o que há de tão extraordinário em Sócrates em termos implicitamente nietzschianos, uma exaltação do individual extraordinário, exatamente porque ele é irredutivelmente e irremediavelmente individual.[48] Alcibíades resiste ao tom impessoal de Sócrates. Ele insiste em termos pessoais. O relato de Alcibíades sobre como é amar Sócrates é completamente humano, repleto tanto de um transformador maravilhamento que experimentamos quando estamos profundamente apaixonados, quanto do absurdo desse estado, os sofrimentos indignos a que somos expostos quando amamos uma pessoa encarnada em vez de um deus, ou um teorema matemático, ou a abstração da beleza, propriamente dita, incorporada na estrutura do *ser* [*to on*].

Alcibíades amou Sócrates da única maneira que ele sabia amar. Isso é o que estava tão errado com seu amor, o fato de que nunca o transformou. Ele amaria o mais extraordinário homem em Atenas e jamais mudaria com esse amor. Ele era Alcibíades quando se apaixonou por Sócrates e era o mesmo Alcibíades quando acabou a vivência, e isso porque Alcibíades queria muito ser Alcibíades. Ele jamais perdeu de vista o que era ser Alcibíades. Ele nunca quis fazer isso. Nessa falta de vontade estava sua condenação.

Tendo Alcibíades entrado de penetra na festa já bem tarde — ainda por cima bêbado — não só faz d'*O banquete* um texto mais dramático como

---

48. Alexander Nehamas endossa essa leitura nietzschiana de Sócrates: "Aqueles que praticam a arte individualista de viver precisam ser inesquecíveis. Como grandes artistas, eles devem evitar imitações, do que passou e do seu porvir. Eles não devem imitar os outros: se o fizerem, não mais serão originais, mas derivados e esquecíveis, deixando o campo para aqueles que eles imitaram. Eles não devem ser imitados por muitos outros: se assim forem, seu próprio trabalho deixará de ser lembrado como tal e passará a ser a maneira corriqueira de fazer as coisas, como um fato natural e não como uma conquista individual... Nietzsche foi especialmente tiranizado por esse problema. Esse gênero estético da arte de viver proíbe imitações diretas de modelos. Então por que Montaigne, Nietzsche e Foucault têm todos um modelo? E por que o modelo deles é sempre Sócrates? (...) Esses filósofos estão mais interessados no fato de que Sócrates criou algo a partir dele mesmo, que ele se constituiu como um tipo de pessoa sem precedentes, do que no tipo específico de pessoa que ele se tornou. O que eles captam dele não é o modo peculiar de vida, o eu específico que ele desejou para si mesmo, mas, sim, sua própria maneira de se moldar, em geral" (in: *A arte de viver*). Nehamas reconhece que o único Sócrates que conhecemos é essencialmente o Sócrates literário criado por Platão. Então ele acredita que Platão, ao criar seu Sócrates, endossa a concepção estética da filosofia como criação de um eu inimitável para si mesmo? A concepção nietzscheana de Sócrates proposta por Nehamas está muito mais alinhada com a ideia que Alcibíades fazia de Sócrates, que é basicamente a inimitável peculiaridade desse homem, uma concepção que Platão rejeita em *O banquete*, não somente no conteúdo do discurso de Sócrates, como também apresentando o contraste entre o louco, mau e perigoso Alcibíades.

PLATÃO NO GOOGLEPLEX

também o torna um drama moral. Esse é um dos objetivos que Platão alcança ao trazer Alcibíades ao palco tarde da noite. Alcibíades é exatamente o inverso de tudo o que Sócrates vinha dizendo. Alcibíades, deleitando-se em seu excesso, vivendo o glamour limítrofe do dissoluto fora da lei e de quem vive além dos limites, também batalhava, do seu próprio jeito, contra as restrições de ser meramente humano. É a maneira de fingir que não somos exatamente mortais, esse abandono e essa imprudência exultando-se em fazer o que nenhum mortal comum pode fazer; e essa foi a maneira pela qual Alcibíades não somente amou como também viveu e também morreu.

Ao apresentar Alcibíades precisamente como o inverso dos ensinamentos de Sócrates, Platão exonera o filósofo ateniense dos crimes cometidos por Alcibíades. Ele destaca o fato de que Alcibíades não é a conclusão das reflexões de Sócrates, mas a própria negação delas. É possível que a *polis* tivesse a desastrosa vontade consciente de desafiar Alcibíades ao acusar Sócrates de corrupção de jovens. Alcibíades desafiou a politização da *aretē* e também Sócrates desafiou a politização da *aretē*. Para ambos, é o indivíduo quem deve atingir a excepcionalidade; a *polis* não pode fazer isso por ele. Verdade é que o desafio de Sócrates foi feito em nome da filosofia moral, enquanto o de Alcibíades foi feito em nome de Alcibíades. Pequena diferença, pode-se ouvir os atenienses protestando e acusando Sócrates; você aceita essa rebelião. *Grande* diferença, insiste Platão em O *banquete*. Alcibíades pode ter rejeitado dramaticamente a resposta ateniense para o que faz com que uma vida valha a pena ser vivida — a *aretē* que canaliza as energias da pessoa extraordinária de tal forma que serve à extraordinária *polis* —, mas ele rejeitou a resposta socrática tão dramaticamente quanto. De fato, sua rejeição do ponto de vista socrático, como descrito por Platão em O *banquete*, é ainda mais enfaticamente rebelde.

O Sócrates d'O *banquete* pede a uma pessoa que viaje o mais distante possível, do ponto de vista pessoal, para um lugar em que não somente a beleza peculiar de uma pessoa amada cairá na insignificância, mas também a própria identidade de uma pessoa importará pouco para ela. A razão, propriamente dita, pode levar uma pessoa ao estado de excitação, literalmente se posicionando fora de si, aquele frenesi báquico da filosofia mencionado no

296

NÃO SEI COMO AMÁ-LO

capítulo a. Esse êxtase racional é especificamente mencionado no discurso de Alcibíades descrevendo o que os argumentos filosóficos podem fazer quando eles "tocam a alma de uma juventude a qual não falta talento". Sócrates aqui está agrupado com outra juventude, a qual não falta talento, porque, do ponto de vista da filosofia madura de Platão, isso é o que ele era, apesar de ser um jovem que possui a intuição seminal necessária para extrair *aretē* de sua inserção social e política. A política é que deve ser moldada à luz dos valores morais e não o contrário. O estado ao qual os argumentos da filosofia podem nos levar — um estado de extático estranhamento do eu, escapando às amarras da própria identidade peculiar de alguém — é o estado que Platão defende como paradigmaticamente filosófico, atitude à qual nos dirigimos quando fazemos progresso em filosofia. A conexão de alguém com seu próprio eu tem sido atenuada a ponto de alguém conseguir contemplar até mesmo seu próprio falecimento com equilíbrio. Viver, pensar e amar como um filósofo é viver *sub specie aeternitatis* — ou seja, sob a forma da eternidade, a maneira como Spinoza, que filosofou bastante no espírito de Platão, falou sobre isso milênios mais tarde.

O discurso de Sócrates em *O banquete* nos encoraja a seguir na direção da visão impessoal, prometendo-nos que ao nos livrarmos de nossos apegos pessoais, mesmo do apego ao nosso próprio eu, alcançaremos um conhecimento que, a sua luz, vai nos refazer — a proporção perfeita de verdade-beleza-bondade assimilada em nossa mente pensante, conhecimento tornado *aretē*, isto é, sabedoria. A implicação disso é que foi na direção dessa visão que o amor de um jovem por Sócrates deveria tê-lo levado. Porque foi onde isso levou Platão, que, ao amar Sócrates, conseguiu levar a filosofia, o próprio amor de Sócrates, para muito além do ponto que este alcançou. Amar Sócrates significa ter sido impregnado por suas intuições — *O banquete* apresenta várias referências à impregnação — da maneira que Platão foi. Provas dessa impregnação — o que se gerou com isso — são as ideias destinadas à fala de Sócrates em *O banquete*. Porque Platão amava Sócrates, porque ele — não Alcibíades — era o *erômenos* ideal de Sócrates, assim como este era o *erastês* ideal de Platão, que gerou uma unidade de metafísica e epistemologia e estéticas e éticas que estão implícitas nas intuições de Sócrates.

PLATÃO NO GOOGLEPLEX

Em contraste a isso, o amor de Alcibíades por Sócrates era estéril. Nada de criativo ou belo surgiu dele. Sua carreira, contexto de promoção de sua conexão com seu próprio eu acima de tudo — seus impulsos e suas ambições —, a exaltação da individualidade, não poderia ter estado mais distante de o que verdadeiramente era ser um aluno e amante de Sócrates, de o que era levá-lo para dentro de si, ser penetrado por aquilo que ele tinha a oferecer.

Ao nos apresentar Alcibíades tão vividamente, lembrando-nos o quanto ele falhou em se transformar à luz do amor socrático, Platão não somente nos deu motivação para o difícil caminho da educação de nossos desejos eróticos (você não quer terminar como Alcibíades, quer?), como também absolveu Sócrates: ele não corrompeu Alcibíades mais que Atenas corrompeu. Tanto Atenas quanto Sócrates falharam em conseguir ganhar Alcibíades para um amor maior que o amor-próprio. Se é possível dizer algo, a culpa maior foi de Atenas, por permitir-se ser manipulada e seduzida por Alcibíades. Ao contrário de Sócrates, que recusou a sedução. "Não existe reconciliação entre você e mim", Platão faz Alcibíades declarar a Sócrates (213 c), e apesar de Alcibíades jogar essa fala em um flerte, Platão não espera que essa falta de reconciliação se perca em nós. A história de Sócrates e Alcibíades é uma história de mútuo fracasso na sedução.

Foi na verdade Platão quem, com sucesso, foi seduzido por Sócrates. Platão foi quem demonstrou o efeito que amar Sócrates deveria ter nos jovens que se consideravam seus amantes. A demonstração de Platão estava na vida que ele levava e nos trabalhos que escrevia, incluindo O banquete.

Eis aqui o paradoxo que a concepção de amor de Platão nos apresenta: Ao relatar essa visão de um amor tão transcendente e impessoal, tal que "a visão da mente começa a enxergar vivamente quando a dos olhos começa a se perder" (219a), Platão ainda assim não perde Sócrates de vista. Os próprios diálogos que ele cria para falar de sua visão da filosofia despersonalizada mantém a pessoa de Sócrates constante diante dele, e também diante de nós.

ç Abraços, Platão

Margo Howard é jornalista e filha da famosa colunista de conselhos Esther (Eppie) Lederer, conhecida no mundo todo como Ann Landers. Margo acabou aderindo aos negócios da família. Por muitos anos sua coluna de conselhos, "Dear Prudence", foi publicada na revista *Slate*, divulgada em mais de duzentos jornais e apresentada com destaque pela National Public Radio (NPR). Ela então começou a escrever sua coluna "Dear Margo" para Women on the Web (wowowow.com) e a publicar no Creators Syndicate (www.creators.com).

Ann Landers era conhecida por seu arquivo Rolodex, que continha nomes de amigos famosos, como o psiquiatra Karl Menninger, o teólogo e reitor de universidade padre Theodore Hesburgh e o juiz da Suprema Corte dos EUA William O. Douglas, ao quais ela consultava para oferecer orientação aos confusos que a procurassem, e citava em sua coluna. Sua filha Margo é, da mesma maneira, uma pessoa disponível, como demonstra abaixo:

Querido Platão,

Bem, eu disse que iria te escrever. Caso você não se lembre de mim, eu estava na festa de ano-novo de Marty e Anne, a ruiva a sua direita, dona do brinco de diamante que você elegantemente recuperou quando ele se perdeu em sua túnica enquanto eu cochichava em seu ouvido para lhe contar quem eram os convidados da outra mesa. Marty e Anne me

PLATÃO NO GOOGLEPLEX

disseram que apenas recentemente o conheceram, considerando que só agora nós três fizemos essa viagem à Antiguidade. Mas se você quiser uma massageada no ego, docinho de coco (ou seria melhor baklava?), preciso dizer que eles não param de encher sua bola. O que falavam? Que não houve outro igual a você desde o amanhecer da civilização.

Muito amável de sua parte concordar em ser o consultor especialista para minha coluna de conselhos. Você se surpreenderá com a quantidade de questões que tem fundo filosófico ou talvez nem vai se surpreender. Você sem dúvida atraiu a atenção de todos na sala quando falou que filosofia é, na verdade, sobre eros. Acho que todos, eu inclusive, de repente se arrependeram de não terem feito faculdade de filosofia. Depois de ouvir aquela afirmação, pensei que não se importaria se eu enviasse algumas das questões mais picantes para você.

Citarei seu nome, obviamente, e junto, seus títulos. Depois me diga se está de acordo. Você disse que está ansioso para aprender sobre nossa sociedade e, acredite, querido, nada mais eficaz para revelar os mais sórdidos segredos que o tipo de perguntas que me fazem.

Abraços, Margo.

Querida Margo,

Sim, eu me lembro bem de você. Por favor, fique à vontade para me enviar quaisquer perguntas para as quais você acha que eu seria útil. Não tenho títulos além de filósofo. E já que ele significa "amante da sabedoria", parece-me, ninguém poderia querer mais que esse título. A única hesitação seria o merecimento dele.

Abraços, Platão.

Querida Margo,

Sou aluna de doutorado e, apesar de ser uma aventureira sexual, não sou puta.

Um de meus professores propôs ser meu "professor com benefícios", se é que me entende. Nós dois somos pessoas comprometidas, mas estamos cada um em um relacionamento aberto; portanto, a questão não é traição.

300

ABRAÇOS, PLATÃO

Também não existe a possibilidade de nos envolvermos emocionalmente, já que estamos comprometidos com outros afetos. Para ser honesta, vejo isso como uma boa estratégia na minha na área da educação. O cara é um dos maiores pensadores no meu campo de trabalho e eu aprenderia bastante com o tempo extra que eu passasse com ele. Nossas conversas são sempre estimulantes (sim, o trocadilho foi intencional). Além disso ele tem importantes relações e prometeu me ajudar profissionalmente. O mercado na minha área está parado e, apesar de eu estar em um departamento importante, nós, da pós-graduação, precisamos de toda ajuda possível. Confio que meu professor manteria sua palavra; tudo indica que ele é um homem de honra, e ele tem sido muito honesto comigo. Você acha que eu deveria aceitar a oferta dele para que aproveitássemos e usássemos um ao outro?

Atenciosamente,

A caçadora de grandes sonhos.

Querida PhD,

Uau! O teste do sofá foi agora para a academia. O que o pessoal do teatro chamaria de uma "estratégia de carreira" você chama de "estratégia na área da educação". Posso dizer que não se pode confiar totalmente em sua bola de cristal quando diz que nenhum dos dois se envolveria emocionalmente. Ninguém sabe deveras como essas coisas vão acabar. Mas olhe: se vocês se apaixonarem um pelo outro e terminarem o relacionamento com seus respectivos, pensem nas oportunidades profissionais! Por outro lado, parece estar claro para você a questão de se usarem mutuamente... Você e esse "homem de honra". O que você está sugerindo é comércio, querida. Há um nome para pessoas que trocam sexo por dinheiro ou para serem admitidos. Se você fica confortável com isso, por mim tudo bem.

Mas já que essa é uma coluna de conselhos que oferece serviço completo, resolvi consultar um dos principais especialistas mundiais em filosofia moral. Platão é provavelmente o pensador mais citado no mundo, e agora vou me juntar a essa multidão que menciona seus pensamentos. Eis aqui o que o filósofo tem a lhe dizer:

PLATÃO NO GOOGLEPLEX

"Preciso elogiar a PhD pelo alto valor que ela dá à sabedoria e ao conhecimento. No que diz respeito à sabedoria, não é uma desgraça ser servo e escravo de um amante, não há reprimendas a quem deseja doar serviço honroso pela paixão por se tornar sábia (*Eutidemo* 282b)."

(Isso é o que diz Platão, levando-me a abrir esses parênteses para comentar que agora sei por que eles se denominam "filósofos", que literalmente significa "amantes da sabedoria". Esses filósofos realmente têm tesão por sabedoria. Mas antes que pense que Platão deu sinal verde para um sexo inteligente, PhD, ele tem alguns sérios poréns para compartilhar com você.)

"O que a PhD deve se perguntar é se o acordo que ela prevê com cálculos tão legais e desinteressados irá de fato terminar com ela tendo adquirido o conhecimento que tanto deseja. Não haveria paixão nesse relacionamento; esses são os termos para a condução desse caso amoroso. Nada transformador ocorreria; cada um manteria a posse de seu próprio eu. Repito, esses seriam os termos desse caso de amor.

Mas a PhD deve pensar se esses termos não impediriam as possibilidades de alcançar o bem que ela deseja. Sabedoria é um estado extraordinário; exige experiência além do usual o suficiente para que consigamos nos livrar das maneiras habituais de enxergar as coisas, que, na verdade, são maneiras de *não* enxergar totalmente e de *não* ser totalmente.

Existem aqueles a que foi dada genialidade — artística, intelectual, espiritual[1] — e o extraordinário fica para eles disponível na esfera da sua genialidade. Mas para aqueles que não receberam a visita do espírito da genialidade, há apenas eros para se livrar do sono profundo de uma vida ordinária e indicar o caminho até o extraordinário. Eros empurra a alma para sair de sua preguiçosa confiança nas convenções, o que substitui a visão. Afetada pela intensidade do desejo erótico, uma pessoa começa a conhecer o mundo e sua beleza. Ela sabe que o mundo é belo porque nele há a pessoa que ela ama. Nem a justiça humana nem a loucura divina pode oferecer a um ser humano melhor benefício que esse (*Fedro* 256b).

Há um risco em abordar eros nesses termos, mas isso é porque qualquer experiência transformadora carrega em si risco. Da mesma maneira que há risco em forçar eros a se entregar aos nossos usuais cálculos: é o

---

1. Veja em *Fedro* 244a-245a, 265a-265b.

risco que alguém corre de jamais se entregar a eros. Esses são os riscos que a PhD, ansiando por conhecimento, deveria levar em consideração."

Aí está, PhD. Acho que sou um pouco mais antiquada que Platão quando o assunto é esse tipo de acordo de que você fala aqui, mas até ele pensa que você tem mais a perder do que a ganhar com essas suas manobras de educação superior. E já que você parece ser o tipo de garota que contabiliza suas vitórias e perdas bem grosseiramente — quero dizer, bem atentamente —, é melhor prestar atenção.

Margo, filosoficamente.

Querida Margo,

Sou acadêmico de um campo de atuação altamente exigente e teórico. Sou gay e casado. Meu marido reclama que sou muito distante emocionalmente. Ele diz que sente que eu casei com ele não para extravasar no amor, mas, sim, para fugir do amor. A verdade é que ele tem razão. Tenho coisas mais importantes com que me preocupar do que relacionamentos pessoais, inclusive o relacionamento com ele. Quero essa parte da minha vida tranquila para que eu possa pensar em outras coisas. Ele quer que eu pense nele, por isso está sempre atrapalhando as coisas. Quem está certo?

Atenciosamente,

Talvez eu não seja domesticável.

Prezado Sr. Tenso,

Sinto dizer que seu marido é quem está certo. Para começar, não porque você se casou. Parece algo cruel e um castigo incomum casar para *fugir* do amor e de tudo que vem com ele, a menos que seu companheiro pense da mesma maneira — o que claramente não é o caso. Faça um favor para seu marido e fique solteiro novamente, enquanto você pensa nessas coisas mais importantes. Aliás, se repudiar o casamento e se dedicar, sem quaisquer impedimentos, ao seu campo de trabalho altamente exigente e teórico, você provavelmente vai fazer um favor a toda a comunidade gay.

PLATÃO NO GOOGLEPLEX

Mas decidi enviar esta carta para meu novo consultor Platão, só porque eu estava quase certa de que ele discordaria de mim, mas mais uma vez ele me surpreendeu:

"Margo, tenho pouca coisa a acrescentar ao seu conselho. Só posso ser compreensivo com o Sr. Tenso em relação a seu desejo de pensar em seu campo teórico. Ainda assim, já que o amor pelo marido não é uma opção para ele, acho que deve terminar o relacionamento. Talvez, se o marido dele tivesse a mesma atitude, isso fosse possível, apesar de que ainda assim eu tenho que questionar. Porque atividades que de outra forma seriam perfeitamente vergonhosas não o são quando por intermédio delas fala o deus do amor. A amizade de um amante pode trazer coisas divinas, mas o relacionamento com alguém que não se ama é diluído pelo pensamento instrumental, de modo que uma pessoa tenta usar a outra para seus próprios fins. O ganho disso é nada mais que dividendos humanos baratos (*Fedro* 256e). Já que sua paixão está em outro lugar, siga até lá sua paixão, apaixonadamente."

Então, Sr. Tenso. Parece que Platão está dizendo para você relaxar e colocar sua paixão onde ela deve ficar.

Intensamente, Margo.

Margo,

Não sei se você já recebeu uma reclamação como esta. Sou noiva de um homem maravilhoso, muito bem-sucedido em seu campo de trabalho, que, por acaso, é o mesmo que o meu. Meu problema — se é que se pode chamar assim — é que meu noivo tem uma impressão excessivamente boa de mim! De alguma forma ele formou uma opinião muito exagerada sobre como sou talentosa e brilhante, e não importa o quão banal seja uma apreciação minha, ele vai dar a ela uma visão profunda. A maioria das vezes essas visões são mesmo dele e de longe inspiradas por algo que eu tenha apenas mencionado. Algumas vezes ele leva "minha" opinião tão a sério que a usa para desafiar a sua própria, e acaba dizendo que só "eu" mesmo para ver além de suas falácias!

ABRAÇOS, PLATÃO

Isso me deixa nervosa, principalmente porque acho que em algum momento, depois que a admiração acabar (que é o que vai acontecer... não é?), ele vai me ver como sou e sentir que foi enganado — o que, claro, aconteceu; ainda que tenha sido autoenganação. Por outro lado, preciso admitir que é muito bom ser valorizada, e fiquei muito mais confiante escutando alguém em quem confio me elevar aos céus. Na verdade, sinto-me tão bem que nunca o corrijo e simplesmente aceito o crédito e os elogios, como se eu merecesse.

O que devo fazer? Amo muito esse cara e não quero perdê-lo — nem agora, nem no futuro, quando ele se recuperar da cegueira do amor.

Atenciosamente,

Aquela que se sente insegura (ok, sendo top)

Querida Top,

A idealização que seu noivo faz de você tem vários componentes — nenhum deles tem a ver com você. Por mais que seja bem-sucedido, não parece que ele tenha uma autoestima muito boa. Consequência disso é que, para se sentir importante, ele deve se associar à mulher mais brilhante e inspiradora... fazendo de você o reflexo do gosto refinado dele.

Agora que ele te encheu de elogios, e porque você sabiamente enxerga a realidade, acho que uma conversa aberta e sincera sobre toda essa questão é necessária. Se você der esse passo diminuirá muito as chances de mais tarde ele chegar a essa conclusão sozinho, para sua desvantagem. O que recomendo é basicamente colocá-lo a par da situação. Admita que foi maravilhoso ele a ter considerado sua superiora intelectual e orientadora na solução de problemas, mas esse não é o caso, e você não quer que isso continue. Ressalte que ele atingiu o sucesso antes de você entrar em cena, e que vocês realmente são iguais — são complementares e inspiradores um para o outro, sem dúvida, mas iguais.

Pensei que seria interessante saber o que um filósofo teria a dizer sobre essa sua dificuldade e busquei ajuda entre os top, top. Consultei Platão. Preciso admitir: as ideias dele são um bocado diferentes das minhas. Eis o que ele tem a dizer:

PLATÃO NO GOOGLEPLEX

"Essa dinâmica que você descreve, Top, parece ser uma característica geral do amor. Estar apaixonado por uma pessoa é refletir nela todos os valores que mais idealizamos.[2] É assim que, do ponto de vista incomum do amante, a pessoa amada é banhada em uma radiação de significância que a destaca de todos as outras coisas existentes. Obviamente, uma radiação incomparável é uma ilusão, mas é uma ilusão inseparável do amor e do desejo do amor de querer que tudo o que há de bom aconteça para a pessoa que amamos.[3]

A percepção que seu amante tem de uma inteligência em você, que você mesma não vê, é indicação tanto do amor dele por você quanto do amor dele pela inteligência; e acho que você concorda que ambos são bons. Mas há ainda mais coisas positivas advindas da ilusão amorosa dele, já que ela é, conforme sua própria descrição, benéfica para os dois. Ele está sendo levado a ter as melhores ideias ao percebê-las indo na direção dele através do filtro que é você; e você, Top, vai se tornando independente à medida que sua autoestima aumenta. Isso também é característica dos amantes em seu melhor momento. Quando desenvolvem asas, isso acontece junto, por causa do amor (*Fedro* 256e).

Portanto, meu conselho para você, Top, é: nem pense em esclarecer as coisas e fazê-lo enxergar você como você realmente é, porque isso seria incompatível com a continuidade do amor dele por você. O amor não tem visão clara e por isso é muitas vezes considerado uma intoxicação divina. Em vez disso, continue desabrochando nessa visão embriagada dele de forma que essa maneira irreal com que ele te vê corresponda, ao longo do tempo, e cada vez mais, com o que você realmente é."

Então, aí está, Top. Duas respostas bem diferentes para seu dilema: uma do romântico Platão e outra da pragmática Margo.

Realisticamente, Margo.

---

2. Veja em *Fedro* 252c-253c.

3. Veja em *Fedro* 245c: "Temos que provar o contrário, que esse tipo de loucura nos é dada pelos deuses para a maior felicidade possível."

ABRAÇOS, PLATÃO

Querida Margo,

Tenho 28 anos e estou noiva de um homem incomum que é dez anos mais velho que eu. Ele é o ministro da nossa igreja, e sua celebração é tão poderosa que atualmente a igreja está lotada e estamos arrecadando dinheiro para uma nova e gigantesca sede. Minha família é da mesma congregação e eles o têm em muito alta estima. Aliás, desde que ele e eu ficamos noivos, minha família passou a me respeitar de maneira diferente. Eles têm um novo olhar sobre mim, apenas porque sou a pessoa que ele escolheu.

Recentemente, e aos poucos, meu noivo tem confiado suas coisas a mim, o que significa me contar sobre os planos especiais que ele acredita que Deus tem para mim. Ele me disse que sabe de seu "destino divino" desde que tem 16 anos e que todos os passos de sua vida, desde então, inclusive o noivado comigo, têm servido para convencê-lo de que tem um papel providencial específico a exercer. Sou a única pessoa para quem ele fez essas revelações, e ele me disse que cada detalhe da informação que ele compartilhou comigo nos une ainda mais.

Por um lado, acredito que em outros tempos houve profetas, então por que não haveria pessoas hoje em dia que têm uma comunicação especial com Deus? Por outro lado, não consigo evitar de pensar que meu noivo é um pouco doido. A questão que está me atormentando, Margo, é como saber a diferença. Acho até que minhas dúvidas devem ser as provas mais contundentes que tenho contra o seu "destino divino"; afinal, se ele estivesse realmente sendo conduzido pela mão de Deus, por que Deus o levaria até uma garota que tem as dúvidas que eu tenho? Mas aí talvez seja Deus me testando para ver se eu mereço casar com um homem desses.

Então minha primeira pergunta é: como saber a diferença entre um homem de Deus e um louco? E a segunda: mesmo se meu futuro marido for, em algum sentido, um lunático, isso importa? Existe essa coisa de uma loucura boa que pode ajudar uma pessoa como ele em sua missão especial?

Atenciosamente,

A desconfiada Thomasina.

PLATÃO NO GOOGLEPLEX

Querida Desconfiada,

Suspeito que as pessoas que acreditam em Deus também consideram os representantes e intérpretes Dele na Terra especiais e, talvez, um passo mais próximos da divindade do que elas mesmas. Por essa razão não me surpreende que sua família olhe para você diferente. Como um efeito halo mesmo. (Desculpe-me.) Com relação a seu noivo acreditar que Deus tem "planos especiais para ele", é de se esperar que várias pessoas que escolhem a vida clerical tenham esse sentimento. No catolicismo, as pessoas se referem a isso como "ouvir o chamado". Acho que, para quem acredita, não é necessário ser profeta para se sentir em comunicação com Deus. Assim como a linha que separa o louco do inspirado é tênue, a diferença entre grandiosidade e pensamento grandiloquente é bem restrita. Seu pretendente parece ter um carisma do tipo Billy Graham,[4] daí seu crescente rebanho. Mas, se você notar que ele se desviou e está indo na direção da Catedral Crystal do Reverendo Schuller,[5] pode ser o momento de entrar em ação e lembrá-lo de sua missão principal.

Quanto a sua pergunta sobre destino divino e Deus, a forma como entendo essas coisas é que Deus não escolhe os pares das pessoas — pode-se pensar assim, porque Ele é muito ocupado.

Mas, como isso me parece uma questão que beira a delicadeza filosófica, procurei meu consultor especialista nessas coisas, Platão. Ele concorda comigo que ainda não há necessidade de você acionar o alarme antilunático, já que seu noivo pode estar, como ele diz, "enlouquecido e possuído na maneira correta" (*Fedro* 244e). Deixo que ele explique: "Há a loucura que é doença, que leva a pessoa à confusão e à incorreção, e há a loucura que não é, de maneira alguma, doença, já que conduz a pessoa ao esclarecimento e à verdade, mesmo que a pessoa atacada por

---

4. Billy Graham (William Franklin Graham, Jr.) é um ministro da igreja batista norte-americana que virou celebridade na década de 1940, fazendo sermões tanto na igreja como em grandes eventos a céu aberto. Por várias décadas teve programas em rádio e televisão e foi conselheiro espiritual de alguns dos presidentes dos Estados Unidos. (N. da T.)

5. Reverendo Schuller (Robert Harold Schuller) foi um pastor cristão norte-americano e palestrante motivacional que apresentava na TV um programa semanal. Ele iniciou a transmissão do programa *Hour of power* incentivado pelo amigo Billy Graham, na década de 1970. Foi o fundador da Catedral Crystal, na Califórnia, uma construção exuberante, que já foi considerada a maior do mundo, revestida de espelhos. Lá está o quinto maior órgão de tubos do mundo. (N. da T.)

ABRAÇOS, PLATÃO

tal loucura não consiga dar notícia de como passou a ter o conhecimento que tem. Por isso, o outro nome para tal loucura é inspiração, porque é como se os deuses soprassem dentro deles, e é por isso que tanto em inglês quanto em grego as palavras *"manic"* e *"mantic"*[6] são tão próximas.[7]

Há vários dons que nos são dados com um toque de loucura, se entendemos loucura como algo saudável, ou seja, estado de sabedoria repentina sem saber como sabemos — muito mais ser possuído por do que possuir o conhecimento. Poetas, quando inspirados, engendram versos que ecoam um conhecimento que não é mundano, de tal forma que hierofantes possam passar a vida fazendo interpretações. E ainda assim, quando conversamos com os poetas, eles são pessoas normais de conhecimento normal, e não há indícios de como eles recitam poesia da forma como recitam, e até mesmo eles não conseguem dizer nem como eles sabem nem o que eles sabem.[8] É como se fossem movidos por um espírito maior que o deles, como se sua pequena pessoa fosse tomada, *possuída*, por um gênio totalmente externo. Em todos os casos, artísticos ou não, é natural colocar a experiência, tão profunda e misteriosa, na linguagem dos deuses, ou de Deus, como seu noivo faz, Desconfiada, independentemente de compreender essa linguagem metaforicamente ou não. Da forma como você conta, Desconfiada, parece que seu noivo não interpreta a linguagem de Deus como metafórica, mas isso, por si só, não é sinal de uma loucura ruim. Não é da nossa conta dizer se essas inspirações, que não sabemos de onde vêm, são divinas ou não.

"Como então pode alguém dizer qual é a loucura boa e qual é a loucura ruim? A própria pessoa que está sujeita a essa experiência está na pior das posições para julgar essa diferença, porque tanto a loucura boa quanto a ruim, para ela, chamarão atenção. Isso é verdade também tanto em experiências românticas quanto em religiosas quando uma

---

6. Em português, "maníaco" e "mântico", respectivamente. (*N. da T.*)

7. *Fedro* 244b-c.

8. "Eu costumava escolher o que achava ser alguns dos mais perfeitos trabalhos de poetas e questioná-los sobre o sentido de o que haviam escrito, na esperança de consequentemente aumentar meu próprio conhecimento. Bem, senhores, hesito em contar-lhes a verdade, mas ela deve ser contada. Não é exagero dizer que qualquer um dos espectadores poderia explicar os poemas melhor que o próprio autor." [Nossa tradução de] Hugh Tredennick, "Apologia". In: Edith Hamilton e Huntington Cairns (Orgs.) *The Collected Dialogues of Plato*. Princeton, NJ: Princeton University Press, 1961. Também em *Fedro* 244a-245c e 265b, bem como em *Íon*, principalmente 533d-534e.

PLATÃO NO GOOGLEPLEX

experiência extraordinária invade a vida e esmaga a vida que é usual. Os outros devem determinar a diferença, identificando se o que a pessoa diz parece ser apenas confusão e incorreção ou se é algo mais válido, ainda que maravilhoso de uma forma estranha. Se, Desconfiada, você, assim como seus pais e outros membros da congregação, sentir que há sabedoria e beleza na loucura de seu noivo, pense nele como alguém que não é mais assustador que um poeta inspirado. Mas se suas suspeitas em relação a seu noivo continuarem a lhe importunar, aí não importa se ele é louco da forma certa ou errada de ser. Qualquer que seja sua loucura, ela não é a loucura correta para *você*, já que, claramente, a loucura de eros não está na sua compreensão dele."

Acho que Platão tem toda razão, Desconfiada. A linha que separa loucura e inspiração, ou que separa, como diz Platão, a loucura ruim da loucura boa, pode estar meio apagada; mas se você não vê solução para seu incômodo em relação a onde seu noivo pode se encaixar, então talvez esse não seja o louco certo para você.

Loucamente, Margo.

Querida Margo,

Sou uma mulher de 26 anos, casada, com três filhos. A vida, na maioria das vezes, é boa e sou feliz sendo mãe e dona de casa. Meu marido e eu temos um ótimo relacionamento; somos grandes amigos e quando estamos fazendo coisas juntos como casal ou como família nos divertimos muito. Eis o problema: Não acho que ele seja atraente. Acho que casei com ele porque somos muito bons amigos. Ele me acha atraente e supersexy para uma mãe de três filhos. Não quero terminar nosso relacionamento e sem dúvida não quero trair. Mas me pego flertando e me sinto atraída por homens muito bonitos. Devo ficar em um casamento quando não me sinto atraída por meu marido ou devo tentar encontrar a felicidade com um homem por quem me sinta atraída? Não quero perder meu marido como grande amigo. Eu o amo.

Atenciosamente,

Olhos que vagam por aí.

ABRAÇOS, PLATÃO

Querida Vagante,

Omiti a cidade onde você mora para evitar uma debandada de mulheres se mudando para aí na esperança de encontrar seu marido. Estar em um casamento com seu grande amigo — aproveitando um bom relacionamento, momentos agradáveis, uma vida sexual satisfatória e felicidade geral — é basicamente o melhor que há.

Posso te assegurar, essa coisa de beleza acaba. (Além do mais, luz ambiente, ou nenhuma luz, com frequência ajudam a criar um clima no quarto.) Se você precisa de terapia para colocar sua cabeça no lugar, vá logo!

Quer saber mais? Dessa vez Platão, o filósofo dos filósofos, está do meu lado, apesar de ter muito o que dizer sobre a importância da beleza.

"De todas as perfeições — sabedoria, coragem, virtude e temperança — beleza é apenas uma que se faz reconhecida pela visão, que nos provoca as mais aguçadas sensações vindas através do corpo. Sabedoria não se faz reconhecer dessa forma porque o tipo de imagem que seria necessária para a visão provocaria desejos terríveis e amorosos, como seria o caso de qualquer outra daquelas perfeições que tanto queremos. A beleza, somente, é a que tem esse destino e, portanto, é a mais evidente e encantadora" (*Fedro* 250d).

Eis aí um grande *sim* de Platão, no que diz respeito à importância da beleza para nos fazer apaixonar pelos outros. Mas só para o caso de você pensar que Platão, sendo um sujeito do tipo fútil que pensa que somente a aparência importa, está permitindo a você, Vagante, correr no sentido em que olham seus olhos errantes, Platão também tem isto a dizer:

"A beleza da alma tem mais valor do que a do corpo, de forma que se alguém que tenha uma alma encantadora não for fisicamente atraente, ainda assim uma pessoa que aprecia esse tipo de beleza ficará contente por amá-la, cuidar dela e com ela gerar uma forma maior de beleza" (*O banquete* 210c).

Então escute Margo e Platão, Vagante, somos dois pássaros velhos e sábios, e pare de flertar com homens bonitos. Volte para a realidade, que para você, sua sortuda, é uma situação bastante confortável.

Margo, apelativa.

PLATÃO NO GOOGLEPLEX

Querida Margo,

Estou em um relacionamento intenso com um cara há pouco mais de um ano. Por um bom tempo eu não conseguia acreditar no quanto as coisas estavam dando certo, principalmente porque, para ser sincera, ele é o tipo de homem que eu diria ser muita areia para o meu caminhãozinho. Mas ultimamente ele tem me pedido para fazer algumas coisas no quarto (e em todos os outros lugares, inclusive na pia da cozinha) que não me sinto confortável fazendo. Ele fala que se isso for uma coisa de longo prazo, precisamos sempre trabalhar para que seja interessante, mas, nos meus registros, o que ele me pede para fazer é nada mais que nojento, sem falar que é um pouco assustador. Ele ri de mim dizendo que sou do tipo "papai-mamãe", que, aliás, é a maneira menos grosseira que ele encontrou para se expressar e até já deu a dica: se eu não entrar no jogo e seguir a brincadeira dele, ele vai perder o interesse por mim, o que significa que vou perdê-lo. Como tudo o mais em relação a ele é maravilhoso — é bonito, bem-sucedido e muito divertido (pelo menos quando não está me censurando por eu ser muito certinha) — será que eu deveria simplesmente me entregar e fazer o que ele quer (talvez se eu ficar bêbada antes)?
Atenciosamente,

Derrotada por novas exigências e ficando exausta.

Querida Derrotada,

Existe uma regra antiga que pessoas mentalmente saudáveis seguem: tudo é permitido no quarto (na pia da cozinha também), se ambas as partes estiverem a fim. As ideias desse homem sobre o que é "interessante" podem evoluir sabe Deus até onde (ou até quem), então eu diria a ele que você não concorda, filosoficamente, com as ideias unilaterais sobre o que é sexo bom, bem como com a falta de respeito por seus desejos. Eu o perderia, e quanto mais cedo melhor. Eu tinha certeza que Platão — os fiéis leitores dessa coluna já sabem que ele é consultor para questões filosóficas — concordaria comigo a esse respeito. Ele não só concorda, mas, como sempre, tem teorias interessantes em que fundamentar seus conselhos. Eis aqui o que ele tem a dizer:

ABRAÇOS, PLATÃO

"Eros pode revelar o que há de melhor nas pessoas e o que há de pior, e o que está sendo revelado em seu companheiro, Derrotada, é o pior do pior. O que apareceu em toda sua violência é a essência do tirano, uma pessoa sem regras que não reconhece qualquer realidade além de suas próprias necessidades peremptórias. O certo é que dentro de cada pessoa, até mesmo a melhor delas, há vários impulsos batalhando uns com os outros, como em uma carruagem puxada por dois cavalos (*Fedro* 253d). Um dos cavalos, com malformação e mal preparado, com os olhos vermelhos e sem concentração, é animado pelo espírito de insolência e arrogância lasciva.[9] Ele quer ir para onde ele quer ir e mal pode ser contido, nem com açoite, nem com choque. O outro cavalo, em boa forma e se mantendo disciplinado e digno, é guiado com nobreza, e nada mais duro do que uma palavra de comando é usado. O caráter de uma pessoa se manifesta na maneira como ela lida com cada um dos dois cavalos na carruagem. Nenhuma situação coloca rédeas no caráter tão bem quanto eros, que inflama os desejos do cavalo indomado, contra os quais o bom cavalo e o condutor devem se impor. Os desejos não são por si só vergonhosos, desde que a carruagem como um todo se comporte de acordo com a dignidade que diz respeito tanto a ela mesma quanto à figura amada, puxando as rédeas do indomado quando ele se impulsiona para avançar com seus olhos vermelhos. Mal esse cavalo malicioso terá recuperado o fôlego quando a dor causada pelo freio diminuir e, com raiva, se voltará contra o condutor e seu consorte, com excessiva violência contra eles por serem covardes e fracos ao fugirem do combinado que já havia sido acordado (*Fedro* 254c) assim como seu companheiro, comparando a paixão dele ao cavalo indisciplinado, volta-se contra você.

Um tirano é alguém que permite que um cavalo indomado se dê bem com ele, e é por isso que o tirano precisa se dar bem com todos os

---

9. Enquanto nós utilizamos a palavra "hubris" para o que é excessiva vaidade ou arrogância iludida, os gregos antigos usavam a palavra para referir-se a todos os casos de informação irrestrita da vontade individual, sem qualquer preocupação com a vontade dos outros, da lei ou dos deuses. Dependendo do contexto, então, *hubris* pode ser traduzida como abandono, indignação, falta de regras e violência contra um indivíduo, inclusive estupro. Os mais severos castigos na lei ateniense eram usados contra infrações consideradas hubrísticas.

PLATÃO NO GOOGLEPLEX

outros.[10] Derrotada, seu companheiro simplesmente é esse tipo de tirano. Por isso eu não acho, Derrotada, que você esteja totalmente correta ao dizer que 'tudo o mais em relação a ele é maravilhoso'. Todo tirano é perigoso e nenhum é mais do que o tirano que é amado por aquele que está sujeito a ele."

Bem, agora você ouviu isso de nós dois, Derrotada. Largue o tirano, encontre o terapeuta.

Com firmeza, Margo.

Querida Margo,

Nunca fui do tipo que cai de amores por alguém, mas isso mudou há um ano. Conheci uma garota que, imediatamente, achei irresistível. Eu não sabia o que tinha nela, mas ela parecia invocar meus mais profundos sentimentos, um tipo de ternura que eu não sentia havia muito tempo. Foi só depois de seis meses de relacionamento que me dei conta de que havia algo nela — a maneira de se movimentar, o jeito de inclinar a cabeça — que me fazia lembrar um amor que perdi há muito tempo; um caso que, na verdade, nunca superei. Toda a ternura misteriosa que senti quando olhei para ela a primeira vez vem de um diferente momento em minha vida, provocado por uma outra pessoa. Há algo de errado nisso? Estou sendo infiel por me relacionar com uma pessoa só porque ela me faz lembrar de forma tão irresistível de uma outra?

Atenciosamente,

Preso à memória eterna.

---

10. Veja em *A república* 573d a conexão que Platão faz entre o tirano e Erôs. *A república*, diferentemente de *O banquete* e *Fedro*, retrata um Platão muito menos acomodado em relação a Erôs, e ele está disposto a julgar sua ideia como o "tirano Erôs". A delicadeza incomum de Platão em relação a Erôs, principalmente em *Fedro*, levou Martha Nussbaum a especular que ele mesmo estava apaixonado quando escreveu o diálogo. E se estivesse, segundo ela, é óbvio que seria com Dion, o tio do tirano de Siracusa. Veja em "This Story Isn't True: Madness, Reason, and Recantation in the Phaedrus. In: *Fragility of Goodness*, pp. 200-233, especialmente pp. 228-231.

ABRAÇOS, PLATÃO

Querido Prisioneiro do Tempo,

Não acho que o que você descreveu seja tão incomum. Sejam lá quais forem as qualidades do amor antigo, se elas reaparecerem em uma outra mulher, seria perfeitamente lógico que você se sentisse atraído novamente por essas qualidades. Essa situação seria de se preocupar — e injusta para a outra mulher — se apenas características superficiais tivessem te envolvido, como o jeito que ela inclina a cabeça. Se você estiver fingindo que reatou e recriou um amor perdido, negando a essa garota sua própria individualidade, aí, sim, eu consideraria isso problemático. Se ela, no entanto, é "seu tipo", e também faz gestos e tem maneiras de se mover que lembram alguém que você amou, isso é tudo de bom (e faz parte de o que é atração). Desde que você esteja apaixonado pela pessoa dessa garota mesmo, tudo está bem. O segredo é você não se sentir como Pigmaleão e imaginar que recuperou aquele amor perdido.

Mas, como você expressou estar preocupado com a ética da sua situação, decidi consultar meu filósofo especialista em moral, Platão. Ele concorda que não há nada incomum no que você descreve. Na verdade, ele foi além e afirmou que "toda paixão acontece devido à lembrança".[11]

"É por isso que uma pessoa que você mal conhece — apesar de morrer de vontade de conhecer como você jamais teve vontade de conhecer outra coisa no mundo — pode provocar tal reação em um amante. Há um sentido elusivo de familiaridade escapando como uma palavra na ponta da língua. Há uma profunda e terrível aflição para recuperar algo de valor infinito que estava perdido. Esse sentido e essa aflição são portadores de uma verdade, dizendo-nos que essa pessoa é uma lembrança do amor que certa vez você sentiu."

Preciso admitir que isso foi novidade para mim e perguntei a Platão algo bastante óbvio. Se apaixonar-se é sempre uma lembrança de uma pessoa que amamos anteriormente, como nos apaixonamos pela primeira pessoa? Eu deveria ter adivinhado que Platão não seria pego em qualquer armadilha lógica que eu pudesse preparar, ainda que a maneira como ele se livrou certamente me surpreendeu. Isso é o que ele me disse: "A

---

11. Veja em *Fedro* 245c-250d trecho que termina com as palavras: "Façamos disso nosso tributo à memória, então, porque por ela, e devido à saudade daqueles tempos passados, declaração tão longa foi feita."

PLATÃO NO GOOGLEPLEX

lembrança não é de uma pessoa, de jeito algum. Ou, se for de uma pessoa, como no caso do Prisioneiro do Tempo, então a pessoa anterior amada era, ela mesma, uma lembrança de algo que não era uma pessoa. Uma pessoa amada é um significante que traz em si insinuações de tudo o que se mistura em nossa existência. Somos lembrados da natureza da beleza e de todos os outros mistérios da existência que chegam a nós, mas que são obscuros e pelos quais esperamos ser surpreendidos e impressionados."

Precisei forçar Platão: Mas e se a característica que provoca a lembrança for apenas algo fortuito e desimportante sobre a pessoa, como alguma parte específica do corpo — o lábio superior, as coxas — ou um sotaque sexy estrangeiro? A pessoa amada não tem o direito de ser amada como a pessoa que é, em vez de ser amada pela maneira como inclina a cabeça?

"Sempre haverá elementos de aleatoriedade em eros. É por essa razão que eros é frequentemente retratado como uma criança irresponsável solta entre nós com arco e flecha. Nossos desejos pelo outro não são conclusões de reflexões, apesar de com frequência desejarmos que fossem, com premissas que envolvem os atributos dignos da pessoa amada. Se fosse de outro jeito, iríamos todos nos apaixonar pelas mesmas estimáveis pessoas. Quando nos entregamos a eros, a entrega é irracional e aleatória, permitindo que algumas características perceptíveis, sejam elas insignificantes ou essenciais, aparentes ou reais, nos quebrem em êxtase. Muito frequentemente, o êxtase é comprovadamente efêmero, diminuído por uma maior familiaridade com a pessoa amada. Mas se não for, quem seria bobo o suficiente para contestar?

"Quanto aos direitos da pessoa amada, ela tem seus direitos de êxtase recíproco, que reciprocamente deve se retirar com base em mais familiaridade com o Prisioneiro do Tempo."

Bem, como dizem: O tempo dirá.

Margo, temporizadora.

Querida Margo,

Sempre fui uma garota que gostava de *bad boys*, e agora encontrei um garoto que é *muito bad boy,* que parte meu coração regularmente. Ele trai constantemente — com outras garotas, mulheres casadas, garotos

ABRAÇOS, PLATÃO

e, até onde sei, com jovens. Ele não esconde isso, nunca pede desculpas. Espera se safar de todas e consegue. Já falei que ele é maravilhoso, atraente, charmoso, rico, ousado, poderoso, carismático, um líder, *atraente*? Além de partir o coração, ele me convenceu a participar de umas aventuras bastante arriscadas. Até agora não aconteceu nenhuma tragédia. Mas como ele tem tendência a ultrapassar limites e eu tenho tendência a virar fantoche nas mãos dele, posso acabar fazendo algo de que me arrependa. Sei que vai me dizer para apagá-lo da minha vida logo, mais rápido do que apago meu lixo eletrônico. Mas, quando ele está distante, as cores das coisas se esvaem e eu me sinto uma sonâmbula perambulando por um deserto bege, e quando ele volta — e ele sempre acaba voltando, em algum momento — todas as cores voltam rapidinho. Será que eu deveria me entregar ao sonambulismo? Ou deveria apenas esperar por uma vida cara em uma viagem de aventura como nenhuma outra, independentemente de aonde isso me levará?

Assinado,

Não sei como (nem se devo) amá-lo.

Querida Não sei como (nem se devo),

Mulheres ficaram confusas misturando essa coisa de MBB (*muito bad boy*) contra seu próprio juízo e os conselhos dos outros desde que garotos começaram a se comportar mal. É da natureza humana sentir-se atraído pelo que é proibido, pelo mau, pelo perigo. Há nisso um elemento de aposta também, e a ideia — tão irreal quanto burlar as probabilidades em Las Vegas — de que *você* será a pessoa suficientemente especial para fazê-lo mudar a maneira errante de ser. Esses emaranhados são resultados de viver a vida no limite, satisfazendo às necessidades de agitação de alguém. É meu desagradável dever dizer-lhe, tendo como referência tudo o que sei e todos que conheço, que manter-se longe desses amantes "coloridos" acaba acontecendo depois de uma experiência humilhante atrás da outra. Esses relacionamentos são basicamente SM — ele é o S e você, o M. As garotas sortudas são aquelas que finalmente têm força e maturidade suficiente para dizer: "Chega. Sou melhor que isso tudo e mereço alguém que valorize a minha pessoa, não o jogo."

PLATÃO NO GOOGLEPLEX

Estava curiosa para saber se Platão teria algo filosófico para adicionar a isso. Ele me disse que pensou muito nesse assunto, tendo presenciado o grande estrago de um certo MBB em um de seus amigos próximos. "Estranho para mim foi o fato de que até mesmo a melhor pessoa que jamais conheci, uma pessoa cuja voz moral interna se pronunciava com tanta clareza, passou pela vida sem jamais cometer um grande erro, nem mesmo ao ser vítima de um MBB." Platão ressaltou que a pior característica de um MBB — a parte que lhe fez ganhar o M — é uma doçura misturada à ruindade.

"O contraste entre esses dois, doçura e ruindade, quebra o coração do amante de tal maneira que a doçura sozinha não conseguiria, e o amante se estremece muito mais diante do pavor da imprudência do amado, porque a doçura que existe e o tremor só tornam mais violentos os tremores que anunciam o amor (*Fedro* 251). Não acho que, senão por aquela doçura, o amigo de quem falei se tornaria uma pessoa apaixonada como aconteceu; ele teria se dado conta de que aquela pessoa, inteiramente dedicada a realizar o desejo de ser melhor do que ela mesma, não era merecedora de seu amor. Ela, que assina "Não sei como (nem se devo) amá-lo", usou a palavra atraente três vezes. Um MBB (e é bom lembrar que existem também, apesar de mais raros, *muito bad girls* – MBGs) cria ao seu redor um mundo à parte, onde tudo é excitante, porque deve ser atraente. Excitação é o ar que respiram, e eles não conseguem existir sem isso. E quando puxam outras pessoas para dentro do mundo deles, essas pessoas deixam o mundo do comum e passam a respirar o ar da excitação ao qual não estão acostumadas, e, nesse estado de confusão em que se encontram, ficam mais inclinadas a pensar que essa excitação que respiram é a do amor. Ela pergunta se deveria continuar a amar seu MBB, mas não acho que ela realmente o ama, assim como ele, e isso com certeza, não a ama. Porque penso que até mesmo aquele que era o melhor homem de seu tempo, sobre quem acabei de escrever, não amou aquele garoto como pensou que amou. Talvez, se essa mulher questionadora pensasse mais na natureza verdadeira da atração que ela sente, fosse capaz de ver a sabedoria no curso da ação que tanto você quanto eu tentamos induzi-la a tomar e então quebrar o feitiço do MBB sobre ela. E por último, ela deve pensar nisto: apesar de o amor ser uma perturbação intensa, nem toda perturbação intensa é amor."

Digo: Amém.

Profundamente, Margo.

ABRAÇOS, PLATÃO

Querida Margo,

Sou um homem de 22 anos e tenho zero vontade de fazer sexo. Realmente jamais quero fazer sexo. Nunca. No entanto, sinto atração pelo sexo oposto e não sou contra a ideia de ter um relacionamento romântico, cujo contato "sexual" seja abraçar e dar beijinhos. Eu seria um ótimo candidato a me tornar padre, se fosse católico ou religioso de alguma forma. O que me incomoda em relação a minha característica é que tenho medo de ficar sozinho a vida toda, porque, seja lá com quem eu me envolva, é quase certo que queira intimidade sexual, mais cedo ou mais tarde. Até agora, assim tem sido minhas experiências. Você acha possível ter intimidade sem intimidade sexual? Acho que o tipo de relacionamento que eu gostaria de ter é platônico. Você acha que seria mais provável eu encontrar minha alma gêmea em departamentos de filosofia?

Atenciosamente,

Muito obrigado, não obrigado.

Querido MONO,

Acredito que o que você quer é possível, porque — espero que esteja sentado — você não é a única pessoa com os sentimentos que descreve. Assexualidade é mais comum do que muita gente pensa. Se for de seu interesse, um bom psicólogo pode te ajudar a descobrir a origem de sua aversão aos aspectos físicos da intimidade. Essa descoberta, por sua vez, ainda que não faça você mudar de ideia, pelo menos fará você ficar mais confortável com algo que é, obviamente, complicado, mas que faz parte de quem você é. Para responder a sua pergunta direta, acredito, sim, que possa haver intimidade sem sexo. Tenho algumas amizades que entram nessa categoria. (Seria um encontro de mentes, sem outras coisas entrarem em questão.) Não é à toa que as pessoas falam em "relacionamento platônico". Agora, quanto a fazer sua busca em departamentos de filosofia, acho que não. Os filósofos que conheço — e um na França, sobre quem já li — são pessoas sexualmente exuberantes, o que não quer dizer que não haja uma filósofa casta solta por aí. Se você estiver a fim de ser um pioneiro, o sucesso dos grupos LGBT sugere que talvez seja

PLATÃO NO GOOGLEPLEX

uma boa você organizar um grupo de pessoas assexuadas, e talvez com um nome bem direto, algo do tipo CASTA: Comunidade Assexualidade Sim Tem Amor.

Claro, eu não poderia perder a oportunidade de ir à fonte e perguntar ao epônimo Platão o que ele tem a dizer sobre sua pergunta, sobretudo, sobre o que ele pensa do termo "relacionamento platônico" que todos nós achamos útil para nos tirar de situações estranhas. Ele confessou se sentir confuso em relação ao que denominamos amor platônico, principalmente porque ele tem estado ocupado na internet (e talvez você queira seguir essa dica) e se familiarizou com termos como, assexuado, arromântico, heterorromântico, homorromântico, birromântico, e tantas outras que ele se interessou em me explicar. Ironicamente, a única categoria que ele confessou ser confusa é a que leva seu nome. "Parece haver muita ambiguidade rondando o 'amor platônico'. Ele deve ser assexuado? É romântico ou arromântico? E se, por definição, for arromântico, o que o distingue de qualquer amizade saudável? Amor platônico, aparentemente, é uma categoria confusa."

Essa confissão de Platão sobre sua confusão a respeito do amor platônico é como se Charles Darwin estivesse confuso sobre o darwinismo? Não. Ele me disse. É apenas nossa própria confusão ao usar o termo que o confundiu. Ele sabe bem o que tinha em mente: "O tipo de amor que louvei tem foco mais em conhecimento do que em prazeres carnais, apesar de, não necessariamente, evitar os prazeres carnais.[12] Mas sejam lá quais forem os outros prazeres, a qualidade específica de sua rara intimidade e prazer é a do conhecimento, que tem dois tipos que, por sua vez, podem existir separadamente um do outro ou em unidade."

Por favor, diga. Insisti.

"Há antes de tudo a intimidade de conhecer a pessoa que você ama, com o desejo de ter cada detalhe de seu ser, com ciúme de cada hora dos dias que a pessoa viveu antes de você conhecê-la e da qualidade perceptível das experiências dela que você jamais poderá recuperar para si e, portanto, lamenta, colocando em prática todas as suas aptidões para compensar a falha em seu conhecimento. E por essa razão, pode-se

---

12. Em *Fedro*, ele é tolerante com aqueles que não resistem ao carnal: "No fim, eles não terão asas, mas surgirão do corpo com impulso de fazer crescer asas, de forma que levem consigo um prêmio, nada pequeno, de sua loucura erótica" (256d).

ABRAÇOS, PLATÃO

seguramente dizer que todos que amam verdadeiramente são experts nos assuntos de seus queridos, nenhum detalhe é pequeno ou insignificante; são tão apaixonados por conhecimento quanto qualquer filósofo, desde que o conhecimento seja sobre a pessoa amada. E é essa uma das formas que a intimidade de eros é a intimidade do conhecimento.

"Mas há ainda outra forma, mais rara, que consiste em ganhar um conhecimento que não é focado na pessoa amada, mas é, ainda assim, intimidade. É o êxtase de juntos adquirirem conhecimento. É a intimidade de progredirem unidos em um entendimento que agita a alma e, portanto, forma a alma, mantendo um com o outro em uma *épiphanie à deux*, ideias de um fluindo para dentro do outro, a dura secura de serem dois hidratada e tornada um, porque pensam com a mente única e enxergam com uma visão única. Essa é uma intimidade que nosso desajeitado corpo apenas pode tentar imitar, como em uma comédia, uma rude pantomima."

Bem, preciso admitir que não é exatamente isso que eu tinha em mente sempre que falei "vamos apenas manter um relacionamento platônico, ok?", mas aí está, vindo direto de um filósofo. E acho, Não Obrigado, que Platão respondeu sua pergunta sobre poder haver intimidade entre duas pessoas mesmo na ausência de qualquer coisa mais, é, digamos, seminal do que ideias sendo trocadas entre elas.

Platonicamente, Margo.

ζ Sócrates tem que morrer

Um homem muito peculiar

> Porque se ele [o filósofo] mantém-se reservado, não é em defesa de sua reputação. O fato é que seu corpo é o que está presente, em visita, enquanto seu pensamento, desdenhando de todas as coisas como sendo elas
> inúteis, criam asas.
>
> — *Teeteto* 173e
>
> E todos disseram, "Que pena que ele morreu,
> Mas ele não era um homem muito peculiar?"
>
> — Simon e Garfunkel

Em uma das raras ocasiões em que ele esteve no interior, ele não conseguia parar de elogiar a beleza que via ao redor. Olhe como os galhos da figueira se espalham! Olhe as águas daquele brilhante riacho! Isso fez o garoto que o acompanhava morrer de rir ao ouvi-lo exclamar suas impressões sobre esses lugares comuns e porque a beleza natural era novidade para ele. Ele dificilmente passeava fora dos muros da cidade, o que ele queria aprender esse cenário charmoso não poderia ensiná-lo (*Fedro*, 230d).

PLATÃO NO GOOGLEPLEX

Mesmo nos difíceis anos de guerra, que tanta sujeira e doença trouxe para a multidão dentro dos muros, ele não permitiu que aquelas condições minassem sua paixão e seu prazer. [1] Era muito provável, em qualquer dia, encontrá-lo pela ágora, descalço e ansioso, questionando a verdadeira natureza de alguma virtude ou outra coisa, tendo levado alguém para um canto na longa *stoa* onde os mercadores montavam suas barracas ou na palestra de Taureas (*Cármides* 153da), ou ainda no ginásio no Lyceum (*Eutífron* 2a, *Lísis* 203a, *Eutidemo* 271a, *O banquete* 223d),[2] onde os garotos se juntavam para praticar esportes, e ele estava sempre a procura de novos talentos.

Todos os dias, religiosamente, ele aparecia, mesmo depois de uma noite de bebedeira (*O banquete* 223d), para fazer o trabalho pelo qual recusava pagamento. (*Apologia* 19d-e). Provavelmente, a reputação de megera da esposa tinha alguma relação com sua exaltada decisão de trabalhar sem remuneração; isso pode fazer qualquer esposa reclamar, principalmente porque eles tinham três filhos. O nome de sua esposa, Xântipa, passou a significar mulher ranzinza, de temperamento difícil. Na obra *A megera domada*, Shakespeare faz Petrúquio descrever Catarina como uma "Xântipa ou coisa pior" (ato I, cena 2). O filho mais novo deles ainda era bebê quando Xântipa ficou viúva (*Fedro* 60a). Seus bens, incluindo sua casa, valiam cinco *minae* (Xenofonte, *Econômico* 2.3.4-5), o equivalente ao que um sofista provavelmente cobraria por um só curso (Xenofonte, *Apologia*

---

1. A estratégia de Péricles era envolver os espartanos, que eram grandes lutadores em terra, somente no mar. Com essa finalidade, ele construiu os muros da cidade de Atenas até o porto de Pireu, protegido pela marinha, para que produtos pudessem entrar. Ele fez com que todos os atenienses, inclusive os que viviam na periferia, em *khora*, mudassem para *astu*. Os espartanos poderiam chegar e queimar tudo fora dos muros da cidade, que é o que periodicamente fizeram; mas, de acordo com o plano de Péricles, os atenienses não seriam levados a lutar em terra. Péricles sabia que os espartanos não ficariam distantes de sua própria cidade por muito tempo, porque estavam constantemente atentos a levantes de escravos. Entre os ataques, os atenienses poderiam sair e replantar seus campos. O aliado secreto de Esparta era a praga, que vários acadêmicos acreditam ter chegado de barco, provavelmente trazida por ratos — ou as pulgas nos ratos — e entraram na cidade através do Pireu. A praga atingiu a cidade três vezes durante a guerra do Peloponeso, espalhando-se rapidamente pela cidade superlotada. Tucídides, um dos poucos a contrair a praga e viver para contar sobre ela, fez uma descrição sinistra sobre a Atenas tomada pela praga. Veja no Apêndice B.

2. O Lyceum era um lugar para exercício físico e conversa, do lado de fora dos muros da cidade, a leste, e era o local da futura escola de Aristóteles.

SÓCRATES TEM QUE MORRER

209b), e menos do que um trabalhador qualificado poderia receber em um ano e meio. Ele não via desonra em sua penúria, e mantinha a calma de um homem financeiramente independente que vivia exatamente como lhe agradava. Era difícil decidir entre rir e se impressionar com a pose dele.

Ele frequentemente era o tema das piadas do dramaturgo comediante mais popular da cidade; suas atividades eram satirizadas como inconsequentes bobagens (Aristófanes, *As rãs*, 1495). O comediante ria das estrofes do poeta com a mesma distância irônica com a qual se referia a todas as coisas que não importavam, mas alguns de seus amigos, incluindo Platão, culparam Aristófanes por contribuir para sua difamação (*Apologia* 18d, 19c).[3]

Ele olhava para seu trabalho como algo de grande importância, para o qual ele era especialmente capaz, e nem mesmo quando suas condições de trabalho deterioraram a ponto de ser uma ameaça à vida dele, ele pensou em abandonar o posto (*Apologia*, passim).

Ele não saiu da cidade quando, para sua derrota, tropas espartanas acamparam na Acrópole, oferecendo um ameaçador apoio às oligarquias que se formaram após a entrada por mar dos vitoriosos, efetivamente desmantelando a democracia pela qual a *polis* era famosa. Não somente nas outras *poleis* viam-se os experimentos políticos em Atenas como bizarros.[4] Em Atenas, também, sempre houve aqueles que apoiaram firmemente a ideia da *aretē* inata da aristocracia e desprezaram a garantia de cidadania à plebe não proprietária de terras. Indignavam-se com o fato de que o voto de qualquer *thēte* contava tanto quanto o de qualquer aristocrata e que o mesmo *thēte*, vindo diretamente do campo ou do mercado para o Pnyx, pudesse abordar a *ekklêsia* como se sua opinião importasse tanto quanto a

---

3. No entanto, em *O banquete*, Sócrates e Aristófanes são retratados como estando bem um com o outro.

4. "Somente em Atenas, onde as tradicionais forças da família, do sangue e da religião foram, de uma só vez, privadas de significância política, uma democracia política genuína cresceu para além da organização mais antiga. Nos poucos estados gregos democráticos, quase todas as democracias surgiram como resultado de pressão externa e normalmente ateniense e, consequentemente, não eram reconhecidas pelos gregos contemporâneos a elas. (...) É por isso que Alcibíades atacou a democracia em seu discurso em Esparta como sendo uma "reconhecida loucura". Era uma coisa virtualmente peculiar e ateniense na Grécia do século V." David Grene, *Greek Political Theory*, pp. 35-36.

PLATÃO NO GOOGLEPLEX

de um homem mais digno. Péricles já havia morrido há muito tempo, levado pela peste no início da guerra que durou décadas.[5]

Os Trinta, grupo que mal ficou no comando por um ano, eram descendentes das famílias mais antigas da cidade, e em seu breve e violento reinado fizeram com que sua hostilidade ao governo que eles sempre consideraram governo da plebe se transformasse em uma desordem vingativa intensificada pela ganância por poder e propriedade. Direito ao voto era restrito a poucos e para menos ainda, um grupo restrito, Três Mil pessoas escolhidas, recebeu o privilégio de porte de armas e de julgamento por júri.[6] Aqueles que não estavam no corte foram viver nas estreitas ruas e nos becos que rodeavam o porto de Pireu e poderiam ser sumariamente condenados por falsas acusações, num sistema que os capturava em uma trama. Os mortos e os exilados tinham as propriedades confiscadas, de maneira que a ganância logo se igualou à política, tornou-se motivação. Os metecos, trabalhadores estrangeiros que jamais foram considerados cidadãos da cidade, estavam especialmente vulneráveis, principalmente se fossem ricos.

Os Trinta foram "eleitos" pela *ekklêsia*, apesar de o voto ter sido preparado por Pausânias, rei dos vitoriosos espartanos, e os cidadãos tinham poucas opções, com metade da cidade desnutrida devido ao bloqueio. Receberam a ordem de criar uma constituição que restauraria as "leis ancestrais", mas os Trinta não demonstraram inclinação a criar uma constituição; em vez disso, governaram por decreto não legítimo. De setembro de 404 a maio de 403, 1.500 atenienses foram mortos, ultrapassando o número de mortos na última década da Guerra do Peloponeso. Trezentos criados armados de chicote seguiram as ordens e induziram a um reino de terror. Além dos vários que foram eliminados com cicuta, milhares de outros foram exilados

---

5. Péricles morreu em 429. A segunda Guerra do Peloponeso, a principal delas, durou de 431 a 404.

6. Na verdade, ainda existe debate quanto a ter sido elaborada uma lista formal. Como no caso dos Cinco Mil, que diz-se ter sido o governo depois da queda dos Quatrocentos em 411, outro período de uma oligarquia precoce, pode não ter havido uma lista, propriamente dita. Em vez disso, em ambos os casos de oligarquia temporária, o número maior pode bem ter sido para simular uma base oligárquica de apoio maior do que se acredita. Essa retórica dramática acerca de importantes nomes em uma lista surgiu décadas mais tarde.

ou fugiram voluntariamente, alguns deles organizados para retomar sua cidade e restaurar a democracia.

Mas ele não. Ele continuou do mesmo jeito que sempre esteve, indo a seus lugares favoritos para seguir com seus impraticáveis questionamentos que quase sempre terminavam bem longe de qualquer resolução. A virtude é uma questão de conhecimento ou de outra coisa? Se não for uma questão de conhecimento, então como pode ser considerada confiável? Mas se for uma questão de conhecimento, pode não ser ensinada? Mas então, por que homens virtuosos frequentemente têm filhos perversos, e professores virtuosos, alunos perversos? Era como se ele se esquecesse dos grandes acontecimentos políticos ao seu redor.

Mas aí, entre suas várias esquisitices estaria um esquecimento que poderia resolver as coisas para ele, um momento de distração que poderia tirá-lo de uma situação imediata (*O banquete* 174d). Uma vez que estivesse intelectualmente envolvido — e ele quase sempre estava intelectualmente envolvido —, sua atenção ficava estritamente focada. Se as circunstâncias não fossem relevantes para suas preocupações específicas, ele prestava pouca atenção a elas, relegando-as à ampla margem dos assuntos que mereciam somente seu malicioso senso de humor. As particularidades das várias revoltas políticas em sua cidade estavam relegadas a essa margem, e ele demonstrava sua seriedade em relação à política local sujeitando até mesmo o mais terrível, ainda que efêmero, dos poderosos da cidade a seu sarcasmo.

Ele era um inveterado *quipster*, um sarcástico piadista.

Alguns podem interpretar sua permanência durante o ano de terror como simpatia pelo grupo dos Trinta, apoiado pelos espartanos. Pode-se ter dito sobre qualquer cidadão que não tenha se juntado aos democratas exilados em 403 que "permaneceram na cidade" e podem ter levantado suspeita de terem sido um dos Três Mil, os poucos a quem foi permitido manter a cidadania. A lista dos Três Mil jamais veio a público, portanto, ainda não sabemos qual era seu status. Depois de os Trinta serem despachados — a maioria para o túmulo — "permaneceu na cidade" se tornou código utilizado nas cortes para quem foi um dos companheiros de viagem deles. E mesmo que isso, em especial, não esteja registrado contra ele em nenhum dos

PLATÃO NO GOOGLEPLEX

relatos existentes, é natural concluir que se suspeitava de suas inclinações espartanas — principalmente porque, anos antes do reinado dos Trinta, já haviam sido espalhados rumores sobre sua lealdade dividida através das peças de Aristófanes.

Entre os jovens aristocráticos que passaram pela influência dele havia alguns com inclinação decididamente antidemocrática. O famoso dramaturgo comediante indicou vagamente seu envolvimento em política subversiva inventando duas palavras para dar seu recado, uma das quais significava "ser louco por Esparta", e a outra baseada em seu nome.[7] A peça foi encenada em 414, durante o período em que Alcibíades se fazia sujeito aclamado em Esparta, tendo Atenas sofrido o desastre na Sicília. Claro, Esparta era apenas uma fase passageira por parte do irreprimível Alcibíades, que não seria culpado por nada além de sua natureza transgressora. Mas outros que seguiram à risca as palavras do homem provaram-se por mais tempo loucos por Esparta, incluindo o mais famoso dos Trinta, Crítias. Então, o que deveríamos falar do homem cujo nome foi ligado a eles? Não era ele também louco por Esparta?

Não, ele não era. Seu cinismo em relação à democracia ateniense não significa que ele estava interessado na oligarquia. Ver política subversiva em sua postura é perder o foco de o que ele era.[8] Ver política subversiva rondando-o é juntar-se à multidão de atenienses que jamais entenderam a natureza de suas questões. Ele era algo muito além do que pudesse ser subversivo para os valores atenienses do que meramente partidos políticos.

É verdade que ele não se juntou aos democratas exilados e que não se esforçou para protestar contra os abusos dos Trinta, apesar de ter hesitado

---

7. Aristófanes criou o termo *lakōnomanein*, significando "ser louco por Esparta", Laconia, ou Lacedaemonia, era a região do Peloponeso de onde Esparta era a capital administrativa. Seu outro neologismo foi *sōkratein*, "socratizar". Segundo o verso: "Todos os homens ficaram loucos por Esparta; ficaram/ cabeludos, desnutridos, sem banho, Socratizados/ empunhando cítalas" [nossa tradução]. (*Os pássaros* 1281-83)

8. Isso infelizmente é verdade em relação ao livro de I. F. Stone, *The Trial of Socrates* [O julgamento de Sócrates]. Nova York: Anchor Books, 1980. Talvez não seja surpresa que Stone, cuja orientação a vida toda foi política, interpretasse a morte de Sócrates em termos exclusivamente políticos. A conclusão a que chega é que Sócrates era antidemocrático, rejeitando a deusa da persuasão, Peitho, tal como compreendida segundo a natureza da democracia ateniense.

SÓCRATES TEM QUE MORRER

quando lhes ordenaram participar de uma de suas ações malignas. Era o jeito deles de tentar envolver o máximo de pessoas que pudesse em seus negócios escusos (*Apologia* 32 a-d). Aqueles que compartilham de culpa dificilmente serão os que apontarão a culpa. Então, ele se manteve limpo, recusando-se a buscar um inocente, Leon de Salamis, para que fosse sumariamente executado. Em vez disso, ele foi para casa, um ato de resistência pacífica que, apesar de mortalmente perigoso diante das circunstâncias, talvez não tenha sido suficientemente uma resistência — pelo menos não suficientemente político — a ponto de convencer quem estava disposto a tê-lo como suspeito.

Sua postura apolítica pronunciada ainda consegue levantar incredulidade, suspeita de que algum posicionamento político esteja escondido no fundo, à espreita. Como pode uma pessoa digna se manter indiferente em relação à política contemporânea? E especialmente em sua cidade, que via a participação em política pública como medida da superioridade que cada cidadão poderia atingir, ele parecia ter um orgulho perverso por nem mesmo saber como votar quando foi eleito para o Conselho dos 500 (*Górgias* 473e). Ser politicamente indiferente é se remover de seu tempo. Mas isso era exatamente a intenção dele: distanciar-se de seu tempo. Em uma cultura política tão intensa quanto a dele, que mal podia conceber virtude, exceto em termos políticos, sua postura beirava a incoerência.

Se a política ateniense convencional o tocava como beirando a imprecisa noção de *aretē* que ele incansavelmente tentava encontrar, a política de oligarquia estava abaixo de seu desprezo. Ele jamais se identificou com os Trinta, não mais do que se identificou com os democratas, aliás, bem menos.

Quanto aos Trinta, eles se mostravam incrivelmente hostis em relação a ele. Eles criaram uma lei proibindo a arte do debate, que era, muito provavelmente, direcionada a ele (Xenofonte, *Memoráveis* 1.2.31). A arte do debate é dificilmente compatível com a disposição para a intimidação que o governo constitucional deles exigia.

Crítias já há muito guardava rancor por ele, resultado de um insulto que por anos deve tê-lo corroído, quando em seu irreprimível discurso aberto e franco ele ressaltou a inconveniente atenção erótica que Crítias dava ao belo jovem Eutidemo. Ele comparou o comportamento do futuro oligarca

PLATÃO NO GOOGLEPLEX

com o de um porco se esfregando contra pedras (ibid.). Era improvável que Crítias, um furioso homem orgulhoso, com nobres ancestrais que iam até Sólon o legislador, e sujeito de mente refinada que fez o homem se considerar um filósofo e um poeta de primeira, esquecesse tal insolência.

E quem eram os antepassados desse homem para que ele tivesse tanta liberdade com os arrogantes? Seu pai, Sofronisco, foi um pedreiro. Sua mãe, Fainarete, uma parteira. Às vezes, de acordo com Platão, ele comparava sua própria profissão com a dela, ressaltando que ele também ajudava pessoas a darem à luz, no caso dele, a ideias, não a crianças, abortando aquelas que não valiam a pena alimentar. Ele usou a comparação para ressaltar a falta de conclusões exatas a que ele chegou (*Teeteto* 149a e 210d). Como sua mãe, muito velha para dar à luz, ele ajudava os outros a desenvolver ideias, mas jamais tinha suas próprias. Pelo menos essas são as palavras que Platão o faz proferir.

Ele adorava fazer analogias simples em seus argumentos filosóficos, usando como exemplo o trabalho de carpinteiros e sapateiros, entre outros, que trabalhavam com as mãos. Era a maneira de mostrar a continuidade da filosofia nos afazeres do dia a dia, como era seu método de trabalhar em sua profissão nas ruas de Atenas e entre todas as variedades de pessoas.

Mas se, em sua linguagem e estilo retórico ele afirmava ser solidário com as pessoas, seu populismo filosófico não fez dele um democrata em suas afiliações políticas, pelo menos não na democracia ateniense. Ele zombava da ilusão dos atenienses quanto ao próprio excepcionalismo participativo. Ele zombava de como os habilidosos oradores conseguiam influenciar os ingênuos na multidão.

> Eles são tão esplêndidos ao fazerem o discurso que enfeitiçam nossa alma, atribuindo a cada indivíduo, com os mais variados e belos ornamentos verbais, tanto o louvor por sua dignidade quanto por não ser digno, enaltecendo a cidade de todas as formas e louvando os mortos em guerra, todos os nossos ancestrais e nós mesmos, os vivos. E o resultado, Menexêno, é que sou colocado em um estado de exaltação quando sou louvado por eles. Cada vez, quando escuto e sou enfeitiçado, eu me torno

um homem diferente, convencido de que de repente fiquei maior, mais nobre e mais bonito. Frequentemente também acontece que, de repente, causo mais admiração em meus amigos de outras cidades que estão juntos e comigo escutam todos os anos. Porque são afetados na visão que têm de mim e do resto da cidade, assim como eu: convencidos pelo orador, pensam que a cidade é ainda mais maravilhosa do que eles pensavam antes. E permaneço com esse sentimento arrogante por mais de três dias. As palavras do orador e o som de sua voz mergulham em meus ouvidos com tanta ressonância que com dificuldade e somente três ou quatro dias depois recupero-me e me dou conta de quem sou. Até então eu poderia imaginar que vivo nas Ilhas Abençoadas,[9] tal é a capacidade de nossos oradores. (*Menexêno*, 234e-235c)

A retórica é perigosa quando o cidadão medíocre é empoderado, porque este não está em posição de resistir às inteligentes manipulações do orador. A maneira de seguir em frente na democracia ateniense, ele reclamava, era elogiar e bajular de maneira a superar o intelecto e partir para o campo das emoções. A multidão queria um bom teatro na *ekklêsia* e bons teatros demandam grandes emoções, e grandes emoções superam a razão.

Ainda assim, ele não poderia deixar de apreciar o espírito de liberdade de discurso pelo qual sua *polis* era reconhecida. Deve ter apreciado, já que ele mesmo aproveitou tanto disso. E qual esperança poderia haver de chegar a algum consenso sobre as mais importantes perguntas que uma pessoa poderia se fazer, qual a esperança de romper com os preconceitos que fazem cada pessoa enxergar o mundo a partir de uma rígida tendência que varia conforme sua própria posição individual, se não trouxermos diferentes tendências para o diálogo, de maneira que colidindo umas com as outras algo mais imparcial possa surgir?

Heródoto, ao fazer uma lista de *poleis* gregas, citando as distintas excepcionalidades de cada *polis*, elogia o maravilhoso discurso dos cidadãos de Atenas. A democracia havia formalizado o privilégio de falar o que se pensa, legalmente garantindo *isegoria*, o direito de todos os cidadãos de expressar opinião na *ekklêsia*.

---

9. Uma referência ao livro de Nancy Farmer, *The Island of the Blessed*. (N. da T.)

PLATÃO NO GOOGLEPLEX

Mas além do direito legal formal, havia um espírito permeando a cultura da cidade como um todo, conhecido como *parrhêsia*, que significa "fala franca". Os atenienses tinham orgulho da *parrhêsia* e ele, que foi o próprio avatar dela, deve ter sido altamente valorizado pelos amigos da democracia. Ou algo assim, alguém pode ter pensado.

Em todo caso, a oligarquia deu fim a todo tipo de liberdade verborreica. Assim, tão sarcástico quanto ele poderia ser em relação à democracia de sua cidade, ele desprezava as oligarquias. Ele resistiu a elas na única ocasião em que tentaram implicá-lo em uma transgressão, e resistiu, diariamente e ininterruptamente, ao continuar sua arte do debate, metendo o nariz na lei que provavelmente deve ter sido criada tendo ele, especificamente, como alvo, principalmente quando, na época dos Trinta, não mais havia sofistas visitando a cidade, e dificilmente era preciso dizer que o privilégio de *parrhêsia* havia sido revogado.

Mas ainda assim ele aproveitou em parte o privilégio. Liberdade de expressão era um aspecto do espírito democrático que ele não estava preparado para renunciar. Enquanto as mortes aumentavam ele usou de seu sarcasmo, sua predileta e singela analogia, para dizer que assim como um pastor que deixa à míngua seu rebanho e piora suas condições gerais deve se ver como um mau pastor, um governante que deixa à míngua sua população e piora suas condições gerais deve se ver como um mau governante. A piada lhe rendeu a convocação para comparecer perante dois dos tiranos, Charicles e Crítias, que o fizeram lembrar que suas atividades diurnas estavam violando a lei contra debates, e então o proibiram de se engajar em conversas com os jovens. Imediatamente, ele começou a se divertir com os dois, debatendo com eles o significado da proibição dos debates. Charicles, caindo na armadilha verbal, respondeu às cada vez mais ridículas questões até que Crítias, que até então estava ouvindo em silêncio, colocou um fim à farsa, lançando uma não muito velada ameaça que então Charicles enfatizou: "E se você continuar você descobrirá que o pastor deixou à míngua mais um indivíduo do rebanho" (Xenofonte, *Memoráveis 2*, 32-138).

Então, será que podemos nos perguntar se a simples permanência dele na cidade, sob tais circunstâncias, constituía uma tácita colaboração? Era possível evitar o contágio moral que se espalhava como uma epidemia, infectando qualquer um que não fazia resistência política ativa? Ele não poderia pelo menos ser acusado de covardia moral, esse homem que se fez tão conspícuo com seus incessantes questionamentos, com a presunçosa sugestão de que somente ele sabia de coisas que todos os demais ignoravam?

Mas ele se considerava ativamente resistente. Sua recusa de se posicionar politicamente era, em si, uma posição contra a virtude politizada. Sua recusa em participar de qualquer ação política era a única ação compatível com os questionamentos que ele conduzia diariamente, tentando distanciar a ideia de *aretē* da política do excepcionalismo ateniense. Era exatamente esse distanciamento o principal ponto em seu questionamento.

Na opinião dele, política era um negócio sujo. O que era um posicionamento tão radical para se ter em sua *polis* quanto quase ininteligível. A *polis* era fonte de normatividade. Isso certamente era verdade em Atenas, onde as reformas políticas da democracia em expansão destruíram os antigos laços tribais, de modo que não interferiam na lealdade com a cidade. Esses experimentos radicais com autogoverno dessa *polis* em especial, sua fé na capacidade de o ateniense médio participar diretamente em todas as decisões era o testamento de sua natureza extraordinária, que parecia ter sido bastante confirmada nos dias de sua ascendência. Dadas as pressuposições que fundamentavam sua sociedade, ele pedir uma definição de *aretē* independentemente de obrigações civis era como pedir a alguém que traduzisse para determinada língua uma frase sem fornecer o vocabulário e a gramática dessa língua. É como pedir que alguém declare quem foi o ganhador de um jogo sem especificar as normas desse jogo.

E ainda assim estas eram exatamente suas questões: Diga-me o que é essencial em uma vida digna, independentemente de ser essa vida em Atenas ou em outro lugar, de ter a pessoa nascido em boas ou más circunstâncias, de ser a pessoa livre ou escrava. Virtude deve ser algo de que as pessoas possam, elas mesmas, assumir a responsabilidade; não alguma coisa que as faça serem reféns de deuses, que é o mesmo que dizer reféns do que está além de seu controle. Somos reféns em todas as outras coisas, mas certamente não em relação a se vivemos virtuosamente. Esse é um

PLATÃO NO GOOGLEPLEX

objetivo que as pessoas devem alcançar sozinhas, é o único objetivo que vale a pena atingir. Mas se for um objetivo que devemos atingir sozinhos, a conquista coletiva de uma *polis* não consegue fazer nada além do que os deuses podem fazer por nós.

Com seu peculiar uso das palavras, *aretē* começa então a se aproximar do que hoje traduziríamos como "virtude". A palavra está destacada de sua ligação conceitual com *kleos*, o aspecto social, perdido. Para ele, não há contradição em dizer que uma pessoa atingiu a *aretē* mesmo quando seus pares o condenam. Mas a conquista ainda especifica a vida que vale a pena ser vivida. As sutis mudanças que ele atribui à palavra *aretē* falam da revolução pela qual ele procura com suas questões. Lemos os diálogos de Platão, com a palavra *aretē* traduzida simplesmente como *virtue* (virtude), e está nessa tradução a mudança normativa que ele procurava.

Mas para a maioria das pessoas que ele questionava, suas perguntas eram dificilmente inteligíveis. O que fazia de suas incessantes investidas ainda mais incoerentes era que ele mesmo afirmava não saber as respostas para suas perguntas e que ele, na verdade, não sabia nada além de que nada sabia. Mas se nada sabia, então baseando-se em que — alguém pode nos dizer? — ele rejeitava as respostas da comunidade? Por que ele insistia, dia após dia, em ser a demonstração de um homem só de uma confusão normativa?

Como alguém poderia compreender o sentido de seu questionamento quando as normas e valores constituídos de uma sociedade o faziam ser incoerente? Para entender as dificuldades dos atenienses diante das perguntas dele, pense nas pessoas de hoje que ficam sem saber dizer como pode haver virtude independentemente da palavra de Deus. Mesmo que você não compartilhe dessa reação, desde que consiga *imaginar-se* tendo essa reação, você da mesma forma conseguirá imaginar-se tendo a reação dos cidadãos de Atenas quando confrontados com as perguntas desse homem. E tentar imaginar a perplexidade de alguém ajuda a obter uma clara visão do progresso que se tem feito.

A ideologia da hegemonia ateniense intensifica a politização da *aretē*. Viver uma vida que vale a pena ser vivida é cumprir com seus deveres civis, o que incluía deveres em relação aos deuses da cidade. As questões religiosas

SÓCRATES TEM QUE MORRER

também estavam ligadas à política, fundidas nas tácitas pressuposições normativas que constituíam as vidas consideradas melhores. Mas, ainda que deveres religiosos e civis não estivessem interligados, seria de se surpreender que ele fosse condenado por sua impiedade? A irreverência sinaliza a mais profunda perturbação normativa, e é exatamente isso o que ele pretendia provocar com sua insolência.

E quando ele provocou demais sua cidade — ou melhor, quando sua cidade havia sido provocada demais por circunstâncias históricas para continuar a tolerar sua irreverência — ele foi acusado de impiedade, assim como de corrupção de jovens, já que suas brincadeiras serviram apenas para enfraquecer as restrições da *aretē* politizada, que reinavam nas mais perigosas forças antinomianas do *Ethos* do Extraordinário. E tendo suas investigações terminado em uma aporia, ele nada ofereceu para substituir as normas que ele havia enfraquecido. Alcibíades não foi a prova do vácuo normativo que ele criou? E o que dizer sobre Crítias? Ambos os personagens apresentaram um espetáculo de perversa anarquia não vista por muito tempo nas relações atenienses.

É como aqueles que argumentam hoje que nossas próprias experiências recentes com atrocidades — cometidas por vilões tais como Hitler, Stalin e Pol Pot — foram resultados de questionamentos que retiraram as restrições impostas pela religião que, sozinha, já pode controlar a violência e a crueldade. Da mesma forma, um ateniense deve ter acreditado que nada substituiria as restrições morais impostas pelas instituições da *polis*.

Logo os tiranos que haviam debatido com ele sobre a arte do debate estavam, eles mesmos, mortos ou exilados. Aqueles que compunham os Trinta e seus seguidores que não foram mortos na luta para recuperar a cidade — diferente de Crítias e Cármides, que morreram em batalha, em maio de 403 — fugiram para Eleusis, o demo de Atenas, que os tiranos protegeram como um retiro para o caso de as coisas não se saírem como esperavam, tendo eles se precavido matando todos os habitantes sob a falsa condenação de serem democráticos subversivos. E quando a *polis* suspeitou que esses oligarcas estavam planejando mais uma vez marchar até Atenas,

PLATÃO NO GOOGLEPLEX

eles mesmos marcharam até Eleusis e preventivamente mataram o último dos Trinta. Ainda assim, Atenas estava cheia desses que haviam sido cúmplices, tanto ativa quanto passivamente.

Com a restauração da democracia, algo um tanto quanto extraordinário aconteceu. O banho de sangue costumeiro nunca ocorreu. Em todas as outras *poleis* que passaram por revoluções e guerras civis, um círculo vicioso de retribuições foi o padrão; mas não em Atenas, onde foi antecipado por uma declaração de anistia geral a todos, alguns notórios superiores. "Aqueles de Pireu" e "aqueles que permaneceram na cidade" largaram títulos e se juntaram para restaurar a cidade, ainda que jamais voltasse a ser a mesma novamente.

A anistia foi um ato político brilhante, fomentando um renovado senso de solidariedade, amenizando o caminho para a compreensão de uma ficção melhorada sobre como os atenienses, à exceção dos Trinta, foram vítimas, ninguém foi colaborador. Foi um ato coletivo de esquecimento proposital. Na verdade, os cidadãos juraram: *me mnesikakein* — que significa "não lembrar os erros do passado".

Obviamente, nem juramento nem legislação podem apagar memórias, principalmente aquelas relacionadas a atrocidades cometidas por vizinhos que levantaram falso testemunho por covardia ou pior. Mas a anistia provou-se surpreendentemente bem-sucedida ao estabilizar a cidade, remendando sua teia social — tão bem-sucedida, aliás, que um professor de direito em Harvard recentemente publicou um artigo que a apresentava como um caso de "design de modernas instituições transitórias de justiça".[10] O veredicto dela: "A experiência dos atenienses sugere que a atual preocupação em descobrir a verdade pode estar mal orientada." Os atenienses conseguiram chegar ao delicado equilíbrio entre o esquecimento e a lembrança. Nenhum dos crimes cometidos a mando dos Trinta poderia ser julgado. Ninguém poderia acusar nenhuma pessoa por ter sido simpati-

---

10. Adriaan Lanni, "Transitional Justice in Ancient Athens: a Case Study". *University of Pensylvania Journal of International Law* 32, nº 2. 2010: 551-594.

zante. Nesse sentido, houve o esquecimento proposital. Mas permitiram a lembrança, uma vez que possibilitaram, para fins de evidência de bom ou mau caráter em processos judiciais, a citação de comportamentos passados ocorridos sob o governo dos Trinta. (As cortes atenienses, na falta de advogados e juízes profissionais, eram mais descuidadas do que o sistema judicial ao qual hoje somos acostumados.) Nesse sentido, a cidade tanto se recusou a ficar atolada em infindáveis processos quanto também se assegurou de que não haveria total impunidade. "O caso ateniense sugere que, pelo menos em algumas situações, buscar uma verdadeira explicação sobre quem carrega a responsabilidade pelas atrocidades talvez não seja necessário ou até mesmo desejável, se o principal objetivo é assegurar uma duradoura e pacífica reconciliação."

E uma duradoura e pacífica reconciliação foi exatamente o que eles alcançaram. As tropas espartanas se retiraram e a estabilidade da democracia reconstituída persistiu, até Atenas, e outras *poleis*, cair diante da conquista pelo império de Filipe II da Macedônia. Apesar dos horrores, apesar da cumplicidade que se espalhou durante o reino do terror, a *polis* conseguiu se colocar em pé novamente, seus cidadãos participando juntos de suas instituições restabelecidas, exercitando moderação e uma sensata tolerância que novamente os colocou além do limite do ordinário.

Nada como isso jamais havia sido visto no mundo antigo, uma sangrenta guerra civil apaziguada com tanta sabedoria e prudência. Mais uma vez, ao consertar o que tivera sido tão errado, os atenienses revelaram-se melhores que os gregos, o que significava serem melhores que qualquer moral — e não perdiam tempo deixando de falar sobre isso entre eles.

> Isso também vale nossa lembrança de que, apesar de nossos antepassados terem realizado grandes feitos durante a guerra, nossa cidade não alcançou nenhuma glória através desses tratados de reconciliação. Porque enquanto é possível encontrar várias cidades que levantaram guerra gloriosamente, no trato com desacordos civis não há uma que poderia ter tomado medidas mais sábias que as nossas. Ademais, a maioria de todas as conquistas que foram alcançadas por meio de luta pode ser

PLATÃO NO GOOGLEPLEX

atribuída à sorte, mas, pela moderação que demonstramos uns com os
outros, ninguém poderia encontrar qualquer outra causa do que nossa
compreensão. Consequentemente, não é certo termos que comprovar ser
falsa a reputação gloriosa.[11]

Sim, outros, tais como Esparta, podem ter lutado nobre e heroicamente,
mas Atenas superou tal nobreza e heroísmo, ou assim disseram os atenienses
para si mesmos. Atenas havia feito algo, mais uma vez, que jamais havia sido
visto. A resposta de Atenas para a derrota e os horrores que se seguiram foi
uma demonstração de racionalidade, generosidade e grandeza da mente. Os
oradores da democracia restaurada — tanto em assembleia quanto diante do
júri — participaram todos na elaboração de uma história em que a anistia
não era tanto um compromisso diante de terríveis realidades quanto era uma
oportunidade de demonstração de uma nova forma de extraordinariedade.
Era motivo para comemoração, e os atenienses mais uma vez eram merecedores do *kleos*. "Todo o mundo achava nossa cidade excepcionalmente
sábia", o orador Ésquines escreveu. Ninguém era tão bom em provocar uma
derrota quanto os atenienses.

O excepcionalismo ateniense estava sendo fortemente criticado desde os
dias de glória de Péricles. Não só foram derrotados como foram ocupados
por espartanos, tiveram os muros de proteção derrubados e a maior parte
de sua marinha renunciou. Eles mesmos se afundaram, com as pressões da
guerra, em um nível de irracionalidade e depravação cruel cujo esquecimento
provavelmente desejaram que fosse legislado na *ekklêsia*, junto com a *me
mnesikakein* da anistia.

Eles haviam convertido uma aliança que corajosamente expulsou a
invasão persa da Europa em um cruel imperialismo sobre os antigos
aliados gregos, e escravizaram e exterminaram milhares de seus companheiros gregos. Foram cometidas atrocidades durante a guerra, que

---

11. Isócrates, "Against Callimachus", 31, disponível em: <http://www.perseus.tufts.edu/hopper/
text?doc=Perseus%3Atext%3A1999.01.0144%3Aspeech%3D18%3Asection%3D31>; <http://
www.perseus.tufts.edu/hopper/text?doc=Perseus%3Atext%A1999.01.0144%Aspeech%3D18
%3A section%3D32>.

SÓCRATES TEM QUE MORRER

foram além da *realpolitik* praticada com outras *poleis*. A crueldade foi fria e calculista, como aconteceu na destruição de Melos, a *polis* que resistiu e não integrou a Liga de Delos perdendo devastadoramente sua argumentação para Atenas.[12] Houve ainda pior, como o massacre de Mycalessus, comandado pelos trácios, contratados pelos atenienses como mercenários para a expedição da Sicília e então dispensaram porque não chegaram a tempo. A atrocidade em Mycalessus, a que Tucídides se refere, aconteceu enquanto os trácios eram escoltados de volta a Trácia pelo general ateniense Diitrephes, de maneira que os atenienses sentiram ter sido responsabilidade deles. Tucídides escreveu sobre o horror que foi o acontecimento em Mycalessus, uma pequena *polis* que não se posicionou em nenhum dos lados da guerra e, portanto, não se preocupou com a própria proteção, não esperando que pudessem notá-los. Tucídides — cuja postura dissimulada, nem a favor nem contra sua antiga *polis* Atenas, ainda é debatida — fala da lástima e do terror em Mycalessus, do massacre de jovens garotos que estavam iniciando os anos escolares, e foge de sua reafirmada imparcialidade para afirmar: "Isso é o que aconteceu a Mycalessus, algo que vale nossas lágrimas tanto quanto qualquer coisa que ocorreu nessa guerra, considerando o quanto era pequena a cidade."[13]

---

12. No capítulo 17 de *History of the Peloponnesian War* [História da Guerra do Peloponeso], Tucídides apresenta o diálogo — que pode ter sido reconstituído por lembrança pessoal ou relato de outros — entre os representantes atenienses e os magistrados de Melos. O massacre que aconteceu depois da troca entre os adversários é ainda mais assustador pelos diálogos que o antecederam. Os atenienses, com muita civilidade, lançaram mão de sua realpolitik, explicando que as verdadeiras negociações somente poderiam acontecer entre partidos de igual poder, caso contrário, o mais forte age conforme sua vontade. Em outras palavras, Trasímaco aplicado à política. Os melianos falaram então sobre justiça e o favorecimento dos deuses; a resposta dos atenienses foi: "Quando se fala em favorecimento dos deuses, nós, tanto quanto vocês, devemos ter esperança; não sendo nem nossas pretensões nem nossa conduta de qualquer maneira contrária ao que os homens acreditam sobre os deuses, ou praticam entre si. Em relação aos deuses, acreditamos, em relação aos homens, sabemos que baseados em uma necessária lei de sua natureza eles governam onde puderem. E somos os primeiros a fazer essa lei ou a agir conforme ela. Ela já existia antes de nós e deve existir para sempre depois de nós; tudo o que fazemos é utilizá-la, sabendo que você e todos os demais, tendo o mesmo poder que nós temos, fariam o mesmo que nós. Sendo assim, no que diz respeito aos deuses, não temos medo e não temos razão para temer que é possível que estejamos em desvantagem."

13. Tucídides. *History of the Peloponnesian War* [História da Guerra do Peloponeso], capítulo 17, vii, 30.

PLATÃO NO GOOGLEPLEX

Se a arrogância individual é perigo para o *Ethos* do Extraordinário, o excepcionalismo ateniense gerou arrogância política. E arrogância política, não menos que arrogância individual, por sua vez gerou tragédia. Os atenienses rejeitaram um tratado de paz oferecido por Esparta em 410, o que em retrospectiva teria sido vantajoso para eles. Agora, diante da derrota, eles estavam em dívida — passivamente, covardemente em dívida — com a vitoriosa Esparta por não terem feito a eles o que fizeram com outras *poleis* (saquearam cidades, massacraram os homens, violentaram e escravizaram mulheres). Ingloriamente, sobreviveram às custas do sofrimento de Esparta. E então houve o período dos Trinta, que é melhor esquecer.

Péricles conseguiu comparar os seus contemporâneos com os heróis de Homero, dizendo que eles superaram os heróis da epopeia homérica: "Não precisamos de um Homero para nos glorificar"; ele disse, imitando uma oração fúnebre (*epitaphios logos*), que os feitos dos atenienses no presente superaram os feitos dos heróis mitológicos. Agora, depois do que viram e do que fizeram, a comparação com o que foram antes, muito menos com seus lendários ancestrais, era tão humilde que chegava a ser vergonhosa. Mas com a anistia, bem diferente de tudo o que havia sido realizado antes com a ideia de vitimização que ela ajudou a criar, recuperaram uma redentora autoimagem de inovadores audaciosos, pragmáticos brilhantes perfeitamente adaptáveis a novas circunstâncias. Seus muros protetores podem ter sido levantados por seus conquistadores, mas ainda havia a proteção de uma ficção formalizada na frase *me mnesikakein*.

Somente ele — obstinado, provocador, sarcástico — não participou da sustentada ilusão de supremacia contínua. Era esse o objetivo de seus loucos questionamentos que pareciam jamais chegar a algum lugar, mas sempre retornavam ao ponto de partida: vocês atenienses vivem do mito de que estão levando uma vida que vale a pena ser contada e, portanto, que vale a pena ser vivida. Que grande mentira, ainda mais incrível que as histórias bizarras que os maníacos poetas contam sobre os deuses. Ser um ateniense não faz de você uma pessoa extraordinária, em nenhum dos sentidos da palavra. Nunca foi assim, nem mesmo nos dias de sua autoproclamada glória, sua arrogância coletiva alimentada por seus mais famosos estadistas — agora ainda menos. Não se precipitem em dar a si mesmos os louros da vitória.

E quem era ele para falar, para ser sarcástico? Quão bem ele fez para os jovens, ou melhor, quão bem seus jovens fizeram para a cidade? Os dois piores exemplares dos lados políticos opostos emergiram de sua esfera de influência: Alcibíades, o democrata fora da lei, e Crítias, o oligarca fora da lei. A priori podem parecer diferentes, mas o que os dois tinham em comum era uma individualidade raivosa que explodia em uma arrogância assustadora; em outras palavras, eram exatamente os perigos que a politização da *aretē* tinha intenção de evitar. Seu questionamento apenas serviu para acabar com a coibição do tipo de ambição que era sempre um perigo em uma sociedade que valorizava a *aretē* medida pelo *kleos*.

A frágil ficção da não cumplicidade deles, em que eles tentavam ressuscitar o senso de excepcionalismo, tinha grande quantidade de pragmatismo. Eles estavam se juntando para restabelecer uma unidade social rompida. Esse não era o momento para repensar princípios fundamentais.

E era exatamente isso o que ele pedia deles, esse homem insuportável, constantemente atacando com perguntas cujos objetivos era quase impossível discernir, rejeitando todas as respostas deles, que eram conhecidos ao redor do mundo (pelo menos é como eles gostavam de pensar) pela sabedoria divina de sua reconciliação, sua reputação ainda gloriosa.

"Perdoa-me, excelentíssimo camarada", ele respondeu ao garoto que riu dele por ele ter ficado tão entusiasmado com uma figueira à beira de um riacho e o som das águas. "Aprecio o aprendizado. O campo e as árvores não querem me ensinar nada, mas as pessoas da cidade, sim."

Então ele esperava que as pessoas o ensinassem o que ele queria saber? Ele fez um estardalhaço sobre sua expectativa de as pessoas a quem ele constantemente questionava oferecerem a ele conhecimento, mas era tudo uma farsa. Ele não era sincero no entusiasmo com o qual parabenizava as complacentes respostas iniciais, e não era sincero em relação à frustração que demonstrava quando as respostas eram invalidadas em um triste rompante de autocontradição. Ele estava convencido, mesmo antes de ouvir os detalhes das respostas, que as pessoas que ele interrogava não sabiam o que estavam falando, e as perguntas eram preparadas para convencê-las disso.

PLATÃO NO GOOGLEPLEX

Por que ele tinha tanta certeza de que as respostas que ouviria seriam inadequadas? Ele chegou a respostas que discordavam das de todas as outras pessoas? Mas ele negava firmemente ter as respostas. Ele negou até o fim, quando sua própria vida estava em jogo.

Ele não dava as respostas ao fim dos elênticos exercícios que sempre conduzia, depois de destruir as cada vez mais instáveis respostas de seus interlocutores. Não haveria melhor circunstância para revelar suas próprias descobertas acerca das questões que ele lhes impingia. Então era verdade que ele não tinha respostas? Se ele tinha as respostas, por que não se expressava e as compartilhava com seus companheiros cidadãos, e abria mão de sua superioridade, para o bem da *polis*? E se não as tivesse, então baseando-se em que poderia ele ter tanta certeza de que seus vizinhos não as tinham? Qual o motivo da insinceridade que mascarava a presunçosa certeza de que o mundo não se satisfaz com os companheiros atenienses?

Uma coisa foi tolerar sua insolência quando estavam em alta. Eles podiam tolerar um genuíno ateniense excêntrico como ele naqueles dias em que, como Péricles deixou bem claro, tinham um valor tão evidente que não precisavam da publicidade de Homero. Mas agora, apegando-se ao senso de excepcionalismo coletivo da melhor maneira que podiam, os incessantes desafios dele simplesmente passaram dos limites. Não dava mais para serem tolerados.

Não seriam tolerados.

E assim, na primeira oportunidade, tendo as forças espartanas sido retiradas e com o governo democrático estável de novo, foi feita uma acusação formal na *stoa* do arconte basileus por um Meletus, filho de Meletus.

Meletus foi um jovem e obscuro poeta. O acusado, que passava os dias vagando pelas ruas de Atenas a procura de conversas e acabava convidado para as melhores festas da cidade, jamais ouvira falar do homem que o acusava, nem de sua reputação, nem por contato pessoal. "Eu mesmo não o conheço, Eutífron. Ele aparentemente é jovem e desconhecido", ele disse enquanto esperava para estar com o arconte basileus, seguindo com sua típica ironia: "Não é insignificante para um jovem ter conhecimento sobre

SÓCRATES TEM QUE MORRER

tão importante assunto. Ele diz saber como nossos jovens são corrompidos e quem os corrompe. Ele provavelmente é sábio e quando vê minha ignorância corrompendo seus contemporâneos ele segue me acusando pela cidade como se pela mãe deles" (*Eutífron* 2c). Sempre sarcástico.

Outros dois, mais em evidência na *polis*, se posicionaram como os que falariam em apoio a Meletus ou *synegoroi*.

Havia um homem rico, Ânito. Ele tinha um curtume e um filho problemático que demonstrava entusiasmo por Baco e inclinação ao vício. O acusado havia advertido Ânito que seu descendente precisava de mais orientação do que um curtume herdado poderia oferecer (Xenofonte, *Apologia* 31.1-4), o que, sem dúvida, ofendeu o pai. Assim como vários dos cidadãos da *polis*, as relações políticas de Ânito eram muito complicadas. Ele havia apoiado o regime dos Trinta até que eles o consideraram pouco confiável ou muito rico e o baniram da cidade, confiscando sua propriedade. Ele se tornou general dos democratas exilados e, posteriormente, um líder na democracia restaurada.

Outro apoiador da acusação foi Lícon, um orador da *polis*. Lícon também tinha um filho, Autólico, que havia se associado com o acusado. Infelizmente Autólico foi executado pelos Trinta.[14] Lícon, assim como Ânito, tinha uma história de relações políticas complicada; ele havia sido acusado de ter traído a cidade de Lepanto a favor dos espartanos, durante a Guerra do Peloponeso.[15]

Mas foi Meletus quem fez a acusação formal que levou o famoso excêntrico de Atenas, então um homem de setenta anos, a julgamento:

---

14. Em *Simpósio* de Xenofonte, Autólico é um jovem garoto de uma beleza incrível, que se senta modestamente no chão perto de onde seu pai está reclinado em um sofá. "Ao notar a cena apresentada, a primeira ideia a surgir na mente de qualquer um deve certamente ter sido que a beleza tem, por natureza, algo de suntuoso em si, ainda mais se tiver a chance de se associar (assim como na pessoa de Autólico) à modéstia e ao autorrespeito."

15. Debra Nails. "The Trial and Death of Socrates" [O julgamento e a morte de Sócrates]. In: Sara Ahbel-Rappe e Rachana Kamtekar (Orgs.), *A Companion to Socrates* [Um companheiro para Sócrates]. Oxford: Blackwell, 2006.

PLATÃO NO GOOGLEPLEX

Esta acusação (*graphê*) foi trazida sob juramento por Meletus, filho de Meletus de Pithus, contra Sócrates, filho de Sofronisco de Alopecia. Sócrates é culpado por não acreditar nos deuses em que a cidade acredita e por introduzir outras divindades (*daimōnia*), e é culpado por corromper os jovens. A pena imposta é a morte.[16]

Contratempo

Meletus fez sua acusação formal contra Sócrates na primavera de 399. O arconte basileus, um oficial que tinha jurisdição para casos tanto de homicídio quanto de impiedade, determinou que o caso tinha mérito suficiente para ser tratado no tribunal. O julgamento aconteceu um ou dois meses depois, durante o mês de Thargêliõn (maio/junho). Foi realizado ao ar livre para acomodar a grande multidão de curiosos, além dos 501 jurados.[17] Grandes faixas foram esticadas para servirem de toldo de proteção contra o sol ardente. O julgamento durou grande parte do dia, os três acusadores juntos tiveram três horas para apresentarem o caso, e o acusado, três horas para defesa. O tempo foi medido por um relógio d'água. No dia anterior ao julgamento, os atenienses enviaram um navio, dedicado a Apolo, para a ilha de Delos. Isso foi um evento para comemorar a lendária vitória de Teseu contra o Minotauro, que os atenienses comemoravam como parte de sua história. A fim de preservar a pureza do ritual, a lei ateniense proibiu qualquer execução até que o navio retornasse (*Fédon* 58a-b). A duração da viagem variava conforme as condições, mas naquele ano demorou 31 dias para o navio retornar (Xenofonte, *Memoráveis* 4.8.2), o que resultou em mais trinta dias de vida para Sócrates depois do julgamento, até o mês de Scirophorion (junho/julho).

---

16. Essa acusação chega a nós através de Diógenes Laércio (século III d.C.), que, por sua vez, a recebeu de Favorino (século II d.C.), que disse ter encontrado nos arquivos públicos, o Metroön.

17. A quantidade de jurados chegou a 501 em algum momento perto da hora do julgamento de Sócrates. O número ímpar era para garantir que não haveria empate. O número alto era para desencorajar o suborno.

SÓCRATES TEM QUE MORRER

Dos 26 diálogos de Platão, os dramas internos de sete deles acontecem na primavera e no verão de 399: *Teeteto, Eutífron, O sofista, Político, Apologia, Critão* e *Fédon*. Não importa o argumento dos acadêmicos em relação à cronologia dos diálogos, parece seguro dizer que esses sete foram escritos durante a longa vida de Platão. A criatividade filosófica de Platão não só girava em torno da figura de Sócrates, mas repetidas vezes se voltava para a primavera e o verão de 399. Mesmo em *O sofista* e *Político*, diálogos mais tardios, em que a figura de Sócrates foi retirada do foco filosófico e levada às margens, o tempo do texto tinha como prioridade o drama da morte de Sócrates.

Outros diálogos, que acontecem antes daqueles meses em 399, fazem alusão à morte socrática. Por exemplo, um irritável Ânito faz uma entrada tardia em *Mênon*, trazido para a conversa que Sócrates está conduzindo com o visitante epônimo de Tessália sobre a possibilidade de a *aretē* ser ensinada. Acadêmicos concordam que a intenção é de que o personagem seja o mesmo Ânito que tem seu papel na queda de Sócrates. Quando Sócrates pergunta a Ânito quem são as pessoas que podem ensinar virtude ao rico visitante Mênon, Ânito responde com impaciência, bastante parecido com a Cheryl, assessora de imprensa no capítulo β, que qualquer cidadão ateniense decente que por acaso conhecer Mênon poderá ensiná-lo *aretē* (92e). Isso teve impacto, como a explosão ameaçadora de Ânito depois de ouvir Sócrates argumentar que *aretē* não pode ser ensinada devido ao fracasso de homens como Temístocles e Péricles na educação de filhos exemplares. "Penso, Sócrates, que você facilmente fala mal das pessoas. Se me escutasse, gostaria de adverti-lo, tenha cuidado" (94e). Sócrates afirma, "Penso, Mênon, que Ânito está irritado e eu não estou, nem um pouco, surpreso. Para começar, ele pensa que estou difamando aqueles homens, e então acredita que é um deles. Se algum dia se der conta de o que é difamar, ele não mais ficará irritado, mas hoje ele não sabe o que é" (95a). Sabendo o que o futuro de Sócrates guarda para ele, lemos essa passagem ouvindo seu tom ameaçador.[18]

---

18. E também certamente causa impacto que tendo falado da incapacidade de homens como Péricles de transmitir conhecimento de *aretē* até mesmo a seus filhos e, por consequência, para cidadãos de Atenas, Sócrates prossegue, no mesmo diálogo, demonstrando que, com os métodos corretos, pode-se obter conhecimento de matemática de um escravo.

PLATÃO NO GOOGLEPLEX

Grandes eventos históricos estavam acontecendo enquanto Platão escrevia. As *poleis* jônicas, que foram o *casus belli* das guerras persas do último século, novamente foram anexadas à Pérsia. Filipe da Macedônia estava fazendo sérias invasões na Grécia. Nada disso aparece na escrita de Platão. Em vez disso, o tempo fica completamente paralisado nos últimos 25 anos do século V. É a vida como ela era então, durante o apogeu de Sócrates, que Platão recria na maior parte de seus diálogos cujo cenário ou é antes de Platão ter nascido ou é quando Platão era uma criança.

O primeiro diálogo, de acordo com a cronologia dramática interna, é *Parmênides*, apesar de provavelmente ter sido escrito relativamente mais tarde na vida de Platão. A data interna é o verão de 450 e Sócrates é um jovem adulto. O último diálogo, de acordo com sua cronologia interna, é *Fédon*, que se estende a alguns momentos após a morte de Sócrates.

Mas principalmente aqueles sete diálogos, mergulhados na primavera e no verão de 399, que revelam como aconteceu o drama da morte socrática no projeto filosófico da vida de Platão. Platão apresenta Sócrates sempre mantendo certa distância da crise pessoal que está vivendo. Ele não deixaria um contratempo, como ser acusado de um crime capital, interferir em sua busca pelos temas filosóficos que o interessavam.[19] A compreensão do drama pessoal — ser acusado, condenado, preso e executado — como mero cenário para a discussão de questões atemporais, por si só, tem intenção de transmitir uma lição moral. Refletir sobre as condições que fazem uma vida valer a pena ser vivida é se retirar das circunstâncias dessa vida tanto quanto possível. É ver aquela vida no contexto da perspectiva que não assume contingências da vida que especificamente você está vivendo com excessiva seriedade. Filosofar é preparar para morrer. Ou, para levar a vida com a

---

19. Xenofonte também apresenta um Sócrates indiferente ao perigo mortal que estava encarando. "E agora vou falar mais sobre certas coisas que ouvi de Hermógenes, filho de Hiponicos, sobre ele. Segundo ele, mesmo depois de Meletus levantar a acusação, ele mesmo ouviu Sócrates conversar e discutir tudo exceto o iminente processo, e ousou sugerir que ele deveria estar pensando em sua linha de defesa. Em primeira instância, a resposta do mestre foi: 'Não te parece que venho praticando isso toda minha vida?' E diante da pergunta 'Como?' acrescentou a explicação de que ele passou seus dias sem fazer nada, salvo distinguindo o que é justo de o que é injusto, e fazendo o que é certo e se abstendo do que é errado, conduta sobre a qual ele acrescenta, 'asseguro ser a melhor prática possível para minha defesa'." (*Memoráveis* VIII, 8-9)

SÓCRATES TEM QUE MORRER

seriedade que a filosofia exige, você não pode levar a vida muito a sério. Isso é para dar um novo giro filosófico, mais vertiginosamente paradoxal, à ideia grega antiga de que o herói é, como Aquiles, preparado para encurtar a vida para que aquela vida seja algo extraordinário, tendo alcançado a *aretē*.

O primeiro diálogo que ocorre no contexto do drama da morte de Sócrates é *Teeteto*, um diálogo que é frequentemente agrupado (para quem os agrupa) no período de maturidade doutrinal vigorosa de Platão, mesmo terminando com os primeiros em aporia. Ele aborda a natureza do conhecimento e como este difere de crença, ainda que essa crença acabe sendo real. O *Teeteto* se passa no dia em que Sócrates deve atender à intimação do arconte basileus. Esse deve ser um momento de ansiedade para uma pessoa comum, mas não para Sócrates, pelo menos é o que Platão nos diz. No final das contas é um excelente dia para Sócrates, porque ele conhece um excelente garoto, Teeteto,[20] o premiado estudante do matemático Teodoro. Este conta para Sócrates que não tem vergonha de elogiar Teeteto porque ninguém suspeitará que ele está apaixonado pelo jovem, já que o garoto não é bonito, "mas, desculpe-me dizer, ele se parece com você na chatura e nos olhos proeminentes" (143e). Sócrates utilizou seu método maiêutico em Teeteto, e nenhum deles ficou satisfeito com os resultados. (O termo "maiêutica" deriva do grego *maieutikos*, que se refere ao trabalho da parteira. Maiêutica é um método pedagógico que tenta extrair uma conclusão da mente em que está latente. Como Leibniz ressalta sobre o método, consiste em extrair inferências válidas.)

A conclusão que Sócrates extrai de Teeteto — que conhecimento é crença verdadeira fortalecida por uma explicação sobre o porquê de ser verdadeira — não parece para eles ser adequada. (Futuros epistemólogos, percebendo em *Teeteto* de Platão o cerne da análise do conhecimento como "crença verdadeira justificada", apreciaram muito mais o que aquele diálogo alcançou

---

20. De fato ele era excelente. E está entre os matemáticos que Euclides cita em sua obra Os *elementos*. Outras fontes de Euclides foram Leon e Theudius, ambos matemáticos do século IV que passaram algum tempo na Academia; e Eudoxus, com quem Platão também teve significante contato. Veja em Burnyeat, "Plato on Why Mathematics is Good for the Soul" [Por que a matemática faz bem para a alma].

PLATÃO NO GOOGLEPLEX

do que seu próprio autor deve ter apreciado.) Mas, ao final, Sócrates estava
pronto para enxergar o jovem matemático bonito. Eis aqui as palavras que
fecham o diálogo, e elas, com o drama em que se enquadra o diálogo, que
relata que Teeteto, então um respeitado matemático, foi fatalmente ferido
em batalha e carregado de volta para sua cidade para morrer, proporciona
certo *pathos* ao trabalho epistemológico que foi feito em *Teeteto*:[21]

> E então, Teeteto, se em algum momento no futuro você tentar conceber,
> ou conseguir conceber outras teorias, como resultado desse questiona-
> mento, elas serão melhores. E se você permanecer improdutivo, seus
> companheiros o acharão mais gentil e menos cansativo; você será mo-
> desto e não pensará que sabe o que não sabe. Isso é tudo o que minha
> arte pode realizar, nada mais. Não sei qualquer das coisas de que outros
> homens sabem, os grandes e inspirados homens de hoje e de ontem. Mas
> essa arte de realizar partos, minha mãe e eu recebemos de Deus; ela para
> ajudar mulheres a darem à luz, eu para ajudar homens que são jovens e
> generosos de espírito a darem à luz; todos que tenham qualquer beleza.
> E agora devo comparecer ao tribunal para conhecer a acusação que Me-
> letus levantou contra mim, mas vamos nos encontrar aqui novamente,
> de manhã, Teeteto. (209b-210d)

O diálogo *Eutífron*, um dos primeiros de Platão, que aborda a relação
entre teísmo e moral — uma questão ainda hoje complexa para nós —,
acontece mais tarde naquele mesmo dia, quando houve a audiência preliminar, enquanto Sócrates está no pórtico da *stoa* real esperando sua vez
de se colocar diante do arconte basileus. Sem querer desperdiçar qualquer
oportunidade para um debate significativo, ele engaja numa conversa com
o sacerdote adivinho Eutífron, um personagem impagável, cuja vaidade
sacerdotal é impossível de ser abalada. Autodeclarado um expert em tudo
o que é sagrado, Eutífron foi à *stoa* real para acusar seu pai de homicídio

---

21. O drama em que se enquadra o diálogo se passa em 391 (Veja Nails, *The People of Plato* [O
povo de Platão], pp. 274-278), oito anos depois do drama interno. A batalha durante a qual Teeteto é fatalmente ferido teria sido lutada durante a Guerra do Corinto. Nails calcula que ele teria
24 anos; ressalta: "Teeteto não é, portanto, exceção à regra que diz que matemáticos realizam a
maior parte de seu trabalho durante a juventude" (p. 277).

SÓCRATES TEM QUE MORRER

por ele ter matado um serviçal que, por sua vez, em um rompante raivoso havia matado outro trabalhador. Sócrates fica impressionado ao ouvir que Eutífron tem tanta convicção de sua moral a ponto de acusar seu próprio pai. (Os códigos de lealdade familiar na Atenas antiga fazem com que a ação de Eutífron seja ainda mais questionável.) Eutífron responde com a reveladora convicção de que é correto. Sócrates imediatamente embarca na conversa, divertindo-se ao declarar que Eutífron, sozinho, poderia salvá-lo naquele momento próprio de necessidade, ensinando-o a natureza da piedade ou da santidade, de maneira que pudesse se apresentar a Meletus como um sujeito casto — apesar de que "Meletus — percebo como todos os demais — parece ignorar você". Com um interlocutor tão surdo para o sarcasmo quanto para a sutileza da filosofia, o Sócrates de Platão prossegue formulando uma linha de raciocínio que virá a ser fundamentalmente importante na história do secularismo, uma que será adaptada pelos livres-pensadores desde Spinoza a Bertrand Russell e aos novos ateus de hoje, argumentando com persuasão que a crença em deuses — ou em Deus — não pode fornecer fundamentos filosóficos para a moral.

Inocentemente, Platão inicia esse questionamento com Sócrates perguntando a Eutífron "O que é sagrado é sagrado porque os deuses aprovam ou eles aprovam porque é sagrado?" (10a). Platão utiliza essa pergunta para afastar o ser considerada divina de uma ação do valor moral que ela possa ter. O argumento é formulado em termos de "os deuses", mas é, sem prejuízo a sua força, suscetível à substituição de "os deuses" por "Deus". Em poucas palavras, o argumento de Platão é este: Se Deus aprova uma ação, ou ele aprova arbitrariamente, sem qualquer motivo, de maneira que apenas a aprovação dele é o que confere a ela valor moral, ou há um motivo para sua aprovação de forma que não é simplesmente uma extravagância arbitrária da parte de Deus, mas, sim, que a aprovação dele tem motivo, sendo a justificativa o valor moral independente daquilo que ele aprova. Se a primeira opção for o caso, então como essa extravagância arbitrária, ainda que seja divina, confere valor moral? Como pode algo ser bom apenas porque alguém *lá em cima* teve vontade de dizer que é bom, quando, se ele estivesse em outro momento, com outro humor, ele poderia com a mesma

PLATÃO NO GOOGLEPLEX

facilidade dizer que a ação contrária é boa? Mas se a segunda opção for o caso, então há um *motivo* para a atitude normativa divina, e essa razão é razão tanto para a aprovação de Deus quanto para o valor moral daquilo que ele aprova. Isso faz com que a aprovação de Deus, normativamente falando, seja redundante, é como se fosse apenas uma confirmação. Em nenhum dos casos — seja a aprovação arbitrária ou não — a aprovação sobrenatural faz qualquer diferença para uma ação ser correta ou incorreta.

O que ainda chamamos de "Dilema de Eutífron", também conhecido como "Argumento de Eutífron", permanece sendo um dos mais utilizados argumentos contra a afirmação de que moral somente pode se basear em teologia, que apenas a crença em Deus está entre nós e o abismo do niilismo.[22] Dostoiévski pode ter declarado que "sem Deus tudo é permitido", mas a réplica preemptiva de Platão que nos foi dada ao longo do milênio é que qualquer ação moralmente inadmissível com Deus é moralmente inadmissível sem Ele, deixando claro que a inserção de Deus ajuda pouco a esclarecer a situação ética.

O argumento que Platão faz Sócrates usar em *Eutífron* é um dos mais importantes na história da filosofia moral. Quando é associado a outra afirmativa de Platão, a saber, que a ação de uma pessoa é virtuosa somente se é capaz de oferecer razão para assim ser, o Dilema de Eutífron demonstra a necessidade de filosofia moral. Nós, humanos, devemos racionalizar nosso caminho em direção à moral ou não chegaremos lá. Acreditar em decretos, ainda que eles venham de cima, não nos fará chegar a uma compreensão sobre a virtude. Qualquer progresso em nossa compreensão moral — progresso que, com o tempo, nos deixaria bem distantes do abuso da escravidão, de massacres em cativeiro, da execução de filósofos, da Atenas misógina que

---

22. A palavra "niilismo" tem uma história interessante. Foi criada por Heinrich Jacobi, que a formulou no contexto de seu ataque ao Iluminismo, mais especificamente, seu ataque a todos os filósofos por tentarem justificar verdades morais somente através da razão, sem levar o teísmo em consideração. Jacobi colocou Spinoza, que na ocasião já estava morto há centenas de anos, à frente e no centro de seu ataque ao Iluminismo. É verdade que a obra-prima de Spinoza, *Ética*, foi uma das primeiras tentativas, depois de um longo período em que o pensamento cristão dominou a Europa, de retornar ao projeto de colocar a ética em um firme suporte secular. Veja em meu "Literary Spinoza" [Spinoza literário]. In: Michael della Rocca (Org.), *Oxford Handbook of Spinoza* [Manual Oxford sobre Spinoza]. Nova York: Oxford University Press, no prelo.

SÓCRATES TEM QUE MORRER

se posicionou como o próprio padrão da *aretē* — foi alcançado com base em um argumento de que Platão fez um homem falar enquanto esperava por seu julgamento por impiedade e corrupção de jovens.

Esse momento na vida de Sócrates, como Platão o apresentou, é importante o suficiente para nos afastarmos dele e refletir. É relevante para a questão que está constantemente pairando sobre este livro, enquanto ele traça as fontes da filosofia como as conhecemos, que é a questão do progresso da filosofia. Se avaliarmos o que filósofos da Grécia antiga fizeram somente em termos de Tales e Cia., obviamente concluiremos algo como: "A filosofia era um campo que tinha conteúdo, mas aí 'filosofia natural' tornou-se física, e a física continuou apenas a construir caminhos internos a si própria." Mas isso se o foco estiver apenas em um tipo de questão que filósofos gregos levantaram sobre a razão autocrítica, as questões protocientíficas que esperaram pela ciência madura. Ignora tais questões como as que Platão fez Sócrates levantar com Eutífron, no pórtico do arconte basileus. Ignora o argumento de Platão de que, como a autoridade religiosa não pode responder a essas questões, é bom que trabalhemos para formular as razões que fazem as ações corretas serem corretas e as ações erradas serem erradas. Ignora o trabalho que desde então tem sido feito não apenas nas questões normativas, mas nas questões normativas da epistemologia, o trabalho necessário para se falar sobre racionalidade. Ignora as conclusões que os zombeteiros da filosofia livremente utilizam, sobretudo, quando falam em nome da racionalidade.

Quando os zombeteiros da filosofia são científicos, a zombaria que fazem frequentemente parte da religião e da filosofia. Em geral, não diferenciam filosofia de teologia. Qualquer coisa que não seja ciência é filosofia/teologia. Lawrence Krauss, que menciono repetidas vezes só porque ele convenientemente articulou um ponto de vista de que muitos cientistas compartilham, mistura filósofos com teólogos. Esses zombeteiros deveriam parar e refletir sobre esse momento em Eutífron. Platão argumenta que as questões éticas somente podem ser respondidas por meio da razão humana, sem interferência da religião, e essa é uma conclusão que separa radicalmente a filosofia da teologia. É irônico quando livres-pensadores, como Krauss, misturam filosofia e teologia. O Iluminismo aconteceu quando filósofos, como Baruch

PLATÃO NO GOOGLEPLEX

Spinoza, retomaram o trabalho o de fundamentar a ética em razões puramente seculares, um projeto que foi interrompido por séculos de ideologia teológica. Spinoza deixou claro qual era seu objetivo ao intitular sua obra-prima *Ética*. Isso retomava o trabalho que havia sido iniciado pelo Sócrates de Platão, lá no pórtico do arconte basileus.

Platão certamente não concluiu o trabalho necessário para responder às questões que ele levantou. Ele está apenas argumentando, pelo menos aqui, em *Eutífron*, que é um trabalho para a razão humana, não para deuses. Aristóteles, que avançou imensamente na filosofia moral, também não concluiu o trabalho. Eles não chegaram a uma resposta mais definitiva para suas questões do que conseguiram chegar Tales e Cia. quando levantaram questões sobre física e cosmologia. O progresso em um desses campos é tão difícil quanto no outro, ainda que por diferentes razões. O progresso em filosofia é difícil pelo mesmo motivo que seu progresso, uma vez atingido, se torna invisível. O que precisa mudar para que seja alcançado o progresso são as convicções constitutivas de pontos de vista. É difícil descobrir essas convicções — porque são assimiladas em nossos pontos de vista — e, uma vez que as mudanças tenham sido assimiladas, é difícil ver que alguma coisa mudou. Como o progresso na filosofia é tão difícil quanto o progresso na ciência, não é razoável esperar que um homem — ou uma geração, ou um milênio — faça tudo o que é necessário ser feito.

E, obviamente, apesar do Dilema de Eutífron, autoridades religiosas conseguiram monopolizar a discussão sobre moral por milênios, interrompendo temporariamente o tipo de trabalho que Platão argumentou ser necessário para que começássemos a adquirir o conhecimento de que precisamos. Isso não quer dizer que Platão não respeitasse a religião, mais especificamente o poder que ela tem de manter as massas não filosóficas na linha. Basta que se leia o arrepiante Livro X de *As leis*, em que ele chega bem perto de tornar o livre pensamento um ato ilegal, para saber o quanto ele julgou ser essencial para a estabilidade social a religião. Não se pode esperar das massas não filosóficas que compreendam a sutil razão exigida, e para elas somente pode haver a religião — assim ele concluiu em seus últimos anos de vida.

SÓCRATES TEM QUE MORRER

Apesar de Platão acreditar que ações morais baseadas em conhecimentos podem ser alcançadas, ele não era otimista em relação à quantidade de pessoas que conseguiriam alcançá-las. Isso já era de se esperar, já que, em última análise, a noção dele de excelência moral — da *aretē* que vale a pena ser alcançada — exige que a excelência do Cosmo seja assimilada pela pessoa e se torne parte de sua própria moral e constituição intelectual. Para viver uma vida que valha a pena ser vivida, uma pessoa deve ser capaz de captar e internalizar a bondade que faz valer a pena a existência do Cosmo. Deve-se integrar a bela proporcionalidade do caráter do universo físico em sua própria moral, e então, somente então, poderá se ver em relação a tudo o mais — e a todos os outros — na perspectiva correta, com as distorções da caverna corrigidas. Esse processo não é desapaixonado. Platão sempre ressaltou quanto o amor está envolvido nesse processo. Mas é amor de um tipo impessoal, não o amor por pessoas, que reforma a existência moral de alguém. Platão teria aprovado este parágrafo da *Ética* de Spinoza:

> Portanto, sem inteligência, não há vida racional: e as coisas apenas são boas até o ponto em que ajudam o homem a aproveitar a vida intelectual, o que é definido por inteligência. Ao contrário, tudo o que impede a perfeição da razão do homem e a capacidade para aproveitar a vida racional é por si só chamada de mal. (Apêndice, parte IV, v)

Para esses filósofos, a moralidade necessariamente perpassa o mais importante dos terrenos intelectuais, e esse é um caminho que — não acho que estejam muito felizes em relação a isso — poucos conseguem seguir. Acho que Platão — e Spinoza — desejariam que fosse diferente, mas é assim. A realidade não se adapta aos nossos desejos. Mas dada sua visão de como a perspectiva moral deve ser alcançada, já era de se esperar que Platão não tivesse esperança de que o progresso universal acontecesse quando ela fosse alcançada.

Platão é o marco inicial do processo de autocrítica das nossas conclusões acerca de nossas convicções morais. Ele superestimou o papel unilateral da razão moral, subestimou o papel das emoções morais — nosso senso de justiça, nossa capacidade de empatia. Ele não poderia saber como ar-

353

PLATÃO NO GOOGLEPLEX

gumentos morais e emoções morais, com movimentos sociais e agitações políticas, poderiam se unir de tal maneira complicada que, lentamente e aos trancos e barrancos nos trouxe ao que somos hoje, ao que dificilmente é o fim do processo. Lá, onde ele estava, no começo, ele não poderia prever o que aconteceria na vida moral de sucessivas gerações, nem o que ainda está acontecendo...

Então, assim Platão apresenta Sócrates se divertindo antes de se encontrar com seu acusador. Platão escreve dois de seus últimos diálogos, *O sofista* e *O político*, acontecendo no dia seguinte àquele. Sócrates havia se separado de Teodoro e Teeteto no dia anterior, como narrado em *Teeteto*, com a promessa de que eles se encontrariam no dia seguinte para continuar a explorar a natureza do conhecimento (210d).

O sofista começa com Teodoro, Teeteto e Sócrates chegando para o encontro (216a). É a manhã depois do que teria sido para qualquer outra pessoa uma apresentação desanimada diante do arconte basileus, que julgou ter mérito suficiente o caso de Meletus para ir a julgamento. Mas nenhuma menção é feita sobre o evento. Nós, os leitores, é que temos essa informação, sabendo a ordem dos dramas internos em *Teeteto* e *Eutífron* e *O sofista*.

Por mais incansável debatedor que Sócrates fosse, ele deve ter sentido o peso da idade depois do que deve ter sido uma demonstração desanimadora de moralização hipócrita da parte de Meletus (que aparece em *Apologia* como esse tipo de moralizador), além da moralização teologicamente confusa de Eutífron. Isso é uma quantidade um tanto quanto exagerada de moralizações ruins para Sócrates ingerir, e provavelmente isso o deixou com indigestão filosófica. Ou talvez tenha alguma outra explicação para a coisa estranha que Platão segue fazendo em *O sofista*, e ainda repete em *O político*: fazer seu Sócrates se retirar de um debate filosófico para favorecer um jovem, o gênio matemático Teeteto, que o impressionou tanto no dia anterior, conforme a cronologia interna dos diálogos. E ainda há mais uma pessoa que também é jogada no meio da ação filosófica. Teodoro levou consigo um convidado, a quem se referem como o Estrangeiro, nativo de Eleia e seguidor de Parmênides, o grande metafísico que Platão, em *Parmênides*,

354

coloca em discussão com um Sócrates muito mais jovem, que ele superou filosoficamente. Mas aqui Platão foi ainda mais longe relegando Sócrates às margens filosóficas: "E então você pode escolher qualquer companhia que quer", Sócrates disse ao estrangeiro. "Todos eles o seguirão e responderão docilmente a você. Mas se aceitar meu conselho, escolherá um dos homens mais jovens — Teeteto aqui ou qualquer outro de sua preferência." E então o estrangeiro e Teeteto juntos se encarregam dos conceitos de ser e não ser, o uno e o múltiplo, finalmente chegando à questão de como podemos falar daquilo que não é de maneira inteligível. A intuição de Platão lhe diz que trata-se de um problema técnico. E ele estava certo. Gottlob Frege foi citado lá atrás, no capítulo α, como um lógico com forte tendência platonista. Seu desenvolvimento na lógica matemática, acirrou significantemente a questão — e as discordâncias — que ainda pairam sobre a estrutura lógica das proposições contendo termos não referenciais, tais como "o atual Czar da Rússia," "o maior número primo" ou "os atuais membros liberais do Partido Republicano".

Foram dias atribulados para o Sócrates de Platão, incluindo encontrar com um maravilhoso matemático e formular com ele as questões básicas de epistemologia, tentando fazer um sacerdote adivinho enxergar como a teoria moral não pode ser baseada na arbitrariedade das escolhas divinas recebidas; um confronto preliminar com aqueles o acusando de impiedade e corrupção de jovens; e uma longa sessão de metafísica pesada e filosofia da linguagem. Mas Platão ainda não estava preparado para fazer seu Sócrates sentar e relaxar. Ainda havia O político.

Ao encontro de Sócrates, Teodoro, Teeteto e o estrangeiro de Eleia, em O sofista, Platão adiciona mais um para a tarefa de definir dialeticamente o político. Este é um jovem sem graça que tem o surpreendente nome de Sócrates e é chamado de Jovem Sócrates ao longo do diálogo. (Ele esteve presente, se bem que calado, durante as discussões em Teeteto e O sofista.)

O problema metodológico que diz respeito a ambos O sofista e O político é o problema da identificação do limite que separa conceitos. Então, apesar de O político estar, no fim das contas, preocupado com o tipo de pessoa que faz um melhor governante, e o tipo de conhecimento

PLATÃO NO GOOGLEPLEX

que essa pessoa deve ter, é também conscientemente dedicado a metodologia. Supervisionados pelo estrangeiro, os dois jovens, Teeteto e o Jovem Sócrates, seguem com o debate dialético, tendo Sócrates os apontado substituições dignas, com base no estranho argumento de que Teeteto se parece fisicamente com ele e o Jovem Sócrates tem seu nome (257d). O tempo do diálogo permite que o drama da morte de Sócrates esteja no enquadramento, mesmo quando Sócrates como personagem se retira sem cerimônia e as mais banais semelhanças com sua pessoa — sua feiura e seu nome — são utilizadas como justificativa para que outros tomem seu lugar. Será que Platão, que está experimentando diferentes técnicas filosóficas, está sugerindo que algumas pessoas são adequadas para determinados tipos de questões e outras para outras questões, mas nenhuma é indispensável? Essa é uma interpretação da marginalização de Sócrates que algumas pessoas já sugeriram. Ou será outro tipo de indispensabilidade que Platão está negando? Nenhuma pessoa é indispensável para a filosofia. O processo foi iniciado e ele vai ultrapassar e se desenvolver em qualquer filósofo, independentemente do quão extraordinário é. Processo acima de pessoas. O amor à filosofia jamais deveria ser resumido em amor por um filósofo em particular, porque nesse caso ele vai deteriorar, transformando-se em hermenêutica do dogma, tornando-se uma outra maneira, ainda que intricada, de nossos pensamentos se fazerem irrefletidos e nós voltarmos para o interior da caverna, acorrentados com nossos colegas instruídos, olhando fixamente para projeções de PowerPoint em vez das sombras das marionetes da caverna de Platão. Um avanço tecnológico, mas ainda estaremos no escuro. Ainda é um perigo o fato de que, entre filósofos profissionais, alguns que dedicam a vida a destrinchar os sistemas de alguma figura densa escolhida — um Kant, um Wittgenstein, um Heidegger — não conseguirem suportar sugestões de que o escolhido não chegou, sozinho, à conclusão da filosofia. Provavelmente, Platão está aqui nos advertindo contra essa tendência, ao aposentar o pensador que tanto se identificou com o diálogo platônico a ponto de ficar impossível desassociar o Sócrates de Platão do homem histórico. Dessa vez é Platão, não os atenienses, que está decretando: Sócrates tem que morrer.

SÓCRATES TEM QUE MORRER

Os três últimos diálogos dos sete amontoados no verão de 399 são *Apologia*, que nos oferece a defesa de Sócrates em seu julgamento; *Critão*, que nos mostra Sócrates na prisão, um ou dois dias antes do fim, recebendo no meio da noite a visita de um amigo de infância, o perturbado e insone Critão, que armou a fuga de Sócrates e só precisa convencê-lo a desprezar as leis da cidade e salvar sua pele, ao que Sócrates declina, com base, obviamente, em argumentos filosóficos; e *Fédon*, que nos oferece uma conversa que durou todo o último dia de vida de Sócrates, bem como um relato de sua morte.

Fédon apresenta Sócrates em uma conversa com seus amigos, a maioria jovem, apesar de que o fiel e magoado Critão está presente, assim como Apolodoro, outro personagem interessante. Apolodoro foi um homem de negócios bem-sucedido, mas largou tudo para seguir Sócrates nos últimos anos de vida do filósofo. Xenofonte o descreve como um daqueles que jamais saiu de perto de Sócrates e ele parece ter tido uma reputação de excêntrico. Ele é o narrador de *O banquete*, oferecendo seu relato sobre a festa que acontecera havia muito tempo — ele comenta que na ocasião do evento ele era apenas um garoto — para um amigo cujo nome não é revelado e que em algum momento menciona o apelido de Apolodoro: "Maníaco". Apolodoro é, obviamente, um cara sensível, como demonstra em *Fédon,* incapaz de parar de chorar durante todo o diálogo (117d).

Enquanto os seguidores chegam à cela de Sócrates antes mesmo da aurora, sua chorosa esposa, o filho deles no colo, é mandada embora do ambiente. "Sócrates olhou para Critão. Critão, ele disse, alguém precisa levá-la para casa" (60a). Na posição de esposa de um homem prestes a morrer, de acordo com os costumes, era apropriado que ela encabeçasse as manifestações de luto, mas Sócrates não iria abandonar naquele momento sua *atopia*, sua estranheza, significando que o que era apropriado para algumas pessoas não seria para ele. (Mas será que Sócrates realmente mandou Xântipa e seu filho embora tão numa boa, ou seria essa a noção de Platão de como um filósofo encara o sentimentalismo convencional da vida familiar?) Só era certo que Sócrates não deveria ser privado de seu prazer antes de tomar seu copo de cicuta — sendo esse prazer, claro, o debate filosófico que Xântipa,

PLATÃO NO GOOGLEPLEX

como sábia esposa que era, já havia previsto, exclamando enquanto a trupe de amigos entrava que aquela era a última oportunidade que eles teriam de debater filosofia.

Nessa ocasião, o tema filosófico foi a pertinente questão da imortalidade da alma. Existe algum fundamento para acreditarmos que uma pessoa pode sobreviver à morte? "Suponho que para alguém que está prestes a deixar esse mundo não haja ocupação melhor que questionar nossa visão sobre a vida futura e tentar imaginar como é. O que mais pode alguém fazer no momento antes do pôr do sol?" Platão faz seu Sócrates perguntar com um ar ambíguo de poeta.

Apologia e *Critão* são ambos organizados cronologicamente como pertencentes ao início da carreira de escritor de Platão por aqueles que aceitam essa organização. Aliás, *Apologia* é frequentemente considerado o primeiro diálogo de Platão e, alguns argumentam, o mais fiel à história. Várias pessoas foram ao julgamento de Sócrates naquele dia, em 399, e elas saberiam o que ele disse em sua ineficiente defesa, então talvez Platão não tenha ficado tão distante dos relatos históricos.[23]

Por outro lado, *Fédon* foi escrito mais tarde, e as opiniões e argumentos que Platão faz Sócrates oferecer sobre o tema da imortalidade da alma dependem não somente do comportamento talvez mais semelhante ao temperamento de Platão do que de Sócrates — por exemplo, uma clara antipatia pelo corpóreo —, mas também das ideias metafísicas e epistemológicas que Platão provavelmente explorou por conta própria, tais como a Teoria das Formas. Então, por exemplo, há um argumento que recorre à Teoria das Formas e à teoria do conhecimento como lembrança (*anamnese*) dessas formas: uma vez que nenhuma de nossas experiências corpóreas nesse mundo poderia nos oferecer o conhecimento absoluto que nossa sabedoria das Formas nos proporciona; uma vez que julgamos que em tudo o que viven-

---

23. Apesar de que talvez ele tenha ficado. O relato de Xenofonte sobre o julgamento de Sócrates difere do de Platão em vários aspectos importantes, e aparentemente havia mais relatos sobre o julgamento de Sócrates circulando. Já que parte do fundamento para a literatura socrática apologética era a preocupação por se obter uma visão de longo prazo em vez de um registro jornalístico do que havia acontecido, a precisão histórica em *Apologia* de Platão é assunto para um contínuo debate.

SÓCRATES TEM QUE MORRER

ciamos nessa vida falta a perfeição que, no entanto, precisamos conhecer, pelo menos para julgar que em todas as coisas desse mundo falta perfeição; consequentemente, devemos ter nos familiarizado com esses modelos, dos quais as coisas particulares são "apenas cópias imperfeitas" (75b), em uma existência prévia a esta vida corpórea (75c). Portanto, se houve existência pessoal *antes* de termos nascido em uma vida encarnada, estabelecendo a possibilidade metafísica de uma existência desencarnada, porque não haver uma existência pessoal *depois* de nossa partida dessa vida corpórea? Ainda há controvérsias quanto à dedicação de Platão à teoria da imortalidade, apesar de ter se tornado a pedra fundamental para o platonismo cristão. Esse é o diálogo em que ele rigorosamente explora razões para aceitar a proposição, e ele não encerra o diálogo com um endosso conclusivo disso. Mas ainda há controvérsia sobre Platão ter assegurado qualquer proposição substantiva ou ainda se garante o endosso dessas proposições.[24]

Também relevante para separarmos o Sócrates histórico do Sócrates em *Fédon* de Platão é a forte vertente pitagórica pela qual percorre o diálogo. O culto que rodeava o profeta Pitágoras (que morreu em 495 a.C.) combinava matemática e misticismo sobrenatural, incluindo a crença na transmigração da alma. Depois da execução de Sócrates, Platão ficou fora de Atenas por aproximadamente dez anos — talvez por aversão à cidade ou por sentimento de perigo — e passou algum tempo em comunidades pitagóricas do sul da Itália. O pitagorismo olhava para a vida terrena como uma oportunidade de purificar a alma de maneira que pudesse se libertar da incessante roda do

---

24. É interessante que Ruby Blondell, que argumenta com grande ênfase e persuasão ser um "erro metodológico básico" assumir ou até mesmo inferir "a equivalência entre qualquer um dos personagens de Platão com a voz do autor", e que nós, portanto, devemos ser extremamente cautelosos ao atribuir qualquer doutrina a Platão, afirma ser difícil não acreditar que Platão mesmo acreditava na imortalidade da alma "de uma forma ou de outra" (Blondell, *Play of Character in Plato's Dialogues*, p. 18). Confesso que não acho difícil questionar se Platão acreditava na imortalidade da alma. A noção de nossa identidade pessoal inerente em "alguma coisa" que poderia sobreviver à morte do corpo era uma doutrina pitagórica, e Platão dá atenção a ela em *Fédon*, assim como a utiliza como elemento em vários de seus "mitos". Mas há uma contrastante visão de identidade pessoal — e as possibilidades (ou não) de imortalidade pessoal — a ser lida em Platão, tal que o coloca muito mais próximo de seu *ethos* grego do que do cristianismo por vir, a saber, que é nosso alcance do extraordinário — para Platão, adquirido por meio da razão — nessa incurável vida mortal o que permite que qualquer participação que haja na imortalidade seja possível. Essa ideia será tratada no restante do capítulo.

PLATÃO NO GOOGLEPLEX

nascimento e renascimento, através da matemática — que ainda hoje, para muitos, oferece indicações de eternidade —, o ponto de escape. O pitagorismo ao qual Platão foi exposto durante os anos após a morte de Sócrates o separou ainda mais de Sócrates. A intuição pitagórica de que a fórmula para tornar a realidade inteligível contém proporções matemáticas o influenciou profundamente, levando-o a formar o conceito da Trança Sublime e os meios de se dar bem na procura de Sócrates pelo tipo de conhecimento que também é virtude.

Há referências ao pitagorismo ao longo de *Fédon*. Dois dos mais ativos participantes, os amantes Símias e Cebes, têm laços com a comunidade pitagorista. E a inclinação ao pitagorismo é anunciada na história a seguir:

> Semanas ou meses depois da execução de Sócrates,. Fédon, um dos seus jovens, estava contando a história da morte de Sócrates para Equécrates de Phlius, que era pitagorista. Phlius, que ficava entre Atenas e Élis, foi um dos refúgios para onde místicos matemáticos pitagóricos fugiram depois da destruição de seu estabelecimento original em Croton, onde foram politicamente ativos. Foi o ativismo político deles que trouxe problemas, matando o nonagenário Pitágoras e vários de seus seguidores.

A história que está por trás do personagem epônimo em *Fédon* não nos é contada. De acordo com Diógenes, que a obteve de Jerônimo de Cárdia, Fédon havia sido um aristocrata em Élis, levado a Atenas como um cativo e vendido, em uma das mais degradantes formas de escravidão, a de um catamito. De acordo com a mesma fonte, foi Sócrates quem apelou a Críton, um homem rico, para que comprasse a liberdade do garoto. Escritores cristãos, confiando em Diógenes, extraíram lições de moral com base na mudança de Fédon, mas, nem é preciso dizer, há debate sobre se a fofoca de Diógenes sobre Fédon é confiável.[25] Durante o diálogo, Sócrates

---

25. Em *Phaedo, Socrates, and the Chronology of the Spartan War with Elis*, E. I. McQueen e Christopher J. Rowe determinam que a história é, pelo menos — como foi argumentado —, possível, uma vez que houve a guerra Esparta-Élis, na qual Atenas se envolveu. A derrota de Élis poderia então ter sido a ocasião em que Fédon foi capturado e vendido a um bordel ateniense. Diógenes também relata que Fédon fundou uma escola socrática de filosofia em sua cidade natal, Élis. Ele cita oito títulos escritos por Fédon, apesar de nenhum deles existir.

SÓCRATES TEM QUE MORRER

distraidamente passa a mão nos cabelos de Fédon (89b), provavelmente longos, no estilo espartano.

Fédon oferece a Equécrates, o pitagórico, um relato completo das últimas horas de Sócrates. Começa com Fédon, acompanhado de alguns seguidores, entrando na cela para ver Sócrates, que acaba de ser desacorrentado (59e), preparando o terreno para uma imagem metafórica da morte como o que liberta a alma dos "grilhões do corpo" (67d), um conceito bastante pitagórico. A extrema degradação do corpo, sua descrição como "uma contaminação" (66b), motivo para que a purificação da alma seja necessária, é um aspecto do pitagorismo que Platão apresenta no *Fédon*, que está repleto de uma protoaversão cristã ao corpo. O melhor que a vida pode oferecer resulta na separação do corpo. Isso é o que a filosofia, fortalecendo nossas afinidades com o abstrato e o impessoal, é (64a). Enquanto em outros diálogos o abstrato pode ser interpretado como intrínseco à estrutura desse mundo, uma imanência em vez de transcendência —, isso é certamente verdadeiro em relação ao *Timeu,* e pode ser lido em outros diálogos, incluindo *A república* — *Fédon* parece levar o abstrato a outro lugar, além do espaço e do tempo, para onde o melhor de nós mesmos, tendo afinidade com o abstrato, possivelmente deve se retirar depois que a separação final do corpo ocorrer. Essa é uma noção de imortalidade que foi absorvida pela visão cristã de paraíso.

Fédon, aquele que havia sido escravo e catamito, é um narrador apropriado para um diálogo que concebe a morte tanto como manumissão quanto como purificação. Ele faz papel de Maria Madalena para um Jesus socrático. Platão marca um ponto de vista ao fazer Fédon mencionar que Platão não estava presente durante a última conversa (59b), o que eu sempre li como movimento de distanciamento deste da posição que está sendo explorada, junto com os argumentos para tentar afirmar a imortalidade.[26] Em outras palavras, não acho que Platão tenha se dedicado à imortalidade da alma em algum tipo de grandioso paraíso que está pronto para nos receber. Foi

---

26. Platão utilizou a visão de uma alma capaz de sobreviver à morte de seu corpo em vários de seus mitos, incluindo os mitos no final de *A república* e no *Górgias*.

PLATÃO NO GOOGLEPLEX

uma outra proposição que Platão colocou na mesa para explorar, e, como de costume, preparou o cenário com cuidado. Sócrates, com sua alegria e objetividade intactas,[27] estava diante de uma experiência única na vida, e disposto para se dedicar à proposição pitagórica de sobrevivência após a morte, embora de qualquer maneira — havendo sobrevivência ou não — ele estaria de bem com seu fim. Mas os platônicos cristãos, a começar do século IV d.C., agarraram-se a *Fédon* como a obra que oferece um ponto de vista genuíno de Platão, e através deles, a doutrina da imortalidade da alma teve uma sobrevida longa.

Em outros diálogos, mais especificamente em *Timeu*, um tipo de imortalidade mais atenuada é proposta. No sentido de que incorporamos, conhecimento e amor, Verdade-Beleza-Bondade, nisso atingindo um tipo de imortalidade. Essa é uma imortalidade tão impessoal quanto o verdadeiro conhecimento. Aliás, é nada mais nada menos que sabedoria, aquele estado que funde o conhecimento de, com o amor por, *ser*. É uma forma impessoal de imortalidade no sentido de que não oferece a promessa de que algo exclusivamente pessoal — o eu de alguém, aquilo que traz em si as atitudes e as memórias — sobreviverá à morte do corpo. No *Timeu* não se recorre a nenhuma alma desencarnada como no *Fédon*.[28] Ao contrário, o tipo de imortalidade que podemos alcançar não nega nossa mortalidade. Somos imortais somente no sentido de que nos perdemos no conhecimento da realidade, permitindo que sua sublimidade nos domine. Somos imortais somente no sentido de que permitimos que nosso eu seja racionalizado pela racionalidade ontológica sublime, organizando nossos próprios processos de pensamento, desejo e ação em conformidade com as proporções perfeitas do Cosmo. Estamos, então, *enquanto vivemos esta*

---

27. Um querido amigo meu — o matemático Bob Osserman — morreu recentemente. Quando sua família e amigos se juntaram a seu redor, ele disse: "Bem, essa é a coisa mais engraçada que jamais fiz!" Bob morreu no mesmo espírito que o Sócrates de Platão, com o mesmo tipo de impassibilidade alegre.

28. Coerente com sua visão de uma "imortalidade atenuada", o *Timeu* sugere uma visão não dualista da alma humana. Não só nosso pensamento está relacionado ao "tutano" dentro da cabeça, como até mesmo nossas características morais podem estar localizadas lá. (*Timeu* 86c-d. Veja no capítulo ι, a seguir.)

362

SÓCRATES TEM QUE MORRER

vida, vivendo *sub specie aeternitatus*, como Spinoza descreveu, expandindo nossa finitude para abarcar o máximo de infinitude que pudermos. Ou, como Platão diz no *Timeu*:

> Então, se um homem se tornou absorto em seus apetites ou em suas ambições e sofre para levá-los em frente, todos os seus pensamentos ficam sujeitos a se tornarem meramente mortais. E até onde pode ser de algum modo possível para um homem se tornar totalmente mortal, ele não pode evitar ser completamente bem-sucedido nisso, uma vez que cultivou sua mortalidade todo o tempo. Por outro lado, se um homem se dedicou seriamente ao amor pelo conhecimento e à verdadeira sabedoria, se ele exercitou esses aspectos de si mesmo acima de tudo, nesse caso não há possibilidade alguma de seus pensamentos falharem em serem imortais, de jeito nenhum ele falhará nisto: constantemente se preocupar com sua porção divina como se preocupa, mantendo bem organizado o espírito orientador que vive nele, ele deve mesmo ser extremamente feliz. E há apenas uma maneira de se preocupar com qualquer coisa, que é proporcionar a essa coisa nutrição e impulso que lhes são apropriados. E os impulsos que têm afinidade com o divino que há em nós são os pensamentos e as revoluções do universo. (90a-b)

Essa noção de uma imortalidade alcançada dentro de nossa (incurável) vida mortal é bastante diferente da possibilidade explorada no *Fédon*. É menos cristã e mais grega. Assim como no *Ethos* do Extraordinário pré-filosófico, é o que fazemos de nossa vida no curto prazo que nos é dado que, sozinho, pode expandir a vida — não expresso em tempo infinito, mas ainda assim em algo extraordinário e "divino", e essa é a única imortalidade que nós mortais podemos conhecer. Só que não é no reconhecimento geral do *kleos* que atingiremos essa forma de imortalidade. É tendo uma vida, enquanto ainda a vivemos, repleta de infinitude, nossa finitude "infinitizada" pela vastidão da beleza fora de nós mesmos, permitindo que nosso amor por ela supere e obscureça até mesmo nosso amor por nós mesmos. Egos exagerados — mesmo quando conectados a intelectos exagerados — não estão em conformidade com a vida que vale a pena ser vivida, como Platão a imaginava.

No *Timeu* Platão afirmou que poucas pessoas conseguem alcançar esse tipo de vida. E dessa maneira, considerando que a melhor vida é concebida nesses termos, a maioria é excluída. "E da crença verdadeira deve-se dizer que todos os homens compartilham, mas de conhecimento, somente os deuses e um pequeno grupo de pessoas." Conhecimento consiste em enxergar "a melhor razão", que é, para ele, essencialmente matemática. Utilizando a matemática de seu tempo, ele faz uma tentativa no *Timeu*, de oferecer essas melhores razões, apesar de totalmente ciente de que é mais provável que uma melhor matemática, e, portanto, melhor razão, exista no futuro. Platão confidencia que ficará feliz em ser superado pelas excepcionais razões oferecidas por pensadores da matemática futura — qual outro motivo ele teria para juntar os melhores matemáticos de seu tempo em sua Academia? — descrevendo a "vitória" deles como sendo de seus amigos e não de seus inimigos (*Timeu* 54a). E novamente lembramos como Sócrates é deixado de lado em O *sofista* e em O *político* para que pensadores jovens possam levar o processo adiante.

Mas uma boa vida somente é alcançada por físicos matemáticos? (Consigo imaginar certos zombeteiros da filosofia perceptivelmente gostando mais de Platão.) Esse "pequeno grupo de pessoas" é tão exclusivo assim? Nem tanto. Qualquer um de nós que permite que nossa existência circunscrita à Terra se abra ao belo e vasto alcance de *tudo o que não é nós mesmos* — outra definição para "realidade" — está no pequeno grupo que Platão tem mente. Os meios para se abrir ao infinito não consistem apenas em seguir, ou apreciar, a física matemática, nem mesmo para Platão. Ele menciona, por exemplo, a música como detentora de poder para fortalecer nossa afinidade com Verdade-Beleza-Bondade e, portanto, eticamente nos reformulando.

E a harmonia, cujos movimentos são semelhantes aos das órbitas dentro de nossa alma, é um presente das Musas, se nossas relações com elas forem guiadas por conhecimento, não pelo prazer irracional, que as pessoas, hoje em dia, parecem usar, mas sim para servir como aliada na luta pela ordem em qualquer órbita em nossa alma que tenha se tornado

SÓCRATES TEM QUE MORRER

desarmonizada, e fazer com que esteja em concordância consigo mesma. O ritmo também nos foi dado pelas Musas, pelo mesmo motivo, para nos ajudar. Porque para a maioria de nós, nossa condição é tal que perdemos todo o senso de medida e nos falta graça (*Timeu*, 47d-e).

Também uma bela linguagem, ele disse no *Timeu*, pode nos levar para fora de nós mesmos, fornecendo o arranjo de palavras que, ecoando as harmonias da música, ecoam as harmonias do infinito (47c-d). Essa reverência, assim tão breve, aos transcendentes poderes da linguagem musical oferece o caminho para a poesia encontrar seu caminho de volta à cidade da razão de Platão, uma reentrada para a qual Platão confessou ter esperança (*A república* 607d). Não é irrelevante que Percy Bysshe Shelley tenha produzido uma maravilhosa tradução de *O banquete*, nem que seu amigo John Keats tenha composto os imortais versos identificando beleza e verdade, nem que vários poetas devem ter sentido que Platão falava diretamente com eles. A poesia que nos coloca em contato com a vastidão além de nós — nos abrindo para ela e deixando a infinitude entrar para expandir nossa finitude em conhecimento e em amor — recebe o selo platônico de aprovação. Assim como matemática e música e cosmologia e filosofia, a poesia também pode nos "infinitizar", garantindo-nos a imortalidade que há para existir nesta vida mortal. E todos aqueles que vibram em harmonia com linguagem que, por sua vez, vibra com as harmonias do infinito fazem jus à inclusão nesse "pequeno grupo de pessoas".

Podemos ler nessa passagem uma explicação para o porquê de Platão ter escrito como escreveu, esbanjando seus próprios talentos literários crescentes nos escritos filosóficos que ele nos deixou, independentemente de suas apreensões em relação ao encantamento linguístico que pode se sobrepor ao importante papel da linguagem, que é afirmar a verdade. Para Platão, a beleza sempre tem o papel principal cognitivo em nossa orientação para a verdade, permitindo que a verdade se sobreponha a nós; e a filosofia, ao tentar impor a beleza do infinito em nosso ser, deve então se esforçar para ser tão bela quanto lhe for possível ser. E foi assim que Platão escreveu as obras de arte que ele escreveu, permitindo ao poeta nele que emergisse e crescesse.

PLATÃO NO GOOGLEPLEX

(Mas em relação a uma arte voltada para o humano, independentemente de sua grandiosidade, que tira a piedade e o terror de nossa incurável finitude, Platão não consegue reconciliar.)

Mas e as possibilidades do próprio Sócrates para ter sido "infinitizado"? Ele tinha o que, de acordo com Platão, era necessário ter? Nada indica que ele estivesse empolgado com a beleza da matemática ou da música ou da cosmologia. E ele certamente não era poeta. Em certo ponto, no *Fédon*, Platão faz Sócrates explicar — várias pessoas perguntavam, relatou Cebes — por que de repente ele estava escrevendo poesia na prisão, colocando em versos as fábulas de Esopo. Sócrates explica que, ao longo da vida, teve um sonho recorrente durante o qual ele era intimado a "praticar e cultivar as artes". Ele presumiu que o sonho estava apenas o incentivando a continuar fazendo o que estava fazendo, ou seja, praticando a arte da filosofia, mas quando a vida estava prestes a terminar, ele estava preocupado: talvez o sonho estivesse estimulando-o a "praticar essa arte popular (...) e compor poesia. Achei mais seguro não sair daqui até que satisfizesse minha consciência escrevendo poemas, obedecendo ao sonho" (60e-61b).

Agora, quem pode saber se Sócrates assumiu o que soa como uma tentativa bastante boba de se tornar um poeta no último mês de sua vida? Sou mãe de um poeta profissional, e sei o que leva à formação de tal criatura. Seria melhor você tentar se tornar um matemático ou um cosmólogo nos últimos trinta dias de sua vida. E Platão, em quem as asas de um poeta guiam o voo de um filósofo, também teria sabido disso tão bem quanto qualquer pessoa.

Então, Sócrates também não era poeta. Ainda assim, inegavelmente, aos olhos de Platão ele pertenceu ao "pequeno grupo de pessoas" cuja vida os joga para o infinito, com pensamentos que, não importava quão amarrados a uma existência mortal estivessem, não poderiam "(falhar) em serem imortais, de jeito nenhum ele falhará nisto: constantemente se preocupar com sua porção divina como se preocupa, mantendo bem organizado o espírito orientador que vive nele, ele deve mesmo ser extremamente feliz". Esse foi o retrato apresentado por Sócrates não somente para Platão, mas também para vários de seus contemporâneos. Ele apresentou um retrato de um homem que, apesar de constantemente confessar sua própria ignorância, ainda assim parecia ter adquirido um conhecimento misterioso sobre como viver. A maneira como Sócrates combinava suas certezas divinas com sua confusão humana era um paradoxo que tinha muito poder. Sócrates se posicionou diante de Platão envolto em implicações.

E nada teve mais influência para convencer Platão do poder implicativo de Sócrates do que a postura inabalável que ele assumiu no verão de 399, em nome do projeto filosófico. Foi essa postura que fez o júri ateniense concluir: *Sócrates tem que morrer.*

Sócrates sempre fora um ator, e ele pode bem ter feito a interpretação da vida dele naquele dia. Seríamos ingênuos de pensar que Platão, na *Apologia*, registrou a sua atuação como um jornalista o faria. Ainda assim, mesmo que se o que estamos inferindo da *Apologia* for o que a posição de Sócrates significou para Platão, então isso seria mais que o suficiente. O desempenho de Sócrates naquele dia convenceu Platão de que Sócrates continuaria a atuar enquanto houvesse gente interessada em filosofia. Para o entendimento de Platão, Sócrates havia sido infinitizado.

O que Aquiles faria?

Podemos vê-lo nessa enlouquecedora glória, zombando do obscuro jovem poeta Meletus, que ele, sem esforços, reduz ao absurdo, utilizando a tática dialética que ele aperfeiçoou ao longo da vida.

Sim, confirmou Meletus, Sócrates é culpado de ateísmo, ou seja, por não acreditar em qualquer deus; e sim, também confirmou Meletus, Sócrates é culpado por apresentar novos deuses, não reconhecidos pelo estado. Portanto, ele não acredita em qualquer deus, ao mesmo tempo em que acredita nos deuses. Sócrates compara a latente inconsistência com uma brincadeira de criança (27a).

E, sim, responde Meletus, todos em Atenas, cada um dos cidadãos, têm uma saudável influência sobre a juventude da cidade, e, sim, somente Sócrates os prejudica, uma situação tão absurda que Sócrates brinca dizendo que é "a grande sorte de nossos jovens" (25b).

PLATÃO NO GOOGLEPLEX

Meletus é tão facilmente despachado por Sócrates porque, segundo Sócrates, ele não é sincero nas questões em que professa seus interesses; ele demonstra essa insinceridade em sua incapacidade de pensar as implicações de suas afirmações. "Veja, Meletus, você tem a língua travada, e não consegue responder. Não consegue perceber que isso é vergonhoso e, em si, prova suficiente do que eu disse, de que você não tem interesse algum nesse assunto?"

Em outras palavras, Sócrates está acusando Meletus, poeta desconhecido, de realmente ser um artista: um artista de merda.

Em inglês, o termo *bullshit* foi útil para ser incorporado em uma educada linguagem filosófica por meio do trabalho do filósofo norte-americano contemporâneo Harry Frankfurt, que publicou um pequeno tratado filosófico intitulado *On Bullshit* [traduzido para o português como *Sobre falar merda*], em 2005. A obra foi publicada pela primeira vez como artigo em um jornal acadêmico, *Raritan*, que há anos venho pedindo a meus alunos da disciplina Introdução à Filosofia que leiam, na esperança de, já no início, desmistificar as expectativas com as quais eles começam o curso. O artigo foi então reeditado para uma coletânea de Frankfurt intitulada *The Importance of What We Care About: Philosophical Essays*. E finalmente foi reeditado ele próprio como livro, o qual, em sua terceira encarnação, alcançou um surpreendente status de best-seller, com o filósofo, de certa maneira estupefato, participando do programa de entrevistas *The Daily Show with Jon Stewart*.

O livro de Frankfurt abre com esta observação: "Um dos traços mais evidentes de nossa cultura é que se fala muita merda." Frankfurt segue oferecendo uma teoria sobre a merda, direcionando-se a suas características essenciais com precisão analítica pela qual a filosofia anglo-americana é justificadamente celebrada.

A merda deve ficar separada de outros conceitos relacionados, tais como, o embuste e, mais importante, a mentira. Tanto quem é mentiroso quanto quem fala merda tem uma relação problemática com a verdade. Tanto quem é mentiroso quanto quem fala merda representa mal seu relacionamento com a verdade, mas há diferenças essenciais entre eles. Um mentiroso pode — porque ele mesmo sente-se confuso em relação à verdade — acabar dizendo alguma verdade, mas sua intenção é dizer algo que *não* é verdade. Sua intenção é induzir a pessoa para quem ele mente a uma falsa crença. Um mentiroso, portanto, é uma pessoa que monitora a verdade, ou pelo menos tenta, para fins de enganação.

Quem fala merda também pode acabar dizendo alguma verdade. Mas diferentemente de quem é mentiroso, quem fala merda não tenta monitorar a verdade. As condições de verdade em suas afirmações, a correspondência com os fatos que elas pretendem transmitir, são irrelevantes para os motivos que o levam a dizer o que diz. Seu motivo para dizer o que diz não é induzir uma falsa crença, como é o motivo do mentiroso. Ele não tenta enganar em relação ao conteúdo de sua afirmação. Seu motivo é enganar em relação a sua própria pessoa, falante de merda, que se passa por alguém que se importa com a verdade quando não se importa.

A partir de um maior esclarecimento acerca do conceito de falar merda, Frankfurt arrisca uma conclusão normativa de que falar merda é mais pernicioso do que mentir. Falar mentira é, para um típico (não patológico) mentiroso, um evento específico; enquanto a tendência a falar merda afeta a pessoa globalmente. Frankfurt encerra o artigo com este julgamento:

> Tanto quando falam mentira quanto quando falam a verdade, as pessoas são guiadas por suas crenças em relação à maneira como as coisas são. Isso as guia enquanto elas tentam descrever o mundo corretamente ou descrevê-lo desonestamente. Por essa razão, falar mentiras não tende a incapacitar uma pessoa para dizer a verdade, da mesma maneira que falar merda. (...) O falante de merda ignora todas essas exigências. Ele não rejeita a autoridade da verdade, como o mentiroso, e se opõe a ela. Ele não presta qualquer atenção a ela. Por isso, a merda é maior inimiga da verdade do que a mentira.

Pesquisando a história da filosofia ocidental, a impressão que se tem é de que nem todos os filósofos compartilharam da repugnância moral de Frankfurt pela merda. Mas é inegável que Sócrates foi um deles. Aliás, é surpreendente que tenha demorado tanto para filósofos começarem a analisar o conceito,

PLATÃO NO GOOGLEPLEX

porque a reação ofendida à merda ajudou a fertilizar o fundamento original para o campo. Sócrates, como ele aparece na *Apologia*, teria adorado o artigo de Frankfurt pela conclusão normativa de que merda é uma ofensa pior para a verdade do que a mentira é.

Ele teria concordado também com a afirmação do início do artigo. Pode-se imaginar bem Sócrates, virando-se para a assembleia lotada naquele dia do verão de 399 e declarando "Um dos traços mais evidentes de nossa cultura é que se fala muita merda". Isso teria sido bem o espírito das performances de Sócrates durante seu julgamento, saindo do seu caminho para ofender a sensibilidade normativa dos atenienses, grande parte dos quais estava envolvida com seu próprio senso de excepcionalismo. Foi genial da parte de Péricles fortalecer e espalhar o reconhecimento ateniense deles mesmos como coletivamente extraordinários. Sócrates parecia ter a intenção de fazer uma derradeira tentativa desesperada de minar esse reconhecimento.

Seus jurados eram cidadãos escolhidos por sorteio, vindos de todos os segmentos da sociedade ateniense. É provável que a maioria tenha sido fazendeiro ou proprietário de loja — de qualquer maneira, não eram aristocratas, já que a aristocracia compunha a menor porção dos cidadãos. Mas isso não quer dizer que os jurados, bem como a multidão que se juntou para assistir, não ficariam ofendidos com a sugestão de que eles não faziam parte de certa porção da superioridade, apenas por serem cidadãos atenienses. Em países onde ainda hoje o excepcionalismo nacionalista prospera, de maneira alguma são as classes mais privilegiadas as que sentem com mais força que seu senso de superioridade de valor deriva de sua cidadania.

Sócrates foi capaz de enrolar Meletus, que não conseguia articular a ideia de que ele era, de uma forma ou de outra, ímpio. Mas certamente havia a justificativa para Meletus — o próprio desempenho de Sócrates em *Apologia* fornece justificativa suficiente — de que Sócrates estava atacando o padrão ateniense normativo — sua estrutura de valores — em um nível fundamental. Não apenas o desempenho de Sócrates em seu julgamento, mas seu desempenho ao longo de toda sua vida mostraram sua divergência

SÓCRATES TEM QUE MORRER

em relação ao sistema de valores ateniense. Seria de se espantar que Meletus sentisse a afronta normativa como impiedade?

Lembre-se do quanto o senso de uma comunidade grega de sua própria identidade e estabilidade está ligado a suas observâncias religiosas e os mitos em que se baseiam. Se Sócrates rejeita a religião da cidade, ele ataca a cidade. Por outro lado, se ele disser que a cidade compreendeu mal a vida pública e a privada, ele ataca sua religião, porque a vida e a religião da cidade são inseparáveis.[29]

E então grandes mudanças aconteceram em Atenas desde a época de Péricles que colocariam as suposições sobre a compreensão de identidade sob intensa ameaça. A declaração de Atenas de sua extraordinariedade está em sua declaração de inteligência, em seu racionalismo, como demonstrado com a anistia, bem como em sua contínua fama na arte da retórica, principalmente agora sem o seu império, sua grande riqueza desperdiçada em arrogante superação (sua *hubris*). Mas aqui se encontrava um dos mais famosos oradores de Atenas, um infindável inventivo canalizador de controvérsias, que tinha intenção de virar seu talento de falar contra a ideia de si mesmo da cidade. Ao longo de seu discurso ele cuida para expressar suas reivindicações de acordo com a retórica dos tribunais de Atenas e os valores civis que prevaleciam lá, enquanto ao mesmo tempo os subvertia e revertia, brincando com as convenções destinadas a resumir tudo.

Em seu julgamento, Sócrates não está excessivamente preocupado com Meletus, uma pessoa insignificante tentando furar a fila dos que se tornarão nota de pé de página da história. Sócrates exerce sua proeza dialética para afastar seu principal acusador como se fosse um mosquito irritante.

Bem, na verdade, ele se compara a um inseto, contando aos jurados, antes da votação para decidir sobre sua inocência:

> Se você me matar, não será fácil encontrar outro como eu. Fui colocado nesta cidade pelo deus — apesar de que parece ridículo dizer isso — como se colocado sobre um grandioso e nobre cavalo que era um tanto quanto

---

29. M. F. Burnyeat, "The Impiety of Socrates". In: *The Trial and Execution of Socrates*. Thomas C. Brickhouse e Nicholas D. Smith (Orgs.). Nova York: Odford University Press, p. 138.

PLATÃO NO GOOGLEPLEX

lerdo devido a seu tamanho e precisava ser movimentado por um tipo de mosca. (...) Nunca paro de provocar cada um de vocês, para persuadi-los e repreendê-los todo dia e em qualquer lugar que eu me encontrar em sua companhia (30e-31a)

Isso dificilmente soa como uma descrição de autoengrandecimento oferecida por Sócrates — um inseto irritante zumbindo incessantemente pela cidade. Mas o verdadeiro insulto é feito contra a *polis* de Atenas, descrita como um grandioso e preguiçoso cavalo, dormitando em sua obtusidade moral complacente. Sócrates sabe muito bem o quanto está sendo profundamente perturbador, e sabe que, ao desafiar as preconcepções normativas de sua cidade, ele está ultrajando aqueles que estão prestes a votar se ele deve viver ou morrer.

Ele não poderia ter sido mais explícito, negando as fundamentais suposições daquelas forças normativas, a politização da *aretē*. *Aretē*, da maneira como Sócrates a concebia, exige que indivíduos malhem as complexidades morais da maneira mais honesta que puderem, assumindo responsabilidade por suas próprias crenças e ações, sem adquiri-las prontas em algum lugar público, como uma peça de cerâmica que poderiam comprar em uma tenda na ágora. Esse tipo de malhação é o que ele vinha tentando fazer a vida inteira, o que significa esmagar as suposições que parecem resolver tais questões, fazendo com que seus companheiros cidadãos repensassem o que faz a vida deles valer a pena ser vivida.

Na verdade, ele escandalizou ao afirmar que o engajamento com a política ateniense — independentemente de ser sob os democratas ou os oligarcas — é *inconsistente* com virtude: "O verdadeiro campeão da justiça", ele diz. "Se ele pretende sobreviver mesmo que por um curto tempo, deve necessariamente se confinar à vida privada e deixar a política para lá" (31e). E de novo:

Você acredita que eu teria vivido tanto quanto vivi se eu tivesse mudado para a esfera da vida pública e me conduzido naquela esfera como um homem honrado, tivesse sempre sustentado a causa do que é correto e conscienciosamente determinado esse como um fim acima de todos os outros? De jeito nenhum, senhores; e nem qualquer outro homem (32e-33a).

SÓCRATES TEM QUE MORRER

Evitar a vida pública da *polis* ateniense a fim de ser justo? Sócrates estava escolhendo suas palavras no mesmo espírito com que o falecido Christopher Hitchens escolheu o título para seu livro *God Is Not Great: Why Religion Poisons Everything.*[30] São as palavras de um provocador profissional. E ele provoca. Várias vezes tentam fazê-lo calar, a julgar pelas constantes advertências que Sócrates dá à multidão para que o deixem falar em paz: "Como disse antes, senhores, por favor não me interrompam" (21a); "Não criem uma confusão, senhores, mas respeitem meu pedido de não gritar quando digo algo, mas escutem, porque penso que será vantajoso para vocês escutar. E estou prestes a dizer outras coisas que, provavelmente, os fará gritar. De jeito nenhum façam isso" (30c).

Várias pessoas que avaliaram aquele dia em 399, tentando desconstruir o drama, pensaram em primeiro lugar em política. É claro que tinha que ser política, porque o que mais seria tão importante a ponto de se pedir a vida de um homem? Os projetos sérios são sempre os projetos políticos, e é para essa direção que as mentes experientes olham. Sócrates era antidemocrático, e por isso ele tinha que morrer. Sócrates não foi severo em relação a Esparta, e por isso ele tinha que morrer. Isso era vingança política contra Alcibíades, ou Crítias, ou ambos, e por isso ele tinha que morrer. A ironia dessas interpretações políticas é excruciante. Ao priorizar o político, as pessoas com essa interpretação se colocam no meio da multidão ateniense que Sócrates tenta desesperadamente, pela última vez, tirar do estupor normativo.

E ele insiste em tentar fazer as pessoas entenderem. Ele não evitou citar o Oráculo de Delfos, que declarou que nenhum homem é mais sábio que Sócrates, e relatou que ele mesmo também ficou em dúvida a primeira vez que ouviu isso, já que tinha tanta certeza de sua ignorância. Então, para provar que o oráculo estava errado, ele saiu questionando os cidadãos de Atenas, começando pelos mais importantes: os políticos, os sofistas e os poetas. Todos eles atendiam às condições que Harry Frankfurt analisaria vários milênios depois. Sócrates concluiu que o oráculo conferiu a ele suas mais

---

30. Publicado no Brasil como *Deus não é grande: como a religião envenena tudo* (2007). (*N. da T.*)

gentis palavras, porque ele não fingiu, por ele mesmo, ter um conhecimento que não tinha. Ou, em termos frankfurtianos: Sócrates se importava, como nenhum de seus companheiros atenienses, com as condições de verdade em suas afirmações, ainda que, para um grande número delas, ele não pudesse determinar se essas condições de verdade procediam ou não.

Então, ele simplesmente apareceu e falou, em um momento em que estava sendo julgado culpado e deveria negociar uma pena se contrapondo à pena de morte exigida por Meletus. Esperavam que ele se oferecesse para ser exilado ou pagar uma pesada multa. E é essa a conjuntura do procedimento, quando ele faz a mais provocativa das afirmações que um homem em sua posição poderia fazer: uma vida em que ele parasse de questionar o valor de sua sociedade seria uma vida que não valeria a pena viver, deixando implícito que as pessoas prestes a julgá-lo estavam vivendo exatamente essa vida.

> Se digo que para mim é impossível permanecer calado, porque isso significa desobedecer o deus (Apolo, o deus do Oráculo de Delfos), você não acreditará em mim e pensará que estou sendo irônico. Por outro lado, se eu disser que o maior bem do homem é debater sobre a *aretē* todos os dias, além daquelas outras coisas sobre as quais você me ouve conversar e testar a mim mesmo e aos outros, porque a vida não examinada, para o homem, não vale a pena ser vivida, você vai acreditar ainda menos em mim (37e-38a).

Não vale a pena ser vivida? Quais palavras mais duras ele poderia utilizar para aqueles que tinham nas mãos o destino de sua vida? Qual contrassentença mais horripilante poderíamos ter apresentado contra os condenadores? *Não vale a pena ser vivida?* Isso é para falar abertamente do indizível, para arrancar o band-aid das feridas que provocam vergonha, como a lendária ferida aberta de Filoctetes, o grego que foi deixado para trás em uma ilha por seus companheiros de armas, quando estavam a caminho de Troia, devido a uma ferida já podre que cheirava extremamente mal.

No entanto, não foi Filoctetes a ser chamado pelo nome durante a defesa de Sócrates, mas, sim, Aquiles (28c-d). Ele é o herói que Sócrates utiliza em sua comparação. Aquiles recebeu a oportunidade de escolher entre uma vida longa e ordinária ou uma vida curta e extraordinária, e escolheu esta. Aquiles é o garoto-propaganda do *Ethos* do Extraordinário, a própria apoteose do herói. Pelo menos uma pessoa que escutava Sócrates naquele dia aceitou por completo a comparação.

Para Platão, Sócrates assume papel de herói, ainda que não tivesse alcançado o conhecimento ao qual estava direcionada sua vida examinada. Platão não achava que Sócrates tivesse alcançado esse conhecimento, já que para ele as respostas pediam um conceito metafísico da Verdade-Beleza-Bondade em termos que a virtude humana pudesse ser formulada. A abordagem de Platão à questão da *aretē* exigiu dele trazer à tona todo o continente submerso da filosofia. No entanto, a maneira como Sócrates viveu — e certamente a escolha que ele fez naquele dia em 399 —, para Platão, eleva Sócrates à esfera do extraordinário.

Depois de seus companheiros atenienses terem votado sua culpa, Sócrates pensou em que pena deveria solicitar. "Deliberadamente, não levei uma vida sossegada — *ouk hēsychian ēgon*" (36b), e ao dizer *hēsychian* ele se distanciou da elite ateniense, muitos dos quais mantiveram uma tradição de quietude ou porque tinham medo de serem mal interpretados ou por genuinamente terem empatia pela oligarquia.[31] "Ignorei o que ocupa a maioria das pessoas: riqueza, assuntos domésticos, cargo de orador geral ou público ou outros cargos, os clubes e organizações políticas que existem na cidade. Eu me achei honesto demais para sobreviver, se me ocupasse com essas coisas." Ele não parava de insistir nisso. Todas as atividades políticas e intrigas por meio das quais as pessoas se fazem importantes na cidade vão contra seus escrúpulos. E ele destacou duas marcas importantes da elite, incluindo suas organizações (*staseis*) e sociedades secretas (*sunōmosia*).[32,33]

---

31. Veja em L. B. Carter. *The Quiet Athenian*. Oxford: Oxford University Press, 1986.

32. Por exemplo, os cidadãos que conspiraram para mutilar Hermes, na noite antes de a frota partir para Sicília, pertenciam a uma *sunōmosia*.

33. Platão faz Sócrates ostentar seu não envolvimento na política ateniense em outros lugares também, por exemplo, em *Górgias*, "Não sou um dos políticos. Ano passado fui escolhido para o conselho por sorteio, e quando nosso grupo estava presidindo e eu precisei convocar eleições, eu ri. Não sabia como fazê-lo. (...) Mas sei bem como criar uma testemunha para qualquer coisa que estiver dizendo, e esta é a pessoa com quem estou tendo um debate. A maioria eu ignoro" (473e-474a).

PLATÃO NO GOOGLEPLEX

E agora ele segue para um outro ultrajante desrespeito à sensibilidade
ateniense: "O que mereço por ser tal homem? Algo bom, homens de Atenas,
se devo verdadeiramente avaliar de acordo com meus méritos, e algo adequado. O que é adequado para um pobre benfeitor (*anēr penēs eurgetēs*) que
precisa de lazer para vos exortar?" Ao enfatizar sua pobreza e ainda assim
afirmar ser ele mesmo um benfeitor, novamente ele rompe as expectativas
atenienses sobre o típico benfeitor, um rico membro da elite. Em seguida
vem o golpe de misericórdia:

> Nada é mais adequado, senhores, do que um homem como este ser ali-
> mentado no Pritaneu, muito mais adequado a ele do que a qualquer um
> de vocês, que obtiveram vitória em Olímpia com uma dupla ou um time
> de cavalos. Uma vitória olímpica faz você pensar que é feliz. Eu faço você
> feliz. Além disso, ele não precisa de comida, mas eu preciso. Portanto,
> se eu for fazer uma avaliação justa do que mereço, avalio desta forma:
> refeições grátis no Pritaneu (36e).

Como um classicista me falou, quando debatíamos essa passagem, "Platão/
Sócrates é muito sagaz nessa sua manipulação dos valores atenienses. Há aí
um processo sutil de transvalorização acontecendo em cada uma das frases".

Em meio àquela transvalorização, surgiu o mais famoso slogan da filosofia: *a vida não examinada não vale a pena ser vivida*. Algumas pessoas
— como Cheryl, a assessora de imprensa de Platão no Googleplex — podem
se eriçar diante da ideia de elitismo. Mas a afirmação de Sócrates apenas
é elitista se se levar em consideração que somente poucos têm em si o que é
necessário para examinar a vida. A democracia que, novamente no século
XVIII, tornou-se o mais desafiante experimento político do mundo, encarna
a esperança de que muitos de nós temos o que é necessário.[34] Em vez de uma
acusação ao desafiante experimento democrático da cidade, pode-se compreender que a afirmação de Sócrates coloca em prática a rigorosa condição

---

34. Obviamente, levaria várias revoluções sociais e políticas para expandir "o muito" de maneira a
incluir grupos como mulheres e pessoas em situação de probreza. E até mesmo agora essa questão
de *quantos?* não está solucionada, nem mesmo nos Estados Unidos.

SÓCRATES TEM QUE MORRER

que, sozinha, permitiria à democracia florir. Talvez Platão tivesse mesmo chegado a um ponto de vista que excluía muitos do grupo de pessoas capazes de pensar na vida sob a luz da Verdade-Beleza-Bondade; mas toda a vida de Sócrates, incluindo aquele dia de seu julgamento como é apresentado por Platão, é prova do fato de que Sócrates continuou apegado à esperança de haver muitos de nós. Ele disse que, se ao menos tivesse mais que o único dia que Atenas permite para tais casos, ele sabia que poderia triunfar em sua tentativa de convencer os jurados de sua visão de vida examinada.

A vida não examinada não vale a pena ser vivida. O que deve se seguir a isso? A vida examinada é meramente necessária para uma vida que valha a pena ser vivida, ou é também suficiente? E é mesmo necessária? Você poderia viver uma vida que vale a pena ser vivida, a vida da *aretê*, por pura sorte, ou seja, sem viver uma vida examinada? Sócrates diz que não. A vida examinada é, no mínimo, um pré-requisito para viver uma vida que vale a pena. *Aretê*, assim como conhecimento, requer uma justificativa, um *logos*. Esse é um tema que ecoa por todos os diálogos de Platão. Não há essa coisa de acontecer de dar certo — não quando se trata de crenças e não quando se trata de ações. Ter a sorte de nascer em Atenas ou qualquer outra contingência — incluindo a religião que alguém segue, como Platão argumenta com veemência em *Eutífron* — não equivale a um argumento, a uma justificativa, a um *logos*. E sem justificativa não se pode ter virtude mais do que se pode ter conhecimento. Doutrinação, ainda que as doutrinas estejam, providencialmente, corretas, não produz a vida que mais vale a pena viver.

No final de *A república*, Platão apresenta ainda mais um mito fruto de sua imaginação, o Mito de Er. Platão faz Sócrates contar o mito a Glauco, cuja sofisticada reformulação da *aretê* em estilo teoria dos jogos foi subvertida pelo diálogo anterior com a imagem da *kallipolis*. Agora ele conta a história de um guerreiro, Er, ressuscitado depois de doze dias do que parecia ser morte, prestes a ser queimado na pira funerária, apesar de seu cadáver ter permanecido "bastante fresco". Er relata o que experimentou enquanto estava aparentemente morto, um tanto quanto parecido com aquelas experiências de quase morte que, para nós, se tornaram conhecidas devido ao

377

PLATÃO NO GOOGLEPLEX

avanço da tecnologia da medicina, capazes de reavivar pacientes em coma. Er deixa fora de seu relato qualquer menção a uma luz branca ou um túnel preto. Em vez disso, ele fala sobre

> um lugar maravilhoso, onde havia duas aberturas adjacentes na terra e em posição contrária e acima delas, duas outras no céu, e entre elas sentavam--se os juízes. Estes, tendo apresentado seu julgamento, ordenaram que os justos fossem para cima, em direção ao paraíso, através da porta à direita, com sinais do julgamento presos ao peito; e os injustos viajariam para baixo, através da abertura à esquerda, com sinais de seus feitos nas costas. Quando Er se aproximou, disseram-no que ele deveria ser o mensageiro para seres humanos sobre as coisas que estavam lá, e que ele deveria escutar e observar tudo o que estivesse naquele lugar (614 b-d).

A passagem acima e abaixo são apenas a primeira fase. Depois de as almas de quem partiu terem passado os milhares de anos que lhes foram designados nos lugares para onde foram enviadas, elas retornam para viajar ao centro do universo. Platão faz uma pausa para ter uma visão dessa beleza sobrenatural do centro do universo. Aqui a matemática da perfeita proporção e harmonia, que está no cerne da verdade-beleza-bondade, torna-se audível na música das oito esferas, rodando uma dentro da outra, sendo giradas pelo eixo da Necessidade. "E no alto, acima e em cada um dos aros, estava uma ninfa, que acompanhou a revolução, expressando um único som, uma única nota. E a combinação das oito notas produziu uma única harmonia" (617b). Em 1619, Johannes Kepler, que assim como vários dos novos físicos do século XVII encontrou sua inspiração em Platão, publicou sua obra *Harmonices Mundi* [Harmonia do mundo]. Kepler descobriu que a diferença entre as velocidades angulares máxima e mínima de um planeta se aproxima de uma proporção harmônica, e com a descoberta ele tentou fornecer uma realidade física para a poesia de Platão da "música das esferas".

Mas, no fim, Platão retorna ao mito. Um profeta surge e faz com que a assembleia de almas escolha novas vidas, depois de fazer um sorteio para decidir a ordem em que escolherão. E o resultado não é tal qual seria previsto baseando-se apenas nas experiências que essas almas tiveram durante os milhares de anos que passaram em cima ou embaixo. O primeiro a poder escolher — quem tem a maior variedade de opções — o fez "a partir de sua insensatez e ganância" (619c) a vida de um tirano.

> Ele era um daqueles que desceu do céu, tendo vivido sua vida pregressa sob uma constituição ordenada, onde viveu com virtude através de hábitos e sem filosofia. Genericamente falando, na verdade, a maioria das que foram pegas dessa forma eram almas que desceram do paraíso e que não estavam treinadas para o sofrimento (619c).

Uma troca de vidas boas e vidas ruins. Nem a vida que viveram nem as recompensas sobrenaturais ou as punições que sofreram os edificaram de maneira que ficassem preparados para fazerem boas escolhas. Muitas pessoas que sofreram em sua vida terrena automaticamente escolhem vidas que são diametralmente opostas. Orfeu, odiando mulheres devido à maneira como morreu, escolheu ser um cisne para não nascer mulher (620a). Agamenon, reagindo a sua última vida com o ódio de todos os homens, escolheu ser uma águia (620c). E Odisseu, o último a fazer sua escolha, repudiando tanto sua última vida, cheia de aventuras dignas de *kleos,* suficientes para encher outra epopeia de Homero, procura ao redor até encontrar a vida ordinária perfeita, e diz que mesmo se tivesse sido o primeiro a escolher o ordinário era o que teria escolhido. Dificilmente estaria Platão endossando o ordinário aqui; não há nada de ordinário no tipo de vida que ele vinha se esforçando para ilustrar ao longo de *A república* como naquela que realiza completamente a *aretē.* Aliás, logo antes de introduzir o Mito de Er, que fecha o texto, ele descreve uma pessoa que vive essa vida — escolhida por sua coragem, inteligência e amor pela verdade, e com um treino vigoroso para ser capaz de absorver em si mesmo a Verdade-Beleza-Bondade como alguém "que se faz tão parecido com deus quanto um humano é capaz de fazer" (613a). Isso dificilmente pode-se dizer que é ordinário. Odisseu, assim como todos os demais que acabaram de ser nomeados, está fazendo uma escolha sem antes refletir, uma ação mecânica de repúdio às circunstâncias de sua vida anterior, e Er, vendo as almas fazerem suas escolhas, disse que

PLATÃO NO GOOGLEPLEX

esta era "uma visão que valia a pena, já que era lamentável, engraçada e surpreendente" (619e-620).

Todas as circunstâncias que determinam as escolhas das almas são, do ponto de vista da *aretē* que se baseia no logos, meras coincidências, e a moral de uma pessoa não pode ser uma questão de mera coincidência. Esse então seria um ponto fortemente trabalhado por Immanuel Kant. Não pode haver nada acidental no fato de uma pessoa ser moral. Se uma pessoa é moral ou não deve ser algo dentro de seu controle — uma questão de vontade, é o que Kant argumenta — e, portanto, uma questão sobre a qual ela tem escolha e pela qual pode ser considerada responsável. E para ser considerada responsável uma pessoa deve estar preparada para oferecer seu relato sobre o porquê de ter se comportado da maneira que se comportou. É essa a ideia de livre-arbítrio que importa. Se sou um respeitável espécime da humanidade porque aconteceu de eu ter a sorte de ter nascido em uma boa família, que incutiu hábitos de bom comportamento em mim, então, apesar de ser bem-comportado, não sou um agente moral virtuoso. Mude minhas circunstâncias — coloque-me em uma família de trapaceiros e exploradores — e apenas observe o que será de mim. É assim que se comportam, no mito de Er, as almas que retornam. Elas são moralmente reféns de suas circunstâncias e não agentes morais. Nem mesmo os milhares de anos passados, ou em recompensa, ou em castigo, não poderiam transformá-las em agentes morais.

Se é realmente para haver algo como responsabilidade moral, acreditavam Platão e Kant, então os hábitos do caráter de uma pessoa (nossa palavra "ética" deriva do grego *ethōs*, que, como já foi mencionado, significa hábito) devem ser uma parte íntima dessa pessoa, a que ela chega *deliberadamente*, tendo refletido sobre eles e os escolhido, tornando-os manifestação habitual de sua moral. Uma pessoa deve ter capacidade de ser dona de sua própria ética. Para Kant, somente uma pessoa que faz escolhas morais pelas razões corretas pode ser considerada moralmente digna, o que, obviamente, implica em haver razões morais corretas, e em estar em nosso poder tanto compreender a retidão dessas razões quanto agir sobre elas devido à retidão; deixar que essas razões sejam fatores determinantes de nosso comportamento.

Todas essas afirmações podem ser encontradas no Mito de Er, de Platão. É um apelo para que se pense em uma saída das circunstâncias contingentes da vida; até mesmo as impostas por uma divindade contam nesse mito como mera contingência e não oferecem nada, no que diz respeito a conhecimento, como o que precisamos para viver como deveríamos — que é uma resposta enfática aos que ainda nos ameaçam com a ideia de que sem temer o paraíso e o inferno ninguém se comportaria como deveria. As almas de Platão, na verdade, não retornam dos milhares de anos em cima ou embaixo em situação melhor para escolher a vida que deveriam viver.

> Agora parece que é aqui, Glauco, que um ser humano enfrenta o maior perigo de todos. E por isso, cada um de nós deve negligenciar os demais assuntos e se preocupar em procurar e aprender aqueles que nos permitirão distinguir uma boa vida de uma vida ruim e sempre fazer a melhor escolha possível em cada situação. Deveríamos pensar em todas as coisas que mencionamos e em como elas determinam juntas e respectivamente como é a vida virtuosa. Dessa forma saberemos quais são os efeitos bons e ruins da beleza quando está misturada à riqueza, pobreza e a um estado próprio da alma. Saberemos os efeitos do nascimento de um nobre ou de um plebeu, da vida privada ou do escritório governamental, da força física ou da fraqueza, da facilidade ou da dificuldade de aprendizagem e todas as coisas que são naturalmente parte da alma ou são adquiridas, e saberemos o que essas coisas alcançarão quando misturadas umas com as outras. E de tudo isso poderemos, considerando a natureza da alma, refletir e concluir qual vida é melhor e qual é pior e escolher adequadamente, dizer que uma vida é pior, se levar a alma a se tornar mais injusta, melhor, se levar a alma a se tornar mais justa, e ignorar todo o resto. Percebemos que essa é a melhor maneira de escolher, seja em vida ou na morte (618c-e).

Em seu Mito de Er, Platão nos revela tudo o que ele ouviu ecoar, naquele dia, do inflamado grito de Sócrates para os atenienses de que a vida não examinada não vale a pena ser vivida; assim como Kant mais tarde nos revelou as implicações do Mito de Er de Platão, e como outros revelaram as implicações do imperativo categórico de Kant, em um processo cumulativo e contínuo, mas também excruciantemente hesitante, com períodos em que a direção é totalmente alterada.

Qualquer um que negar esse processo contínuo, argumentando que tais preocupações normativas, como Sócrates incitava, jamais podem fazem qualquer diferença e, portanto, não produziram consequências na maneira como a vida tem sido vivida ao longo dos séculos, tem afinidade com os atenienses daquele dia de verão, há mais de dois milênios, não dispostos a reconhecer em Sócrates o que havia de bom e gritando enquanto ele tentava se fazer ouvir em meio à zombaria deles.

η Platão no canal de notícias da TV a cabo

ROY McCOY: Muito bem. Então, eles me disseram que você é o cara da filosofia, Platão. Já vou te dizer de cara — porque sou esse tipo de sujeito — que não penso muito em filosofia.

PLATÃO: Muita gente não pensa. Esse termo atrai uma vasta gama de reações, da admiração a diversão, a animadversão. Algumas pessoas pensam que filósofos são inúteis, e outros que eles são dignos de tudo no mundo. Algumas vezes aparentam ser políticos e outras vezes, sofistas. Algumas vezes, também, eles podem dar a impressão de serem completamente insanos (*O sofista* 216c-d).

McCOY *rindo*: Bem, vou com a última, desde que acrescente que é o tipo de insanidade que produz americanos conhecidos no mundo todo terem vontade de te dar uma surra.

PLATÃO: Às vezes a reação é ainda mais violenta. Meu amigo, o melhor dos homens, foi condenado pelo crime de não fazer nada além de praticar a filosofia da melhor maneira que ele podia. Ele foi considerado culpado e condenado.

McCOY: Onde foi isso? Texas?

PLATÃO: Não. Na Grécia, mas há muitos anos.

McCOY: Sinto muito por essa péssima experiência do seu amigo, mas preciso te fazer uma pergunta: O que ele estava fazendo para irritar tanto as pessoas?

PLATÃO NO GOOGLEPLEX

PLATÃO: É uma boa pergunta.

McCOY: Já que você, aparentemente, não me conhece, não sabe que só faço um tipo de pergunta, e esse tipo é pergunta boa. Portanto, a menos que seu amigo tenha sido condenado pela junta militar que vocês gregos estavam vivendo, no fim dos anos sessenta, no começo dos setenta...

PLATÃO: Ele foi levado a julgamento por nossa democracia. E, na verdade, foi por voto popular que ele foi condenado à morte, ainda que o Oráculo de Delfos tivesse declarado que não havia pessoa mais sábia.

McCOY: É, bem, conheço dois nerds. Olha, não quero que pareça que estou desrespeitando a memória de seu amigo, mas deve haver mais coisa nessa história do que você está contando. Você está enrolando, e estou insistindo com você. Não chamamos isso aqui de A Caixa das Coisas Sérias à toa. Veja bem, democracias não saem por aí matando as pessoas só por serem do tipo irritante que pensa que sabe mais do que todo mundo, o que, pelo meu entendimento, é no que vocês filósofos são especialistas. Aliás, preciso dizer, Platão, não conversei com você dois minutos e você já está começando a me aborrecer. Mas vivemos em uma democracia que protege o direito de todos de serem um pé no saco.

PLATÃO: Houve progresso.

McCOY: Questionável.

PLATÃO: Estou impressionado com o progresso.

McCOY: Então talvez suas expectativas iniciais fossem bem baixas.

PLATÃO: Talvez fossem.

McCOY: Você tem certeza de que é um filósofo? Você me parece um tanto quanto pronto para mudar de opinião. Ou talvez simplesmente não tenha a coragem de suas convicções.

PLATÃO: Prefiro a coragem de minhas perguntas.

McCOY: Tudo bem, já estou entendendo. Os pixels estão despixelando. Máximas questões, mínimas convicções. Não preciso perguntar em qual lado da política você está. Fico feliz que tenhamos esclarecido isso logo. Apesar de que, na verdade, o que mais eu poderia esperar? Filosofia. É um daqueles assuntos não-temos-nada-para-ensinar-então-simplesmente--vamos-falar-sem-parar-para-você-sobre-nossa-própria-moral-superior.

PLATÃO NO CANAL DE NOTÍCIAS DA TV A CABO

Eis o contexto em sua chamada educação superior. Você tem Humanidades de um lado e Ciências do outro.

PLATÃO: Não consigo ver desse jeito. Ambas devem ficar do mesmo lado,
caso contrário não haverá conhecimento algum.

McCOY: É o que estou dizendo. Suas Humanidades saem dizendo que não
há respostas para nada; enquanto as Ciências saem dizendo que eles têm
a resposta para tudo. E sabe o que eu digo? Eu diria danem-se os dois.

PLATÃO: Se fosse mesmo como você descreve, eu te apoiaria em sua condenação.

McCOY: É, bem, é como estou descrevendo. As Humanidades dizem que
ninguém pode saber de nada, os cientistas dizem que eles sabem tudo.
Já recebi aqui no A Caixa das Coisas Sérias alguns cientistas quando
estavam vendendo livros ateístas, e fizeram uma pobre apresentação de
si mesmos. Não consegui fazer nem um deles me explicar como as marés
funcionam sem que a divindade participe para que elas sejam contínuas.

PLATÃO: As marés?

McCOY: Isso. As marés. Você deve ver bastante o movimento das marés lá
na Grécia. As marés sobem e descem, e os cientistas não sabem explicar
isso. Nunca acontece uma falha de comunicação.

PLATÃO: Nunca acontece falha de comunicação entre os cientistas?

McCOY: Não, entre as marés. Nem um cientista que veio ao programa conseguiu me explicar como elas parecem saber, sozinhas, quando baixar e
quando subir. Elas fazem isso todos os dias...

PLATÃO: Na verdade, duas vezes ao dia, mais ou menos a cada vinte e
quatro horas...

McCOY: Não tem nada mais ou menos nisso. É como os fuzileiros navais,
uma operação precisa, todo o tempo. Ainda assim, pelo menos mostram
algo para si.

PLATÃO: As marés? Os fuzileiros navais?

McCOY: Não. Os cientistas. Por onde começar? O que está acontecendo
com esses smartphones e todas essas outras coisas que estão acontecendo que tornam impossível eu conseguir a atenção de qualquer um dos
meus funcionários por mais de dois minutos? Todos são hiperativos, mas

PLATÃO NO GOOGLEPLEX

a ciência oferece a cura para isso também. Os benefícios da natureza nunca acabam, enquanto não vejo vocês, filósofos, fazendo qualquer propaganda no mercado.

PLATÃO: E quando falamos em *parerga*...

McCOY: *Parerga?* O que é isso? Algum smartphone novo?

PLATÃO: Eu apenas quis dizer os subprodutos da ciência, entre os quais, não podemos nos esquecer do computador...

McCOY: É, percebi que você anda com o seu para todo lado como se fosse seu cobertorzinho...

PLATÃO: ... e a internet e a nuvem da Google com a vasta gama de informação que armazena, ainda que não seja em um lugar específico, e que podemos acessar exatamente o que queremos em nossos próprios aparelhos, porque existe um algoritmo, poderoso e secreto, mas, ainda assim, a efusão da mente humana inflamada pelo fogo de Prometeu.

McCOY: Tudo bem, não vamos cair em rompantes poéticos aqui. Definimos que a ciência tem algumas coisas úteis a mostrar para si mesma.

PLATÃO: A tecnologia é assombrosa...

McCOY: Exceto quando falha e você está no telefone há uma hora e meia com alguém cuja língua materna definitivamente não é o inglês...

PLATÃO: Mas não é nesse tipo de utilidade que a ciência demonstra seu verdadeiro valor, mas sim ao responder sobre o poder que há na alma cuja natureza é amar a verdade e fazer tudo por ela (*A república* 527b-c; *Filebo* 58b-d).

McCOY *rindo*: O quê? Você quer louvar o conhecimento inútil?

PLATÃO: Sim.

McCOY: É este o título do livro que você quer que eu divulgue? *Louvando o conhecimento inútil?*

PLATÃO: Não.

McCOY: Bem, é um bom título, ainda que seja uma ideia estúpida. Por que alguém iria querer conhecimento inútil?

PLATÃO: Eu só quis dizer que o mais desejável conhecimento não é desejável por causa de seu valor instrumental ao produzir subprodutos tais como aqueles dos quais acabamos de falar...

McCOY: Até agora você mesmo não conseguiu demonstrar nenhum deles...

PLATÃO: Mas sim, o mais desejável dos conhecimentos é útil na busca pela beleza e pelo bem. Caso contrário, se for buscado para qualquer outro propósito, ele é inútil (*A república* 351c).

McCOY *rindo*: A beleza e o bem? Como de repente chegamos à beleza e ao bem? Em um momento estamos falando de marés que sobem e descem, no próximo você está sem parar na direção da beleza e do bem.

PLATÃO: Porque a razão que mais te agradará, em sua procura pela melhor explicação para as marés, é a mesma razão que mais agrada ao mundo. Você e o Cosmo são como um.

McCOY: Eu sou como um com o Cosmo?

PLATÃO: Em sua busca por compreendê-lo.

McCOY *rindo*: Tem uns bestas que me acusam de ter o ego inflado, mas não estou nem perto de me equiparar ao Cosmo. Não sou tão delirante assim. Você é?

PLATÃO: Minha afirmação não está equiparando você ao Cosmo, mas, sim, dizendo que há afinidade entre os dois.

McCOY: Você quer dizer que o Cosmo gosta de mim? Tudo bem, aceito isso. Essa é minha opinião a respeito da situação.

PLATÃO: Veja o que eu tinha em mente: Você, em sua busca por compreender o Cosmo, fica mais satisfeito com a mais bela razão; assim como o Cosmo. Você descobrirá que a mais bela razão é a que, com mais elegância, é justa com sua noção de inteligibilidade, cuja forma é dada por nada além do que a matemática; assim como o Cosmo. Nesse sentido, você e o Cosmo têm afinidade um com o outro, em seu reconhecimento da beleza. A força do bem se refugiou em uma aliança com a natureza do belo. Porque medida e proporção se manifestam em todas as áreas, assim como a beleza e a virtude (*Filebo* 64e).

McCOY: Escuta aqui, já te adverti uma vez sobre essa coisa rebuscada. Aqui, nesta rede, falamos a coisa como ela é. E nem sei por onde começar a atacar toda a bobagem que você está tentando despejar aqui. Primeiramente, o último lugar onde eu procuraria por uma bela razão é na matemática. Odeio matemática, exceto quando meu contador a utiliza para me dar boas notícias. Em segundo lugar, o Cosmo também não está procurando por sua razão na matemática, porque o Cosmo não está procurando por qualquer razão que seja. O Cosmo não procura. Somos nós quem procuramos.

PLATÃO: É claro que o Cosmo não procura por qualquer razão. O Cosmo já encontrou a melhor razão, que é o que fez dele o que ele é. O Cosmo é cheio de razões, que são exatamente as que você procura. É nesse sentido que o dito "todas as coisas estão cheias de deuses" é totalmente correto e suficiente (*Leis* 991d).

McCOY: Cheias de deuses! Ah, cara. A maioria desse povo acadêmico que passa por aqui não está a fim de me dar um Deus. Você quer me dar um Cosmo inteiro cheio deles. Será tão difícil assim para vocês, grandes pensadores, acertar o número? Ou é um ou é blasfêmia.

PLATÃO: Eu não tinha intenção de blasfemar. Aliás, parece-me que, ao falar sobre as maneiras com que o mundo se torna inteligível, tanto para si quanto para nós, falamos sobre as coisas que uma pessoa deve aprender sobre reverência aos deuses e como deve aprendê-las. Quando você escutar o que é, achará estranho (*Leis* 989e).

McCOY *seco*: Sem dúvida.

PLATÃO: Digo, seu nome é astronomia (ibid.)

McCOY: Escuta aqui, se você de alguma forma pensa que sair de casa em uma noite estrelada e ficar olhando para cima, para a Ursa Maior, supera cair de joelhos e rezar para Deus, está bem, o que eu posso dizer? As pessoas encontram várias formas de fugir da igreja. Mas vamos esclarecer essa confusão sobre os assim chamados deuses. É Deus, singular, sem plural. Só porque uma coisa é boa, não significa que você vai melhorar a situação multiplicando a coisa. Você não melhora as coisas multiplicando deuses. Isso é tipo a grande proibição que existe. Estamos entendidos de uma vez por todas?

PLATÃO: Que existe uma unidade que junta todas as melhores razões distintas: quem iria querer contestar isso? A pessoa que aprende da maneira correta sempre fixa seu olhar, como dizemos, na unidade. Todos os diagramas e sistemas complexos de números, e todas as estruturas

PLATÃO NO CANAL DE NOTÍCIAS DA TV A CABO

de harmonia e o padrão uniforme do processo da natureza, no fim das contas, são uma única coisa aplicada a todos esses fenômenos. Para quem estuda esses assuntos dessa forma, será revelada uma única ligação natural que conecta todos. Mas quem buscar esses estudos de qualquer outra maneira "deve pedir ajuda à sorte", como também dizemos. Porque sem eles ninguém nas cidades jamais será feliz, esse é o jeito certo, essa é a educação, esses são os estudos. Se são difíceis, se são fáceis, essa é a maneira que devemos proceder (*Epínomis* 991e).[1]

McCOY: Está me parecendo que você quer criar seu próprio A Caixa das Coisas Sérias, meu amigo. Só que você não deixaria ninguém entrar, a não ser os nerds da matemática. Gostaria de vê-los administrar nossas cidades, eles que não conseguem nem calçar as meias da mesma cor de manhã. Qual era aquele tipo de grande teoria de tudo que você estava despejando momentos atrás?

PLATÃO: Há sempre a visão de uma tal unidade guiando aqueles que pensam corretamente sobre esses assuntos. A beleza na direção da qual somos levados somente seria tal a unificar tudo.

McCOY: Um tipo de bala mágica $E=mc^2$, só que mais forte?

PLATÃO: E até mesmo mais profunda e até mesmo mais bela, a expressão da elegância do próprio Cosmo como sua própria razão para ser de qualquer jeito que ele for. Assim, o mundo se torna inteligível para nós quando compreendemos como o mundo é inteligível para si mesmo.

McCOY: É, só que aqui tem uma diferença, meu chapa. O mundo pode ser inteligível para mim, mas isso não significa que ele seja inteligível para si, porque — e aqui vai um alerta da nossa rede de notícias — sou um ser inteligente e é assim que eu fico sabendo muito, mas o Cosmo não sabe nada. Há inteligência por trás dele, tudo bem, mas não nele. Entende? Atrás, não em. Você parece ser um cara que dá muito crédito para as coisas da matemática. Estou certo?

---

1. *Epínomis* é, como o nome indica, uma adição à obra *Leis*, que é *Nomoi* grego. *Epínomis* apresenta os mesmos três velhos reunindo-se novamente, em algum tempo não especificado, depois da primeira conversa em *Leis*. As palavras que Platão profere acima, de "Todos os diagramas e sistemas complexos de números" até o fim do parágrafo, são *verbatim*. Tradução de Richard D. McKirahan Jr. em Hackett 1997.

PLATÃO NO GOOGLEPLEX

PLATÃO: Está certo.

McCOY: Bem, então, se o Cosmo é tão esperto, como é que ele não sabe matemática? Ele não sabe nem contar!

PLATÃO: Ele sabe que a própria coisa que ele nos ensina e que aprendemos é número e como contar. Se ele não soubesse isso, ele seria a coisa menos inteligente de todas. Ele realmente não "conheceria a si mesmo", como diz o provérbio (*Leis* 988b).

McCOY: Mas é exatamente isso o que estou tentando te dizer! Ele não se conhece! É apenas massa oca e desmiolada. Só porque é enorme não quer dizer que é inteligente. Olhe por exemplo para o governo federal.

PLATÃO: É porque esses processos físicos são inalteráveis que você os nega a razão inteligível? Você vê inteligência em humanos...

McCOY: Os poucos que não são imbecis...

PLATÃO: ... mas não no Cosmo porque humanos são imprevisíveis, enquanto o Cosmo não? Mas é a própria inteligibilidade que torna os trabalhos do Cosmo tão inalteráveis. Nem mesmo adamantino poderia ser mais poderoso ou mais inalterável (*Leis* 982c).

McCOY: Você realmente conseguiu financiamento de uma instituição de nível superior para despejar todas essas coisas?

PLATÃO: Eu fundei a Academia.

McCOY: Isso explica muita coisa. Tudo bem, deixa eu ver se entendi direito. Você está dizendo que o Cosmo, e por Cosmo você quer dizer as coisas como a maré subindo e descendo em formação militar, e o sol nascendo e se pondo para você acertar seu relógio de acordo com ele, e a chuva se tornando neve se a temperatura for abaixo de congelante, e todo o resto, você está dizendo que essas coisas, essas coisas idiotas da física, na verdade sabem o que estão fazendo? Você está dizendo que eu poderia me aproximar das marés e perguntar "Então, como diabos vocês fazem isso?", e elas seriam capazes de me responder?

PLATÃO: Isso não é o que suas mulheres e seus homens da ciência vêm fazendo, pressionando os processos da natureza de maneira que produzam as razões para explicar porque eles são como são?

PLATÃO NO CANAL DE NOTÍCIAS DA TV A CABO

McCOY: Mas eles são apenas coisas idiotas da física que estão se movimentando! E eu não estou somente querendo dizer os cientistas aqui, mas as coisas que os cientistas estão estudando, a maré e tudo o mais. E qualquer cientista que questionar a maré e pensar que a ouviu responder deve ser medicado.

PLATÃO: O movimento delas fala a língua da matemática.[2]

McCOY: Não, amigo. *Nós* falamos a língua da matemática. Ou pelo menos alguns de nós. Outros preferem fazer uma colonoscopia. A maré não fala coisa nenhuma. Simplesmente sobe e desce, sem falha de comunicação, assim, do jeito que estou tentando te falar.

PLATÃO: Exatamente isso. Nunca há falha de comunicação, porque falam a língua da matemática. Portanto, são inalteráveis. Você mesmo fica repetindo a resposta, tão repetitivo quanto as marés.

McCOY: Você está tentando me dizer que consegue ouvir as marés conversando com você? E você começou essa conversa reclamando que as pessoas acham você louco?

PLATÃO: Não reclamei, apenas relatei o fato.

McCOY: Bem, não é de se surpreender. Quero dizer, todos nós vamos para a praia e ouvimos um chuá, chuá, mas você ouve... Bem, nem sei que raio de coisa você está dizendo que ouve. O Teorema de Pitágoras ou algum outra coisa. Chuá, *a*, chuê, *b*, chuí, *é igual*, chuá *c*.

PLATÃO: $a^2+b^2=c^2$. Em um triângulo reto, o quadrado do lado que subtende o ângulo reto é igual aos quadrados dos lados contendo o ângulo reto.[3]

McCOY: Exibido.

PLATÃO: Mas o Teorema de Pitágoras não é a matemática relevante para as marés, mas, sim, as forças gravitacionais diferenciais da Lua na superfície

---

2. Foi Galileu, inspirado por Platão (e mais especificamente pelo *Timeu,* que era o único diálogo de Platão ainda lido nos séculos da Escolástica), quem escreveu: "A filosofia (natureza) está escrita naquele grande livro que está sempre diante de nossos olhos — quero dizer, o universo —, mas não podemos entendê-la, se não aprendermos primeiro a língua e compreender os símbolos com os quais é escrita. O livro é escrito em linguagem matemática, e os símbolos são triângulos, círculos e outras figuras geométricas, das quais, sem ajuda, é impossível compreender uma única palavra dele; sem a qual uma pessoa vagaria em vão por um labirinto escuro."

3. É assim que está definido em *Os elementos* de Euclides (I, 47). Como foi dito anteriormente, Euclides confrontou e formalizou muito da matemática que já havia sido realizado antes, incluindo o que foi feito por matemáticos da Academia de Platão.

terrestre, a causa primordial para as protuberâncias equipotenciais da maré responsáveis pelas duas marés altas diárias.

McCOY: Está bem, já disse isso antes, amigo, isto aqui é A Caixa das Coisas Sérias; isso significa falar de forma que as pessoas possam entender você, então apenas pare com isso, caso contrário vou ter que fechar seu microfone.

PLATÃO: Mas ainda, de outra forma, você está certo sobre Pitágoras, amigo do número, que há muito tempo adivinhou que o segredo da mais difícil tarefa de conciliar o domínio da mudança com o domínio das eternas necessidades era que isso somente poderia acontecer por intermédio da matemática que corre entre os dois domínios como um Hermes alado. O número e a medida nos proporcionam a estrutura de tudo o que vem a ser; ou seja, as inúmeras possibilidades se tornam inteligíveis através da exatidão do número (*Filebo* 25c-d, 30c; *Timeu*, passim).

McCOY: Você disse que Pitágoras era seu amigo? Esse cara e o Teorema idiota dele transformaram minha vida em um inferno no sétimo ano. E você pode dizer isso a ele por mim, pessoalmente, quando o vir.

PLATÃO: Isso o desanimaria muito.

McCOY: Que bom. Deixe ele se desanimar por todo o problema que causou ao longo dos anos em crianças indefesas. Cara, taí um conhecimento inútil. Você acha que em todos esses anos em que eu alcancei tanta coisa — escrevi best-sellers e ganhei prêmios por minha excelência no jornalismo televisivo e com a maior audiência de toda a TV a cabo —, você acha que eu alguma vez precisei pensar no Teorema de Pitágoras? Eu deveria ter adivinhado que você seria amigo de um estraga prazeres como esse.

PLATÃO: Ele não estragou nosso prazer, mas nos mostrou o caminho sem dor para chegar ao prazer, o caminho que evita as dores que não podem ser evitadas ao procurarmos outros prazeres, porque o prazer de aprender não se mistura à dor (*Filibeu* 52b).

McCOY: Talvez para você, amigo.

PLATÃO: É o prazer que você mesmo procura quando pede às marés que forneçam mais explicações, procurando a melhor das razões...

McCOY: Essas aí, claro, no fim das contas estão na inescrutável vontade divina...

PLATÃO NO CANAL DE NOTÍCIAS DA TV A CABO

PLATÃO: Não é de forma alguma inescrutável, mas expressa na mais perfeita das formulações matemáticas, em si uma expressão de inteligência...

McCOY: Está bem, você acertou aí, se o que quer dizer é design inteligente, nesse caso, o da Divindade...

PLATÃO: ... de forma que enxergar que a mais perfeita razão está realizada naqueles processos é enxergar que a razão é para sempre o que comanda o universo (*Filibeu* 30d).

McCOY: Se o que você está dizendo é que a Divindade será para sempre quem comanda o universo, tudo bem, finalmente você acertou em alguma coisa. Além disso, só bola fora. Aquelas explicações com as quais você parece tão apaixonado são todas fornecidas, como cortesia, pelo Senhor Todo-Poderoso. E se são tão bonitas a ponto de você ter problema para segurar seu jeito poético de ser — sobre isso já adverti duas vezes —, então você tem que agradecer a Ele e somente Ele, com E maiúsculo. E é por isso que quando vejo as marés subindo e descendo, sem problema de comunicação, fico besta de tão maravilhado.

PLATÃO: Você faz bem em ficar tão maravilhado...

McCOY: Besta de tão maravilhado.

PLATÃO: Todo mundo que é feliz começou ficando maravilhado com esse Cosmo, e concebeu uma paixão por aprender tudo o que um mortal pode aprender, acreditando que essa é a forma de viver a melhor e mais afortunada vida, e quando morrer irá para lugares onde a virtude é familiar (*Leis* 986c-d).

McCOY: Bem, acho que devo agradecer. É muito gentil de sua parte dizer isso. Certamente espero que, quando morrer, eu vá para o lugar onde a virtude é familiar, porque neste momento, o único lugar em que ela é familiar é bem aqui, n'A Caixa das Coisas Sérias, onde eu sou a pessoa que está no controle.

PLATÃO: E mais: uma vez que ele esteja real e verdadeiramente iniciado e tenha alcançado perfeita união e um pouco da sabedoria do Cosmos, ele continuará a ser, pelo resto de seus dias, um observador das coisas mais justas que a visão pode enxergar (Leis 986d).

PLATÃO NO GOOGLEPLEX

McCOY: É verdade que na minha vida toda tenho sido um observador perspicaz, que é como consegui entrar para os negócios da televisão, mas nem
tudo o que observo pode ser descrito exatamente como "as coisas mais
justas que a visão pode enxergar". Quero dizer, eu vivo no mundo real.

PLATÃO: Então você não pode evitar ser tanto virtuoso quanto feliz.

McCOY: Gosto de pensar assim. Se enxergar a verdade nua e crua tem alguma
coisa a ver com ser virtuoso...

PLATÃO: Ah, tem tudo a ver com ser virtuoso.

McCOY: Então está bem, tenho que dizer que sou virtuoso. E feliz? Quero
dizer, admito: sou um cara feliz. Sou muito feliz. Tenho tudo o que alguém precisa para ser feliz. Dinheiro, fama, poder. E como alguém um
dia sabiamente disse, não é suficiente ser bem-sucedido...

PLATÃO: Isso certamente foi algo sábio a se dizer.

McCOY: ... outros devem fracassar.

PLATÃO: Mas, vivendo em um mundo real como você, sabe-se que nem uma
dessas coisas que mencionamos — dinheiro, fama, poder, muito menos
o fracasso dos outros, sejam eles amigos ou inimigos — tem algo a ver
com sua felicidade.

McCOY: Bem, não sei de que tipo de mundo real você está falando, amigo.
Parece o tipo de mundo real com o qual um fracassado sonha. Estou
falando sobre o real mundo real. E no real mundo real, ao contrário da
versão dos fracassados, dinheiro, fama e poder não são nem um pouco
ruins.

PLATÃO: Talvez seja a maneira como você diz que não é nem um pouco
ruim. Mas isso ainda significa que essas coisas ficam aquém do perfeitamente bom.

McCOY: Novamente, vou te lembrar que aqui no real mundo real não há nada
perfeitamente bom, a não ser a Divindade, no singular. Do contrário, é
tudo uma mistura de coisas.

PLATÃO: Sim, você está bastante correto ao dizer que quase tudo no mundo
é uma mistura de muitas partes, de forma que é raro poder dizer: sim,
isso sempre vale a pena escolher; escolher isso sempre vai levar a uma
vida melhor. E sem dúvida você está certo ao dizer que dinheiro, fama

PLATÃO NO CANAL DE NOTÍCIAS DA TV A CABO

e poder são coisas do tipo misturadas, porque, em várias situações, escolhê-las resulta em uma vida pior.

McCOY: Ainda assim, se você precisa se conformar com essa mistura, o que seria melhor que uma mistura de dinheiro, fama e poder?

PLATÃO: Mas talvez não tenhamos que nos conformar. Isso não seria melhor?

McCOY: Melhor que dinheiro, fama e poder? Esquece isso. Eu me conformo.

PLATÃO: Ainda que encontrássemos um bem que fosse muito mais confiável, de forma que escolhê-lo resultaria em uma vida melhor, independentemente do que mais acontecesse?

McCOY: É algo naquela versão de mundo real de fracassados que você está tentando me vender? Tenho uma ideia ainda melhor para o título de seu próximo livro: *Conhecimento que você não vai usar e bondade que você não quer.*

PLATÃO: Tudo quer bondade. Tudo que tem noção disso está a procura disso e deseja obter isso e assegurar isso para si mesmo, não se importando com qualquer outra coisa exceto com o que está conectado à aquisição de algum bem (*Filebo* 20d).[4]

McCOY: Você está certo. E ninguém quer o que você está oferecendo. Logo, o que você está oferecendo não é bondade.

PLATÃO: Isso foi um argumento.

McCOY: O quê? Você acha que é a única pessoa que sabe como lidar com um silogismo? Estudei em escola católica. Aqueles jesuítas sabiam uma coisa ou outra sobre a lógica torturada, que Deus os abençoe.

PLATÃO: Mas como você sabe que não quer o bem do tipo não misturado que tenho em mente se nem me deixou dizer o que penso que é? E quando falo em bem do tipo não misturado, estou querendo dizer não somente um bem que sempre resulta em uma vida melhor, mas também — e essas duas condições estão ligadas — um que leva ao prazer que não tem nenhuma dose de dor nele.

---

4. Isso se repete em vários diálogos, incluindo em *A república*: "Toda alma está em busca do bem e por ele faz tudo o que faz." (505e)

PLATÃO NO GOOGLEPLEX

McCOY: Não preciso ouvir o que tem em mente, no seu mundo real de fracassados. Seja lá o que for, não quero. Não quero nada para substituir o que tenho.

PLATÃO: Seu dinheiro, fama e poder.

McCOY: E toda a *parerga*. Viu? Você me ensinou alguma coisa.

PLATÃO: Mas você concorda que algumas vezes dinheiro, fama e poder levam as pessoas a fazerem o que é errado?

McCOY: Escute, nunca disse que essas coisas necessariamente farão de você uma pessoa boa do jeito que as freiras na escola esperavam que fôssemos. Eu quis dizer que são coisas boas de se ter. Fazem uma pessoa feliz. Mas isso não quer dizer que necessariamente fazem uma pessoa ser aprovada por uma freira no quesito bondade. Talvez uma pessoa feliz seja boa, talvez não. Depende de como conseguiu dinheiro, fama e poder, e o que faz com essas coisas. Algumas vezes os virtuosos são felizes, algumas vezes não. É por isso que precisamos de céu e inferno para determinar o corte.

PLATÃO: E se eu te falar que acho que ser virtuoso e ser feliz não podem ser separados? A pessoa que faz coisas erradas é infeliz e a pessoa que faz mais coisas erradas é a mais infeliz.

McCOY: É, uma vez que seja pego. Uma vez que seja Bernie Madoff sentado em sua cela de prisão, seu império derrubado e todo mundo o odiando e os membros de sua família mudando de nome para não terem pessoas os odiando também.

PLATÃO: Então ele é muito mais feliz, sentado sozinho em sua cela de prisão, do que era antes quando seguia impune (*Górgias,* passim).

McCOY: Está bem. Francamente, isso está ficando ridículo. Próxima coisa que você vai me dizer é que você preferiria ser o cara que foi roubado por Bernie Madoff do que Bernie Madoff quando ele estava por cima da carne-seca.

PLATÃO: Diria que sim.

McCOY: Então você é um idiota. Você preferiria que lhe fizessem o mal em vez de ser o perpetrador do mal e se dar bem com isso?

PLATÃO: Para mim, não iria querer nenhum dos dois. Mas, se tivesse que ser ou uma coisa ou outra, eu iria escolher sofrer o mal em vez de fazer o que é errado (*Górgias* 469b-c).

McCOY: Então você não iria querer ser um tirano se pudesse se dar bem com isso?

PLATÃO: Por nada neste mundo. Você iria?

McCOY: Acredite: sim. Assim como qualquer um com um QI acima do de uma galinha e que não estiver vivendo em seu mundo delirante.

PLATÃO: E ainda assim não creio que você acredita nisso. Porque você não deseja sua própria infelicidade.

McCOY: Olhe, isso está ficando muito ridículo para ser dito, sem falar que não é cristão. Nem mesmo as freiras teriam tentado nos convencer dessa ideia maluca de que ser bom iria necessariamente nos fazer felizes. Aliás, elas falavam bastante em sofrimento como um tipo de prótese moral. Você é cristão, Platão?

PLATÃO: Não.

McCOY: Pensei que não fosse. Falta em você o senso cristão das coisas, incluindo a questão do sofrimento. Veja bem o que acontece no quesito lutas morais. A razão para que sejam lutas é que as coisas que nos fazem ser bons e as que nos fazem ser felizes não são as mesmas. As coisas que queremos, que são exatamente as coisas que eu tenho...

PLATÃO: Dinheiro, fama e poder.

McCOY: ... e seus *parerga*, essas são as coisas que nos fazem felizes, que é o porquê de eu ser um cara feliz, e nada do que eu disser pode me convencer do contrário. O quê? Você vai me dizer que não sou realmente feliz, que somente parece que eu sou feliz? Bem, sabe de uma coisa? Fico com o parecer feliz, porque não vejo qualquer diferença. Por que eu me importaria se dinheiro, fama e poder são uma mistura e nem todo mundo que corre atrás deles necessariamente será feliz, muito menos virtuoso? Não são uma mistura para mim. Quando você olha as estatísticas e inclui o cara que mexe com os números porque a vida dele é extremamente fantástica, esse cara sou eu. Provavelmente, no que diz respeito a poder, sou o segundo, vindo atrás somente do ocupante do Salão Oval em termos de opiniões. Sabe o quanto isso é bom? Você consegue imaginar como eu me sinto tendo essa influência toda sobre o que as pessoas pensam?

PLATÃO NO GOOGLEPLEX

PLATÃO: Quase sinto medo só de imaginar isso, parece-me tão deplorável.

McCOY: *Deplorável?* Foi isso o que você acabou de dizer, amigo? Você está fazendo hora com minha cara? Você acha que é deplorável ter tanto poder sobre a mente das pessoas? Isso vai ter que subir no ranking das coisas mais idiotas que já ouvi. Você não para de se superar, Platão. Somente um cara que gosta de mostrar o quanto é inteligente diria algo tão obviamente estúpido.

PLATÃO: Sempre considerei ter influência sobre a opinião dos outros a maior das infelicidades de que uma pessoa pode sofrer.

McCOY *rindo*: Está ouvindo esse cara? Bem, isso só pode ser algum tipo de performance para vender livros. E, a propósito, se você quer ter pouca influência sobre as pessoas, por que você escreve seus livros?

PLATÃO: Acho que um escritor só pode esperar, no melhor dos casos, proporcionar lembretes para aqueles que já sabem (*Fedro* 278a).

McCOY: Espere um pouco. Você é um cara da Academia que está confessando jamais ter aprendido alguma coisa de um livro? Que tipo de programa tem as aulas que você ministra?

PLATÃO: Você entende que estou falando de conhecimento e não de informação? Conhecimento não pode ser passado de uma pessoa para outra como a informação pode.

McCOY: Conhecimento, informação. Não vejo a diferença. Qual é a semântica? Na sua idade, você não tem vergonha de ficar jogando com as palavras? (*Górgias* 489b). De qualquer maneira, não acho que você deveria perder o sono se preocupando com qualquer influência indevida que você tenha exercido. Não acho que você algum dia terá esse problema.

PLATÃO: Não obstante, influência indevida sempre foi uma preocupação minha. Meu cargo como chefe da Academia me fez ter a preocupação de que alguém pudesse assumir meu cargo lá como motivo suficiente para concordar comigo e me usar como autoridade para fundamentar suas opiniões.

McCOY: Francamente, não vejo que isso possa acontecer. Ninguém que está agora assistindo a esse programa — que é enorme, o maior na TV a cabo — se sentirá balançado por qualquer coisa que você possa dizer,

PLATÃO NO CANAL DE NOTÍCIAS DA TV A CABO

inclusive sua afirmação de que é falta de sorte ter muitos seguidores. Se pelo menos você fosse tão sem sorte!

PLATÃO: Espero que não, porque aí qualquer erro que eu tiver cometido teria sido muitas vezes intensificado, arruinando não somente meu ponto de vista, mas o de todas as outras pessoas a quem eu influenciei. E se minha influência tivesse sido tão extraordinária, iria apenas aumentar a probabilidade de eu pensar erroneamente, porque iria sufocar tanto minhas habilidades de acessar o que estou dizendo quanto as das outras pessoas. Eu seria como uma pessoa fazendo uma grande viagem para ver o mundo, mas que viaja com as janelas da carruagem fechadas por cortinas impressas com imagens da janela de seu próprio quarto.

MCCOY: Carruagem? Estamos vivendo a alta tecnologia aqui.

PLATÃO: Apenas quis dizer que à pessoa de grande influência faltam visões que desafiem suas próprias.

MCCOY: Ah, não faltam opiniões protestando para desafiar a minha. É o que chamamos de ponto de vista dos imbecis, e felizmente nada me força a prestar qualquer atenção neles.

PLATÃO: Exceto seu interesse próprio.

MCCOY *rindo*: Isso está cada vez melhor. Então eu devo prestar atenção aos imbecis por meu interesse próprio?

PLATÃO: Caso contrário você deve fazer sozinho todo o trabalho duro de desafiar seus próprios posicionamentos. Não é melhor ter ajuda para uma tarefa tão difícil? E você não chamaria de amigo àqueles que te ajudam?

MCCOY: Por que eu desafiaria meus próprios posicionamentos? Esse é o trabalho de meus inimigos, a quem, é meu trabalho, devo vilipendiar.

PLATÃO: Eu teria dito que é o trabalho de seus mais valiosos amigos.

MCCOY: Não sei dizer se você está de sacanagem comigo ou não. Isso é algum tipo de brincadeira do Ali G ou do Borat que você está tentando fazer? Apenas me responda isso. Você está me sacaneando? Minha equipe, estúpida, avacalhou de novo deixando entrar algum tipo de Sacha Baron Cohen em ação.

PLATÃO: Sou sincero.

PLATÃO NO GOOGLEPLEX

McCOY: Então eu devo mesmo acreditar que você pensa que são os amigos que devem tentar refutar o que você diz?

PLATÃO: Certamente, quando o que digo está errado; e eu não posso ter certeza de que não está errado, a menos que eu escute a melhor das refutações que possam ser oferecidas. E espero que eu seja um amigo bom o suficiente para fazer algo em troca do favor.

McCOY: Mas obviamente você prefere refutar a ser refutado.

PLATÃO: Eu não teria menos prazer em ser refutado do que em refutar. Porque considero ser refutado um bem maior, na medida em que é um bem maior para a própria pessoa ser protegido de algo ruim do que proteger alguma outra pessoa disso (*Górgias* 458b).

McCOY: Então, deixe eu me tornar seu "melhor amigo" derrubando tudo o que você disse. Suspeito que aí você vai cair de joelhos e me pedir em casamento quando eu tiver terminado.

PLATÃO: Qual dos meus posicionamentos você gostaria de refutar?

McCOY: Por onde quer que eu comece? Mal consigo me lembrar de todas as coisas que você falou. Elas não ficam na memória porque não fazem sentido. Primeiro, você fala que a maré sabe de coisas como o Teorema de Pitágoras e o universo inteiro sabe contar, o que parece que você pensa ser suficiente para fazê-lo existir por si só, sem qualquer ajuda de uma Divindade — observe o singular — a quem você provavelmente está irritando tanto quanto está me irritando, porque você está marginalizando-O demais em Sua maior responsabilidade, que é fazer o universo existir — toda aquela lista que vem com "e Deus disse faça-se", que você conheceria se fosse um cristão ou um muçulmano ou um judeu, que imagino, você não é...

PLATÃO: Não.

McCOY: Está bem, então deixe eu te atualizar aqui. A Divindade fez todas as coisas e então Ele fez tudo funcionar, as marés subindo e descendo e todo o resto. Porque... Deixe-me te contar uma coisa sobre o teorema de seu amigo Pitágoras. Você pode pensar que é tão bonito quanto o sorriso de Mona Lisa, mas o sorriso da Srta. Lisa não se pintou e o mesmo serve para o Cosmo. Nada estaria acontecendo, inclusive o teorema de

400

seu amigo, sem o mundo ter começado primeiro. Então, isso é o número um nas paradas de sucesso dos seus erros. Você pode voltar atrás em sua afirmação de que o mundo existe na matemática?

PLATÃO: A única coisa que posso dizer para fazer justiça ao maravilhoso espetáculo apresentado pela ordem cósmica de sol, lua e estrelas e as revoluções do céu inteiro é que a razão os organiza todos.

McCOY: Você está girando mais rápido que aquelas revoluções. O que pedi para você me dizer, sem enrolação, é se você pode voltar atrás naquela sua afirmação.

PLATÃO: Talvez da primeira vez que eu afirmei que o *logos* do Cosmo é matemática...

McCOY: Cuidado aí, amigo. Inglês.

PLATÃO: Talvez primeiramente tenha sido uma grande intuição, mas nesse ponto...

McCOY: Vou te interromper aqui. Veja bem, nessa rede você precisa ser capaz de sustentar suas chamadas intuições. A gente aqui se apega aos fatos. Essas enrolações do tipo "acredite em mim, eu tenho uma forte intuição" podem até colar em outras redes, mas não aqui. Então, esse é seu maior erro, o número um. E você seguiu com essa bobagem com ainda um pouco de blasfêmia, afirmando que astronomia é um ato de devoção religiosa que de alguma maneira pode dotar uma pessoa de virtude. E com isso você marginaliza a Divindade — singular — mais uma vez; só que dessa vez o assunto é a diferença entre certo e errado, que é o segundo trabalho Dele. Porque veja bem como é a coisa, amigo. Fato: a Divindade decide o que é certo e o que é errado, e não tem nada a ver com a Via Láctea ou com a Ursa Maior ou com qualquer coisa do tipo "brilha, brilha estrelinha", mas tem a ver com algumas regras bastante rígidas, uma das quais, a propósito, proíbe você de cair de joelhos e me pedir em casamento quando eu tiver terminado de te refutar, só para você saber. E então você vem com essa ideia maluca de que virtude e felicidade andam de mãos dadas, dando pulinhos por aí juntas; portanto, ainda que alguém pense que é tão feliz quanto um médico que faz abortos, trabalhando em um puteiro, se não for uma pessoa virtuosa, não será

PLATÃO NO GOOGLEPLEX

uma pessoa realmente feliz. Veja bem, isso faria ser virtuoso uma coisa muito fácil, já que todo mundo quer ser feliz, mas a questão toda sobre virtude é que é difícil. Precisa ir no sentido contrário àquilo que você quer. Ser virtuoso precisa doer, de forma que haja uma luta real em sua alma e somente os melhores entre nós conseguem competir. Então, tem isso aí. E para completar, você diz que a melhor coisa para um cara como eu é ter imbecis vindo atrás de mim tentando refutar meu ponto de vista, em vez de ter um grande grupo de fãs leais e seguidores que aprendem comigo quem são os caras bons e quem são os caras maus. De acordo com você, os imbecis são meus verdadeiros amigos, e meus fãs não são de jeito nenhum meus amigos, o que leva à conclusão completamente absurda que não sou meu próprio amigo, já que sou meu maior fã. Aí está, então, um *reductio ad absurdum* para você colocar no seu cachimbo e fumar, junto com qualquer outra coisa engraçada que você tiver para inalar. Bem, acho que isso dá conta de toda grande estupidez que você conseguiu falar no pouco tempo que te conheço. Estou deixando de fora algumas das bobagens menores, como você dizer que eu deveria me entusiasmar com a matemática.

PLATÃO: E por onde você gostaria de começar?

McCOY: Boa pergunta. São tantos erros para tão pouco tempo. Por que não nos concentramos naquele que é pessoalmente o mais ofensivo para mim?

PLATÃO: Deixe-me adivinhar: de que é falta de sorte sua que sua opinião impulsione a opinião dos outros.

McCOY: Essa é provavelmente a coisa mais estúpida que já escutei em toda minha longa vida escutando coisas estúpidas. E nem por um instante eu acredito que você acredite nisso. Você é tão convincente quanto Dukakis montado em um tanque de guerra. Vamos ver os fatos. Você é um cara que abriu sua própria Academia, e é um cara que publica livros, portanto, penso que seja um cara que está bastante dedicado a tentar influenciar os outros em como devem pensar. E a julgar pelo fato de que conseguiu chegar até meu programa, você obteve algum sucesso, mas não me pergunte como. Meu palpite é de que seja apenas devido ao potencial para chocar que têm as coisas de que você está falando. Você pega um cara

PLATÃO NO CANAL DE NOTÍCIAS DA TV A CABO

educado, com bons diplomas, que diz algo tão estúpido que qualquer pessoa padrão sabe que isso não pode estar certo, então você consegue fazer as pessoas ficarem na dúvida e dizer que o que ele diz deve ter um sentido mais profundo, já que ou é isso ou ele é mais burro que uma porta.

PLATÃO: E contudo pode ser o caso que a verdade entre primeiro em nossa mente como algo estranho e perturbador, nossa mente aos poucos entra em um acordo com a estranheza e se reconfigura de forma que o sentimento de estranheza se altera.

McCOY: Cuja reconfiguração exige, suponho, uma estada prolongada em sua academia particular, de modo que, quando os estudantes iludidos se formarem, estarão convencidos de que podem escutar as marés sussurrando doces teoremas nos ouvidos deles, e de que veem deuses mergulhando na Via Láctea. Isso é apenas bobagem elitista. E talvez essa seja a razão para você não querer influenciar muita gente, porque aí já não seria para os poucos da elite. Ficaria manchado por estar em muitas cabeças, e você teria que criar algumas outras afirmações totalmente bizarras para te separar da massa. É igual quando as mães dos garotos que jogam futebol começaram a fazer tatuagem, isso fez os hipsters correrem para tirar as deles com laser.

PLATÃO: Quanto mais gente houver cuja mente foi reconfigurada pela verdade, melhor será para todos nós.

McCOY: Então você quer, sim, influenciar pessoas. Você quer mudar a maneira delas de pensar. Você está se contradizendo!

PLATÃO: Eu estabeleceria a diferença entre influenciar e persuadir.

McCOY: Assim como você estabeleceu a diferença entre informação e conhecimento. Mais embromação acadêmica.

PLATÃO: As duas distinções, entre informação e conhecimento por um lado e entre influência e persuasão do outro, não são desconexas.

McCOY: Pode apostar. Elas estão relacionadas pela semântica vazia.

PLATÃO: Acho que eu posso, talvez, explicar melhor a diferença entre influência e persuasão, falando de sedução.

McCOY: Você quer dizer sedução sexual?

PLATÃO: Sim.

PLATÃO NO GOOGLEPLEX

MCCOY *rindo*: Por favor. Meus pontos de audiência acabaram de subir.

PLATÃO: Há diferença, você deve reconhecer, entre uma pessoa que leva outra pela força, montando nela como se fosse uma besta de quatro patas e plantando sua semente (*Fedro* 251a)...

MCCOY: Muita calma aí, amigo. Isso aqui pode até ser TV a cabo, mas nem tudo passa.

PLATÃO: ... e uma pessoa que seduz genuinamente. Aquele que age conforme a primeira descrição leva consigo arrogância como companheira e não seduz, mas, sim, viola o outro, que somente é dominado e impedido de qualquer chance de consentir ou recusar o que está acontecendo. Na verdade, o que foi dominado não é tratado, de jeito nenhum, como uma pessoa, já que a vontade dela é tornada inoperante. Mas o que chamamos sedução não tira os poderes da pessoa seduzida, mas sim a empodera — ela ou ele — para se entregar a sua própria vontade.

MCCOY *rindo*: Ele ou ela. Alguém aqui está claramente tocado pela onda politicamente correta.

PLATÃO: Não. Não fui tocado pela onda, mas fui persuadido. É esse o meu ponto. Quando me foi apresentada a questão, por Cheryl, minha assessora de imprensa no Googleplex, de que minha língua é sexista, levei em consideração a questão levantada e percebi que era correta. O poder era meu de refutar ou reconhecer. E daí que sedução e persuasão são similares.[5] Ambos os casos envolvem entrega, mas não é entrega a uma outra pessoa, porque aí não haveria dignidade alguma nisso. Quando sou seduzido eu me entrego ao amor, e quando sou persuadido me entrego à verdade.

MCCOY: Você faz um discurso legal, Platão; você é um clássico retórico, mas acho que está apenas jogando com as palavras de novo. Você pode dizer

---

5. Em *Fedro*, Platão faz o que parece ser uma transição abrupta da fala sobre sedução à fala sobre retórica (257c). A razão ostensiva é que os três discursos que estão sendo comparados entre si continham *erōs* como tema, mas há razões mais profundas para o porquê de a discussão sobre a maneira correta de seduzir e a maneira correta de persuadir estarem relacionadas em um diálogo. As pessoas apaixonadas e as pessoas persuadidas pela verdade se permitem serem dominadas por algo maior do que elas mesmas. Em *Timeu* (51e), Platão diz que somente a pessoa aberta à razão está aberta à persuasão. Um orador que simplesmente quer conseguir o que deseja é semelhante a um amante que simplesmente quer conseguir o que deseja.

404

que não está pessoalmente tentando influenciar ninguém, está apenas tentando fazer com que "se entreguem à verdade", mas no fim das contas tudo se resume à mesma coisa. Independentemente de querer negar que você quer influenciar ou não, você ainda está atrás de unanimidade, tentando calcar pontos de vista diferentes em nome de sua única verdade. Você mesmo disse isso há pouco: do meu jeito ou de jeito nenhum.

PLATÃO: Eu disse isso?

McCOY: Temos isso gravado e podemos repassar para você se negar que falou. "Esse é o jeito certo, essa é a educação, esses são os estudos." Se você pudesse ter seu próprio "A Caixa das Coisas Sérias" como eu tenho, em que eu decido quando as pessoas estão pegando pesado com a verdade e, se necessário for, digo para calarem a boca ou corto o microfone, você tentaria agarrar a oportunidade.

PLATÃO: Somente se eu desejasse para mim o pior dano. Não tive como não lamentar por Aristóteles, um talentoso estudante meu, que em certo momento sofreu com a falta de sorte de se tornar autoridade para instituições poderosas, cujos membros simplesmente se referiam a ele como "o filósofo", como se jamais tivesse havido e jamais iria haver outro filósofo, e converteram todas suas opiniões em dogma.

McCOY: Sei tudo sobre Aristóteles, aprendi no ensino médio. Ele era o pagão preferido. Tomás de Aquino o amava e nós amávamos Tomás de Aquino. Você está me dizendo que não se incomoda que seu próprio estudante ofuscasse seu brilho e que fosse chamado de "o filósofo" como se você não contasse para nada? Ele eclipsou o seu sol, e você está me dizendo que não se ressente dele? Você está me dizendo que não deseja que tivesse a influência dele ou a minha hoje com minha plataforma de fãs?

PLATÃO: Da minha parte, acho melhor ter minha lira ou um coro que eu talvez dirija fora do tom ou dissonantemente, e ter a vasta maioria discordando de mim e me contrariando, do que não estar em harmonia comigo mesmo, apesar de ser apenas uma pessoa (*Górgias* 482a).

McCOY: De novo com esses discursos rebuscados! Olha, amigo, não estou em desarmonia comigo mesmo só porque estou em perfeita harmonia com minha plataforma de fãs.

PLATÃO NO GOOGLEPLEX

PLATÃO: Você conversa com as pessoas que são iguais a você em caráter, de forma que você possa dar expressão ao que eles sentirão prazer em ouvir.

McCOY: Pode apostar que sim. E tenho os pontos de audiência para comprovar.

PLATÃO: Vocês se gratificam mutuamente. O que você diz dá a eles prazer, e o prazer deles te dá prazer.

McCOY: Está bem, pode-se dizer assim. Mesmo sendo um pouco sinistro.

PLATÃO: Cada grupo de pessoas se delicia em discursos que são proferidos com suas características e se ressente daqueles proferidos de uma maneira estranha (*Górgias* 513c).

McCOY: Bem, obviamente. Por isso preciso mandar os imbecis calarem a boca. E minha audiência me ama por isso. É exatamente a maneira que querem ver os imbecis serem tratados.

PLATÃO: Portanto, quando você, que compartilha das características de sua audiência, diz o que eles mesmos gostariam de dizer, você os gratifica. Você os gratifica tanto que eles jamais escutarão qualquer um que ofereça razões para questionarem o que eles gostariam de dizer eles mesmos. O prazer de te escutar é tão bom porque a harmonia é tão boa.

McCOY: Só de escutar você descrever a situação já estou sentindo prazer.

PLATÃO: Oradores que têm muito a ganhar gratificando as pessoas serão muito cuidadosos no que têm a dizer, tratando-as como crianças, não falando com elas sobre qualquer coisa que possa causar-lhes a dor da dúvida. Se houvesse algo que as pessoas precisassem ouvir a fim de compreender tudo, mas se essa coisa causasse dor, esses oradores optariam por deixar isso de fora, ainda que a justiça demandasse que fosse incluído. Eles são para a justiça o que doceiras são para a saúde.

McCOY: Doceiras! Eu acabei de escutar você dizer "doceiras"? Ou será que queria dizer desperdiçadoras? Você sabe, a negligência é irmã do desperdício. Ou você está falando das doces mulheres? Com você tudo é possível.

PLATÃO: Eu estava falando das doceiras. Quem pode te dizer melhor o que é bom para seu corpo, a doceira ou o médico?

McCOY: Que tipo de pergunta idiota é essa? Não se atreva a vir com ar de superioridade para cima de mim.

406

PLATÃO NO CANAL DE NOTÍCIAS DA TV A CABO

PLATÃO: Porque é tão óbvio que o médico pode tratar melhor o corpo, compreendendo como promover saúde, enquanto a doceira simplesmente dá prazer ao corpo, sabendo como proporcionar prazer sem pensar no que é melhor para ele. A doçaria se vestiu de medicina, e finge saber quais são as melhores comidas para o corpo, de forma que se uma doceira e um médico precisassem competir diante de uma audiência de crianças ou de pessoas tão tolas quanto crianças, quem iria determinar qual dos dois, o médico ou a doceira, tem conhecimento especializado sobre comida boa e comida ruim? O médico morreria de fome. E assim o orador é como uma doceira, ambos com aptidão para gratificar. E o que é essa aptidão? Com uma isca feita daquilo que é mais prazeroso no momento, ela fareja a tolice e a engana, de forma que dá a impressão de ser merecedora. Chamo isso de adulação, e digo que essa coisa é vergonhosa porque adivinha o que é prazeroso sem levar em consideração o que é melhor (*Górgias* 464d-645a, mas misturado).

McCOY: É, só que, justiça seja feita, há algo nessa situação que faz com que não seja de maneira alguma vergonhosa. Os caras lá do outro lado estão fazendo exatamente a mesma coisa. Eles têm sua audiência, que eles gratificam servindo exatamente o doce que a audiência *deles* acha que é de lamber os dedos. É assim que funciona, existem doceiras em ambos os lados, com comedores de doces em ambos os lados, devorando e depois passando a mão na barriga com prazer. Então talvez haja pessoas que gostam de sua rosca doce e outras que gostam de seu mousse ou tiramisù. O país é livre e você é livre para pegar sua guloseima de quem você quiser. E é assim, funciona, sobretudo, como sistema de livre-iniciativa, que está lado a lado com a democracia. Os dois saem andando juntos com muito mais naturalidade que sua virtude e felicidade, que é puramente antinatural. Então é isso, haverá um lucro a ganhar ao gratificar sua audiência — consigo viver do jeito que vivo, porque eu gratifico certos gulosos —, mas está tudo bem, porque ambos os lados estão fazendo isso, e está tudo aí fora, no grande shopping, roscas doces e tiramisù, éclair e macaron, e as pessoas podem se gratificar da maneira que acharem melhor. Isso é democracia, amigo, o tipo de democracia que ensinamos o mundo a gostar.

PLATÃO NO GOOGLEPLEX

PLATÃO: Mas mesmo que esteja tudo aí fora, no grande shopping, as pessoas somente vão às lojas que lhe servem o que preferem. Quem gosta de rosca doce vai lá, e quem gosta de tiramisù vai ali.

McCOY: Como disse, é um país livre. E a propósito, o mesmo ocorre com sua internet, que você tanto adora.

PLATÃO: Sinto muito ficar sabendo disso. Eu esperaria que tanta informação disponível demonstrasse um grande desejo não só por informação, mas talvez até mesmo por conhecimento.

McCOY: Só porque toda aquela informação está por aí não quer dizer que alguém vai acessar tudo. Aliás, como poderiam? É estressante. E assim você terá aqueles que acham "nada melhor que uma torta de maçã" visitando nosso site ou o Drudge Report, o que prefere docinhos caramelizados indo para o moveon.org ou para o *Huffington Post*.

PLATÃO: E então isso se torna uma briga para chamar mais atenção.

McCOY: Exatamente. Atenção é o recurso que todo mundo está procurando, e algumas vezes existe uma grande quantia de dinheiro que se conecta com essa atenção...

PLATÃO: Mas até mesmo quando não há as grandes quantias, a atenção por si só já é suficiente.

McCOY: Você está certo. Atenção é poder. Então você tem todas as doceiras especializadas aí fora, na internet, preparando uma tempestade. Qualquer um que tenha um blog é uma doceira.

PLATÃO: Sinto muito por isso.

McCOY: Não há nada de errado em colocar mais doceiras por aí, todas elas se aperfeiçoando em sua confeitaria particular. Como disse, é a democracia. Se você tiver problema com isso, terá problema com a democracia.

PLATÃO: E para mim a situação parece exatamente o contrário, porque se a situação for como você descreveu, fico imaginando como sua democracia pode continuar a funcionar.

McCOY: O quê? Você quer regulamentações governamentais se metendo nisso de forma que somente as suas sobremesas do tipo "podem até ter gosto de poeira, mas, cara, como isso é bom para você" nos serão impostas, independentemente de as querermos ou não? Ou você está a

PLATÃO NO CANAL DE NOTÍCIAS DA TV A CABO

favor de levarem todas as nossas delícias para longe de nós ao mesmo tempo? Ou talvez sua ideia seja deixar a massa se regozijar até que seus olhos fiquem glaciados como os Dunkin' Donuts, enquanto você e seu tipo apenas fazem o show. Qual é, Platão?

PLATÃO: Nada disso. Porque se fizermos as doceiras pararem de decidir por nós o que é bom para nós, não iremos, necessariamente, nos privar de prazer.

McCOY: Está bem. Qual tipo de prazer maravilhoso você vai tentar me vender? Um daqueles queijos franceses fedorentos que comprovam o quão sofisticado é seu paladar?

PLATÃO: É o tipo de prazer que somente se tem quando, em primeiro lugar, não se vai atrás dele. Este é o grande paradoxo do prazer:[6] se é o objetivo de uma pessoa, ele então irá iludi-la; é como perseguir uma pena cintilante, o vento que você gera em sua perseguição acelera o prêmio para longe de suas mãos. Somente quando você parar de persegui-la, a pena pode flutuar, caindo, e pousar em seu colo.

McCOY: E esse prazer precioso que você não pode perseguir tem alguma coisa a ver com o conhecimento precioso que você não pode usar?[7]

PLATÃO: Tudo. Assim como tem também tudo a ver com o prazer não misturado que você estava certo de que não queria.

McCOY: E ainda estou certo de que não quero. E mais: estou bem certo de que você também não quer que eu o obtenha.

---

6. Na primeira de suas palestras, "Whitehead Lectures", *Prazer, conhecimento e o bem em Filebo de Platão*, proferida em Harvard na primavera de 2013, Verity Harte relacionou a visão de Platão sobre "prazeres ociosos" ao "paradoxo do Hedonismo" que ela atribuiu a Sidgwick, citando esta passagem de *Os métodos da ética*: "Aqui fica claro o que podemos chamar de paradoxo fundamental do Hedonismo, que o impulso em direção ao prazer, se muito predominante, combate seu próprio objetivo. Esse efeito não é visível ou, de qualquer forma, é dificilmente visível, no caso de prazer sensual passivo. Mas de nossos prazeres ativos, sejam as atividades a que eles atendem classificadas como "corporais" ou "intelectuais" (assim como muitos prazeres emocionais), pode-se certamente dizer que não podemos alcançá-los, pelo menos não em seu mais alto grau, enquanto mantivermos nosso principal objetivo consciente focado nele" (*Methods of Ethics*, I.4, pp. 48-49). Compare também a citação seguinte atribuída a C. P. Snow: "Busca pela felicidade é a mais ridícula expressão que há; se você busca felicidade, você jamais a encontrará."

7. Na segunda de suas palestras, "Whitehead Lectures", Harte seguiu relacionando a noção de Platão de "prazeres ociosos" com "conhecimento inútil".

PLATÃO NO GOOGLEPLEX

PLATÃO: Ah, não. Você está bastante errado. Eu desejaria, fosse isso possível, que todos o alcançassem. E para você, com sua vasta influência, eu desejaria mais que para todos.

McCOY: Acredite em mim: se eu sair atrás de seu conhecimento inútil, não terei minha vasta influência.

PLATÃO: E então você não iria querer tê-lo.

McCOY: Mas por enquanto quero. Quero e tenho, e vou utilizá-lo agora mesmo para dizer que posso não querer comer suas sobremesas do tipo "podem até ter gosto de poeira", Platão, e nem correr atrás de suas penas, mas você precisa me dar os parabéns por não ter desligado seu microfone. Foi verdadeiramente uma experiência para mim e, espero, para todos vocês aí que estavam assistindo a O verdadeiro McCoy.

θ Deixe o sol entrar

O Daimōn me fez conhecer isso

Muito argumentei sobre a performance de Sócrates perante a multidão em 399 a.C. Dado o efeito que causou em Platão (assim como em muitos outros autores do *logoi* socrático), muita coisa deve mesmo ter acontecido. Não precisamos confiar na autenticidade da *Carta VII* para acreditar que a violência sofrida por Sócrates transformou Platão.[1] Simplesmente precisamos olhar para sua produção.

---

1. "Era uma vez, em minha juventude, um tempo em que eu nutria, assim como vários outros, a esperança de entrar para a carreira política tão logo eu tivesse idade para isso. Entretanto, ocorreu que os eventos políticos tomaram outro rumo. Muitos despejaram abuso na forma de governo que então prevalecia, e ocorreu uma revolução" (324b-c). A carta então segue descrevendo a experiência de Platão com as oligarquias. "Alguns desses aconteciam de ser meus parentes e conhecidos, que, portanto, imediatamente convidaram-me para me juntar a eles, julgando-me adequado para a tarefa. Já era de se esperar que, jovem como eu era, nutria a crença de que eles liderariam a cidade para sair de uma vida injusta, como era, e ingressar em hábitos de justiça, e governar, como eles diziam, de tal forma que eu estava muito interessado em ver o que seria daquilo. Obviamente, vi em um curto período de tempo que esses homens fizeram com que o antigo governo parecesse, em comparação, com a idade de ouro." A carta descreve suas desilusões com as oligarquias, mais especificamente seu horror de quando tentaram fazer Sócrates ser cúmplice de seus vergonhosos feitos. "Quando observei tudo isso — e mais algumas questões de semelhante importância —, eu me retirei com aversão aos abusos daqueles dias. Não muito tempo depois veio a queda dos Trinta e de todo o seu sistema de governo. Mais uma vez, porém menos apressadamente, mas indubitavelmente, eu estava movido pelo desejo de assumir um papel na vida pública e na política" (325a). Então ele segue descrevendo sua maior desilusão, a execução de Sócrates, o que o convenceu de desistir de entrar para a vida política de sua cidade e, em vez disso, dedicar-se à filosofia.

PLATÃO NO GOOGLEPLEX

Em *O banquete*, Platão fez Alcibíades aludir, bastante misteriosamente, à única vez em que ele vislumbrou Sócrates, cuja "vida toda é um grande jogo, um jogo de ironia" (216e), despido de sua ironia. Que visão foi aquela contemplá-lo em sua explícita sinceridade? Uma visão que Alcibíades confessou tê-lo feito permanentemente suscetível à vergonha (ainda que não tão suscetível assim). "Não sei se algum de vocês o viu quando ele estava realmente sério. Mas uma vez o peguei quando estava aberto como as estátuas de Sileno, e pude vislumbrar as características que ele esconde dentro de si: eram tão divinas — tão claras e belas, absolutamente incríveis — que fiquei sem escolha, simplesmente precisava fazer o que ele me dizia para fazer" (216e-217a).

Independentemente da ocasião que Platão faz Alcibíades mencionar em *O banquete* — a mais misteriosa, já que um Alcibíades bêbado é quem supostamente despeja confissões das mais íntimas, sem filtro, sem censura e com detalhes comprometedores sobre sua relação com Sócrates — sabemos do momento em que o autor deste diálogo viu Sócrates ser sério e se abrir, revelando-se para o jovem com longa linhagem aristocrática como algo divino. Dessa visão nasceu uma concepção totalmente nova do que é a beleza humana. O feio e estranho Sócrates, sempre metendo o nariz onde não era chamado para saber quem dorme com que, assume grandeza tal que todos os demais parecem pequenos. A revelação pode ter ocorrido no mais público dos espetáculos, um julgamento diante de barulhentos atenienses que tentavam abafar com seus gritos a voz do velho homem. Mas isso não fez a experiência ser nem um pouco menos íntima e transformadora para Platão.

Ao longo de todo o seu desenvolvimento intelectual intensamente autocrítico, Platão considera Sócrates uma espécie de portento. A maneira como Sócrates combinava sua autoridade com seus absurdos, sua certeza divina com sua confusão humana, é uma visão que Platão planejou manter viva quase até o fim de sua vida. Há muito o que aprender com a inconsistência do homem.

Se se pode confiar historicamente nos primeiros diálogos socráticos (uma proposição controversa), extrair de uma pessoa as inconsistências de suas crenças pode bem ter sido a estratégia de marketing de Sócrates. O método

DEIXE O SOL ENTRAR

socrático não diz a uma pessoa que ela está errada, apenas que ela está compreendendo algo equivocadamente, já que as premissas apresentadas geram contradições.

Se voltarmos no tempo e escutarmos a defesa de Sócrates perante os atenienses, pode parecer que é possível voltar o método socrático contra o próprio Sócrates. Parece que aí há uma contradição a ser extraída.

Ao declarar que uma vida não examinada não vale a pena ser vivida, Sócrates sustenta que:

1. Ninguém consegue viver virtuosamente sem saber o que é virtude.

Ou, como disse Platão no Mito de Er, a virtude exige "habilidade e conhecimento para distinguir a vida boa da ruim". Uma pessoa que por acaso vive uma vida que evita ações equivocadas é sortuda, mas não alcançou a virtude. Sua vida virtuosa é mais uma bênção que foi derramada sobre ela, como ter cabelos bonitos ou receber uma herança, e não algo que tenha sido alcançado.

Sócrates também sustenta que:

2. Sócrates é virtuoso.

Ele é bastante direto durante sua defesa sobre sua própria virtude. As passagens citadas em que ele explica por que não fez parte da política ateniense — a explicação tendo sido que sua própria virtude o impediu — deixam claro sua autoestima exacerbada, eticamente falando. Sócrates, no julgamento, não apresenta nada falso, nem falsa modéstia em relação ao estado de sua própria virtude.

Mas e o estado de seu próprio conhecimento? Sócrates justapõe sua afirmada crença em sua virtude pessoal com uma confissão de sua ignorância. Confissões da ignorância de Sócrates ocorrem frequentemente nos diálogos, mas também sempre contam com a presença da suspeita de ironia. "Ironia" deriva da palavra grega para "ignorância fingida", e naturalmente isso se relaciona a Sócrates. Mas trabalho com a suposição de que se Sócrates al-

PLATÃO NO GOOGLEPLEX

guma vez apareceu sem sua ironia peculiar foi naquele dia de 399, quando lhe foi dada a última oportunidade de tentar convencer seus companheiros atenienses de que eles deveriam estar completamente entusiasmados com o que ele tinha a dizer. E ele faz uma forte afirmação de ignorância em meio ao relato da história sobre o Oráculo de Delfos, e sua própria incredulidade ao ouvi-lo demonstrou que ninguém era mais sábio que ele.[2] A resposta o colocou em uma busca sistemática — entre os políticos, os poetas e artesãos — para encontrar um contraexemplo:

> Como resultado dessa investigação, homens de Atenas, adquiri muita impopularidade, de um tipo que é difícil de lidar e que é um fardo pesado; muita calúnia partiu dessas pessoas e uma reputação de sabedoria, porque em cada caso os espectadores achavam que eu mesmo possuía a sabedoria que eu provava não haver em meu interlocutor. O que é provável, senhores, é que o deus é sábio e que a resposta de seu oráculo significava que a sabedoria humana pouco ou nada vale, e quando ele diz esse homem, Sócrates, ele está usando meu nome como exemplo, como se dissesse: "Entre vocês, mortais, é mais sábio o homem que, assim como Sócrates, entende que sua sabedoria não tem valor" (23a-b).

Isso nos fornece a última das crenças de Sócrates, que, em conjunto com 1 e 2, parece engendrar uma contradição.

3. Sócrates não tem conhecimento sobre o que é virtude.

Como podemos conciliar a arrogância ética pronunciada com sua igualmente pronunciada humildade cognitiva, dada a crença adicional de que virtude requer conhecimento? Uma distinção que vem da filosofia do século XX pode nos oferecer ajuda: a diferença entre "saber que" e "saber como".

"Saber que" é seguido de uma proposição, um enunciado que pode ser verdadeiro ou falso (apesar de que, se for verdadeiramente conhecida, a

---

2. Foi seu amigo Chaerephon quem viajou para Delfos e fez a pergunta, e não o próprio Sócrates (*Apologia* 21a).

414

DEIXE O SOL ENTRAR

proposição deve ser verdadeira). Por exemplo, eu *sei que* a distinção entre "saber que" e "saber como" foi introduzida pela primeira vez no início do século XX pelo filósofo Gilbert Ryle. *Sei que* Ryle era influenciado por Ludwig Wittgenstein. *Sei que*, sob a influência de Wittgenstein, muitos filósofos acreditavam que o trabalho da filosofia era solucionar, por meio da análise da linguagem, problemas filosóficos que surgiam, e *sei que* foi exatamente nessa tentativa que Gilbert Ryle apresentou a útil distinção entre "saber que" e "saber como". Observe como cada exemplo meu de "saber que" é seguido de uma proposição.

Quando digo que "sei como", ao contrário, não acrescento a essas palavras uma proposição, mas me refiro a atividades: sei como fazer pão, sei como andar de bicicleta, sei como falar inglês.

Talvez no caso de "saber como" fazer pão eu pudesse traduzir meu conhecimento em pelo menos algumas proposições, que consistiriam em uma das receitas que eu sigo. Mas essas proposições não serão exaustivas em relação ao que eu sei como fazer ao saber como fazer pão. Por exemplo, sei como adaptar a receita a variações de umidade, sentindo a textura da massa em minhas mãos, sem falar em saber como despejar farinha da embalagem para dentro da vasilha ou como fazer meus braços e mãos se moverem da forma correta para sovar. E no caso de saber como falar inglês e como andar de bicicleta, não é possível apresentar o "saber como" em uma sequência proposições. Saber como fazer essas coisas não é o mesmo que conhecer proposições. Eu poderia saber como andar de bicicleta, por exemplo, sem saber a lição mais básica da física do equilíbrio da bicicleta. E, por outro lado, eu poderia conhecer a física do equilíbrio da bicicleta, mas quando você me colocasse em cima daquela terrível engenhoca pela primeira vez, eu não saberia como evitar tombar. Sei como gerar frases gramaticais em inglês, colocar frases juntas (geralmente) fazendo sentido, mas eu não poderia traduzir todo o meu conhecimento de como fazer isso em uma sequência de proposições. Há várias regras que conheço e poderia recitar, mas essas regras não se somam formando uma capacidade de falar inglês. Provavelmente conheço quase a mesma quantidade de regras de francês, ainda assim não sei como falar francês.

PLATÃO NO GOOGLEPLEX

Sócrates sabia como — tanto na opinião dele quanto na opinião de Platão — viver uma vida virtuosa, mas ele não era capaz de apresentar esse conhecimento como uma sequência de proposições. Em outras palavras, quando o assunto era viver virtuosamente, Sócrates pensava que sabia *como*, mesmo sabendo que não sabia *que*. Como ele conseguia essa artimanha? Apelando para o sobrenatural. Entre seu "saber como" e seu "saber que" havia uma lacuna, e seu próprio oráculo pessoal, seu frequentemente mencionado *daimōn*, preenchia essa lacuna, advertindo-o em silêncio sempre que estava prestes a fazer algo errado.

Há alusões ao *daimōn* espalhadas pelos diálogos de Platão.[3] No *Fedro*, quando Sócrates é encontrado no interior com o belo garoto Fedro, Sócrates é interrompido de repente, depois de ter feito um discurso bem construído contra seu amante enlouquecido pelo *erōs*.

> Meu amigo, quando eu estava prestes a atravessar o rio, o familiar sinal divino me ocorreu, e sempre que ele me ocorre me impede de fazer algo que estou prestes a fazer. Pensei ter ouvido uma voz vinda desse exato lugar, proibindo-me de ir embora até que eu me reparasse por minhas ofensas aos deuses. Com efeito, percebe, sou vidente, e, embora não seja particularmente bom nisso, ainda assim sou bom o suficiente para meus propósitos — assim como as pessoas que mal conseguem ler e escrever. Agora reconheço claramente minha ofensa. De fato, a alma também, meu amigo, é em si uma espécie de vidente; por isso, quase desde o início de meu discurso, eu estava incomodado com um sentimento bastante inquietante (242 b-c).

No *Eutífron*, o próprio diálogo em que Platão articula a inadequação de fundamentos religiosos para o conhecimento ético, o religioso epônimo, que está tão desatento ao raciocínio de Sócrates, está certo de que a acusação de impiedade contra o filósofo é motivada pelo apelo que Sócrates faz ao seu *daimōn*: "Entendo, Sócrates. Isso é porque você diz que recebe o sinal

---

3. Além dos momentos citados a seguir, veja também *Apologia* 31c-d, *A república* 496c e *Eutidemo* 272e.

DEIXE O SOL ENTRAR

divino. Portanto, ele escreveu essa acusação contra você que faz inovações nas questões religiosas, e ele vem ao tribunal para difamá-lo, sabendo que essas coisas acabam sendo deturpadas pela multidão" (3b).

A réplica para essa voz, inacessível a todos os demais, levanta algumas bandeiras epistemológicas: Como alguém pode saber se essa voz particular, tão peremptória quando ela se apresenta nos recônditos da mente de Sócrates, é confiável? *Parece* confiável para Sócrates, mas isso sempre se dá quando se trata de vozes internas peremptórias. Sócrates não aceita a peremptória voz interna de Eutífron. Então por que deveríamos aceitar a de Sócrates? Racionalizações desse tipo — subjetivas, privadas e não generalizáveis, não disponíveis para objetivo escrutínio e avaliação de outros — devem ser aceitas como conhecimento básico?

Levantou-se a bandeira epistemológica também na mente de Platão, talvez incitada pelo mistério da certeza de Sócrates. Aliás, todo o domínio da epistemologia está erguido na mente de Platão. No *Teeteto* ele faz seu Sócrates dialógico articular a questão epistemológica fundamental, a saber, como definir conhecimento: "Bem, como disse há pouco, você acredita ser uma questão simples a descoberta da natureza do conhecimento? Essa não é uma das mais difíceis questões?" (148c).

Platão não somente expõe a questão, mas também faz as primeiras incisões cruciais distinguindo o conhecimento da mera crença verdadeira que não alcança características de conhecimento. Há algo de acidental em uma mera crença verdadeira ou opinião que o conceito de conhecimento não aceita. Assim como no provérbio o relógio parado acerta duas vezes ao dia,[4] uma crença verdadeira pode ser induzida por métodos ilícitos do tipo que são capazes tanto de produzir opiniões falsas quanto verdadeiras.[5] No *Teeteto*, Platão segue (apesar de um tanto quanto desajeitadamente)

---

4. Referência ao provérbio atribuído à baronesa austríaca e escritora Marie von Ebner-Eschenbach. (*N. da T.*)

5. Platão ilustra métodos ilícitos citando o exemplo de um orador convencendo um júri por meio da manipulação de emoções ou de apelo a boatos. "E quando um júri está convencido de fatos que somente podem ficar conhecidos por meio de testemunhas, então julgando a partir de um boato e aceitando uma crença verdadeira, está julgando sem conhecimento, apesar de que, se chegar ao veredicto certo, sua convicção estará correta" (Ibid. 201b-c).

PLATÃO NO GOOGLEPLEX

na direção de uma definição para conhecimento como "crença verdadeira acompanhada de *logos*", uma explicação.[6] Isso é a primeira aproximação de uma definição a que filósofos posteriormente chegariam: *conhecimento é crença verdadeira justificada*.[7] Uma mesma proposição verdadeira em que uma pessoa simplesmente acredita pode ser genuinamente conhecida por outra, a diferença está nas razões para quem acredita acreditar. As razões precisam ser *boas*, fornecendo *justificativas* para a pessoa acreditar e tornando isso uma crença racional. Essas são todas noções avaliativas. A definição de conhecimento força mais uma questão: o que são boas razões? Todas essas são questões que formam o campo da epistemologia e todas elas são questões que Platão levantou.

Não há evidências de que as preocupações epistemológicas que tanto ocuparam Platão, talvez provocadas pela epistemologicamente desconcertante figura de Sócrates, tenham em algum momento ocorrido ao próprio Sócrates.[8] Este nunca é apresentado questionando se o sussurro de seu *daimōn* é razão suficiente para acreditar em algo. Em *Apologia*, em que encontramos o mais sincero Sócrates, seu *daimōn* é explicitado para uma

---

6. O diálogo parece não evoluir com Sócrates tentando encontrar erros na ideia de relato, mas esses erros, na verdade, não são tão sérios quanto Platão os julga. Nessa primeira tentativa, Platão não consegue fazer certas distinções úteis que futuros filósofos criarão para destacar conhecimento proposicional (conhecimento de que algumas proposições são verdadeiras) como uma forma paradigmática de conhecimento. Porque ele não fez isso, a definição de conhecimento no *Teeteto* — conhecimento é crença verdadeira acompanhada de uma explicação — parece menos promissora para ele do que realmente é. Platão é muito mais bem-sucedido no *Teeteto* do que ele se dá o crédito, o diálogo termina em uma aporia. A autocrítica de Platão é louvável, ainda que algumas vezes o leve a ser muito severo no julgamento de suas próprias propostas reveladoras.

7. Conhecimento é, pelo menos, crença verdadeira justificada. Esse "pelo menos" foi acrescentado porque é possível imaginarmos casos totalmente inventados (sempre envolvendo percepção) em que uma pessoa acredita que algo seja verdadeiro e que se justifique na crença de que é verdadeiro, mas suas (boas) razões para acreditar estão desligadas da verdade da proposição, portanto, essa pessoa não alcança o conhecimento. Ainda há algo acidental no caso de ela acertar. Esses casos criados são conhecidos como "contraexemplos de Gettier", e indicam que mesmo sendo a crença verdadeira justificada necessária para o conhecimento, ela pode não ser, pelo menos em algumas situações muito artificiais, suficiente.

8. Mesmo no *Teeteto*, Sócrates faz uma breve alusão a seu *daimōn*, que algumas vezes o adverte sobre permitir certos jovens que haviam se perdido a voltarem a ter sua amizade orientadora (150e), provavelmente uma alusão a Alcibíades. O irresistível malandro pode ter reconquistado a graça de todos os demais com seu charme, mas para Sócrates havia um limite. (Ou Sócrates já era gato escaldado com medo de água fria.)

418

DEIXE O SOL ENTRAR

aparição final e solene. Depois de proferir algumas palavras condenató-
rias aos que o condenaram, ele tem isto a dizer aos que votaram por sua
inocência:

> Uma coisa surpreendente aconteceu comigo, jurados — vocês, acho corre-
> to chamar de jurados. Em situações anteriores, meus poderes proféticos,
> minha manifestação espiritual, frequentemente se opuseram a mim, até
> mesmo em questões pequenas, quando eu estava prestes a fazer algo
> errado, mas agora que, como vocês mesmos podem ver, precisei encarar
> o que alguém pode pensar, e o que em geral as pessoas pensam, o pior
> dos males, meu sinal divino não se opôs a mim, mesmo quando saí de
> casa ao amanhecer, ou quando vim para o tribunal, ou em qualquer
> momento quando eu estava prestes a dizer alguma coisa durante meu
> discurso. Em outras palestras ele sempre me segurou, no meio de minha
> fala, mas agora ele não se opõe a qualquer palavra ou feito meu. O que eu
> penso ser a razão para isso? Eu vos digo. O que me aconteceu pode bem
> ter sido uma coisa boa, e aqueles de nós que acreditarem que a morte é
> um mal estão certamente enganados. Tenho provas convincentes disso,
> porque é impossível o sinal familiar não ter se oposto a mim se eu não
> estivesse prestes a fazer a coisa certa (40b-c).

Aqui, Sócrates é apresentado como alguém que leva muito a sério seu "sinal
divino", arriscando especulações metafísicas baseado em nada mais que o
silêncio de seu *daimōn*, o que faz com que ele soe um tanto quanto epistemologicamente indiferente. Platão, ao contrário, era qualquer coisa exceto
epistemologicamente indiferente. O que ele fez do apelo de Sócrates a seu
daimōn? Sócrates não poderia fornecer qualquer explicação que ele pudesse
oferecer aos demais em troca da verdade de suas crenças. Em vez disso, o
que o apelo ao *daimōn* significa é uma *ausência* de explicação. O que existe
é um *isso* e eis tudo o que se pode dizer d'*isso*: Eu simplesmente ouço isso,
simplesmente vejo isso, simplesmente *sei* disso.

Se quisermos fazer uma limpeza e eliminar o sobrenatural do apelo
de Sócrates ao *daimōn*, podemos considerá-lo uma maneira fantasiosa de
falar sobre um fenômeno que hoje em dia rende bastante dinheiro, tanto na
psicologia quanto na filosofia, com o nome de "intuição". As intuições são

PLATÃO NO GOOGLEPLEX

incitamentos internos subjetivos sobre os quais não se pode dizer qualquer coisa para convencer os outros que não compartilham da mesma intuição. Não se pode oferecer uma justificativa para elas a não ser seu anúncio peremptório. Algumas intuições são amplamente compartilhadas, e quando isso é verdadeiro o compartilhamento apresenta dados que pedem uma explicação. Mas oferecer uma explicação para o compartilhamento de uma intuição não é o mesmo que oferecer uma explicação para a intuição propriamente dita, uma explicação que faz ser racional acreditar na intuição, *saber* em vez de *meramente acreditar*, com uma razão por trás que alguém pode oferecer àqueles que não têm a intuição para se convencer de que devem cultivá-la. Obviamente, uma vez que você consegue fazer isso, você já não tem uma intuição, mas uma proposição que pode ser defendida. (E até mesmo em uma intuição universalmente compartilhada falta justificativa; só que é difícil identificar a falta quando todo mundo concorda com a intuição.)

Sócrates, cuja vida Platão considerou bonita, parecia saber como viver. De alguma forma, suas intuições o levavam a ter uma vida exemplar, mas as intuições dos outros, tão fortes quanto as dele, podem levar a uma vida terrível. Existe alguma maneira de identificar internamente quais intuições são confiáveis e quais não são, algum tipo de qualidade interna do sentimento? Ou, se não há esse tal sinal interno que destaca as intuições boas das ruins, será que deveríamos acreditar somente nas intuições que a maioria das pessoas ao nosso redor aceita? Isso não é o que Sócrates fez e isso não é o que a maioria das personalidades morais que mais reverenciamos fez — revolucionários tais como William Lloyd Garrison, Frederick Douglass, Bertha von Suttner, Mahatma Gandhi e Martin Luther King Jr. Eles desafiaram as intuições de sua sociedade e, no final, transformaram a sociedade de maneira que as próprias intuições mudaram. Mas se não há como identificar, seja interna ou externamente, as intuições confiáveis, por que então deveríamos confiar nelas? É possível então eliminá-las? Não devemos, em certo ponto de nossa racionalidade, incluindo nossa racionalidade moral, afastar-nos das intuições?

Todas essas perguntas devem ter sido sugeridas a Platão pela desconcertante figura de Sócrates, que parecia saber perfeitamente como viver enquanto também repudiava, até o fim, todo o conhecimento humano.

O poder das idiossincrasias

Nada dividiu tanto a alma de Platão quanto as questões que envolviam o apelo de Sócrates a seu *daimōn*. Essas questões são variadas, e todas envolvem experiências idiossincráticas particulares, peremptórias, possivelmente patológicas, mas talvez inspiradas, que parecem sugerir a verdade — ou talvez não. Talvez essas experiências singulares sejam nada mais que os vapores flutuantes da alucinação, as emanações de uma mente doentia, ainda que algumas vezes resultem em visões de beleza ou, como acontecia com Sócrates, uma vida de beleza. Tal beleza, para Platão, exerce certo grau de força epistemológica. Se algo é belo, então para Platão deve haver algo, de alguma forma, real ou verdadeiro ou autêntico nisso. Para Platão, a beleza está inserida profundamente na estrutura da realidade. Seu realismo estético é a chaveta de seu realismo, prendendo juntos seu realismo matemático, seu realismo metafísico e seu realismo moral. Qualquer indicação de beleza é o que faz Platão virar-se e olhar, e depois virar e olhar novamente para convenções que não podem se submeter a um escrutínio objetivo a ser realizado por mais de um ponto de vista, permitindo que idiossincrasias particulares se façam percebidas e eliminadas. Platão está bastante consciente dessas idiossincrasias e, apesar de considerar a maioria delas perniciosa, ele também suspeita haver verdades que somente podem ser alcançadas por meio das idiossincrasias.

A alma dividida de Platão chegou a nós através dos milênios, com seus componentes segregados em dois campos opostos, encarando um ao outro com mútua suspeita. Nós as vemos configuradas no atual campo de batalhas que opõe ciências e religião. Por um lado, há aqueles que podemos chamar de "sensatos" (estando o termo "racionalistas" já utilizado pela história da

PLATÃO NO GOOGLEPLEX

filosofia)[9]. Os sensatos consideram o conhecimento — necessariamente — um bem de acesso igualitário. O tipo de explicação que conta para tornar a mera crença um conhecimento é, a princípio, acessível a todos, o que significa que deve ser possível determinar seus princípios em termos que podem ser replicados em outros pontos de vista, tornando-se disponível para o escrutínio de variadas mentes. Não pode haver privilégio epistemológico. Portanto, comprovações matemáticas, por exemplo, são acessíveis a vários pontos de vista (diferenças de aptidão podem ser ignoradas). Assim como os dados empíricos. Encontrar a verdade é um jogo que qualquer um pode jogar. Se pode ser sabido, pode ser mostrado.

E então há aqueles que podemos chamar de "insensatos", aqueles cujo slogan é o *cri de coeur* do matemático do século XVII, Blaise de Pascal: *Le coeur a ses raisons que la raison ne connaît point* [O coração tem razões que a razão desconhece]. Blaise Pascal não só foi um importante matemático, que fundamentou a teoria da probabilidade, mas também era alguém que vivia sua busca espiritual e escreveu um meticuloso relato de uma experiência mística que ele viveu e o costurou no forro de seu casaco, o que foi descoberto depois de sua morte. Os insensatos querem rotular de "desconhecidas" certas afirmações que não dão conta de serem objetivas, generalizáveis. Não é possível remover o conhecimento das inferências de uma experiência em primeira pessoa do singular e mantê-lo vivo, tanto quanto não é possível remover os olhos de uma criatura viva e ainda assim reter sua visão.

A controvérsia entre os sensatos e os insensatos é uma controvérsia epistemológica, uma controvérsia sobre como podemos saber. O que torna

---

9. O que hoje é conhecido por racionalismo teve seu apogeu no século XVII, principalmente nas figuras de Descartes, Spinoza e Leibniz. A melhor maneira de compreender o racionalismo é contrastando-o com o empirismo. Os empiristas acreditam que conhecimento do mundo — daquilo que existe e das propriedades das coisas que existem — requer contato com ele por meio de nossos órgãos dos sentidos. O pensamento apenas não nos traz qualquer conhecimento de como é nosso mundo. Racionalistas acreditam que há pelo menos algumas coisas de que nós podemos saber sobre ele por meio apenas do pensamento. Como a controvérsia entre os Sensatos e os Insensatos, a controvérsia entre racionalistas e empiristas é epistemológica — é sobre como saber das coisas, como adquirimos a explicação que distingue conhecimento de mera crença. Apesar de racionalistas e empiristas terem vivido e discordado uns com os outros muito antes disso, somente no século XIX a distinção foi explicitamente relatada e os termos do desacordo definidos.

422

DEIXE O SOL ENTRAR

a controvérsia tão irredutível é que nenhum dos dois lados consegue apresentar um item de conhecimento que resolva as questões epistemológicas subjacentes. Porque nenhum dos lados chega ao fundo da controvérsia epistemológica subjacente — a que tomou conta dos dois lados da mente de Platão —, os antagonistas com frequência simplesmente não se entendem. Os sensatos dizem "somente acreditarei que você sabe de uma coisa sem que isso tenha que ser demonstrado, se você puder demonstrar isso". Os insensatos dizem "é óbvio que você pode conhecer as coisas sem ter que demonstrá-las — simplesmente sei disso!".

Não somente a religião coloca os sensatos contra os insensatos, mas também outras experiências, incluindo, de acordo com Platão, a experiência poética e o amor erótico. No *Fedro*, obra em que Platão está em seu mais insensato estado de humor (tanto que, assim como Martha Nussbaum suspeitava, podemos pressupor que ele estava apaixonado)[10], ele relaciona explicitamente os três domínios assombrados pelo *daimōn*: religião, amor romântico e poesia. Conversão religiosa, amor romântico e inspiração artística são, para Platão, ao mesmo tempo atraentes e suspeitos. Para as pessoas que estão vivendo essas experiências, que não conseguem se relatar independentes dessas experiências — inamovíveis e inabaláveis —, parece que o privilégio do conhecimento é privado, frequentemente tão irresistível a ponto de produzir uma descontinuidade na vida tal que amigos e pessoas com quem se relacionam olhem para elas, balançando a cabeça com tristeza e dizendo que enlouqueceram. Nesses momentos, as pessoas não se apoderam da verdade, mas, ao contrário, são possuídas por ela. "Ser possuído" pode significar loucura, e Platão de fato utilizou a palavra *manikēs*, ou

---

10. Como já foi mencionado, não só Nussbaum apresenta um interessante argumento a favor do estado apaixonado de Platão no momento da escrita do *Fedro*, mas ela habilmente analisa sua linguagem para arriscar uma hipótese sobre o objeto de sua paixão: ninguém mais que Dion, o tio do jovem tirano de Siracusa. "Esse diálogo tem características de uma carta de amor, uma expressão de paixão, admiração e gratidão. (...) Isso não é, obviamente, para simplificar dizendo que o amor fez Platão mudar de ideia, porque sua experiência de amor foi algo certamente moldado também por seu pensamento em desenvolvimento. O diálogo explorou tal inter-relação com complexidade demais para permitir uma simples história de amor, mas nos pede para reconhecer a experiência como um fator de importância." (*The Fragility of Goodness* [A fragilidade da bondade], pp. 229-230.)

423

PLATÃO NO GOOGLEPLEX

"louco", para descrever tal conhecimento — ou seja, se for conhecimento.[11]
Eis a questão. É essa questão que faz Platão deter Sócrates logo depois que
ele faz seu primeiro discurso bem construído para Fedro, endossando um
amor são e sem mágoas que nunca perde o controle, uma visão que Platão
faz Sócrates renegar em seu segundo discurso, que, por si só é tomado pela
loucura selvagem da poesia. E é também a questão que faz Platão retornar
diversas vezes à questão da inspiração poética, frequentemente censurando
os poetas, por vezes os expulsando e outras se entregando ao encantamento
da arte deles, dando voz total a seu próprio dom poético.

Talento erótico, talento poético, talento religioso e talento moral do
tipo que Platão atribuiu a Sócrates:[12] tudo isso resultou em afirmações não
racionalizáveis para o conhecimento questionável, conhecimento que não
oferece explicação para si mesmo. Esses tipos de gênio são instruídos por
experiências únicas que permitem saber como amar, produzir grandes obras
de arte, viver uma vida virtuosa, sem que sejam capazes de explicar como.
Conhecimentos assim sem explicação descrevem certos pontos de vista como
intrinsecamente especiais. Aqueles que sabem (*se* é que sabem) não podem
dar suas razões para saber de forma que os não conhecedores possam ser
colocados na mesma posição epistêmica que eles. A lacuna entre o "saber
como" e o "saber que" somente pode ser preenchida, como foi, com os
deuses, um modo figurativo de dizer que isso é completamente misterioso.

> "Diferenciamos quatro tipos de loucura divina associadas a quatro
> deuses: Loucura profética foi atribuída à inspiração de Apolo, a loucura
> ligada aos mistérios de Dionísio, loucura poética em torno das Musas
> e a quarta, a loucura erótica que dizemos ser a melhor, para Afrodite e

---

11. Platão, que adorava jogos etimológicos, observou a relação entre *manikēs* (louco) e *mantikēs* (profético). "Vale a pena destacar que os antigos que deram seu nome às coisas também acreditavam que loucura não era nem vergonhosa nem condenável, caso contrário, eles não teriam conectado a palavra à arte mais nobre, aquela pela qual o futuro é julgado" (*Fedro* 244b). As palavras "manic" e "mantic" em inglês (em português, maníaco e mântico, respectivamente) são derivadas do grego.

12. Eu conhecia uma pessoa que eu descreveria como um talento moral. Ela morreu quando eu tinha aproximadamente a mesma idade que Platão quando Sócrates morreu. Sujeitá-la aos tipos de perguntas que um filósofo sempre faz resultava em respostas frustrantes. Mas vê-la fazer o que ela sabia fazer era inspirador. Ela parecia nunca errar.

424

Erōs. Descrevemos paixão erótica, não sei, de maneira figurativa talvez tocando em algo da verdade, mas também, provavelmente, desviando de outros pontos" (*Fedro* 265b-c).

Observe a hesitação — "Não sei, um modo figurativo" — ressoando com o relato da divisão já indicada pelos dois discursos contraditórios que Platão fez Sócrates proferir mais cedo no diálogo, discordando um com o outro não só no conteúdo, mas também no estilo — um deles tépido, repetitivo e cuidadoso, o outro se direcionando com uma imprudência furiosa para uma poesia arrebatadora que aborda o imaginário do sagrado misterioso. Atenas teve seu próprio culto misterioso, os mistérios eleusinos, e esses rituais comunais tinham como objetivo uma experiência singular — extática, inefável, extraordinária.

Platão, mesmo com seu humor voltado mais para o lado insensato, que é como o encontramos em *Fedro*, motivado pelas emoções da paixão erótica, não pode perder por completo o jeito cauteloso de seu lado sensato. Afinal, há a possessão boa, que vem de fora, denominada por Platão "os deuses" e que leva à verdade, e há a possessão ruim, que é nada mais que o delírio da própria mente conseguindo o que queria com a gente. E o negócio é o seguinte: quando estamos tomados pela possessão, não temos como distinguir a possessão boa da possessão ruim; além disso, estamos em estado tal que dispensamos qualquer pessoa que não esteja igualmente tomada, o que significa, conforme a singularidade da experiência, qualquer pessoa que não seja idêntica a nós mesmos. Há apenas uma autoridade possível quando o assunto é esse tipo de "conhecimento" inexplicável, e essa autoridade sendo possuída pela experiência não pode julgar se a possessão é do tipo boa ou ruim. Esse é o predicamento que Platão nos apresenta. E ainda é um predicamento.

Se podemos dizer que Platão acredita em qualquer coisa que seja — apesar de sua constante autocrítica —, então eu acho que podemos afirmar que Platão acredita veementemente que a realidade está *aí fora*; o mesmo se aplica a cada um de nós. Essa é a doutrina em que eu apostaria todas minhas fichas, que é no que Platão acredita, em vez de qual-

PLATÃO NO GOOGLEPLEX

quer doutrina específica em relação ao que é a realidade. Ainda assim, a afirmação de uma realidade objetiva não demonstra que os sensatos estão sendo, digamos, *sensatos* ao afirmarem que a verdade é um bem de acesso igualitário? Técnicas para alcançar a realidade estão disponíveis para todos estudarem e se aperfeiçoarem. Se permitirmos que o conteúdo da mente seja determinado pelos conteúdos da realidade objetiva, como garantidos pelas técnicas que podem ser universalmente dominadas sob a tutela de outros e sujeitas a correções, aí sim podemos chegar a um acordo. E pela autoridade desse acordo podemos dispensar as idiossincrasias de um insensato que se apega ao conteúdo experimental de um único ponto de vista, dando crédito a vozes oraculares que sussurram em seus ouvidos. Qualquer coisa que possa ser conhecida por uma pessoa, a princípio, pode ser conhecida por todo mundo, desde que se aperfeiçoem nas técnicas de conhecimento que são mais apropriadas para a área. Se não puder ser conhecida por todos, se for irredutivelmente incorporada a um e único ponto de vista, não temos qualquer motivo para aceitar essa coisa. Essa é a Epistemologia do Sensato, é um lado da alma dividida de Platão e informa não apenas grande parte da filosofia (com apenas algumas exceções idiossincráticas, talvez Heidegger), mas todas as ciências. Os zombeteiros da filosofia cujos argumentos são baseados na ciência não estão conscientes de que são aliados epistemológicos da maioria dos filósofos e que dependem da Epistemologia do Sensato que os filósofos produziram para sua conveniência.

Por outro lado, Platão suspeita que haja indicações da realidade que sejam fornecidas, apesar de vagas, em visões estáticas vivenciadas por poucos e que podem captar aspectos da realidade que técnicas compartilhadas não conseguem acessar. Provavelmente algumas inflexíveis verdades se recusem a serem entregues em termos objetivos, ou seja, termos aos quais várias mentes possam ter acesso, desconectados de qualquer ponto de vista singular. É essa a possibilidade que Platão seriamente considera em *Fedro*. A objetividade da realidade — no sentido de que existe *por aí*, inflexível, independentemente do que qualquer um de nós possa pensar sobre ela — implica que a verdade seja um bem de acesso igualitário? Essas duas noções

DEIXE O SOL ENTRAR

de objetividade — uma ontológica, outra epistemológica — são, no fim das contas, distintas. Deve haver algo por aí, independentemente de qualquer um de nós, e igual para todos nós, mas provavelmente não temos uma forma comum de sabê-lo. William James estava em um modo *Fedro* de pensar quando ressaltou, em *The Varieties of Religious Experience* [As variedades da experiência religiosa]: "Se houver algo como uma inspiração vinda de um plano superior, provavelmente o temperamento neurótico pudesse oferecer as principais condições para a receptividade necessária." Mais uma vez, o poder das idiossincrasias.

Na teoria da relatividade especial, a afirmação de que *não há pontos de vista privilegiados* tem um significado bastante peculiar: as leis naturais devem ser as mesmas independentemente do quadro referencial em que sejam descritas (onde quadros referenciais diferem-se porque estão em movimento em diferentes velocidades constantes em relação uns aos outros). A proibição contra pontos de vista privilegiados na teoria da relatividade especial deveria ser promovida a uma lei geral da epistemologia? Deveríamos excluir de nossas considerações cognitivas qualquer uma que faça sentido somente dentro de um quadro referencial específico, principalmente marcado por determinadas características subjetivas que não possam estar relacionadas às considerações de pontos de vista que não tenham essas características? Deveríamos ignorar as experiências de pessoas que, digamos, sejam dotadas de emoções peculiares, ou que tenham visões singulares, ou, ainda, aquelas que escutam mensagens especiais? Deveríamos dispensar a própria possibilidade de existir equipamento extrassensorial, tal como o *sensus divinitatis,* órgão cognitivo para sentir Deus, do qual, afirmou João Calvino, pessoas perfeitas são dotadas, e que pelo menos um filósofo contemporâneo, Alvin Plantinga, procurou ressuscitar?[13] Ou deveríamos saciá-los e atender às reivindicações de privilégio epistemológico? A razão para reivindicar pontos de vista privilegiados é dar passagem livre ao que supostamente é revelado. Livra-se do peso da comprovação e são os pontos de vista que não possuem

---

13. Veja em Alvin Plantinga, *Warranted Christian Belief* [Crença cristã justificada]. Oxford: Oxford University Press, 2000.

essas características especiais irresistíveis, que são considerados deficientes e são avisados para se defenderem.

Há fortes razões — muito fortes — para afirmar que *sim*, devemos excluir pontos de vista privilegiados se quisermos conhecer o mundo. Nenhuma afirmação de conhecimento deve receber passe livre, sobrevivendo sem uma explicação de si mesmo, uma justificativa, que possa atender a todos que se dispuserem a participar do projeto de busca da razão, independentemente de seus pontos de vista subjetivos. Não é apenas uma questão de objetividade da realidade o que motiva a exigência de objetividade do conhecimento. Muitas outras razões persuasivas surgem dos óbvios perigos da subjetividade, que é solo fértil para o preconceito, a superstição e o autoengrandecimento egoísta. Temos forte tendência a privilegiar nossas próprias particularidades, e, se somos suficientemente talentosos, criamos uma ideologia astuta e convincente que moldará todo o mundo para que caiba dentro de nossas dimensões particulares. É um erro perigoso permitir que a subjetividade escore suas coisas com tanta agressividade e arrogância. Expor nossas mais queridas crenças ao duro tratamento de múltiplos pontos de vista — cada qual inclinado a ver o mundo a partir de suas próprias vantagens — é nossa única esperança para combater os danos da subjetividade que serve a si mesma — complacente, na melhor das hipóteses; de uma certeza homicida, na pior delas. E então, a filosofia — como Platão a concebeu com uma das metades de sua alma dividida — tem dito *sim* para a exclusão de pontos de vista privilegiados desde que Platão mesmo apresentou a mais poderosa imagem na história do pensamento: o *Mito da caverna*, um dos pontos altos em *A república* de Platão. O *Mito da caverna* é o endosso mais forte da Epistemologia do Sensato que pode ser encontrado na filosofia.

Saia daquela caverna

O *Mito da caverna* foi citado várias vezes neste livro. Tanto Marcus, no Googleplex, quanto dra. Munitz, no 92nd Street Y, dão sua própria interpretação para o mito. Há várias leituras e uma vasta literatura sobre interpretações

DEIXE O SOL ENTRAR

dele. Ofereço uma interpretação baseada na história que tentei contar sobre como Platão impulsionou a filosofia a partir de um *ethos* que se fez notável nas cidades-estado gregas — e, principalmente, em Atenas.

É a história de uma sociedade extraordinária que acreditava ser extraordinária, exaltando indivíduos excepcionais, e ao mesmo tempo criava um senso de excepcionalismo participativo por meio do qual o extraordinário pode ser difundido. A ideologia ateniense foi uma resposta para um dilema existencial que surgiu dramaticamente durante a Era Axial. O que — se é que há alguma coisa — faz a vida de um indivíduo ter importância? O que uma pessoa precisa *ser* ou *fazer* para alcançar uma vida que valha a pena? O dilema existencial ressoa não menos em nosso tempo do que na Era Axial. É surpreendente que as tradições religiosas poderosas que surgiram sob a força do dilema existencial ainda ressoem com tantas outras hoje?

Mas os gregos usaram uma abordagem diferente. Ainda que cultos e rituais religiosos tenham saturado quase todos os aspectos da vida, eles abordaram o dilema existencial em termos seculares. O mais importante desses termos é a complicada noção de *aretē*, ligada ao *kleos*. Essa abordagem ainda ressoa nos dias de hoje, provocando ambições que se destacam na grande, massiva e mortal multidão, em um lugar ou outro, seja individual ou coletivamente.

O *ethos* ateniense pode ter alimentado os pré-requisitos para a filosofia moral ao abordar o dilema existencial em termos humanos, em vez de divinos. Ainda assim, o valor da estrutura da ideologia ateniense precisou ser desafiado para a filosofia moral emergir. Esse era o projeto de Sócrates, e ele o seguiu com seus companheiros atenienses onde quer que os encontrasse: na ágora e no ginásio, em jantares e em seu julgamento. Frequentemente, eles achavam suas perguntas ininteligíveis, o que não é muito surpreendente. Ele estava cutucando a noção de *aretē* fora de um contexto familiar, separando-a de *kleos* e empurrando-a para mais perto de um conceito que tradutores dos diálogos para o inglês consideraram *virtue*.[14] Tentativas de definir essa ou aquela virtude organizaram vários dos diálogos. *A república* gira em torno da virtude da justiça.

---

14. Em português, virtude. (*N. da T.*)

PLATÃO NO GOOGLEPLEX

O diálogo começa com Sócrates, narrador em primeira pessoa de *A república*, preparando a cena. Ele havia ido, com Glauco, irmão de Platão, ao Pireu, o porto de Atenas, para uma festa religiosa em homenagem a uma deusa recentemente apresentada, identificada por acadêmicos como a deusa trácia Bêndis. Ele estava ansioso para participar da festa porque, como ele mesmo comentou, pela primeira vez acontecia no Pireu (327a). Talvez esse detalhe indique a abertura teológica dos atenienses, ressaltando o quanto era insincera a acusação contra Sócrates de ter introduzido novos deuses. Em todo caso, no caminho de volta, eles por acaso se encontram com um amigo, Polemarco, que sugere que fiquem mais no Pireu para a festa que ainda acontecerá naquela noite. Sócrates e Glauco são convencidos a irem para a casa de Polemarco. Um grupo de pessoas ilustres está reunido lá, inclusive alguns sofistas e retóricos famosos. Sócrates primeiramente cumprimenta o pai de Polemarco, Céfalo, e aproveita a oportunidade para perguntar a ele como é ser tão velho. Céfalo responde que uma pessoa pode aguentar a idade avançada desde que tenha vivido uma vida justa. A riqueza é importante somente porque as exigências da pobreza podem instigar uma pessoa a ser injusta, o que tornará difícil enfrentar a morte. Isso naturalmente leva ao debate de como definir justiça, tanto para o indivíduo quanto para a *polis*.

O debate é longo e complicado. Sócrates e Glauco, podemos ter certeza disto, não conseguiram ir às festividades noturnas. Não somente teoria política, como também psicologia moral e filosofia moral, metafísica e epistemologia são citadas na resposta que acabará por ser a tentativa de explicação para a natureza da justiça política e individual. Ambas, uma questão de solidez estrutural. A cidade justa é composta por três partes — os guardiães, o exército e os produtores —, cada uma atuando na função para a qual é mais adequada, tanto por sua natureza quanto por treinamento. A psique de uma pessoa também é composta por três partes: a *logistikon*, que raciocina; a *thumos,* que impulsiona; a *epithumia*, que anseia. Em uma pessoa justa, cada parte atua na função para a qual é mais adequada. A pessoa justa, assim como a *polis* justa, tem uma organização interna correta.

A república é organizado em dez livros, e o *Mito da caverna* aparece no início do livro VII. Eis como é introduzido (o respondente é Glauco):

DEIXE O SOL ENTRAR

Imagine seres humanos vivendo em uma habitação subterrânea semelhante a uma caverna, com uma entrada muito ao alto que é uma abertura para a luz e também é do comprimento da própria caverna. As pessoas estão ali desde a infância, presas ao mesmo lugar, com pescoço e pernas acorrentados, capazes de ver somente o que está à frente, porque os grilhões as impedem de virar a cabeça. Há luz produzida por fogo, que queima bem acima e por trás delas. Também atrás delas, porém mais acima, há uma passagem que se alonga entre elas e o fogo. Imagine que ao longo dessa passagem um muro baixo tenha sido construído, como o tapume sobre o qual titereiros apresentam suas marionetes.

Estou imaginando.

Então também imagine que há pessoas ao longo do muro carregando toda sorte de artefatos que se projetam acima dele — estátuas de pessoas e de outros animais, feitas de pedra, madeira e de todo tipo de material. E, como é de se esperar, algumas dessas pessoas que carregam os objetos conversam e outras ficam em silêncio.

Essa imagem que você descreve é estranha. Assim como os prisioneiros.

Eles são como nós. (514a-515a)

Esses prisioneiros estão amontoados, e seu estado mental de *eikasia*, que é o mais baixo nível de consciência, é enganador e subterrâneo. O conteúdo da mente em *eikasia* é desconectado de qualquer coisa que tenha existência independente. É um mundo pouco nítido, escuro e artificial, no qual tudo é inventado de modo que os prisioneiros não possam descobrir a natureza do que estão vendo. É o que hoje talvez chamemos de realidade socialmente construída. (Se há pensadores por aí que ainda seguem a visão que já esteve em alta — por volta das décadas de 1970 a 90 — de que *tudo* é socialmente construído, essas pessoas, neste ponto, vão parar de seguir Platão.) Há acessórios elaborados para apoiar essa construção e pessoas que cuidam deles. Os observadores acorrentados são prisioneiros da ideologia, apesar de que preferem não saber disso. Aliás, eles fariam qualquer coisa para não saber disso. Todas as suas perguntas são respondidas e as perguntas que valem a pena serem perguntadas jamais são levadas em consideração. Suas crenças falsas são mutuamente validadas, mas a unanimidade não vale para nada no que diz respeito à verdade. Eles vivem juntos na escuridão. Mais adiante,

PLATÃO NO GOOGLEPLEX

no mito, Platão descreve "as honras, elogios e prêmios entre eles para quem melhor identificasse as sombras enquanto passavam e para quem melhor se lembrasse qual normalmente passa primeiro, qual passa mais tarde e quais passam simultaneamente, e para quem melhor pudesse prever o futuro" (516c-d). As comemorações entre eles são patéticas, porque ninguém consegue alcançar qualquer coisa que valha a vitória. *Kleos* não eleva ninguém acima dos demais, apesar do que possam pensar. (Mas, novamente, se você for um pensador comprometido com a ideia de não haver nada além de imagens socialmente construídas na parede da caverna, você da mesma maneira não reconhecerá qualquer padrão superior ao *kleos* de sua comunidade: "A única comprovação de pertencimento ao grupo é o companheirismo, o aceno de alguém em reconhecimento dentro da mesma comunidade, alguém que fala para você o que nenhum de nós jamais poderia provar para uma terceira pessoa: 'nós sabemos'. Digo para você agora, sabendo bem que irá concordar comigo [...] Somente se você já concorda comigo.")[15]

Platão não nos conta como acontece, mas um dos prisioneiros fica livre. É curioso como o processo que ele descreve é involuntário, principalmente no início, como se uma pessoa na jornada pela aquisição de conhecimento se assemelhasse a um adolescente ressentido, sendo arrastado para sair com a família e determinado a não se divertir.

> Quando um deles foi libertado e de repente foi compelido a se levantar, virar a cabeça, andar e olhar para cima em direção à luz, ele sentiu dor e ficou com a vista ofuscada, impossibilitado de enxergar as coisas cujas sombras ele viu anteriormente. O que você pensa que ele falaria, se lhe disséssemos que o que viu antes não era importante, mas que agora — porque ele está um pouco mais perto das coisas que existem e está virado na direção delas — ele vê mais corretamente? Ou, em outras palavras, se apontássemos para cada uma das coisas que passam, perguntássemos o que cada coisa é, e o fizéssemos responder, você não acha que ele ficaria perdido e que acreditaria que as coisas que viu anteriormente eram mais verdadeiras do que as que ora lhe são apresentadas?
>
> Muito mais verdadeiras.

---

15. Stanley Fish. *Is there a Text in this Class? The Authority of Interpretive Community*. Cambridge, MA: Harvard University Press, 1980, p. 176.

DEIXE O SOL ENTRAR

E se alguém o obrigasse a olhar para a luz, seus olhos não iriam doer e ele não iria se virar e fugir na direção das coisas de que é capaz de enxergar, acreditando que são realmente mais claras do que as que ora lhe são apresentadas?

Sim, iria.

E se alguém o arrastasse de lá à força, subindo a passagem rude e íngreme e não o deixasse escapar até que o tivesse arrastado para a luz do sol, ele não se sentiria doído e irritado por ser tratado dessa maneira? E quando estivesse à luz, com o sol em seus olhos, ele não seria incapaz de ver uma única coisa das que são então ditas verdades?

Ele seria incapaz de as enxergar, pelo menos no princípio. (515c-516a)

As palavras de Glauco, "pelo menos no princípio", são uma qualificação necessária, já que o prisioneiro em fuga será gradualmente capaz de ver além da caverna, mas apenas lentamente e aos poucos. A recuperação de uma ideologia — desprogramação, como hoje chamamos — leva tempo. Seus olhos não conseguem ver tudo de uma vez porque precisam se acostumar à luz. Primeiro, ele simplesmente olhará para imagens e sombras e reflexos na água. Em seguida, será capaz de olhar para "as coisas mesmo" (516a). Gradualmente ele levanta os olhos, e analisa o céu noturno. Finalmente, eles terão se acostumado suficientemente para que ele veja "o próprio sol, em seu próprio lugar, e seja capaz de analisá-lo".

Os vários níveis, tanto dentro quanto fora da caverna, representam níveis da metafísica de Platão.[16] Esses níveis são ordenados pelas relações de

---

16. Bem antes de introduzir o *Mito da caverna*, Platão havia apresentado a famosa analogia da linha dividida, que separa o mundo em vários níveis metafísicos, que são também níveis epistemológicos. A divisão principal é entre o conhecimento não inteligível, passivamente apresentado a nós, e o conhecimento inteligível, ativamente captado através da razão, e isso corresponde à distinção entre opinião e conhecimento. Os níveis da linha dividida prosseguem do imaginado ao percebido (ambos situados dentro da divisão principal), à matemática (portal para o inteligível), para as formas, as abstrações que estão por trás dos termos universais. Sócrates comenta (517b) que a linha dividida deveria ser utilizada para compreender as etapas pelas quais o prisioneiro deve passar no *Mito da caverna*. Mas esse mito adiciona uma ênfase normativa à linha dividida. A subida do prisioneiro implica em mudança de valores. Isso é o que explica a resposta estranha que Platão dá a Glauco em relação ao nível mais inferior, *eikasia*, "Eles são como nós." Observe o estudo de M. F. Burnyeat, "Platão em por que a matemática é boa para a alma": "Sócrates nos instrui a entender a jornada do prisioneiro para cima como a subida da alma à região inteligível da linha dividida (...) Mas a narrativa circundante, sobre a jornada de volta para a caverna, sugere uma solução diferente. Porque os exemplos citados na história são valores."

433

PLATÃO NO GOOGLEPLEX

explicação, justificativa, *logoi*. Uma pessoa sobe a um nível mais elevado ao explicar o nível que já assegurou. É assim que acontece o processo de conhecimento, que filósofos chamam abdução, ou inferência a partir da melhor explicação. Captar a melhor explicação é a descrição da função da razão que descobre a realidade. É como a ontologia pode ser explicada. Seja ela aplicada à física teórica[17] ou ao pensamento filosófico, é por meio da abdução que uma pessoa passa a conhecer a realidade que não é recebida passivamente, nem na imaginação, nem na percepção, seja a realidade de campos quânticos, seja, como Platão diria, uma realidade saturada de valor, estruturada pela confluência da Verdade-Beleza--Bondade. O conhecedor especialista, seja ele cosmólogo ou metafísico, descobre a realidade objetiva ao procurar a melhor explicação (e como Platão destaca em *Timeu* (29c-d; 44d), essa forma de conhecimento é probabilística, na melhor das hipóteses, sempre preparada para dar lugar a uma explicação melhor).

O que nos compele a subir para outro nível são as questões levantadas no nível em que estamos. Apenas sabemos onde estivemos quando deixamos o lugar. É nossa busca por explicação que nos impulsiona. No primeiro nível da caverna, compreendemos que estivemos olhando para sombras somente quando vemos o mecanismo de fazer sombras que está dentro da caverna, as maneiras com que tudo foi elaboradamente manipulado lá dentro para criar as ilusões que compreendemos como realidade. Uma pessoa somente compreende que estava vivendo numa caverna subterrânea quando sai dela, deixando para trás os valores construídos de uma sociedade encarcerada por sua ideologia com todas as artimanhas preparadas para evitar que o prisioneiro faça contato com o que há lá fora — em outras palavras, a realidade. Subir e sair da caverna é dar um passo para fora da ideologia, o que é aterrorizante e doloroso no início, mas libertador e natural ao final, de tal forma que se torna impensável retornar à ideologia abandonada. "Eu imaginaria que ele preferiria sofrer qualquer coisa a viver daquele jeito" (516e). Sair da caverna ideológica na qual todas as nossas questões são respondidas e

---

17. No *Timeu*, Platão apresenta a abdução como essencial para o pensamento científico.

DEIXE O SOL ENTRAR

todas as pessoas que conhecemos concordam conosco — "Digo para você agora, sabendo bem que irá concordar comigo... Somente se você já concorda comigo" — é o mais difícil e mais significativo passo que podemos dar. Mas se não dermos esse passo, deixaremos a vida sem que estejamos mais próximos da verdade do que quando entramos nela. E isso é exatamente o que significa viver uma vida que não vale a pena ser vivida, mesmo que seja comprovadamente o tipo de existência mais prazeroso.

Mas ainda há vários níveis a serem atingidos fora da caverna. Platão enumera os níveis extracaverna: imagens e reflexos, as próprias coisas, o sol. O que isso tudo significa? Sua analogia da linha dividida (509d-513e) é a chave. As imagens e os reflexos correspondem à matemática, às várias ramificações do que Platão faz com que seus guardiães d'*A república* passem várias décadas se especializando. As coisas elas mesmas são as formas, as entidades teóricas abstratas em que Platão acredita, pelo menos nesse estágio de seu pensamento filosófico, que são necessárias para explicar as identidades de particularidades concretas.

Mas a trilha de explicações não chega a um beco sem saída, nem mesmo aqui, nesse domínio teórico de abstrações tão distantes do senso comum. Nem mesmo as formas inteligíveis são autoexplicativas. Há uma estrutura para esse domínio abstrato — nem todas as formas possíveis existem, umas implicam outras, umas excluem outras. Uma estrutura complexa é sobreposta a esse domínio abstrato. As formas abstratas e suas relações umas com as outras dão à realidade a forma que tem. Mas por que é dessa forma e não de outra? Por que é uma coisa, seja o que for?

Exige-se mais uma elevação à forma do bem. Em *Mito da caverna* essa última elevação é alcançada quando um ex-prisioneiro, agora iluminado, volta seus olhos para cima, aos céus, e contempla a fonte de luz propriamente dita, e a linguagem se torna propriamente passional.

No plano do conhecimento, a forma do bem é a última coisa que é vista, e é alcançada somente com dificuldade. Uma vez que uma pessoa a veja, porém, ela deve concluir que é a causa de tudo o que é correto e belo em todas as coisas, que produz tanto luz quanto sua fonte no plano visível,

PLATÃO NO GOOGLEPLEX

e que no plano inteligível isso controla e proporciona verdade e compreensão, de maneira que qualquer um que vá agir sensatamente, seja em particular ou publicamente, deve vê-la (517b).

Em *A república*, Platão está firmemente do lado dos sensatos. Tudo que precisamos saber — intelectual e moralmente — está ali fora, e a maneira como acabamos por ver o que está ali fora não é mais particular e pessoal do que a realidade mesma. Há quem proceda pela razão, oferecendo as melhores explicações para as questões que cada nível apresenta. Um anônimo conhecedor alegórico representa todos nós, portanto, permita-me alterar o gênero do pronome. A conhecedora não tem por natureza qualquer equipamento cognitivo do tipo que torna privativas quaisquer mensagens especiais vindas de fora da caverna. É pelo poder de sua própria razão que ela alcança a visão do sol. Isso não somente é uma passagem que é, a princípio, aberta a todo mundo, mas é um caminho que exige colaboradores, uma vez que julgar qual é a melhor explicação é uma atividade melhor realizada na companhia de outros, como o homem que fundou a Academia, reunindo os melhores pensadores daquele tempo para se juntarem a ele, deve ter acreditado. A prisioneira foi a primeira a ser libertada e arrastada para a primeira etapa de sua viagem por uma outra pessoa, e uma vez que avistou o sol, ela se lembra dos prisioneiros ainda acorrentados dentro da caverna, sente pena deles e retorna para ajudá-los a fazer a subida que ela alcançou. (Não termina necessariamente bem. Prisioneiros de ideologias não necessariamente recebem bem a liberdade.)[18]

A forma do bem, do *agathon*, é o lugar em que todas as explicações se encontram. É o nível do autoexplicável. Deve haver esse nível do autoexplicável, se realidade for, como Platão assumiu que era, totalmente inteligível. Não há quaisquer contingências brutas, fatos que são fatos por nenhum outro motivo que não seja eles serem fatos. Explicações devem ir a fundo no que existe. Não

---

18. "Não seria dito a ele que retornaria de sua jornada à superfície com sua visão arruinada, e que não valeria a pena nem mesmo tentar viajar para a superfície? E, para qualquer pessoa que tentasse libertá-los e conduzi-los para cima, se de alguma forma pudessem tê-lo, eles não o matariam?" (517a).

DEIXE O SOL ENTRAR

se trata de uma infinidade de tartarugas para baixo,[19] mas sim de infinitas razões, *logoi*, para baixo. Essa é a intuição fundamental do racionalista; foi abordada novamente no século XVII por racionalistas radicais, como Spinoza e Leibniz. Leibniz nomeou isso o Princípio da Razão Suficiente.

Como eles, Platão afirma que a realidade se explica totalmente em si, em cada etapa, e isso implica que haja um nível de autoexplicação. A maneira como ascendemos para cada um dos níveis seguintes seria para julgar (da melhor forma possível) a melhor explicação. Temos sido conduzidos, por todas as etapas do caminho, pela intuição de que a melhor explicação — a mais bela, a mais elegante — é a explicação certa. O bem é simplesmente a afirmação dessa intuição. A realidade é o que é porque se caracteriza como a melhor de todas as explicações possíveis. Isso é a Trança Sublime — Verdade-Beleza-Bondade. A estrutura do mundo é perpassada por uma sublimidade tão sublime que simplesmente *tinha* que existir. A realidade existe porque ela também luta para alcançar uma existência que valha a existência. O cosmo mesmo é bem-sucedido, e a existência, o prêmio.

Platão, em sua explicação, impôs implicitamente a questão fundamental da metafísica: Por que existe algo em vez de nada? Em geral, a Leibniz é creditada a primeira formulação explícita da questão, e nesses termos mesmo, mas, vale repetir, Platão chegou primeiro (e também Spinoza certamente superou Leibniz nisso).[20] Platão implicitamente sugeriu a questão ao expli-

---

19. Aqui, a autora utilizou a expressão em inglês *it's not turtles all the way down*, que faz referência ao argumento do regresso, um problema epistemológico baseado no argumento de que toda proposição deve ter uma justificativa. Mas toda justificativa requer uma justificativa e, portanto, toda proposição pode ser infinitamente justificada. Essa expressão em inglês, cuja tradução literal é "não são tartarugas até lá embaixo", refere-se à anedota sobre uma senhora que argumentou contra Bertrand Russel quando ele descreveu em uma palestra a órbita terrestre. Segundo ela, Terra é uma placa apoiada em uma tartaruga gigante. Ao ser questionada onde a tartaruga gigante se apoia, a senhora respondeu que são tartarugas até lá embaixo. (N. da T.)

20. Para uma leitura sobre pensadores contemporâneos — físicos, filósofos e até mesmo romancistas — que abordam essa questão, veja Jim Holt, *Why does the World Exist: An Existential Detective Story* [Por que o mundo existe?: uma história de detetive existencial]. Nova York: Liveright, 2012. Dois dos entrevistados por Holt se identificam como platonistas na abordagem da questão levantada por ele: o físico Roger Penrose, que se concentra em platonismo matemático como resposta ao grande problema metafísico de por que existe qualquer coisa, e o filósofo John Leslie, que discorre sobre o que é chamado "extremo axiarquismo", ou a regra dos valores.

PLATÃO NO GOOGLEPLEX

citamente propor sua resposta. O bem é o que proporciona existência, ele nos diz em *A república. Agathon* amarra a estrutura da realidade — o que quer que essa realidade possa vir a ser. (No *Timeu* ele assume um ceticismo sobre se a conhecemos em sua totalidade. A realidade ser inteligível não implica que ela seja inteligível para nós.) Platão está aberto à possibilidade de a realidade se tornar bem diferente da maneira como a concebemos em qualquer ponto de nossa aventura conjunta na busca para descobri-la. O autoquestionamento é essencial no processo racional. Mas no que ele se apega é que seja o que for que a realidade venha a ser, é assim porque a melhor das razões a fez assim, e somos direcionados a essa melhor das razões por nosso próprio senso de beleza maximizadora da inteligibilidade: "Tanto conhecimento quanto verdade são coisas belas, mas o bem é outra e mais bela coisa do que essas" (508e).

O *Mito da caverna* coloca qualquer coisa que não pode se explicar em si — incluindo os sussurros em ouvidos privilegiados, proferidos por um oráculo particular — no interior da caverna obscura. No final, é hostil aos insensatos, que precisam ser substituídos no nível de *eikasia*, prisioneiros de uma ideologia, incapazes de fornecer um *logos*. Inferências à melhor explicação são colocadas sobre a mesa de seminário, para que todos possam avaliar — não somente em filosofia, mas em todo o domínio teórico (exceto matemática, campo em que provas conclusivas são possíveis). Inferência à melhor explicação captura o que *é* teorizar.

A palavra "melhor" é abertamente avaliadora. Não há como escapar da avaliação, nem ao decidir o que é racional acreditar, nem ao decidir o que é ético fazer. O fato de a avaliação estar envolvida — pessoas diferentes podem discordar sobre o que constitui a melhor das explicações disponíveis — faz ser ainda mais imperativo expor a racionalização de alguém a uma multiplicidade de perspectivas. Quando fiz Platão dizer a Roy McCoy que ele preferiria ser refutado a refutar, eu o estava citando, *verbatim*.

Mas que critérios devem ser utilizados para avaliar quais são as melhores explicações? Aqui também surgem discordâncias. Podemos perguntar: uma explicação que aumenta o senso de mistério no mundo deve ser valorizada acima de uma que diminui o mistério, ou deve ser ao contrário?

DEIXE O SOL ENTRAR

Há excelentes razões, bem argumentadas e aceitas em geral, para aderir à segunda alternativa. De fato, exatamente porque a explicação que diminui o mistério é julgada como a *melhor* explicação, a explicação de Platão sobre os universais em termos de formas abstratas foi derrubada por outras explicações. Sua assim chamada Teoria das Formas criou mais mistérios do que resolveu. Há evidências de que ele próprio chegou às mesmas conclusões como consequência de uma bateria de críticas que ele levantou contra essa teoria no *Parmênides*. No *Timeu* e em *Leis*, a mais inteligível — e, portanto, bela — das formas é concebida em termos de estrutura matemática, e outras formas são descartadas.

O demiurgo do mito da criação apresentado no *Timeu* criou o universo físico como um organismo vivo, concedendo a ele uma alma e infundindo nele tanta eternidade quanto é possível a uma entidade que se encontra no tempo aproveitar. A infusão ocorre ao se fazer do próprio tempo uma imagem de eternidade. Diferentemente do verdadeiramente eterno, o universo está em movimento, mas seu movimento está subentendido na lei dos números, o que significa que participa, da melhor forma que lhe é possível, da eternidade. São os movimentos matemáticos contidos no Cosmo que geram tempo, imagem de eternidade.[21]

> Portanto, como o modelo era um ser eterno, ele se preparou para completar esse universo de tal forma que também tivesse aquele caráter até quanto possível. Agora era da natureza do ser ser eterno, mas não é possível conceder eternidade em sua totalidade para qualquer coisa que é gerada. E então ele começou a pensar em fazer uma imagem da eternidade que se movimentasse: ao mesmo tempo que colocou ordem no universo, ele faria uma imagem eterna, movimentando-se de acordo com os números, da eternidade permanecendo em unidade. Esses números, claro, é o que hoje chamamos "tempo". Porque antes de existir o céu, não havia dias nem noites, nem meses, nem anos (...) Esses são todos partes do tempo e *era* e *será* são formas do tempo que passou a existir.

---

21. A negação de que o tempo é absoluto, em *Timeu*, e o tempo como função de movimento prevê ideias que viriam à fruição na teoria da relatividade especial.

PLATÃO NO GOOGLEPLEX

Essas noções, impensadamente, mas incorretamente, aplicamos ao ser eterno. Porque dizemos que *era*, *é* e *será*, mas de acordo com o verdadeiro relato somente *é* é apropriado dizer para ele (...) E em geral, nenhuma das características que existir concedeu às coisas que são sustentadas no âmbito da percepção são apropriadas a elas. Essas são as formas do tempo que passaram a existir — tempo que imita eternidade e circula conforme os números. (37c-38b)

A matemática inscrita no movimento do céu, dando-nos tempo, em *Temeu* também gera a estrutura da matéria. A razão satura o Cosmo em forma de matemática, que não somente permite ao mundo do *era* e *é* e *será* participar do eterno *é*, mas também torna o Cosmo acessível a nossa razão matemática. A virtude que nos salva é que nossa razão humana pode penetrar a razão cósmica:

E quando a razão que trabalha com a própria verdade independentemente de ela estar no círculo do diverso ou no do mesmo — em um silêncio sem voz, mantendo seu curso adiante na esfera do automovimento —, quando a razão, digo, está pairando ao redor do mundo sensível e quando o círculo do diverso, também movimentando-se em sua verdade, dissemina insinuações de sensibilidade para toda a alma, surgem então opiniões e crenças firmes e verdadeiras. No entanto, quando a razão se ocupa com o racional, e o círculo do mesmo se movimentando com destreza declara isso, então inteligência e conhecimento são necessariamente alcançados. (*Timeu* 37b-c, traduzido por Benjamim Jowet [nossa tradução].)

Não é de se surpreender que Galileu e Kepler fossem platonistas apaixonados. Desde os tempos de Tomás de Aquino, a Igreja protegeu Aristóteles. E torna-se heresia desafiar a quem a Igreja protege. No entanto, é Platão, especialmente o Platão do *Timeu*, que deve carregar o espírito de rebeldia que surgiu nos séculos XVI e XVII contra a teleologia aristotélica dogmatizada. A fim de encontrar o caminho de volta a Platão, os novos físicos se prendem à matemática como a própria alma da explicação — e quanto mais bela for a matemática, mais valor de explicação julga-se ter. Se o sis-

DEIXE O SOL ENTRAR

tema geocêntrico aristotélico/ptolemaico for rejeitado, não será apenas a partir da observação — os epiciclos podem abarcar todos os movimentos observados dos planetas —, mas porque os epiciclos são matematicamente horrendos. Coloque o sol como ponto de origem ao redor do qual a Terra e outros planetas giram e a matemática se torna bela. O realismo estético de Platão afetou profundamente o homem que criou a física moderna, e tanto Galileu quanto Kepler frequentemente mencionam o "Platão divino", utilizando o critério de Platão para julgar as melhores explicações como sendo as deles mesmos.

Inferência de melhor explicação é inevitavelmente carregada de valor, mas também a realidade o é no esquema de coisas de Platão. O posicionamento de *agathon* no ápice da visão do prisioneiro significa que há algo inerentemente superior na realidade *como ela é* que determina que isso é a realidade que *deveria ser*. *Agathon* implica que a realidade pode em última análise dar uma definição de si mesma, o que não significa que nós, meros humanos, jamais poderemos alcançar a mais avançada definição. Mas, à luz de Platão, podemos confiar na existência dessa definição. Acreditar na existência pode ser considerado parte da metafísica da física, com base na qual enormes expansões da ontologia foram discutidas, dentre as quais nenhuma poderia ser mais expansiva — poderia? — do que a noção controversa de multiverso. O físico Brian Greene escreveu um artigo para o *The Daily Beast* explicando o pensamento atual (do qual ele é fã) de que nosso universo é apenas um em um vasto número de universos, que são compostos por diferentes partículas e governados por diferentes forças. Quanto é vasto? De acordo com a teoria das supercordas, "a contagem dos universos possíveis é o quase incompreensível número 10500, um número tão grande que desafia a analogia".[22] Permitir que a elegância da matemática nos carregue já nos levou para bem longe da caverna. Quem sabe? Talvez um dia possamos responder por que nosso universo — seja ele multiverso ou não — se tornou exatamente o que ele é. E se assim fizermos, será devido à intuição de Platão que, no que diz

---

22. Brian Greene, "Welcome to the Multiverse" [Bem-vindo ao mutiverso]. In: *Newsweek*, 21 de maio, 2012. Disponível em: <http://www.thedailybeast.com/newsweek/2012/05/20/brian-greene--welcome-to-the-multiverse.html>.

PLATÃO NO GOOGLEPLEX

respeito ao universo, é razão até o fim, e isso é o que é tão bom sobre isso. Por isso *agathon* é soberano.

A soberania do bem não é desafiada quando se indica todas as formas em que a realidade pode ser aperfeiçoada. A visão não é desafiada por horrores como a leucemia infantil, o deslocamento das placas tectônicas ou os incêndios florestais. Tais tragédias se agigantam do ponto de vista humano. A realidade não depende da perspectiva humana e não se espera isso dela. O sublime que emergiu para a existência não se preocupa conosco. Uma bondade forçosamente humana não encapsularia o golpe ontológico necessário para levar adiante a existência. Benedictus Spinoza ressalta a irrelevância do ponto de vista humano em escala metafísica ampla, afirmando que "a perfeição das coisas deve ser considerada apenas dentro de sua própria natureza e poder; as coisas não são menos ou mais perfeitas conforme agradam ou ofendem o senso humano ou conforme sejam úteis ou repugnantes para o homem" (*Ética* I, Apêndice).[23] Platão faz semelhante afirmação no Livro X das *Leis* (903c).

A visão de uma realidade inteligível que não demonstra qualquer inclinação para o bem-estar humano aparenta para muitos ser fria e inumana. Bem, ela é fria e inumana. O que eu deveria ter dito é que a visão aparenta para muitos ser repugnante como consequência de ser inumana. Não é surpreendente que quando o platonismo encontrou o monoteísmo — no pensador judeu Fílon e no pensador cristão Agostinho — uma substituição mais acessível para o usuário foi feita na propriedade, no andar superior da escala de explicações. O bem saiu e Deus entrou. O novo locatário passou a ter a reputação de quem se interessa por nós quase tanto quanto nós nos

---

23. Spinoza continua: "Para quem pergunta por que Deus não criou assim todos os homens, que eles deveriam ser governados apenas pela razão, não tenho outra resposta senão esta: porque matéria não lhe faltava para a criação de cada nível de perfeição, da mais alta a mais baixa; ou, mais especificamente, porque as leis de sua natureza são tão vastas a ponto de bastarem para a produção de tudo o que é concebível por uma inteligência infinita, como mostrei na Proposição 16" (Apêndice, *Ética* I). Em outras palavras, para Spinoza a fecundidade ontológica infinita, ela mesma uma medida de sua perfeição, transborda para uma realidade com aspectos tanto prazerosos quanto dolorosos para criaturas sensíveis como nós. Por sermos criaturas desse tipo, superestimamos o significado desses aspectos prazerosos e dolorosos para nós. Essa superestimação indica pouca distância da caverna.

interessamos por nós. Para Platão (ou Spinoza), essa substituição no nível mais elevado nos leva de volta em direção à caverna e de sua autoengrandecedora ideologia. Em Platão ou Spinoza, a sobrevalorização, do ponto de vista humano, é em si uma ideologia.

De volta à caverna

Mas, até agora, a noção de *agathon* explorada é de certo modo mais atraente para um físico do que para um eticista. Como pode esse *agathon* altamente teórico ter qualquer implicação na maneira como devemos nos comportar? Platão não vai nos obrigar — eticamente — a nos tornarmos cosmólogos, vai?

Nem tanto, mas quase. O bem que estrutura a realidade tem consequências normativas específicas. Isso também está implícito em O *mito da caverna*. Somente porque o ex-prisioneiro encontrou o bem e compreende o papel explicativo supremo que ele tem na existência ela se lembra dos prisioneiros deixados para trás. Ele não quer ter que voltar para cuidar dos demais. Preferiria muito mais calcular as belas equações que descrevem a matéria em movimento. Mas a própria beleza daquelas equações foi impressa em seu próprio ser, e, devido a essa impressão, ele se sente responsável por aqueles que ainda estão encarando, patéticos, suas imagens geradas ideologicamente, recompensando uns aos outros com prêmios insignificantes.

No mito, aqueles prisioneiros, algemados e distraídos, não apresentam qualquer ameaça desde que ela permaneça fora da caverna. O ex-prisioneiro pode simplesmente ignorá-los e seguir adiante com suas incríveis explorações. Não é seu interesse pessoal que o obriga a voltar para a caverna, mas sim uma espécie de altruísmo. Mas no mundo real da *polis* a história é diferente. Nele, é do interesse das pessoas que desejam ter permissão para descobrir a realidade tentar erradicar qualquer ideologia, seja religiosa ou secular, que impediria seu livre questionamento. No mundo real, Sócrates acaba por questionar a ideologia e é morto por isso. Portanto, é interesse pessoal do pensador tentar mudar a *polis* para melhor, a fim de tornar o mundo mais seguro para seus pensamentos.

PLATÃO NO GOOGLEPLEX

Mas não é essa a maneira pela qual Platão apresenta essa situação no mito. O mito faz justiça a toda realidade de valores que Platão descobre ali, além da caverna, e essa realidade de valores inclui responsabilidade com os outros. A natureza carregada de valor da realidade impessoal provoca uma mudança na psicologia moral de uma pessoa, a harmonia e a proporcionalidade que estruturam a realidade se sobrepondo à própria realidade psíquica de uma pessoa, transformando-a para o bem.[24] Isto é o que a pessoa justa é: alguém cuja realidade interna é congruente com a externa. É por isso que Platão descreve os guardiães em *A república* estudando matemática por várias décadas preparando-se para a prática da política. Somente as pessoas que se permitiram ser reformadas pela realidade a tem em si para tentarem reformar a *polis* para o bem.

Mas por que eles deveriam querer fazer isso? Eis a questão. Por que o ex-prisioneiro não deveria ficar o mais longe que pudesse dos ideólogos e simplesmente seguir com seu pensamento, que é suficientemente difícil para ele? (Apesar de que aparentemente — e não surpreendentemente — não é assim para Platão. Para ele, pelo menos, trata-se de "prazer não misturado", como ele descreve no *Filebo*.) Por que ele deveria enfrentar as gozações e a ira que o receberão quando descer novamente para a escuridão — ira que Platão descreve como nada menos que homicida? (517a)

Agathon, tão impessoal e teórico quanto é, tem implicações para a *aretē*, a excelência humana que faz uma vida valer a pena ser vivida. *Aretē* não pode significar colocar apenas sua própria sanidade estrutural em ordem sem pensar no bem-estar dos outros. Esse conhecedor anônimo no mito foi inicialmente arrastado, "subindo a passagem rude e íngreme", por outra pessoa que não o deixou livre até colocá-lo direcionado à luz do sol. Em retrospecto, esse aspecto do mito parece significante. Alguém que alcançou

---

24. "E os movimentos que possuem afinidade com a porção divina em nós são os pensamentos e as revoluções do universo. Esses certamente são o que cada um de nós deveria seguir. Deveríamos redirecionar, na mente, as revoluções que foram tiradas de curso em nosso nascimento, aprendendo as harmonias e as revoluções do universo, e, portanto, trazer à conformidade com os objetos nossa faculdade de compreensão, como era em sua condição original. E quando essa conformidade for completa, teremos atingido nosso objetivo: a mais excelente vida oferecida à humanidade pelos deuses, tanto agora quanto eternamente" (*Timeu* 90d).

DEIXE O SOL ENTRAR

a vida fora da caverna se aventurou de volta, para dentro, a fim de ajudar outra pessoa a sair.

O *agathon* que Platão contempla enquanto sua vida filosófica se aprofunda não leva em consideração nosso bem-estar mortal. É ainda mais indiferente a nós que os antigos deuses gregos. Ainda assim, somos moralmente desenvolvidos através da contemplação disso e nosso desenvolvimento moral nos transforma em melhores cidadãos na *polis*. A objetividade radical, purificada das preocupações humanas, acaba por ser o melhor antídoto para a pequenez da natureza humana. Simplesmente alcançar essa visão de objetividade exige que superemos as deformidades da natureza de cada um, os privilégios da própria identidade e suas perspectivas. Exige que desmontemos qualquer que seja a ideologia que nos aprisione, quase sempre porque bajula nossa presunção. Cair de amores pela beleza impessoal da objetividade, que não nos ama de volta, é em si uma conquista moral.

E uma vez que tal visão tenha sido alcançada, seguem outras consequências meritórias. A visão induz a uma admiração que coloca nossas preocupações egoístas na mais ampla perspectiva possível, resultando na retirada dessas preocupações egoístas de nosso alcance. O senso de proporção apropriada que se acomoda em nossa vida interna não somente permite o autocontrole e as escolhas sensatas, o "nada em excesso" pregado pelos gregos excessivos. Também resulta em senso de proporção apropriada entre nós mesmos e os outros. Uma vez que as distorções em nossa perspectiva sejam corrigidas, somos confrontados com a "igualdade proporcional" que deve reinar não menos no mundo das pessoas do que no próprio Cosmo. No *Górgias* Platão descreve Sócrates discutindo com Cálicles; segundo este, tudo o que qualquer um de nós deseja é fazer qualquer coisa do nosso próprio jeito, e é exatamente o que todos nós faremos, se assim conseguirmos. Os tiranos têm a vida mais feliz de todas. Ao longo da discussão, Sócrates ressalta:

> Sim, Cálicles, os homens inteligentes argumentam que parceria e amizade, método, autocontrole e justiça mantêm juntos o céu e a terra e deuses e homens, e é por isso que dizem ser o universo uma ordem mundial, meu amigo, e não uma indisciplinada desordem mundial. Acredito que

PLATÃO NO GOOGLEPLEX

você não preste atenção a esses fatos, ainda que seja um homem sábio nesses assuntos. Você falhou em perceber que igualdade proporcional tem grande poder entre deuses e homens, e você supõe que deve sempre receber a melhor parte. Isso é porque você ignora a geometria. (507e-508a)

Qualquer pessoa que aprecie adequadamente a proporção não pode falhar em perceber que o eu de alguém não deveria ser desproporcional a todos os outros. A beleza da proporcionalidade que conduziu uma pessoa, porque essa pessoa a ama, levaria ela a detestar uma situação que a levasse à desproporcionalidade em relação a todas as outras pessoas. Há uma teoria moral completa contida nessa passagem.

"Você supõe que deve sempre receber a melhor parte." Portanto, várias ideologias no final se resumem a maneiras de justificar nossa ideia de que temos que receber a melhor parte. E pessoas que conseguiram sair da caverna, tendo alcançado uma vida que valesse a pena ser vivida, não devem ter qualquer ilusão de que têm mais direito do que qualquer outra pessoa a ter aquela vida. Se contam vantagem sobre sua conquista pessoal, então eles não alcançaram qualquer coisa que valha a conquista. E se alcançaram, eles não têm outra opção senão fazer da conquista uma bênção para todos, na tentativa de melhorar a *polis*, por menos que gostem disso.

A julgar por *As Leis*, Platão não gostou da tarefa, assumida não por prazer, mas por obrigação. *As Leis* é seu último livro; foi escrito quando ele estava velho. Sócrates já partira, e três homens idosos — um espartano cujo nome é revelado, um cretense cujo nome é revelado e um ateniense anônimo — fazem sua caminhada matinal juntos, discursando ao longo do caminho sobre política e jurisprudência. O ateniense anônimo nas *Leis* foge do assunto e somente com força de vontade consegue se distanciar da emocionante contemplação da perfeição matemática do Cosmo organizado, a fim de pensar no sombrio negócio da organização dos assuntos humanos, por ele comparados a marionetes. Quando o ateniense faz a desagradável comparação pela segunda vez, o espartano chama sua atenção para isso, o ateniense se desculpa e explica que tem pensado nos deuses. E então, como se estivesse assumindo a posição de vantagem dos próprios deuses — os deuses

DEIXE O SOL ENTRAR

que, descritos frivolamente por Homero ou com solene beleza matemática por Platão, jamais colocam o homem no centro das atenções —, o ateniense admite que "no entanto, se vai assim ser, o homem deve ser algo não tão insignificante, mas mais sério" (804b), e, com um suspiro de resignação não difícil de imaginar, volta a trabalhar na elaboração de leis para uma *polis* onde causaremos menos mal uns aos outros quanto for possível.

Alcançamos uma vida que vale a pena ser vivida ao compreendermos como o Cosmo alcançou uma existência que vale a pena existir. Essa é a noção de *aretē* a qual ele chega. O sublime impessoal é internalizado como virtude pessoal. "Mas agora notamos que a força do bem se refugiou em uma aliança com a natureza da beleza. Porque medida e proporção se manifestam em todas as áreas como beleza e virtude." (*Filebo* 64e) O que se exige é que nosso cultivado senso de beleza nos deixe abertos à "melhor das razões" que molda a realidade, e que sejamos superados pela alteridade e beleza da realidade. Para mim, isso é reverenciar os deuses, e é por isso que ele identifica a astronomia como uma espécie de experiência religiosa no *Timeu*. Mas a astronomia não é a única maneira pela qual "medida e proporção se manifestam" para nos superar. Conforme já mencionado no capítulo ζ, ele permite que a música (do tipo certo) e a poesia (do tipo certo) também executem o truque, desde que as consideremos insinuações de transcendência tais que nos concedem nosso verdadeiro significado no mundo, que é — assim como todas as coisas finitas quando são medidas na escala do sublime — imensuravelmente pequeno. (Foi Leibniz quem introduziu o termo "infinitesimal". Platão teria adorado o cálculo.) Essas são as medidas eticamente transformadoras. Somente quando nossa grandiosidade for dizimada — pelo choque entre alteridade e beleza da realidade — poderemos alcançar uma vida que não é um tecido de mentiras degradantes e ilusões hilárias.

Nem todo mundo deseja a melhor vida como Platão a descreve. Talvez as únicas pessoas que a querem sejam aquelas que podem alcançá-la. Talvez a melhor medida da capacidade de fazer algo seja o desejo que se tem por essa coisa. Isso faria com que a restrição fosse um pouco mais justa. Porque é restritiva. Um filósofo cuja concepção de que a melhor vida exige

PLATÃO NO GOOGLEPLEX

tanto poder intelectual puro não é igualitário. O reconhecimento de que nenhum de nós merece mais que o outro uma vida que valha a pena ser vivida não implica em todos nós termos o que é necessário para alcançar essa vida. Apenas carrega em si a obrigação de que aqueles que alcançaram essa vida farão o que puderem para ajudar outros a alcançarem o mesmo, da melhor maneira possível. O demiurgo de *Timeu*, por mais que tivesse desejado exemplificar o mundo criado à imagem da eternidade, precisou se reconciliar com a obstinação da natureza física (47e-48a), e aqueles que alcançaram a *aretē* de Platão, por mais que desejem ajudar outros a alcançá-la, deverão se reconciliar com a obstinação da natureza humana.

Era da natureza de Platão pensar que o conceito de *aretē* ao qual ele chegou através do *agathon* produziria não somente uma vida de virtude, mas também de raro prazer. "Então devemos dizer que os prazeres de aprender estão separados da dor e pertencem não às massas, mas apenas a muito poucos" (*Filebo* 52b). É um prazer puro que se tem alcançado exatamente porque não se tem procurado, de forma alguma, o próprio prazer, o que sem dúvida aquelas "massas" não conseguem evitar fazer.

A linha paternalista é inegável.[25] É uma linha em que alguns se regozijaram, identificando-se triunfantemente com os "muito poucos". Minha percepção de Platão é que ele não se regozijou com isso. Penso que ela o fez sofrer e ele a teria feito diferente, mas, no entanto, ele considerou o paternalismo necessário. Como poderia não ser necessário para um homem que descreveu o sentido da visão como nosso mais valioso sentido, porque permite que saibamos das revoluções astronômicas?

---

25. Compare: "Eles (pessoas da melhor natureza) não são facilmente produzidos, mas, quando nascem e são criados e treinados na maneira necessária, é absolutamente certo que essas pessoas mantenham essa maioria inferior subjugada ao pensar, fazer e dizer tudo o que se refere aos deuses da maneira certa no momento certo, não hipocritamente fazendo sacrifícios e ritos de purificação por violações contra deuses e humanos, mas por honesta honra da virtude. De fato, a honra da virtude é a coisa mais importante na cidade inteira. Agora, consideramos que esse segmento da população é, por natureza, mais adequado à autoridade e é capaz de aprender os mais nobres e requintados estudos, se alguém os ensinar." (*Epínomis* 989c-d)

DEIXE O SOL ENTRAR

O deus inventou a visão e nos deu esse sentido para que possamos observar as órbitas da inteligência no universo e as aplicar às revoluções de nosso próprio conhecimento. Porque há um parentesco entre elas, ainda que nossas revoluções sejam perturbadas, enquanto as órbitas do universo não são. Portanto, uma vez que as conhecemos e compartilhamos a habilidade de fazer cálculos corretos de acordo com a natureza, devemos estabilizar as revoluções em nós, errantes, ao imitarmos as revoluções do deus, totalmente incapazes de erro (*Timeu* 47b-c).

Platão não aliviou a exigência de que nos esforcemos para ser extraordinários, não é? Então só posso esperar que ele se impressionasse por alguns dos progressos que conseguimos alcançar, coletivamente. Afinal, entre aquelas crenças que podemos atribuir a Platão está a crença no poder de persuasão da filosofia.

Vários Platões

Ao longo dos anos houve vários Platões e ainda há.

Houve o Platão dos religiosos, que achou necessário substituir seu conceito de bem, o princípio de ordem imanente no Cosmo, por um Deus que transcendesse o Cosmo — uma concepção primeiramente elaborada por uma pequena tribo que vivia obscuramente do outro lado do Mediterrâneo dos gregos da época de Platão. Aquela tribo não tinha um forte senso de vida após a morte. Mas o Platão de *Fédon* encontrou seu caminho até o monoteísmo deles enquanto este se espalhou pelo mundo grego, principalmente pelos seguidores de Jesus, e o casamento entre o monoteísmo abraâmico e o Platão de *Fédon* se mostrou forte para os filhos de Abraão — judeus, cristãos e muçulmanos. Depois disso, o além se tornou um dos componentes mais queridos da fé abraâmica.

Houve o Platão dos matemáticos, para quem os domínios das infinitas estruturas matemáticas são muito mais reais que os quadros-negros onde eles

PLATÃO NO GOOGLEPLEX

escrevem suas equações, e que adequadamente se denominam platonistas. E houve o Platão dos físicos e dos cosmólogos, até Galileu, que encontrou na estética matemática de Platão uma explicação para derrubar a arraigada ciência aristotélica da época e que ainda estão preparados para seguir o senso de beleza matemática para onde quer que ela os leve, levando-nos a grandes distâncias do nível de realidade que nos é revelado por nossos sentidos, talvez até ao multiverso.

Houve o Platão dos teóricos políticos, um grupo altamente contencioso. Alguns deles leram Platão como um utópico, enquanto outros argumentam que ele era tão veementemente antiutópico que sua análise de justiça deve, na verdade, ser lida como demonstração de que justiça alguma é possível e que idealismo político é uma miragem. E então, claro, há o paternalismo, que alguns argumentam ter sido meramente a função dos atenienses de sua época, que ele tentou reformar e que outros aceitam de coração, endossando a injustiça de uma "aristocracia natural".

Houve o Platão dos poetas, dispostos a ignorar os ocasionais insultos dele à arte que produziam, pela transcendência de suas linguagem e visões, e seu amor pela beleza e crença nos poderes de redenção dela.

Entre os filósofos há Platões demais para enumerar.

Tudo o que posso fazer é tentar apresentar-lhes o meu. Meu Platão é um matemático apaixonado, um poeta cauteloso, um ético rigoroso, um teórico político relutante. Ele é, sobretudo, um homem extremamente consciente das maneiras que suposições e preconceitos invadem nossos pontos de vista e passam despercebidos, e ele imaginou um campo dedicado a tentar expor essas suposições e esses preconceitos e remover qualquer coisa que gere conflito com comprometimentos que devemos ter a fim de tornar o mundo e nossa vida coerente ao máximo. Porque ele criou esse campo, podemos olhar para trás, para Platão, e ver onde suas próprias suposições e seus próprios preconceitos o atrapalharam. Se não pudéssemos, o campo que ele criou teria sido comprovadamente uma frustração colossal para ele, a fé que ele tinha na razão autocrítica infundada.

DEIXE O SOL ENTRAR

Sobretudo, meu Platão é o filósofo que nos ensina que jamais deveríamos ter certeza de que nossa visão, independentemente de quão argumentada e racionalizada, equivale à palavra final em qualquer questão. O que inclui nossa visão sobre Platão.

ɪ Platão no campo magnético

Nossos criadores, ao refletirem se deveriam criar uma raça que vivesse muito e que fosse pior, ou uma raça que vivesse menos e que fosse melhor, chegaram à conclusão de que todo o mundo deveria preferir uma vida mais curta e melhor a uma mais longa e pior; portanto, cobriram a cabeça com uma fina camada de osso, mas não com carne e tendões... E assim a cabeça foi acrescentada tendo mais sabedoria e sentimentos do que o restante do corpo, mas também sendo, em todas as pessoas, mais frágil.[1]

— *Timeu*

---

1. No *Timeu*, Platão localizou no cérebro nosso processo de pensamento. Ele analisou o cérebro como espécie de medula conectada com medula envolta por ossos que se estende pelo corpo. Sem saber dos nervos, ele viu essa medula de conexão como meio de transmissão entre o cérebro e o restante do corpo. A concepção materialista de mente apresentada no *Timeu* conflita com o dualismo no *Fédon*, com o qual é mais comum associarem Platão. Seu aluno Aristóteles descordou dele e localizou o processo do pensamento no coração, indicando que a única tarefa da cabeça seria esfriar o sangue, que se torna superaquecido durante o processo de pensamento. Aristóteles baseou sua conclusão errônea em observação. Ele notou que todos os animais têm sensações, mas somente os vertebrados e os cefalópodes têm cérebro, enquanto todos os animais têm coração ou órgãos semelhantes ao coração. Ele notou que o cérebro é relativamente sem sangue, e que, descoberto, pode ser cortado sem causar dor, enquanto o coração é fonte de sangue e de sensações completas.

PLATÃO NO GOOGLEPLEX

DRAMATIS PERSONAE:

DR. DAVID SHOKET: professor da cátedra *Eugene-Eunice-Quant* de Neurociências na Olympia University; pesquisador do Howard Hughes Medical Institute; membro da National Academy of Sciences; membro do Neuroscience Research Program.

AGATHA FINE: aluna do terceiro ano de pós-graduação em ciências cognitivas na universidade. Agatha está trabalhando com o dr. Shoket para aprender as ferramentas da neurociência cognitiva moderna.

Shoket entra em uma sala de reunião sem janelas. Agatha está sentada a uma mesa redonda e pequena; ela está preenchendo formulários.[2]

SHOKET: Agatha! Hoje você está especialmente radiante!

AGATHA: Obrigada. O sujeito é um homem caucasiano, nível superior de educação, nascido na Grécia, mas fluente em inglês, 2.400 anos, sem qualquer sinal de demência.

SHOKET: Tem alguma coisa diferente. Esse jaleco é novo?

AGATHA, *olhando para baixo, distraída*: Não. Eu já expliquei quais as tarefas que vamos pedir que ele faça enquanto passa pela ressonância magnética. Ele entendeu tudo rapidamente.

SHOKET: Então não é o típico aluno de graduação que temos visto aqui. Sem falar nos violentos criminosos, drogados e outros respeitáveis espécimes da humanidade.

Shoket ri e Agatha sorri superficialmente. A risada de Shoket é alta e bem característica, lembra o grito de acasalamento do elefante-marinho.

---

2. O leitor atento perceberá que o texto se refere a David Shoket pelo sobrenome enquanto se refere a Agatha Fine pelo primeiro nome. Essa diferença é proposital para refletir não somente a disparidade entre as respectivas posições, mais especificamente no laboratório de Shoket, mas também pelo fato de eu gostar de chamá-lo "Shoket" e chamá-la "Agatha". Espero que o leitor atento não atribua a mim qualquer tendência sexista.

PLATÃO NO CAMPO MAGNÉTICO

A atual pesquisa de Shoket é sobre as diferenças na via mesolímbica dopaminérgica em indivíduos com alto grau de impulsividade. Seu modelo preliminar é que indivíduos altamente impulsivos, como aqueles que acabam se tornando viciados e criminosos, são caracterizados por uma menor disponibilidade dos autorreceptores do mesencéfalo, o que potencializa a liberação de dopamina na via mesolímbica quando o cérebro é exposto a estímulos novos, marcantes ou apetitivos. Os indivíduos altamente impulsivos recebem uma enxurrada de dopamina, o que significa que eles têm um desejo intenso, enquanto o córtex pré-frontal — região dos processos mentais complexos, incluindo autocontrole —, como resultado disso, permanece minimamente ativado.

SHOKET: Você disse que o sujeito tem 2.400 anos? *Ele assobia contemplativamente.* Ele está suficientemente lúcido para nos ser útil?

AGATHA: Ele é muito lúcido. Dei a ele nota 5 em acuidade mental.

SHOKET: Vou ficar um tempo a mais com ele antes de colocá-lo no campo magnético,[3] só para ter certeza de que ele está *compos mentis*. Não quero ver aqueles brutos opressores da Comissão para Proteção de Sujeitos Humanos chegando aqui marchando para fechar meu laboratório.

Shoket ri alto e Agatha sorri superficialmente.

AGATHA: O sujeito já assinou os formulários de liberação.

SHOKET: Ele sabia o que estava assinando?

AGATHA: Você mesmo vai ver. Eu colocaria a *compos mentis* dele para competir com a minha.

SHOKET: Ih! Será que devo me preocupar com você?

Shoket ri. Agatha sorri.

---

3. Entre eles, neurocientistas frequentemente brincam se referindo ao equipamento de imagem por ressonância magnética funcional (fMRI) como "campo magnético" [em inglês, *the magnet*].

PLATÃO NO GOOGLEPLEX

AGATHA: É Platão, o famoso filósofo. Li seus textos na faculdade. Você também deve ter lido em algum momento.

SHOKET: Ele vai ser capaz de seguir orientações?

AGATHA: Aquilo é o Chromebook dele. Ele pesquisou e está disposto a aprender mais. E, como eu disse, ele é um filósofo famoso.

SHOKET: Você quer dizer que ele ainda é filósofo?

AGATHA: Até onde sei, sim. Não acho que isso seja algo que uma pessoa pare de ser.

SHOKET: Como ser judeu!

Shoket ri. Agatha sorri.

SHOKET: Nem sabia que ainda existiam filósofos que fazem filosofia da mente. Tem deles aqui, no corpo docente?

AGATHA: Claro.

SHOKET *assobia contemplativamente*: Vivendo e aprendendo. Eles estão no mesmo prédio dos astrólogos e alquimistas?

Shoket ri. Agatha sorri.

AGATHA: No Centro de Ciências Cognitivas há filósofos. Eles são nossos colaboradores.

SHOKET: Para quê?

AGATHA: Você pode perguntar isso para Platão.

SHOKET: Certo. Vou pedir a um homem de 2.400 anos para me explicar uma coisa que eu não sei. É como aquela cena de comédia com Mel Brooks e Carl Reiner. "Você estava lá quando preparavam a cruz para Jesus?" "Estava, foi bem mais fácil montar do que a Estrela de David."

Shoket ri. Agatha sorri.

SHOKET: Você nem sabe do que estou falando, né?

PLATÃO NO CAMPO MAGNÉTICO

Agatha balança a cabeça.

SHOKET: Crianças! O que vocês sabem sobre humor? Só posso dizer que é um bom sinal você ter vindo para meu laboratório. Mostra que você é uma pessoa realmente sensata.

Shoket ri. Agatha sorri.

AGATHA: Ele está só se vestindo. Ele sabia do perigo de o metal aquecer no scanner e veio vestindo um quíton.
SHOKET: O que é isso?
AGATHA: Uma espécie de túnica.
SHOKET: Túnica? Isso é piada, não é? Quem está sendo politicamente incorreta agora?
AGATHA: Foi uma escolha lógica. Sem zíper, sem fechos ou botões de metal. Mas eu disse a ele que o procedimento padrão é se trocar, por segurança, para o caso de haver algum tipo de metal na fibra do tecido.
SHOKET: E você fez bem. Não queremos nenhuma combustão espontânea de sujeitos humanos. Não vai ficar bem nos relatórios financeiros da NSF.[4]

Shoket ri. Agatha sorri. Platão entra, vestindo uma camisola azul. Agatha, que tem a função de lidar com os sujeitos da pesquisa, assume o controle.

AGATHA, *sorrindo*: Dr. Shoket, este é Platão!
SHOKET: Ah, sim. Eu sou o dr. Shoket. Por favor, sente-se. Agatha já explicou o que vamos lhe perguntar enquanto fazemos imagens por ressonância magnética funcional de seu cérebro, mas se ainda tiver alguma dúvida, fique à vontade para me perguntar agora.

---

4. National Science Foundation [Fundação Nacional de Ciências] é uma agência independente criada pelo Congresso norte-americano em 1950; seu objetivo é financiar pesquisas em diversas áreas das ciências com a missão de desenvolver saúde, educação, segurança e bem-estar nacionais. (*N. da T.*)

PLATÃO NO GOOGLEPLEX

PLATÃO: É uma honra conhecê-lo, dr. Shoket, e ter a oportunidade de participar, ainda que pouco, de sua pesquisa.

SHOKET: Mas você entende que hoje será apenas o sujeito humano dessa pesquisa? Não vamos trabalhar juntos como colaboradores! Isto aqui não é um centro de ciências cognitivas! *Ele ri.*

AGATHA *apressadamente*: Muito obrigada por concordar em vestir esta camisola. Reconheço que não nos proporcionam muita dignidade. Mas é confortável, não é?

PLATÃO: Muito confortável mesmo. Será que eu posso comprar umas duas para mim?

AGATHA: Ah! Acho que podemos deixar você ficar com esta como recordação de sua visita ao Laboratório Shoket. Podemos, dr. Shoket?

SHOKET *sorrindo*: Bem, talvez a gente tenha que descontar de sua bolsa, Agatha. *Ele ri.* Sim, claro. A camisola é sua.

PLATÃO: Fico agradecido.

AGATHA: É uma grande honra tê-lo aqui. Isso é o mínimo que podemos fazer para que você volte para casa levando algo — além do pequeno pagamento que eu disse que você poderia receber, conforme seu resultado em uma das tarefas que vamos te pedir.

PLATÃO: A tarefa de decidir se quero apostar pouco dinheiro em vários padrões repetidos, inferindo a partir do feedback, se apostar em padrões específicos levam a perder um pouco de dinheiro, ganhar um pouco de dinheiro, perder muito dinheiro, ganhar muito dinheiro ou se não faz diferença.

AGATHA *sorrindo*: Exatamente. Espero que isso não seja constrangedor para você. Estou torcendo para que ache interessante.

PLATÃO: Tenho certeza que acharei. Desde a primeira vez que descobri na internet esse processo, quis ter meu cérebro escaneado. Aliás, não sei se é inapropriado perguntar.

SHOKET: Como disse, fique à vontade para perguntar o que quiser.

PLATÃO: Estava pensando se é permitido eu ver uma imagem do meu próprio cérebro. É possível?

SHOKET: Não. Sinto muito. Não somos médicos. Você entende. Se houver alguma coisa errada no seu cérebro ou se estiver preocupado com essa

PLATÃO NO CAMPO MAGNÉTICO

possibilidade, não somos as pessoas indicadas para você consultar. Muitas pessoas não sabem a diferença entre neurocientistas, que é o que nós somos, e neurologistas, que são médicos, e que é o que não somos.

PLATÃO: Entendo. Foi um pedido inapropriado. Peço desculpas.

SHOKET: Se deixarmos as pessoas levarem imagens de seu próprio cérebro e se elas acabarem tendo um tumor ou uma artéria inflamada e acharem que deveríamos ter avisado a elas, a próxima coisa que vão fazer é vir aqui com um advogado.

AGATHA *apressada*: Mas com relação a estar no escaner, não há nada para ficar nervoso. Algumas pessoas até acham relaxante estar lá dentro. Eu acho!

PLATÃO: Então você mesma já foi voluntária como sujeito da pesquisa?

AGATHA: Frequentemente. E entendo perfeitamente você querer ver seu próprio cérebro. Não sei bem por que, mas eu sinto certa emoção quando vejo a imagem do meu cérebro. Olha ali meu bulbo raquidiano, meu tálamo e minha ponte. Ali estão minhas amídalas cerebelosas, no topo do meu hipocampo, bem onde deveriam estar. Parece exatamente com qualquer outro cérebro, exatamente com os desenhos nos livros. Quero dizer, ainda bem! Mas de alguma forma não é o mesmo que ver os pulmões ou o apêndice. É gratificante de uma maneira estranha.

PLATÃO *suavemente*: Sim, foi dessa maneira que imaginei que pudesse ser. O cérebro de alguém examinando a imagem do cérebro de alguém tendo os pensamentos provocados por ter visto a imagem do cérebro com pensamentos que alguém agora não está pensando, mas sim lembrando.

Shoket, tentando trocar olhares com Agatha, ri bastante alto.

AGATHA: De qualquer forma, do jeito que você está se sentindo, acho que provavelmente vai se emocionar só de saber que seu cérebro está sendo visto enquanto está em ação. Estaremos bem ali, na sala do lado de fora, vendo, através de uma janela, a sala de imagem, e, apesar de não podermos vê-lo, você poderá se comunicar conosco o tempo inteiro, por intermédio do sistema de interfone. Além disso, você vai segurar

PLATÃO NO GOOGLEPLEX

um "botão de pânico", para o caso de alguma coisa fazê-lo sentir-se desconfortável. Ao menor sinal de ansiedade ou desconforto, seja físico ou qualquer outro, basta apertar o botão e estaremos aqui em segundos. A única coisa de que as pessoas às vezes reclamam é do barulho alto parecendo marreta. Vamos providenciar protetor auricular para ajudar nisso. Mas também ajuda se você estiver esperando por esses barulhos e se lembrar que a máquina não está prestes a desabar sobre você!

PLATÃO: Posso perguntar o que causa o barulho?

AGATHA: Dr. Shoket pode te responder melhor.

SHOKET: O barulho é resultado das forças Lorentz nas bobinas de gradiente ao rapidamente variar a corrente no campo estático. Você entende?

PLATÃO: Não totalmente.

SHOKET, *sorrindo*: Vou explicar em termos mais simples. Vamos colocá-lo dentro de um mecanismo que é basicamente um campo magnético muito forte. Isso vai nos fornecer dados sobre quais partes de seu cérebro são ativadas enquanto faz as tarefas que vamos lhe pedir. Ele faz isso ao nos mostrar onde está o sangue oxigenado. Quando diferentes partes do cérebro são ativadas, elas precisam de oxigênio, e esse oxigênio é levado pelas hemoglobinas. Quando a hemoglobina é desoxigenada, ela pode ser magnetizada, e quando está rica em oxigênio, não pode, isso porque a hemoglobina contém ferro, que é metal. Os átomos de hidrogênio nas moléculas de água do seu sangue, que se alinham na mesma direção em um campo magnético forte, ficam desorientadas com um forte impulso de rádio. Quando oscilam, retomando o alinhamento, elas liberam pequenas ondas eletromagnéticas, que se diferem conforme a molécula de água esteja próxima de uma molécula de hemoglobina oxigenada ou de uma desoxigenada. O escaner detecta essas ondas e reconstrói a localização da concentração de moléculas de hemoglobina oxigenada no cérebro.

PLATÃO: Então, ao localizar as mudanças no sangue você consegue fazer uma imagem dinâmica do cérebro em funcionamento, em tempo real?

SHOKET: É exatamente isso.

PLATÃO: Só que não é exatamente em tempo real, já que as mudanças no fluxo sanguíneo são bem mais lentas do que as mudanças na atividade

PLATÃO NO CAMPO MAGNÉTICO

cerebral propriamente dita. Portanto, quando você olha para o sinal, você está olhando para a média do nível de atividade em dois segundos. Já que os processos cognitivos acontecem na ordem de centenas por segundo, dois segundos é uma quantidade significante de manchas.

SHOKET *visivelmente impressionado*: Parece que você entende um pouco de ciência.

PLATÃO: Eu tento. Sua ciência me interessa muito. Os artigos produzidos aqui, neste laboratório, abordam questões que me interessam.

SHOKET: Você leu meus artigos?

PLATÃO: Primeiro li "Minhas amídalas é que me obrigaram: como a neurociência elimina certo e errado." Depois li "Não tem ninguém em casa: como a neurociência elimina o eu."

SHOKET: Esses são dois dos melhores.

PLATÃO: Li os dois com muito interesse. Mas em cada artigo senti que estava perdendo algo essencial. Não consegui entender como você chegou às conclusões filosóficas a que chegou partindo de seus dados.

SHOKET: Um escritor apenas escreve. Ele não pode fazer um leitor entender o que está escrito.

PLATÃO: Isso é uma grande verdade. Frequentemente reflito sobre a maneira com que a escrita sempre fracassa tanto com o escritor quanto com o leitor. As escritas aparentam ser inteligentes, mas se você as questionar com intenção de aprender algo sobre o que elas estão dizendo, elas continuam sempre dizendo a mesma coisa. Todo argumento, uma vez escrito, é distribuído igualmente entre aqueles que o compreendem e aqueles para quem não faz nenhum sentido ter isso em mãos (*Fédon* 275d).

SHOKET: É engraçado você dizer isso. Quando foi publicada a coletânea de meus artigos, um idiota escreveu uma resenha em um grande jornal. Essa era uma pessoa para quem não fazia nenhum sentido nem mesmo ler o livro. Ele não entendeu nada do que eu estava falando. Ele nem era um cientista de verdade.

PLATÃO: Uma obra escrita não sabe com quem deve e não deve falar. Quando é maltratada e injustamente abusada, ela precisa de seu pai para ajudá-la, já que não é capaz de se defender sozinha. (ibid.)

PLATÃO NO GOOGLEPLEX

SHOKET: Você está certo sobre isso também. E depois é considerado inadequado um autor protestar contra uma resenha escrita por uma imbecil que não tinha nada a ver nem com a leitura do livro. Esperam que o autor aceite passivamente e deixe a palavra final ser do idiota.

PLATÃO: Sim, a escrita precisa de seu pai. Por isso vim até você; para me ajudar a entender o que não consegui captar.

SHOKET: Viu? Isso é honestidade. Assim que deve ser. Você não é cientista, então não pode entender tudo o que estou dizendo, mas você reconhece minha expertise. Se as pessoas reconhecessem a autoridade do especialista, haveria bem menos problemas no mundo.

PLATÃO: Concordo.

AGATHA: Mas Platão é especialista em filosofia. Então talvez a especialidade relevante seja a dele?

SHOKET: Mas os dados que apresentei eram científicos, não filosóficos. "Dados filosóficos" é um oximoro, assim como "inteligência militar" ou "comida de avião". *Ele ri.*

AGATHA: Mas "conclusões filosóficas" não é um oximoro, e as conclusões a que você chegou são filosóficas. A inferência é misturada: metade está na ciência e a outra metade na filosofia.

SHOKET, *rindo*: Isso parece algo que eles ensinam a dizer lá no Centro de Ciência Cognitiva. Nem sei se eu entendo o significado do termo "especialidade filosófica". Não é exatamente um oximoro, como é "dados filosóficos", mas ainda assim não entendo.

PLATÃO: Eu entendo.

SHOKET: Bem, imagino que você tenha mesmo que dizer que entende. De que outra maneira você poderia se justificar?

PLATÃO: Verdade.

SHOKET: Vou te dizer como enxergo isso e depois você pode me dizer do que você, como expert em filosofia aqui, discorda. Os filósofos tomam conta do forte até que a cavalaria, os cientistas, chegue. Isso é algo útil e até heroico, mas só quando a cavalaria chega alguma coisa começa a ser feita. O trabalho se inicia quando os cientistas chegam. Porque antes disso, venhamos e convenhamos, é tudo besteira. Espero que não se ofenda com essa palavra.

PLATÃO: Besteira? Esse é um termo filosófico útil. Eu tinha um amigo que adoraria isso.

SHOKET: É um termo filosófico tão útil que talvez fosse bom torná-lo sinônimo de filosofia, que sugere uma outra metáfora. Ciência é como uma estação de tratamento de esgoto. Cientistas pegam a besteira filosófica e a processam transformando-a em conhecimento.

PLATÃO: Essa metáfora apresenta uma imagem dos filósofos não tão heroica quanto a metáfora anterior.

SHOKET: Bem, vamos encarar os fatos. Vocês, filósofos, tinham autoridade sobre várias questões, porque nenhuma das respostas estava sequer remotamente ao alcance. Portanto, se uma pessoa tinha uma pergunta, ela ia ao seu filósofo local. "Temos alma?", perguntaria, "e se temos, como ela interage com nosso corpo?" "Qual é a fonte da moralidade", perguntaria, "e como sabemos se a versão que temos é a correta?" "E quanto à beleza? Ela está nos olhos de quem vê ou é algo que realmente existe por aí?" "E o que são significados? Eles estão por aí também? E como eles se associam às palavras?" "Ah! E você pode aproveitar e nos dizer se nossa vida tem algum sentido e, se tiver, como fazemos para adquirir um pouco?" Aposto que as pessoas já lhe fizeram essas perguntas.

PLATÃO: Já.

SHOKET: E aposto que você se esforçou para dar respostas.

PLATÃO: Eu me esforcei e me esforço.

SHOKET: Claro que sim. Ninguém tinha os dados de que você precisava para responder a essas questões. Ninguém tinha a tecnologia para gerar os dados. Portanto, o padrão era ir até a pessoa que falava demais, que não exigia qualquer coisa que vagamente fosse semelhante a evidências, para se convencer de uma conclusão que soasse boa, ainda que o filósofo em alguma vila na região estivesse tagarelando em apoio a outra conclusão.

PLATÃO: E agora você garantiu evidências que acabarão com a falação da filosofia.

PLATÃO NO GOOGLEPLEX

SHOKET: Bem... Não. Ainda não. Não todas as evidências para todas as questões, mas estamos no caminho. Estamos tão perto que já podemos concluir que chegaremos lá, desde que uma quantidade suficiente de pessoas inteligentes continue indo a neurocientistas e que os financiamentos continuem. Mas a tendência é clara. Você pode vê-la surgir ao longo dos séculos, acelerando nessas últimas décadas, principalmente com o avanço da ciência do cérebro.

PLATÃO: Então são vocês, cientistas do cérebro, os principais responsáveis por forçar minha aposentadoria precoce.

SHOKET *sorrindo*: Levando em consideração sua idade, eu dificilmente chamaria de precoce. Ninguém vai dizer que você é preguiçoso se, depois de 2.400 anos, disser que já acabou seu expediente. Mas para responder sua pergunta, não é somente a ciência do cérebro. Aqui você tem física e cosmologia abordando essa questão antiga de por que há algo em vez de nada — isso é uma coisa que vocês, filósofos, sem falar nos teólogos, têm ruminado já por algum tempo. Quando nós, neurocientistas, explicando consciência, livre-arbítrio e moralidade o que sobra para os filósofos refletirem?

PLATÃO: Talvez autoengano.

SHOKET: Chamamos de confabulação, e já tratamos disso também. Desde a década de 1970 sabemos como funciona a confabulação, a partir de experimentos com pacientes que passaram por calosotomia. Pacientes com epilepsia eram tratados com cirurgia no corpo caloso, a estrutura de fibras neurais que conecta o hemisfério direito ao esquerdo do cérebro. A cirurgia impede a tempestade elétrica, que é a epilepsia, de reverberar por todo o cérebro; era e ainda é um tratamento feito como último recurso. Mas provou ser uma mina de ouro para a neurociência. Já sabíamos que o hemisfério esquerdo controla o lado direito do corpo e que o hemisfério direito controla o lado esquerdo, e já sabíamos que o hemisfério esquerdo controla a linguagem. O que a calosotomia nos ensinou foi que o chamado lado racional do cérebro, que controla a linguagem, é, na verdade, especialista em confabulação — em criar histórias que são plausíveis, mas erradas. Quando se mostra imagens para o hemisfério direito, que

PLATÃO NO CAMPO MAGNÉTICO

o hemisfério esquerdo não pode ver, e isso provoca comportamentos em resposta às imagens, o lado esquerdo, ainda que sem ter a menor ideia do que provocou a reação, jamais fica sem palavras para "explicar" por que fez o que fez. Mostre ao lado direito fotografias indecentes de garotas e o lado esquerdo irá confabular com toda sinceridade para criar uma pseudoexplicação para as bochechas avermelhadas e para as risadas — a sala de testes está quente, passar por testes o deixa nervoso e como ele acha engraçado que cientistas ganham a vida testando os gostos dele. Isso é confabulação. Isso é o que serve de "explicação" na falta de dados.

PLATÃO: Então você não somente consegue explicar o autoengano, como também consegue explicar o autoengano de todas as pessoas que tentam oferecer explicações que não são científicas.

SHOKET: Acertou em cheio. Aposto que agora você está desejando ter me encontrado uns 2.400 anos atrás. Eu poderia ter lhe poupado um bocado de esforço desperdiçado.

PLATÃO: Não havia nada da sua maravilhosa ciência naquela época.

SHOKET: Verdade. Fique feliz, você viveu para ver.

PLATÃO: Mas ainda que houvesse a ciência naquela época, você não teria me desviado da vida que escolhi, das perguntas que a moldaram. Eu não iria querer viver minha vida de qualquer outra maneira.

SHOKET: Isso é muito legal, mas já escaneei cérebros de criminosos que diriam exatamente a mesma coisa. A liberação de dopamina quando eles estão diante de determinadas possibilidades de prazer significa que não poderiam nem mesmo levar em consideração viver a vida de outra maneira.

PLATÃO: Ah, posso te garantir que sempre pude levar em consideração viver a vida de outra maneira. Quando disse que eu não iria querer viver outra vida, não quis dizer que não podia imaginar outras vidas para mim ou levá-las seriamente em consideração. Foi uma decisão consciente e não foi, de jeito algum, como os cérebros conduzidos por liberações de dopamina dos quais você falou. Eu poderia lhe apresentar as razões para minha decisão e, apesar de que minhas razões provavelmente não o persuadiriam a tomar uma decisão semelhante, elas permitiriam que você entendesse por que eu as escolhi.

PLATÃO NO GOOGLEPLEX

SHOKET: Você parece estar argumentando a favor de algum tipo de livre-arbítrio. Espero que não esteja invocando alguma misteriosa alma não corporal, o fantasma na máquina. Eu achava que até filósofos tivessem recebido o memorando avisando que o fantasma morreu. *Ele ri.*

PLATÃO, *sorrindo*: Meu arbítrio é — seja livre ou não — reconhecer que todos esses processos de pensamento são processos do cérebro. Meu cérebro é o que pode criar um modelo mental do futuro e pensar em como as coisas irão mudar nesse modelo como resposta para minha escolha de fazer uma coisa em detrimento de outra. E é meu cérebro que, avaliando as consequências de possíveis ações dentro do meu modelo mental, toma decisões. Chame isso de livre ou não, mas esse processo é bem diferente dos processos na via mesolímbica dopaminérgica que ocorrem durante tomadas de decisões.

AGATHA, *para Platão*: É exatamente como a imagem da carruagem puxada por dois cavalos que você utiliza para representar a psique humana. Frequentemente penso em como a pesquisa do dr. Shoket sustenta sua metáfora. Os neurocientistas se referem metaforicamente ao córtex pré-frontal como o sistema executivo do cérebro, que corresponde ao que você denominou cocheiro. A via mesolímbica dopaminérgica corresponde ao cavalo surdo e cansado que mal responde à combinação de chicotadas e incentivos. E quando você descreve como o "cavalo ruim" segue a tentação, como ele leva o freio na boca de maneira que o cocheiro tem que fazer força de resistência, bem, essa resistência é o que estamos tentando captar na ressonância do cérebro quando pedimos ao sujeito que imagine diferentes cenários e como reagiria em cada um. O que estamos descobrindo é que há alguns indivíduos cujo cavalo mesolímbico puxa tão forte que o cocheiro pré-frontal não consegue nem agir. É como se o cocheiro simplesmente largasse as rédeas e deixasse o cavalo ruim conduzir a sua maneira. Mas isso descreve apenas um segmento da população, e sabemos onde encontrá-lo; frequentemente em penitenciárias de segurança máxima.

PLATÃO: Isso levanta a questão em relação a essas carruagens sem condutor poderem ou não ser responsabilizadas. O que está subjacente à responsa-

PLATÃO NO CAMPO MAGNÉTICO

bilidade moral é a capacidade do cocheiro. Há a capacidade de imaginar o futuro e a capacidade de deliberar acerca de possíveis resultados de ações, além da capacidade de designar valores a diferentes resultados e de colocar julgamentos em ação. Consigo imaginar o argumento para absolver da responsabilidade moral pessoas cujas anormalidades cerebrais impedem que o cocheiro exerça suas capacidades. Sua neurofisiologia com mau funcionamento torna impossível acontecer a deliberação. E como é o eu deliberativo que deve ser responsabilizado, eu não responsabilizaria essas pessoas desafortunadas. Elas deveriam ser consideradas doentes, não pessoas más (*Timeu* 86c-e). Mas não consigo compreender a extensão dessa absolvição às pessoas com cocheiros em bom funcionamento, como você argumentou em seu artigo "Minhas amídalas é que me obrigaram: como a neurociência elimina certo e errado". Eis uma lacuna entre seus dados e suas conclusões que eu não consegui acompanhar.

AGATHA: E até sabemos onde alguns desses pensamentos dos quais você está falando estão localizados. Estão na rede neural em modo padrão, que inclui partes do lobo frontal e do lobo parietal, e a utilizamos para imaginar o futuro.

SHOKET: Sim. E também utilizamos a rede neural em modo padrão para outras coisas, como criar fantasias e sonhar acordado, que é o que mais parece com o que você está descrevendo. Porque, sabe essa história que você contou sobre como tomamos decisões? Não acontece assim. É uma fantasia, ou um sonho acordado, essa bela deliberação para tomar uma decisão que você descreveu. Pode ser que lhe pareça ser assim quando está introspectivo, mas isso tudo é só parte dessa coisa toda que é a confabulação. Sabemos há décadas que, no ponto em que você parece estar decidindo seu plano de ação, a máquina neural que leva à ação há muito tempo está funcionando. Sua sensação de estar se martirizando sobre decisões e então colocando-as em ação é um estratagema elaborado por suas redes neurais, uma história para contar tanto para você mesmo quanto para os outros sobre por que você faz o que faz na ausência de qualquer acesso ao mecanismo causal real distribuído entre suas sinapses. Essa história da tomada de decisão que você está contando assemelha-se a

PLATÃO NO GOOGLEPLEX

dos pacientes calosotomizados dando risada diante das fotos indecentes e explicando como eles acham engraçado os cientistas estudarem sobre eles.

AGATHA: Você está falando de Libet quando diz que há décadas sabemos que as tomadas de decisões acontecem depois do fato?

SHOKET: Claro.

AGATHA, *falando com Platão*: Você conhece o trabalho de Benjamin Libet?

PLATÃO: Acho que não.

AGATHA: Isso foi na década de 1980. Libet utilizou o eletroencefalograma, ou EEG, para registrar a atividade do cérebro de sujeitos aos quais ele pediu que fizessem movimentos espontâneos, como agitar os pulsos sempre que sentissem vontade. Também foi pedido a eles que vigiassem um cronômetro preciso e lembrassem a hora em que se deram conta da decisão ou da intenção de se mover. Libet descobriu que havia um atraso de duzentos milissegundos, um quinto de segundo, em média, entre a experiência da decisão de se mover e o movimento propriamente dito. Mas o EEG revelou um sinal que apareceu no cérebro ainda antes da ação — 550 milissegundos, em média, um pouco mais que a metade de um segundo. Ele chamou isso de potencial de prontidão [em inglês, Readiness Potential], ou RP, e, segundo ele, é no momento do RP que as engrenagens começam a funcionar, que o movimento acontece; isso significa que na hora em que uma pessoa diz ter tomado uma decisão a ação já estava para acontecer, sem o sujeito saber. O que o sujeito achou que estava fazendo ao tomar uma decisão foi depois do fato. Portanto, efetivamente, não existe tomada de decisão autônoma.

SHOKET: Está certo. Seu cocheiro está doido por fora. E a moral da história é que introspecção orienta mal, seja a introspecção do sujeito no experimento de Libet quando ele toma uma decisão, ou a introspecção de um filósofo especulando sobre como as pessoas tomam decisões. Introspecção é confabulação na ausência dos dados sobre os processos causais verdadeiros.

AGATHA: Lá no Centro de Ciência Cognitiva ouvi muitas críticas ao trabalho de Libet. Nem todo mundo aceita a ideia de que os resultados

468

PLATÃO NO CAMPO MAGNÉTICO

experimentais, ainda que robustos, demonstram que a tomada de decisão é uma ilusão.[5]

SHOKET: Minha intenção não é ofender ninguém, mas foram os filósofos ali que contestaram Libet?

AGATHA: Bem, sim, foram os filósofos. Mas não só os filósofos. Um dos argumentos que ouvi foi que os resultados de Libet são exatamente o que se espera, já que a mente consiste em atividade neuronal. O que quer que façamos, inclusive chegar a uma decisão, precisa ter processos neuronais envolvidos. O que se espera é um acúmulo de processos neuronais que constituem a tomada de decisão; portanto, espera-se algum sinal, como o RP meio segundo antes do relato da decisão. O que seria surpreendente é se o evento neural complicado, que é chegar a uma decisão de alguma forma, surgisse do nada, instantaneamente, sem o cérebro fazer qualquer coisa antes. E outro argumento que ouvi foi que Libet pediu aos sujeitos que relatassem quando eles se tornassem cientes da decisão. Mas tomar uma decisão e se tornar ciente dela são dois eventos diferentes, portanto, era de se esperar que houvesse um atraso entre eles, o que se acrescenta ao intervalo entre o RP e o momento do relato dos sujeitos.

SHOKET: Acho que esse tipo de picuinha perde o ponto principal da questão, que é: não há "intenções" nem "decisões", porque não há nada desse tipo no nível daquilo que realmente está acontecendo. Quando você vai fundo nisso, nem mesmo uma pessoa há. Há um cérebro que consiste de cem bilhões de neurônios conectados por cem trilhões de sinapses, e esse cérebro não tem ideia do que está acontecendo naquelas cem trilhões de sinapses. Essas coisas simplesmente acontecem, porque obedecem às leis da física. Todas as formas do cérebro se preparar para dizer a si mesmo

---

5. Algumas das melhores análises das implicações filosóficas da neurociência vêm de Adina Roskies, uma filósofa com PhD em neurociência. Veja em A.L. Roskies, "Neuroscientific Challenges to Free Will and Responsibility". In: *Trends in Cognitive Science* 10, 2006, pp. 419-423. Há resultados de experimentos mais recentes a partir dos quais se chegaram a conclusões filosóficas, principalmente os alcançados no laboratório de John Dylan Haines, que usava análises avançadas de dados de *f*MRI e que argumentou a favor de haver uma lacuna de 7 a 10 segundos entre uma atividade neural previsível de uma ação e o tempo em que o sujeito relata ter decidido pela ação. Aqui também as implicações filosóficas foram desafiadas, com Roskies como voz de liderança. Veja em "Neuroscience vs. Philosophy: Taking Aim at Free Will". *Nature*, 477, 2011, pp. 23-25.

PLATÃO NO GOOGLEPLEX

o que está acontecendo, em termos de intenções, decisões, ânsias, inclinações, preferências e conflitos, são muitas ficções que ele construiu a fim de compreender o que descobre que está fazendo.

AGATHA: Mas você realmente acredita nisso?

SHOKET: É o que a ciência me diz.

AGATHA: Mas o que você acabou de dizer não faz justiça a tudo o que você sabe. Você sabe muito mais que isso.

SHOKET, *para Platão*: É a primeira vez que a ouço dizer que sei mais do que eu penso que sei. Ela normalmente discute comigo, diz que sei menos.

Shoket ri. Platão sorri. Agatha sorri.

AGATHA: Bem, você sabe como ser uma pessoa.

SHOKET: O que você quer dizer com eu sei como ser uma pessoa? Você está dizendo que sou um cara legal — nesse caso aceito o elogio e, ao saber como ser um cara legal, digo muito obrigado.

AGATHA: Estou dizendo que você sabe como fazer todas as coisas que uma pessoa precisa fazer para ser uma pessoa. Você sabe como se sentir orgulhoso de algumas coisas que fez e envergonhado por outras, muda de opinião sobre elas tanto antes quanto depois de fazê-las. Você sabe como oferecer explicações para o que fez e defendê-las, e você sabe como compreender as explicações e defesas que outros dão para o que eles fizeram. Você sabe como criar metas e como avaliá-las e colocá-las em ação, e você sabe como se sentir gratificado quando suas metas são alcançadas e desapontado, frustrado e ressentido quando não são, e você sabe como culpar os outros por aquilo que na verdade foi culpa sua. Você sabe como se cuidar de um jeito que é diferente do jeito que você cuida de qualquer outra coisa, na vida você tem coisas em jogo e você sabe como vencer. Isso é um pouco do que quero dizer com você sabe viver uma vida que é reconhecidamente a vida de uma pessoa, e se golfinhos, elefantes ou marcianos souberem como fazer o que você sabe fazer, então eles serão pessoas também.

SHOKET, *para Platão*: Você entendeu o que ela acabou de dizer?

PLATÃO: Sim. Acho que sim.

SHOKET: Bem, eu não.

PLATÃO: O desacordo entre vocês me faz lembrar um argumento que ouvi há muito tempo.

SHOKET: Bem, se foi há tanto tempo, não vejo como teria qualquer relevância em relação ao que nós temos falado. Estamos falando sobre nosso estado de conhecimento *agora*, não há muito tempo.

PLATÃO: Sim, estamos sempre falando sobre nosso estado de conhecimento *agora*, sempre que conversamos, mas mesmo assim acho que esse argumento antigo ainda se aplica. Posso te contar?

AGATHA: Acho que conheço o argumento do qual você está falando. Foi Sócrates quem o propôs pela primeira vez ou foi sempre você?

PLATÃO: Quem consegue se lembrar depois de tantos anos e de tantas versões? Só sei que sempre escuto isso dito pela voz dele, a que ele sempre usava quando estava pronto para parar com as brincadeiras e falar com seriedade. *Para Shoket*: Você teria gostado dele. Ele foi um brincalhão que gostava de rir, como você. Portanto, só podia causar surpresa quando em algumas ocasiões toda sua risada se acabava e ele aparecia diante de nós sério, como penso que ele deve ter aparecido naquele dia, passando suas últimas horas no fino colchonete de sua cela de prisão, com seus amigos mais próximos ao seu redor.

SHOKET: Por que ele estava preso?

PLATÃO: Era essa a situação em que ele costumava usar o argumento que tenho agora em mente. Por que ele estava preso? O que ele fez para terminar a vida desse jeito e por que ele fez isso? Imagine, dr. Shoket, que Sócrates responderia sua pergunta sobre por que ele está preso da seguinte forma:

"O motivo para eu estar aqui, dr. Shoket, sentado na cama de uma cela de prisão, prestes a morrer, é que meu corpo é composto de ossos e tendões, e os ossos são rígidos e separados por articulações, mas os tendões são capazes de se contrair e relaxar e formam um envelope para os ossos com a ajuda da carne e da pele, esta segurando tudo junto; e como os ossos se movem livremente dentro de suas articulações, os tendões,

PLATÃO NO GOOGLEPLEX

ao se contraírem e relaxarem, permitem-me flexionar meus membros de tal forma que posso estar na posição em que me encontrou.

"Você sente que minha explicação está à altura de sua pergunta, dr. Shoket, quando eu jamais me dei ao trabalho de mencionar as verdadeiras razões, que são: já que Atenas decidiu que seria melhor me condenar, eu, de minha parte, pensei ser melhor sentar-me aqui, e ainda mais correto ficar e me submeter a qualquer penalidade que me imponham. Porque, pelo cão, acredito que estes tendões e ossos estariam nas imediações de Mégara ou Beócia há muito tempo — impelidos pela convicção de o que é melhor! — se eu não pensasse que é mais correto e honrado me submeter a qualquer que seja a penalidade que meu país exige em vez de fugir. Mas dizer que coisas como essas são causas é um absurdo. Se dissessem que sem esses ossos e esses tendões e todo o resto eu não seria capaz de fazer o que penso ser correto, seria verdade. Mas dizer que é por causa deles que faço agora o que estou fazendo, e não por escolha do que é melhor — apesar de minhas ações serem controladas pela mente — seria uma forma de expressão bastante descuidada e imprecisa. Como ser incapaz de distinguir entre a causa de uma coisa e a condição sem a qual não poderia ser uma causa." (*Fédon* 98c-99b)

AGATHA: Isso é incrível. Ele realmente disse isso assim? Você estava lá?

PLATÃO: Eu não estava lá. Estava doente e não pude ir. (ibid. 59b)

SHOKET: Sinto muito, mas acho que não estou entendendo uma coisa. Há todas essas alusões nos rondando que não estou conseguindo pegar. Mas, principalmente, não estou entendendo por que eu deveria estar impressionado com o argumento de seu amigo. Seu amigo está trivialmente correto ao dizer que ossos e articulações e contrações musculares não envolvem a mente — que é o mesmo que dizer o cérebro — na explicação. No mínimo, ele deveria ter acrescentado que a explicação para ele não ter fugido está no fato de que seu córtex motor não ativou programações motoras que movimentariam músculos e ossos por uma rota que seria orientada por mapas cognitivos em seu hipocampo.

AGATHA: Verdade. Você não consegue explicar uma ação se não envolver a mente.

PLATÃO NO CAMPO MAGNÉTICO

PLATÃO: Sim. Esse, na verdade, era o ponto dele. Que uma pessoa deve envolver a mente a fim de explicar sua ação. E ele pensou que o jeito de envolver a mente na explicação de sua ação seria se referir ao objetivo "correto e honrado" que ele julgou que alcançaria através de sua ação. Mas isso é apenas a maneira antiga de falar da mente, sem informação da ciência do cérebro; devemos substituí-la com nosso conhecimento *agora*. Portanto, o que meu amigo deveria ter dito é algo semelhante à seguinte fala: A razão pela qual estou deitado aqui, nesta cama de prisão, é que minha rede neural em modo padrão, ao interagir com memórias armazenadas em meu hipocampo e no lobo temporal medial, gera padrões de atividade que correspondem a vários cenários futuros, inclusive fugir e ficar parado. O padrão ficar parado gera um sinal de conflito em meu giro cingulado do córtex, porque o ACC também recebe uma resposta dominante dos circuitos límbicos do mesencéfalo, que faz o organismo lutar para escapar de um confinamento. O sinal é então transmitido para meu córtex pré-frontal dorsolateral, que se envolve com processamento de informação para resolver o conflito. O DLPFC envia e recebe sinais do meu córtex pré-frontal ventromedial, que contém informação sobre meus objetivos em longo prazo, e também se conecta com áreas no sulco temporal superior direito, que me permite simular ações de outras pessoas. A informação nessa rede faz com que o DLPFC resolva o conflito enviando sinais para as áreas premotoras e motoras, que fazem os músculos do meu corpo me deixarem na cela da prisão.

SHOKET: Muito bem. Agora estou mesmo impressionado. O que você tem feito, está frequentando aulas?

PLATÃO: MOOCs.

SHOKET: Tudo bem, mas ainda não consegui captar onde o argumento de seu amigo, mesmo embasado na neurociência, quer chegar.

PLATÃO: Você não consegue perceber o que ainda está faltando na explicação da ação de meu amigo? Não podemos explicar por que meu amigo fez o que fez a menos que entendamos o que a ação significou tanto para ele quanto para os outros, como ele enxergou e qual valor ele deu à ação e como os outros enxergaram e qual valor deram à ação, tanto na época

PLATÃO NO GOOGLEPLEX

dele quanto mais tarde e indo e voltando em saltos espirais de valor e significado.

AGATHA: A forma como os filósofos no Centro de Ciência Cognitiva diriam é que você não consegue explicar a ação dele a menos que a examine no contexto de valor e significado em que o comportamento dele está imerso.

SHOKET: Tudo bem. Não vejo problema nisso, desde que você mantenha esse contexto de significado e valor na atividade cortical do cérebro ao qual pertence. Portanto, digamos que seu amigo tenha decidido defender sua vida e fugir da prisão. Os padrões de força sináptica nas redes neurais de variadas partes do cérebro dele teriam que ser diferentes, já que qualquer diferença de comportamento deve se originar de algumas diferenças no cérebro.

PLATÃO: E seríamos capazes de ver essas diferenças com as técnicas que logo você usará para ver meu cérebro?

SHOKET: Vê-las em seu *f*MRI? Bem... Não. Seriam diferenças no nível dos microcircuitos, que obviamente não conseguimos ver com a resolução milimétrica do *f*MRI. Afinal de contas, há centenas de milhares de neurônios e algo como bilhões de sinapses em cada milímetro cúbico do córtex. Mesmo com a melhor tecnologia de hoje não conseguimos registrar mais que algumas dezenas deles por vez. Mas isso é apenas uma questão de limites da tecnologia. Não há nenhuma alteração para as diferenças neurais que realmente existiriam tivesse Sócrates escolhido diferentemente.

AGATHA, *para Platão*: Não é isso que você diria ser a diferença entre ontologia e epistemologia? A diferença entre o que há em oposição a como podemos saber o que há.

PLATÃO: Sim, é isso. Então, vamos fechar essa lacuna entre ontologia e epistemologia imaginando uma tecnologia tão boa quanto gostaríamos que fosse. Imagine uma tecnologia futura que fosse capaz de registrar a atividade individual de todos os cem bilhões de neurônios do cérebro. Também suponha que o Projeto Connectome Humano, mostrando como todas as diferentes partes do cérebro se conectam neurônio por neurônio, sinapse por sinapse, esteja finalizado. Imagine que pudéssemos inserir a

PLATÃO NO CAMPO MAGNÉTICO

taxa de disparos neuronais em uma simulação computadorizada desse diagrama de fiação do cérebro. Isso parece maravilhoso, mas não é menos maravilhoso do que as tecnologias que vi serem desenvolvidas nos meus 2.400 anos. Você então seria capaz de explicar, baseando-se na atividade cortical dele, o que fez Sócrates permanecer na prisão?

SHOKET: Bem... Seria extremamente complicado explicar a diferença entre os padrões de disparos neuronais, consistindo de bilhões de minúsculas diferenças nos pesos sinápticos, resultando em diferenças nos padrões de disparos em centenas de milhões de neurônios. Seria muito complicado para qualquer pessoa rastrear isso em seu pensamento. Mas as diferenças teriam que estar lá, em algum lugar — poderíamos fazer uma simulação que nos diria se Sócrates decidiu fugir ou ficar. Não há fatos além daqueles, então sim, a princípio, é onde encontraríamos nossa explicação.

PLATÃO: Mas como explicaríamos por que a simulação computadorizada chegou ao estado em que Sócrates ficou em vez do estado em que Sócrates fugiu, se a explicação em ambos os casos consistia em recitar bilhões de números que ninguém entenderia? De onde, naquela quantidade de números, poderíamos extrair qualquer coisa que se aproximasse ao que meu amigo era capaz de dizer com tanta simplicidade e há tantos anos, fazendo-se inteligível para seus contemporâneos e até mesmo agora para você, que vive de forma tão distinta, ao apresentar a realidade de si como pessoa, isto é, uma criatura pronta para ter algo a dizer quando lhe perguntam por que ele se comporta da maneira como se comporta, submetendo suas razões a uma comunidade de pessoas que sabem interpretar o que ele diz, que talvez não achem suas razões particulares persuasivas, mas sabem pelo menos como responder quando lhes são apresentadas razões, como considerar e avaliar? Ainda que conseguíssemos pôr as mãos — ou melhor, a mente, que é o mesmo que dizer o cérebro — nessa quantidade de números, eles, em algum momento, seriam capazes de absorver a quantidade de significado e matéria, os padrões da razão e do comportamento aos quais nos submetemos a fim de viver uma vida não somente coerente para nós mesmos, mas coerentes entre si — coerente para nós mesmos, pelo menos em grande parte, porque as vidas são coerentes entre si, ou pelo menos sabemos como fazê-las serem assim? Tudo isso e mais é o que constitui o mundo compartilhado em que vivemos e sem o qual não há vida que seja reconhecidamente uma vida. Essa foi a afirmação de Agatha que você me pediu para explicar.

SHOKET: Mas então voltamos à confabulação. Tornamo-nos coerentes para nós mesmos e entre nós ao contarmos histórias a nós mesmos e aos outros sobre o que fizemos e por que fizemos. Mas qual é a diferença entre isso e os calosotomizados dando risadas? Onde há uma maneira de contar uma história, sempre há várias outras, e quem poderá dizer qual é a correta? O que para mim quer dizer que nenhuma está correta. Veja seu amigo. Ele conta suas razões para estar naquela prisão, deitado, em vez de fugir, e talvez ele até acredite em sua história, já que, certamente, foi organizada por ele mesmo. Mas talvez sua esposa... Ele tinha esposa?

PLATÃO: Tinha.

SHOKET: Bem, então talvez a esposa dele dissesse que ele agiu da forma como agiu porque era tão vaidoso que não conseguiria envelhecer e ficar flácido. Talvez alguns de seus inimigos políticos... Ele tinha algum?

PLATÃO: Tinha.

SHOKET: Talvez seus inimigos políticos dissessem que ele queria se tornar um mártir para atender a seus interesses políticos. Talvez um psicólogo dissesse que ele era suicida, mas não tinha coragem de se matar, então deu um jeito de o Estado fazer isso por ele. Talvez um estudioso da teoria dos jogos dissesse que ele estava jogando com o Estado, apostando que eles voltariam atrás e o libertariam, e ele sairia dessa como herói, mas, em vez disso, ele perdeu o jogo. Quem pode nos dizer? Seu amigo não pode. Não há motivo para darmos prioridade à versão dele, há? Você foi o primeiro a falar em autoengano.

PLATÃO: Fui.

SHOKET: Sempre há uma forma diferente de contar a história, infinitas maneiras de entendê-la. Há muitos graus de liberdade para que qualquer coisa possa jamais ser explicada. Utilize a ciência, forneça imagens cada vez melhores do cérebro, e me permita ver a informação verdadeira que

PLATÃO NO CAMPO MAGNÉTICO

há ali. Pelo menos não há infinitas maneiras de eu entender isso, ainda que eu não obtenha uma história do tipo "era uma vez", do tipo que vocês dois parecem achar que sozinha proporciona coerência.

PLATÃO: Você está certo em dizer que onde há uma história há várias outras, competindo entre si como forma de proporcionar coerência. Mas isso me parece melhor que parar por falta total de coerência.

AGATHA: É a escolha entre a indeterminação de muitas explicações e a incoerência da falta delas.

SHOKET, *para Agatha*: Não se preocupe, encontraremos um jeito de chegar à coerência e à determinação. Ainda dá tempo. Tudo o que é verdade sobre uma pessoa está lá, no cérebro dela. Então por que não acabaríamos obtendo tudo ao conhecermos o cérebro?

PLATÃO: Talvez. Talvez você alcance ambas, coerência e determinação. E se alcançar, espero estar por perto para ver.

SHOKET: Bem... Esse seria o momento de você finalmente se aposentar.

PLATÃO, *sorrindo*: Primeiro vamos esperar e ver você fazer isso.

SHOKET: E até lá, vocês, filósofos, sempre irão apontar o dedo dizendo que ainda não conseguimos.

AGATHA: E eles explicarão a coerência de que todo o mundo precisa, inclusive os cientistas.

PLATÃO: É minha esperança. Porque penso que isso significa que sempre precisaremos de filósofos.

Shoket ri. Platão sorri. Agatha sorri.

AGATHA, *para Shoket*: E, até que você alcance a coerência, é prematuro sair por aí banindo coisas como as pessoas, com toda a intencionalidade que elas trazem consigo — deliberando e se martirizando, decidindo e tendo dúvidas quanto às decisões, agindo e se arrependendo —, só porque você não consegue encontrar isso tudo lá, entre as sinapses.

SHOKET: Deliberando e decidindo e tendo dúvidas quanto às decisões? Se martirizando e se arrependendo? Minhas sinapses não conhecem essas coisas!

AGATHA: Mas você conhece.

SHOKET: Talvez apenas *penso* que conheço.

PLATÃO NO GOOGLEPLEX

AGATHA: E você pode descobrir que está apenas *pensando* que é melhor lá, entre as sinapses?

SHOKET: Posso encontrar padrões associados à confabulação e à racionalização no córtex orbitofrontal e no ventromedial.

AGATHA: E o eu que está confabulando e racionalizando?

SHOKET: Não existe isso.

AGATHA: Então há confabulações, mas não há um confabulador? Há racionalizações, mas não há um racionalizador?

SHOKET: Você entendeu bem.

AGATHA: *Quem* entendeu bem? Não tem ninguém aqui, somente nós, as sinapses!

SHOKET, *ri e diz para Platão*: Você sem dúvida está sendo má influência para ela. É uma batalha entre nós dois pela alma dela — e quando digo *alma*, preciso rapidamente acrescentar, estou falando metaforicamente! Que é o que todos nós fazemos na maior parte do tempo, quando evocamos essas coisas como o fascinante eu, cada qual a estrela de sua própria história. É uma maneira de contar para nós mesmos histórias que não correspondem a nada que esteja no nível dos neurônios, quando falamos sobre o que *é* — quando estamos falando sobre *tudo* o que é.

AGATHA: Histórias em que somos a própria estrela e que não podemos dispensar, de um jeito ou de outro, e obter algo semelhante à coerência.

SHOKET: Escuta, esse jeito de pensar vai te levar a uma total incoerência. Você abre caminho para o que as pessoas pensam que precisam a fim de compreender tudo, e você vai acabar tendo todo tipo de *mishegoss*.

PLATÃO: *Mishegoss?*

SHOKET: Loucura. As pessoas dizem precisar de todo tipo de *chazerai* em nome da coerência.

PLATÃO: *Chazerai?*

SHOKET: Coisas que você gosta de comer, mas não deveria. Existem pessoas que precisam de sua massa folhada com o recheio divino de erva amarga, há muito tempo fora do prazo de validade, mas ainda entre nós, e a gente só pode tentar imaginar como elas conseguem engolir isso. E aí vem o pacote mais leve, os veganos espiritualistas, com seus aperitivos

478

PLATÃO NO CAMPO MAGNÉTICO

de energia quântica, servidos com algumas fatias de aura psicodélica ou só algumas pitadas de Jesus. Qual é a diferença quando você começar a falar sobre o que as pessoas precisam para ter coerência? Vai ser um festival metafísico. Pensa nisso. É exatamente o que é, pelo menos fora do Laboratório Shoket.

AGATHA: Não acho que seja assim. Há outros laboratórios aqui no campus, eles são tão científicos quanto o Laboratório Shoket, e ainda assim empregam conceitos psicológicos que não podemos utilizar no nível em que estamos estudando.

SHOKET: Como eles podem ser científicos se invocam coisas que não existem?

AGATHA: Isso é *petitio principii*, quando você diz que não existem porque não estão no Laboratório Shoket. Essas coisas são científicas porque figuram em generalizações testáveis. Esse é o critério para ser científico e não se a coisa é ou não estudada no Laboratório Shoket. Imagine se os químicos fossem em massa ao departamento de geologia e exigissem que os geólogos parassem de descobrir normas para os rios — digamos, como os rios afetam mais as margens externas do que as internas — porque os químicos não enxergam qualquer coisa como rios lá, entre as moléculas de água, que são, os químicos declaram em uníssono, tudo o que a água realmente *é*, então negam qualquer lei que se diga científica que os geólogos possam ter descoberto sobre os rios. Não podemos desistir dos rios e de tudo o que sabemos sobre eles sem encolher nosso panorama de coerência.

SHOKET: É. Bem... Aceito os egos, Agatha, e depois disso o que vou ver é você exigindo que eles tenham livre-arbítrio. E *isso* simplesmente não podemos ter. Livre-arbítrio é incoerente com o que determinamos aqui, neste laboratório.

AGATHA: Espontaneamente, abro mão do livre-arbítrio, pelo menos da maneira como, em geral, é compreendido, e troco por responsabilidade.

SHOKET, *rindo*: Responsabilidade? O que você quer dizer com isso?

AGATHA: Quero dizer *isso*. Exatamente *isso*.

SHOKET: O que é *isso*?

AGATHA: *Isso* que estamos fazendo. Oferecendo um ao outro nossas explicações, avaliando-as, aceitando e rejeitando e reconsiderando-as e talvez

479

PLATÃO NO GOOGLEPLEX

até mesmo mudando de opinião. Ser responsável significa estar preparado para proporcionar explicação às coisas que falamos e às que fazemos. Estou, agora mesmo, demonstrando responsabilidade. Estou preparada para proporcionar a você uma explicação para estarmos sempre proporcionando explicações. Estou preparada para proporcionar a você uma explicação para devermos sempre proporcionar explicações.

SHOKET, *rindo*: Parece que você está brincando com algum tipo de paradoxo autorreferencial. Agatha, a cada minuto estou ficando mais preocupado com você. Andar com esses filósofos do Centro de Ciência Cognitiva te deu um estranho gosto por paradoxos.

AGATHA: E ao dizer o que acabou de dizer você está me proporcionando sua explicação para o porquê de você pensar que podemos viver sem oferecer explicações? Eu diria que isso é um grande paradoxo!

SHOKET, *rindo e balançando a cabeça para Platão*: Responsabilizo você por essa situação.

PLATÃO, *sorrindo*: Aceito com prazer essa responsabilidade.

SHOKET: Pois então é sua. Seja lá o que for essa misteriosa responsabilidade e onde quer que deve se encontrar, é sua, Platão. E já que é sua, devo poder vê-la aí no seu cérebro. E por falar nisso, é hora de dar continuidade ao show. Então, Norma Desmond, está preparada para seu close?

Shoket ri. Agatha sorri. Platão sorri.

SHOKET: Vocês dois não têm a menor ideia do que estou falando, não é?

Agatha e Platão balançam a cabeça. Shoket suspira profundamente.

SHOKET: É Platão, não é?

PLATÃO: Isso mesmo.

SHOKET: E você está doido para dar uma olhada nesse seu cérebro?

PLATÃO: Estou. É como Agatha descreveu. Eu não sei dizer por que o próprio cérebro de uma pessoa importa tanto a ela só porque é o próprio cérebro dessa pessoa, mas importa. Sem dúvida importa.

PLATÃO NO CAMPO MAGNÉTICO

SHOKET: Assim, talvez você devesse também se questionar por que seu próprio eu deveria importar tanto a você mesmo só porque é seu próprio eu.

PLATÃO: Verdade. Deveríamos também questionar isso.

SHOKET: O que significa que você pensa que a questão sobre por que seu próprio eu deveria ser importante para você mesmo é uma questão que vale a pena ser levantada.

PLATÃO: Ah! É sim uma questão que vale a pena ser levantada. Eu mesmo jamais parei de perguntar isso desde o início até agora.

Shoket, por um momento, parece que vai rir, mas depois já não parece, e ele não sabe dizer por quê. Eles vão para a sala onde está o escaner de ressonância e Agatha prepara Platão na maca. Ela gentilmente o cobre com um lençol e dá as últimas orientações. Ele fica lá deitado, tranquilo, com os protetores auriculares nos ouvidos e o "botão de pânico" na mão.

AGATHA, *em tom suave para Shoket:* Você não acha que deveríamos dar a Platão o que ele nos pediu? Ele esperou tanto tempo.

SHOKET, *em tom suave:* Claro que sim. Claro que vamos dar.

E com essa eles colocam o filósofo dentro do campo magnético.

Apêndice A

Fontes socráticas

Em sua *Poética* (1447b), Aristóteles escreve sobre um gênero que se estabeleceu, a literatura socrática, *Sōkratikoi logoi*, que foi toda escrita após a morte de Sócrates, em 399 a.C. Em um dos fragmentos recuperados de seu diálogo, *Acerca dos poetas*, Aristóteles menciona Alexâmeno de Teos ou Estira como sendo responsável pela origem desse gênero, mas não existe mais nada de Alexâmeno. No entanto, ainda temos fragmentos de outros quatro escritores socráticos: Antistenes, Ésquines, Fédon e Euclides. Há evidência anedótica de um quinto escritor socrático, Aristipo. Fédon, Euclides e Aristipo não eram atenienses. Nos anos imediatamente após a morte de Sócrates, Antistenes foi provavelmente considerado o escritor socrático mais importante.

Os dois escritores cuja literatura socrática sobreviveu intacta são Xenofonte e, claro, Platão. Xenofonte deixou Atenas em 401 e foi para a Pérsia, ajudar Ciro a derrubar o rei Artaxerxes. *Anábase* é seu relato dos quinze meses de aventura. Ao final desse período, ele ficou sob o comando espartano, o que resultou em seu exílio por Atenas. Suas contribuições para a literatura socrática são *Apologia, Memoráveis, Econômico* e *Simpósio*. Em sua *Apologia*, assim como na de Platão, ele se apresenta como alguém que

PLATÃO NO GOOGLEPLEX

oferece um relato sobre o que Sócrates realmente disse em seu julgamento, apesar de Xenofonte estar fora de Atenas na ocasião. Seu relato difere do de Platão, talvez mais significativamente ao ressaltar que Sócrates talvez tivesse desejado ser executado pelo estado, já que o único futuro que ele poderia esperar era a velhice e a diminuição de seus poderes. Ele faria mais falta se morresse com sua capacidade mental ainda intacta. (Os atenienses inventaram uma solução à base de cicuta que resultou em uma morte não muito desagradável.)[1] *Memoráveis* consiste de várias anedotas sobre Sócrates com a intenção de ilustrar que a vida dele refuta de todas as maneiras possíveis as duas acusações contra ele de impiedade e corrupção de jovens. O diálogo de Xenofonte, *Simpósio*, é de um tipo completamente diferente, bastante brincalhão e até mesmo perverso. Ele apresenta Sócrates em um banquete, durante o qual, em vez de longos discursos, houve conversas rápidas e engraçadas. Cada convidado descrevia o que havia nele de mais valioso, sua mais apreciada *aretē*. A resposta de Sócrates foi que mais valorizava sua arte do proxenetismo. Ele também argumentou ser mais bonito do que o convidado que ressaltou a beleza física como *aretē*, já que os olhos de Sócrates eram tão protuberantes que podiam ver mais e, portanto, eram mais bonitos, e as

---

1. A morte que Platão descreveu em *Fédon* é tranquila e digna; ele teria ficado lúcido até o fim. Muitos já argumentaram que cicuta, no entanto, teria resultado em uma morte muito mais agonizante, caracterizada por violentas convulsões. Então, teria mesmo sido cicuta? Platão menciona apenas o *pharmakon*, "a droga", e não especifica como cicuta, *kôneion*. Ou teria Platão distorcido a verdade em relação à morte de Sócrates por motivos dramáticos ou filosóficos, como algumas pessoas argumentam? Assim argumentou Christopher Gill em "The Death of Socrates" [A morte de Sócrates], in: *Classical Quarterly 23*, 1973, pp. 25-28; William Ober, em "Did Socrates Die of Hemlock Poisoning?" [Sócrates morreu por envenenamento por cicuta?], *New York State Journal of Medicine 77*, nº 1, fevereiro, 1977, pp. 254-258; e Bonita Graves et al., em "Hemlock Poisoning: Twentieth Century Scientific Light Shed on the Death of Socrates [Envenenamento por cicuta: uma luz científica do século XX sobre a morte de Sócrates], *The Philosophy of Socrates*, org. K. J. Boudouris, Atenas: International Center for Greek Philosophy and Culture, 1991, pp. 156-168. Enid Block faz um trabalho fascinante de detetive em "Hemlock Poisoning and the Death of Socrates: did Plato Tell the Truth?" [Envenenamento por cicuta e a morte de Sócrates: Platão contou a verdade?], in: *The Trial and Execution of Socrates* [O julgamento e a execução de Sócrates], org. Thomas C. Brickhouse e Nicholas D. Smith. Nova York: Oxford University Press, 2001. A conclusão da autora: "No fim pude alinhar a descrição de Platão com os conhecimentos modernos da medicina. Sócrates sofreu uma neuropatia periférica, uma condição induzida por toxina e semelhante à síndrome de Guillain-Barré, provocada pelo alcaloide em *Conium maculatum*, a planta da qual se extrai cicuta. Platão comprova sua precisão em cada detalhe clínico, enquanto Gill, Ober e Graves estavam errados quanto à violenta morte que imaginaram para Sócrates."

APÊNDICE A

narinas abertas de seu nariz arrebitado podiam captar mais cheiros, e seus lábios grossos poderiam dar beijos mais suaves. *Econômico* é um diálogo socrático sobre administração do lar e da agricultura que apresenta Sócrates admitindo sua ignorância nesses assuntos, citando o que ouviu de Isômaco.[2]

Por muitos anos, Xenofonte foi considerado mais confiável que Platão no que se referia ao histórico Sócrates, exatamente porque ele era considerado um bronco, desprovido da inteligência criativa de Platão, que reformulou a personalidade de Sócrates por questões filosóficas e literárias. Bertrand Russell, por exemplo, ressalta: "Comecemos por Xenofonte, um militar, não generosamente dotado de um cérebro" (*História da filosofia ocidental*, p. 102). Essa atitude foi criticada em bibliografia recente. Quem argumenta a favor da precisão histórica de Xenofonte provavelmente faz isso com base em suas substanciais contribuições para a história. Em seu *Hellenica* ele segue a partir de onde Tucídides parou. Vivienne Gray argumenta que "Xenofonte criou uma imagem coerente de Sócrates, nem mais, nem menos histórica do que aquela criada por outros socráticos."[3]

---

2. Michel Foucault escreveu o capítulo "A casa de Isômaco", em que utiliza a imagem criada por Xenofonte para descrever a maneira com a qual tanto esposas quanto escravos devem ser treinados como um paradigma para os estudos da ideologia de poder na Grécia Antiga. *The History of Sexuality: The Use of Pleasure*, vol. II [*A história da sexualidade: o uso dos prazeres*]. Nova York: Vintage Books Edition, 1990, pp. 152-165.

3. Vivienne Gray. *The Framing of Socrates: The Literary Interpretation of Xenophon's Memorabilia* [O enquadramento de Sócrates: a interpretação literária de Memoráveis de Xenofonte]. Stuttgart: Franz Steiner Verlag, 1998.

Apêndice B

Os dois discursos de Péricles em *A história da Guerra do Peloponeso*, de Tucídides

Tucídides nasceu em Atenas e foi, certa ocasião, general da Guerra do Peloponeso. Mas depois do fracasso de uma campanha militar ele foi banido, e então passou a se dedicar a relatar, com uma objetividade autoimposta, os eventos da longa guerra. Ele sempre fala dos atenienses na terceira pessoa.

A atitude de Tucídides em relação a Péricles é ainda assunto de debate. Não há dúvida de que Tucídides admirava a inteligência e as habilidades políticas de Péricles. Mas ele pensou que seus objetivos imperialistas iriam inevitavelmente levar à queda de Atenas? Ou teria ele pensado que, se Péricles não tivesse morrido prematuramente, veria Atenas alcançar a vitória? Tucídides aprovou ou desaprovou Péricles? Acadêmicos ainda debatem isso.[1]

---

1. Em *Thucydides, Pericles, and Periclean Imperialism* [Tucídides, Péricles e o Imperialismo de Péricles]. Cambridge: Cambridge University Press, 2010, Edith Foster apoia a ideia de Tucídides ter desaprovado. Ela argumenta que o texto dele atribui ao discurso de Péricles uma narrativa de eventos que indicam a ruína implícita em seu imperialismo. Sua narrativa no Livro 2 rebaixa o "simultaneamente idealizado e evasivo ponto de vista do poder imperial ateniense retratado por Péricles em seus discursos" (p. 183).

PLATÃO NO GOOGLEPLEX

No Livro 2, há dois discursos importantes de Péricles. Juntos eles revelam como a clássica Atenas transformou o *ethos* homérico em ideologia do excepcionalismo ateniense.

O primeiro discurso é a famosa Oração Fúnebre que Péricles fez depois do primeiro ano dessa guerra que duraria vinte e sete anos. Foi durante uma homenagem aos mortos na guerra, uma cerimônia cheia de pompas e circunstâncias, às custas do povo, "como era o costume de seus ancestrais". Péricles começou por destacar um suposto fato sobre Atenas que Heródoto também mencionou ao reconhecer o excepcionalismo ateniense. Somente eles, de todas as *poleis*, foram reconhecidos como autóctones: "Porque sempre viveram nessa terra, até agora sempre passaram-na livremente, por meio de sua bravura, às sucessivas gerações." Quanto à oração, em sua maior parte, Péricles enaltece a superioridade ateniense enquanto enfatiza ser uma superioridade participativa compartilhada por todos os cidadãos. O caráter do ateniense, seus traços psicológicos e sua disposição, é intrinsecamente superior — é livre, mas ainda assim obediente à lei, tem a mente aberta, é generoso, produtivo, elegante, tolerante, original, viril, responsável, autossuficiente, corajoso, cívico, honesto, audacioso, justo e singular. Além de modesto. Esses atributos pessoais derivam da *polis* onde atenienses têm sorte de terem nascido. A superioridade da *polis* é consequência da superioridade herdada pelos cidadãos, mas também expande sua excepcionalidade, sobretudo porque sua forma de governo exige que eles participem ativamente da vida da *polis*. Portanto, mais do que qualquer outro estado, Atenas é o reflexo genuíno das qualidades de seus cidadãos e eles podem reivindicar sua excepcionalidade como sendo própria deles.

O costume que nos trouxe até este ponto, a forma de governo e o estilo de vida que tornou nossa cidade grandiosa — que eu devo citar antes de honrar os mortos. Penso que esses assuntos sejam bastante adequados para a ocasião, e esse grupo de cidadãos e convidados lucrará por ouvir esse debate.

APÊNDICE B

Temos uma forma de governo que não tenta imitar as leis de estados vizinhos. Nós somos mais exemplo para eles do que eles para nós. O nome é democracia, porque é administrada não para poucas pessoas, mas para a maioria. Ainda assim, apesar de oferecermos igualdade perante a lei para todos em disputas particulares, não permitimos que nosso sistema de rotatividade de cargos públicos enfraqueça nosso julgamento acerca da virtude de um candidato; e ninguém é impedido pela pobreza ou por sua reputação não ser bem conhecida, desde que ele possa oferecer um bom serviço à cidade. Somos livres e generosos não somente em nossas atividades públicas como cidadãos, mas também em nossa vida diária: não desconfiamos uns dos outros, e não ficamos ofendidos com nosso vizinho por ele querer seguir seu próprio desejo. Não lançamos em ninguém o olhar censurador que, apesar de não ser castigo, ainda assim é doloroso. Vivemos juntos sem nos ofender por questões particulares; e quanto às questões públicas, respeitamos demais a lei e tememos violá-la, já que somos obedientes aos que estão no poder, em qualquer momento, assim como obedecemos às leis, principalmente àquelas que foram feitas para ajudar os oprimidos, e as leis não escritas que, em comum acordo com todos, envergonham seus transgressores.

Além disso, oferecemos várias maneiras de entreter as mentes cansadas do trabalho: instituímos concursos regulares e sacrifícios religiosos ao longo do ano, enquanto nas casas particulares há uma organização atraente que nos proporciona deleite e nos afasta da tristeza. A grandeza de nossa cidade é tanta que importamos coisas do mundo inteiro com facilidade, de maneira que usufruímos de produtos de outras nações com a mesma familiaridade com a qual desfrutamos dos nossos próprios.

E também somos superiores aos nossos inimigos no preparo para a guerra; deixamos nossa cidade aberta a todos, jamais expulsamos estrangeiros com intenção de evitar que eles aprendessem ou vissem coisas que, se não escondidas, pudessem oferecer vantagem ao inimigo. Não confiamos tanto em preparação secreta e estratégias quanto confiamos em nossa coragem na hora da ação. E quanto à educação, nossos inimigos treinam para serem homens desde a mais tenra juventude por meio de exercícios rigorosos, enquanto nós vivemos uma vida mais relaxada, e ainda assim enfrentamos perigos tão bem quanto eles...

PLATÃO NO GOOGLEPLEX

Somos prudentes amantes da nobreza e amantes da sabedoria sem indolência.[2] Usamos riqueza como oportunidade de ação, em vez de usá-la para nos vangloriar em discursos. E quanto à pobreza, pensamos não haver vergonha em admiti-la; a vergonha está em não fazer nada para evitá-la. Ademais, os homens ao mesmo tempo que cuidam de questões públicas cuidam de suas próprias; e mesmo aqueles dedicados a seus próprios negócios sabem bastante sobre as questões da cidade. Porque enxergamos o homem que não participa das questões públicas como um inútil, enquanto outras pessoas dizem que ele está "cuidando de suas próprias coisas". Somos nós que criamos as políticas ou, pelo menos, decidimos o que deve ser feito, porque acreditamos que o que atrapalha a ação não são os discursos, mas entrar em ação sem antes receber a devida instrução por meio deles. Nisso também somos melhores que outros: o nosso povo é o mais corajoso, que pensa e debate exaustivamente antes de praticar uma ação; a ignorância torna os outros homens corajosos e pensar os torna covardes. Mas as pessoas que mais merecem ser consideradas corajosas são aquelas que sabem exatamente qual o terror ou o prazer que as aguarda, e não recuam diante do perigo por conta desse conhecimento. Mais ainda, somos diferentes da maioria dos homens no que diz respeito à virtude: ganhamos amigos ao fazer favores a eles e não ao recebermos favores deles. Quem faz um favor é amigo fiel; sua boa vontade em relação ao beneficiado aumenta o desejo de fazer mais; mas a amizade de uma pessoa que sente obrigação de retribuir uma boa ação é maçante e superficial, porque ela sabe que apenas pagará uma dívida, e não fará um favor, quando demonstrar sua virtude em retribuição. Portanto, somente nós fazemos o bem ao outro sem calcular os ganhos, mas, sim, sem medo e por confiança ou liberdade.

---

2. Paul Woodruff, autor da tradução que estou utilizando, acrescenta esta útil nota de rodapé: "'Somos prudentes amantes da nobreza e amantes da sabedoria sem indolência' (*philokaloumen te gar met' euteleias kai philosophoumen aneu malakias*): a mais famosa frase de Tucídides. Como várias de suas memoráveis frases, essa também admite uma variedade de interpretações. Traduzi *kalon* como nobreza, com o significado de nobreza de caráter, mas o leitor deve ficar atento ao fato de que pode significar beleza também. *Met' euteleia* poderia também significar 'sem gastos excessivos', mas isso parece inapropriado. Se Péricles quer dizer que Atenas não é extravagante, seu argumento é absurdo do ponto de vista de seu suntuoso planejamento de construção. 'Amantes da sabedoria' é a tradução de *philosophoumen*, que é cognato de nosso termo filosofar (no inglês, *philosophize*), mas tem significado muito mais amplo." *Thucydides: On Justice, Power, and Human Nature* [Tucídides: sobre justiça, poder e natureza humana], p. 42, nº 103. E lembre-se também: onde Woodruff escreveu "virtude", a palavra traduzida foi *aretē*.

APÊNDICE B

Em suma, digo que nossa cidade, como um todo, é modelo para a Grécia e que cada um de nós se apresenta como um indivíduo autossuficiente, disposto às mais variadas ações com toda graça e grande versatilidade. Isso não é um mero ufanismo em virtude da ocasião, mas sim o que a verdade dos fatos, como o poder da cidade que obtemos por meio de nosso caráter, revela.

Porque somente Atenas hoje tem mais poder do que fama, quando colocada à prova. Somente no caso de Atenas os inimigos jamais se irritaram com a qualidade daqueles que os invadiram; somente em nosso império os estados sujeitos jamais reclamaram que seus chefes eram indignos. Comprovamos nosso poder com fortes evidências e não nos faltam testemunhas: seremos admirados por pessoas agora e no futuro. Não precisamos de Homero, ou de qualquer outra pessoa, para louvar nosso poder com palavras que encantam por um momento, quando a verdade pode refutar hipóteses acerca do que foi realizado. Com nossa audácia compelimos todos os mares e todas as terras para que se mantenham abertos a nós, e construímos por todos os lados monumentos eternos, tanto para nossas derrotas quanto para nossas conquistas.

Essa é a cidade pela qual esses homens tão bravamente lutaram e morreram, acreditando piamente que jamais deveria ser destruída, e pela qual cada um dos homens que sobreviveram deve estar disposto a enfrentar o perigo.

E foi por isso que falei tanto sobre a cidade, em geral; falei para mostrar-vos que o que está em jogo não é o mesmo para nós e para o inimigo, uma vez que a cidade deles, de nenhuma maneira, seja igual a nossa, e ao mesmo tempo para oferecer comprovação para os elogios que fiz a esses homens. A melhor parte do louvor que fiz a eles já foi dita, por se tratar da virtude deles, e da virtude de homens como eles, que tornou tão belo o que tanto valorizo na cidade. Não foram tantos os gregos que fizeram coisas à altura de sua reputação, mas esses homens, sim. O fim que hoje eles alcançaram, penso, seja indicação, seja confirmação, é uma vida virtuosa. Até mesmo aqueles que de alguma forma foram inferiores merecem que a corajosa morte em batalha por honra de seu país se sobressaia aos fracassos. Suas boas ações apagaram a memória de qualquer coisa errada que tenham feito. E fizeram na esfera pública mais o bem do que o mal. Nenhum deles se tornou um covarde por ter

PLATÃO NO GOOGLEPLEX

dado mais valor ao aproveitamento de sua riqueza; nenhum deles fugiu de sua morte na esperança de que um dia pudesse superar a pobreza e se tornar rico. O desejo de punir os inimigos era mais forte que isso e, por acreditarem no mais honrado tipo de perigo, escolheram puni-los correndo esse risco, deixando de lado todas as outras possibilidades de futuro. A incerteza de sucesso deixara por conta da esperança, mas decidiram confiar aquilo que estava diante de seus olhos a sua própria ação. Acreditaram que essa escolha implicava resistência e sofrimento, em vez de entrega e segurança; fugiram da vergonha e se ergueram em ações que colocavam em risco a própria vida. E então, no único e breve momento que lhes foi concedido, no auge da glória e sem medo, eles partiram.[3]

O segundo discurso de Péricles foi feito sob circunstâncias sombrias. Foi no segundo ano da guerra, e a cidade, naquele momento superpopulosa, era dizimada pela peste.

Qual exatamente era a doença? Era a peste bubônica, febre hemorrágica ebola, mormo, tifo? Todas essas foram cogitadas, mas recentes análises feitas em fragmentos dentários encontrados em túmulos em Keramikos, Atenas, revelou traços de *Salmonella enterica serovar Typhi*, ou febre tifoide.

Tucídides, um dos poucos que adoeceram e se recuperaram, descreveu com detalhes sinistros não somente os sintomas excruciantes — as pústulas e a queimação interna, e uma sede insaciável que fazia com que o sujeito, atormentado, deitasse debaixo de goteiras, alguns morrendo assim, enquanto tentavam se satisfazer — como também cenas dos doentes que pareciam tiradas da imaginação de um sádico e sórdido cineasta.

O sofrimento foi agravado pela aglomeração de pessoas do campo na cidade, o que era especialmente desagradável para quem chegava. Elas não tinham casa, e porque os abrigos onde moravam eram sufocantes durante o verão, a mortalidade delas estava fora de controle. Havia mortos e moribundos caídos uns sobre os outros nas ruas, e em cada fonte, um homem caído praticamente morto de sede. Os templos, onde eles

---

3. Woodruff. *Thucydides II*, 36-42. Não citei a Oração Fúnebre completa como atribuída a Tucídides, que está em II, 35-46.

APÊNDICE B

acampavam em barracas, também estavam cheios de corpos de pessoas que morreram lá dentro; cada vez menos os indivíduos se preocupavam com as coisas do sagrado e do profano, porque estavam oprimidos pela violência da calamidade e não sabiam o que fazer.[4]

A desobediência às leis e a depravação tomaram conta da população, aprisionada pelos muros da cidade, sem ter como escapar do contágio descontrolado. E foi assim que os atenienses, que pareciam viver uma vida tão digna que nem precisavam de um Homero para louvá-los em seu canto, em poucos anos conseguiram cair em situação tão lamentável. A desgraça abrupta é semelhante a uma peça grega demonstrando a repercussão mortal da arrogância (*hubris*), porém nesse caso pela *polis* em vez de pelo indivíduo.

É perante esses atenienses, desvitalizados e desmoralizados, que Péricles se posicionou para falar de *ekklêsia*. Ele sabia que aqueles reunidos ali no Pnyx estavam no clima de culpá-lo e abriu seu discurso reconhecendo o humor dos homens que ele encarava. "Eu já esperava que vocês estivessem bravos comigo, e eu consigo enxergar por que isso aconteceu. Convoquei essa assembleia para lembrá-los de alguns pontos e para repreendê-los pela desnecessária raiva por mim, e por vocês se entregarem com tanta facilidade ao infortúnio."[5] Mas em vez de oferecer o lamentável espetáculo de uma prolongada autojustificativa, ele rapidamente se reformula em um âmbito diferente, elevado e inspirado. Sua retórica é direcionada primeiramente para transmutar a dor pessoal em mágoa coletiva, e então mágoa coletiva em grandeza coletiva:

---

4. Livro II: 52

5. Em *Górgias*, Platão escreve Sócrates repreendendo Péricles por ele ter precisado repreender os atenienses. Um bom político teria feito com que os cidadãos progressivamente melhorassem, então *ex hypothesi*, Péricles deve ter feito os cidadãos melhorarem. Mas então porque eles acabaram rejeitando-o? "No início, Péricles teve uma boa reputação, mas quando estavam em uma situação pior, os atenienses nunca votaram a favor de sua deposição. Porém, depois que ele os transformou em pessoas 'admiráveis e boas', perto do fim de sua vida, eles votaram a favor da acusação de Péricles por fraude, e quase o condenaram à morte, porque pensavam que ele fosse um homem mal, obviamente... Um homem do tipo que cuida de burros, cavalos ou gado pareceria no mínimo mau se mostrasse esses animais dando coices, cabeçadas ou mordendo porque são selvagens, se não faziam essas coisas quando ele assumiu o cuidado deles" (515e-516a). Platão frequentemente desdenha a *aretê* participativa para a qual Péricles era tão eloquente porta-voz.

PLATÃO NO GOOGLEPLEX

Acredito que se a cidade estiver bem como um todo, fará mais bem aos cidadãos individualmente do que se os beneficiasse como indivíduos enquanto vacila como unidade coletiva. Não importa se um homem prospera como indivíduo; se seu país está destruído, ele está perdido assim como o país, mas se ele encontra o infortúnio, ele estará muito mais seguro em uma cidade afortunada do que em qualquer outra situação...

De minha parte, sou o homem que eu era. Não mudei. Vocês é que estão mudando: foram persuadidos a lutar quando estavam desarmados, mas agora, em tempos ruins, vocês estão mudando de ideia, e me julgam um mal insano. Isso é porque já sentem a dor que os aflige como indivíduos, enquanto o benefício para nós todos ainda não ficou evidente. E agora que essa grande desgraça vos abateu em tão pouco tempo, estão fracos de espírito para manter as decisões anteriormente tomadas, porque seus pensamentos se tornam vis diante de acontecimento tão inesperado e repentino e desafia seus planos mais bem traçados. Isso foi o que lhes ocorreu em todos os âmbitos, principalmente devido à peste.

Ainda assim, vivem em uma grande cidade e foram criados em costumes que combinam com sua grandeza; portanto, deveriam querer enfrentar os piores desastres em vez de desmerecer sua reputação. (As pessoas pensam ser igualmente correto culpar uma pessoa que é tão fraca a ponto de perder a gloriosa reputação que lhe pertencia quanto é desprezar uma pessoa que tem a audácia de buscar uma reputação que não lhe pertence.)

Portanto, deixem de lado a tristeza por suas perdas individuais, e tomem para si a causa de nossa segurança comum.

Quanto a seu medo de sofrermos muito com essa guerra, e ainda assim não nos aproximarmos do sucesso, já disse algo que deveria ser suficiente para vocês: várias vezes provei que estavam errados ao duvidarem do resultado. No entanto, vou lhes dizer isto em relação a sua grandeza como império — algo que, aparentemente, vocês não pensam e que não mencionei em meus discursos. É um argumento um tanto quanto pretensioso e eu não o levantaria agora se não tivesse percebido que estão mais desencorajados do que teriam motivos para estarem. Pensam que seu império se estende somente até seus aliados, mas digo que são os mestres de uma das duas partes úteis do mundo — a terra e o oceano. Do oceano, possuem poder sobre o tanto que utilizam dele e mais, se assim quiserem.

APÊNDICE B

Quando velejam em sua frota equipada como está agora, ninguém pode pará-los — nem o Rei da Pérsia, nem qualquer nação existente. Esse poder não pode ser comparado ao uso do campo e do lar, apesar de pensarem ser grande perda estarem privados deles. Não faz sentido encará-los com tanta seriedade; deveriam pensar no campo como uma pequena horta e a casa como um ornamento pouco valioso de um homem rico, comparados a esse poder. Tenham em mente que se nos apegarmos à liberdade e a preservarmos, campo e casa serão facilmente recuperados; no entanto, as pessoas que se submetem ao domínio do estrangeiro começarão a perder o que já tinham. Não se mostrem duplamente inferiores aos ancestrais, que adquiriram o império — não o herdaram de outros — e, além disso, o mantiveram seguro e o passaram em herança para vocês. Não. Deveriam se lembrar de que é mais vergonhoso perder o que já tem do que falhar na tentativa de obter mais. Devem enfrentar o inimigo de perto e fazê-lo não só com orgulho, mas também com desprezo. Até mesmo um covarde se enche de orgulho, se for um ignorante que tem sorte; mas não podem desprezar o inimigo, a menos que sua confiança seja baseada em uma estratégia para superá-lo — é exatamente essa sua situação. Ainda que as chances de ganharem sejam improváveis, se estiverem conscientes de sua superioridade, é mais seguro serem audaciosos, porque nesse caso não dependerão de esperança (um baluarte somente para aqueles que não possuem qualquer recurso), mas de uma estratégia baseada na realidade, que prevê os resultados com mais precisão.

Há razões para apoiarem a dignidade que nossa cidade obteve por meio do império e da qual se orgulham; não devem se esquivar desse trabalho, a não ser que desistam de buscar a honra do império. E não pensem que a única coisa pela qual lutamos é por estarmos livres de sermos subjugados: vocês correm o perigo de perderem o império, e se isso ocorrer, a ira do povo que governam criará outros perigos.[6] Não há condições agora de se afastarem de seu império, apesar de algumas pessoas poderem propor isso por medo da situação atual, e agir por virtude por não quererem se envolver com questões públicas. Percebam, seu império é como a tirania — apesar de parecer injusto tomar o poder,

---

6. Esse reconhecimento do ressentimento dos "aliados" atenienses está em claro contraste com a sugestão de Péricles na Oração Fúnebre do quão agradecidos até mesmo os inimigos de Atenas devem se sentir ao serem conquistados por um poder superior.

PLATÃO NO GOOGLEPLEX

agora não é seguro entregar-se.[7] As pessoas que iriam persuadir a cidade a fazer tal coisa rapidamente a destruiriam, e se organizassem seu próprio governo, elas o destruiriam também. Aqueles que se mantêm distantes das questões públicas sobrevivem somente com a ajuda de pessoas de ação e não são úteis para uma cidade imperial, ainda que em um estado submisso possam ser suficientemente úteis...

Tenham isto em mente: nossa cidade tem grande fama por sua grandeza em não se deixar vencer pelas adversidades e em aceitar tantas mortes e problemas resultantes da guerra; além disso, até agora ela tem grande poder, o que para sempre será lembrado por aqueles que nos sucederem, mesmo que agora tenhamos que ceder um pouco (porque tudo naturalmente sofre declínio). Por sermos gregos governamos a maioria dos gregos e os enfrentamos em grandes guerras, todos juntos ou uma cidade por vez, e nossa cidade é a mais rica em tudo e é a melhor. Ainda assim, um homem acomodado reclamaria disso! Não importa, qualquer pessoa de ação vai querer ser como nós, e quem não for bem-sucedido vai nos invejar. Ser odiado e causar dor é, atualmente, realidade para qualquer pessoa que assume o comande de outros, e qualquer pessoa que se faça odiada por questões de grandes consequências tomou a decisão certa; porque o ódio não dura muito, mas o brilho momentâneo de grandes ações sobrevive como uma verdadeira vitória, que sempre será lembrada.

Mantenham o pensamento num bom futuro que sabem lhes pertencerá e na vergonha que devem evitar neste momento, e sejam bastante zelosos para ambos. Já não enviem mais mensageiros aos lacedemônios, e não os deixem saber quão pesados estão seus problemas agora. As mais poderosas cidades e os mais poderosos indivíduos são aqueles menos sensíveis a calamidades e mais fortes em ações de resistência.[8]

Isso é uma tentativa de ressuscitação política por meio de respiração boca a boca. Péricles está soprando vida de volta à alma da cidade ao articular o senso coletivo de por que a vida deles vale a pena ser vivida — e, portanto, por que vale a pena perder. Vocês conquistaram isso, ele diz aos atenienses

---

7. Alcibíades é também apresentado por Tucídides como quem afirma que um império precisa crescer se é para sobreviver.

8. Livro II, 60-64.

496

APÊNDICE B

paralisados pela tristeza e pelo presságio, uma grandeza tal que homens falarão dela por todos os tempos. Vocês são tão merecedores de uma ode quanto um vencedor, coroado com flores, para quem um poeta compõe uma ode epinícia. Eis sua ode. Eu, Péricles, filho de Xanthippus, canto agora para vocês.

Esse foi o último discurso de Péricles para os atenienses. Ao final de um ano, ele mesmo estava morto em decorrência da peste.

Glossário

agathon: o bem.

ágora: o centro de uma Cidade-Estado da Grécia Antiga, onde os prédios comerciais e civis estavam localizados.

acrasia: sem força; falta de vontade.

anamnese: teoria que diz que o aprendizado é lembrança.

aporia: impasse; uma argumentação que termina sem solução.

arconte basileus: um magistrado soberano; ritual religioso supervisionado.

aretē: excelência, virtude.

aristos: o sentido literal é "o melhor", também se refere a um aristocrata.

asebeia: impiedade.

Ática: região da Grécia onde se localizava a Cidade-Estado Atenas.

axiarquismo: regra de valores.

bema: palanque para oradores.

boulē: Conselho de 500, em Atenas, que resolvia problemas do dia a dia; eles eram escolhidos anualmente por sorteio em cada uma das dez tribos.

catamitos: jovens escravos sexuais masculinos.

quíton: peça de roupa semelhante a uma túnica, frequentemente usada com um cinto na cintura, e com mangas costuradas.

daimōn: um espírito, não no nível de deus.

deme: uma subdivisão de Atenas, incluindo suas áreas periféricas; com a reforma de Cístenes, que aboliu as tribos, a cidadania era baseada em estar na lista de cidadãos de uma deme; Ática era dividida em 139 demes.

demiurgo: no *Timeu* de Platão, é a divindade que transforma o caos em ordem.

Dionísias: festival de teatro ateniense.

PLATÃO NO GOOGLEPLEX

eikasia: o mais baixo estágio de consciência de acordo com a analogia da linha dividida; o estado em que se encontram os prisioneiros no *Mito da caverna*; sem fundamento no real.

ekklêsia (eclésia): principal assembleia da democracia ateniense.

epimeleia heautou: cuidado de si mesmo.

epitaphios logos: oração fúnebre.

epithumia: a parte lasciva da alma, na teoria da alma tripartida de Platão.

erastês: homem mais velho amante de homem jovem; uma metade do par erastês e erômenos.

erômenos: homem jovem amante de homem mais velho; uma metade do par erastês e erômenos.

evergesia: benefício público ou serviço.

evergeta: pessoa que oferece o benefício público.

gnôthi seautón: conheça a ti mesmo; mensagem escrita no templo de Apolo em Delfos.

ginásio: local para treinamento de atletas; de *gymnōs*, que significa "nu".

hesychia: manter silêncio.

himátio: capa.

isegoria: princípio da igualdade de direito de manifestação.

isonomia: princípio da igualdade perante a lei.

kallipolis: significa "cidade bela"; nome dado por Platão a sua utopia, em *A república*.

kleos: glória, reconhecimento; a glória de que se ouve; "reconhecimento acústico".

Lete: um dos cinco rios em Hades, o mundo inferior; a palavra significa "esquecimento" ou "oblívio", que é o que acontecia a quem bebesse de sua água.

logos: palavra ou ideia; na filosofia grega antiga, um princípio de ordem e conhecimento; um relato ou explicação.

maiêutica: termo que deriva da palavra grega para parteira; técnica socrática que consiste em fazer perguntas que ressaltam o conhecimento latente na mente de um interlocutor; educação.

mēdèn ágan: nada em excesso; escrito no templo de Apolo em Delfos.

me mnesikakein: não se deve lembrar de erros passados; anistia.

meteco: residente estrangeiro; pessoa que não é cidadã de Atenas.

nous: mente; a parte intelectual da alma na teoria da alma tripartida de Platão.

GLOSSÁRIO

oligarquia: governado por poucos, frequentemente por pessoas ricas ou descendentes de algumas famílias escolhidas.

omphalos: umbigo; de acordo com a lenda, Zeus enviou duas pombas para o umbigo do mundo; *omphalos* (ou *omfalos*) é uma pedra que representa esse local, estão por toda parte no Mediterrâneo, mas é mais famosa por ser encontrada em Delfos.

ostraka: lascas de cerâmica onde era escrito o nome das pessoas que deveriam ser esquecidas, banidas de Atenas por dez anos, postas no "ostracismo".

pederastia: regras e normas que regem o relacionamento erótico entre um homem mais velho e um mais jovem.

parrésia: significa literalmente "falar tudo" e por extensão "falar livremente", "falar com sinceridade" ou "ousadia".

phronēsis: sabedoria prática.

Pnyx: colina no centro de Atenas onde a assembleia se reunia ao ar livre.

polis: Cidade-Estado da Grécia antiga; pl.: *poleis*.

Pritaneu: sede dos membros de uma Cidade-Estado grega, abriga o magistrado principal e o altar central.

sofista: professor itinerante de retórica.

sunōmosia: um juramento comunitário; uma conspiração.

synegoroi: quem fala a favor de alguém no tribunal, em Atenas.

tautologia: em grego antigo, significa "mesma palavra"; uma proposição que, devido ao sentido, é uma verdade trivial. Por exemplo: "Ou você vai entender essa definição de tautologia ou você não vai entender essa definição de tautologia."

thaumázein: espantar-se em sentido ontológico (verbo).

thētes: os povos trabalhadores; classe mais baixa de cidadãos em Atenas.

tolo: edifício circular.

thumos, também com a grafia *thymos*: espírito; também expressa o desejo humano por reconhecimento; na teoria da alma tripartida de Platão é nossa parte espiritualizada. Hoje, na Grécia, *thymos* significa simplesmente "raiva".

to on: ser.

Agradecimentos

Concebi este livro, em grande parte, quando estava fazendo residência no Santa Fe Institute com a bolsa Miller Distinguished Scholar, no outono de 2011. Lá, entre os teóricos da complexidade, frequentemente tive a sensação de que saí caminhando e subi o Monte Olimpo. Discuti os aspectos pitagóricos do pensamento de Platão com o lendário Murray Gell-Mann, que levou sua coleção de moedas gregas antigas para eu ver. Isso foi incrível. À noite, enquanto apreciava o sol cair botando fogo nas equações matemáticas rabiscadas nas janelas, pensava na ideia de Platão sobre a íntima conexão entre beleza matemática e verdade. Sou grata a David Krakauer e a Bill Miller, por me trazer ao SFI, e ao Jerry e a Paula Sabloff, por me deixarem confortável em minha ortogonalidade.

Também tive a sorte de receber a bolsa Franke Visiting Scholar como professora visitante no Whitney Humanities Center, na Yale University, durante o outono de 2012, e sou extremamente grata a Barbara e Richard Franke por seu otimismo visionário em relação à posição das ciências humanas na universidade e na sociedade. A querida María Rosa Menocal era a responsável por meu cargo, e apesar de sua morte prematura enquanto eu estava fazendo a residência ter coberto o centro com uma mortalha de profunda tristeza, seu espírito audacioso e magnânimo permaneceu no controle. Foi durante minha visita a Yale que pela primeira vez soltei algumas das mais audaciosas ideias sobre os gregos para a célebre classicista Emily Greenwood, e para sempre serei grata a ela por sua generosidade em me ouvir sem nem piscar, e por depois me dar valiosas sugestões para refinar meus

PLATÃO NO GOOGLEPLEX

pontos de vista. Ela leu um dos primeiros rascunhos do manuscrito e seus comentários foram tão úteis que tenho esperança de que ela não reconheça o que está impresso aqui. As conversas que tive em Yale com Stephen Darwall, Bryan Garsten, Tamar Gendler, Paul Grimstead, Varity Harte, Jane Levin, Alexander Loney e Joseph Manning também foram de grande valor, tanto pelo inflexível ceticismo que me ofereceram (aqui agradeço especialmente a Verity) quanto pelo incentivo.

Sou amiga de Adina Schwartz desde quando éramos alunas de graduação, e sabia que suas habilidades críticas altamente afiadas encontrariam exercício suficiente em meus pontos de vista, e que por isso eles ficariam melhores. Debra Nails, para quem escrevi, sem mais nem menos, porque seu estilo erudito nos livros me tocou, emocionou-me com sua generosidade ao ler o manuscrito inteiro e comentar copiosamente. Os erros que permaneceram são resultado somente da minha teimosia. Ainda assim, prefiro pensar que ela me ajudou a encontrar o caminho para o meu melhor Platão. Joshua Buckholtz, do departamento de psicologia da Harvard University, permitiu que eu participasse de um de seus experimentos, assim pude vivenciar como é ser colocado dentro do campo magnético, realizando tarefas relacionadas à memorização e a decisões, exatamente o experimento do qual Platão participou. Foi divertido, e a longa conversa que Josh e eu tivemos depois sobre livre-arbítrio não foi nada como a conversa entre Platão e Shoket, porque Josh é tão mente aberta quanto Shoket não é.

Meu interesse por Platão sempre esteve condicionado a meu interesse por filosofia da matemática. Mas sempre esperei que algum dia eu pudesse me aproximar da figura remota do próprio Platão. Quando pela primeira vez falei dessa minha esperança para minha agente literária, Tina Bennett, ela imediatamente me incentivou a encarar escrever um livro que realizasse esse sonho. Acho que o projeto teria ficado no campo dos desejos se não fosse tanto por ela quanto por meu extraordinário editor, Dan Frank. Nada seria possível sem um editor cujo próprio amor à filosofia é tão puro e perspicaz quanto qualquer platonista desejaria.

E agora, minha singular família. É muita sorte ter como melhor amiga e irmã de mentirinha Margo Howard, cuja profissão de verdade é dar

AGRADECIMENTOS

conselhos. Margo fez muito bem seu papel no capítulo "Abraços, Platão", bastante interessada em saber o que seu conselho teria a ver com aquele filósofo. Minha irmã de sangue, Sarah, tem sido fonte de amor e apoio desde quando a gente dividia o quarto. Minhas duas filhas foram, como sempre, fontes incalculáveis de incentivo e de muito mais. Não foi a primeira vez que tive motivo para me sentir feliz por elas terem se formado em filosofia na faculdade. Yael Goldstein Love leu o manuscrito inteiro e me deu uma das mais sensatas opiniões que recebi em termos de como tornar o livro acessível a um público mais amplo. Danielle Blau acrescentou suas sugestões, principalmente sobre os conflitos entre o filósofo e o poeta que enfureceram Platão. Steven Pinker não só leu e comentou o manuscrito inteiro, ele não só me acompanhou, corajosamente, em uma viagem à Grécia e aceitou minha obsessão com graça e *élan*, ele também tem me dado provas vivas de que não é exagero o *que Platão escreveu* sobre o amor romântico: "Não há bem maior do que este que o autocontrole humano ou a loucura divina possa oferecer a alguém."

Nota bibliográfica

Para a tradução dos diálogos de Platão, utilizei principalmente a obra Plato: Complete Works, organizada por John M. Cooper, editor assistente D. S. Hutchinson, em Indianápolis, IN, editora Hackett, 1997. Isso significa que, mais especificamente, Eutífron e Critão foram traduzidos por G. M. A. Grube; A república foi traduzido por G. M. A. Grube e revisado por C. D. C. Reeve; Teeteto foi traduzido por M. J. Levett e revisado por Myles Burnyeat; O sofista foi traduzido por Nicholas P. White; O político foi traduzido por C. J. Rowe; Parmênides foi traduzido por Mary Louise Gill e Mark Ryan; Filebo foi traduzido por Dorothea Frede; Cármides e Eutidemo foram traduzidos por Rosamond Kent Sprague; Pitágoras foi traduzido por Stanley Lombardo e Karen Bell; Górgias foi traduzido por Donald J. Zeyl; Menexêno foi traduzido por Paul Ryan; Leis foi traduzido por Trevor J. Saunders; Epínomis foi traduzido por Richard D. McKirahan Jr.; Epigramas foi traduzido por J. M. Edmonds e revisado por John M. Cooper. No caso de O banquete e Fedro, utilizei principalmente a obra Plato's Erotic Dialogues: The Symposium and Phaedrus, tradução, introdução e comentários de William S. Cobb (Albany: State University of New York Press, 1993). Para esses dois diálogos também consultei frequentemente as traduções de Alexander Nehamas e Paul Woodruff, da Hackett (1997), e uma tradução mais antiga de Fedro feita por R. Hackforth, na obra The Collected Dialogues: Plato, organizada por Edith Hamilton e Huntington Cairns, para a série Bollingers Series LXXI (Princeton, NJ: Princeton University Press, 1961). A não ser quando indicado, as traduções citadas, no entanto, são de Cobb. Também utilizei a versão da Princeton para A carta, traduzido por L. A. Post, e também consultei a versão da Princeton de Mênon, utilizando, a não ser quando indicado, a tradução de W. K. C. Guthrie. Para Timeu, usei a tradução tanto

PLATÃO NO GOOGLEPLEX

de Donald J. Zeyl, para a versão da Hackett (1997), quanto, onde indicado, a tradução de Benjamin Jowett, para a versão da Princeton (1961). Para *Apologia* utilizei tanto G. M. A. Grube para a versão da Hackett (1997), quanto, onde indicado, a tradução de Hugh Tredennick para a versão da Princeton University Press (1961). Para *Fédon*, as citações foram retiradas da tradução de Hugh Tredennick para a versão da Princeton University Press (1961).

Para A história da Guerra do Peloponeso, de Tucídides, as citações foram retiradas da tradução de Paul Woodruff, em *Thucydides: on Justice, Power, and Human Nature: Selections from the History of the Peloponnesian War* (Indianapolis, IN: Hackett, 1993).

Para as odes epinícias de Pindar, utilizei *Pindar's Victory Songs*, tradução de Franck J. Nisetich, com prefácio de Hugh Lloyd Jones (Baltimore: Johns Hopkins University Press, 1990).

Quanto às fontes secundárias, os livros a seguir estão entre os que li e que influenciaram minha escrita:

Ahbel-Rappe, Sara; Kamtekar Rachana (orgs.). *A Companion to Socrates.* Malden, MA: Wiley-Blakwell, 2006.

Allen, Danielle S. *Why Plato Wrote: Blackwell Bristol Lectures on Greece, Rome, and the Classical Tradition.* Malden, MA: Wiley-Blackwell, 2010.

Blondell, Ruby. *The Play of Character in Plato's Dialogues.* Cambridge: Cambridge University Press, 2006.

Bowra, Cecil M. *The Greek Experience.* Nova York: Signet, 1959.

Brandwood, Leonard. *A Word Index to Plato.* Leeds, UK: W. S. Maney and Son, 1976.

Brickhouse, Thomas C.; Smith, Nicholas D. (orgs.). *The Trial and Execution of Socrates.* Oxford: Oxford University Press, 2001.

Burket, Walter. *Lore and Science in Ancient Pythagoreanism.* Cambridge, MA: Harvard University Press, 1972.

_____. *Ancient Mystery Cults.* Cambridge, MA: Harvard University Press, 1986.

Burtt, E. A. *The Metaphysical Foundations of the Physical Science.* Mineola, NY: Dover, 2004.

Carter, L. B. *The Quiet Athenian.* Oxford: Oxford University Press, 1986.

Charalabopoulous, Nikos G. *Platonic Drama and its Ancient Reception.* In: Cambridge Classical Studies. Cambridge: Cambridge University Press, 2002.

Davidson, James. *The Greeks and Greek Love: a Bold New Exploration of the Ancient World.* Nova York: Random House, 2009.

NOTA BIBLIOGRÁFICA

Dewald, Carolyn; Maricola, John (orgs.). *The Cambridge Companion to Herodotus*. Cambridge: Cambridge University Press, 2007.

Dodds, E. R. *The Greeks and the Irrational*. Berkeley: University of California Press, 2004.

Dover, K. J. *Greek Homosexuality*. Reissue. Cambridge, MA: Harvard University Press, 1989.

_____. *Greek Popular Morality in the Time of Plato and Aristotle*. Indianapolis, IN: Hackett, 1974.

Everson, Stephen (org.). *Aristotle: the Politics and the Constitution of Athens*. In: Cambridge Texts in the History of Political Thought. Cambridge: Cambridge University Press. 1996.

Foster, Edith. *Thucydides, Pericles, and Periclean Imperialism*. Cambridge: Cambridge University Press, 2010.

Frankfurt, Harry. *On Bullshit*. Princeton, NJ: Princeton University Press, 2005.

Gil Dehnhard, Indigo; Riverman, Martin (orgs.). *Beyond the Fifth Century: Interactions with Greek Tragedy from the Fourth Century BCE to the Middle Ages*. Berlin: De Gruyter, 2010.

Gray, Vivienne. *The Framing of Socrates: the Literary Interpretation of Xenophon's Memorabilia*. Stuttgart: Franz Steiner Verlag, 1998.

Greenblatt, Stephen. *The Swerve: How the World Became Modern*. Nova York: W. W. Norton, 2011.

Greenwood, Emily. *Thucydides and the Shaping of History*. London: Duckworth, 2006.

Grene, David. *Greek Political Theory: the Image of Man in Thucydides and Plato*. Chicago: University of Chicago Press, 1965.

Grube, G. M. A. *Plato's Thought: Eight Cardinal Points of Plato's Philosophy as Treated in the Whole of his Works*. Boston: Beacon Press, 1958.

Hall, Jonathan M. *Hellenicity*. Chicago: University of Chicago Press, 2005.

Hansen, Mogens Herman; Nielsen Thomas Heine (orgs.). *An Inventory of Archaic and Classical Poleis*. Oxford: Oxford University Press, 2004.

Hardy, G. H. *A Mathematician's Apology*. Reedição. Cambridge: Cambridge University Press, 2012.

Holt, Jim. *Why does the World Exist: an Existential Detective Story*. Nova York: Liveright, 2013.

Holton, Gerald. *Einstein, History, and Other Passions: the Rebellion against Science at the End of the Twentieth Century*. Cambridge, MA: Harvard University Press, 2000.

Kahn, Charles H. *Plato and the Socratic Dialogue: the Philosophical Use of a Literary Form*. Cambridge: Cambridge University Press, 1996.

Lewis, Sian. *Greek Tyranny*. Exeter, UK: Bristol Phoenix Press, 2009.

Miller, Patrick Lee. *Becoming God: Pure Reason in Early Greek Philosophy*. Londres: Continuum International Publishing, 2011.

Murdoch, Iris. *The Fire and the Sun*. Nova York: Viking Press, 1991.

_____. *The Sovereignty of Good*. 2a ed. Londres: Routledge, 2001.

Nails, Debra. *Agora, Academy, and the Conduct of Philosophy*. Londres: Springer, 1995.

_____. *The People of Plato: a Prosopography of Plato and Other Socratics*. Indianapolis, IN: Hackett, 2001.

Nehamas, Alexander. *The Art of Living: Socratic Reflections from Plato to Foucault*. Berkley: University of California Press, 2000.

Nightingale, Andrea Wilson. *Genres in Dialogue: Plato and the Construct of Philosophy*. Cambridge: Cambridge University Press, 1995.

_____. *Spectacles of Truth in Classical Greek Philosophy*. Cambridge: Cambridge University Press, 2004.

Nightingale, Andrea; Sedley, David (orgs.). *Ancient Models of Mind: Studies in Human and Divine Rationality*. Cambridge: Cambridge University Press, 2010.

Nussbaum, Martha. *The Fragility of Goodness: Luck and Ethics in Greek Tragedy and Philosophy*. Cambridge: Cambridge University Press, 2001.

_____. *Love's Knowledge: Essays on Philosophy and Literature*. Oxford: Oxford University Press, 1992.

Ober, Josiah. *Democracy and Knowledge: Innovation and Learning in Classical Athens*. Princeton, NJ: Princeton University Press, 2010.

Osborne, Robin. *Greek History*. Londres: Routledge, 2004.

Press, Gerald A. (org.). *Who Speaks for Plato: Studies in Platonic Anonymity*. Lanham, MD: Rowman and Littlefield, 2000.

Russell, Bertrand. *A History of Western Philosophy*. Nova York: Simon & Schuster, 1967.

_____. *The Autobiography of Bertrand Russell*. Londres: Routledge, 2000.

Stone, I. F. *The Trial of Socrates*. Nova York: Anchor Books, 1989.

Stove, David. *The Plato Cult*. Oxford: Basil Blackwell, 1991.

Taylor, A. E. *Plato: The Man and his Work*. Londres: Methuen, 1926.

NOTA BIBLIOGRÁFICA

Villemaire, Diane Davis. *E. a. Burtt, Historian and Philosopher: a Study of the Author of "The Metaphysical Foundations of Modern Physical Science"*. Londres: Springer, 2002.

Vlastos, Gregory. *Socrates: Ironist and Moral Philosopher*. Ithaca, NY: Cornell University Press, 1991.

_____. (org.). *Plato I: Metaphysics and Epistemology*. Nova York: Anchor, 1971.

_____. (org.). *Plato II: Ethics, Politics and Philosophy of Art and Religion*. Nova York: Anchor, 1971.

Williams, Bernard A. O. *Plato*. Londres: Routledge, 1999.

_____. *The Sense of the Past: Essays in the History of Philosophy*. Princeton, NJ: Princeton University Press, 2007.

Índice remissivo

92nd Street YM/YWHA, 191-4, 428

"A filosofia é importante?" (Fish), 55, 103n

abdução (inferência da melhor explicação), 434

Acerca dos poetas (Aristóteles), 483

acrasia (falta de vontade), 83n

Acrópole, 143-4, 146, 172, 174, 175-6, 178-9, 189, 267, 270n, 325

Afrodite, 424

Agamenon, 167, 379

Agatão, 51, 289n

agathon (bem), *veja* bem, bondade

agon (competição), 242

Agostinho (Santo), 187, 442

água, 23-4, 40-2

Alceste, 151n

Alcibíades, 50-1, 182-3, 185, 189n, 268-298, 325n, 328, 335, 341, 373, 412, 418n, 496n

Alexandre de Mileto, 76n

Alexandre, o Grande, 25, 198, 276n

Algoritmo, 116-7, 120, 123, 127, 386

Allen, Woody, 28, 31, 82

alma:
  depois da vida, 130n, 358-9, 361, 421
  "dividida", 92, 421, 426, 428
  existência, 65, 83n, 359n, 421
  imortalidade, 15, 151n, 153, 263n, 294, 358-9, 361-3, 365
  natureza tripartida, 66, 92n
  transmigração, 359

amor, 225-59
  atração, 40-9, 227, 260, 310
  como reunificação (erotogênese), 233, 265
  erótico, 51, 282-98, 302, 329, 423-5
  generalizado, 233-4, 236
  loucura, 423-4
  moralidade, 63, 250-66, 337, 353, 463-4
  pessoal, 19-20, 202, 208, 271
  platônico, 20-1, 51, 239, 319-21
  por si mesmo, 67, 235, 275
  romântico, 69, 423
  tipos de, 228, 280n

Anábase (Xenofonte), 102n, 483

Analíticos posteriores (Aristóteles), 196n

anamnese (lembrança), 200n, 358

Anaximandro, 37, 39, 40, 42

Ânito, 102n, 343, 345

apeiron (ilimitado), 40

Apolo, 161, 259, 263, 344, 374, 424

Apolodoro, 357

Apologia (Platão), 16, 45n, 53, 75n, 143, 147, 148n, 163, 252, 324, 345, 354, 357-8, 367, 370, 418, 483

Apologia (Xenofonte), 324-5, 483

aporia (impasse), 17n, 53, 335, 347, 418n

Aquiles, 78, 147-8, 149n, 151n, 161n, 182, 215n, 263, 266, 268, 284, 287, 394, 347, 367, 374-5

Ares, 267

aretē (excelência ou virtude), *veja* virtude

Aristófanes, 19n, 51, 87n, 239, 273-4, 282-3, 292, 294, 325, 328

Ariston (pai de Platão), 76n

Aristóteles:
  como aluno de Platão, 59, 118, 298, 453n
  como morador em Atenas, 14, 172-3, 175, 254
  influência de, 31-2, 34-5, 37, 40-1, 52n, 129, 160, 355-6, 388, 396
  Liceu que ele fundou, 14n, 89n, 178, 197, 276
  na teologia cristã, 52n, 359, 442
  obras, 16, 18n, 40n, 174n, 169n, 202, 225, 423
  observações biológicas, 31-2, 34-5, 453n
  Platão comparado a ele, 16-8, 40, 83n, 375, 404n
  teleologia, 38, 64-5, 440
  visões políticas, 150, 172-5, 178, 266

arquitetura ciclópica, 167

Ártemis, 261, 267

Assim falou Zaratustra (Nietzsche), 275

Astronomia, 60, 388, 401, 447

ateísmo, 367

Atena, 161, 175, 267

Atenas:
  ágora, 18, 44, 143, 185, 187, 324, 372, 429
  anistia geral declarada, 336
  anistia, 336-40, 371
  arconte basileus, 342, 344, 347-8, 351-4
  assembleia dos Três Mil, 326-7
  cidadania, 143n, 177-8, 280, 325, 327, 370, 372-3, 375-6, 389, 429, 445
  como uma *polis* democrática, 17, 81, 146, 161, 166, 176-7, 183, 185-6, 195n, 225, 254, 259, 265-74, 276n, 279-81, 285, 289-91, 296, 325, 331
  Conselho de 500 (boulē), 75n, 173, 329
  deuses, 75n, 388
  ekklêsia (eclésia, assembleia), 179, 271, 274, 325-6, 331, 338, 493
  escravidão, 22, 102n, 107-8, 134-6, 139, 145, 149n, 156, 177, 200n, 214, 249n, 280, 324n, 338, 340, 350, 360, 485n
  Esparta como rival, 19, 145n, 175, 182, 216, 267-8, 272-7, 281, 290, 324n, 325n
  forças militares, 145, 384
  império e poder imperial, 50n, 73-4, 147-52, 160, 162, 233-4, 238-9, 293, 294
  instituições religiosas, 73-4, 75n, 232, 261-4, 334, 401
  mulheres, 106n, 143, 282, 293, 340, 379
  muros, 324n, 338, 340
  oligarquia, 94n, 177, 232, 251n, 290n, 325, 328, 332, 341, 372-5
  origens autóctones, 177, 488
  peste, 291, 326, 492-4, 497

ÍNDICE

Platão como cidadão, 9-11, 13, 23-4, 73-4, 80-1, 83, 89n, 166, 1672 326, 445
Quatrocentos como governantes, os, 326n
sistema jurídico, 74-6, 78-9, 272, 289n, 326, 336-7, 378
situação política, 16-20, 49, 67-9, 92n, 143, 161, 175n, 177, 253, 276n, 287, 291, 311, 325-6, 328, 375n, 364, 390, 393, 493n
sociedade, 76n, 231-59
Trinta como governantes, os, 277, 281, 290, 326-9, 332, 335-7, 340, 343, 411n
atletismo (esportes), 215-6, 240-2, 324
atopia (estranheza), 189n, 357
autoamor (narcisismo), 234-6, 238
autodisciplina, 92, 240, 247
autoempoderamento, 209-10, 241, 331, 404
autoengano, 172n, 464-5, 476
autoestima, 73, 172, 247-8, 282, 305-6, 413

Bacon, Francis, 12n, 43
banquete, O (Platão), 11, 50, 56n, 151n, 189n, 229n, 230, 237, 239, 279, 280n, 282-98, 311, 314n, 324, 325n, 327, 357, 365, 412
bárbaros, 107-8, 121, 144n, 145-6, 172, 237n, 276n
Batalha de Maratona, 175
Batalha de Queroneia, 276
Baumard, Nicolas, 157n
beleza, 222
abstrata, 245, 248, 290, 361, 435, 439
conhecimento, 82-3, 130n, 250, 288-90
em educação, 217, 223
física, 152, 260, 351-2, 364, 378, 415, 441

na Trança Sublime, 61-8, 293-4, 297, 360, 362, 364, 375, 377-9, 437
natureza moral, 219, 232, 245
qualidades, 119n, 266
virtude e, 375, 447
bem, bondade, 63-6, 395-6
aquisição de, 66-8, 75n, 162, 302
coletivo, 216, 231, 235, 496
definição, 55-9, 178
divino, 412, 416-7
justiça, 181
na Trança Sublime, 61-8, 293-4, 297, 360, 362, 364, 375, 377-9, 437
padrões pessoais, 65
prazer e, 395
Bêndis, 430
Bíblia, 107n, 134, 265n
biologia, 34n, 35, 40, 42n, 43
Boccaccio, Giovanni, 168
Bohr, Niels, 29-30
Boyer, Pascal, 157n
Buda, 13, 153, 161
Burnyeat, Myles, 60, 61n, 75n, 148n, 254n, 347n, 371n, 433n
Byron, George Gordon, Lorde, 277n

Cálicles, 267, 445
Calvino, João, 427
Cármides (Platão), 281, 292, 324
Cármides, 281, 293, 335
carta II, A (Platão), 97n
carta VII, A (Platão), 17, 49, 89n, 97n, 194, 411
casamento, 280, 303
Cebes, 360, 366
censura, 228
Chaucer, Geoffrey, 261
Churchill, Winston S., 220

ciência:
dados e comprovações em, 39n, 420
falseabilidade, 29-30, 33, 67
filosofia da, 27-8, 30-1, 34, 36-8, 360
influência aristotélica, 31-3, 34-7, 63-4, 450, 453n
influência platônica, 57-63, 360
instrumentalismo em, 29-30, 43
metodologia em, 29-30, 38-9, 42-3, 56-7
natureza empírica da, 29-30, 32, 34n, 37n, 39, 41-3, 62, 68-70
natureza nomológica, 38
progresso em, 21-2, 27-38, 40, 43-4, 46-7, 180, 256
proto-, 36-7, 42-5, 60, 351
teorias, 21-2, 33n, 39-40, 42, 57, 62
coerência, 477-9
cognição, 21, 33, 43, 46, 58, 112-3, 180, 245, 291-3, 365, 414, 427, 436, 461-80
coluna de conselhos, 299-321
computadores, veja também internet
confabulação, 464-5, 467-8, 476, 478
Confúcio, 13, 153, 161
conhecimento, 84, 365-7
auto, 92, 221
base teórica de (epistemologia), 13n, 17n, 19n, 25n, 45-6, 63, 68, 228n, 297, 347-8, 351, 355, 358, 417-30, 433n, 437, 474
como lembrança, 200n, 337
consciência de, 350, 354, 358, 380-2, 410-15
crença versus, 347, 349, 412
de "como" X de "o que", 366-7, 374
de beleza, 82-3, 161n, 241-2, 252, 392
expertise em, 68-9, 80-117, 180, 183-4, 338, 357, 387, 405-7

filosófico, 56-7, 69-76, 80-117, 180, 183-4, 327-8, 415-19
inteligência e, 55-7, 103, 112, 120, 198-9, 345
inútil, 386, 392, 409n, 410
matemático, 28-7, 56-62, 64, 83, 88, 105, 130n, 314-15, 318, 345n, 347n, 395-6
moralidade baseada em, 65-8, 111-15, 307-9
não trivial, 110-11, 113
oracular, 55, 258, 272n, 373, 414, 426
político, 18-20, 67-9, 73-9, 89, 100-1, 147, 156-7, 179, 184, 218, 225, 230-1, 251n, 270n, 310-12, 364
receber e ensinar, veja também educação
senso comum em, 21-2, 86-7, 89, 383
Copérnico, Nicolau, 62
Coro de Oceânides, 160
corrida de carruagem, 164, 211, 313, 466
cosmologia, 17n, 19n, 28, 43-6, 63, 198, 352, 365-6, 434, 443, 450, 464
Crátilo (Platão), 287n
crenças:
conhecimento comparado a, 303-5, 368-9
falsas, 431
pessoal, 86, 91-4
racional, 371
verdadeira, 160-1, 303-5, 368-9
crianças, 69-70, 74, 107n, 125-137, 149, 172, 177, 191, 202, 219
cristandade, 52n, 89n, 359-63, 397, 400, 427n, 449
Critão (Platão) 345, 357-8
Critão, 357, 360
Crítias, 94n, 277, 281, 289, 290n, 328-30, 332, 335, 341, 373
cunhagem militar escrava, 156-7

ÍNDICE

daimōn (espírito) 286-7, 411-23, 499

Davidson, James, 280n, 282n, 285n

De caelo (Simplício), 32n

De Rerum Natura (Lucrécio), 43n

demiurgo, 64, 439, 448

Demócrito, 32, 35-6, 43

Demóstenes, 275-6

Deus, 38, 50, 65, 75n, 148, 152, 305-6, 376-7

  comunhão com, 269-71

  nome de, 130-1

  existência de, 292-3, 341, 345, 347, 351-2, 390-1, 395

  conceito hebraico, 12-4, 130-1, 229-30

deuses e deusas, 13-14, 38-9, 63-4, 75n, 126-7, 130, 137-8, 143, 147, 150-1, 162, 205-6, 217, 225-8, 231, 242, 245-6, 253, 270, 292-3, 297n, 305-6, 308, 331-2, 341, 376, 391, 392, 393

Deutsch, David, 30n

Dewey, John, 41

Diálogo sobre os dois máximos sistemas do mundo (Galileu), 11

Diálogos sobre a religião natural (Hume), 11

diálogos, platônicos, 17n, 274n

  caracterização, 11-2, 48-54, 119n

  como drama, 50-5, 180, 277, 326n

  como obra filosófica, 10-2, 16-9, 49-50, 52-3

  cronologia, 17n, 345-6, 354

  estética, 10-1, 18-9, 295n, 297, 421

  estilo, 10-2, 15-6, 19-20, 46-7, 49-50, 169, 194, 330

  traduções, *veja também* diálogos específicos

Dilema de Eutífron, 348-50, 377

dilemas existenciais, 15, 122, 128, 157, 161, 184, 187, 262, 306, 429

Diógenes Laércio, 76n, 344n, 360

Dion de Siracusa, 89, 91-3, 106, 118, 314n, 423n

Dionísio I, 91

Dionísio II, 91

Dionísio, 273, 424

Diotima, 151n, 229n, 291, 293

doença mental, 131n

Dostoiévski, Fiódor, 350

Douglas, William O., 299

Dover, Kenneth, 281, 283-4, 285n, 291n

drama:

  interno, 51, 53, 345-6, 348n, 354

  trágico, 14, 52, 150

$E=MC^2$, 38, 65, 389

EASE (Ferramenta de Pesquisa de Respostas Éticas), 124-7, 130, 132, 138, 140-1

Econômico (Xenofonte), 324, 483-5

educação:

  beleza, 222, 228

  como representação, 197, 204, 216, 282-3

  de governantes, 86-92, 118, 218-20, 232, 240, 332, 355

  lecionar, 56-7, 194-221, 225

  moral, 67-9, 92n, 107n, 108, 111, 123, 249-50, 266, 296, 302, 315

eikasia (o mais baixo estágio de consciência), 431, 433n, 438

Einstein, Albert, 30n, 62, 212

Elementos (Euclides), 347n, 391n

Eleusis, 335-6

Elis, 360n

Empédocles, 42

Encantamento Jônico, 38-9, 60

Epínomis (Platão), 389, 448n

epistemologia, 13n, 17n, 19n, 45-6, 63, 68, 228n, 297, 347-8, 351, 355, 358, 417-9, 421-3, 42-8, 430, 433n, 437n, 474

Equécrates de Philius, 360-1

Era Axial, 13, 153-7, 161, 166, 187, 263, 429

erastês e erômanos (amante mais velho e amante mais novo), 282, 285-7, 297

erōs (amor), 50, 267-8, 280-3, 286-8, 290-1, 404, 416

Eros, 56, 281, 283, 286, 290, 291n, 294, 300, 302-3, 310, 313-4, 316, 321, 425

erotogênese, 205-6, 245-6, 275-6

Escolástica, 391n

escravidão, 22, 102n, 107-8, 134-6, 139, 145, 149n, 156, 177, 200n, 214, 249n, 280, 324n, 338, 340, 350, 360, 485n

Esopo, 366

Esparta, 19, 25, 145, 147, 175-6, 182, 216, 267-8, 272-7, 281, 290, 324n, 325, 328, 338, 340, 360n, 373

espírito das leis, O (Montesquieu), 135n

Ésquilo, 14, 150, 160, 215n, 273, 284

Ésquines, 338, 483

ethōs (hábito ou costume), 146, 150, 155, 157, 160, 165-6, 171, 182, 187, 261, 359n, 380, 429, 488

Ethos do Extraordinário, 15-6, 146-8, 150, 155-6, 158, 161, 166, 170-4, 181-2, 189, 262, 267, 287n, 335, 340, 363, 375

Ética, (Spinoza), 350n, 352-3, 442

ética, *veja* moralidade

Euclides, 34, 347n, 391n, 483

Eurípedes, 14, 176, 273-4

Eutidemo (Platão), 302, 324, 416n

Eutífron (Platão), 75n, 324, 343, 345, 348, 352, 354, 377, 416

Eutífron, 342, 349-51, 354, 417

existência:
de formas abstratas, 19n, 25-7, 51-2, 55-64, 125, 314, 383-7
realidade, 36-8, 388-9, 407-8
ser-vivo X ser inanimado, 330
sublime como base da, 60-8, 191-2, 196-8, 208-9, 254-9, 272, 315-19, 328-32, 340-7, 382-5, 390-6
experiência de quase morte, 377

"ficção slash", 284

Fédon (Platão), 18n, 20, 26n, 45n, 52, 63, 228n, 344-6, 357-63, 366, 449, 453n, 472, 484n

Fédon, 360-1, 483

Fedro (Platão), 32n, 51, 189n, 211, 258n, 282n, 286n, 287n, 302, 304, 306, 308, 309n, 311, 313, 314n, 315n, 318, 320n, 323, 324, 398, 404, 416, 423, 424n, 425-7

Fedro, 51, 284, 416, 424

ferramenta de pesquisa Google, 80-1, 105, 108-10, 112-6, 195, 233, 386

Feynman, Richard, 30n

Fídias, 175

Filebo (Platão), 63n, 97, 231, 260, 386-7, 392, 395, 409n, 444, 447-8

Filipe II, Rei da Macedônia, 275-6, 337

filosofia:
"experimentos do pensamento", 23-5
argumento em, 46-9, 52-3, 102, 114-15, 116-161
campo acadêmico da, 9-11, 16-9, 24-7, 31-2, 36-7, 46-7, 48-9, 53-6, 89, 92, 263-4
como "amor ao conhecimento", 19-20, 49-50, 66-7, 80-1, 196-200, 215-16, 258, 263-4, 265, 309-12,

ÍNDICE

317, 319-20, 327-8, 339-40, 354-5, 375

como protociência, 36-7, 42, 44, 45n, 60, 351

conclusões em, 24, 28-9, 53-5, 57

conhecimento em, 56-7, 80-1, 83-117, 192, 199-200, 327-8, 415-19

destituição de, 26-38, 42-3, 60-2, 307, 308, 318, 376

dialética da, 10-11, 21-2, 36-8, 42-9, 52-4, 67-8, 111, 119, 288, 355, 367, 371

grega, *veja também* filósofos específicos

história da, 12-3, 37-43, 187

instituições, 21-4, 37-9, 40-1, 57-7, 61, 68-9, 390

jônica ou pré-socrática, 37-47, 57-8, 60-1, 196n, 346

natural, *veja também* ciências

processo autocrítico em, 15-18, 47-8, 50-3

progresso em, 15-8, 21-2, 27-38, 40, 43-4, 46-8, 254, 287, 334

suposições (ou hipóteses) desafiadas em, 15-21, 48, 49-53, 86, 91-4, 101-2, 107, 112, 161, 174-5, 177, 352-4, 359-60, 396

teleologia em, 38-9, 62-4, 440

transformação violenta em, 48-52, 54-5, 68-9

Fish, Stanley, 54-5, 56n, 103n, 288, 432n

física:

base filosófica da, 30n, 36-8, 66-7, 350, 426

como disciplina moderna, 30n, 34-5, 441

grega, 37-47, 57-8, 60-1

quantum, 28-31, 39-40

teórica, 28-31, 34, 39-40, 61-2, 389

Formas, Teoria das, 19n, 51-2, 55-64, 358, 439

Foucault, Michel, 295n, 485n

Frankfurt, Harry, 368-70, 373

Frege, Gottlob, 58, 355

Freud, Sigmund, 56, 192

Frígios (Ésquilo), 284

funcionamento cerebral, 25-6, 130n, 134, 199

Galileu Galilei, 11, 37n, 43, 60, 62, 130n, 391n

geocentrismo, 62, 441

geometria, 60, 196, 245-6, 248, 446

Glauco, 179-81, 183-7, 212n, 377, 381, 430, 433

gnôthi seautón (conheça a ti mesmo), 259-60

God is not Great (Hitchens), 373

Gödel, Kurt, 27n, 36, 57, 59

Googleplex, 71-3, 80-5, 106, 109-12, 123, 132, 138, 198, 376, 428

Górgias (Platão), 163-5, 175n, 189n, 267, 287, 329, 361n, 375n, 396, 398, 400, 405-7, 445, 493n, 430n

governo, 245, 326

da elite (guardiães), 100-3, 196, 199-200, 215-17, 375-6, 383, 391, 403

democrático, 16-8, 20, 48-9, 92n, 100, 107, 119n, 189, 357-8

oligárquico, 94n, 177, 232, 251n, 284-7, 298-4, 298, 325, 328, 392, 411n

tirano, 90-1, 96, 100, 109, 144n, 145, 173n, 177n, 191-2, 202-5, 251n, 270n, 273-4, 291, 293, 331

Graeber, David, 155-6

Grécia, 13-4, 37, 42, 46, 74, 77-8, 83, 89n, 90n, 100, 144, 150, 154, 194-6, 259, 351, 383

Cidade-Estado da (*poleis*), 12, 14, 107n, 146, 161, 166, 170, 175-8, 268, 275-6, 281, 325, 331, 336-7, 339-40, 346, 488

cultura judaica comparada com, 12-4, 130-1, 135, 152n, 229-30

filosofia da, *veja também* filósofos específicos

grandeza (Magna Grécia), 42n, 178

heróis, 77-9, 147-8, 161n, 167-71, 208, 215n, 270n, 284, 287, 338, 340, 347, 373, 375, 462-3, 476

homossexualidade, 279-88

identidade pan-helênica, 14, 146, 158, 161, 166, 176n

secularismo, 14, 349

tradições religiosas, 14, 151, 154, 158, 189, 232, 378

Greenblatt, Stephen, 43n, 168, 169n, 170

Guerra do Peloponeso, 94n, 174, 270n, 271, 275-7, 289n, 292, 324n, 326, 339n, 343, 487

Guerra Persa, 144-5, 172, 175-7, 275, 282, 346

guerra, 107n, 134, 144, 324-6, 330-9, 343-8, 360, 402

Hades, 186n, 273

Hamlet (Shakespeare), 26

harmonia, 60, 364-5, 378

Harmonices Mundi (Kepler), 378

Harte, Verity, 409n

hebreus, 12-4, 151-3, 157, 264

hedonismo, 409n

Heidegger, Martin, 356, 426

Helena, 161n, 167

Helênica (Xenofonte), 273n

herança, 12, 68, 107n, 201, 413, 495

Hermes, 271, 375n, 392

Heródoto, 144n, 152, 172-3, 176n, 270n, 331, 488

Hesíodo, 215n, 237

história da filosofia ocidental, A (Russell), 41, 485

história da Guerra do Peloponeso, A (Tucídides), 270n, 289n, 339n, 487

Histórias (Heródoto), 173, 176n, 270n

Hitchens, Christopher, 373

Hitler, Adolf, 41n, 335

Hobbes, Thomas, 183

Holt, Jim, 437n

Holton, Gerald, 38

Homero, 146-8, 162, 170-1, 174, 187, 189, 215n, 237, 284, 340, 342, 379, 447, 491, 493

homossexualidade, 280, 285

House of Fame (Chaucer), 261

Howard, Margo, 299-321

hubris (orgulho/arrogância), 261, 313n, 371, 493

humanismo, 43n, 70, 168-70

Hume, David, 11, 39n, 187

ideologia, 285, 334, 352, 428-38, 343-6, 488

Igreja Católica, 135, 308, 319, 395

Ilíada (Homero), 15n, 143, 147-8, 160, 161n, 170, 195, 284

Iluminismo, 10, 350n, 351

Imagem por Ressonância Magnética (MRI), 46, 454, 455n, 457

Império Romano, 89n, 170, 276

importância, 12-16, 133, 154, 429

infanticídio, 25

infinitude, 40, 363, 365

ÍNDICE

informação:
agregar, 99-110, 199
armazenamento na nuvem, 83, 115, 123, 386
conhecimento comparado com, 350, 354, 358, 380-2
ensinamento de, 56-7, 242
ferramentas de pesquisa para, 81, 112, 115-8, 121, 123, 124n, 125-6, 233
utilidade de, 116-7
"insensatos", 422-3, 438
inteligência, 306
conhecimento e, 55-7, 88, 94-6, 101-2, 198-9, 347
matemática, 55-7, 111
nível de, 88, 102, 195-9
internet, 32n, 81, 198, 220, 244, 320, 386, 408, 458
Investigação sobre o entendimento humano (Hume), 39n
Íon (Platão), 228n

jainismo, 153, 157
James, Henry, 17n
James, William, 427
Jaspers, Karl, 13, 150, 153
Jeová, 152n, 161, 263
Jesus Cristo, 361, 449, 479
Jônia, 37-42
judaísmo, 12-4, 152n, 188
Jung, Carl Gustav, 244
justiça, 216
padrões de, 142, 155-7, 201, 379-81
política, 75-6, 78n, 79, 156-7, 186, 201
virtude e, 327, 378-9

kallipolis (cidade utópica), 78n, 187, 195n, 254, 377

Kant, Immanuel, 187, 356, 380-1
Keats, John, 365
Kepler, Johannes, 62, 378, 440-1
kleos (glória), 148, 151, 158-9, 161-4, 166, 174, 182, 261, 265-8, 293, 334, 338, 341, 363, 379, 429, 432
Krauss, Lawrence, 28-31, 35, 37, 44, 351

Lao Tzu, 13, 153, 161
Laques (Platão), 274n
leis:
da sociedade, 74-6, 78-9, 156-7, 210, 218, 252, 291, 294-5, 312, 323-5
matemática, 245
natural, 38-40, 407
Leibniz, Gottfried Wilhelm, 63n, 187, 347, 422n, 437, 447
Leis (Platão), 16, 18-9, 75n, 106n, 107n, 212, 216, 218, 228n, 240, 353, 388, 389n, 390, 393
Leon de Salamis, 329
Leonardo da Vinci, 212
Leslie, John, 437n
Leucipo, 32n, 43n
liberdade, 153, 173, 178, 183, 210-11, 276, 331
Libet, Benjamin, 468-9
Life of Plato (Olimpiodoro), 52n
Liga de Delos, 145, 339
língua grega, 10-2, 46, 49, 140, 146, 171, 276n
linha dividida, 433n, 435
Lísis (Platão), 287n, 292, 324
Locke, John, 135n, 187
lógica:
inválida X válida, 104, 214
matemática, 26-7, 355

521

proposições, 53-5

tautologia, 110, 196n

logos ("justificativa"), 123, 340, 377, 380, 401, 418, 438

loucura divina, 302, 424

"mães guerreiras", 203, 235, 241-2, 246, 255

Macedônia, 14n, 89n, 176n, 177-8, 275-6, 337, 346

Marco Aurélio, Imperador de Roma, 89n

matemática, 55-7, 60n, 355

    abstração em, 34, 55-8, 433n, 435

    beleza, 213, 252, 304-5, 319-20, 330, 341-2

    comprovações na, 25-6, 34n, 35, 200n, 311, 372

    conhecimento da, 26-7, 56-62, 63-4, 83, 88, 105, 120n, 342n, 314-15, 318, 409n, 395-6

    disciplina moderna, 34-7, 58-61

    existência da, 25-7

    fundamentos lógicos da, 26-7, 349

    inteligência em, 55-7, 95-6

    pitagórica, 34-7, 61n, 359-60, 362

    platônica, 52n, 59, 62-4, 148

    realidade representada por, *veja também* números

matéria, 35, 39-40, 43n, 440, 443

materialismo, 38, 453n

mèdèn ágan ("nada em excesso"), 259-60, 445

medicina, 60, 99, 144n, 378, 391, 401, 407, 459

megera domada, A (Shakespeare), 324

Meletus, 342-4, 346n, 348-9, 354, 367-8, 370-1, 374

Memorabilia (Xenofonte), 45n, 78n, 94n, 102n, 179, 273, 288, 290, 293, 324, 329, 332, 343-4, 346n, 357, 358n, 483-5

Menexêno (Platão), 291n, 330-1

Mênon (Platão), 102n, 121, 200, 249, 288, 345

Mênon, 102n, 200n, 345

mente mestra, 244

mente:

    filosofia da, *veja também* inteligência

    funcionamento do cérebro, 21-2, 25n, 43-4, 46-7, 154, 399-422

metafísica, 12, 17n, 19n, 42, 45-6, 61-3, 65, 148, 152, 182, 297, 355, 358-9, 419, 430, 433, 437, 441-2

Methods of Ethics, The (Sidgwick), 409n

minas de prata em Lavrio, 145

mistérios eleusinos, 271, 294, 425

mitos da criação, 62-4, 439

modelo do ator racional, 154

Moisés, 152n

Montaigne, Michel de, 295n

Moralia (Plutarco), 19n

moralidade:

    ações baseadas em, 65-6, 84-5, 105, 410

    beleza como forma de, 210, 214, 252-3

    bem X mal, 21-2, 84-5, 309

    certo X errado, 68-9, 91, 108-9, 115-16, 118

    conhecimento com base da, 65-8, 111-15, 307-9

    crowdsourcing de, 21, 118-24, 127-8, 138

    da escravidão 21-2, 107-8, 134-5, 156, 249n

    dilemas em, 104, 109, 130, 133, 142-3, 160, 230, 378

    do amor, 66-7, 231-59, 272-4, 275

livre-arbítrio em, 20-1, 332-3, 408, 409, 420-1

padrões de, 63-6, 78-9, 111-15, 129-30, 155-7, 226

princípios de (ética), 9-14, 18-22, 24-5, 45-7, 104-5, 141, 228n, 258, 265, 305-7, 350n, 307-8, 309, 332, 378

relativismo em, 24-6, 53-4, 56n

religiosa, 13-4, 84-95, 229-30, 305-9, 311

sexual, 279-99

verdade em, 108-9, 159-60, 195-6, 210, 214

virtude baseada em, 68-9, 193-4, 209, 309

morte, 252

preparação para a, 20-1, 77-8, 346

transcendência, 14-6, 59, 152-3, 157-8, 225, 313-18, 386-7

vida após a, 149n, 346, 422

Micenas, 167-8

Mirmidões (Ésquilo), 284

multiverso, 30, 84, 441, 450

Musas, 364-5, 424

música, 119n, 215-6, 240, 364-5, 378, 447

"música das esferas", 378

Mycalessus, 339

Nails, Debra, 102n, 343n

natureza, 41-2

forma correta, 57, 60-1

leis da, 38-40, 390

ordem racional, 65-67

quatro elementos, 42

Nehamas, Alexander, 146, 162-3, 265, 295n

Neoplatonismo, 52n, 89n

Nereidas (Ésquilo), 284

neurociência, 21, 26n, 43, 46, 130n, 455n, 459, 461, 464-7, 469n, 473

Newton, Isaac, 34, 43

Nícias, 271n, 274

Nietzsche, Friedrich, 275, 295n

niilismo, 185-6, 350

números, 25-35

abstrações, 57-8

existência de, 26, 388-92

Googleplex, 71n

inteiro, 35n, 36

Nussbaum, Martha, 277, 278n, 286n, 289n, 294, 314n, 423

nuvens, As (Aristófanes), 19n

observações baseadas em teoria, 37n

Odisseia (Homero), 149n, 170, 195

Odisseu, 15n, 149n, 379

oligarquia, 177, 232, 251n, 290n, 325, 326n, 328-32, 375, 411n

On Bullshit (Frankfurt), 368

On Nature (Anaximander), 39

Oração Fúnebre de Péricles, 174, 178, 267-8, 275, 340, 488, 492n, 495n

Oráculo de Delfos, 260-1, 272n, 373-4, 384, 414

oráculos, 55, 259-60, 373, 414-16, 438

"paradoxo do hedonismo", 409n

Parmênides (Platão), 52, 59, 346, 439

Parmênides, 55, 196, 354

Partenon, 144, 146, 175

Pátroclo, 151n, 284

Pausânias, 51, 280n

Penrose, Roger, 57, 437n

People of Plato, The (Nails), 102n

Péricles, 173-4, 175n, 176-8, 267-70, 275, 278, 288-9, 291n, 324n, 326, 338, 340, 342, 345, 370-1, 487-97

Pérsia, 13, 144, 153, 155, 175, 176n, 182, 273, 346, 483, 495
personalidade, 49, 52, 130, 201-3, 216, 244, 278, 420, 485
Petrarca, 168-9
Pireu, 324n, 326, 336, 430
Pitágoras, 34-6, 42n, 61n, 150, 153, 359-60, 391-2, 400
Plantinga, Alvin, 427
Platão, 16-8, 23-4, 51-2, 90
  a escrita vista por, 16-8, 31-2, 46-7, 50, 75, 82, 89
  a mulher vista por, 15-6, 77-8, 114, 147, 220n
  Academia fundada por, 14n, 15-6, 34n, 47-9, 54-5, 61-2, 74-6, 89, 91, 125, 178, 195-6, 205, 211, 239-40, 304, 272n, 318, 343, 347n, 350
  argumento contrarredutor, 22, 24-5
  ateniense, 9-11, 13, 23-4, 73-6, 80, 79n, 94n, 172, 175, 326, 412
  casamento de, 106-7
  como dramaturgo, 50-5, 194, 273, 257
  como figura histórica, 16-8, 76n, 90, 130n
  como filósofo, 9-28, 31-2, 46-7, 53-5, 58-9, 61-2, 67-70, 72-3, 74, 79-80, 82, 92-3, 138-9, 166, 168-9, 171, 217-18, 250, 337, 338, 391n, 395-6, 401, 405-7
  como professor, 16-8, 76n, 122, 193
  debates, 47-9, 73-4, 123, 170-1, 180, 189, 194
  elitismo de, 100, 103, 196, 375, 396, 403
  em Siracusa, 90, 314n
  em teologia cristã, 350-2, 354, 395, 430, 464

escravidão vista por, 21-2, 91-2, 134-6, 141, 249n
estética, 19n, 52-3, 67-8, 82, 196, 258, 295n, 371, 388, 396
influência e relevância de (platonismo), 9-28, 31-2, 46-7, 53-62, 67-70, 168, 217-18, 250, 395-6
irmãos de, 179
morte de, 18n, 23-4
natureza humana vista por, 10-1, 18-20, 69-70, 191-4, 211, 215, 391-2
nome de, 72-3, 76n
obra, *veja também* obras específicas
oposição a sofistas, 25-6, 43-4, 49-50, 151n, 180, 185, 231, 254, 284, 290, 326
paraíso de Platão, 59
personalidade de, 10-3, 18-9, 23-4, 73-80, 86, 209-10, 218-21
"Plato on why Mathematics is Good for the Soul" (Burnyeat), 433n
relevância de, 9-13, 18-9, 21-2, 24-5, 27-8, 53-5, 67-70, 217-18, 250
teorias médicas de, 58-9, 66-7, 144n
Plutarco, 19n, 174n, 268, 272-3, 277-8
Pnyx, 179, 325, 493
poesia, 54-5, 119n, 365
  épica, 169
  inspiração divina para, 291n, 378, 421
  lírica, 97n, 147, 158
  trágica, 13-4, 161n, 238, 273
  verdade em, 206, 403
política:
  ateniense, *veja* Atenas
  conhecimento de, 18-9, 67-9, 81-8, 100-1, 154, 156-7, 225, 230-1, 310-12, 364
  justiça em, 88, 78n, 79, 186, 216
  poder em, 86, 188-93, 218

virtude em, 131, 162, 183, 218, 225-30, 237, 248, 249, 254, 257-8, 260, 268, 280n, 284, 288, 291, 293, 298, 306-7, 448n

poder, 144n
  político, 89-91, 218, 251n, 270
  riqueza e, 218
  transferência de, 90, 276n
Política (Aristóteles), 119, 172, 259
político, O (Platão), 354-5, 364
Popper, Karl, 29, 31, 33
potencial de prontidão (RP), 468
Princípios Matemáticos (Whitehead e Russell), 27n
Pritaneu, 74, 75n, 79, 93, 176, 376
processos mesolímbicos dopaminérgicos, 455, 466
Prometeu Acorrentado (Ésquilo), 160, 263
Protágoras (Platão), 25n, 67, 83n, 113, 176, 287-8
Protágoras, 25n
psicologia, 19n, 43, 46-7, 154, 188, 419, 430, 444
Ptolemeu, 62

questionário psicométrico de Myers-Briggs, 244, 255
questionário psicométrico, 244
quíton (túnica), 86n, 457

racionalismo, 371, 422n
rãs, As (Aristófanes), 19n, 273, 325
razão:
  aplicação da, 49, 53, 63
  capacidade humana da, 15-6, 42-3, 448n
  como estado de euforia, 50-1, 257-8
  padrões de, 68-9, 102, 416, 417-18, 421

secular, 10, 349-52
verdade, 61-4, 168-1, 303-5, 368-9, 387-8
virtude na, 327, 329-30, 331, 332
realidade:
  base atômica da, 32n, 43
  estrutura ontológica da, 63-6, 427, 474
  existência da, 23-5, 36-8, 127-8, 388-96, 407-8
  física, 28, 32, 34n, 35, 39, 43, 45, 61-3
  inteligibilidade da, 38, 52-5, 59-61, 64, 387, 390, 438
  matemática, 37-41, 43, 105, 340-3, 352
  natureza da, 37-43, 57-8, 318, 393
  normatividade em, 54, 267, 333
  objetiva X subjetiva, 375-7
realismo, 29, 30, 421, 441
república, A (Platão),
  alma, 67, 83n, 361n
  Anel de Giges, 24n, 165, 180, 183, 185
  aretē, veja também virtude
  cidade dos porcos, 212
  cidade utópica (*kallipolis*), 78n, 187, 195n, 254, 377
  conceito de rei filósofo, 85-91, 95, 124, 126, 138, 140, 197
  diálogo, 48, 179, 314n
  elite governante (guardiães), 78n, 171, 218-9, 222-3, 232, 430-5, 444
  Glauco como personagem, 173, 179
  matemática em, 61n, 62, 64
  "mentira nobre", 92n, 200, 244, 250-1
  Mito da Caverna, 24n, 48, 82n, 120, 186, 213n, 214, 428, 430, 433n, 435, 438, 443
  Mito de Er, 377, 379-81, 413
  Sócrates como personagem, 11, 18, 19n, 44, 53, 94n, 284, 345, 356

Trasímaco como personagem, 180-2, 267, 339n
Reichenbach, Hans, 62, 187-9
relativismo, 25, 54, 56n
religião:
bem X mal, 21-2, 84-95, 309
cristianismo, 52n, 89n, 269, 278, 349, 350n, 351, 355-6, 388, 390
grega, *veja também* deuses e deusas
judaica, 152, 170n, 188, 449
monoteísta, 151, 157, 442, 449
moralidade em, 13-4, 84-95, 229-30, 305-9, 311
secularismo comparado a, 13-4, 16, 42-3, 66, 129-32, 138, 228, 305-9, 378
teologia, 299, 350, 351, 352, 354, 430, 464
Renascença, 168, 170
retórica, 44, 49, 89n, 269, 291n, 326n, 331, 371, 404, 493
Ricardo III (Shakespeare), 260
Russell, Bertrand, 27n, 40-1, 59, 349, 485

Salutari, Coluccio, 168
Schliemann, Henrich, 168
"Sensatos", 421-3, 426, 436
senso comum, 21, 68, 102, 105, 435
"ser", 291, 295, 349
sexismo, 77, 106, 111, 114, 404
sexualidade, 56n, 279-85, 287-8, 311, 319, 320, 403
Shakespeare, William, 11, 261, 324
Shelley, Percy Bysshe, 11, 289n, 365
Sicília, 42, 89-90n, 167n, 271-2, 289, 328, 339, 375n
Snow, C. P., 409n
sociedade:
coletividade X individualidade, 118, 145n, 146, 174-5, 182, 212, 216, 231, 235, 267-8, 270n, 334, 336, 340, 342, 370, 429, 449, 493-4, 496
conquistas, *veja também* Ethos do Extraordinário
dever na, 291-2, 293, 323-5
divisão de classe, 56-7, 92n, 216, 218
estabilidade, 251, 266, 337
governantes, 86-92, 118, 218-20, 232, 240, 332, 355
justiça política, 79, 89, 165, 175n, 186, 216, 218, 222, 234, 237
leis da, 74-6, 78-9, 183, 186, 210, 218, 252, 273n, 291, 294-5, 312, 323-5
valores normativos, 24-6, 94-5, 126, 129, 132-4, 135, 141-2, 145-159, 162, 186-7, 190-1, 203, 231,2, 291-2, 293, 323-6, 333
Sócrates:
acusação contra, 299-300, 303, 305, 321-5, 327
análise política de, 287, 291, 325-6, 328, 390, 393
aprisionamento, 25-6, 313, 316, 413-14, 417, 418
ateniense, 44, 106n, 147, 172, 296
cicuta, 189, 326, 357, 484
como figura histórica, 67-8, 83n, 252, 325, 327, 423-4
como filósofo, 43-4, 83n, 89, 103, 278, 289
como professor, 327, 336
corrupção de jovens, acusação de, 44, 75, 289, 296, 335, 351, 355, 484
culpado de, 76n, 77-8, 79, 147, 162, 266, 288, 326-7, 328, 337, 244, 369-70, 374, 383
em diálogos de Platão, 16-9, 21, 47-8, 52-3, 76n, 102n, 162, 141-2, 157,

ÍNDICE

159-60, 162, 226, 287n, 254, 259, 301-2, 312, 334, 345, 378-9, 393, 416

eros (amor), *como* define, 281-321

esposa, 324, 357

ethos, 150, 155-6, 158, 287n

execução, 16-21, 43-4, 74-8, 89n, 93, 162, 216, 231, 266, 286, 302, 303, 311, 313, 315, 320-1, 327-33, 337, 359-60, 368-70, 413-14, 423, 411n, 484n

impiedade (deuses falsos), acusado de, 74-6, 162, 344, 335, 367-70, 378-9, 484

ironia e senso de humor, 77-8, 342, 373, 411, 413-14

julgamento, 15-6, 42-3, 74-6, 89, 126, 142, 251n, 310, 312, 313, 321, 323-5, *33, 337-8, 369,* 423

literatura sobre (Sokratikoi Logoi), 18n, 483

oposição aos sofistas, 43-4, 293, 332

passado de, 330, 336

personalidade de, 51-2, 201, 283, 303, 313, 413-14, 423-4

Platão influenciado por, 10-2, 45-6, 51, 78-80, 97-8, 167, 170, 218, 259, 320-1, 327-8

questionamentos (método socrático), 102n, 157, 170, 239, 283-4, 290, 291-3, 298-9, 325, 326-7, 364

relacionamento com Alcibíades, 268-89, 293, 298, 328, 373-4, 418n

relacionamento com Platão, 16-20, 42-3, 74-80, 76n, 89, 90, 103

reputação, 18-9, *19n, 162-5,* 181, 271, 273, 278, 324

princípio da razão suficiente, 437

Simpósio (Xenofonte), 293, 343n, 483-4

Siracusa, 90-2, 159n, 314n, 423n

Sofista, O (Platão), 345, 354-5, 364, 383

sofistas, 25, 49, 185, 200n, 267, 293, 324, 332, 373, 383, 430

Sófocles, 14

Solon, 143n, 177n, 237n, 282, 330

Spinoza, Baruch, 63n, 64-5, 67 ,187-8, 297, 349, 350n, 352-3, 363, 422n, 437, 442-3

Tales, 37, 40-1, 44-6, 351-2

tecnologia, *veja também* computadores

Teeteto (Platão), 25n, 139, 189n, 200, 323, 330, 345, 347-8, 354-5, 417, 418n

Teeteto, 34n, 347-8, 354-6

Temístocles, 144, 345

tempo, 35, 128, 139-41, 149-51, 433-39

Teorema de Pitágoras, 35n, 61n, 391-2, 400

teoria atômica, 32n, 43

teoria da relatividade, 34, 62, 427, 439n

teoria do campo quantum, 29, 39, 434

teoria do jogo, 184-6, 377, 476

Tetragrama, 152n

The Expanding Circle (Singer), 107n

The Googlization of Everything (And Why we Should Worry) (Vaidhyanathan), 84n

thumos (espírito), 225-6, 231, 242-3, 251, 430

Timeu (Platão), 45n, 59, 60n, 63-4, 66, 130n, 131n, 361-5, 391n, 392, 404n, 434, 438-40, 444n, 447-9, 453, 467, 499

timocracia, 251n

tomada de decisão, 467-9

Tomás de Aquino, 187, 405, 440

Torá, 264-5

Trança Sublime (Beleza, Bondade, Verdade), 61-8, 293-4, 297, 360, 362, 364, 375, 377-9, 437
Trasímaco, 180-6, 267, 339n
Troia, 15n, 143, 148, 167, 170n, 374
Tucídides, 176n, 271-2, 275, 276n, 278, 324n, 339, 485, 487, 490n, 492, 496n

universo, *veja também* cosmologia
universos paralelos, 30n, 59

Varieties of Religious Experience, The (James), 427
verdade:
abstrata, 51, 57-8
comprovação da, 110, 113-14, 115, 213
condições de, 322-3, 326-7
ensinamento da, 54-6, 69-70, 138-9
intuição, 22, 38-40, 48, 57, 62-4, 109, 297, 355, 360, 401, 419-20, 437, 441
matemática, 61-5, 97, 245-8
moral, 128, 187, 253
na Trança Sublime, 61-8, 293-4, 297, 360, 362, 364, 375, 377-9, 437
objetiva X subjetiva, 110, 112-13, 133
poética, 212, 414
razão baseada em, 51-3, 160-1, 303-5, 368-9, 387-8
tirania, 90-1, 96, 100, 109, 144n, 160, 173, 177n, 217, 220, 222, 234-6, 251n, 270n, 313-4, 335, 445
validade em, 61-4, 160-1, 303-5, 368-9, 478
vida:
depois da morte, 149n, 346, 422
extraordinária, *veja Ethos* do Extraordinário

escolha individual, 111
que vale a pena ser vivida, 13, 16, 45, 85, 103, 112, 126, 146-8, 160-1, 179, 189, 214, 238, 249, 334, 340, 363, 374, 376-7, 381, 413, 435, 447, 496
virada, A (Greenblatt), 43n, 168-9
virtude:
aretê como termo que significa, 102n, 119n, 146, 151n, 161n, 162-6, 178-9, 182, 185, 189, 237n, 265-70, 276n, 279, 281-2, 286, 288, 296-7, 325, 329, 333-5, 341, 345, 347, 351, 353, 372, 374-5, 377-80, 429, 444, 447-8, 484, 490n, 493n
caráter e, 119n, 208
conhecimento de, 66, 68, 69-70, 250, 286, 306-7, 315, 340-1, 346, 352-3, 364-6
ensinamento de, 102n, 121n, 268, 288, 324
politização, 266, 268, 270, 296, 334, 341, 372
razão e, 331, 350-3, 364, 387
definição de, 89n, 121n, 139, 152, 250, 284, 364-6, 393
felicidade e, 394-8, 401, 407
fama e, 151n, 160-2, 174, 193, 261n, 265, 273, 371, 394-7, 417, 491
base moral, 68-9, 202, 219, 315
VOOM (*Vision of Outstanding Moment*), 84, 100, 104, 125, 129

Whitehead, Alfred North, 27
Why does the World Exist (Holt), 437n

ÍNDICE

xadrez, 26, 58
Xântipa, 324, 357
Xenófanes, 164-5
Xenofonte, 45n, 78n, 94n, 102n, 179, 273, 288, 290n, 293, 324, 329, 332, 343-4, 346n, 357, 358n, 483-5

Yahweh, 152
Yom Kippur, 152n

Zeus, 158, 160-1, 164, 263, 283
Zoroastrianismo, 13, 153, 157

Reconhecimento da permissão de uso

Reconheço e sou grata às seguintes pessoas por permitirem o uso de material já public*ado:*

*Hackett Publishing Company, Inc. Ex*certo de Greek Lyric: An Anthology in Translation, traduzido por Andrew M. Miller (Indianápolis, in: Hackett, 1996). Excerto de *On Justice, and Human Nature*, por Tucídides, tradução de Paul Woodruff (Indianápolis, in: Hackett, 1993). "Apologia", retirada de *Five Dialogues*, por Platão, tradução de G. M. A. Grube, revisão de C. D. C. Reeve (Indianápolis, in: Hackett, 2002). Excerto de *Republic*, de Platão, tradução de G. M. A. Grube, revisão de C. D. C. Reeve (Indianápolis, in: Hackett, 1992). Excerto de *Timaeus*, por Platão, tradução de Donald Zeyl (Indianápolis, in: Hackett, 2000). Reimpressão com permissão de Hackett Publishing Company, Inc. Todos os direitos reservados.

Johns Hopkins University Press: Excerto de *Pindar's Victor Songs* por Frank Nisetich, copyright © 1980 Johns Hopkins University Press. Reimpressão com permissão da Johns Hopkins University Press.

State University of New York Press: Excerto de *The Symposium and the Phaedrus Plato's Erotic Dialogues*, tradução de William S. Cobb, copyright © 1993 State University of New York Press. Reimpressão com permissão da State University of New York Press. Todos os direitos reservados.

O texto deste livro foi composto em Sabon LT Std,
desenho tipográfico de Jan Tschichold de 1964,
baseado nos estudos de Claude Garamond e
Jacques Sabon no século XVI, em corpo 10,5/15,5.
Para títulos e destaques, foi utilizada a tipografia
Frutiger LT Std, desenhada por Adrian Frutiger em 1975.

A impressão se deu sobre papel off-white pelo Sistema
Cameron da Divisão Gráfica da Distribuidora Record.